RELAÇÕES PATRIMONIAIS
contratos, titularidades e responsabilidade civil

GUSTAVO TEPEDINO
RODRIGO DA GUIA SILVA
Coordenadores

RELAÇÕES PATRIMONIAIS
contratos, titularidades e responsabilidade civil

Belo Horizonte

2021

© 2021 Editora Fórum Ltda.

É proibida a reprodução total ou parcial desta obra, por qualquer meio eletrônico, inclusive por processos xerográficos, sem autorização expressa do Editor.

Conselho Editorial

Adilson Abreu Dallari
Alécia Paolucci Nogueira Bicalho
Alexandre Coutinho Pagliarini
André Ramos Tavares
Carlos Ayres Britto
Carlos Mário da Silva Velloso
Cármen Lúcia Antunes Rocha
Cesar Augusto Guimarães Pereira
Clovis Beznos
Cristiana Fortini
Dinorá Adelaide Musetti Grotti
Diogo de Figueiredo Moreira Neto (*in memoriam*)
Egon Bockmann Moreira
Emerson Gabardo
Fabrício Motta
Fernando Rossi
Flávio Henrique Unes Pereira

Floriano de Azevedo Marques Neto
Gustavo Justino de Oliveira
Inês Virgínia Prado Soares
Jorge Ulisses Jacoby Fernandes
Juarez Freitas
Luciano Ferraz
Lúcio Delfino
Marcia Carla Pereira Ribeiro
Márcio Cammarosano
Marcos Ehrhardt Jr.
Maria Sylvia Zanella Di Pietro
Ney José de Freitas
Oswaldo Othon de Pontes Saraiva Filho
Paulo Modesto
Romeu Felipe Bacellar Filho
Sérgio Guerra
Walber de Moura Agra

FÓRUM
CONHECIMENTO JURÍDICO

Luís Cláudio Rodrigues Ferreira
Presidente e Editor

Coordenação editorial: Leonardo Eustáquio Siqueira Araújo
Aline Sobreira de Oliveira

Av. Afonso Pena, 2770 – 15º andar – Savassi – CEP 30130-012
Belo Horizonte – Minas Gerais – Tel.: (31) 2121.4900 / 2121.4949
www.editoraforum.com.br – editoraforum@editoraforum.com.br

Técnica. Empenho. Zelo. Esses foram alguns dos cuidados aplicados na edição desta obra. No entanto, podem ocorrer erros de impressão, digitação ou mesmo restar alguma dúvida conceitual. Caso se constate algo assim, solicitamos a gentileza de nos comunicar através do *e-mail* editorial@editoraforum.com.br para que possamos esclarecer, no que couber. A sua contribuição é muito importante para mantermos a excelência editorial. A Editora Fórum agradece a sua contribuição.

Dados Internacionais de Catalogação na Publicação (CIP) de acordo com a AACR2

R382	Relações patrimoniais: contratos, titularidades e responsabilidade civil / Gustavo Tepedino; Rodrigo da Guia Silva (Coord.).– Belo Horizonte : Fórum, 2021. 426p; 14,5x21,5cm
	ISBN: 978-65-5518-233-0
	1. Direito Civil. 2. Direito Privado. 3. Direito do Consumidor. I. Tepedino, Gustavo. II. Silva, Rodrigo da Guia. III. Título.
	CDD: 342.1 CDU: 347.5

Elaborado por Daniela Lopes Duarte – CRB-6/3500

Informação bibliográfica deste livro, conforme a NBR 6023:2018 da Associação Brasileira de Normas Técnicas (ABNT):

TEPEDINO, Gustavo; SILVA, Rodrigo da Guia (Coord.). *Relações patrimoniais*: contratos, titularidades e responsabilidade civil. Belo Horizonte: Fórum, 2021. 426p. ISBN 978-65-5518-233-0.

SUMÁRIO

APRESENTAÇÃO
RUMO À DISCIPLINA COMUM DAS RELAÇÕES PATRIMONIAIS
Gustavo Tepedino, Rodrigo da Guia Silva 11

Primeiro Eixo – Contratos

ABUSO DE DIREITO POTESTATIVO À LUZ DO PRINCÍPIO DA BOA-FÉ OBJETIVA
Camila Helena Melchior Baptista de Oliveira, Renan Soares Cortazio.... 17
1 Introdução... 17
2 Qualificação do direito potestativo.................................... 18
3 A incidência do controle funcional no exercício de direitos potestativos... 21
4 Abuso de direito potestativo e boa-fé objetiva: quebra de legítimas expectativas suscitadas na contraparte............. 27
5 Ainda sob a vertente do princípio da boa-fé objetiva: o controle de abusividade na hipótese de adimplemento substancial..... 32
6 Notas conclusivas.. 38
 Referências.. 39

EXCEÇÃO DE CONTRATO NÃO CUMPRIDO: CARACTERÍSTICAS, REQUISITOS E EFEITOS
Jeniffer Gomes da Silva, Laís Cavalcanti 43
1 Introdução... 43
2 Exceção de contrato não cumprido: conceito e características principais 44
3 Requisitos para aplicação da exceção de contrato não cumprido... 50
3.1 Vínculo sinalagmático.. 51
3.1.1 Sinalagma e obrigações complexas 53
3.1.2 Sinalagma e bilateralidade do contrato 55
3.1.3 Sinalagma e causa do contrato... 57
3.2 Coetaneidade do adimplemento 58
3.3 Inadimplemento... 61
3.4 Boa-fé... 63

4	Efeitos da exceção de contrato não cumprido	65
5	Considerações finais	67
	Referências	67

CARACTERIZAÇÃO DO CONSUMIDOR E QUALIFICAÇÃO CONTRATUAL NAS RELAÇÕES DA ECONOMIA DO COMPARTILHAMENTO (*SHARING ECONOMY*)

Filipe Medon, Camila Ferrão dos Santos ... 71

1	Introdução	71
2	O que é a economia do compartilhamento?	72
3	A função social dos bens e o papel da tecnologia	76
4	Incidência do CDC sobre as relações pautadas na economia do compartilhamento	80
5	Análise funcional dos papéis desempenhados pelos sujeitos que integram a relação de consumo compartilhado	84
6	Enquadramento funcional do "provedor direto" do bem ou serviço a ser compartilhado	90
7	Conclusão	93
	Referências	94

PERFILIZAÇÃO AUTOMATIZADA E O MERCADO DE CRÉDITO AO CONSUMO: ENTRE PERSPECTIVAS E QUESTÕES SENSÍVEIS À PESSOA HUMANA

Matheus Baia de Andrade ... 97

1	Notas introdutórias: a perfilização automatizada da pessoa humana como imperativo da sociedade contemporânea	97
2	A oferta de crédito ao consumo e a necessidade inarredável da perfilização de consumidores	102
3	Questões sensíveis atinentes à perfilização automatizada de indivíduos no mercado de crédito	111
4	Conclusão	117
	Referências	119

SIMULAÇÃO E NEGÓCIO JURÍDICO INDIRETO: DISTINÇÃO A PARTIR DE UMA PERSPECTIVA FUNCIONAL

Gustavo Souza de Azevedo, Marvio Bonelli ... 123

1	Introdução	123
2	A simulação do negócio jurídico no direito brasileiro	124
3	O uso indireto de negócios jurídicos	136
4	O negócio jurídico com fins indiretos e a simulação	143
5	Conclusão	147
	Referências	148

Segundo Eixo – Titularidades

A FUNÇÃO SOCIAL NA TUTELA POSSESSÓRIA
André Luiz Miranda de Abreu 155
1 Introdução: a função social entre oásis e miragens 155
2 A Constituição de 1988 e a tutela possessória: primeiras reflexões sobre "concessões à necessidade", intervenção emancipatória e efetividade 159
3 A posse entre tradição e contexto 163
4 A tutela possessória na realidade da redemocratização: renitências e congruências 166
5 Considerações finais 176
Referências 177

RESPONSABILIDADE POR ENCARGOS CONDOMINIAIS NA MULTIPROPRIEDADE IMOBILIÁRIA: ANÁLISE FUNCIONALIZADA DO ART. 1.358-L, §2º, DO CÓDIGO CIVIL
Mariana Maia de Vasconcellos 181
1 Introdução 181
2 Multipropriedade imobiliária 182
2.1 Breve histórico e qualificação 182
2.2 Vantagens e desafios do instituto 188
3 Responsabilidade por encargos condominiais na multipropriedade 190
3.1 Notas sobre o art. 1.358-L, §2º, CC 190
3.2 Obrigações *propter rem* 192
3.3 Qualificação e sucessão da obrigação ao pagamento de encargos condominiais 195
3.4 Interpretação funcionalizada do art. 1.358-L, §2º, CC 199
3.4.1 Investigação da solidariedade entre multiproprietários 200
3.4.2 Responsabilidade do adquirente pelos débitos anteriores à alienação do imóvel 202
4 Conclusão 209
Referências 211

O CONDÔMINO ANTISSOCIAL E A POSSIBILIDADE DE SUA EXCLUSÃO NO ORDENAMENTO JURÍDICO BRASILEIRO
Guilherme Marques Botelho, Vinícius Rangel Marques 215
1 Introdução 215
2 O enquadramento como condômino antissocial 217
3 A gradação entre as multas aplicadas ao condômino antissocial 222

4	A expulsão do condômino antissocial	225
4.1	Formalidades da expulsão	228
4.2	O prazo de duração da expulsão	230
4.3	A inovação legislativa com a Lei da Multipropriedade	231
5	Notas conclusivas	232
	Referências	233

Terceiro Eixo – Responsabilidade Civil

DESAFIOS ATUAIS EM MATÉRIA DE DANO MORAL

Gustavo Tepedino, Rodrigo da Guia Silva 239

1	Introdução	239
2	Imprecisões na enunciação teórica de *novos danos* extrapatrimoniais: do dano estético ao dano existencial	241
3	Perspectivas de recondução dos denominados *novos danos extrapatrimoniais* à unidade dogmática do dano moral	252
4	Análise crítica das noções de dano moral *in re ipsa* e de dano moral da pessoa jurídica	259
5	Distinção funcional entre danos morais e seus reflexos na liquidação e na prescrição	264
6	Conclusão	269
	Referências	270

FUNÇÕES PUNITIVA E PREVENTIVA DA RESPONSABILIDADE CIVIL: (IN)COMPATIBILIDADES COM A RESPONSABILIDADE CIVIL BRASILEIRA

João Quinelato, Maria Regina Rigolon Korkmaz 275

1	Introdução	275
2	A função punitiva na responsabilidade civil	277
2.1	Da sanção à culpa	277
2.2	A temerosa importação acrítica dos *punitive damages*	280
2.3	Função punitiva e dano moral	284
3	A função preventiva na responsabilidade civil	289
3.1	A prevenção e a tutela da personalidade	289
3.2	A (in)admissibilidade da responsabilidade civil sem dano	291
3.3	A exemplaridade dos influxos entre prevenção e responsabilidade civil na Lei Geral de Proteção de Dados Pessoais	300
4	Considerações finais	302
	Referências	303

OS CHAMADOS NOVOS DANOS E ADMISSIBILIDADE DO TEMPO COMO BEM JURÍDICO PASSÍVEL DE TUTELA NO ORDENAMENTO JURÍDICO BRASILEIRO

Amanda Pierre de Moraes Moreira, Danielle Tavares Peçanha 309

1 Notas introdutórias 309
2 Os chamados novos danos à luz da valoração funcional dos bens juridicamente tutelados pelo ordenamento 310
3 Admissão de dano decorrente da lesão ao tempo no direito brasileiro 317
4 Observatório jurisprudencial: manifestações da lesão ao tempo no Superior Tribunal de Justiça e no Tribunal de Justiça do Rio de Janeiro 326
5 Considerações finais 332
Referências 334

RESPONSABILIDADE CIVIL POR DANO INDIRETO: RESGATE DE UM TEMA CLÁSSICO À LUZ DO RE Nº 608880

Diego Corrêa Lima de Aguiar Dias, Mário Victor Vidal Azevedo 337

1 Notas introdutórias 337
2 Uma revisita: o nexo causal (e suas teorias) 339
3 A teoria da causa direta e imediata na realidade brasileira: conceito e crítica 344
4 A flexibilização do nexo causal e a expansão da responsabilidade civil por dano indireto: reflexos jurisprudenciais 350
5 Responsabilidade civil do Estado por crime após fuga do sistema prisional: uma (breve) análise do RE nº 608880 355
6 Considerações finais 363
Referências 365

A CONSTITUCIONALIDADE DO ARTIGO 19 DO MARCO CIVIL DA INTERNET: SÍNTESE DO DEBATE E UM OLHAR PARA O FUTURO

Vinicius Jóras Padrão 369

1 Introdução 369
2 A responsabilidade do provedor de aplicações por conteúdo de terceiros no período pré-Marco Civil da Internet 372
3 O artigo 19 do Marco Civil da Internet 376
3.1 A "identificação clara e específica" do conteúdo a ser removido 379
4 A constitucionalidade do artigo 19 do Marco Civil da Internet . 382
4.1 A análise do tema pelo Supremo Tribunal Federal 382

4.2	Os argumentos pela inconstitucionalidade do regime de responsabilidade dos provedores de aplicações de Internet.......	383
4.3	Outro lado da moeda: argumentos a favor da constitucionalidade do artigo 19 do Marco Civil da Internet	385
5	Para além do artigo 19: a postura ativa dos provedores de aplicação de Internet	389
6	Conclusão.........................	392
	Referências	393

CONSIDERAÇÕES SOBRE RESPONSABILIDADE CIVIL E INTELIGÊNCIA ARTIFICIAL

Marco Antônio de Almeida Lima, Rodrigo Gomes da Mata............ 397

1	Introdução.........................	397
2	Conceitos básicos: *big data*, algoritmo, *machine learning* e outras ferramentas da IA	400
3	Como classificar? Características da inteligência artificial.........	406
4	Desafios da inteligência artificial e responsabilidade civil..........	408
4.1	Desnecessidade de previsibilidade do dano e a inaplicabilidade da teoria do risco do desenvolvimento............	411
4.2	A determinação do nexo de causalidade na hipótese de danos causados por IA	414
4.3	Regime de Responsabilidade Civil aplicável aos danos causados por IA	417
5	Considerações finais.............	420
	Referências	420

SOBRE OS AUTORES.................. 423

APRESENTAÇÃO

Rumo à disciplina comum das relações patrimoniais

A evolução da noção de relação jurídica possibilitou o reconhecimento da centralidade da categoria das situações jurídicas subjetivas na dogmática do Direito Civil. Entende-se, com acerto, que a relação jurídica denota vínculo jurígeno entre dois ou mais centros de interesse destinados à titularidade (ainda que não atual) por sujeitos de direito, sendo cada um de tais centros de interesse composto por situações jurídicas subjetivas.[1] A partir daí, tais noções de situação jurídica subjetiva e de relação jurídica comportam relevantes distinções e renovadas reflexões críticas. Assim, por exemplo, à distinção tradicional entre as relações jurídicas de *cooperação* e as relações jurídicas de *concorrência*, tem-se objetado que toda relação jurídica demanda, a rigor, esforço de cooperação.[2] Igualmente, em relação à classificação tradicional das situações jurídicas subjetivas em *ativas*, *passivas* ou *instrumentais*, destaca-se a necessidade de consideração da complexidade inerente à matéria – basta pensar, por exemplo, nos deveres laterais de conduta de cujo cumprimento depende a legitimidade do exercício das próprias situações ditas ativas.

Classificação ainda mais consolidada no estudo do Direito Civil é aquela que diferencia as relações jurídicas reais das relações jurídicas de crédito, forjada em torno da tradicional distinção quanto ao objeto das respectivas situações jurídicas subjetivas. As situações de crédito incidiriam imediatamente sobre deveres de conduta (as prestações a

---

[1] Cf., por todos: PERLINGIERI, Pietro. *Manuale di diritto civile*. 7. ed. Napoli: Edizioni Scientifiche Italiane, 2014, p. 80 e ss.

[2] TEPEDINO, Gustavo; OLIVA, Milena Donato. *Fundamentos do direito civil*: teoria geral do direito civil. 2 ed. Rio de Janeiro: Forense, 2021, vol. 1, p. 102.

cargo do devedor) e apenas mediatamente sobre os bens jurídicos, ao passo que as situações reais incidiriam tão imediatamente sobre os bens que as relações reais, segundo conceituados autores, traduziriam vínculo entre o seu titular (sujeito) e o bem jurídico sob sua titularidade. Sem embargo ao valor didático de tal formulação, consagrada nos ordenamentos de tradição romano-germânica, percebe-se a incompatibilidade da construção com o caráter necessariamente intersubjetivo de todas as relações jurídicas.

Nesse renovado panorama metodológico, em que a axiologia constitucional estabelece critérios distintivos associados aos diversos interesses perseguidos, assume protagonismo central a distinção entre relações jurídicas existenciais e relações jurídicas patrimoniais, em atenção à diversidade de valores que informam cada situação jurídica subjetiva, tendo como norte a supremacia da dignidade da pessoa humana.[3] Tal distinção, de índole eminentemente funcional, se pauta na correlação entre a específica relação jurídica e a tutela dos valores existenciais e, em particular, a dignidade humana. As relações existenciais realizam diretamente a dignidade humana, ao passo que as relações patrimoniais tutelam de modo direto os valores patrimoniais, ainda que se encontrem instrumentalizadas (mediatamente) à promoção da dignidade humana.[4]

Tendo-se em conta essa centralidade da distinção entre relações jurídicas existenciais e relações jurídicas patrimoniais, percebe-se a crescente unificação do tratamento dogmático das situações jurídicas subjetivas patrimoniais, para se evidenciarem os instrumentos interpretativos que permitam, a um só tempo, a tutela dos legítimos interesses dos agentes – em favor dos princípios da livre iniciativa e da autonomia privada – e a sua compatibilidade com a utilidade social que justifica a sua proteção pelo ordenamento – em nome dos princípios da igualdade

---

[3] Ao propósito, cf.: TEPEDINO, Gustavo. *Comentários ao Código Civil*: direito das coisas. São Paulo: Saraiva, 2011, vol. 14, p. 25 e ss.; e TEPEDINO, Gustavo; MONTEIRO FILHO, Carlos Edison do Rêgo; RENTERIA, Pablo. *Fundamentos do direito civil*: direitos reais. 2. ed. Rio de Janeiro: Forense, 2021, vol. 5, p. 2 e ss.

[4] Em numerosas situações fáticas, o intérprete-aplicador do direito se percebe diante de situações jurídicas subjetivas de difícil enquadramento imediato em uma das categorias indicadas (existenciais *versus* patrimoniais), hipóteses que a doutrina contemporânea tem reunido sob a alcunha de *situações jurídicas dúplices*. Ao propósito, v. TEIXEIRA, Ana Carolina Brochado; KONDER, Carlos Nelson. Situações jurídicas dúplices: controvérsias na nebulosa fronteira entre patrimonialidade e extrapatrimonialidade. *In*: TEPEDINO, Gustavo; FACHIN, Luiz Edson (Org.). *Diálogos sobre direito civil*. Rio de Janeiro: Renovar, 2012, vol. III, *passim*.

substancial e da solidariedade.[5] Impõe-se, portanto, que se envidem esforços no percurso rumo à disciplina comum das relações patrimoniais, com vistas à compreensão das distintas relações jurídicas patrimoniais com consideração da identidade axiológica que lhes é comum.

Eis o propósito norteador da presente obra, cuja estruturação capitular traduz a atualidade e a relevância dos debates atuais sobre instigantes aspectos do direito das relações patrimoniais. Destacam-se, inicialmente, os desafios enfrentados em matéria de relações contratuais, ao que se seguem estudos afetos à temática das titularidades. A obra se completa com estudos sobre a responsabilidade civil, disciplina reveladora da necessária compreensão unitária das relações patrimoniais, diante da irrelevância, ao menos em linha de princípio, da natureza (real ou pessoal) do direito subjetivo violado para fins de configuração do dano injusto e da subsequente deflagração do dever de indenizar.

Os textos contidos neste livro originaram-se nos debates levados a cabo na disciplina Direito das Relações Patrimoniais, que congregou pesquisadores do Mestrado e do Doutorado no âmbito do Programa de Pós-Graduação *stricto sensu* da Faculdade de Direito da Universidade do Estado do Rio de Janeiro (PPGD-UERJ), durante o ano de 2020. As contribuições decorrem da plena liberdade acadêmica dos coautores, sem necessária aderência das propostas e conclusões ao pensamento dos coordenadores, o que só reafirma e enaltece o permanente dinamismo e a vicejante pulsação coletiva do Departamento de Direito Civil da UERJ.

Impõe-se, por fim, uma palavra de agradecimento ao Luís Cláudio Rodrigues Ferreira, Presidente e Editor da Editora Fórum, pelo entusiasmo com que acolheu o presente projeto, em mais uma gentil demonstração da profícua colaboração dessa renomada casa editorial com a Escola de Direito Civil da UERJ; aos coautores, que protagonizaram ricos debates no âmbito do PPGD-UERJ e prontamente aderiram a mais este projeto comum; e à Professora Danielle Tavares Peçanha, que, além de contribuir como coautora da obra, gentilmente auxiliou na revisão dos originais.

Rio de Janeiro, abril de 2021
Gustavo Tepedino e Rodrigo da Guia Silva

---

[5] Assim proclama PERLINGIERI, Pietro. *O direito civil na legalidade constitucional*. Trad. Maria Cristina De Cicco. Rio de Janeiro: Renovar, 2008, p. 892-893.

Primeiro Eixo – Contratos

ABUSO DE DIREITO POTESTATIVO À LUZ DO PRINCÍPIO DA BOA-FÉ OBJETIVA

CAMILA HELENA MELCHIOR BAPTISTA DE OLIVEIRA
RENAN SOARES CORTAZIO

1 Introdução

O abuso do direito é fruto de construção jurídica recente, tendo auferido maior destaque com o advento da Constituição Federal de 1988, a qual transferiu a centralidade anteriormente inerente ao Código Civil para a tábua axiológica constitucional. Nessa esteira, o ordenamento jurídico, fundado no personalismo e no solidarismo, passou a exigir que o exercício de situações jurídicas patrimoniais seja funcionalizado à concretização de valores existenciais, à luz do princípio da dignidade da pessoa humana (Constituição Federal, art. 1º, III), por ser a pessoa em concreto o valor primário para o qual se voltam a livre iniciativa e as relações patrimoniais.

Inexiste, nesse particular, espaços de "zona franca" da autonomia privada, na medida em que toda e qualquer situação jurídica subjetiva deve ser exercida de modo a realizar interesses jurídicos tutelados pelo ordenamento, em consonância com a axiologia constitucional. Vale dizer: não há que se falar em direitos absolutos que configurem, *per se*, um valor a ser preservado; pelo contrário, os atos de autonomia merecem tutela do ordenamento enquanto concretizarem interesses dignos de proteção.

Sob tal perspectiva, o abuso de direito configura instrumento de *controle interno de conformidade* de determinada situação jurídica subjetiva, verificando-se se esta é exercida em conformidade com o substrato-axiológico normativo que a fundamenta, de modo a concretizar a sua *função*. Por tal razão, diz-se que o abuso de direito "constitui, em última análise, válvula para as exigências ético-sociais e fator de 'oxigenação' do sistema, permitindo a necessária sintonia entre o fato e a norma jurídica".[1]

Os direitos potestativos, por constituírem espécie de situação jurídica subjetiva, também sofrem controle funcional do seu exercício, ainda que, estruturalmente e individualmente considerados, confiram ao seu titular a prerrogativa de unilateralmente constituir, modificar ou extinguir uma situação jurídica subjetiva, gerando efeitos na esfera jurídica de outrem.

Nesse contexto, o presente estudo se volta à delimitação dos contornos do exercício legítimo dos direitos potestativos, notadamente à luz do princípio da boa-fé objetiva, que tem fundamentado a maioria dos precedentes sobre o tema. Busca-se, assim, estabelecer critérios para um controle funcional responsável, evitando-se a banalização e a aplicação atécnica do conceito de abuso de direito, sem se descuidar da necessária preservação da prerrogativa conferida ao titular dos direitos potestativos nas situações em que o seu exercício estiver em consonância com a axiologia constitucional.

2 Qualificação do direito potestativo

Antes de se perquirir se a disciplina do direito potestativo é compatível com a concepção do abuso de direito, faz-se necessário proceder à sua qualificação, especialmente a partir da compreensão dos principais aspectos que o diferenciam do chamado direito subjetivo – o qual se consolidou, por muitos anos, como categoria fundamental do direito.

Sem pretensão de exaurir as incontáveis teorias acerca dos conceitos de *direito subjetivo*, que perpassam, necessariamente, pelas correntes voluntarista de Savigny e objetiva de Ihering,[2] alude-se à definição moderna da corrente mista, segundo a qual o direito subjetivo é conceituado como a atribuição de um poder para o exercício de interesse

---

[1] CARPENA, Heloisa. *Abuso do direito nos contratos de consumo*. Rio de Janeiro: Renovar, 2001. p. 7.

[2] Sobre a evolução histórica das posições conceituais, V. TEPEDINO, Gustavo; OLIVA, Milena Donato. *Fundamentos do Direito Civil*: Teoria Geral do Direito Civil. Rio de Janeiro: Forense, 2020. v. 1, p. 102; VIÉGAS, Francisco de Assis. *Denúncia contratual e dever de pré-aviso*. Belo Horizonte: Fórum, 2019. p. 98-100.

juridicamente tutelado[3] perante o sujeito passivo.[4] Desse modo, o direito subjetivo se caracteriza pela posição de vantagem ou privilégio na qual o direito do titular se contrapõe à obrigação ou ao dever jurídico da contraparte.[5]

Já o *direito potestativo*, em termos conceituais, pode ser definido como espécie de situação jurídica subjetiva que pode ser exercida de modo discricionário, a critério do seu titular. A doutrina clássica consagrou os direitos formativos como espécies de direitos potestativos, que podem ser geradores/constitutivos, modificativos ou extintivos.[6] Vale dizer: o titular dos direitos potestativos possui o poder de unilateralmente constituir, modificar ou extinguir uma situação jurídica subjetiva, mesmo que isso implique interferência na esfera jurídica de outro sujeito, que se submete aos efeitos jurídicos que decorram de tal ingerência.[7]

Daí exsurge a diferença entre direito subjetivo e potestativo: enquanto o primeiro tem como contraponto um dever jurídico exigível do sujeito passivo, que pode ou não cumprir o que lhe é exigido, o segundo não exige da contraparte qualquer declaração ou comportamento para sua satisfação e consequente geração de efeitos jurídicos.[8] Em outras palavras, o adversário do titular de um direito potestativo terá que suportar as consequências constitutivas, modificativas ou extintivas de seu exercício em sua esfera jurídica, pois existe uma necessidade inelutável que o sujeito não pode ignorar.[9]

Avançando na análise, passa-se à classificação doutrinária dos efeitos jurídicos decorrentes do exercício do direito potestativo.[10] Nessa

---

[3] Nesse sentido, esclarece Francisco de Assis Viégas que "pode-se afirmar que um de seus elementos consiste na possibilidade de exigir de outro sujeito a observância de uma norma jurídica" (VIÉGAS, Francisco de Assis. *Denúncia contratual e dever de pré-aviso*. Belo Horizonte: Fórum, 2019. p. 99).

[4] RUGGIERO, Roberto de. *Istituzioni di diritto civile*. Messina: Giuseppe Principato, 1934. v. 1, p. 190.

[5] VIÉGAS, Francisco de Assis. *Denúncia contratual e dever de pré-aviso*. Belo Horizonte: Fórum, 2019. p. 100.

[6] MIRANDA, Pontes de. *Tratado de direito privado*. 4. ed. São Paulo: Ed. RT, 1983. t. 5, p. 242-243.

[7] PERLINGIERI, Pietro. *Perfis do direito civil*: introdução ao direito civil constitucional. (Trad. Maria Cristina de Cicco). Rio de Janeiro: Renovar, 2002. p. 123.

[8] TEPEDINO, Gustavo. Editorial. In: *Revista Brasileira de Direito Civil – RBDCivil*, Belo Horizonte, v. 25, p. 13-15, jul./set. 2020. p. 13.

[9] Nesse sentido, encontra-se na doutrina portuguesa: PINTO, Carlos Alberto da Mota; MONTEIRO, Antônio Pinto; PINTO, Paulo da Mota (Coord.). *Teoria geral do direito civil*. 4. ed. Coimbra: Coimbra Editora, 2005. p. 185-186.

[10] LEMOS FILHO, Flávio Pimentel. *Direito potestativo*. Rio de Janeiro: Lumen Juris, 1999. p. 42-43.

esteira, o direito potestativo é constitutivo quando o seu exercício enseja a formação de uma nova relação jurídica. É modificativo quando permite que o seu titular, ao exercê-lo, promova alterações em determinada relação jurídica já existente com a contraparte, a exemplo da busca pelo abatimento no preço do bem em caso de vício oculto, nos termos do art. 442, do Código Civil,[11] modificando-se os direitos e deveres contratados. Por sua vez, é extintivo quando confere ao seu titular o poder de pôr fim a uma relação jurídica existente. E é justamente o efeito extintivo que traz as hipóteses mais estudadas e controvertidas na doutrina e na jurisprudência, tendo como exemplos: o direito de arrependimento disciplinado no Código de Defesa do Consumidor (art. 49, do CDC);[12] a hipótese de resilição (art. 473, do Código Civil)[13] e a resolução contratual (arts. 395, parágrafo único,[14] 474 e 475 do Código Civil),[15] com todas as implicações que envolvem a matéria (*v.g.* adimplemento substancial), como se verá adiante.

Esclarece-se, brevemente, que os direitos subjetivos e potestativos representam, conforme mencionado, espécies de situação jurídica subjetiva, sendo certo que a conexão existente entre duas situações jurídicas subjetivas é o que se pode denominar relação jurídica.[16] Como bem ensinam os professores Gustavo Tepedino e Milena Donato Oliva, a relação jurídica, "mais do que regular o poder entre o indivíduo e o bem jurídico ou entre credor e devedor, apresenta-se como regulamento

---

[11] Art. 442, do Código Civil: "Em vez de rejeitar a coisa, redibindo o contrato (art. 441), pode o adquirente reclamar abatimento no preço".

[12] Art. 49, do CDC: "O consumidor pode desistir do contrato, no prazo de 7 dias a contar de sua assinatura ou do ato de recebimento do produto ou serviço, sempre que a contratação de fornecimento de produtos e serviços ocorrer fora do estabelecimento comercial, especialmente por telefone ou a domicílio".

[13] Art. 473, do Código Civil: "A resilição unilateral, nos casos em que a lei expressa ou implicitamente o permita, opera mediante denúncia notificada à outra parte. Parágrafo único. Se, porém, dada a natureza do contrato, uma das partes houver feito investimentos consideráveis para a sua execução, a denúncia unilateral só produzirá efeito depois de transcorrido prazo compatível com a natureza e o vulto dos investimentos".

[14] Art. 395, do Código Civil: "Responde o devedor pelos prejuízos a que sua mora der causa, mais juros, atualização dos valores monetários segundo índices oficiais regularmente estabelecidos, e honorários de advogado. Parágrafo único. Se a prestação, devido à mora, se tornar inútil ao credor, este poderá enjeitá-la, e exigir a satisfação das perdas e danos".

[15] Art. 474, do Código Civil: "A cláusula resolutiva expressa opera de pleno direito; a tácita depende de interpelação judicial"; e Art. 475, do Código Civil: "A parte lesada pelo inadimplemento pode pedir a resolução do contrato, se não preferir exigir-lhe o cumprimento, cabendo, em qualquer dos casos, indenização por perdas e danos".

[16] PERLINGIERI, Pietro. *O direito civil na legalidade constitucional*. (Trad. Maria Cristina de Cicco). Rio de Janeiro: Renovar, 2007. p. 730.

de situações jurídicas subjetivas, que disciplina a conexão entre centros de interesses".[17]

Superada a tradição deixada pelo individualismo e priorizando o ponto de vista funcional, os sujeitos, ao perseguirem os seus interesses legítimos e as finalidades em comum na relação jurídica constituída, deverão demandar esforços mútuos de cooperação para o cumprimento das suas obrigações e deveres.[18] Assim, a despeito da aparente discricionariedade no exercício dos direitos potestativos, que acarreta a sujeição da contraparte às consequências por eles impostas, não se pode olvidar que as situações jurídicas subjetivas devem ser exercidas sob perspectiva relacional e dentro dos limites impostos pelo ordenamento constitucional.[19] Desse modo, os direitos potestativos, apesar de representarem um símbolo de liberdade, também devem observar, como todos os demais, a lógica solidarista e a axiologia constitucional. É o que se passa a demonstrar a seguir.

3 A incidência do controle funcional no exercício de direitos potestativos

O abuso de direito consiste em mecanismo de controle funcional dos atos de autonomia privada, verificando-se, em concreto, se determinada situação jurídica subjetiva é exercida em conformidade com o substrato-axiológico normativo que a fundamenta.[20] Em outras palavras, trata-se de verificar se os titulares de posições jurídicas as exercem de acordo com os valores e interesses que justificam a sua atribuição pelo ordenamento jurídico, concretizando a sua *função*.[21]

---

[17] TEPEDINO, Gustavo; OLIVA, Milena Donato. *Fundamentos do Direito Civil*: Teoria Geral do Direito Civil. Rio de Janeiro: Forense, 2020. v. 1, p. 102.

[18] TEPEDINO, Gustavo; OLIVA, Milena Donato. *Fundamentos do Direito Civil*: Teoria Geral do Direito Civil. Rio de Janeiro: Forense, 2020. v. 1, p. 102.

[19] FURTADO, Gabriel Rocha. *Mora e inadimplemento substancial*. São Paulo: Atlas, 2014. p. 42.

[20] Nas palavras de Heloísa Carpena: "Exercer legitimamente um direito não é apenas se ater à sua estrutura formal, mas sim, cumprir o fundamento axiológico-normativo que constitui este mesmo direito, que justifica seu reconhecimento como tal pelo ordenamento e segundo o qual se irá aferir a validade do ato de exercício. A teoria do abuso do direito passa então a rever o próprio conceito de direito subjetivo, relativizando-o. O fundamento axiológico a que se refere constitui o limite do direito subjetivo, limite este perfeitamente determinável, tanto quanto aquele definido por sua estrutura formal" (CARPENA, Heloisa. *Abuso do direito nos contratos de consumo*. Rio de Janeiro: Renovar, 2001. p. 56).

[21] Nas lições do Prof. Eduardo Nunes de Souza: "A doutrina contemporânea associa, com efeito, o abuso do direito ao exercício disfuncional de determinada situação jurídica: age de forma abusiva o titular do direito que contraria as finalidades, os valores e interesses pelos quais o ordenamento lhe reconhece aquela prerrogativa. Como se percebe, é a verificação

Supera-se, assim, a concepção clássica do instituto que, dentro da lógica individualista e privatista do Código Civil de 1916, enquadrava o abuso de direito como espécie de ato ilícito, caracterizado pela violação meramente estrutural de previsão normativa expressa.[22] Segundo tal entendimento, o abuso foi, por muitas décadas, associado à prática de atos emulativos, o que limitava a sua aplicação aos atos praticados com a intenção de causar danos a terceiros.[23]

Conforme ensina Judith Martins-Costa, embora o art. 160, I, do CC/16,[24] indicasse concepção objetiva do abuso do direito, a jurisprudência "acolhia, diversamente, uma concepção subjetiva à *outrance*, exigindo-se intenção emulativa, 'malícia e culpa'".[25] Tal cenário passou a mudar, paulatinamente, a partir das décadas de 50 a 70, quando surgiram nos tribunais estaduais alguma consideração à "finalidade econômica ou social do direito como baliza da licitude",[26] reconhecendo-se novas

---

em concreto desse exercício em contrariedade ao perfil funcional da situação jurídica que confere unidade ao conceito de abuso, ao mesmo tempo em que o autonomiza em relação à boa-fé, à função econômico-social e aos bons costumes" (SOUZA, Eduardo Nunes de. Perspectivas de aplicação do abuso do direito às relações existenciais. *In*: TEPEDINO, Gustavo; TEIXEIRA, Ana Carolina Brochado; ALMEIDA, Vitor (Coords.). *O direito civil entre o sujeito e a pessoa*: estudos em homenagem ao Professor Stefano Rodotà. Belo Horizonte: Fórum, 2016. p. 62).

[22] Na medida em que o art. 160, I, do CC/16, previsto topograficamente no título de atos ilícitos, destacava que "não constituem atos ilícitos: I. Os praticados em legítima defesa ou no exercício regular de um direito reconhecido", *a contrario sensu*, se entendia que constituía ato ilícito aqueles praticados em desconformidade com o exercício regular do direito. Na doutrina clássica: "Estatue o art. 160, I, que não constitue acto illicito o praticado no exercício regular de um direito reconhecido. A *contrario sensu*, o praticado em exercício não regular de um direito, é ilícito. Eis ahi a condemnação do abuso do direito (...)" (BEVILÁQUA, Clovis. *Código Civil dos Estados Unidos do Brasil comentado por Clovis Beviláqua*. 6. tir. ed. histórica. Rio de Janeiro: Editora Rio, 1975. p. 431).

[23] Nessa esteira, ensina o Prof. Anderson Schreiber: "É bem verdade que, em sua origem, a aplicação do abuso do direito assumiu feições tímidas, como, de resto, ocorre com a imensa maioria dos institutos de gênese jurisprudencial, que carece da legitimidade natural da fonte legislativa. Por muitas décadas, permaneceu ainda o abuso vinculado à noção de ato emulativo, isto é, aquele praticado com o exclusivo intuito de causar dano a outrem. Libertou-se gradativamente, mantendo, contudo, fortes vínculos com a construção voluntarista que enxergava o ato abusivo como um defeito na vontade do titular do direito subjetivo, defeito que chegou a ser atribuído, em conhecida construção, à divergência com a moral" (SCHREIBER, Anderson. Abuso do direito e boa-fé objetiva. *In*: *Direito civil e constituição*. São Paulo: Atlas, 2013. p. 52).

[24] Art. 160, I, do Código Civil de 1916: "Não constituem atos ilícitos: I. Os praticados em legítima defesa ou no exercício regular de um direito reconhecido".

[25] MARTINS-COSTA, Judith. Os avatares do abuso do direito e o rumo indicado pela boa-fé. *In*: TEPEDINO, Gustavo (Coord.). *Direito Civil Contemporâneo*: novos problemas à luz da legalidade constitucional. São Paulo: Editora Atlas S.A., 2008. p. 63.

[26] Destaca a autora o precedente STF, RE nº 24545, Rel. Min. Ribeiro da Costa, julg. 28.1.1954, que considerou abusiva a purga da mora em consonância com prerrogativa legal, na hipótese em que o locatário reiteradamente não efetuava o pagamento do aluguel. É ver-se: "A lei,

hipóteses de abuso para além das fronteiras do direito civil (*v.g.* direito do trabalho, administrativo, processual, societário, entre outros).

A jurisprudência, porém, só considerou a objetivação do abuso do direito, ainda que timidamente, a partir da previsão da cláusula geral de tutela da pessoa humana, alçada à categoria de fundamento da República na Constituição Federal de 1988 (art. 1º, III),[27] que repercutiu nos institutos tradicionais do direito privado, como a propriedade e os contratos, funcionalizando-os à realização dos valores constitucionais.

Sob tal perspectiva, as situações jurídicas subjetivas passaram a ser compreendidas, em sua complexidade, como um feixe estrutural no qual podem coexistir direitos subjetivos, potestativos, deveres jurídicos, faculdades e ônus, todos direcionados a atender funcionalmente a determinado interesse que, em abstrato, o ordenamento jurídico considerou relevante para a concretização de valores constitucionais.[28] Ressalte-se, nesse sentido, "a superação da própria concepção tradicional de direito subjetivo, entendido como o poder reconhecido pelo ordenamento ao sujeito para realização de interesse próprio, finalizado em si mesmo".[29]

Em decorrência, em cada polo da relação jurídica (que constitui o elo entre situações jurídicas subjetivas), os direitos são acompanhados de deveres, cabendo ao titular da situação jurídica subjetiva complexa exercê-los em conformidade com o substrato axiológico que os fundamenta.[30]

---

permitindo a purga da mora, quando requerida no prazo para a contestação do pedido de despejo, nem por isso acoberta o abuso do direito, concretizado na conduta do locatário que, reiteradamente, protela o pagamento do aluguel. A emenda da mora e oportunidade que a lei do inquilinato arma em favor do locatário; atenda a uma premência econômica que deve ser rigorosamente justificada, sem abrir ensejo a um privilégio odioso, em detrimento do legítimo interesse do locador em auferir sua renda dentro do prazo contratual".

[27] "Art. 1º. A República Federativa do Brasil, formada pela união indissolúvel dos Estados e Municípios e do Distrito Federal, constitui-se em Estado Democrático de Direito e tem como fundamentos: (...) III – a dignidade da pessoa humana".

[28] Assim orienta Thiago Rodovalho, ao destacar que "conquanto possamos imaginar situações jurídicas *simples* (gerando apenas direitos ou apenas deveres), a realidade é que, em verdade, a imensa maioria das situações jurídicas que vivenciamos será de situações jurídicas *complexas*, ou seja, que encerrarão aos titulares das posições jurídicas tanto direitos quanto deveres, ainda que haja predominância dum ou doutro em cada polo" (RODOVALHO, Thiago. *Abuso de direito e direitos subjetivos*. São Paulo: Editora Revista dos Tribunais, 2011. p. 48).

[29] TEPEDINO, Gustavo. *Comentários ao novo Código Civil*: direito das coisas. São Paulo: Saraiva, 2011. v. 14, p. 242-243.

[30] Nessa seara, o Prof. Francisco Viégas anota que "a noção de situação jurídica afigura-se mais consentânea com a leitura contemporânea do direito contratual – caracterizado pelo influxo solidarista – tendo em vista que compreende direitos (subjetivos, potestativos etc.) cujo exercício vem acompanhado de deveres, afastando-se a vetusta concepção que admitia posições de poder absoluto do titular" (VIÉGAS, Francisco de Assis. *Denúncia*

Nesse cenário, a teoria do abuso do direito é projetada para funcionar como mecanismo de *controle interno de conformidade* do exercício da situação jurídica subjetiva, avaliando-se se, em concreto, esta é exercida para realizar funcionalmente o interesse em razão do qual foi atribuída ao seu titular.[31] Com efeito, os atos de autonomia estão sujeitos a controle valorativo, de modo que só merecem tutela enquanto concretizarem interesses dignos de proteção pelo ordenamento.

Em consonância com as previsões da Constituição da República, os critérios objetivos de aferição do abuso de direito foram disciplinados expressamente pelo art. 187, do Código Civil de 2002, segundo o qual "também comete ato ilícito o titular de um direito que, ao exercê-lo, excede manifestamente os limites impostos pelo seu fim econômico ou social, pela boa-fé ou pelos bons costumes".[32] A melhor doutrina explica que, em razão da autonomia do abuso de direito, a expressão *"ato ilícito"* do dispositivo deve ser compreendida como ato *antijurídico*, a fim de consagrar a autonomia entre o ato ilícito *stricto sensu*, decorrente da violação a preceitos jurídicos, e o abuso de direito, atinente à violação objetiva e axiológica no exercício da situação jurídica subjetiva.[33]

O abuso do direito é caracterizado, portanto, pelo exercício disfuncional de determinada situação jurídica subjetiva, verificado em três hipóteses autônomas, quais sejam a atuação em desconformidade funcional com (i) a finalidade econômica ou social do direito; (ii) a

---

contratual e dever de pré-aviso. Belo Horizonte: Fórum, 2019. p. 106). No mesmo sentido, v. os ensinamentos do Prof. Eduardo Nunes de Souza: "A noção de situação jurídica complexa costuma ser invocada com frequência no estudo dos reflexos do solidarismo constitucional sobre a autonomia privada. De fato, a compreensão de que princípios como a função social passaram a conformar internamente os direitos individuais (superando-se a concepção liberal segundo a qual os direitos subjetivos apenas se limitavam excepcional e externamente pelo controle de legalidade) sublinhou a existência de deveres jurídicos mesmo no âmbito de situações jurídicas classicamente vistas como ativas, a justificar a referência à 'complexidade' de tais situações" (SOUZA, Eduardo Nunes de. Situações jurídicas subjetivas: aspectos controversos. *In*: Civilistica.com, a. 4, n. 1, 2015. Disponível em: https://civilistica.emnuvens.com.br/redc/article/view/207. Acesso em 27 jan. 2021).

[31] Na hipótese em que, na relação jurídica complexa, há outros interesses conflitantes a serem realizados, haverá o *controle externo de conformidade* do exercício da situação jurídica subjetiva, no âmbito do qual se realiza o exercício de ponderação para verificação de qual interesse prevalece em concreto. Tal análise, é, portanto, posterior à análise de conformidade interna, quando se verifica a incidência da teoria do abuso de direito.

[32] A previsão do art. 187, Código Civil, foi inspirada na redação do art. 334, do Código Civil Português, o qual destaca que: "É ilegítimo o exercício de um direito, quando o titular exceda manifestamente os limites impostos pela boa fé, pelos bons costumes ou pelo fim social ou econômico desse direito".

[33] Sobre o ponto, cf. TEPEDINO, Gustavo; BARBOZA, Heloisa Helena; BODIN DE MORAES, Maria Celina. *Código Civil interpretado conforme a Constituição da República*. 3. ed. Rio de Janeiro: Renovar, 2014. v. 1, p. 346.

boa-fé objetiva; ou (iii) os bons costumes.[34] Caso seja verificada a sua ocorrência sob a perspectiva objetivo-finalística,[35] o ato praticado será ineficaz, acarretando comumente o desfazimento integral dos seus efeitos, cabendo, ainda, ao agente, indenizar os danos dele decorrentes, se houver.[36]

No que tange aos direitos potestativos – apesar de, estruturalmente e individualmente considerados, conferirem ao seu titular a prerrogativa contratual ou legal de constituir, modificar ou extinguir uma situação subjetiva, ainda que isso implique interferência na esfera jurídica de outro sujeito – tem-se admitido, acertadamente, que estes também sofrem limitações impostas pela ordem constitucional, inclusive no que tange ao controle funcional do seu exercício, eis que se caracterizam como espécie de situação jurídica subjetiva.[37] Sob viés relacional, tal controle funcional pode se dar, inclusive, "por meio das demais obrigações que

---

[34] A aplicação dos requisitos do art. 187, Código Civil, se dá, porém, muitas vezes, de forma atécnica na prática jurisprudencial e sem resguardar a individualidade que cada um desses requisitos possui.

[35] Nesse sentido, v. Enunciado nº 37 da I Jornada de Direito Civil do Conselho da Justiça Federal: "A responsabilidade civil decorrente do abuso do direito independe de culpa e fundamenta-se somente no critério objetivo-finalístico".

[36] Sobre os efeitos do abuso de direito, v. a lição de António Menezes Cordeiro: "O abuso do direito reside na disfuncionalidade de comportamentos jurídico-subjetivos por, embora consentâneos com normas jurídicas permissivas concretamente em causa, não confluírem no sistema em que estas se integrem. O abuso do direito, nas suas múltiplas manifestações, é um instituto puramente objetivo. Quer isto dizer que ele não depende de culpa do agente nem, sequer, de qualquer específico elemento subjetivo. Evidentemente: a presença ou a ausência de tais elementos poderão, depois, contribuir para a definição das consequências do abuso. (...) As consequências podem ser variadas: – a supressão do direito: é a hipótese comum, designadamente na suppressio; – a cessação do concreto exercício abusivo, mantendo-se, todavia, o direito; – um dever de restituir, em espécie ou um equivalente pecuniário; – um dever de indemnizar, quando se verifiquem os pressupostos de responsabilidade civil, com relevo para a culpa" (CORDEIRO, Antônio Menezes. Do abuso de direito: estado das questões perspectivas. In: *Revista da Ordem dos Advogados Portugueses*, v. II, a 65, set. 2005. Disponível em: https://portal.oa.pt/publicacoes/revista/ano-2005/ano-65-vol-ii-set-2005/artigos-doutrinais/antonio-menezes-cordeiro-do-abuso-do-direito-estado-das-questoes-e-perspectivas-star/. Acesso em 29 jan. 2021).

[37] V., por todos: PERLINGIERI, Pietro. *Perfis do direito civil*: introdução ao direito civil constitucional. (Trad. Maria Cristina de Cicco). Rio de Janeiro: Renovar, 2002. p. 123: "O chamado direito potestativo, dito também direito discricionário ou poder formativo, *representa uma situação subjetiva*, cujo exercício determina uma vicissitude de uma relação jurídica: o titular do chamado poder formativo pode unilateralmente constituir, modificar ou extinguir uma situação subjetiva, apesar de isso implicar uma interferência na esfera jurídica de outro sujeito, impossibilitado de evitar, em termos jurídicos, o exercício do poder" (grifou-se).

compõem, ao seu lado, a relação jurídica, em harmonia com a noção de situação jurídica subjetiva".[38]

Não encontra guarida na legalidade constitucional, portanto, a visão da doutrina tradicional que relacionava o abuso de direito ao controle exclusivo de direitos subjetivos.[39] Assim ensina o Prof. Pietro Perlingieri ao afirmar que "o não exercício e o exercício segundo modalidades diversas daquelas que derivam da função da situação subjetiva [qualquer delas] devem ser considerados abuso", inclusive no que tange aos direitos potestativos.[40]

Tal entendimento não autoriza, porém, a "hiperbolização desse controle funcional", o que, nas palavras do Prof. Gustavo Tepedino, reduziria "o direito potestativo à atuação sujeita à sindicância crescente de movimentação casuística, capaz de transformar a prerrogativa contratual, legitimamente conferida, em ato necessariamente motivado e com eficácia condicionada".[41] Afinal, a própria natureza do direito potestativo exige que o seu titular não dependa da conduta de outrem ou de motivação para o exercício e eficácia de sua posição jurídica, o que deve ser considerado pelo intérprete quando da aplicação da teoria do abuso do direito.

Dessa forma, ainda segundo o Professor, "uma vez estabelecida a validade e o merecimento de tutela da posição contratual, somente excepcionalmente parece possível identificar a abusividade no exercício de direito potestativo",[42] sendo seus principais expoentes a criação, na contraparte, de legítimas expectativas decorrentes de comportamento perpetrado no curso da relação contratual e a incidência da teoria do adimplemento substancial – ambas resultantes da aplicação do princípio da boa-fé objetiva. Sendo assim, é imprescindível ao estudo do abuso do direito potestativo compreender sobretudo tais teorias, amparadas

---

[38] VIÉGAS, Francisco de Assis. *Denúncia contratual e dever de pré-aviso*. Belo Horizonte: Fórum, 2019. p. 109.

[39] Nesse sentido: "Mas, sôbre o que não pode haver dúvida é que todo direito subjetivo é reconhecido a uma pessoa para a realização de um certo fim socialmente útil, embora o interêsse juridicamente protegido seja individual, de sorte que se o titular de um direito desvia-o do fim que o justifica, comete um ato ilícito e torna-se responsável" (SANTOS, J. M. Carvalho. *Código Civil Brasileiro Interpretado principalmente do ponto de vista prático*: parte geral (arts. 114-179). 9. ed. Rio de Janeiro: Livraria Freitas Bastos, 1963. v. III, p. 341).

[40] PERLINGIERI, Pietro. *Perfis do direito civil*: introdução ao direito civil constitucional. (Trad. Maria Cristina de Cicco). Rio de Janeiro: Renovar, 2002. p. 122.

[41] TEPEDINO, Gustavo. Editorial. In: *Revista Brasileira de Direito Civil – RBDCivil*, Belo Horizonte, v. 25, p. 13-15, jul./set. 2020. p. 13-15.

[42] TEPEDINO, Gustavo. Editorial. In: *Revista Brasileira de Direito Civil – RBDCivil*, Belo Horizonte, v. 25, p. 13-15, jul./set. 2020. p. 13-15.

pela prática jurisprudencial, as quais serão melhor explicitadas nos itens que se seguem.

4 Abuso de direito potestativo e boa-fé objetiva: quebra de legítimas expectativas suscitadas na contraparte

Como se sabe, com fulcro na doutrina alemã, confere-se à boa-fé objetiva três funções essenciais, quais sejam (i) a interpretativa do negócio jurídico; (ii) a criadora de deveres anexos; e (iii) a restritiva do exercício abusivo de posições jurídicas, sendo esta última atrelada à vedação imposta pelo art. 187, Código Civil. Para além de tal sistematização, auxiliar o intérprete na aplicação do princípio da boa-fé objetiva de forma autônoma, evitando o seu uso desmedido em conjunto com outros princípios – o que lhe retiraria a sua utilidade própria –, ela também elucida que, embora a boa-fé objetiva configure fundamento para a aferição do abuso de direito, com este não se confunde.

Com efeito, por mais que o ordenamento jurídico brasileiro estabeleça um ponto tangencial entre a boa-fé objetiva e o abuso de direito, não se pode afirmar que estes configuram figuras idênticas, considerando que a boa-fé também desempenha outras duas funções relevantes e, de outra parte, o abuso de direito é aferido, autonomamente, por meio de dois critérios axiológicos normativos adicionais, quais sejam o fim econômico ou social e os bons costumes.[43]

No que importa à presente análise, destaque-se que a função limitadora ou negativa do exercício abusivo de posições jurídicas, exercida pela boa-fé objetiva, impõe que os contratantes exerçam funcionalmente as suas posições jurídicas, em conformidade com vetores axiológicos do ordenamento jurídico. Tal análise não pode ser feita, *a priori*, exigindo-se a avaliação das circunstâncias fáticas em concreto que permitam "descobrir, por detrás de uma atuação *formalmente* adequada, a ilicitude [*lato sensu*], no exercício".[44]

---

[43] Nesse sentido, v. as lições de Anderson Schreiber: "Conclui-se, ao menos à luz do direito positivo brasileiro, que a boa-fé objetiva e o abuso do direito são conceitos autônomos, figuras distintas, mas não mutuamente excludentes, círculos secantes que se combinam naquele campo dos comportamentos tornados inadmissíveis (abusivos) por violação ao critério da boa-fé" (SCHREIBER, Anderson. *A proibição de comportamento contraditório*: tutela da confiança e *venire contra factum proprium*. 4. ed. São Paulo: Atlas, 2016. p. 78).

[44] MARTINS-COSTA, Judith. *A boa-fé no direito privado*: critérios para a sua aplicação. 2. ed. São Paulo: Saraiva Educação, 2018. p. 670.

Nesse particular, o princípio da boa-fé objetiva se associa, de antemão, à proteção da confiança nas relações contratuais, buscando-se resguardar as legítimas expectativas suscitadas em uma das partes que decorram do próprio comportamento da contraparte no decorrer da execução do contrato. Protege-se, assim, a legítima expectativa do contratante que, a partir do comportamento reiterado da contraparte, confiou que esta se comportaria de determinada forma com vistas à consecução do escopo comum pretendido pelas partes.

Nessa seara, a boa-fé objetiva, para além de constituir norma de conduta imposta aos contratantes – que, com fulcro notadamente no valor social da livre iniciativa e da solidariedade social (arts. 1º, IV;[45] 3º, I;[46] 170, caput,[47] da Constituição Federal), possuem deveres de colaboração e lealdade para a concretização do objetivo comum almejado pelo contrato –, também limita funcionalmente o exercício das posições contratuais, por meio de controle negativo, o que perpassa pelo respeito às legítimas expectativas suscitadas pelo comportamento das partes.

Nesse contexto, as figuras parcelares da boa-fé revelam-se instrumentos relevantes, por identificarem "padrões de conduta abusiva com caracteres distintivos próprios" e, assim, lançarem luzes ao intérprete no momento de verificar a razão pela qual o exercício de determinada situação jurídica subjetiva viola, em concreto, as legítimas expectativas suscitadas na contraparte. Trata-se, pois, de verdadeiros "*topoi* argumentativos proveitosos na concretização da boa-fé".[48]

Situam-se dentre tais figuras, por exemplo, (i) a tutela da confiança despertada na contraparte por comportamento prévio, conforme sintetizado no aforismo romano *nemo potest venire contra factum proprium*;[49]

---

[45] Art. 1º, IV, da Constituição Federal: "A República Federativa do Brasil, formada pela união indissolúvel dos Estados e Municípios e do Distrito Federal, constitui-se em Estado Democrático de Direito e tem como fundamentos: (...) IV – os valores sociais do trabalho e da livre iniciativa".

[46] Art. 3º, I, da Constituição Federal: "Constituem objetivos fundamentais da República Federativa do Brasil: I – construir uma sociedade livre, justa e solidária".

[47] Art. 170, caput, da Constituição Federal: "A ordem econômica, fundada na valorização do trabalho humano e na livre iniciativa, tem por fim assegurar a todos existência digna, conforme os ditames da justiça social, observados os seguintes princípios: (...)".

[48] TEPEDINO, Gustavo. Formação progressiva dos contratos e responsabilidade pré-contratual: notas para uma sistematização. *In*: BENETI, Giovana Valentiniano *et al.* (Coords.). *Direito, cultura, método*: leituras da obra de Judith Martins-Costa. Rio de Janeiro: GZ Editora, 2019. p. 586-604.

[49] Veja-se na doutrina: "A tutela da confiança atribui ao venire um conteúdo substancial, no sentido de que deixa de se tratar de uma proibição à incoerência por si só, para se tornar um princípio de proibição à ruptura da confiança, por meio da incoerência. A incompatibilidade ou contradição de comportamentos em si deixa de ser vista como o objeto da repressão para passar a ser tão somente o instrumento pelo qual se atenta contra aquilo que verdadeiramente

(ii) o *tu quoque*, segundo o qual é ilegítimo que o contratante exija da contraparte a observância de norma legal ou contratual por ele previamente violada ou que, após tal violação, o contratante exerça a posição jurídica que lhe era assegurada;[50] e (iii) a *supressio*, consistente na perda do direito quando o seu titular não o exerce de forma reiterada, por significativo lapso temporal, suscitando, por meio de seu comportamento, a percepção de renúncia ao direito e gerando benefícios *àquele* que confiou no seu não exercício.[51]

Salienta-se, porém, que não se objetiva com tais figuras inibir a mera inércia do contratante dentro do prazo decadencial – o que, segundo o Prof. Gustavo Tepedino, configuraria simples impressão subjetiva –, mas sim, a quebra de legítima expectativa que decorra de comportamentos concretos que alterem a expectativa legal ou contratual previamente suscitada na contraparte.[52]

Nessa esteira, o Superior Tribunal de Justiça, ao avaliar hipótese em que o ex-empregador, por mera liberalidade, manteve seu ex-empregado e a esposa como beneficiários de plano de saúde coletivo empresarial mesmo após o rompimento do vínculo empregatício, estabeleceu a

---

se protege: a legítima confiança depositada por outrem, em consonância com a boa-fé, na manutenção do comportamento inicial" (SCHREIBER, Anderson. A *proibição de comportamento contraditório*: tutela da confiança e *venire contra factum proprium*. 4. ed. São Paulo: Atlas, 2016. p. 101).

[50] Na lição de Antônio Menezes Cordeiro: "A fórmula *tu quoque* traduz, com generalidade, o aflorar de uma regra pela qual a pessoa que viole uma norma jurídica não poderia, sem abuso, exercer a situação jurídica que essa mesma norma lhe tivesse atribuído. Está em jogo um vector axiológico intuitivo, expresso em brocardos como *turpitudinem suam allegans non auditur* ou *equity must come with clean hands*. A sua aplicação requer a maior cautela. Fere as sensibilidades primárias, ética e jurídica, que uma pessoa possa desrespeitar um comando e, depois, vir a exigir a outrem o seu acatamento" (CORDEIRO, Antônio Menezes. *Da boa fé no direito civil*. Lisboa: Almedina, 2001. p. 837).

[51] Luciano de Camargo Penteado elucida o conceito da *supressio*: "A razão desta supressão seria a de que teria o comportamento da parte gerado em outra a representação de que o direito não seria mais atuado. A tutela da confiança, desta forma, imporia a necessidade de vedação ao comportamento contraditório" (PENTEADO, Luciano de Camargo. Figuras Parcelares da Boa-Fé Objetiva e Venire Contra Factum Proprium. *In: Revista de Direito Privado*, v. 27, p. 252, jul. 2006). Na jurisprudência do Superior Tribunal de Justiça: "O instituto da 'supressio' indica a possibilidade de se considerar suprimida uma obrigação contratual, na hipótese em que o não-exercício do direito correspondente, pelo credor, gere no devedor a justa expectativa de que esse não-exercício se prorrogará no tempo. (...) Recurso especial parcialmente provido" (STJ. REsp nº 953389/SP, 3ª T, Rel. Min. Nancy Andrighi, julg. 23.2.2010).

[52] Nas palavras de Gustavo Tepedino: "(...) a expectativa somente poderá ser considerada hábil a conferir confiança quanto ao não exercício de direito formativo (que poderá alcançar, no limite, a supressio, ou seja, a renúncia da prerrogativa unilateral) quando acompanhada de atos concretos de reversão da expectativa legal ou contratual de que o direito poderia ser, a qualquer momento, livremente exercido" (TEPEDINO, Gustavo. Editorial. *In: Revista Brasileira de Direito Civil – RBDCivil*, Belo Horizonte, v. 25, p. 13-15, jul./set. 2020. p. 13-15).

inviabilidade da retirada dos beneficiários após decorrido o prazo de 10 (dez) anos, por incidência da *supressio*, considerando que o comportamento reiterado do ex-empregador suscitou no ex-empregado a legítima expectativa de que este não mais perderia o benefício auferido.[53]

No âmbito do exercício de direitos potestativos, o comportamento abusivo do titular que fere a confiança gerada na contraparte é comumente verificado pela doutrina e jurisprudência, no exercício de direitos extintivos da relação contratual, que não podem constituir elementos arbitrários em detrimento da proteção das expectativas legitimamente despertadas quanto à continuidade da relação.[54]

No que tange ao direito de resilição unilateral de contrato por prazo indeterminado, por exemplo, a denúncia há de ser precedida de pré-aviso razoável, em consonância com o art. 473, parágrafo único, Código Civil,[55] a fim de que o contratante possa amortizar os investimentos efetuados em razão da confiança que detinha na manutenção da relação contratual, sob pena de configurar abuso de direito.

Assim destacou o Superior Tribunal de Justiça ao indicar que a mera previsão contratual que confere a possibilidade de resilição por qualquer dos contratantes não atribui, por si só, legitimidade à resilição

---

[53] Leia-se na ementa: "O abuso do direito – aqui caracterizado pela supressio – é qualificado pelo legislador como espécie de ato ilícito (art. 187 do CC/2002), no qual, em verdade, não há desrespeito à regra de comportamento extraída da lei, mas à sua valoração; o agente atua conforme a legalidade estrita, mas ofende o elemento teleológico que a sustenta, descurando do dever ético que confere a adequação de sua conduta ao ordenamento jurídico. 12. Hipótese excepcional em que, por liberalidade do ex-empregador, o ex-empregado e sua esposa, assumindo o custeio integral, permaneceram vinculados ao contrato de plano de saúde por prazo que supera – e muito – o previsto no art. 30, §1º, da Lei nº 9.656/1998, despertando nestes a confiança de que não perderiam o benefício, de tal modo que sua exclusão agora, quando já passados 10 anos, e quando já contam com idade avançada, torna-se inviável, segundo o princípio da boa-fé objetiva" (STJ. REsp nº 1879503/RJ, 3ª T., Rel. Min. Nancy Andrighi, julg. 15.9.2020).

[54] Nas palavras da Professora Judith Martins-Costa, em tais casos, "o outro sujeito da relação jurídica nada pode fazer para impedir o efeito extintivo: está irremediavelmente sujeito ao exercício do direito formativo e aos consequentes efeitos. Bem por isso, são reprimidas as condutas arbitrárias e caprichosas no exercício do direito de pôr fim à relação" (MARTINS-COSTA, Judith. *A boa-fé no direito privado*: critérios para a sua aplicação. 2. ed. São Paulo: Saraiva Educação, 2018. p. 735).

[55] Art. 473, parágrafo único, do Código Civil: "A resilição unilateral, nos casos em que a lei expressa ou implicitamente o permita, opera mediante denúncia notificada à outra parte. Parágrafo único. Se, porém, dada a natureza do contrato, uma das partes houver feito investimentos consideráveis para a sua execução, a denúncia unilateral só produzirá efeito depois de transcorrido prazo compatível com a natureza e o vulto dos investimentos".

unilateral e imotivada de contrato que vinha sendo cumprido regularmente, gerando resultados acima do esperado, antes da amortização dos investimentos.[56]

Ressalte-se, nesse aspecto, que, embora a literalidade do art. 473, parágrafo único, Código Civil condicione a produção dos efeitos da denúncia à amortização de investimentos consideráveis, dada a natureza do contrato, a melhor doutrina ressalta que não se pode restringir a incidência do princípio da boa-fé a esta hipótese, na medida em que aquilo que se busca preservar são as legítimas expectativas suscitadas quanto à continuidade do vínculo, independentemente da existência de custos incorridos pelas partes.[57]

Em consequência, é possível afirmar que o exercício do direito potestativo de resilir, ainda que autorizado por lei ou consensualmente, pode configurar abuso de direito quando a denúncia unilateral for realizada sem observância do período razoável de aviso prévio, tendo o comportamento de um dos contratantes suscitado no outro a legítima expectativa na manutenção da relação contratual, a prescindir da efetuação de vultuosos investimentos.

Ainda no âmbito da extinção do vínculo contratual, também o direito à resolução por inadimplemento, atribuído à parte que perde o interesse útil na prestação em razão do descumprimento de determinada obrigação pela contraparte (art. 395, parágrafo único, Código Civil),[58] sofre controle funcional, não podendo ser exercido em contrariedade ao princípio da boa-fé objetiva.

---

[56] Lê-se no julgado de relatoria do Min. Luis Felipe Salomão: *"Estando claro, nos autos, que o comportamento das recorridas, consistente na exigência de investimentos certos e determinados como condição para a realização da avença, somado ao excelente desempenho das obrigações pelas recorrentes, gerou legítima expectativa de que a cláusula contratual que permitia a qualquer dos contratantes a resilição imotivada do contrato, mediante denúncia, não seria acionada naquele momento, configurado esta o abuso do direito e a necessidade de recomposição de perdas e danos, calculadas por perito habilitado para tanto"* (STJ. REsp nº 1.555.202/SP, 4ª T., Rel. Min. Luis Felipe Salomão, julg. 13.12.2016; grifou-se).

[57] Assim anota o Prof. Francisco Viégas: "Desse modo, reconhecendo-se o fundamento do dever de pré-aviso no princípio de boa-fé, forçoso admitir sua manifestação em outras hipóteses que não a do art. 473, parágrafo único, do Código Civil. *Sempre que verificada a legítima expectativa de continuidade da relação contratual – o que, a rigor, constitui a regra nas relações duradouras por tempo indeterminado – a denúncia deve vir acompanhada do aviso prévio, sob pena de desconformidade à boa-fé objetiva*" (VIÉGAS, Francisco de Assis. *Denúncia contratual e dever de pré-aviso*. Belo Horizonte: Fórum, 2019. p. 135-136; grifou-se).

[58] Art. 395, parágrafo único, do Código Civil: "Responde o devedor pelos prejuízos a que sua mora der causa, mais juros, atualização dos valores monetários segundo índices oficiais regularmente estabelecidos, e honorários de advogado. Parágrafo único. Se a prestação, devido à mora, se tornar inútil ao credor, este poderá enjeitá-la, e exigir a satisfação das perdas e danos".

Nesse particular, o Prof. Anderson Schreiber exemplifica a hipótese em que determinado credor está envolvido em negociações amigáveis para a restruturação da dívida a cargo do devedor, gerando expectativas legítimas quanto à continuidade da relação apesar dos valores inadimplidos, e, repentinamente, propõe uma ação judicial exercendo o seu direito contratualmente previsto de pleitear a resolução do contrato e o pagamento da multa em valor previamente estipulado.[59] Para o Professor, o exercício do direito de resolução poderia ser compreendido como abusivo em tal hipótese, pois o credor não considerou os interesses e as expectativas legítimas gerados na outra parte, que empreendia tempo e esforços na tentativa de reestruturar o débito.

É preciso, porém, haver cautela para que o abuso de direito não sirva equivocadamente como instrumento de flexibilização ilegítima das prerrogativas conferidas ao titular do direito potestativo que, como já destacado, é exercido a seu critério, em situações em que não há mais o interesse útil na prestação ou a necessidade de preservação de legítimas expectativas quanto à manutenção da relação contratual.

5 Ainda sob a vertente do princípio da boa-fé objetiva: o controle de abusividade na hipótese de adimplemento substancial

A segunda hipótese frequentemente associada ao exercício abusivo de direitos potestativos refere-se à doutrina do adimplemento substancial, desenvolvida como vertente do princípio da boa-fé objetiva. Tanto a doutrina[60] quanto a jurisprudência[61] admitem a aplicação da teoria do adimplemento substancial para modular remédios em favor do credor no caso de inadimplemento – como, por exemplo, no caso da exceção do contrato não cumprido –, mas é no campo da resolução contratual que a teoria ganha destaque especial.

---

[59] SCHREIBER, Anderson. A *proibição de comportamento contraditório*: tutela da confiança e *venire contra factum proprium*. 4. ed. São Paulo: Atlas, 2016. p. 58-59.

[60] SCHREIBER, Anderson. A tríplice transformação do adimplemento: adimplemento substancial, adimplemento antecipado e outras figuras. In: *Revista Trimestral de Direito Civil*, v. 32, p. 19-23, out./dez. 2007. p. 22-23.

[61] Nesse sentido, observa-se que, no julgamento do Recurso Especial nº 1.215.289, o Ministro Relator Sidnei Benetti defendeu que os institutos da exceção do contrato não cumprido e do adimplemento substancial "coexistem perfeitamente, podendo ser identificados sem ofensa à segurança jurídica decorrente da autonomia privada" (STJ. Resp nº 1215289/SP, 3ª T., Rel. Min. Sidney Beneti, julg. 5.2.2013. p. 8).

A doutrina do adimplemento substancial retrata a hipótese em que o oferecimento de prestação, a despeito de não configurar adimplemento nos exatos termos pactuados pelas partes, é capaz de obstar a resolução da relação obrigacional pela contraparte, em razão do cumprimento substancial do conteúdo acordado, sob perspectiva qualitativa.[62] Em outras palavras, se o devedor inadimplente desempenhou substancialmente as prestações pactuadas, tornando viável a satisfação do credor, não se pode admitir a resolução, sob pena de constituir abuso de direito (art. 187, Código Civil).

Com efeito, sob viés da interpretação sistemática e finalística do ordenamento, o critério do interesse útil do credor deve ser avaliado objetivamente à luz do princípio da boa-fé objetiva e da conservação dos contratos, mantendo-se o negócio que, após valoração qualitativa das prestações desempenhadas pelo devedor, é tido como adimplido substancialmente. A teoria do adimplemento substancial almeja, assim, tutelar a confiança legítima da parte que, tendo efetivamente descumprido em alguma medida o contrato, é surpreendida com o remédio drástico da resolução, enquanto este se revela desproporcional ao adimplemento ocorrido e à confiança despertada no devedor no que tange à continuidade da relação contratual.[63]

Entende-se, assim, que o direito à resolução contratual, ainda que se trate de direito potestativo, encontra-se subordinado aos limites impostos pelo controle funcional, não podendo ser exercido de forma arbitrária.

Na doutrina italiana encontra-se, nas palavras de Enzo Roppo, que "a possibilidade de resolver o contrato por não cumprimento é, em todo caso, subordinada a uma condição: que o não cumprimento não tenha 'escassa importância', atendendo ao interesse da parte que o sofre".[64] Seguindo essa linha de raciocínio, Roppo pontua que seria absurdo e injusto permitir que cada parte fosse legitimada a resolver o contrato "tomando por pretexto toda mínima e insignificante inexatidão na execução da outra parte".[65] Para o autor, seria necessário que o

---

[62] Sobre o ponto, v. TEPEDINO, Gustavo. Editorial. In: *Revista Brasileira de Direito Civil – RBDCivil*, Belo Horizonte, v. 25, p. 13-15, jul./set. 2020. p. 13-15.

[63] SCHREIBER, Anderson. A tríplice transformação do adimplemento: adimplemento substancial, adimplemento antecipado e outras figuras. In: *Revista Trimestral de Direito Civil*, v. 32, p. 19-23, out./dez. 2007. p. 19-21.

[64] ROPPO, Enzo. *O contrato*. (Trad. Ana Coimbra; M. Januário C. Gomes). Coimbra: Almedina, 2009. p. 266.

[65] ROPPO, Enzo. *O contrato*. (Trad. Ana Coimbra; M. Januário C. Gomes). Coimbra: Almedina, 2009. p. 266.

inadimplemento do devedor, invocado pelo credor, fosse razoavelmente sério e grave, prejudicando substancialmente o seu interesse.[66]

Destaque-se que, mesmo na presença de cláusula resolutiva expressa, por meio da qual as partes estipulam consensualmente as obrigações cujo inadimplemento autoriza a resolução contratual (por haver perda do interesse útil do credor), poderá incidir a teoria do adimplemento substancial.[67]

Em tais casos, porém, como a resolução opera de pleno direito (art. 474, Código Civil), surtindo efeitos mediante simples notificação à contraparte,[68] caberá ao devedor levar a discussão ao Judiciário, sendo gerados efeitos meramente declaratórios, já que a resolução, via de regra, já terá ocorrido.[69]

Questiona-se, ainda, se o descumprimento das obrigações previstas na cláusula resolutiva expressa implicam sempre hipóteses de inadimplemento absoluto, a acarretar a resolução contratual, ou se é possível que tal descumprimento acarrete mero inadimplemento relativo à luz das circunstâncias em concreto, hipótese em que sequer surgiria o direito à resolução.

A despeito de a cláusula resolutiva expressa prever obrigações supostamente imprescindíveis à realização da função econômico-individual do negócio, de modo que se presume a sua essencialidade, a Professora Aline Terra menciona a importância de se averiguar a relevância de tais obrigações à luz do concreto regulamento de interesses.[70] No mesmo sentido, Mariana Siqueira ressalta que é relativa a presunção de que a cláusula resolutiva aponta, previamente, as obrigações essenciais, cujo inadimplemento fulmina o interesse útil do credor.[71]

---

[66] ROPPO, Enzo. *O contrato*. (Trad. Ana Coimbra; M. Januário C. Gomes). Coimbra: Almedina, 2009. p. 266.

[67] SIQUEIRA, Mariana Ribeiro. O adimplemento substancial e a vedação ao direito abusivo de resolução contratual em instrumentos dotados de cláusula resolutiva expressa. *In*: TEPEDINO, Gustavo; OLIVA, Milena Donato (Coords.). *Teoria geral do direito civil*: questões controvertidas. Belo Horizonte: Fórum, 2019. p. 324.

[68] Confira-se, nesse sentido: STJ. Resp nº 94.628/SP, 2ª T., Rel. Min. Castro Meira, julg. 4.11.2004; e STJ. Resp nº 329.932/SP, 3ª T., Rel. Min. Nancy Andrighi, julg. 11.12.2001.

[69] TEPEDINO, Gustavo; KONDER, Carlos Nelson; BANDEIRA, Paula Greco. *Fundamentos do Direito Civil*: contratos. Rio de Janeiro: Forense, 2020. v. 3, p. 156.

[70] TERRA, Aline de Miranda Valverde. *Cláusula resolutiva expressa*. Belo Horizonte: Fórum, 2017. p. 75.

[71] SIQUEIRA, Mariana Ribeiro. O adimplemento substancial e a vedação ao direito abusivo de resolução contratual em instrumentos dotados de cláusula resolutiva expressa. *In*: TEPEDINO, Gustavo; OLIVA, Milena Donato (Coords.). *Teoria geral do direito civil*: questões controvertidas. Belo Horizonte: Fórum, 2019. p. 329-330.

Adotando-se como premissa que a relação obrigacional pode sofrer alterações no decorrer do tempo por circunstâncias externas e pelo comportamento das partes, seria possível admitir um controle a *posteriori* da resolução, a fim de se aferir se a obrigação descumprida é efetivamente capaz de privar o credor da utilidade da prestação, examinando-se (i) a essencialidade da obrigação; e (ii) se a obrigação tida como integrante da causa do contrato na sua celebração continua a manter, quando da resolução, a mesma importância frente à economia global do instrumento contratual.[72] Caso se verifique, em tal análise, que o descumprimento da obrigação prevista na cláusula resolutiva expressa não mais afeta o interesse útil do credor, sequer surgiria para este o direito à resolução, não havendo que se falar em exercício abusivo de tal direito.

Para além de tais questões, é importante frisar a dificuldade de valoração, em concreto, do inadimplemento, para fins de constituição da teoria do adimplemento substancial. Ao discorrer sobre o tema, o Prof. Anderson Schreiber aduz que o desafio da doutrina atual consistiria em fixar parâmetros que permitam ao Judiciário, quando intervir, averiguar se "o adimplemento afigura-se ou não significativo, substancial".[73] Nesse ponto, o posicionamento adotado pelas cortes brasileiras é criticado, destacando-se que, à guisa de suporte teórico robusto, estas têm "invocado o adimplemento substancial apenas em abordagem quantitativa", ignorando por completo que não há um "parâmetro numérico fixo que possa servir de divisor de águas entre o adimplemento substancial [e] o inadimplemento *tout court*".[74]

---

[72] SIQUEIRA, Mariana Ribeiro. O adimplemento substancial e a vedação ao direito abusivo de resolução contratual em instrumentos dotados de cláusula resolutiva expressa. *In*: TEPEDINO, Gustavo; OLIVA, Milena Donato (Coords.). *Teoria geral do direito civil*: questões controvertidas. Belo Horizonte: Fórum, 2019. p. 331.

[73] SCHREIBER, Anderson. A tríplice transformação do adimplemento: adimplemento substancial, adimplemento antecipado e outras figuras. *In*: *Revista Trimestral de Direito Civil*, v. 32, p. 19-23, out./dez. 2007. p. 19-21.

[74] SCHREIBER, Anderson. A tríplice transformação do adimplemento: adimplemento substancial, adimplemento antecipado e outras figuras. *In*: *Revista Trimestral de Direito Civil*, v. 32, p. 19-23, out./dez. 2007. p. 19-21. Na jurisprudência, veja-se exemplo de aplicação do critério quantitativo: "(...) a teoria do substancial adimplemento visa a impedir o uso desequilibrado do direito de resolução por parte do credor, preterindo desfazimentos desnecessários em prol da preservação da avença, com vistas à realização dos princípios da boa-fé e da função social do contrato. 3. No caso em apreço, é de se aplicar a da teoria do adimplemento substancial dos contratos, porquanto o réu pagou: '31 das 36 prestações contratadas, 86% da obrigação total (contraprestação e VRG parcelado) e mais R$10.500,44 de valor residual garantido'. O mencionado descumprimento contratual é inapto a ensejar a reintegração de posse pretendida e, consequentemente, a resolução do contrato de

A título de exemplo, o Superior Tribunal de Justiça, quando do julgamento do Resp n.º 1581505/SC, elencou na ementa alguns requisitos para a configuração da teoria do adimplemento substancial, reforçando o critério quantitativo. O Ministro Relator Antônio Carlos Ferreira, ao proferir seu voto, destacou os seguintes parâmetros: (i) a existência de expectativas legítimas geradas pelo comportamento das partes; (ii) *o pagamento faltante ser ínfimo, considerando o total do negócio*; e (iii) a possibilidade de conservação da eficácia do negócio, sem prejuízo ao direito do credor de pleitear a quantia devida pelos meios ordinários.[75]

Sobre o ponto, o Prof. Gustavo Tepedino alerta para o risco de as decisões fundamentadas em valoração meramente quantitativa do cumprimento das prestações tornarem letra morta direitos e obrigações contratualmente previstos. Mencionou-se, exemplificativamente, a hipótese em que tão somente o número de prestações já cumpridas em vendas a prazo são consideradas para fins de obstar a resolução contratual.[76]

Para o eminente Professor, não é possível acolher esse entendimento, por desconsiderar 2 (dois) fatores primordiais: (i) o percentual do pagamento não necessariamente reflete a maior ou a menor satisfação do credor, devendo ser levado em consideração o conjunto fático e as cláusulas contratuais entabuladas entre as partes; e (ii) o interesse útil do credor deve ser extraído do programa que foi contratualmente pactuado, cuja obrigatoriedade é fundamental para a preservação da segurança jurídica, notadamente em razão do abrangente conceito de mora estabelecido pelo art. 394, do Código Civil.[77]

---

arrendamento mercantil, medidas desproporcionais diante do substancial adimplemento da avença" (STJ. Resp nº 1051270/RS, 4ª T., Rel. Min. Luis Felipe Salomão, julg. 4.8.2011).

[75] Na ementa: "Direito civil. Recurso especial. Rescisão contratual. Reintegração. Na posse. Indenização. Cumprimento parcial do contrato. Inadimplemento. Relevância. Teoria do adimplemento substancial. Inaplicabilidade na espécie. Recurso não provido. 1. O uso do instituto da substancial performance não pode ser estimulado a ponto de inverter a ordem lógico-jurídica que assenta o integral e regular cumprimento do contrato como meio esperado de extinção das obrigações. [...] 3. *A aplicação da Teoria do Adimplemento Substancial exigiria, para a hipótese, o preenchimento dos seguintes requisitos: a) a existência de expectativas legítimas geradas pelo comportamento das partes; b) o pagamento faltante há de ser ínfimo em se considerando o total do negócio; c) deve ser possível a conservação da eficácia do negócio sem prejuízo ao direito do credor de pleitear a quantia devida pelos meios ordinários* (...)" (STJ. REsp nº 1.581.505/SC, 4ª T., Rel. Min. Antônio Carlos Ferreira, julg. 18.8.2016; grifou-se).

[76] TEPEDINO, Gustavo. Editorial. In: *Revista Brasileira de Direito Civil – RBDCivil*, Belo Horizonte, v. 25, p. 13-15, jul./set. 2020. p. 14.

[77] TEPEDINO, Gustavo. Editorial. In: *Revista Brasileira de Direito Civil – RBDCivil*, Belo Horizonte, v. 25, p. 13-15, jul./set. 2020. p. 14.

Em texto dedicado à decisão do STJ referida anteriormente, as professoras Aline Terra e Gisela Sampaio ensinam que "os três requisitos apontados na ementa pouco acrescentam ao estudo da teoria, nem se prestam a servir de guia seguro para as decisões de 2ª instância".[78] As autoras também corroboram o entendimento de que, com base na dogmática obrigacional contemporânea, não seria adequado falar em inadimplemento absoluto como descumprimento da obrigação principal, mas sim, como o comportamento do devedor que impossibilitaria ou tornaria inútil a prestação ao credor.[79] Nesses termos, uma vez que se configure o adimplemento substancial por parte do devedor, não há que se falar em resolução do contrato.

Não obstante, denota-se em muitos casos que, ao se avaliar o interesse útil do credor, há uma tendência ao subjetivismo, o que gera dificuldades na solução judicial dos conflitos, além de abrir espaço para o arbítrio do credor. Nesse sentido, a orientação do Enunciado n.º 162, da III Jornada de Direito Civil auxilia a atividade interpretativa, ao dispor que: "A inutilidade da prestação que autoriza a recusa da prestação por parte do credor deverá ser aferida objetivamente, consoante o princípio da boa-fé e a manutenção do sinalagma, e não de acordo com o mero interesse subjetivo do credor".

Identificando-se que o ponto nodal da questão seria determinar *como* se realizar a aferição do potencial de utilidade que a prestação ainda tem para o credor – o seu interesse sobre a prestação –, e *quais* critérios de avaliação utilizar, o Prof. Gabriel Rocha Furtado sistematiza parâmetros objetivos para avaliação da gravidade do inadimplemento antes de ser deflagrada a consequência mais drástica da resolução. Segundo o autor, deve-se avaliar, em concreto, a (in)adequação temporal e espacial da prestação, a importância (o impacto) do inadimplemento na relação contratual, o comportamento das partes e a possibilidade de manutenção do sinalagma.[80] Nesse sentido, a averiguação da perda de utilidade de determinada prestação perpassa pela verificação casuística

---

[78] TERRA, Aline de Miranda Valverde; GUEDES, Gisela Sampaio da Cruz. Adimplemento substancial e tutela do interesse do credor: análise da decisão proferida no REsp nº 1.581.505. In: *Revista Brasileira de Direito Civil – RBDCivil*, Belo Horizonte, v. 11, p. 105-110, jan./mar. 2017. p. 105-106.

[79] TERRA, Aline de Miranda Valverde; GUEDES, Gisela Sampaio da Cruz. Adimplemento substancial e tutela do interesse do credor: análise da decisão proferida no REsp nº 1.581.505. In: *Revista Brasileira de Direito Civil – RBDCivil*, Belo Horizonte, v. 11, p. 105-110, jan./mar. 2017. p. 110.

[80] FURTADO, Gabriel Rocha. *Mora e inadimplemento substancial*. São Paulo: Atlas, 2014. p. 79-119.

da função negocial concreta do contrato que se pretende resolver, devendo-se considerar, ainda, o contexto à época do exercício do direito potestativo extintivo, a fim de se avaliar se o comportamento do credor é legítimo ou configura conduta abusiva.[81]

Ante o exposto, é possível concluir que, em caráter excepcional, admite-se a aplicação da teoria do adimplemento substancial, de modo a afastar condutas abusivas quanto ao exercício de direitos potestativos extintivos que contrariem expectativas legítimas geradas na contraparte. Nesse contexto, a fixação de critérios para a aferição qualitativa do adimplemento substancial assume relevância ímpar, devendo-se considerar, em todo caso, a função do contrato e a análise do conjunto fático e das cláusulas contratuais. O fio condutor que guia a incidência dessa teoria perpassa, ainda, pela necessária preservação da autonomia privada e de posições de vantagem consensualmente acordadas e tuteladas pelo ordenamento, sob pena de se banalizar a utilização do abuso do direito e se inverter a alocação de riscos estabelecida nas relações contratuais.

6 Notas conclusivas

Conforme exposto no presente estudo, o abuso do direito é uma figura relativamente recente na construção jurídica brasileira, alcançando maior destaque a partir da Constituição Federal de 1988, que alçou a cláusula geral de tutela da pessoa humana à categoria de fundamento da República (art. 1º, III). Sob tal perspectiva, o exercício das situações jurídicas patrimoniais foi funcionalizado à concretização dos valores existenciais previstos na tábua constitucional.

Nesse particular, o abuso de direito se propaga como instrumento de *controle interno do exercício da situação jurídica subjetiva*, verificando-se, em concreto, se esta é exercida em conformidade com o substrato-axiológico normativo que a fundamenta.

Os direitos potestativos – apesar de, estruturalmente e individualmente considerados, conferirem ao seu titular a prerrogativa contratual ou legal de constituir, modificar ou extinguir uma situação subjetiva, de forma unilateral – também sofrem limitações funcionais impostas pela ordem constitucional, eis que se caracterizam como espécie de situação jurídica subjetiva. No entanto, é preciso considerar que o abuso de direito potestativo incidirá em hipóteses excepcionais, sendo os seus

---

[81] FURTADO, Gabriel Rocha. *Mora e inadimplemento substancial*. São Paulo: Atlas, 2014. p. 24.

principais expoentes decorrentes da aplicação do princípio da boa-fé objetiva, segundo a prática jurisprudencial.

Em primeiro lugar, haverá abuso de direito potestativo quando este for exercido em violação às legítimas expectativas suscitadas em uma das partes, privilegiando-se a proteção da confiança. Sobre o ponto, revelam-se instrumentos relevantes à atividade do intérprete as figuras parcelares da boa-fé, como o *venire contra factum proprium*, o *tu quoque* e a *supressio*.

A segunda hipótese frequentemente associada ao exercício abusivo de direitos potestativos refere-se à doutrina do adimplemento substancial, segundo a qual o critério do interesse útil do credor deve ser avaliado objetivamente à luz do princípio da boa-fé objetiva e da conservação dos contratos, mantendo-se o negócio que, após valoração qualitativa das prestações desempenhadas pelo devedor, é tido como adimplido substancialmente.

Tais critérios auxiliam o intérprete a evitar a hiperbolização do controle funcional dos direitos potestativos, o que poderia transformar a prerrogativa contratual, legitimamente conferida, em ato com eficácia condicionada e necessariamente motivado, como indica o Prof. Gustavo Tepedino. Considerando que a própria natureza do direito potestativo exige que o seu titular não dependa da conduta de outrem ou de motivação para o exercício e a eficácia de sua posição jurídica, tal fato não pode ser desconsiderado pelo intérprete quando da aplicação da teoria do abuso do direito.

Referências

BEVILÁQUA, Clovis. *Código Civil dos Estados Unidos do Brasil comentado por Clovis Beviláqua*. 6. tir. ed. histórica. Rio de Janeiro: Editora Rio, 1975.

CARPENA, Heloísa. *Abuso do direito nos contratos de consumo*. Rio de Janeiro: Renovar, 2001.

CORDEIRO, Antônio Menezes. *Da boa fé no direito civil*. Lisboa: Almedina, 2001.

CORDEIRO, Antônio Menezes. Do abuso de direito: estado das questões perspectivas. *In*: *Revista da Ordem dos Advogados Portugueses*, v. II, a 65, set. 2005. Disponível em: https://portal.oa.pt/publicacoes/revista/ano-2005/ano-65-vol-ii-set-2005/artigos-doutrinais/antonio-menezes-cordeiro-do-abuso-do-direito-estado-das-questoes-e-perspectivas-star/. Acesso em 29 jan. 2021.

FONTES, André. *A pretensão como situação jurídica subjetiva*. Belo Horizonte: Del Rey, 2002.

FURTADO, Gabriel Rocha. *Mora e inadimplemento substancial*. São Paulo: Atlas, 2014.

LEMOS FILHO, Flávio Pimentel. *Direito potestativo*. Rio de Janeiro: Lumen Juris, 1999.

MARTINS-COSTA, Judith. *A boa-fé no direito privado*: critérios para a sua aplicação. 2. ed. São Paulo: Saraiva Educação, 2018.

MARTINS-COSTA, Judith. Os avatares do abuso do direito e o rumo indicado pela boa-fé. *In*: TEPEDINO, Gustavo (Coord.). *Direito Civil Contemporâneo*: novos problemas à luz da legalidade constitucional. São Paulo: Editora Atlas S.A., 2008.

MIRANDA, Pontes de. *Tratado de direito privado*. 4. ed. São Paulo: Ed. RT, 1983. t. 5.

PENTEADO, Luciano de Camargo. Figuras Parcelares da Boa-Fé Objetiva e Venire Contra Factum Proprium. *In*: *Revista de Direito Privado*, v. 27, p. 252, jul. 2006.

PERLINGIERI, Pietro. *Perfis do direito civil*: introdução ao direito civil constitucional. (Trad. Maria Cristina de Cicco). Rio de Janeiro: Renovar, 2002.

PERLINGIERI, Pietro. *O direito civil na legalidade constitucional*. (Trad. Maria Cristina de Cicco). Rio de Janeiro: Renovar, 2007.

PINTO, Carlos Alberto da Mota; MONTEIRO, Antônio Pinto; PINTO, Paulo da Mota (Coord.). *Teoria geral do direito civil*. 4. ed. Coimbra: Coimbra Editora, 2005.

ROPPO, Enzo. *O contrato*. (Trad. Ana Coimbra; M. Januário C. Gomes). Coimbra: Almedina, 2009.

RODOVALHO, Thiago. *Abuso de direito e direitos subjetivos*. São Paulo: Editora Revista dos Tribunais, 2011.

RUGGIERO, Roberto de. *Istituzioni di diritto civile*. Messina: Giuseppe Principato, 1934. v. 1.

SANTOS, J. M. Carvalho. *Código Civil Brasileiro Interpretado principalmente do ponto de vista prático*: parte geral (arts. 114-179). 9. ed. Rio de Janeiro: Livraria Freitas Bastos, 1963. v. III.

SCHREIBER, Anderson. A *proibição de comportamento contraditório*: tutela da confiança e *venire contra factum proprium*. 4. ed. São Paulo: Atlas, 2016.

SCHREIBER, Anderson. A tríplice transformação do adimplemento: adimplemento substancial, adimplemento antecipado e outras figuras. *In*: *Revista Trimestral de Direito Civil*, v. 32, p. 19-23, out./dez. 2007.

SCHREIBER, Anderson. Abuso do direito e boa-fé objetiva. *In*: *Direito civil e constituição*. São Paulo: Atlas, 2013.

SIQUEIRA, Mariana Ribeiro. O adimplemento substancial e a vedação ao direito abusivo de resolução contratual em instrumentos dotados de cláusula resolutiva expressa. *In*: TEPEDINO, Gustavo; OLIVA, Milena Donato (Coords.). *Teoria geral do direito civil*: questões controvertidas. Belo Horizonte: Fórum, 2019.

SOUZA, Eduardo Nunes de. Perspectivas de aplicação do abuso do direito às relações existenciais. *In*: TEPEDINO, Gustavo; TEIXEIRA, Ana Carolina Brochado; ALMEIDA, Vitor (Coords.). *O direito civil entre o sujeito e a pessoa*: estudos em homenagem ao Professor Stefano Rodotà. Belo Horizonte: Fórum, 2016.

SOUZA, Eduardo Nunes de. Situações jurídicas subjetivas: aspectos controversos. *In*: Civilistica.com, a. 4, n. 1, 2015. Disponível em: https://civilistica.emnuvens.com.br/redc/article/view/207. Acesso em 27 jan. 2021.

TEPEDINO, Gustavo. *Comentários ao novo Código Civil*: direito das coisas. São Paulo: Saraiva, 2011. v. 14.

TEPEDINO, Gustavo. Editorial. *In*: *Revista Brasileira de Direito Civil – RBDCivil*, Belo Horizonte, v. 25, p. 13-15, jul./set. 2020.

TEPEDINO, Gustavo. Formação progressiva dos contratos e responsabilidade pré-contratual: notas para uma sistematização. *In*: BENETI, Giovana Valentiniano *et al.* (Coords.). *Direito, cultura, método*: leituras da obra de Judith Martins-Costa. Rio de Janeiro: GZ Editora, 2019.

TEPEDINO, Gustavo; BARBOZA, Heloísa Helena; BODIN DE MORAES, Maria Celina. *Código Civil interpretado conforme a Constituição da República*. 3. ed. Rio de Janeiro: Renovar, 2014. v. 1.

TEPEDINO, Gustavo; OLIVA, Milena Donato. *Fundamentos do Direito Civil*: Teoria Geral do Direito Civil. Rio de Janeiro: Forense, 2020. v. 1.

TEPEDINO, Gustavo; KONDER, Carlos Nelson; BANDEIRA, Paula Greco. *Fundamentos do Direito Civil*: contratos. Rio de Janeiro: Forense, 2020. v. 3.

TERRA, Aline de Miranda Valverde. *Cláusula resolutiva expressa*. Belo Horizonte: Fórum, 2017.

TERRA, Aline de Miranda Valverde; GUEDES, Gisela Sampaio da Cruz. Adimplemento substancial e tutela do interesse do credor: análise da decisão proferida no REsp nº 1.581.505. *In*: *Revista Brasileira de Direito Civil – RBDCivil*, Belo Horizonte, v. 11, p. 105-110, jan./mar. 2017.

VIÉGAS, Francisco de Assis. *Denúncia contratual e dever de pré-aviso*. Belo Horizonte: Fórum, 2019.

Informação bibliográfica deste texto, conforme a NBR 6023:2018 da Associação Brasileira de Normas Técnicas (ABNT):

OLIVEIRA, Camila Helena Melchior Baptista de; CORTAZIO, Renan Soares. Abuso de direito potestativo à luz do princípio da boa-fé objetiva. *In*: TEPEDINO, Gustavo; SILVA, Rodrigo da Guia (Coord.). *Relações patrimoniais*: contratos, titularidades e responsabilidade civil. Belo Horizonte: Fórum, 2021. p. 17-41. ISBN 978-65-5518-233-0.

EXCEÇÃO DE CONTRATO NÃO CUMPRIDO: CARACTERÍSTICAS, REQUISITOS E EFEITOS

JENIFFER GOMES DA SILVA
LAÍS CAVALCANTI

1 Introdução

O escopo central do presente estudo consiste em examinar a figura da exceção de contrato não cumprido a partir da análise de seus principais atributos, como também das controvérsias mais relevantes atinentes à matéria. Para isso, dividiu-se o desenvolvimento desse trabalho em três tópicos.

Na primeira parte será identificado o estado atual da arte da exceção de contrato não cumprido no ordenamento jurídico brasileiro. Para isso, apresentam-se, inicialmente, o seu conceito, bem como as suas principais características. Neste ponto, busca-se investigar, além das qualidades majoritariamente difundidas da *exceptio,* os seus aspectos mais controvertidos.

Em seguida, na segunda parte, verificam-se os principais requisitos enunciados pela doutrina para a incidência da exceção de contrato não cumprido, sendo destacadas, ao longo de todo o trabalho, as repercussões da leitura funcional do direito obrigacional na aplicação da *exceptio.*

Finalmente, procede-se ao exame dos efeitos da exceção de contrato não cumprido.

2 Exceção de contrato não cumprido: conceito e características principais

Existe amplo debate doutrinário acerca da origem da exceção de contrato não cumprido, figura também denominada de *exceptio non adimpleti contractus*, exceção de inexecução ou exceção de inadimplemento. A civilística se divide ao indicar a origem dessa exceção, isto é, se atribuída aos canonistas ou aos jurisconsultos romanos. Considerando o surgimento "de uma correlação de dependência funcional entre as prestações recíprocas nos contratos bilaterais" apenas no Século II, tem-se como mais adequada a designação dos canonistas como elaboradores dessa figura jurídica.[1]

O conceito da exceção de contrato não cumprido se relaciona diretamente com indagação elaborada por Pontes de Miranda, qual seja: "Se A não adimpliu e devia adimplir, por que B, credor que sofre o inadimplemento, há de ter de adimplir?".[2] Dessa maneira, conceitua-se a exceção de inexecução como a "faculdade que tem uma das partes de recusar-se a cumprir a obrigação, quando a parte contrária, por sua vez, à sua não deu cumprimento".[3]

Ao tratar da matéria no Código Civil de 2002, o legislador reproduziu no atual artigo 476 previsão praticamente idêntica à do artigo 1.092 da codificação de 1916, no sentido de que, nos contratos bilaterais, "nenhum dos contratantes, antes de cumprida a sua obrigação, pode

---

[1] Nesse sentido, leciona Caio Mário da Silva Pereira: "Enorme controvérsia divide as autoridades quanto à origem da exceção de contrato não cumprido. (...) Se é certo que, nos contratos *bonae fidei*, ao contratante acionado pelo que não havia executado a sua parte se reconhecia uma *exceptio doli*, que seria o germe da *exceptio non adimpleti contractus*, certo é, também, que a existência de uma correlação de dependência funcional entre as prestações recíprocas nos contratos bilaterais não apareceu senão no século II de nossa era, o que leva a concluir que, como instituto desenvolvido e dotado de efeitos específicos, a *exceptio non adimpleti contractus* se deveu à elaboração dos canonistas, e não aos jurisconsultos romanos" (PEREIRA, Caio Mário da Silva. *Instituições de direito civil*: contratos. 19. ed. Rio de Janeiro: Forense, 2015. v. 3, p. 139).

[2] O autor conclui que a bilateralidade, requisito que será analisado adiante, implica na possibilidade do exercício da exceção de contrato não cumprido. Confira-se: "Se A não adimpliu e devia adimplir, por que B, credor que sofre o inadimplemento, há de ter de adimplir? A implicação da bilateralidade leva a essas consequências. Toda prestação é contraprestação. Somente a vontade dos figurantes do contrato pode estabelecer que A cumpra primeiro. Mas, ainda aí, se B não cumpriu, ambos não adimpliram, e a solução mais acertada é que, exigindo uma prestação que se lhe deve, o outro possa opor a exceção de não adimplemento. Enquanto um dos figurantes não satisfaz, o outro pode retardar o adimplemento" (PONTES DE MIRANDA, Francisco Cavalcanti. *Tratado de direito privado*. São Paulo: Bookseller, 2003. t. 26, p. 119-120).

[3] DANTAS, Francisco Clementino de San Tiago. *Programa de direito civil*: os contratos. Rio de Janeiro: Editora Rio, 1978. v. 2, p. 188.

exigir o implemento da do outro". Houve, todavia, equívoco quanto à localização do dispositivo, uma vez que foi inserido no capítulo atinente à extinção do contrato.

Com efeito, a exceção de contrato não cumprido não constitui modalidade de extinção das obrigações. Trata-se, na verdade, de instrumento por meio do qual o contratante suspende legitimamente o exercício da sua própria prestação devido ao inadimplemento do demandante.[4] Dessa forma, a exceção de inexecução atua como remédio para o contratante que possui interesse na manutenção da relação obrigacional e no adimplemento da contraparte.[5][6]

A exceção de contrato não cumprido consiste, desse modo, em "defesa oponível" pela parte demandada em face do contratante inadimplente. Dito de outro modo, o contratante demandado pode opor a exceção de contrato não cumprido sob a alegação de que a contraparte não deu cumprimento à prestação que lhe cabia.[7] Há quem defenda, ainda, que a *exceptio* possui natureza jurídica de direito potestativo.[8]

---

[4] Nesse sentido: "A rigor, houve equívoco do legislador na localização da matéria. A exceção do contrato não cumprido não constitui meio de extinção do contrato, mas mera defesa que pode ser invocada em contratos bilaterais, contra a exigência de cumprimento, calcada no descumprimento da parte contrária. (...) O efeito da exceção do contrato não cumprido não consiste na extinção, mas na suspensão da exigibilidade da obrigação que integra o contrato" (SCHREIBER, Anderson. *Manual de direito civil contemporâneo*. 2. ed. São Paulo: Saraiva, 2019. p. 518).

[5] Nesse sentido: "Nos casos em que persiste o seu interesse em receber a prestação, o ordenamento oferece a possibilidade de somente suspender os efeitos do negócio, resguardando-se, por um lado, do prejuízo decorrente de eventual falta de reciprocidade prestacional, mas, por outro lado, evitando temporariamente a solução mais drástica de ruptura definitiva do vínculo" (TEPEDINO, Gustavo; KONDER, Carlos Nelson; BANDEIRA, Paula Greco. *Fundamentos do Direito Civil*: contratos. Rio de Janeiro: Forense, 2020. p. 157-158).

[6] Em julgado do Superior Tribunal de Justiça relacionado a caso em que se exerceu a exceção de contrato não cumprido, o Relator, Ministro Ruy Rosado de Aguiar, concluiu que "não há necessidade de também rescindir o contrato" (STJ. REsp nº 152.497/SP. Relator: Min. Ruy Rosado de Aguiar. 4ª Turma. Julgamento em 15.08.2002. DJ em 30.09.2002).

[7] PEREIRA, Caio Mário da Silva. *Instituições de direito civil*: contratos. 19. ed. Rio de Janeiro: Forense, 2015. v. 3, p. 139.

[8] Veja-se: "[O] art. 476 do Código Civil não dá azo apenas a uma exceção a ser alegada no processo, mas consagra um efetivo direito, que pode ser exercido de diversas maneiras. Logo, a natureza do mecanismo que estamos a estudar, analisado em sua globalidade, não é a de uma mera defesa dilatória, mas a de um direito potestativo" (BUTRUCE, Vitor Augusto José. *A exceção de contrato não cumprido no direito civil brasileiro contemporâneo*: funções, pressupostos e limites de um 'direito a não cumprir'. Dissertação, UERJ, 2009. p. 64). No mesmo sentido, v. GOMES, Orlando. *Contratos*. 24. ed. Rio de Janeiro: Forense, 2001. p. 92-93.

Nessa direção, atribuem-se à exceção de contrato não cumprido algumas características essenciais, quais sejam: exceção substancial, dilatória, dependente e pessoal.

Tradicionalmente, a exceção é classificada como exceção processual, nas hipóteses em que a sua oposição vai de encontro ao processo ou à admissibilidade da ação, ou como exceção substancial, nos casos em que a defesa se dirige a uma matéria de mérito.[9] A despeito de controvérsias,[10] tem-se como majoritário o entendimento de que a exceção de contrato não cumprido constitui uma das modalidades das exceções substanciais,[11] sendo, portanto, exceção de direito material.[12]

Nesse contexto, as exceções substanciais se dividem em peremptórias e dilatórias. Enquanto as primeiras impedem os efeitos da pretensão do autor da ação, as últimas possuem o efeito de apenas retardar essas repercussões. Dessa forma, uma exceção substancial e peremptória consiste em defesa indireta, na medida em que o seu uso não recusa a pretensão defendida pelo demandante, mas sim, neutraliza temporariamente a sua eficácia. Assim, o acolhimento da exceção de contrato não cumprido "implica tão somente o retardamento do cumprimento da prestação devida pelo excipiente/executado, e não a sua liberação".[13] [14]

Alude-se também em doutrina que a exceção de contrato não cumprido configura uma exceção dependente, distinguindo-se das exceções autônomas. Enquanto essas possuem amparo em fundamentos

---

[9] BUTRUCE, Vitor Augusto José. *A exceção de contrato não cumprido no direito civil brasileiro contemporâneo*: funções, pressupostos e limites de um 'direito a não cumprir'. Dissertação, UERJ, 2009. p. 48-49.

[10] Há quem entenda que a exceção de contrato não cumprido consiste em exceção processual. Nesse sentido, manifesta-se Silvio Rodrigues: "Como toda exceção, trata-se de um meio de defesa processual. Enquanto a ação representa, processualmente falando, um meio de ataque, a exceção é sempre um instrumento de defesa invocado pelo réu para paralisar a investida do autor" (RODRIGUES, Silvio. *Direito civil*: dos contratos e das declarações unilaterais da vontade. 28. ed. São Paulo: Saraiva, 2002. v. 3, p. 83).

[11] SERPA LOPES, Miguel Maria de. *Exceções substanciais*: exceção de contrato não cumprido *(exceptio non adimpleti contractus)*. Rio de Janeiro: Freitas Bastos, 1959. p. 135.

[12] Nesse sentido, v. PONTES DE MIRANDA, Francisco Cavalcanti. *Tratado de direito privado*. São Paulo: Bookseller, 2003. t. 26, p. 130 e SCHREIBER, Anderson *et al.* (Coords.). *Código civil comentado*: doutrina e jurisprudência. Rio de Janeiro: Forense, 2019. p. 280.

[13] DIDIER JÚNIOR, Fredie; OLIVEIRA, Rafael. Execução e exceção de contrato não cumprido: notas ao art. 582 do CPC. *Revista de processo*, v. 172, p. 19-31, jun. 2009.

[14] Também nesse sentido: "[A] exceção pode ser dilatória quando sofre os efeitos do tempo, e uma vez removido o obstáculo oposto à demanda, autoriza o demandante a pô-la novamente em marcha. Seu efeito é, pois, temporário, vez que atinge a ação como atualmente existe, e não em caráter definitivo" (GAGLIARDI, Rafael Villar. *Exceção de contrato não cumprido*. São Paulo: Saraiva, 2010. p. 10).

próprios, as exceções dependentes – categoria em que se enquadra a exceção de inexecução – ocorrem *in excipiendo* ou *in agendo*, de tal modo que o exercício do direito invocado vai de encontro à pretensão de outrem.[15]

Nesse cenário, a última característica essencial da exceção de contrato não cumprido enunciada pela doutrina diz respeito ao seu enquadramento como exceção pessoal. Neste ponto, a diferenciação é realizada com a exceção real, isto é, enquanto as exceções reais se caracterizam pela oponibilidade *erga omnes*, a exceção de inexecução seria pessoal e, por isso, oponível a uma pessoa determinada ou a um grupo de pessoas específico e, do mesmo modo, passível de invocação por uma pessoa ou grupo de pessoas determinado.[16]

Deve-se advertir, todavia, que existe temperamento doutrinário sobre a matéria. Considerando a superação da dicotomia entre relações reais e obrigacionais pelo direito civil-constitucional,[17] defende-se que, embora a exceção de contrato não cumprido se aproxime das exceções pessoais no plano estrutural, tal exceção submete-se à disciplina unitária do direito patrimonial, sendo sua tutela condicionada à concretização de valores constitucionais.[18] Com efeito, no âmbito da tutela externa do

---

[15] GAGLIARDI, Rafael Villar. *Exceção de contrato não cumprido*. São Paulo: Saraiva, 2010. p. 13. (O autor fornece exemplo para ilustrar a diferença das exceções autônomas e dependentes: "À guisa de ilustração, cita-se o *beneficium excussionis*, conferido pela lei ao fiador. O direito ao benefício de ordem conferido pelo art. 827 do Código Civil não pressupõe qualquer pretensão por parte do excipiente que não aquela de ver excutidos previamente os bens do devedor principal. Trata-se, pois, de exceção autônoma (...) Já como exemplo de exceção dependente, pode-se citar aquela própria objeto do presente estudo. A *exceptio non adimpleti contractus* configura exceção dependente e, para exemplificar, pode-se lembrar que o vendedor, ante o inadimplemento do comprador (...) se a entrega desta lhe for exigida, [pode] opor a exceção sob análise".

[16] GAGLIARDI, Rafael Villar. *Exceção de contrato não cumprido*. São Paulo: Saraiva, 2010. p. 12.

[17] Nesse sentido, elucida Pietro Perlingieri: "As situações subjetivas patrimoniais podem ser objeto de uma abordagem unitária, embora não tenha sido elaborada, interpretativamente, uma normativa comum que lhes sirva de referência. Esta normativa comum não se pode identificar exclusivamente com o direito das obrigações ou com aquele das relações reais, mas deve ser concebida como a síntese da disciplina de todas as relações patrimoniais" (PERLINGIERI, Pietro. *O direito civil na legalidade constitucional*. Rio de Janeiro: Renovar, 2008. p. 892).

[18] Essa é a lição de Rodrigo Freitas: "Assim, ainda que na estrutura a *exceptio non adimpleti contractus* se aproxime das ditas exceções pessoais, no plano axiológico se revestiria de toda a carga valorativa comum às relações patrimoniais. Do ponto de vista estático, cuida-se de exceção oponível contra sujeito determinado (contra aquele que não cumpriu com sua obrigação), oriunda da celebração de contrato. Não se pode descurar, contudo, que seu merecimento de tutela se encontra instrumentalizado à concretização de valores constitucionais, à semelhança de toda e qualquer relação de caráter patrimonial" (FREITAS, Rodrigo Lima e Silva de. *O locus de atuação da exceção de contrato não cumprido no ordenamento jurídico brasileiro*. Dissertação, UERJ, 2019. p. 53-54).

crédito, por exemplo, a depender das peculiaridades do caso concreto, é possível que os direitos obrigacionais sejam oponíveis perante terceiros.[19]

Para além das características essenciais supramencionadas da exceção de contrato não cumprido – exceção substancial, dilatória, dependente e pessoal –, outros aspectos, fontes de maior controvérsia, também merecem atenção, notadamente a atribuição de função de garantia à *exceptio* e sua prescritibilidade.

Quanto ao primeiro aspecto, parte da doutrina entende que a exceção de contrato não cumprido não só possui a função de garantia indireta e imprópria – no sentido de o excipiente não ser obrigado a prestar sem ter recebido a contraprestação correspondente – como também possibilita um exercício de pressão sobre o devedor em mora. Afirma-se que a exceção de inexecução "atua de modo a impedir a perda da prestação do excipiente, provocada pelo inadimplemento do seu parceiro" e a exercer "pressão sobre o devedor em mora, induzindo-o ao cumprimento da própria prestação para obter a do parceiro".[20] [21]

Cumpre pontuar que tal posicionamento não é incontroverso. Defende-se, por outro lado, que faltam à exceção de contrato não cumprido atributos inerentes às garantias, como natureza acessória e convencional, além de adição de patrimônio para fins de acautelamento da obrigação devida.[22] Ademais, tomando-se como função basilar da exceção de contrato não cumprido a proteção do contratante fiel ao programa contratual diante do inadimplemento da contraparte, restariam afastadas as funções de garantia e de constrangimento do devedor ao adimplemento.[23]

---

[19] FREITAS, Rodrigo Lima e Silva de. *O locus de atuação da exceção de contrato não cumprido no ordenamento jurídico brasileiro*. Dissertação, UERJ, 2019. p. 50.

[20] ASSIS, Araken de. Dos contratos em geral. *In*: ALVIM, Arruda; ALVIM, Thereza (Coords.). *Comentários ao Código Civil brasileiro*. Rio de Janeiro: Forense, 2007. p. 659-660.

[21] Também na doutrina portuguesa verifica-se o entendimento de que a exceção de contrato não cumprido possui a função de garantia indireta e imprópria: "[...] a *exceptio non adimpleti contractus* pode constituir, indirectamente, uma eficaz garantia para o credor contra a impotência econômica do devedor, porque aquele, ao suspender o contrato e ao recusar licitamente a sua prestação (por exemplo, a entrega de um bem, a prestação de serviços) pela invocação da *exceptio*, pode salvaguardar-se contra a insolvência (pelo menos eventual) do devedor. [...] Daí que, vista no plano garantia (indirecta e negativa), a função da *exceptio* pode ser relevante, evitando ao *excipiens* a perda do valor da sua prestação" (SILVA, João Calvão da. *Cumprimento e sanção pecuniária compulsória*. Coimbra: Almedina, 1996. p. 337).

[22] FREITAS, Rodrigo Lima e Silva de. *O locus de atuação da exceção de contrato não cumprido no ordenamento jurídico brasileiro*. Dissertação, UERJ, 2019. p. 28.

[23] FREITAS, Rodrigo Lima e Silva de. *O locus de atuação da exceção de contrato não cumprido no ordenamento jurídico brasileiro*. Dissertação, UERJ, 2019. p. 31-34.

O segundo aspecto controvertido da exceção de contrato não cumprido se relaciona com a prescrição. Fundamento relevante para sustentar a prescritibilidade da possibilidade de oposição da exceção de contrato não cumprido se encontra no artigo 190 do Código Civil, segundo o qual a "exceção prescreve no mesmo prazo em que a pretensão".

Nessa ordem de ideias, o Enunciado nº 415 das Jornadas de Direito Civil, organizadas pelo Conselho da Justiça Federal, destaca que a previsão do artigo 190 do Código Civil se dirige às exceções consideradas dependentes, que incluem, como visto, a exceção de contrato não cumprido. Nesse sentido, a doutrina majoritária entende que quando prescrita a pretensão do demandante, deixa de existir cabimento para a oposição da *exceptio*.[24][25] Embora esse seja o entendimento majoritário, há quem defenda que a possibilidade de oposição da exceção de contrato não cumprido é imprescritível.[26]

Por fim, vale destacar a figura da exceção de contrato cumprido de forma defeituosa, também denominada de *exceptio non rite adimpleti contractus*. Trata-se da hipótese em que não há a ausência da prestação por parte do contratante demandante, mas sim, a prestação executada de forma indevida, em desconformidade com o ajustado pelas partes contratualmente.[27]

---

[24] Nesse sentido, afirma Vitor Butruce: "Isto é, se a pretensão do excipiente tiver sido atingida pela prescrição, não haverá espaço para o oferecimento da *exceptio*, diante da inexigibilidade da prestação que lhe é devida – assim como seria diante de um termo ou de uma condição suspensiva em benefício da contraparte" (BUTRUCE, Vitor Augusto José. *A exceção de contrato não cumprido no direito civil brasileiro contemporâneo*: funções, pressupostos e limites de um 'direito a não cumprir'. Dissertação, UERJ, 2009. p. 165).

[25] De modo semelhante, manifestam-se Fredie Didier Jr. e Rafael Oliveira: "As únicas exceções que prescrevem são as chamadas dependentes, ou seja, aquelas que decorrem de um direito material (ou pretensão) que também poderia ser exercido por ação. Ela prescreve quando prescreve a pretensão (direito) a que corresponde. As exceções substanciais do contrato não cumprido e do direito de retenção, por exemplo, prescrevem no momento em que prescrevem a pretensão (direito) a que correspondem. Assim, se o executado já não mais pode exigir a prestação do exequente, porquanto prescrita, também não poderá invocar o art. 582 do CPC para neutralizar os efeitos da pretensão executiva" (DIDIER JÚNIOR, Fredie; OLIVEIRA, Rafael. Execução e exceção de contrato não cumprido: notas ao art. 582 do CPC. *Revista de processo*, v. 172, p. 19-31, jun. 2009).

[26] Confira-se: "Por se tratar de exceção substancial própria e em sentido estrito, a exceção de contrato não cumprido, seguindo o entendimento do enunciado 415 supracitado, seria imprescritível" (DE BIAZI, João Pedro de Oliveira. *A exceção de contrato não cumprido no direito privado brasileiro*. Rio de Janeiro: GZ, 2019. p. 243).

[27] Nesse sentido, veja-se lição de Serpa Lopes: "Trata-se do que se tem denominado de *exceptio non rite adimpleti contractus*. Já não mais se cogita de uma execução tardia, senão de uma prestação que se executa mal, com deficiências, seja porque a coisa que lhe forma o objeto se encontra contaminada de um vício prejudicial à sua utilização econômica ou seja pela razão de não se encontrar em conformidade com os termos previstos no contrato. (...) Em

A rigor, entende-se que, em razão do conceito amplo de mora existente no ordenamento jurídico brasileiro, "a *exceptio non adimpleti contractus* pode abarcar satisfatoriamente as hipóteses outrora associadas à *exceptio non rite adimpleti contractus*".[28] A distinção enunciada em doutrina se refere ao ônus da prova, uma vez que na *exceptio non rite adimpleti contractus* presume-se a regularidade do pagamento aceito, de tal modo que cabe a quem invoca a *exceptio* prová-la, ao passo que na exceção de inexecução recai sobre o excepto o ônus de provar ter cumprido sua prestação.[29][30]

Assim, verifica-se que a despeito do enquadramento da exceção de contrato não cumprido como elemento clássico da civilística, muitos de seus elementos ainda suscitam controvérsia e debates doutrinários. Desse modo, ultrapassado o exame de seu conceito e de suas características principais, passa-se à análise de seus requisitos.

3 Requisitos para aplicação da exceção de contrato não cumprido

Em obra seminal sobre o tema da exceção de contrato não cumprido, Miguel Maria de Serpa Lopes enuncia como requisitos para sua aplicação (a) vínculo sinalagmático; (b) coetaneidade do adimplemento;

---

síntese: a *exceptio non rite adimpleti contractus* não passa de uma outra face do instituto da *exceptio non adimpleti contractus*, do qual substancialmente não difere, considerando-se o alargamento que a Doutrina e Jurisprudência têm introduzido na *exceptio non adimpleti contractus*" (SERPA LOPES, Miguel Maria de. *Exceções substanciais*: exceção de contrato não cumprido *(exceptio non adimpleti contractus)*. Rio de Janeiro: Freitas Bastos, 1959. p. 296 e p. 303).

[28] Confira-se: "[T]alvez seja o caso de reconhecer que a exceção de contrato não adequadamente cumprido perde importância no direito brasileiro contemporâneo em decorrência do conceito amplo de mora adotado pelo legislador e do renovado conceito de inadimplemento contratual – a rigor, o mesmo fundamento pelo qual parece perder importância a doutrina da violação positiva. Em suma, no renovado direito obrigacional, a *exceptio non adimpleti contractus* pode abarcar satisfatoriamente as hipóteses outrora associadas à *exceptio non rite adimpleti contractus*" (SILVA, Rodrigo da Guia. Novas perspectivas da exceção de contrato não cumprido: repercussões da boa-fé objetiva sobre o sinalagma contratual. *Revista de Direito Privado*, v. 78, p. 49-79, jun. 2017. p. 78-79).

[29] Sobre a matéria, manifesta-se Orlando Gomes: "A *exceptio non rite adimpleti contractus* é, no fundo, a mesma *exceptio non adimpleti contractus*, dado que o cumprimento parcial, inexato ou defeituoso, equivale a inadimplemento. Difere, porém, nos efeitos. Havendo inadimplemento total, incumbe a prova ao contraente que não cumpriu a obrigação. Havendo execução incompleta, deve prová-la quem invoca a exceção, pois se presume regular o pagamento aceito" (GOMES, Orlando. *Contratos*. 26. ed. Rio de Janeiro: Forense, 2009. p. 110).

[30] Nesse mesmo sentido, v. ROCHA, Silvio Luís Ferreira da. *Curso avançado de direito civil*. São Paulo: Revista dos Tribunais, 2002. v. 3, p. 63 e SCHREIBER, Anderson. *Manual de direito civil contemporâneo*. 2. ed. São Paulo: Saraiva, 2019. p. 519.

(c) inadimplemento e (d) boa-fé,[31] os quais também são adotados por outros doutrinadores.[32]

Há, contudo, quem defenda rol diverso de requisitos, como Vitor Butruce, que elenca como pressupostos o sinalagma, o inadimplemento e a exigibilidade da prestação.[33] O autor, no entanto, ressalva que apesar da aparente divergência, analisados os principais trabalhos sobre o tema, se verificará que em relação aos requisitos que divergem no âmbito de um e outro rol, normalmente se está diante de "decorrências lógicas do mecanismo ou de manifestações concretas daqueles três requisitos básicos".[34]

Considerando serem os requisitos indicados por Serpa Lopes os mais difundidos, analisar-se-á, na sequência, criticamente, seu conteúdo para o exercício da exceção de contrato não cumprido.

3.1 Vínculo sinalagmático

O sinalagma identifica a existência de nexo de reciprocidade entre obrigações relacionadas: uma obrigação é a razão de ser da outra.[35] Sua verificação, portanto, perpassa a análise da correspectividade entre a obrigação imposta ao excipiente, e aquela inadimplida, que cabia ao excepto, à luz da concretização do programa contratual.[36]

---

[31] SERPA LOPES, Miguel Maria de. *Exceções substanciais*: exceção de contrato não cumprido *(exceptio non adimpleti contractus)*. Rio de Janeiro: Freitas Bastos, 1959. p. 227-312.

[32] GAGLIARDI, Rafael Villar. *Exceção de contrato não cumprido*. São Paulo: Saraiva, 2010. p. 61; ABRANTES, José João. *A excepção de não cumprimento do contrato*. Coimbra: Almedina, 1955. p. 35-102.

[33] Judith Martins-Costa e Ruy Rosado de Aguiar Júnior também elencam requisitos diversos. Confira-se: MARTINS-COSTA, Judith. *A boa-fé no direito privado*: critérios para a sua aplicação. São Paulo: Marcial Pons, 2015. p. 644-645; AGUIAR JÚNIOR, Ruy Rosado de. Da exceção de contrato não cumprido. *In*: TEIXEIRA, Sálvio de Figueiredo (Coord.). *Comentários ao novo código civil*: da extinção do contrato. Rio de Janeiro: Forense, 2011. v. 6, t. 2, p. 724.

[34] BUTRUCE, Vitor Augusto José. *A exceção de não cumprimento do contrato no direito civil brasileiro contemporâneo*: funções, pressupostos e limites de um 'direito a não cumprir'. Dissertação, UERJ, 2009. p. 78.

[35] "A reciprocidade das prestações contratuais significa que a prestação de uma parte encontra remuneração na prestação da outra. Os contratos com prestações recíprocas são também ditos sinalagmáticos (...) a reciprocidade comporta normalmente a interdependência da prestação à outra" (BIANCA, Cesare Massimo. *Diritto Civile*: il contratto. Milano: Giuffrè, 2000. v. 3, p. 462-463. Tradução livre do original).

[36] "No contrato sinalagmático existe assim um nexo final entre as duas prestações principais do contrato, derivada da estipulação comum do fim de troca das prestações, nexo esse que se designa precisamente por sinalagma e que constitui uma específica estrutura final imanente ao contrato, que integra o seu conteúdo, e ao qual a lei atribui o conteúdo normativo específico que referimos" (LEITÃO, Luís Manuel Teles de Menezes. *Direito das obrigações*. 8. ed. Coimbra: Almedina, 2009. v. 1, p. 205).

Tal requisito se vincula intrinsicamente com a função identificada na *exceptio* de garantia do cumprimento da prestação devida pelo excepto[37] e, nesse sentido, de manutenção do equilíbrio da relação contratual.[38]

Tratando-se a exceção de defesa com relevante impacto na execução do instrumento, já que confere ao demandado direito de não cumprir obrigação prevista contratualmente enquanto o demandante não prestar a obrigação correspectiva,[39] torna-se imprescindível a investigação acerca do sinalagma existente entre as duas obrigações contrapostas, isto é, se as prestações em questão correspondem a dívidas conexas e equivalentes, de mesma relevância para a concretização do fim do contrato.[40]

Sem essa análise no caso concreto, corre-se o risco de se autorizar a aplicação da exceção no caso de obrigações não sinalagmáticas e, com isso, desvirtuar a função da figura. Assim, faz-se necessário distinguir situações em que mesmo diante do inadimplemento de uma das partes no âmbito de contrato bilateral não se verifique efetivo sinalagma em relação à obrigação do demandado, o que afastaria a incidência da *exceptio*.

---

[37] V. AGUIAR JÚNIOR, Ruy Rosado de. Da exceção de contrato não cumprido. *In*: TEIXEIRA, Sálvio de Figueiredo (Coord.). *Comentários ao novo código civil*: da extinção do contrato. Rio de Janeiro: Forense, 2011. v. 6, t. 2, p. 750.

[38] "A exceção desempenha a função de manter essa característica da bilateralidade e assegura o equilíbrio da relação contratual durante a sua fase executiva, impedindo a desigualdade que decorreria se houvesse o constrangimento forçado de uma das partes a cumprir, sem que houvesse o cumprimento da que deveria prestar antes ou simultaneamente, e com isso garante o respeito aos princípios que regem o direito contratual" (AGUIAR JÚNIOR, Ruy Rosado de. Da exceção de contrato não cumprido. *In*: TEIXEIRA, Sálvio de Figueiredo (Coord.). *Comentários ao novo código civil*: da extinção do contrato. Rio de Janeiro: Forense, 2011. v. 6, t. 2, p. 749).

[39] DANTAS, Francisco Clementino de San Tiago. *Programa de direito civil*: os contratos. Rio de Janeiro: Editora Rio, 1978. v. 2, p. 190.

[40] "A exceção *non adimpleti contractus* é uma prova de que as obrigações não são independentes; que cada uma das partes subordinou os encargos que assumiu às vantagens que estipulou a seu favor, verdadeiras dívidas conexas, das quais uma é o equivalente da outra" (CARVALHO DE MENDONÇA, Manoel Inácio. *Doutrina e prática das obrigações*. Rio de Janeiro: Francisco Alves, 1911. v. 2, p. 134); De modo semelhante, afirma Rodrigo da Guia: "O sinalagma se expande e passa a consistir, desse modo, na interdependência entre os polos prestacionais (ou conjuntos de prestações atribuídas a cada centro de interesse) que assumam a mesma relevância (em sentido mais propriamente qualitativo do que quantitativo) para a promoção do resultado útil do contrato" (SILVA, Rodrigo da Guia. Novas perspectivas da exceção de contrato não cumprido: repercussões da boa-fé objetiva sobre o sinalagma contratual. *Revista de Direito Privado*, v. 78, p. 49-79, jun. 2017. p. 66).

3.1.1 Sinalagma e obrigações complexas

A investigação em concreto sobre o sinalagma é especialmente relevante considerando a concepção da obrigação presente nas relações jurídicas complexas. Tradicionalmente, a obrigação era examinada sob a perspectiva voluntarista, definida, então, a partir de sua análise estrutural, sendo seus elementos caracterizadores as partes contratantes e o objeto da prestação. Considerada um fim em si mesma, a obrigação era tutelada para atingir a satisfação do credor. A análise da obrigação sob seu viés funcional, contudo, voltou-se à finalidade perseguida pelo negócio jurídico, a qual deve ser tida como merecedora de tutela à luz dos valores centrais do ordenamento.[41]

Sob esse viés, entende-se "a relação jurídica como uma totalidade, realmente orgânica, [a inovação] veio do conceito do vínculo como uma ordem de cooperação, formadora de uma unidade que não se esgota na soma dos elementos que a compõem".[42] Assim, a partir dos influxos da boa-fé no conceito tradicional de obrigação, superou-se a ideia de obrigação como mera contraposição entre direito subjetivo *versus* dever jurídico.[43]

Os deveres anexos passam a integrar o objeto da obrigação, que não é mais concebida como prestação que se encerra em seu objeto principal.[44] Conjugam-se, assim, diversas situações jurídicas, todas

---

[41] "A relação obrigacional somente pode ser corretamente compreendida quando examinada sob seu perfil estrutural e sob o funcional. A doutrina tradicional, dentro de uma perspectiva voluntarista, definia a tutela da obrigação a partir de uma análise estritamente estrutural, ou seja, mediante a identificação dos sujeitos (quem) e daquilo que se prometeu (o quê). Neste contexto, a análise da função jurídica teria uma importância secundária, surgindo pontualmente naquelas hipóteses em que a lei expressamente chamasse o intérprete a considerar o interesse do credor, como, por exemplo, na apreciação da legitimidade do pagamento realizado por terceiro ou da possibilidade de o devedor purgar a mora, realizando a prestação depois de vencida a dívida" (KONDER, Carlos Nelson; RENTERIA, Pablo. A funcionalização das relações obrigacionais: interesse do credor e patrimonialidade da prestação. *Civilística.com*, Rio de Janeiro, a. 1, n. 2, p. 1-2, jul./dez. 2012).

[42] COUTO E SILVA, Clóvis V. *A obrigação como processo*. São Paulo: Bushatsky, 1976. p. 8.

[43] "Dentro dessa ordem de cooperação, credor e devedor não ocupam mais posições antagônicas, dialética e polêmicas. Transformando o 'status' em que se encontravam, tradicionalmente, devedor e credor, abriu-se espaço ao tratamento da relação obrigacional como um todo (...) mesmo adimplido o dever principal, ainda assim pode a relação jurídica perdurar como fundamento da aquisição (dever de garantia), ou em razão de outro dever secundário independente" (COUTO E SILVA, Clóvis V. *A obrigação como processo*. São Paulo: Bushatsky, 1976. p. 8).

[44] "(...) numa compreensão globalizante da situação jurídica creditícia, apontam-se, ao lado dos deveres de prestação – tanto deveres principais de prestação, como deveres secundários –, os deveres laterais («Nebenpflichten»), além de direitos potestativos, sujeições, ónus jurídicos, expectativas jurídicas etc. Todos os referidos elementos se coligam em atenção a uma identidade de fim e constituem o conteúdo de uma relação de caráter unitário e

merecedoras de tutela, que compõem a obrigação. Nesse sentido que se afirma que as obrigações se tornam objetivamente complexas, o que tem impacto direto na compreensão do sinalagma estabelecido no âmbito de uma relação contratual, que passa a ter apreensão mais ampla, abarcando condutas que, a princípio, não comporiam o objeto principal da prestação por não terem sido previstas pelas partes.[45]

Perde o sentido, portanto, cogitar aprioristicamente de obrigações principais e acessórias, bem como entender que o sinalagma recai somente sobre as obrigações supostamente principais. Assim, ainda que adimplida a obrigação alegadamente principal, se o contratante descumpre deveres laterais que desafiam o programa contratual, pode-se estar diante de situação que impacte o sinalagma do contrato.[46]

A verificação da essencialidade de determinada prestação, portanto, apenas se faz em concreto, de acordo com o resultado útil objetivado pelas partes de dado instrumento. Um dever tido como lateral, se fundamental para a consecução do objetivo contratual, passará a compor o sinalagma daquela relação e poderá atrair, no caso de preenchimento dos requisitos necessários, a aplicação da exceção de contrato não cumprido.[47]

---

funcional: a relação obrigacional complexa, ainda designada relação obrigacional em sentido amplo ou, nos contratos, relação contratual" (COSTA, Mário Júlio de Almeida. *Direito das obrigações*. 10. ed. Coimbra: Almedina, 2006. p. 74). No mesmo sentido, v. ABRANTES, José João. *A excepção de não cumprimento do contrato*. Coimbra: Almedina, 1955. p. 38.

[45] "[A] incidência de deveres anexos – que são variados e variáveis de acordo com a relação em particular – torna qualquer obrigação objetivamente complexa, no sentido de que seu objeto passa a ser composto por inúmeros deveres (de cooperação, de informação, de sigilo) que se somam à prestação principal para compor o rico tecido de qualquer relação obrigacional" (TEPEDINO, Gustavo; SCHREIBER, Anderson. Direito das obrigações. *In*: AZEVEDO, Álvaro Villaça (Coord.). *Código Civil comentado*. São Paulo: Atlas, 2008. v. 4, p. 20).

[46] "O reconhecimento, portanto, de uma função ao objeto da obrigação, aliado à incidência da boa-fé objetiva e ao imperativo da confiança negocial, impacta na noção de bilateralidade, ampliando o sinalagma contratual (...) Tal entendimento permite sustentar que uma renovada concepção de correspectividade, ao mesmo tempo em que considera fundamental o nexo de interdependência, funcionalidade, sinalagmaticidade ou de causalidade entre as prestações principais, acaba por 'equiparar' a estas outras prestações e deveres necessários à consecução do resultado útil, autorizando, portanto, uma aplicação bem mais ampla das exceções de contrato não cumprido e de outros remédios sinalagmáticos" (SALLES, Raquel Bellini de Oliveira. *A autotutela pelo inadimplemento nas relações contratuais*. Tese de doutoramento, UERJ, 2011. p. 106, 109).

[47] Nesse sentido, v. SILVA, Rodrigo da Guia. Novas perspectivas da exceção de contrato não cumprido: repercussões da boa-fé objetiva sobre o sinalagma contratual. *Revista de Direito Privado*, v. 78, p. 49-79, jun. 2017. p. 64-65.

3.1.2 Sinalagma e bilateralidade do contrato

O art. 476 do Código Civil enuncia a aplicação da exceção de contrato não cumprido nos "contratos bilaterais". As noções tradicionais definem contratos bilaterais como instrumentos que impõem às partes obrigações recíprocas. Entende-se que a bilateralidade a que alude o dispositivo não se relaciona com a formação do contrato – já que todo contrato é negócio jurídico bilateral – mas tem justamente relação com o caráter sinalagmático das prestações.[48] A seu turno, os contratos unilaterais são identificados como aqueles nos quais não há "obrigações principais mediadas por nexo de interdependência".[49]

Nessa esteira, nem todas as prestações guardam relação de correspectividade, ainda que decorrentes de contrato bilateral. Ou seja, a mera circunstância de constar determinada obrigação de um contrato bilateral não representa necessariamente seu caráter sinalagmático que, como já visto, precisa ser verificado em concreto.[50] Assim, a alusão a contrato bilateral, por si só, não se mostra suficiente para endereçar o requisito do sinalagma.[51]

De mais a mais, a característica de ser o contrato bilateral trata-se de aspecto centrado na análise estrutural que não abarca, portanto, os novos

---

[48] "[O] contrato bilateral pode ser definido como aquele em que ambas as partes contraem obrigações e ao menos alguns dos deveres recíprocos de prestação estão vinculados entre si, de modo que a prestação representa, de acordo com a vontade de ambas as partes, a contraprestação, a compensação pela outra" (AGUIAR JÚNIOR, Ruy Rosado de. *Extinção dos contratos por incumprimento do devedor*: resolução. 2. ed. São Paulo: Aide, 2004. p. 81); Do mesmo modo, leciona Martinho Garcez Neto: "No contrato bilateral ambos os contratantes são, ao mesmo tempo e reciprocamente, credores e devedores, ao passo que, no contrato unilateral, um dos contratantes é só e essencialmente devedor, e o outro puramente credor (...) a *exceptio non adimpleti contractus*, que dá a cada um dos contraentes o direito de se recusar a cumprir a sua própria obrigação enquanto o outro não tiver cumprido a sua, só aos contratos bilaterais tem aplicação" (GARCEZ NETO, Martinho. *Obrigações e contratos*: doutrina e prática. Rio de Janeiro: Borsoi, 1969. p. 113, 118).

[49] GAGLIARDI, Rafael Villar. *Exceção de contrato não cumprido*. São Paulo: Saraiva, 2010. p. 67.

[50] "[O] efetivo requisito para oposição da *exceptio non adimpleti contractus* é a existência do vínculo de correspectividade entre determinadas obrigações, e não a classificação do contrato como bilateral. É evidente, não se nega, que uma coisa potencialmente levará à outra" (BUTRUCE, Vitor Augusto José. *A exceção de contrato não cumprido no direito civil brasileiro contemporâneo*: funções, pressupostos e limites de um 'direito a não cumprir'. Dissertação, UERJ, 2009. p. 83 e 96).

[51] "(...) nem todas as dívidas e obrigações que se originam dos contratos bilaterais são dívidas e obrigações bilaterais, em sentido estrito, isto é, em relação de reciprocidade. A contraprestação do locatário é o aluguel; porém não há sinalagma no dever de devolução do bem locado, ao cessar a locação, nem na dívida do locatário por indenização de danos à coisa, ou na dívida do locador por despesas feitas pelo locatário. A bilateralidade – prestação, contraprestação – faz ser bilateral o contrato; mas o ser bilateral o contrato não implica que todas as dívidas e obrigações que dele se irradiam sejam bilaterais" (PONTES DE MIRANDA, Francisco Cavalcanti. *Tratado de direito privado*. São Paulo: Bookseller, 2003. t. 26, p. 127-128).

influxos da boa-fé nas obrigações. A interpretação do dispositivo deve prestigiar, de outro giro, o liame de reciprocidade entre as obrigações contrapostas, de modo que o recurso à exceção de contrato não cumprido sirva como remédio para tutela do sinalagma do contrato.[52]

Cumpre esclarecer que o vínculo sinalagmático não se confunde com a equivalência objetiva das prestações.[53] A análise a ser feita acerca da interdependência das prestações em análise – em que uma é causa da outra – não tem cunho quantitativo, mas qualitativo.[54]

A proteção do sinalagma volta-se, portanto, à tutela do equilíbrio contratual, o qual é entendido, para além do mero equilíbrio econômico das prestações principais, como verdadeiro equilíbrio normativo, que supera a equivalência objetiva das prestações e abarca a atribuição de valor que aquele ajuste representa para as partes envolvidas.[55]

---

[52] "Convém registrar, todavia, que a noção de bilateralidade contratual não deve ser vista de modo puramente estrutural. Significa dizer que, para caracterizar o contrato bilateral, não bastam obrigações de um lado e de outro, mas é preciso que tais obrigações sejam genuinamente recíprocas, afigurando-se funcionalmente interdependentes. A obrigação de uma das partes deve ser a própria *razão de ser* da obrigação da outra" (SCHREIBER, Anderson. *Manual de direito civil contemporâneo*. 2. ed. São Paulo: Saraiva, 2019. p. 436).

[53] LARENZ, Karl. *Derecho de obligaciones*. Madrid: Revista de Derecho Privado, 1958. t. 1, p. 267. De modo semelhante, Vitor Butruce afirma que: "(...) prepondera na correspectividade certa equivalência entre as obrigações – não sendo necessário, frise-se, que elas sejam economicamente equivalentes, sob o ponto de vista quantitativo; conforme pontua Karl Larenz, 'basta que cada parte veja na prestação da outra uma compensação suficiente à sua própria prestação'" (BUTRUCE, Vitor Augusto José. *A exceção de contrato não cumprido no direito civil brasileiro contemporâneo*: funções, pressupostos e limites de um 'direito a não cumprir'. Dissertação, UERJ, 2009. p. 88). Assim também na doutrina italiana: "Noção distinta em relação à de correspectividade é aquela de equivalência das prestações. A equivalência objetiva indica que o valor econômico de uma prestação corresponde ao valor da outra. Essa equivalência não é um requisito necessário dos contratos de troca nem em geral dos contratos a título oneroso. As partes são, de fato, geralmente livres para determinar a identidade da prestação e da contraprestação. (...) De *per se* o desequilíbrio de valores entre prestação e contraprestação não exclui, portanto, o nexo de correspectividade" (BIANCA, Cesare Massimo. *Diritto Civile*: il contratto. Milano: Giuffrè, 2000. v. 3, p. 489-490. Tradução livre do original).

[54] "[N]ão é mister, para que seja bilateral o contrato, a equivalência segundo critério objetivo das prestações; o que importa é que cada um tenha a prestação do outro figurante como equivalente à sua" (PONTES DE MIRANDA, Francisco Cavalcanti. *Tratado de direito privado*. São Paulo: Bookseller, 2003. t. 26, p. 127).

[55] "(...) impossibilidade de se subordinar a validade de um contrato sinalagmático a essa equivalência objetiva do valor das prestações, pois que, muitas vezes as próprias partes ignoram, em face da circunstância dos elementos subjetivos, psicológicos ou pessoais não serem suscetíveis de ter um valor econômico (...) Se cada uma das partes considera o objeto recebido igual em valor ao por ele oferecido, a lei da equivalência está satisfeita. Assim, a equivalência toma um aspecto subjetivo, pessoal. Esta reside na ideia de identidade ou de igualdade que cada parte faz no momento da conclusão do contrato. Então as partes podem considerar como equivalentes objetos cujo valor econômico é desigual" (SERPA LOPES, Miguel Maria de. *Exceções substanciais*: exceção de contrato não cumprido *(exceptio non adimpleti contractus)*. Rio de Janeiro: Freitas Bastos, 1959. p. 188). Nesse sentido, José

3.1.3 Sinalagma e causa do contrato

Importante, ainda, analisar a relação entre o sinalagma e a figura da causa do contrato, a qual não é objeto de estudo do presente trabalho. Assim, sem nenhuma pretensão de esgotar o tema, adota-se para a presente análise o entendimento de que a causa do contrato consiste na mínima unidade de efeitos essenciais do contrato.[56]

O sinalagma, por sua vez, já foi identificado como o nexo funcional entre prestações.[57] Apreendida a mínima unidade de efeitos essenciais do contrato, pode-se identificar a correlação entre as obrigações e, portanto, mapear aquelas que são correspectivas ou não.[58] De outro giro, a pesquisa acerca da interdependência dos polos prestacionais lança luz sobre os efeitos essenciais de determinado instrumento. Nessa direção, o sinalagma serve como importante elemento para identificar a causa do contrato[59] e, em outro sentido, a causa concreta tem o

---

João Abrantes afirma que "(...) no inteiro da economia contratual, a obrigação de cada um dos contratantes funciona como *contrapartida* ou como *contrapeso* da outra. A obrigação de cada um dos contratantes aparece como *equivalente* da assumida pelo outro: as prestações trocadas têm igual valor, de tal modo que um e outro (dos contratantes) recebem pela sua própria prestação o valor correspondente da contraprestação contrária. O vínculo sinalagmático produz-se, aliás, independentemente de entre essas obrigações haver ou não uma equivalência real, isto é, uma absoluta igualdade de valor objetivo" (ABRANTES, José João. *A excepção de não cumprimento do contrato*. Coimbra: Almedina, 1955. p. 36-37).

[56] BODIN DE MORAES, Maria Celina. A causa do contrato. *Civilística.com*, Rio de Janeiro, a. 2, n. 1, out./dez. 2013. Sobre o tema, na doutrina brasileira, v. KONDER, Carlos Nelson. Causa do contrato x função social do contrato: estudo comparativo sobre o controle da autonomia negocial. *Revista Trimestral de Direito Civil*, v. 43, p. 33-75, 2010. E na doutrina italiana, v. PUGLIATTI, Salvatore. *Nuovi aspetti del problema della causa dei negozi giuridici. Diritto civile*. Milano: Giuffrè, 1951 e BETTI, Emilio. *Causa del negozio giuridico. Novissimo digesto italiano*. Turim: UTET, 1957. v. 3.

[57] GOMES, Orlando. *Contratos*. 16. ed. Rio de Janeiro: Forense, 1995. p. 71.

[58] FREITAS, Rodrigo Lima e Silva de. *O locus de atuação da exceção de contrato não cumprido no ordenamento jurídico brasileiro*. Dissertação, UERJ, 2019. p. 60.

[59] "[O]s conceitos [causa e sinalagma] se relacionam pelo fato de que os efeitos obrigacionais naturalmente se destacam na economia de qualquer contrato. A correspectividade entre as prestações contratuais representa, pois, elemento relevante para compreender e determinar quais são tais efeitos essenciais, sobretudo quando as obrigações em intercâmbio forem indispensáveis para a moldura contratual. Daí porque já se disse que o nexo de interdependência entre as obrigações coloca-se 'como elemento indicador da função do contrato, na medida em que aponta entre quais prestações corre o nexo de sinalagmaticidade, permitindo, desta forma, que se identifiquem os efeitos essenciais em cada tipo'" (BUTRUCE, Vitor Augusto José. *A exceção de contrato não cumprido no direito civil brasileiro contemporâneo*: funções, pressupostos e limites de um 'direito a não cumprir'. Dissertação, UERJ, 2009. p. 96). Nesse sentido, confira-se: "A interdependência funcional, também chamada nexo de correspectividade, entre os efeitos essenciais serve, de modo especial, a determinar a função negocial. De fato, observa-se que o nexo de sinalagmaticidade, isto é, o particular coligamento jurídico entre os efeitos do contrato, indica o nexo funcional existente entre os recíprocos interesses dos contraentes" (DE MORAES, Maria Celina Bodin. O procedimento

condão de servir como ponto de referência para a determinação do sinalagma.⁶⁰

Nessa esteira, a doutrina já identificou a causa contratual concreta como a razão de ser das prestações a cargo dos contratantes, de modo que o vínculo de correspectividade consistiria na análise qualitativa da relevância de determinadas prestações para a promoção da causa de determinado contrato.⁶¹

3.2 Coetaneidade do adimplemento

Esse segundo requisito para a aplicação da exceção de contrato não cumprido consiste na circunstância de que as prestações devam ser cumpridas simultaneamente. A doutrina entende, ainda, que o requisito se encontra preenchido caso a obrigação imposta ao excepto deva ser cumprida antes daquela que cabe ao excipiente, não já simultaneamente.⁶²

---

de qualificação dos contratos e a dupla configuração do mútuo no direito civil brasileiro. *Revista Forense*, v. 309, p. 41, jan./mar. 1990).

[60] SILVA, Rodrigo da Guia. Novas perspectivas da exceção de contrato não cumprido: repercussões da boa-fé objetiva sobre o sinalagma contratual. *Revista de Direito Privado*, v. 78, p. 49-79, jun. 2017. p. 58. Veja-se também: "A causa é aí a realização da prestação prometida pela contraparte, daí que a inexecução de uma das prestações impeça o credor de alcançar o fim que se propunha, pelo que pode ele suspender ou rescindir o contrato, baseado no seguinte raciocínio, bem simples: o fim em vista do qual me obriguei não pode ser alcançado; por conseguinte, a minha obrigação encontra-se desprovida de causa e posso assim considerar-me desonerado" (ABRANTES, José João. *A excepção de não cumprimento do contrato*. Coimbra: Almedina, 1955. p. 160).

[61] SILVA, Rodrigo da Guia. Novas perspectivas da exceção de contrato não cumprido: repercussões da boa-fé objetiva sobre o sinalagma contratual. *Revista de Direito Privado*, v. 78, p. 49-79, jun. 2017. p. 58. Confira-se também: "Considerando-se, portanto, que o liame de correspectividade refere-se ao vínculo entre as prestações a cargo dos contratantes, será sob a análise relacional, no bojo da concreta relação de interesses, que se logrará delimitar seu âmbito de incidência e, em conseguinte, à possibilidade de utilização da exceção de contrato não cumprido (...) para os fins de manejo da *exceptio*, deve-se averiguar se a prestação descumprida assume relevância tal apta a abalar a mínima unidade de efeitos do contrato e se se mostra possível que os efeitos da recusa da contraprestação por parte do excipiente alcance foros de equivalência com aqueles evidenciados pelo incumprimento do excepto, a repercutir, no mesmo grau, sobre o escopo negocial" (FREITAS, Rodrigo Lima e Silva de. *O locus de atuação da exceção de contrato não cumprido no ordenamento jurídico brasileiro*. Dissertação, UERJ, 2019. p. 62-63).

[62] "Nos contratos bilaterais, cada figurante tem de prestar por que e somente porque o outro figurante tem de contraprestar. Às vezes, a prestação e a contraprestação hão de ser feitas simultaneamente; outras vezes, não há simultaneidade, porque se permitiu à prestação ser anterior à contraprestação. A exigência da prestação simultânea estabelece situação tal, para cada um dos figurantes, que um somente pode exigir se está disposto a adimplir. Se a prestação tem de ser anterior, também não pode o figurante, que a deve, exigir que outro contrapreste, sem que antes preste" (PONTES DE MIRANDA, Francisco Cavalcanti. *Tratado de direito privado*. São Paulo: Bookseller, 2003. t. 26, p. 128); "A exceção de contrato não cumprido tem por finalidade proteger o contratante não inadimplente demandado

Para verificar o vencimento das obrigações, é necessário observar os termos estabelecidos pelas partes ou aqueles decorrentes da natureza do contrato[63] ou, se for o caso, a regra geral da simultaneidade do momento da prestação, conforme dicção dos arts. 134 e 331 do Código Civil.[64]

Com efeito, para aplicação da *exceptio*, necessário haver um inadimplemento justificante da contraparte, que deve ter se materializado quando chega o momento de o excipiente desincumbir-se da sua obrigação,[65] inadimplemento dito justificado.

Atentando-se para o imperativo da coesão cronológica das prestações, há quem defenda ser mais adequado falar-se no pressuposto de exigibilidade de ambas as prestações para autorizar o exercício da *exceptio*.[66] Partindo-se desse enquadramento acerca da exigibilidade de

---

pelo contratante inadimplente pelo cumprimento de sua obrigação. Nesse cenário, se for cabível a exceção ante prestações simultâneas, com maior razão será cabível no caso de prestações escalonadas, em que aquela devida em primeiro lugar não foi efetivamente cumprida" (GAGLIARDI, Rafael Villar. *Exceção de contrato não cumprido*. São Paulo: Saraiva, 2010. p. 92). Também nesse sentido, v. BUTRUCE, Vitor Augusto José. *A exceção de contrato não cumprido no direito civil brasileiro contemporâneo*: funções, pressupostos e limites de um 'direito a não cumprir'. Dissertação, UERJ, 2009. p. 141.

[63] "Consoante preceito do art. 127 do nosso Código Civil, não havendo as partes contratantes fixado um termo para o cumprimento do contrato, o credor pode exigi-lo desde logo. O termo, portanto, só tem lugar quando assim se haja convencionado ou quando na natureza da prestação ou no modo e lugar de sua execução imponham necessariamente um prazo para a sua realização, em última análise, fixado judicialmente" (SERPA LOPES, Miguel Maria de. *Exceções substanciais*: exceção de contrato não cumprido *(exceptio non adimpleti contractus)*. Rio de Janeiro: Freitas Bastos, 1959. p. 271).

[64] "Art. 134. Os negócios jurídicos entre vivos, sem prazo, são exeqüíveis desde logo, salvo se a execução tiver de ser feita em lugar diverso ou depender de tempo".
"Art. 331. Salvo disposição legal em contrário, não tendo sido ajustada época para o pagamento, pode o credor exigi-lo imediatamente".

[65] "O fato de as prestações não serem, necessariamente, simultâneas, inspira alguns doutrinadores a preferirem o termo coetaneidade das prestações no lugar de simultaneidade das prestações: Prefere-se o termo coetaneidade das prestações, que abrange também as prestações não originalmente simultâneas, mas que venham a experimentar, por quaisquer circunstâncias, um período de exigibilidade coeva" (GAGLIARDI, Rafael Villar. *Exceção de contrato não cumprido*. São Paulo: Saraiva, 2010. p. 125).

[66] "Das duas, uma, portanto: ou as obrigações serão simultaneamente exigíveis, não havendo dever de uma parte prestar antes do que a outra; ou o excepto deverá prestar antes do que o excipiente, o que legitimará o segundo a recusar-se a adimplir enquanto o primeiro não o fizer anteriormente. Tem-se como pressuposto da exceção de inadimplemento, pois, a exigibilidade da obrigação descumprida pelo excepto" (BUTRUCE, Vitor Augusto José. *A exceção de contrato não cumprido no direito civil brasileiro contemporâneo*: funções, pressupostos e limites de um 'direito a não cumprir'. Dissertação, UERJ, 2009. p. 141). Veja-se também: "[N]ão se exige propriamente prestações simultâneas, mas sim, prestações que, em algum momento, venham a ser exigíveis ao mesmo tempo, embora não originalmente simultâneas" (GAGLIARDI, Rafael Villar. *Exceção de contrato não cumprido*. São Paulo: Saraiva, 2010. p. 124-125).

ambas as prestações, interessante é a análise da hipótese do inadimplemento anterior ao termo.

Preenchidos os requisitos necessários para sua incidência,[67] no inadimplemento anterior ao termo se verifica situação em que mesmo não decorrido o prazo contratual para o cumprimento da obrigação por uma das partes, é possível constatar que a prestação não será adimplida por ter se tornado impossível para o devedor ou inútil para o credor. A doutrina especializada entende caracterizada, nesse caso, a configuração de "inadimplemento atual, mas anterior ao termo".[68]

Tomando-se a exigibilidade da prestação como requisito a ser preenchido para a incidência da exceção, tem-se que situações nas quais caracterizado o inadimplemento anterior ao termo permitem sua invocação. Com efeito, entende-se que o merecimento de tutela se volta à avaliação da exigibilidade da prestação do excepto, não já à data do vencimento em si.[69] Importante pontuar, ainda, que há quem defenda a possibilidade de incidência do inadimplemento anterior ao termo também na exceção de inseguridade,[70] por meio de uma aplicação analógica do art. 477 do Código Civil.[71][72]

---

[67] V. TERRA, Aline de Miranda Valverde. *Inadimplemento anterior ao termo*. Rio de Janeiro: Renovar, 2009. p. 159-182.

[68] TERRA, Aline de Miranda Valverde. *Inadimplemento anterior ao termo*. Rio de Janeiro: Renovar, 2009. p. 122-123.

[69] "Com base no exposto, percebe-se que a obrigação da parte pode se afigurar exigível antes do advento de seu termo final. Nestas hipóteses, o contratante prejudicado poderá se valer da *exceptio*, caso os demais requisitos elencados se encontrem presentes. Vale dizer, então, que o foco sobre o qual incide a análise, para o merecimento de tutela da *exceptio*, não incide no termo elencado pelas partes para o cumprimento da obrigação. Importa avaliar, para os fins de incidência da exceção de contrato, se a obrigação a cargo do excepto se afigura exigível (ainda que antes do prazo de vencimento) no momento em que se maneja a exceção de contrato cumprido. Em definitivo: é a exigibilidade da obrigação em favor do excipiente que verdadeiramente consiste em requisito para o manejo do expediente ora em análise" (FREITAS, Rodrigo Lima e Silva de. *O locus de atuação da exceção de contrato não cumprido no ordenamento jurídico brasileiro*. Dissertação, UERJ, 2019. p. 94).

[70] De acordo com Pontes de Miranda, "não se trata de pretensão à prestação antecipada (em relação à do outro figurante), ou à caução; trata-se de exceção. (...) A exceção permite retardamento da prestação por parte do pré-obrigado" (PONTES DE MIRANDA, Francisco Cavalcanti. *Tratado de direito privado*. São Paulo: Bookseller, 2003. t. 26, p. 141).

[71] "Registre-se que o art. 477 só menciona risco de inadimplemento derivado de diminuição patrimonial. Ainda assim, é possível cogitar de outros fatos objetivos que suscitem fundado risco de não cumprimento do contrato, como a declaração explícita do contratante de que não irá cumprir sua obrigação no momento do vencimento. Também nessas hipóteses, o art. 477 deve ser, por analogia, aplicado, conforme já se viu no estudo do chamado inadimplemento antecipado" (SCHREIBER, Anderson. *Manual de direito civil contemporâneo*. 2. ed. São Paulo: Saraiva, 2019. p. 520).

[72] Nesse sentido já decidiu o Superior Tribunal de Justiça: "Assim, no caso de inadimplemento do contratante – circunstância que sugere, realmente, alteração de solvabilidade de uma

3.3 Inadimplemento

Os influxos da boa-fé objetiva que incidem sobre a remodulada relação obrigacional também informam a noção de adimplemento, o que impacta, na mesma medida, o espectro do inadimplemento.[73] Nesse sentido, o conceito de inadimplemento passa a abarcar o descumprimento de deveres que, embora não correspondam à prestação principal, são essenciais para que se alcance o interesse útil do credor decorrente daquele ajuste.

Mais do que o interesse unilateral do credor, no entanto, o objeto da tutela do ordenamento relaciona-se à causa do contrato,[74] desde que essa atue como vetor promocional dos valores constitucionais. Assim, a análise se volta para a capacidade do descumprimento do devedor concorrer (ou não) para o alcance dos efeitos essenciais pretendidos com aquele ajuste, independentemente de consistir na prestação tida como principal ou no cumprimento de deveres anexos decorrentes da boa-fé objetiva.[75]

---

das partes –, se era lícito ao outro reter sua prestação, era-lhe igualmente lícito reduzir o volume dos produtos vendidos, dos prazos de pagamento e do crédito, na esteira do adágio de que quem pode o mais pode o menos" (STJ. REsp nº 1.279.188/SP. 4ª Turma. Relator: Min. Luis Felipe Salomão. Julgamento em 16.04.2015. DJ em 18.06.2015).

[73] "O desenvolvimento contemporâneo da noção de obrigação está intimamente relacionado à consolidação da boa-fé objetiva como parâmetro para o desenvolvimento da generalidade das relações obrigacionais. Nesse contexto, a releitura funcional da matéria resulta no enquadramento dogmático dos deveres laterais de conduta na disciplina geral do inadimplemento. De fato, a ascensão da análise funcional reclama do intérprete-aplicador do direito, na seara contratual, o reconhecimento da complexidade obrigacional e, sobretudo, da finalidade ínsita a todas as situações jurídicas subjetivas eventualmente titularizadas pelos contratantes. Desse modo, não se pode reputar plenamente adimplido um contrato apenas com base na análise estrutural do cumprimento da obrigação contratual principal, assim como não é possível afirmar o inadimplemento em hipótese na qual o descumprimento de alguma dessas obrigações não tenha acarretado qualquer prejuízo à satisfação do interesse útil do credor" (SILVA, Rodrigo da Guia. Novas perspectivas da exceção de contrato não cumprido: repercussões da boa-fé objetiva sobre o sinalagma contratual. *Revista de Direito Privado*, v. 78, p. 49-79, jun. 2017. p. 49-50).

[74] "(...) o que o adimplemento exige não é tanto a satisfação do interesse unilateral do credor, mas o atendimento à causa do contrato (...). Se o comportamento do devedor alcança aqueles efeitos essenciais que, pretendidos concretamente pelas partes com a celebração do negócio, mostram-se merecedores de tutela jurídica, tem-se o adimplemento da obrigação, independentemente da satisfação psicológica ou não do credor" (SCHREIBER, Anderson. A tríplice transformação do adimplemento: adimplemento substancial, inadimplemento antecipado e outras figuras. *In*: SCHREIBER, Anderson. *Direito civil e constituição*. São Paulo: Atlas, 2013. p. 107).

[75] "[o adimplemento consiste na] realização, pelo devedor, e satisfatoriamente, da prestação concretamente devida e enquanto devida, tendo ambas as partes observado os deveres derivados da boa-fé, que se fizeram instrumentalmente necessários para o entendimento do escopo da relação, em atenção ou em acordo ao seu fim econômico-social e às suas

Para fins de aplicação da exceção de contrato não cumprido, o ponto de enfoque consiste na quebra do sinalagma por qualquer espécie de inadimplemento – culposo ou não. Assim, a doutrina especializada indica a possibilidade de aplicação da exceção diante da mora, inadimplemento absoluto, cumprimento insatisfatório, vícios redibitórios e até mesmo perante inexecução justificada por caso fortuito ou força maior.[76]

Poder-se-ia indagar sobre a adequação da incidência da exceção, que autoriza o descumprimento voluntário da obrigação pelo excipiente, diante do inadimplemento sem culpa do excepto. Contudo, se consideramos que a função da exceção de contrato não cumprido consiste na tutela do contratante que não pode ser demandado a prestar sem ter ele recebido a contraprestação devida, sob pena de enriquecimento sem causa,[77] e não na penalização do inadimplente,[78] conclui-se pela desimportância da qualidade do inadimplemento para fins de invocação da exceção. Dispensa-se, assim, análise subjetiva da razão de descumprimento.

Diverge a doutrina sobre a utilidade da aplicação da exceção em caso de inadimplemento que impossibilite o alcance do interesse útil do credor ou mesmo em caso de impossibilidade da prestação. Há quem entenda que diante de descumprimento definitivo não faria

---

circunstâncias" (MARTINS-COSTA, Judith. Adimplemento e inadimplemento. In: *Anais do Seminário EMERJ*. Debate o novo Código Civil. Rio de Janeiro: EMERJ, 2002. p. 98-99).

[76] BUTRUCE, Vitor Augusto José. *A exceção de contrato não cumprido no direito civil brasileiro contemporâneo*: funções, pressupostos e limites de um 'direito a não cumprir'. Dissertação, UERJ, 2009. p. 127-141. Confira-se também: RODRIGUES, Silvio. *Direito civil*. 27. ed. São Paulo: Saraiva, 2000. v. 3, p. 77 e BESSONE, Darcy. *Do contrato*: teoria geral. São Paulo: Saraiva, 1997. p. 199.

[77] "O contrato funciona como um meio de se obter os elementos necessários à vida. Ele envolve obrigações; essas obrigações determinariam um desequilíbrio patrimonial se não fossem acompanhadas de direitos correlativos tendentes a assegurar o interesse contraposto do obrigado. E é este equilíbrio que assegura a própria movimentação da vida social, a segurança da consecução dos seus fins primordiais. Por conseguinte, o fundamento por força do qual se justifica a *exceptio non adimpleti contractus* consiste num direito lógico, natural, que assegura isto que é elemento básico da própria vida: o equilíbrio patrimonial" (SERPA LOPES, Miguel Maria de. *Exceções substanciais*: exceção de contrato não cumprido *(exceptio non adimpleti contractus)*. Rio de Janeiro: Freitas Bastos, 1959. p. 191-192).

[78] "A excepção não reveste, com efeito, a natureza de uma sanção, pressupondo um comportamento culposo daquele a quem é oposta. A sua invocação não se baseia na eventual responsabilidade do contraente pela inexecução da sua obrigação, antes encontra o seu fundamento na regra do cumprimento simultâneo das obrigações sinalagmáticas. Trata-se de uma forma de ser mantido o equilíbrio temporal das obrigações sinalagmáticas" (ABRANTES, José João. *A excepção de não cumprimento do contrato*. Coimbra: Almedina, 1955. p. 76). Nesse sentido, v. PEREIRA, Caio Mário da Silva. *Instituições de direito civil*: contratos. 11. ed. Rio de Janeiro: Forense, 2003. v. 3, p. 160.

sentido cogitar de exceção, sendo o remédio adequado a resolução.[79] Por outro lado, defende-se que a exceção opera efeitos liberatórios imediatos, mesmo antes, por exemplo, da resolução judicial da avença, sendo, portanto, útil, inclusive diante da perspectiva de fim da relação contratual.[80] Em um terceiro sentido, enxerga-se utilidade para a exceção apenas no caso da opção da execução pelo equivalente, não na resolução do contrato.[81]

3.4 Boa-fé

Como se viu, parte da doutrina indica a boa-fé como requisito para aplicação da exceção de contrato não cumprido. Contudo, há quem entenda ser a observância desse princípio contratual exigência para o exercício legítimo de qualquer situação jurídica subjetiva, de modo que a boa-fé figuraria mais como limite do que como pressuposto para a aplicação da exceção de contrato não cumprido;[82] quem identifique

---

[79] "A excepção apenas pode ser invocada perante uma situação de incumprimento não definitivo. Se, ao contrário, se tratar de uma inexecução definitiva, não faz sentido opor a excepção de inexecução, que supõe a manutenção do vínculo contratual, antes devendo ser invocada a resolução, cujo efeito é a extinção do referido vínculo" (ABRANTES, José João. *A excepção de não cumprimento do contrato*. Coimbra: Almedina, 1955. p. 75).

[80] "Se a prestação tiver se tornado impossível, ou se o descumprimento conduzir à sua inutilidade concreta, tendo em vista o interesse do credor, ainda assim a *exceptio* será frutífera, pelo fato de legitimar postura do excipiente de recusar a dar continuidade ao cumprimento daquilo que lhe compete, independentemente de reconhecimento judicial. Havendo inadimplemento absoluto do contrato, o *excipiens* estará liberado de cumprir suas obrigações, ainda que não haja cláusula resolutiva expressa no contrato; a resolução judicial, se for necessária, apenas terá o efeito desconstitutivo do negócio, conduzindo à liqüidação das obrigações e ao retorno ao estado anterior; mas a inexigibilidade da prestação do excipiente já se dá tão-só a partir do momento em que a contrapartida se tornar impossível ou inútil" (BUTRUCE, Vitor Augusto José. *A exceção de contrato não cumprido no direito civil brasileiro contemporâneo*: funções, pressupostos e limites de um 'direito a não cumprir'. Dissertação, UERJ, 2009. p. 135).

[81] "Ao preferir a execução pelo equivalente, o credor elege instrumento que o mantém vinculado ao contrato inadimplido (...) não preferindo o retorno ao *status quo ante*, A poderá executar o contrato pelo equivalente, pelo que deixará de cumprir a prestação referente à segunda parcela devida até que B cumpra com o equivalente da obrigação de dar inadimplida. Observa-se que a escolha pela execução do equivalente por A não se presta a inquinar o direito pleiteado por B na ação ajuizada. Tal exigência continua válida, embora careça de exigibilidade, até que o contrato seja cumprido pelo equivalente. Por tal razão, o manejo da exceção de contrato não cumprido por A, como forma de defesa face ao pleito de B, a suspender o pagamento devido até o cumprimento do equivalente, afigura-se válido" (FREITAS, Rodrigo Lima e Silva de. *O locus de atuação da exceção de contrato não cumprido no ordenamento jurídico brasileiro*. Dissertação, UERJ, 2019. p. 86-87).

[82] BUTRUCE, Vitor Augusto José. *A exceção de contrato não cumprido no direito civil brasileiro contemporâneo*: funções, pressupostos e limites de um 'direito a não cumprir'. Dissertação, UERJ, 2009. p. 78-79. João Pedro de Biazi também identifica na boa-fé como instrumento de regulação da abrangência da *exceptio*. Confira-se: DE BIAZI, João Pedro de Oliveira. *A*

duplo papel da boa-fé nesse contexto, servindo tanto como fundamento quanto como limite;⁸³ quem defenda estar a boa-fé abarcada pelo requisito já enunciado do vínculo sinalagmático.⁸⁴

A estrita observância dos parâmetros de conduta impostos pela boa-fé no caso específico do exercício da exceção revela-se especialmente relevante para evitar que ele se torne recurso utilizado pelo excipiente para gerar enriquecimento sem causa, indo de encontro à função dessa figura no ordenamento. Com efeito, a obrigação descumprida pelo contratante que se vale da exceção de contrato não cumprido deve corresponder à obrigação descumprida pela contraparte.⁸⁵ Não se permite, portanto, que um descumprimento relativo da obrigação do excepto, que não obste o atendimento da causa daquele instrumento, seja utilizado como mote para invocação da exceção com intuito de liberar-se integralmente da prestação devida.⁸⁶

---

exceção de contrato não cumprimento no direito privado brasileiro. 1. ed. Rio de Janeiro: LMJ Mundo Jurídico, 2019. p. 149.

83 "Pode-se destacar, então, um duplo papel da boa-fé objetiva, a qual atua, a um só tempo, como fundamento e limite da exceção de contrato não cumprido: fundamento, pois assegura ao contratante adimplente e pautado pela boa-fé a prerrogativa de cumprir sua(s) prestação(ões) apenas após o cumprimento do polo prestacional correspectivo faltante; limite, porque atua como parâmetro para aferição de eventual exercício abusivo na oposição da exceptio" (SILVA, Rodrigo da Guia. Novas perspectivas da exceção de contrato não cumprido: repercussões da boa-fé objetiva sobre o sinalagma contratual. *Revista de Direito Privado*, v. 78, p. 49-79, jun. 2017. p. 75).

84 FREITAS, Rodrigo Lima e Silva de. *O locus de atuação da exceção de contrato não cumprido no ordenamento jurídico brasileiro.* Dissertação, UERJ, 2019. p. 68.

85 "A exceção do contrato não cumprido, ela própria uma concretização histórica da boa-fé, basta para tanto. Repare-se que ela visa a manter um sinalagma funcional até as últimas conseqüências. A boa-fé tem, na verdade, dois papéis importantes: o de, através da determinação precisa dos deveres das partes, firmar a estrutura real do sinalagma e o de, sob cominação de abuso, exigir que a exceção seja movida apenas por perturbações sinalagmáticas materiais e não formais" (MENEZES CORDEIRO, António Manuel da Rocha e. *Da boa-fé no direito civil.* Coimbra: Almedina, 1997. p. 847).

86 "Como vimos, esses princípios da boa-fé exigem, assim, que entre o inadimplemento do excipiente e da contraparte haja um nexo de equivalência ou de proporção. Se o inadimplemento do excipiens fôr de leve teor não poderá êle servir de fundamento ou justifica a opodição da exc. n. ad. cont. [...] Assim sempre se teve por assente que o princípio *inadimpleti non est adimplendum* só é aplicável quando entre o inadimplemento de um dos contratantes e o posterior do outro, existe justo nexo de causalidade por proporcionalidade e entidade das duas inadimplências. A exceptio deixa então de ser aplicada quando importe numa desproporção entre a prestação descumprida e a prestação a ser cumprida. [...]nos contratos com prestações correspectivas no caso de recíproco inadimplemento, para se concluir pela aplicabilidade do princípio *inadimplenti non est adimplendum* cumpre proceder a uma apreciação comparativa da conduta de ambos os contraentes em relação à arguida e recíproca falta de cumprimento, firmando não só a subsistência, mas tomando em consideração as suas relações de sucessão, causalidade e proporcionalidade, a relativa gravidade e eficácia em face da finalidade econômica complexa do contrato e consequente influência sobre a sua sorte" (SERPA LOPES, Miguel Maria de. *Exceções substanciais*: exceção

Analisados os requisitos para aplicação da figura, passa-se à análise de seus efeitos.

4 Efeitos da exceção de contrato não cumprido

São três os principais efeitos gerados pela oposição da exceção de contrato não cumprido, quais sejam: (i) a paralisação da ação proposta pelo demandante inadimplente; (ii) a neutralização da exigibilidade do débito do excipiente; e (iii) a não imputação dos efeitos do inadimplemento ao excipiente.

Em relação ao primeiro efeito, tem-se que, no âmbito de uma demanda, se o demandado alega a exceção de contrato não cumprido em razão da ausência de recebimento de prestação que lhe era devida, paralisa-se a ação do autor.[87] Importante enfatizar que a exceção de contrato não cumprido não desafia ser devida a obrigação do excipiente, mas implica, na verdade, em recusa legítima de adimplemento em razão do descumprimento contratual da contraparte.[88] Assim, a *exceptio* possui a função de suspender a pretensão executiva do demandante e de impedir a resolução do contrato.[89]

O segundo efeito da oposição da exceção de contrato não cumprido vincula-se diretamente ao primeiro. A *exceptio* além de paralisar a ação

---

de contrato não cumprido *(exceptio non adimpleti contractus)*. Rio de Janeiro: Freitas Bastos, 1959. p. 311).

[87] Veja-se: "A exceção de contrato não cumprido paralisa a ação do exceto, tornando seu crédito inexigível" (GOMES, Orlando. *Contratos*. 26. ed. Rio de Janeiro: Forense, 2009. p. 110).

[88] Nesse sentido, afirma Silvio Rodrigues: "Com efeito, a *exceptio non adimpleti contractus* paralisa a ação do autor, ante a alegação do réu de não haver recebido a contraprestação devida; não se debate o mérito do direito arguido, nem o excipiente nega a obrigação; apenas contesta sua exigibilidade, em face de não haver o excepto adimplido o contrato" (RODRIGUES, Silvio. *Direito civil*: dos contratos e das declarações unilaterais da vontade. 28. ed. São Paulo: Saraiva, 2002. v. 3, p. 83-84).

[89] Essa é a lição de Ruy Rosado de Aguiar Júnior: "A bilateralidade implica o cumprimento simultâneo das prestações, com ressalva de disposições da lei, do contrato ou dos usos. A exceção desempenha a função de manter essa característica da bilateralidade e assegura o equilíbrio da relação contratual durante a sua fase executiva, impedindo a desigualdade que decorreria se houvesse o constrangimento forçado de uma das partes a cumprir, sem que houvesse o cumprimento da que deveria prestar antes ou simultaneamente, e com isso garante o respeito aos princípios que regem o direito contratual. (...) A exceção também exclui o direito de o credor propor a resolução do contrato. Em conclusão, podemos dizer que a primeira e principal função da exceção é a de suspender a pretensão executória do autor (excepto); secundariamente, é a de induzir à execução do contrato pelo autor; ainda, de impedir a este de promover a ação de resolução" (AGUIAR JÚNIOR, Ruy Rosado de. Da exceção de contrato não cumprido. *In*: TEIXEIRA, Sálvio de Figueiredo (Coord.). *Comentários ao novo código civil*: da extinção do contrato. Rio de Janeiro: Forense, 2011. v. 6, t. 2, p. 749, 751).

do demandante, também provoca a neutralização da exigibilidade da prestação do demandado, mesmo se vencida a obrigação.[90] Neste ponto, mais uma vez, cabe pontuar que, como adverte Anderson Schreiber, a exceção de contrato não cumprido possui o efeito de suspender a exigibilidade da obrigação prevista no contrato e não o de extinguir a relação contratual.[91]

Já o terceiro efeito do exercício da exceção de inexecução consiste na não imputabilidade dos efeitos do inadimplemento a quem opõe a exceção. A doutrina apresenta diferentes fundamentos para justificar o presente efeito. Para uma corrente doutrinária, o contratante que se recusa a prestar a obrigação diante do incumprimento da contraparte age "no exercício normal de um direito reconhecido", de tal modo que sequer existiria inadimplemento de sua parte.[92] Em outro sentido, defende-se que a exceção de contrato não cumprido legitima o estado de inadimplência do demandado, não incidindo, portanto, os efeitos jurídicos que decorreriam do inadimplemento, tais como os consectários da mora.[93] Ao fim e ao cabo, alcança-se, nos dois casos, embora por caminhos distintos, a mesma conclusão: a inimputabilidade dos efeitos do inadimplemento ao excipiente.

---

[90] SERPA LOPES, Miguel Maria de. *Exceções substanciais*: exceção de contrato não cumprido *(exceptio non adimpleti contractus)*. Rio de Janeiro: Freitas Bastos, 1959. p. 135.

[91] Confira-se: "O efeito da exceção do contrato não cumprido não consiste na extinção, mas na suspensão da exigibilidade da obrigação que integra o contrato. Pressuposto do instituto é o vínculo de dependência funcional entre as obrigações de parte a parte. Descabe a *exceptio* se ausente esse vínculo" (SCHREIBER, Anderson. *Manual de direito civil contemporâneo*. 2. ed. São Paulo: Saraiva, 2019. p. 518).

[92] Nesse sentido, manifesta-se Vitor Butruce: "Preferimos, todavia, considerar simplesmente inexistente qualquer inadimplemento *strictu sensu*, dada a inimputabilidade da inadimplência ao contratante fiel – dito de outra maneira, não é que ele cometa um ilícito justificado; ele simplesmente age 'no exercício normal de um direito reconhecido'" (BUTRUCE, Vitor Augusto José. *A exceção de contrato não cumprido no direito civil brasileiro contemporâneo*: funções, pressupostos e limites de um 'direito a não cumprir'. Dissertação, UERJ, 2009. p. 155).

[93] Nesse sentido: "Se já há exigibilidade, então o executado se encontra, sim, em estado de inadimplência. A peculiaridade é que, uma vez cobrado, o executado pode, legitimamente, recusar-se a cumprir a sua própria prestação, até que o exequente cumpra a dele. A *exceptio non adimpleti contractus*, desde que acolhida, legitima, pois, esse estado de inadimplência, impedindo que ele gere efeitos jurídicos em relação ao executado (por exemplo, a mora e seus consectários, a responsabilidade pela perda ou deterioração da coisa, ainda que isso se dê em decorrência de caso fortuito ou força maior etc.)" (DIDIER JÚNIOR, Fredie; OLIVEIRA, Rafael. Execução e exceção de contrato não cumprido: notas ao art. 582 do CPC. *Revista de processo*, v. 172, p. 19-31, jun. 2009).

5 Considerações finais

O presente artigo se propôs a analisar, de forma objetiva, o conceito, as principais características, os requisitos e os efeitos da exceção de contrato não cumprido. Embora se trate de figura jurídica há muito estudada no Direito Civil, sua pesquisa atual se revela necessária dada a complexidade inerente ao tema e seu âmbito de aplicação renovado em virtude da releitura das relações jurídicas realizada pelo direito civil-constitucional, considerando a obrigação complexa e os influxos da boa-fé objetiva na concepção de adimplemento e inadimplemento.

Como se viu, o exercício da exceção de contrato não cumprido enseja um direito ao excipiente de não cumprir com a obrigação avençada, o que tem contornos práticos dramáticos na realidade contratual. Desempenha, ainda, função singular no ordenamento, por figurar como remédio do sinalagma utilizado no momento patológico da obrigação – o inadimplemento – voltado à preservação da relação contratual. Com efeito, trata-se de figura de relevância ímpar para o tráfego jurídico, cuja aplicação criteriosa, com base no preenchimento dos seus pressupostos, mostra-se necessária tanto para que o exercício da *exceptio* gere os efeitos previstos, quanto para justificar sua tutela pelo ordenamento à luz dos valores constitucionais.

Referências

ABRANTES, José João. *A excepção de não cumprimento do contrato*. Coimbra: Almedina, 1955.

AGUIAR JÚNIOR, Ruy Rosado de. *Extinção dos contratos por incumprimento do devedor*: resolução. 2. ed. São Paulo: Aide, 2004.

AGUIAR JÚNIOR, Ruy Rosado de. Da exceção de contrato não cumprido. *In*: TEIXEIRA, Sálvio de Figueiredo (Coord.). *Comentários ao novo código civil*: da extinção do contrato. Rio de Janeiro: Forense, 2011. v. 6, t. 2.

ASSIS, Araken de. Dos contratos em geral. *In*: ALVIM, Arruda; ALVIM, Thereza (Coords.). *Comentários ao Código Civil brasileiro*. Rio de Janeiro: Forense, 2007.

BESSONE, Darcy. *Do contrato*: teoria geral. São Paulo: Saraiva, 1997.

BETTI, Emilio. *Causa del negozio giuridico*. *Novissimo digesto italiano*. Turim: UTET, 1957. v. 3.

BIANCA, Cesare Massimo. *Diritto Civile*: il contratto. Milano: Giuffrè, 2000. v. 3.

BODIN DE MORAES, Maria Celina. A causa do contrato. *Civilística.com*, Rio de Janeiro, a. 2, n. 1, out./dez. 2013.

BUTRUCE, Vitor Augusto José. *A exceção de contrato não cumprido no direito civil brasileiro contemporâneo*: funções, pressupostos e limites de um 'direito a não cumprir'. Dissertação, UERJ, 2009.

CARVALHO DE MENDONÇA, Manoel Inácio. *Doutrina e prática das obrigações*. Rio de Janeiro: Francisco Alves, 1911. v. 2.

COSTA, Mário Júlio de Almeida. *Direito das obrigações*. 10. ed. Coimbra: Almedina, 2006.

COUTO E SILVA, Clóvis V. *A obrigação como processo*. São Paulo: Bushatsky, 1976.

DANTAS, Francisco Clementino de San Tiago. *Programa de direito civil*: os contratos. Rio de Janeiro: Editora Rio, 1978. v. 2.

DE BIAZI, João Pedro de Oliveira. *A exceção de contrato não cumprimento no direito privado brasileiro*. 1. ed. Rio de Janeiro: LMJ Mundo Jurídico, 2019.

DE BIAZI, João Pedro de Oliveira. *A exceção de contrato não cumprido no direito privado brasileiro*. Rio de Janeiro: GZ, 2019.

DE MORAES, Maria Celina Bodin. O procedimento de qualificação dos contratos e a dupla configuração do mútuo no direito civil brasileiro. *Revista Forense*, v. 309, p. 41, jan./mar. 1990.

DIDIER JÚNIOR, Fredie; OLIVEIRA, Rafael. Execução e exceção de contrato não cumprido: notas ao art. 582 do CPC. *Revista de processo*, v. 172, p. 19-31, jun. 2009.

FREITAS, Rodrigo Lima e Silva de. *O locus de atuação da exceção de contrato não cumprido no ordenamento jurídico brasileiro*. Dissertação, UERJ, 2019.

GAGLIARDI, Rafael Villar. *Exceção de contrato não cumprido*. São Paulo: Saraiva, 2010.

GARCEZ NETO, Martinho. *Obrigações e contratos*: doutrina e prática. Rio de Janeiro: Borsoi, 1969.

GOMES, Orlando. *Contratos*. 16. ed. Rio de Janeiro: Forense, 1995.

GOMES, Orlando. *Contratos*. 24. ed. Rio de Janeiro: Forense, 2001.

GOMES, Orlando. *Contratos*. 26. ed. Rio de Janeiro: Forense, 2009.

KONDER, Carlos Nelson. Causa do contrato x função social do contrato: estudo comparativo sobre o controle da autonomia negocial. *Revista Trimestral de Direito Civil*, v. 43, p. 33-75, 2010.

KONDER, Carlos Nelson; RENTERIA, Pablo. A funcionalização das relações obrigacionais: interesse do credor e patrimonialidade da prestação. *Civilística.com*, Rio de Janeiro, a. 1, n. 2, p. 1-2, jul./dez. 2012.

LARENZ, Karl. *Derecho de obligaciones*. Madrid: Revista de Derecho Privado, 1958. t. 1.

LEITÃO, Luís Manuel Teles de Menezes. *Direito das obrigações*. 8. ed. Coimbra: Almedina, 2009. v. 1.

MARTINS-COSTA, Judith. *A boa-fé no direito privado*: critérios para a sua aplicação. São Paulo: Marcial Pons, 2015.

MARTINS-COSTA, Judith. Adimplemento e inadimplemento. *In*: *Anais do Seminário EMERJ. Debate o novo Código Civil*. Rio de Janeiro: EMERJ, 2002.

MENEZES CORDEIRO, António Manuel da Rocha e. *Da boa-fé no direito civil*. Coimbra: Almedina, 1997.

PEREIRA, Caio Mário da Silva. *Instituições de direito civil*: contratos. 11. ed. Rio de Janeiro: Forense, 2003. v. 3.

PEREIRA, Caio Mário da Silva. *Instituições de direito civil*: contratos. 19. ed. Rio de Janeiro: Forense, 2015. v. 3.

PERLINGIERI, Pietro. *O direito civil na legalidade constitucional*. Rio de Janeiro: Renovar, 2008.

PONTES DE MIRANDA, Francisco Cavalcanti. *Tratado de direito privado*. São Paulo: Bookseller, 2003. t. 26.

PUGLIATTI, Salvatore. *Nuovi aspetti del problema della causa dei negozi giuridici. Diritto civile*. Milano: Giuffrè, 1951.

ROCHA, Silvio Luís Ferreira da. *Curso avançado de direito civil*. São Paulo: Revista dos Tribunais, 2002. v. 3.

RODRIGUES, Silvio. *Direito civil*. 27. ed. São Paulo: Saraiva, 2000. v. 3.

RODRIGUES, Silvio. *Direito civil*: dos contratos e das declarações unilaterais da vontade. 28. ed. São Paulo: Saraiva, 2002. v. 3.

SALLES, Raquel Bellini de Oliveira. *A autotutela pelo inadimplemento nas relações contratuais*. Tese de doutoramento, UERJ, 2011.

SCHREIBER, Anderson. A tríplice transformação do adimplemento: adimplemento substancial, inadimplemento antecipado e outras figuras. *In*: SCHREIBER, Anderson. *Direito civil e constituição*. São Paulo: Atlas, 2013.

SCHREIBER, Anderson et al. (Coords.). *Código civil comentado*: doutrina e jurisprudência. Rio de Janeiro: Forense, 2019.

SCHREIBER, Anderson. *Manual de direito civil contemporâneo*. 2. ed. São Paulo: Saraiva, 2019.

SERPA LOPES, Miguel Maria de. *Exceções substanciais*: exceção de contrato não cumprido *(exceptio non adimpleti contractus)*. Rio de Janeiro: Freitas Bastos, 1959.

SILVA, João Calvão da. *Cumprimento e sanção pecuniária compulsória*. Coimbra: Almedina, 1996.

SILVA, Rodrigo da Guia. Novas perspectivas da exceção de contrato não cumprido: repercussões da boa-fé objetiva sobre o sinalagma contratual. *Revista de Direito Privado*, v. 78, p. 49-79, jun. 2017.

TEPEDINO, Gustavo; SCHREIBER, Anderson. Direito das obrigações. *In*: AZEVEDO, Álvaro Villaça (Coord.). *Código Civil comentado*. São Paulo: Atlas, 2008. v. 4.

TEPEDINO, Gustavo; KONDER, Carlos Nelson; BANDEIRA, Paula Greco. *Fundamentos do Direito Civil*: contratos. Rio de Janeiro: Forense, 2020.

TERRA, Aline de Miranda Valverde. *Inadimplemento anterior ao termo*. Rio de Janeiro: Renovar, 2009.

Informação bibliográfica deste texto, conforme a NBR 6023:2018 da Associação Brasileira de Normas Técnicas (ABNT):

SILVA, Jeniffer Gomes da; CAVALCANTI, Laís. Exceção de contrato não cumprido: características, requisitos e efeitos. *In*: TEPEDINO, Gustavo; SILVA, Rodrigo da Guia (Coord.). *Relações patrimoniais*: contratos, titularidades e responsabilidade civil. Belo Horizonte: Fórum, 2021. p. 43-69. ISBN 978-65-5518-233-0.

CARACTERIZAÇÃO DO CONSUMIDOR E QUALIFICAÇÃO CONTRATUAL NAS RELAÇÕES DA ECONOMIA DO COMPARTILHAMENTO (*SHARING ECONOMY*)

FILIPE MEDON
CAMILA FERRÃO DOS SANTOS

1 Introdução

A lógica proprietária tradicionalmente imperou na vida em sociedade, o que explica a centralidade do direito de propriedade no ordenamento e o primado da tutela das situações jurídicas patrimoniais ao longo do tempo. O próprio direito ao voto, durante boa parte da história, esteve condicionado a aspectos censitários: era preciso ser proprietário para participar do sufrágio, seja para votar, seja para ser votado. No entanto, com o movimento do constitucionalismo contemporâneo, que alçou a pessoa humana e sua dignidade ao ápice do ordenamento, as situações jurídicas existenciais passaram a gozar de maior proteção. E se a propriedade perdeu a sua centralidade no Direito, processo semelhante parece estar acontecendo, em alguma medida, na lógica econômica quanto à aquisição de bens e serviços: é mais barato compartilhar do que ser proprietário. É assim que surge a chamada economia do compartilhamento ou *sharing economy*, cujos impactos no Direito, sobretudo nas relações de consumo, devem ser melhor examinados.

Em função da inovação e da evolução tecnológica, a cada dia são lançados novos aplicativos de celular com funcionalidades voltadas para o compartilhamento. Aplicativos de música, como o Spotify e o Deezer, reduziram significativamente o *download* ilegal de arquivos musicais. Afinal, vale muito mais pagar uma taxa mensal e ter acesso a quase todos os tipos de conteúdo do que passar horas na *Internet* tentando baixar clandestinamente as músicas novas da banda favorita. O mesmo se diga em relação aos aplicativos de filmes, séries e documentários, como a Netflix e o Amazon Prime. A acomodação e o transporte não fugiram à regra: AirBnb e Uber comprovam isso.

Além desses aplicativos mais conhecidos, inúmeros outros têm surgido e provocado disrupção: a DogHero, por exemplo, permite conectar proprietários de animais a cuidadores. Já o "Tem Açúcar?" "é uma rede social de vizinhos que facilita a comunicação, a colaboração e a troca de gentilezas nas vizinhanças".[1] Interessante notar, contudo, que em boa parte desses aplicativos a estrutura da relação jurídica é muito similar: tem-se duas pontas que se ligam por uma terceira (aplicativo), que promove a aproximação e garante a execução do serviço ou a entrega do produto ofertado por uma das pontas ao seu usuário ou adquirente.[2] Resta, todavia, determinar qual a natureza jurídica dessa relação. Estar-se-ia falando em relação de consumo, com a presença de fornecedores, consumidores e intermediários? Como é a relação interna entre prestadores de serviços e plataformas? É disso que se ocupa o presente artigo.

2 O que é a economia do compartilhamento?

Antes de se atribuir os contornos jurídicos à relação que se forma, é preciso compreender como surge e funciona, na prática, a dinâmica do que se vem a compreender como economia do compartilhamento ou *sharing economy*, que pode ser definida como "um sistema 'negocial'

---

[1] GOOGLE PLAY. *Tem açúcar?* Disponível em: https://play.google.com/store/apps/details?id=com.temacucar&hl=pt_BR&gl=US. Acesso em 28 jan. 2021.

[2] "As relações estabelecidas neste novo formato envolvem necessariamente três partes: o ofertante, o tomador do serviço e a plataforma. Não apenas consumidor e fornecedor, como nas relações de consumo *offline* normalmente acontece, na economia colaborativa surge alguém, que não é apenas um intermediário na prestação do serviço, e que integra a cadeia de fornecimento: a plataforma. Esta desenvolve atividade própria que instrumentaliza e condiciona a troca, e que, sem ela, não haverá prestação alguma" (CARPENA, Heloisa. Airbnb e a responsabilidade por danos causados aos consumidores na economia compartilhada. *In*: Revista de Direito do Consumidor, v. 129, p. 175-194, mai./jun. 2020. p. 02).

de consumo (*collaborative consumption*), no qual pessoas alugam, usam, trocam, doam, emprestam e compartilham bens, serviços, recursos ou *commodities*, de sua propriedade, geralmente com a ajuda de aplicativos e tecnologia online móvel",[3] visando a economizar dinheiro, a diminuir resíduos (e a melhorar práticas sustentáveis em geral) e a reduzir a imobilização de patrimônio e o dispêndio de tempo. Assim, são relações de confiança, "geralmente contratuais, a maioria onerosa (de bicicletas nas cidades verdes, até de carros, de estadias e, as mais 'comerciais', como o Uber, Cabify, AirBnb, Zipcar etc.), sendo gratuito o uso do aplicativo, mas paga uma porcentagem do 'contratado' ao guardião da tecnologia online", podendo, às vezes, tomar a forma cooperativa, de *crowdfunding* ou de doação de pequena monta ou trocas gratuitas (livros em táxis etc.).[4]

Na lição de Claudia Lima Marques, o seu surgimento "foi incialmente uma reação ao consumismo e uma adesão ao consumo sustentável",[5] sendo facilitada pela tecnologia, em especial pela *Internet*,[6] a partir da "criação de plataformas em que pessoas necessitando, por exemplo, colocar um quadro na parede, passaram a procurar uma furadeira 'para alugar' e não mais para comprar".[7] É nesse contexto que se insere o lema que pode ser utilizado para definir a lógica que move esse fenômeno: "Eu necessito de um buraco na parede, não de uma furadeira nova no meu armário".[8] Substituir a propriedade da furadeira pela comodidade

---

[3] MARQUES, Claudia Lima. A nova noção de fornecedor no consumo compartilhado: um estudo sobre as correlações do pluralismo contratual e o acesso ao consumo. *Revista de Direito do Consumidor*, São Paulo, v. 26, n. 111, p. 247-268, mai./jun. 2017. p. 249.

[4] MARQUES, Claudia Lima. A nova noção de fornecedor no consumo compartilhado: um estudo sobre as correlações do pluralismo contratual e o acesso ao consumo. *Revista de Direito do Consumidor*, São Paulo, v. 26, n. 111, p. 247-268, mai./jun. 2017. p. 249.

[5] MARQUES, Claudia Lima. A nova noção de fornecedor no consumo compartilhado: um estudo sobre as correlações do pluralismo contratual e o acesso ao consumo. *Revista de Direito do Consumidor*, São Paulo, v. 26, n. 111, p. 247-268, mai./jun. 2017. p. 250.

[6] "O que é novo e o que oxigena o consumo compartilhado é justamente a conectividade da rede mundial pela formação de redes sociais e de sua escala vertiginosamente crescente, que possibilitaram o deslocamento do compartilhamento e da colaboração do setor cultural ao setor econômico e que está mudando não só o *que* consumimos, mas *como* consumimos e o *modo* como nos relacionamentos, fazendo nascer uma linha pontilhada entre o que é *meu*, o que é *seu* e o que é *nosso*" (MUCELIN, Guilherme. Peers Inc.: a nova estrutura da relação de consumo na economia do compartilhamento. *In: Revista de Direito do Consumidor*, v. 118, p. 77-126, jul./ago. 2018. p. 3).

[7] MARQUES, Claudia Lima. A nova noção de fornecedor no consumo compartilhado: um estudo sobre as correlações do pluralismo contratual e o acesso ao consumo. *Revista de Direito do Consumidor*, São Paulo, v. 26, n. 111, p. 247-268, mai./jun. 2017. p. 250.

[8] MARQUES, Claudia Lima. A nova noção de fornecedor no consumo compartilhado: um estudo sobre as correlações do pluralismo contratual e o acesso ao consumo. *Revista de Direito do Consumidor*, São Paulo, v. 26, n. 111, p. 247-268, mai./jun. 2017. p. 250.

do furo (alcançável a poucos cliques com um aplicativo) é o que explica esse aproveitamento mais racional e sustentável dos bens. Se a pessoa não utiliza uma furadeira com frequência, faz muito mais sentido locá-la esporadicamente do que partir para uma aquisição que pode acabar se tornando de pouquíssima utilidade no decorrer do tempo.

A ideia que anima essa prática é a da convergência: de um lado, um sujeito possui um bem ou um serviço disponível e, do outro, existe alguém que precisa utilizá-lo. São serviços oferecidos em bases colaborativas na *Internet*, ou seja, "de forma transitória, sem que haja transferência de titularidade, nem esgotamento do bem, ao qual é agregado um serviço, prestado diretamente por seu proprietário, mediante remuneração".[9]

Esta economia passa a conceber "'novos modelos' de correlações ou negócios, não mais concentrados na aquisição da propriedade de bens e na formação de patrimônio (individual), mas no uso em comum (coletivo) – por várias pessoas interessadas – das utilidades oferecidas por um mesmo bem, produto ou serviço".[10] Dito em outras palavras: mais importante do que adquirir a propriedade é a sua fruição, ou seja, retirar da coisa a sua utilidade sem que para isso seja necessário incorporá-la definitivamente ao próprio patrimônio. Em última análise, trata-se de uma relação de custo-benefício e de "uma nova forma de acesso a bens e serviços, não mais orientada por uma lógica de acumulação, mas sim de compartilhamento, sendo, por isso, mais sustentável".[11] Compreende-se, assim, que com a *sharing economy* teria se tornado "mais barato compartilhar do que ser proprietário, o que leva alguns a afirmarem a existência de verdadeiro rompimento do paradigma clássico de que seria necessário possuir – em termos de direitos de propriedade – um determinado bem ou serviço para poder usufruir do mesmo".[12]

---

[9] CARPENA, Heloisa. Airbnb e a responsabilidade por danos causados aos consumidores na economia compartilhada. *In*: *Revista de Direito do Consumidor*, v. 129, p. 175-194, mai./jun. 2020. p. 02.

[10] MARQUES, Claudia Lima. A nova noção de fornecedor no consumo compartilhado: um estudo sobre as correlações do pluralismo contratual e o acesso ao consumo. *Revista de Direito do Consumidor*, São Paulo, v. 26, n. 111, p. 247-268, mai./jun. 2017. p. 250.

[11] CARPENA, Heloisa. Airbnb e a responsabilidade por danos causados aos consumidores na economia compartilhada. *In*: *Revista de Direito do Consumidor*, v. 129, p. 175-194, mai./jun. 2020. p. 02.

[12] SILVA, Raphael Andrade; PAIVA, Matheus Silva de; DINIX, Gustavo Saad. Desafios Jurídico-Regulatórios e Economia Compartilhada: Elementos para uma Reflexão Crítica. *In*: *Scientia Iuris*, Londrina, v. 21, n. 2, p. 98-125, jul. 2017. p. 102.

Nada obstante, apesar de ter surgido como reação ao consumismo desenfreado, a economia do compartilhamento se transformou numa atividade cujo foco recai sobre seu aspecto econômico e patrimonial: o que antes era camaradagem se tornou profissional de tal modo que o aspecto econômico se sobressai tanto ou mais que aquele relativo ao aproveitamento sustentável e comum dos bens.[13] [14]

Importante ressaltar, ainda, como destacam Carlos Affonso Pereira de Souza e Ronaldo Lemos, que como consequência da promoção do uso eficiente dos bens, passa-se a atender às demandas relativas à sua função social e o emprego da tecnologia da informação permite aperfeiçoar "a prática da transparência nas relações contratuais, promovendo um fortalecimento dos ditames da boa-fé objetiva. A tutela da confiança é assim aprimorada lado a lado com o desenvolvimento de novos mecanismos que permitem às partes pactuarem de modo claro, informado"[15] e, mais que isso, a confiança torna-se verdadeiro elemento central desse fenômeno.[16]

Tem-se, desse modo, um serviço baseado em índices reputacionais, a exemplo do que ocorre na Uber, em que tanto passageiros quanto motoristas são avaliados mutuamente, o que gera uma nota de avaliação

---

[13] MARQUES, Claudia Lima. A nova noção de fornecedor no consumo compartilhado: um estudo sobre as correlações do pluralismo contratual e o acesso ao consumo. *Revista de Direito do Consumidor*, São Paulo, v. 26, n. 111, p. 247-268, mai./jun. 2017. p. 251.

[14] "Uma consequência do cenário acima, no qual a aquisição de bens e a contratação de serviços de forma permanente dá lugar ao seu uso e prestação apenas quando necessário, termina por gerar não apenas uma nova lógica de apropriação de bens, mas também implica em uma significativa mudança para quem disponibiliza o bem ou o serviço, já que se procura retirar do mesmo o seu maior aproveitamento, evitando ociosidade e conectando a chamada economia do compartilhamento com uma cultura de colaboração e interatividade que marcou de modo muito relevante o desenvolvimento tecnológico das últimas décadas" (SOUZA, Carlos Affonso Pereira de; LEMOS, Ronaldo. Aspectos jurídicos da economia do compartilhamento: função social e tutela da confiança. *Revista de Direito da Cidade*, Rio de Janeiro, v. 8, n. 4, p. 1757-1777, 2016. p. 1761).

[15] SOUZA, Carlos Affonso Pereira de; LEMOS, Ronaldo. Aspectos jurídicos da economia do compartilhamento: função social e tutela da confiança. *Revista de Direito da Cidade*, Rio de Janeiro, v. 8, n. 4, p. 1757-1777, 2016. p. 1765.

[16] Sobre o tema: "A colaboração, que é pressuposto desses contratos, se estriba em fatos diversos, mas tem por marca fundamental a confiança, a qual se estabelece graças a um inédito acesso à informação. Seja pelos instrumentos da própria tecnologia, como pelo conhecimento das avaliações (*reviews*) feitas por anteriores usuários do serviço, as plataformas da economia colaborativa ostentam um patamar de transparência extraordinário e invertem a lógica que preside a relação B2C, pois o processo decisório do consumidor é muito mais informado, o que reduz drasticamente o risco de frustração com o serviço oferecido. O sucesso da plataforma que faz a intermediação é baseado na reputação formada a partir das avaliações dos usuários" (CARPENA, Heloisa. Airbnb e a responsabilidade por danos causados aos consumidores na economia compartilhada. *In*: *Revista de Direito do Consumidor*, v. 129, p. 175-194, mai./jun. 2020. p. 02).

que oportuniza benefícios para ambos. Esta lógica se repete na maior parte dos aplicativos, permitindo que os dois lados da intermediação consigam realizar comentários e lançar notas sobre os outros. Mecanismos como esses servem para reforçar o elemento da confiança, que se torna característica fundamental dessa economia emergente.

3   A função social dos bens e o papel da tecnologia

A lógica proprietária não é mais exercida em termos absolutos. Superada a ideia de tutela da estrutura pela estrutura, torna-se necessário, antes, identificar a função em concreto dos institutos. Ou seja: em vez de questionar apenas "como é?", deve-se indagar "para que serve?", o que está de acordo com o mandamento constitucional extraído da literalidade do artigo 5º, inciso XXIII, que determina que a propriedade atenda à sua função social.

Na clássica explicação de Pietro Perlingieri, em um sistema inspirado pela solidariedade política, econômica e social e pelo pleno desenvolvimento da pessoa, "o conteúdo da função social assume um papel promocional, de maneira que a disciplina das formas proprietárias e a sua interpretação deverão ocorrer de forma a garantir e a promover os valores sobre os quais se funda o ordenamento".[17]

Na direção desse papel promocional, "[u]ma das mais evidentes características da economia do compartilhamento é a ampliação do uso eficiente dos bens e o consequente atendimento de sua função social".[18] E o critério para o atendimento da função dos bens imóveis, também aplicável aos bens móveis, funda-se em quatro grandes postulados, quais sejam: "(i) aproveitamento racional e adequado; (ii) preocupações com a sustentabilidade; (iii) atendimento às necessidades relativas à qualidade de vida das pessoas; e (iv) desenvolvimento de atividades econômicas através do bem".[19]

Observe-se, por exemplo, o caso dos aplicativos de transporte privado, como Uber e Cabify. No cotejo com os postulados apresentados, pode-se claramente identificar, de imediato, os dois primeiros, pois basta

---

[17] PERLINGIERI, Pietro. *O direito civil na legalidade constitucional*. (Trad. Maria Cristina de Cicco). Rio de Janeiro: Renovar, 2008. p. 940.
[18] SOUZA, Carlos Affonso Pereira de; LEMOS, Ronaldo. Aspectos jurídicos da economia do compartilhamento: função social e tutela da confiança. *Revista de Direito da Cidade*, Rio de Janeiro, v. 8, n. 4, p. 1757-1777, 2016. p. 1765.
[19] SOUZA, Carlos Affonso Pereira de; LEMOS, Ronaldo. Aspectos jurídicos da economia do compartilhamento: função social e tutela da confiança. *Revista de Direito da Cidade*, Rio de Janeiro, v. 8, n. 4, p. 1757-1777, 2016. p. 1767.

pensar que um carro que sai da garagem e ganha as ruas para atender a diversos passageiros ao longo do dia, a um só tempo pode recolocar no mercado atores sociais desempregados, enquanto reduz a frota de veículos na rua, já que múltiplos usuários compartilharão o mesmo veículo ao longo do dia. Essa redução está diretamente relacionada a questões de sustentabilidade, o que também teria impacto direto nos índices de poluição,[20] como já se tem notado nas discussões relativas aos veículos autônomos comandados por Inteligência Artificial.[21]

No caso de tais veículos, os modelos de negócio estão se estruturando da seguinte forma: como tais carros são capazes de performar direção autônoma graças ao sistema inteligente que os comanda, seus proprietários poderão cedê-los temporariamente e mediante remuneração a aplicativos como a Uber, para que seus veículos façam pequenas corridas durante o tempo em que estariam parados ociosamente em garagens. Imagine-se, por exemplo, que um indivíduo saia para trabalhar às 9h e retorne às 18h: após seu veículo deixá-lo em seu trabalho, este poderá circular comandado por um aplicativo de corridas, de forma que seu proprietário poderá lucrar ao mesmo tempo que contribui para a redução no número de veículos nas ruas.[22] Este exemplo também

---

[20] "A partir disso, a opção do compartilhamento de carros mostra-se como uma alternativa ao problema das grandes cidades brasileiras, uma vez que permitiria uma espécie de reutilização dos veículos, ou seja, o mesmo carro poderia ser usado por diferentes usuários, facilitando questões relativas a estacionamento, ao próprio tráfego urbano e, inclusive, reduzindo a emissão de gases poluentes" (MENDES, F. S.; CEROY, F. M. *Economia Compartilhada e a Política Nacional de Mobilidade Urbana*: uma proposta de marco legal. Brasília: Núcleo de Estudos e Pesquisas/CONLEG/Senado. Novembro 2015 (Texto para Discussão nº 185). Disponível em: www.senado.leg.br/estudos. Acesso em 20 mai. 2019).

[21] Por mais, permita-se a referência a: MEDON, Filipe. *Inteligência Artificial e Responsabilidade Civil*: autonomia, riscos e solidariedade. Salvador: Juspodivm, 2020.

[22] "Não é por outra razão que os principais agentes econômicos atualmente por trás dos carros autônomos são sociedades empresárias que, se ainda não oferecem esse tipo de serviço, estão apostando nos carros autônomos para passarem a oferecê-lo. Traz-se como exemplo disso a Tesla, montadora de carros elétricos, cujo CEO, Elon Musk, vem desenvolvendo um modelo de negócios de compartilhamento que pretende implantar os carros autônomos nas cidades por meio de duas frentes. Isto é, tanto por meio de carros de propriedade da Tesla, como de carros de propriedade de consumidores. A ideia é que as pessoas possam empregar seus carros autônomos para transportar outros passageiros durante o tempo em que os veículos estariam parados e estacionados, obtendo uma remuneração por esse serviço, descontada uma taxa a ser paga à Tesla de 25% ou 30% dos valores pagos ao proprietário pelas corridas autônomas. O objetivo, assim, é fazer com que o proprietário lucre com seu carro em momentos em que o mesmo estaria parado. Além disso, nas cidades onde não haja número suficientes de carros da Tesla ou de proprietários dispostos a entrar nesse serviço, a montadora disponibilizaria uma frota própria, a exemplo do que pretende fazer a Uber" (MEDON, Filipe. *Inteligência Artificial e Responsabilidade Civil*: autonomia, riscos e solidariedade. Salvador: Juspodivm, 2020. p. 149).

evidencia de forma significativamente clara como se pode estimular o desenvolvimento de atividades econômicas por meio do bem.

Finalmente, no que diz respeito ao terceiro postulado, tem-se que o atendimento às necessidades relativas à qualidade de vida das pessoas pode ser facilmente atendido pela comodidade trazida por tais modelos de negócio. Basta imaginar, aqui, a comodidade de modelos de negócio como o de locação de patinetes e carros elétricos no centro de grandes cidades. Além disso, nota-se também o reforço que tais modelos trazem à confiança e transparência que podem ser alcançadas pelos usuários dos serviços/bens por meio do sistema reputacional baseado em avaliações.

Nada obstante, esse sistema reputacional pode ser problemático. Como visto, para o atendimento da função promocional da propriedade, não basta limitar a atuação do proprietário negativamente, é preciso usar a propriedade de modo a reforçar os princípios de solidariedade política, econômica, social, sem falar no pleno desenvolvimento da personalidade. Por outro lado, a tecnologia que viabiliza essa promoção também possui efeitos deletérios que não podem ser ignorados.

O papel da tecnologia é indissociável da economia do compartilhamento: é o motor dessa revolução, ao mesmo tempo em que também a viabiliza. O que isso quer dizer? Os grandes aplicativos e plataformas (Uber, AirBnb, DogHero) permitem o acesso ao serviço de compartilhamento (*highway*) enquanto atuam como guardiões deste, ou seja, *gatekeepers*, na terminologia que a doutrina especializada tem adotado. Eles passam a ter, por isso, um dever de garantia da segurança do meio negocial, enquanto provedores de aplicação, à luz da leitura conjugada dos artigos 5º, VII e 15 do Marco Civil da Internet (Lei nº 12.965/2014).[23]

---

[23] MARQUES, Claudia Lima. A nova noção de fornecedor no consumo compartilhado: um estudo sobre as correlações do pluralismo contratual e o acesso ao consumo. *Revista de Direito do Consumidor*, São Paulo, v. 26, n. 111, p. 247-268, mai./jun. 2017. p. 252-256. Assim dispõe a Lei: Art. 5º Para os efeitos desta Lei, considera-se: VII – aplicações de internet: o conjunto de funcionalidades que podem ser acessadas por meio de um terminal conectado à internet; Art. 15. O provedor de aplicações de internet constituído na forma de pessoa jurídica e que exerça essa atividade de forma organizada, profissionalmente e com fins econômicos deverá manter os respectivos registros de acesso a aplicações de internet, sob sigilo, em ambiente controlado e de segurança, pelo prazo de 6 (seis) meses, nos termos do regulamento. §1º Ordem judicial poderá obrigar, por tempo certo, os provedores de aplicações de internet que não estão sujeitos ao disposto no caput a guardarem registros de acesso a aplicações de internet, desde que se trate de registros relativos a fatos específicos em período determinado. §2º A autoridade policial ou administrativa ou o Ministério Público poderão requerer cautelarmente a qualquer provedor de aplicações de internet que os registros de acesso a aplicações de internet sejam guardados, inclusive por prazo

E aqui é preciso tomar especial cuidado com a perfilização[24] da sociedade,[25] já que não apenas os prestadores de serviço, mas também quem contrata "é objeto de avaliação e cria com isso a sua própria reputação".[26] Ressalta-se, assim, a importância de se atentar para os riscos oriundos de sistemas automatizados que geram as notas dos usuários a partir de avaliações que, em muitos casos, podem conduzir a resultados discriminatórios, reduzindo ou restringindo, assim, o acesso de pessoas pertencentes a grupos vulneráveis a produtos e serviços.

Como exemplo em sentido contrário, narra-se o caso da plataforma de transporte Uber, que não exibe a foto do passageiro nem o endereço de destino até que o motorista aceite a corrida, o que preveniria que certos dados fossem utilizados como *proxies*/associações para outros dados, como a raça do indivíduo, corrigindo eventual tendência discriminatória do algoritmo da plataforma. Além disso, cada viagem cancelada pelo motorista contribui para uma pontuação negativa. O resultado é que teria se tornado mais fácil para afro-americanos se transportarem por meio de um carro da Uber do que por meio de um táxi abordado nas ruas.[27]

---

superior ao previsto no caput, observado o disposto nos §§3º e 4º do art. 13. §3º Em qualquer hipótese, a disponibilização ao requerente dos registros de que trata este artigo deverá ser precedida de autorização judicial, conforme disposto na Seção IV deste Capítulo. §4º Na aplicação de sanções pelo descumprimento ao disposto neste artigo, serão considerados a natureza e a gravidade da infração, os danos dela resultantes, eventual vantagem auferida pelo infrator, as circunstâncias agravantes, os antecedentes do infrator e a reincidência.

[24] Trata-se, segundo Danilo Doneda, da "elaboração de perfis de comportamento de uma pessoa a partir de informações que ela disponibiliza ou que são colhidas". Nessa técnica, "os dados pessoais são tratados, com o auxílio de métodos estatísticos, técnicas de inteligência artificial e outras mais, com o fim de obter uma 'metainformação', que consistiria numa síntese dos hábitos, preferências pessoais e outros registros da vida desta pessoa. O resultado pode ser utilizado para traçar um quadro das tendências de futuras decisões, comportamentos e destinos de uma pessoa ou grupo" (DONEDA, Danilo. *Da privacidade à proteção de dados pessoais*. Rio de Janeiro: Renovar, 2006. p. 173).

[25] A construção desses perfis envolve a compilação de uma enorme quantidade de 'dados sobre uma pessoa, com a finalidade de se obter uma imagem detalhada e confiável, visando, geralmente, à previsibilidade de padrões de comportamento, de gostos, hábitos de consumo e preferências do consumidor.' Isso 'possibilita a tomada de importantes decisões a respeito dos consumidores, trabalhadores e cidadãos em geral, afetando diretamente a sua vida e influenciando o seu acesso a oportunidades sociais.' A ameaça aqui reside na 'enorme capacidade de combinar diversos dados de forma inteligente, formando novos elementos informativos'" (MENDES, Laura Schertel. *Privacidade, proteção de dados e defesa do consumidor*: linhas gerais de um novo direito fundamental. São Paulo: Saraiva, 2014. p. 111).

[26] SOUZA, Carlos Affonso Pereira de; LEMOS, Ronaldo. Aspectos jurídicos da economia do compartilhamento: função social e tutela da confiança. *Revista de Direito da Cidade*, Rio de Janeiro, v. 8, n. 4, p. 1757-1777, 2016. p. 1772.

[27] CHANDER, Anupam. The Racist Algorithm? *In*: *Michigan Law Review*, v. 115, n. 1023, p. 1042-1043, abr. 2017.

Daí a fundamentalidade de se observar que os dados coletados por estes aplicativos, bem como o tratamento a ser realizado – de forma automatizada ou não – seja sujeito a escrutínio constante, apesar da não inclusão da revisão por pessoa natural na sistemática do artigo 20 da Lei Geral de Proteção de Dados Pessoais, a LGPD. Reforça-se, com efeito, a necessidade de garantir que o tratamento de dados não acabe gerando um efeito perverso para a democracia, acentuando, ainda mais, a desigualdade já existente,[28] lesando direitos da personalidade e, em última análise, a própria dignidade da pessoa humana.[29]

4 Incidência do CDC sobre as relações pautadas na economia do compartilhamento

Expostas as principais características e forma de funcionamento das relações pautadas na economia do compartilhamento, passa-se à análise dos questionamentos formulados na introdução do presente estudo, quais sejam: deve haver a incidência do código consumerista sobre essas relações? Podem estas ser classificadas como relações tipicamente de consumo?

Tais questões vêm à tona justamente em razão dos novos arranjos de consumo compartilhado, que modificaram a maneira pela qual os indivíduos se relacionam entre si e, por isso, geram dúvidas sobre o enquadramento desses sujeitos nos conceitos de fornecedor e consumidor, tal como definidos pelo código consumerista em seus artigos 2º e 3º. Para responder a tais questionamentos, faz-se imprescindível, portanto, em primeiro lugar, compreender o papel desempenhado por cada um dos agentes que integram a relação.

Como adiantado, a economia do compartilhamento pode assumir diferentes formatos e se destinar a variados objetivos. Em decorrência

---

[28] O'NEIL, Cathy. *Weapons of Math Destruction*: how big data increases inequality and threatens democracy. Nova Iorque: Crown, 2016. p. 144.

[29] "Não é difícil concluir que, nesse cenário, a coleta de dados e a sua utilização pelos diversos agentes da economia movida a dados, especialmente as plataformas digitais, vem colocando a personalidade sob um triplo risco: (i) a coleta em si dos dados, o que já seria preocupante do ponto de vista da privacidade e do controle dos dados pessoais; (ii) a utilização dos dados para a construção de informações a respeito dos usuários que, corretas ou não, podem causar diversos danos a estes, conforme os fins a que se destinam e (iii) a utilização dessas informações com o propósito de manipular os próprios usuários, para os fins mais diversos, inclusive políticos" (FRAZÃO, Ana. Plataformas digitais, big data e riscos para os direitos da personalidade. *In*: MENEZES, Joyceane Bezerra de; TEPEDINO, Gustavo (Coord.). *Autonomia Privada, liberdade existencial e direitos fundamentais*. Belo Horizonte: Fórum, 2019. p. 347).

desse fato, não existe consenso em relação aos efeitos jurídicos produzidos para os contratantes, "o que dificulta sobremaneira a correta qualificação desse modelo negocial e sua adequação às estruturas normativas contratuais existentes".[30] Independentemente dessas variações, tem-se, como uma constante, a configuração de uma relação triangular entre o guardião do acesso (detentor da tecnologia que viabiliza o *locus* em que os particulares se encontram); o indivíduo que possui o bem ou serviço com potencial excedente e quer "compartilhá-lo" (*rectius*, oferecer seu "uso" mediante o recebimento de uma contrapartida em pecúnia); e, por fim, o indivíduo interessado em adquirir esse "uso" por tempo determinado.

É nesse contexto que surge o denominado *we-commerce*, que se caracteriza por se utilizar da "arquitetura do comércio eletrônico tradicional, mas com a nova roupagem da colaboração e conexão entre pares, configurando uma relação mais dinâmica, descentralizada, com novos e diversificados atores, que modificam a estrutura da relação típica de consumo".[31] O consumo compartilhado, portanto, sempre formará relações que são, no mínimo, triangulares, daí se afirmar que, no comércio eletrônico compartilhado, "a exatidão dos conceitos e das posições não é mais estratificada, sendo hoje fluidas, complexas e até mesmo confusas".[32]

Partindo-se desse pressuposto, é possível concluir que a noção de cadeia de fornecimento (conceito-chave para a compreensão do direito do consumidor) não se revela suficiente para expressar e ilustrar a pluralidade de relações existentes entre todas as partes envolvidas na economia do compartilhamento, tampouco para demonstrar o fluxo circular de confiança existente nessas relações, já que a ideia de cadeia tem conotação "fechada, linear e unidirecional, no sentido de que o produto ou o serviço, uma vez consumido, desaparece do mercado de consumo"[33] – conceito incompatível com a lógica da economia do compartilhamento.

---

[30] SOUZA, Eduardo Nunes de; RODRIGUES, Cássio Monteiro. Tutela da vulnerabilidade contratual nas relações de economia do compartilhamento. *Revista Pensar*, Fortaleza, v. 25, n. 3, p. 2-4, 2020. p. 4.

[31] MUCELIN, Guilherme. Peers Inc.: a nova estrutura da relação de consumo na economia do compartilhamento. In: *Revista de Direito do Consumidor*, v. 118, p. 77-126, jul./ago. 2018. p. 14.

[32] MUCELIN, Guilherme. Peers Inc.: a nova estrutura da relação de consumo na economia do compartilhamento. In: *Revista de Direito do Consumidor*, v. 118, p. 77-126, jul./ago. 2018. p. 12.

[33] MUCELIN, Guilherme. Peers Inc.: a nova estrutura da relação de consumo na economia do compartilhamento. In: *Revista de Direito do Consumidor*, v. 118, p. 77-126, jul./ago. 2018. p. 14.

É seguindo essa linha de raciocínio que Claudia Lima Marques defende a tese de que a economia do compartilhamento faria surgir uma "rede ou teia de fornecimento"[34] – configuração que garantiria visibilidade a todos os agentes da nova relação. Em contraposição, Guilherme Mucelin destaca a importância da confiança para afirmar que tal elemento "não parece estar em consonância com rede ou teia, porque a confiança e a circulação de bens é circular entre todos os agentes, e não conexa entre um e outro agente da relação de consumo".[35] Para o autor, circular também seria o movimento dos ativos na economia do compartilhamento: uma vez postos à disposição nas dinâmicas do consumo compartilhado, os recursos transacionam pelo mercado de consumo novamente, sempre em uma relação cíclica, até que se esgote sua vida útil, passando necessariamente pelas mãos de diversos agentes.

Com efeito, é correto afirmar que a estrutura da relação de consumo compartilhado deve ser entendida não de forma retilínea, em cadeia, mas sim circular, de modo que se justifica a substituição do conceito de "cadeia de fornecimento" por "sistemas de circulação e consumo de recursos",[36] expressão mais abrangente e adequada para contemplar a dinamicidade da organização dos agentes e da movimentação dos ativos nessa estrutura, evidenciando, assim, o fluxo constante a ela inerente.

Nessa direção, é de se indagar: a incompatibilidade entre as relações pautadas na economia do compartilhamento e a noção de "cadeia de fornecimento" significaria, então, que sobre aquelas não incidiria o Código de Defesa do Consumidor? A resposta deve ser negativa.

Como se sabe, o código consumerista tem seu campo de aplicação rigorosamente definido pelos elementos que compõem a relação de consumo, aí incluídas as figuras de consumidor e fornecedor – ambas definidas expressamente pela lei (CDC, arts. 2º e 3º). São justamente esses conceitos que devem servir como norte para aferir, no caso concreto, se existe uma relação que estará submetida à disciplina do CDC ou se, de forma residual, trata-se de relação que deve permanecer sob a égide do Código Civil.

---

[34] MARQUES, Claudia Lima. A nova noção de fornecedor no consumo compartilhado: um estudo sobre as correlações do pluralismo contratual e o acesso ao consumo. *Revista de Direito do Consumidor*, São Paulo, v. 26, n. 111, p. 247-268, mai./jun. 2017. p. 264.

[35] MUCELIN, Guilherme. Peers Inc.: a nova estrutura da relação de consumo na economia do compartilhamento. *In: Revista de Direito do Consumidor*, v. 118, p. 77-126, jul./ago. 2018. p. 14.

[36] MUCELIN, Guilherme. Peers Inc.: a nova estrutura da relação de consumo na economia do compartilhamento. *In: Revista de Direito do Consumidor*, v. 118, p. 77-126, jul./ago. 2018. p. 14.

Na essência, a proteção especial conferida à relação de consumo se justifica pela patente desigualdade que existe entre as partes, em que o consumidor é vulnerável e o fornecedor, profissional com notória *expertise* sobre o serviço ou produto que oferece. Tal desigualdade pode se revelar de diferentes formas e, dentre as mais comuns, destaca-se a assimetria informacional sobre o produto ou serviço sendo fornecido. Não obstante, é evidente que não é a simples existência de vulnerabilidade ou desigualdade que enseja, automaticamente, a incidência do CDC no caso concreto, fazendo-se necessário o preenchimento dos demais requisitos legais.[37]

Nas relações marcadas pela economia do compartilhamento, é inegável que, em termos estruturais, está-se diante de uma relação que, pelo menos à primeira vista, não se confunde com o esquema típico de relações de consumo, justamente porque não há a supramencionada "cadeia" de fornecedores que colaboram entre si, de forma sucessiva, até entregar o produto ou serviço ao consumidor único e final (ponta da relação, onde a cadeia termina). Não obstante as diferenças estruturais, é o critério funcional que deve servir de norte para aferir se, no caso concreto, existe uma relação de consumo. Assim, para responder à indagação sobre se as relações da economia do compartilhamento devem ou não ser enquadradas como relações tipicamente de consumo (e, assim, garantir uma especial proteção aos consumidores), deve-se buscar compreender qual é a função desempenhada por cada parte dessa relação.

---

[37] Sobre o tema: "Nos modelos tradicionais de negócios (B2C), de um dos lados estava sempre um profissional. Assim, a qualificação da relação como relação de consumo dependia apenas de saber se do outro lado se encontrava alguém com as restantes características de um consumidor ou, pelo contrário, outro profissional. (...) Na sharing economy, este paradigma sofreu alterações. A maior parte das transações são *peer-to-peer* (P2P), o que significa que, muitas vezes, o vendedor ou o prestador de serviços não é profissional. Nestes casos, falha o preenchimento do elemento relacional, (...) e, consequentemente, a não aplicação da legislação de consumo. Em traços gerais, podemos, pois, afirmar, que as normas que regulam os contratos da *sharing economy* são também as normas do direito do consumo se a parte for consumidora, o que inclui verificar que a contraparte é um profissional, ou apenas as normas do regime geral (constantes designadamente do Código Civil), no caso contrário" (CARVALHO, Joana Campos. A proteção dos consumidores na *sharing economy*. *In*: ALMEIDA, Carlos Ferreira de et al. (Ed.). *Estudos de direito do consumo*: homenagem a Manuel Cabeçadas Ataíde Ferreira. Nova Lisboa: Deco, 2016. p. 304).

5 Análise funcional dos papéis desempenhados pelos sujeitos que integram a relação de consumo compartilhado

Em primeiro lugar, deve ser analisado se, no caso concreto, há uma parte (pessoa física ou jurídica) que desenvolve uma atividade de produção, montagem, criação, construção, transformação, importação, exportação, distribuição ou comercialização de produtos ou prestação de serviços, nos termos do art. 3º do Código de Defesa do Consumidor. Nesse sentido, questiona-se: em analisando a posição ocupada pelo *gatekeeper*, que é o sujeito que viabiliza o encontro dos particulares e, em última instância, que viabiliza a própria concretização da economia do compartilhamento (estruturada através de aplicativos ou plataformas para esse fim específico), pode-se concluir que a função por ele desempenhada, ainda que dentro desse modelo atípico, é de fornecedor?

A plataforma de compartilhamento (termo que costuma designar não apenas o aplicativo eletrônico, mas também a própria entidade responsável por o operar) costuma "ser detentora da tecnologia da informação que permite conectar os demais agentes que serão integrados à relação, sendo encarregada, na maioria das vezes, do papel de intermediária e organizadora do compartilhamento".[38] Assim, quando se observa o papel desempenhado pelos *gatekeepers*, o já mencionado elemento da "confiança" ocupa posição de explícito protagonismo.

Isso porque um dos principais papéis das plataformas é criar ferramentas e "um ambiente propício para que se desenvolva familiaridade e confiança, tanto no tocante à prestação em si, quanto no que diz respeito aos deveres de lealdade, da boa-fé e da proteção das expectativas legítimas das partes".[39] Assim, é essencial que a plataforma disponibilize mecanismos que promovam a confiança entre os particulares, de modo a permitir que aquele que procura o serviço ou produto tenha formas seguras de averiguar se pode ou não confiar no "desconhecido" que oferece o bem ou serviço de seu interesse. Seguindo essa mesma linha de raciocínio, para esse último (provedor direto), a reputação (baseada

---

[38] SOUZA, Eduardo Nunes de; RODRIGUES, Cássio Monteiro. Tutela da vulnerabilidade contratual nas relações de economia do compartilhamento. *Revista Pensar*, Fortaleza, v. 25, n. 3, p. 2-4, 2020. p. 3.

[39] MARQUES, Claudia Lima; MIRAGEM, Bruno. Economia do compartilhamento deve respeitar os direitos do consumidor. *Consultor Jurídico*, São Paulo, 23 dez. 2015. Disponível em: www.conjur.com.br/2015-dez-23/garantias-consumoeconomia-compartilhamento-respeitar-direitos-consumidor. Acesso em 4 fev. 2020.

em avaliações pretéritas positivas) é o bem mais valioso e importante para desencadear um número cada vez maior de contratações.

Essa faceta específica da confiança, contudo, não é a única que importa para a economia do compartilhamento. Ao lado dela, a confiança dos usuários na própria plataforma é igualmente crucial para o desenvolvimento e popularização das práticas pautadas no consumo compartilhado, sendo uma das chaves para o sucesso desse tipo de comércio eletrônico. Dito diversamente, é a reputação e a higidez da "marca" ostentada pela plataforma (como Uber, AirBnb, Cabify etc.) que serão a força motora para incentivar que, cada vez mais, maior número de usuários ingresse na plataforma e sejam adeptos da economia do compartilhamento, incentivados a formalizar, com frequência crescente, relações desse tipo.

Nesse sentido, é justamente a presença dessas grandes empresas "organizadoras" que faz com que os indivíduos escolham participar da plataforma e celebrar contratos por meio dela, pautados na "confiança gerada pela presença de uma entidade maior que investiu tempo e dinheiro transformando algo complexo e dispendioso em algo simples e barato",[40] isto é, a criação de plataformas de colaboração.

A título de exemplo, pense-se no caso do AirBnb. Uma pessoa interessada em alugar um imóvel para se acomodar durante certo período de tempo ingressa na plataforma e busca, dentre as opções disponíveis no lugar de destino, aquela que mais lhe agrada – baseando-se, para tanto, nas fotos, na localização, nas avaliações pretéritas, dentre outras informações disponibilizadas na plataforma. O "consumidor", então, ao encontrar acomodação que atenda às suas necessidades, fecha negócio, através da plataforma, com o proprietário do imóvel (que, frise-se, é pessoa física absolutamente desconhecida e que, ao menos em teoria, não desempenha aquela atividade de forma costumaz).

Nesse contexto, é inegável que referido "hóspede" dificilmente celebraria o mesmo negócio caso o "encontro" com aquele desconhecido (proprietário do imóvel) não tivesse sido viabilizado e intermediado por plataforma de renome e reputação validada positivamente pelo mercado. Isto é, caso esse mesmo consumidor encontrasse anúncio daquele mesmo imóvel na *Internet*, mas de forma avulsa (ou seja, fora de uma plataforma específica para esse fim), as chances de se interessar e decidir se acomodar no referido imóvel (de um desconhecido, frise-se)

---

[40] CHASE, Robin. *Economia compartilhada*: como pessoas e plataformas da Peers Inc. estão reinventando o capitalismo. São Paulo: HSM, 2015. p. 37.

seriam drasticamente reduzidas e, em muitos casos, levadas a zero. O que explica esse fenômeno? O fato de os indivíduos (apesar de, no final das contas, estarem celebrando contratos com desconhecidos) confiarem na empresa que está por trás de tudo isso (o *gatekeeper*) e confiarem na segurança e suporte oferecidos por essas grandes empresas.

É exatamente esse aspecto que evidencia a função de fornecedor que é desempenhada por esse personagem: o *gatekeeper* não apenas facilita o encontro entre os particulares, mas também funciona como verdadeiro garantidor e incentivador da formalização dessas relações, baseado tanto na reputação da marca (muitas vezes consolidadas mundialmente, como Uber e AirBnb), quanto no fato de essas empresas terem sérias preocupações e diligenciarem ativamente para garantir que as condições do produto ou serviço oferecidos pelos particulares sejam adequadas e estejam dentro do padrão de qualidade da plataforma.

No caso do AirBnb, por exemplo, avalia-se as condições do imóvel por meio de fotos e estipula-se uma série de regras e condições a serem seguidas pelos anfitriões; no caso da DogHero, antes de um "anfitrião" ser autorizado a oferecer serviços de hospedagem por meio da plataforma, ele deve responder a extensos questionários que revelam tanto características da própria pessoa, quanto as condições e estado de sua residência (exigindo-se, inclusive, o envio de fotos), sendo certo que, segundo a própria plataforma, "apenas 30% dos candidatos são aprovados pelos nossos especialistas";[41] já para os interessados em oferecer serviços de "passeador" na mesma plataforma, além dos questionários, são feitos testes presenciais, com cachorros reais, para avaliar as aptidões do candidato; já para cadastro na plataforma da Uber, são avaliadas as condições do carro, há checagem de antecedentes criminais do motorista e a plataforma se utiliza, ainda, de "ferramenta que faz a verificação de identidade do motorista em tempo real",[42] dentre outras.

---

[41] DOG HERO. *DogHero*: loucos por cachorro. Disponível em: https://www.doghero.com.br/. Acesso em 27 jan. 2021.

[42] "Checagem de motoristas – A iniciativa vem se somar a uma série de medidas já adotadas pela Uber para verificar quem quer dirigir utilizando o app. Todos os motoristas parceiros cadastrados na Uber passam por uma checagem de antecedentes criminais, nos termos da lei, realizada por empresa especializada, antes que possam começar a conduzir. A partir dos documentos fornecidos para registro na plataforma, a empresa consulta informações de diversos bancos de dados oficiais e públicos de todo o País, em busca de apontamentos criminais antes do profissional começar a dirigir utilizando o app. A Uber também realiza rechecagens periódicas dos motoristas já aprovados pelo menos uma vez a cada 12 meses. Também temos uma ferramenta que faz a verificação da identidade do motorista em tempo real. De tempos em tempos, o aplicativo pede, aleatoriamente, para que os motoristas

É por isso que o consumo compartilhado tem, como principal aliado, a intermediação de plataformas digitais geridas por grandes empresas. São elas que dispõem não apenas do espaço, mas também de mecanismos de controle de oferta e de demanda; direcionamento dos consumidores aos sujeitos que oferecem o bem ou serviço procurado; regras de funcionamento e de conduta e, por vezes coordenam até mesmo o pagamento (via PayPal, PagSeguro etc.) e contrata seguros,[43] como incentivos de confiança para ambos os leigos envolvidos no negócio.

Nesse sentido, afirma-se que o *gatekeeper* é não apenas um facilitador, mas sim o verdadeiro responsável por "estruturar todo o modelo mercadológico, tendo, na maioria dos casos, ingerência direta nas obrigações assumidas pelas partes, porque impõe contratos, aplica penalidades por mau comportamento ou mau uso da ferramenta e estabelece um ambiente de confiança entre os pares".[44] Dessa maneira, as plataformas também exercem razoável controle sobre o que os participantes podem fazer ou não e geralmente impõem relevantes exigências antes que os indivíduos possam se cadastrar e começar a fazer uso do serviço oferecido na plataforma.

Por esses motivos, mesmo que o consumo compartilhado não dependa necessariamente da intermediação do *gatekeeper*, os sujeitos envolvidos frequentemente preferem formalizar a contratação por meio das plataformas, para assim poderem acessar informações minuciosas e confiáveis sobre o serviço ou produto oferecido (bem como avaliações de usuários que já passaram pela mesma experiência) e, ainda, poderem contar com regulamentação específica imposta pela plataforma (tendo, inclusive, uma maior segurança em relação ao cumprimento desta pela outra parte, já que o *gatekeeper*, em muitos casos, "assume o dever, ao oferecer o serviço de aproximação, de garantir a segurança do modelo

---

parceiros tirem uma selfie, antes de aceitar uma viagem ou de ficar on-line, para verificar se a foto da pessoa que está usando o aplicativo corresponde àquela do cadastro. Isso ajuda a prevenir fraudes e a proteger as contas dos condutores" (UBER NEWSROOM. *Uber fecha contrato com Serpro para checar dados de veículos e motoristas em tempo real*. 02 abr. 2019. Disponível em: https://www.uber.com/pt-BR/newsroom/uber-fecha-contrato-com-serpro-para-checar-dados-de-veiculos-e-motoristas-em-tempo-real/#:~:text=De%20 tempos%20em%20tempos%2C%20o,proteger%20as%20contas%20dos%20condutores. Acesso em 24 jan. 2021).

[43] MUCELIN, Guilherme. Peers Inc.: a nova estrutura da relação de consumo na economia do compartilhamento. *In: Revista de Direito do Consumidor*, v. 118, p. 77-126, jul./ago. 2018. p. 9.

[44] CHASE, Robin. *Economia compartilhada*: como pessoas e plataformas da Peers Inc. estão reinventando o capitalismo. São Paulo: HSM, 2015. p. 36.

do negócio, despertando a confiança geral ao torná-lo disponível pela Internet").[45]

Em alguns casos, contratar por meio da plataforma traz ainda mais vantagens. Citando-se mais uma vez o exemplo da DogHero, é digno de nota que a plataforma oferece garantia veterinária ao animal de estimação "hóspede", assegurando o reembolso de todas as "despesas relacionadas à saúde, como consulta, cirurgia, internação e medicamentos" que se façam necessárias durante a hospedagem.[46]

Além disso, o fato de o pagamento ser feito por meio da plataforma também é fator que contribui para tornar a experiência significativamente mais segura para ambos os particulares: o risco de o anfitrião ou o motorista, por exemplo, levar um "calote" após a prestação do serviço é reduzido a praticamente zero e, simultaneamente, caso haja qualquer problema com o serviço prestado, o sistema de reembolso aos consumidores também é extremamente facilitado. É seguindo essa linha de raciocínio que se afirma, sobre o caso específico do AirBnb, que o serviço não se limita à postagem do anúncio, comunicação e efetivação da reserva, "mas principalmente ao gerenciamento dos pagamentos, cancelamentos e até mesmo a solução de controvérsias, feita por meio da Central de Resoluções, como incentivos de confiança para ambos os leigos envolvidos no negócio".[47]

Desse modo, o que se tem na prática é que o *gatekeeper*, chamado pela doutrina especializada de "fornecedor-escondido da economia

---

[45] MARQUES, Claudia Lima; MIRAGEM, Bruno. Economia do compartilhamento deve respeitar os direitos do consumidor. *Consultor Jurídico*, São Paulo, 23 dez. 2015. Disponível em: www.conjur.com.br/2015-dez-23/garantias-consumoeconomia-compartilhamento-respeitar-direitos-consumidor. Acesso em 4 fev. 2020.

[46] "Garantia Veterinária: seu pet protegido com reembolso de até R$5 mil. Os serviços realizados pela plataforma da DogHero contam com essa garantia – O que é? Incidentes são raridade, mas podem acontecer. Por isso, caso seu pet se machuque ou sinta algum mal-estar enquanto está com um de nossos Heróis, a DogHero reembolsa despesas relacionadas à saúde, como consulta, cirurgia, internação e medicamentos. – O que cobre? Incidentes ou mal-estar que o pet possa sentir durante o serviço. Mesmo após o fim do serviço, é possível acionar a Garantia, caso o veterinário associe o sinal clínico apresentado pelo animal ao período que esteve com nosso Herói. – Como funciona? Se o pet ficar doente ou se machucar, o Herói deve informar você, o tutor do pet, e levá-lo a uma clínica veterinária. Se desejar, você pode escolher o médico veterinário que vai atender seu animal, e só indicá-lo ao Herói. O acionamento da Garantia Veterinária precisa ser feito em até 5 dias corridos após o primeiro atendimento veterinário e pode ser realizado pelo tutor ou pelo herói. Após acionar, você deve enviar os documentos obrigatórios para a análise do caso" (DOG HERO. *Garantia veterinária*: seu pet protegido com reembolso de até R$5 mil. Disponível em: https://www.doghero.com.br/garantia-veterinaria. Acesso em 21 jan. 2021).

[47] CARPENA, Heloisa. Airbnb e a responsabilidade por danos causados aos consumidores na economia compartilhada. *In*: *Revista de Direito do Consumidor*, v. 129, p. 175-194, mai./jun. 2020. p. 03.

do compartilhamento"[48] (já que fica em segundo plano na relação de consumo e nem sempre é de fácil identificação pelos consumidores), é, em verdade, o fornecedor principal que coordena todo o modelo de negócio e que, assim, atrai para si os deveres provenientes da boa-fé e da proteção da confiança e todos os demais deveres relacionados à proteção do vulnerável.[49]

Ainda que se discuta que, em alguns casos, não exista um pagamento direto pela utilização dessas plataformas – o que descaracterizaria, em tese, a posição de fornecedor ocupada pelas plataformas –, é inegável que todas lucram de alguma maneira. O mais comum é que uma parcela do que está sendo pago a quem fornece o produto ou serviço seja repassada à plataforma,[50] mas, ainda que esse não seja o caso, ou seja, ainda que, *a priori*, não haja a previsão de uma contrapartida em dinheiro a ser paga pela atividade desenvolvida pelo guardião do acesso, há sempre algum tipo de ganho econômico em favor deste, que pode se materializar por meio dos dados pessoais dos usuários, da fidelização ou até mesmo a partir de anúncios e *marketing* de terceiros na plataforma.

Por esses motivos, conclui-se que o *gatekeeper* é verdadeiro profissional, no exercício habitual de sua atividade, que objetiva lucro, viabilizando o consumo, e que constrói o local de encontro dos outros dois sujeitos,[51] atraindo, com efeito, a incidência do art. 3º do CDC. Tal fornecedor é quem torna o negócio possível e estruturado, de modo a fazer com que mais pessoas escolham aderir a esse modelo de consumo. Isso tem implicação direta na qualificação da relação como sendo de consumo, apta a atrair a incidência do Código de Defesa do Consumidor a uma relação que, à primeira vista, poderia ser considerada como uma relação puramente civil, já que se baseia entre dois "iguais", sem a presença escancarada de um fornecedor organizado profissionalmente.

Esclarecidos esses pontos, não há como se negar que as relações pautadas na economia do compartilhamento, em havendo a presença de plataforma que atua como "guardiã do acesso", configuram relações

---

[48] MUCELIN, Guilherme. Peers Inc.: a nova estrutura da relação de consumo na economia do compartilhamento. In: *Revista de Direito do Consumidor*, v. 118, p. 77-126, jul./ago. 2018. p. 9.

[49] MUCELIN, Guilherme. Peers Inc.: a nova estrutura da relação de consumo na economia do compartilhamento. In: *Revista de Direito do Consumidor*, v. 118, p. 77-126, jul./ago. 2018. p. 10.

[50] No caso das plataformas da DogHero e do Airbnb, por exemplo, 25% do pagamento que é feito pelo consumidor usuário é embolsado pelo *gatekeeper*.

[51] MUCELIN, Guilherme. Peers Inc.: a nova estrutura da relação de consumo na economia do compartilhamento. In: *Revista de Direito do Consumidor*, v. 118, p. 77-126, jul./ago. 2018. p. 9.

de consumo e, ainda que a estrutura de tais relações seja atípica, elas atraem necessariamente a incidência do CDC. Permanece, contudo, segunda questão a ser enfrentada: aquele que fornece o bem a ser compartilhado (como o proprietário do apartamento oferecido no AirBnb ou o motorista do Uber, por exemplo) se enquadra como fornecedor ou como consumidor nessa relação? A questão é alvo de acirrada controvérsia na doutrina.

6 Enquadramento funcional do "provedor direto" do bem ou serviço a ser compartilhado

Analisando-se a lógica por trás do consumo compartilhado, há nítida dificuldade em se enquadrar o "provedor direto" do bem ou serviço (posição ocupada pelo anfitrião, motorista, dono do imóvel etc.). De um lado, tem-se que ele oferece um bem ou serviço a terceiros, às vezes até mesmo de forma costumaz, e, por óbvio, recebe contrapartida em pecúnia por isso. Encarando a situação sob outra perspectiva, contudo, tem-se que ele também ocupa a inegável posição de usuário dos serviços prestados pelo *gatekeeper*. Assim, justamente por se tratar de uma relação triangular, ele poderia, a depender do ponto de vista, ser enquadrado como fornecedor (do serviço "acomodação", por exemplo), mas também como consumidor que faz uso dos "serviços" da plataforma do AirBnb, por exemplo.

Nesse debate doutrinário, parece haver cisão entre dois principais entendimentos. De um lado, sustenta-se que o *gatekeeper* acabaria por "contaminar" toda a relação como de consumo, trazendo deveres de boa-fé também para este que oferece o serviço ou produto a compartilhar. Para essa corrente, "não haveria mais uma ingenuidade naquele que compartilha um bem ou serviço por dinheiro na economia do compartilhamento e seus deveres" pelo que esses deveriam ser "semelhantes aos exigidos por um fornecedor na outra economia".[52] Assim, reconhece-se que essas relações são muitas vezes celebradas entre duas pessoas leigas e de uma forma não profissional, mas esta é "contaminada pela presença deste outro fornecedor, o fornecedor principal da economia

---

[52] MARQUES, Claudia Lima. A nova noção de fornecedor no consumo compartilhado: um estudo sobre as correlações do pluralismo contratual e o acesso ao consumo. *Revista de Direito do Consumidor*, São Paulo, v. 26, n. 111, p. 247-268, mai./jun. 2017. p. 4.

do compartilhamento, que é organizada e remunerada: o guardião do acesso".[53]

Na contramão, corrente divergente defende que, ainda que exista a presença do *gatekeeper*, o sujeito que disponibiliza o produto ou serviço a ser compartilhado não é um profissional e, por isso, não poderia ser qualificado como um fornecedor, ocupando, na verdade, a posição de consumidor em relação à plataforma. Assim, afirma-se que "se não há relação de consumo entre o prestador direto e o tomador do serviço, que estabelecem verdadeira parceria (P2P), em relação à plataforma, não há dúvida de que ambos são consumidores dos serviços prestados pelo gatekeeper", sendo certo que todos os serviços prestados pela plataforma são pagos diretamente pelos usuários e, no caso específico do AirBnb, são pagos "tanto pelo Hóspede quanto pelo Anfitrião, por meio do mesmo sistema, em favor de AirBnb Payments, remuneração que enquadra a atividade na definição legal do objeto da relação de consumo (CDC (LGL\1990\40), art. 3º, §2º)".[54]

De fato, há de se concordar que o requisito da vulnerabilidade está presente nos dois vértices do triângulo da relação compartilhada: aquele que "fornece" o produto ou serviço por meio da plataforma se submete ao poder do *gatekeeper* da mesma forma que o consumidor que é o destinatário final, haja vista que ele não detém conhecimento técnico sobre o funcionamento da plataforma, não tem qualquer ingerência sobre essa (já que, tal qual o consumidor-usuário, é mero aderente ao contrato estipulado pela plataforma) e sequer pode ter certeza sobre a identidade do candidato a consumidor (hóspede, passageiro etc.). Ele aceita os inúmeros termos de serviço, a política de cancelamento e todas as regras impostas unilateralmente pelo seu fornecedor.[55]

Assim, com a devida vênia, parece ser equivocada a tese segundo a qual a presença da plataforma que viabiliza a economia do compartilhamento seria suficiente, por si só, para transformar o provedor direto em fornecedor, apenas em decorrência da natureza do contrato celebrado. Isso porque um olhar mais atento evidencia, inclusive, que

---

[53] MARQUES, Claudia Lima. A nova noção de fornecedor no consumo compartilhado: um estudo sobre as correlações do pluralismo contratual e o acesso ao consumo. *Revista de Direito do Consumidor*, São Paulo, v. 26, n. 111, p. 247-268, mai./jun. 2017. p. 4.

[54] CARPENA, Heloisa. Airbnb e a responsabilidade por danos causados aos consumidores na economia compartilhada. In: *Revista de Direito do Consumidor*, v. 129, p. 175-194, mai./jun. 2020. p. 03.

[55] CARPENA, Heloisa. Airbnb e a responsabilidade por danos causados aos consumidores na economia compartilhada. In: *Revista de Direito do Consumidor*, v. 129, p. 175-194, mai./jun. 2020. p. 03.

esse prestador, na maioria dos casos, sequer presta serviços de forma habitual e profissionalmente organizada.[56] Por conseguinte, a melhor solução parece ser a que prioriza um exame caso a caso e leva em consideração o caráter funcional da relação. Dito diversamente, para a correta aferição da posição ocupada pelo provedor direto, deve haver uma detida análise da função por ele desempenhada no caso concreto. A definição apriorística que determina, de antemão, que qualquer relação em que esteja presente um *gatekeeper*, necessariamente resultará no enquadramento do provedor direto como fornecedor, parece, pois, precipitada, justamente porque ignora o aspecto funcional e baseia-se exclusivamente na análise estrutural da relação.

Seguindo essa linha de raciocínio, pode-se afirmar que o exame funcional da relação poderá, sim, levar à conclusão de que, a depender das circunstâncias do caso concreto, o provedor direto ocupa a posição de consumidor na relação de consumo atípica, ao lado do consumidor que fará uso do bem ou serviço compartilhado e contando com os mesmos direitos garantidos a este último.[57]

Isso porque, tendo esse caráter funcional em vista, não há dúvidas de que o provedor direto, a depender das particularidades do caso, ocupará uma posição de vulnerabilidade e desigualdade em relação à plataforma e preencherá os requisitos legais que permitem seu enquadramento no conceito de consumidor previsto no art. 2º do CDC, atraindo, pois, a incidência da legislação especial. Assim, não deve haver uma resposta única e pré-determinada que classifique o provedor direto (seja como fornecedor, seja como consumidor) em toda e qualquer relação pautada na economia do compartilhamento, devendo haver, em todas as hipóteses, uma análise funcional que demonstrará qual é a função por ele desempenhada naquela relação específica.

---

[56] Nesse sentido: "Não se pode deixar de notar que nem sempre o usuário-fornecedor desenvolve atividade dotada da habitualidade, que seria exigida para que pudesse ser considerado um fornecedor à luz do art. 3º do CDC" (BENJAMIN, Antônio Herman V.; MARQUES, Claudia Lima; BESSA, Leonardo Roscoe. *Manual de direito do consumidor*. 3. ed. São Paulo: Revista dos Tribunais, 2010. p. 112-113).

[57] "Dos diversos problemas jurídicos que podem exsurgir da sharing economy, merecem particular destaque as dificuldades de tutela da vulnerabilidade contratual dos usuários. E não apenas o usuário-consumidor pode demandar mecanismos particulares de proteção: também o usuário-fornecedor pode se encontrar em uma situação de disparidade. Eventualmente, aliás, ambos podem ser igualmente vulneráveis (em situações que envolvem, por exemplo, o uso dos seus dados pessoais pela plataforma) – e precisam receber uma resposta segura do ordenamento para as suas necessidades concretas" (SOUZA, Eduardo Nunes de; RODRIGUES, Cássio Monteiro. Tutela da vulnerabilidade contratual nas relações de economia do compartilhamento. *Revista Pensar*, Fortaleza, v. 25, n. 3, p. 2-4, 2020. p. 2).

7 Conclusão

Como se viu, a economia do compartilhamento se caracteriza por proporcionar um consumo mais consciente e sustentável por meio do compartilhamento de bens e serviços, o que representa menor custo e possibilita a troca de experiências, tudo isso de forma extremamente prática e simplificada, mediante as facilidades oferecidas pelo uso da *Internet* e aplicativos digitais. Nesse contexto, a *sharing economy* acabou por gerar a ascensão de nova maneira de consumir, que se baseia mais no senso de uso e de acesso do que no senso de propriedade. Assim, para usar e extrair a funcionalidade de um bem, não mais preciso adquirir a propriedade daquele produto, de forma que ele passará a integrar meu patrimônio.

É inegável que o funcionamento do consumo com o viés de compartilhamento provoca mudanças estruturais na relação de consumo por meio dos arranjos compartilhados, ante à descaracterização da própria cadeia de fornecimento, que é substituída por uma rede de fornecimento ou por um sistema de circulação e consumo de recursos. Não obstante, essa mudança estrutural não é suficiente para descaracterizar, *a priori*, a existência de uma relação de consumo nesses casos.

Isso porque, como visto, para se aferir a existência de relação de consumo, deve preponderar análise funcional dos papéis desempenhados por cada um dos sujeitos que integram a relação e, apenas a partir dessa análise, é que se poderá avaliar se as funções de consumidor e fornecedor, nos termos dos artigos 2º e 3º do CDC, estão presentes.

É induvidoso, contudo, que a economia do compartilhamento retrata fenômeno extremamente amplo e abrangente, que pode assumir variados formatos. Nesse sentido, a análise sobre a configuração de uma relação de consumo deve ser feita caso a caso e jamais aprioristicamente. Tal exame deve se preocupar muito mais com o caráter funcional da relação do que com a estrutura assumida no caso concreto, haja vista que, como procurou se demonstrar no presente estudo, as relações pautadas no consumo compartilhado, invariavelmente, irão provocar mudanças estruturais e se apresentarão, na realidade fática, mediante diferentes configurações (triangulares, em rede, em teias, em sistemas circulares etc.).

Levando tais fatores em conta, pode-se concluir que a única forma de se avaliar, no caso concreto, se aquela relação é de consumo ou não, perpassará necessariamente pela investigação acerca da função desempenhada pelos sujeitos que a integram. O mesmo raciocínio se aplica para, em se caracterizando uma relação de consumo, verificar qual é a posição ocupada pelo provedor direto (que poderá ser tanto de consumidor, quanto de fornecedor). Nesse sentido, considera-se equivocada a tentativa de negar, de plano, a incidência do CDC sobre toda e qualquer relação de consumo compartilhado, bem como a de tentar enquadrar o provedor direto em qualquer uma dessas posições de forma apriorística, devendo-se, em todas as hipóteses, priorizar o exame individualizado de cada caso.

Referências

BENJAMIN, Antônio Herman V.; MARQUES, Claudia Lima; BESSA, Leonardo Roscoe. *Manual de direito do consumidor*. 3. ed. São Paulo: Revista dos Tribunais, 2010.

CARPENA, Heloisa. AirBnb e a responsabilidade por danos causados aos consumidores na economia compartilhada. In: *Revista de Direito do Consumidor*, v. 129, p. 175-194, mai./jun. 2020.

CARVALHO, Joana Campos. A proteção dos consumidores na *sharing economy*. In: ALMEIDA, Carlos Ferreira de et al. (Ed.). *Estudos de direito do consumo*: homenagem a Manuel Cabeçadas Ataíde Ferreira. Nova Lisboa: Deco, 2016.

CHANDER, Anupam. The Racist Algorithm? In: *Michigan Law Review*, v. 115, n. 1023, p. 1042-1043, abr. 2017.

CHASE, Robin. *Economia compartilhada*: como pessoas e plataformas da Peers Inc. estão reinventando o capitalismo. São Paulo: HSM, 2015.

DOG HERO. *DogHero*: loucos por cachorro. Disponível em: https://www.doghero.com.br/. Acesso em 27 jan. 2021.

DOG HERO. *Garantia veterinária*: seu pet protegido com reembolso de até R$5 mil. Disponível em: https://www.doghero.com.br/garantia-veterinaria. Acesso em 21 jan. 2021.

DONEDA, Danilo. *Da privacidade à proteção de dados pessoais*. Rio de Janeiro: Renovar, 2006.

FRAZÃO, Ana. Plataformas digitais, big data e riscos para os direitos da personalidade. In: MENEZES, Joyceane Bezerra de; TEPEDINO, Gustavo (Coord.). *Autonomia Privada, liberdade existencial e direitos fundamentais*. Belo Horizonte: Fórum, 2019.

GOOGLE PLAY. *Tem açúcar?* Disponível em: https://play.google.com/store/apps/details?id=com.temacucar&hl=pt_BR&gl=US. Acesso em 28 jan. 2021.

MARQUES, Claudia Lima. A nova noção de fornecedor no consumo compartilhado: um estudo sobre as correlações do pluralismo contratual e o acesso ao consumo. *Revista de Direito do Consumidor*, São Paulo, v. 26, n. 111, p. 247-268, mai./jun. 2017.

MARQUES, Claudia Lima; MIRAGEM, Bruno. Economia do compartilhamento deve respeitar os direitos do consumidor. *Consultor Jurídico*, São Paulo, 23 dez. 2015. Disponível em: www.conjur.com.br/2015-dez-23/garantias-consumoeconomia-compartilhamento-respeitar-direitos-consumidor. Acesso em 4 fev. 2020.

MEDON, Filipe. *Inteligência Artificial e Responsabilidade Civil*: autonomia, riscos e solidariedade. Salvador: Juspodivm, 2020.

MENDES, F. S.; CEROY, F. M. *Economia Compartilhada e a Política Nacional de Mobilidade Urbana*: uma proposta de marco legal. Brasília: Núcleo de Estudos e Pesquisas/CONLEG/Senado. Novembro 2015 (Texto para Discussão nº 185). Disponível em: www.senado.leg.br/estudos. Acesso em 20 mai. 2019.

MENDES, Laura Schertel. *Privacidade, proteção de dados e defesa do consumidor*: linhas gerais de um novo direito fundamental. São Paulo: Saraiva, 2014.

MUCELIN, Guilherme. Peers Inc.: a nova estrutura da relação de consumo na economia do compartilhamento. *In*: Revista de Direito do Consumidor, v. 118, p. 77-126, jul./ago. 2018.

O'NEIL, Cathy. *Weapons of Math Destruction*: how big data increases inequality and threatens democracy. Nova Iorque: Crown, 2016.

PERLINGIERI, Pietro. *O direito civil na legalidade constitucional*. (Trad. Maria Cristina de Cicco). Rio de Janeiro: Renovar, 2008.

SILVA, Raphael Andrade; PAIVA, Matheus Silva de; DINIX, Gustavo Saad. Desafios Jurídico-Regulatórios e Economia Compartilhada: Elementos para uma Reflexão Crítica. *In: Scientia Iuris*, Londrina, v. 21, n. 2, p. 98-125, jul. 2017.

SOUZA, Carlos Affonso Pereira de; LEMOS, Ronaldo. Aspectos jurídicos da economia do compartilhamento: função social e tutela da confiança. *Revista de Direito da Cidade*, Rio de Janeiro, v. 8, n. 4, p. 1757-1777, 2016.

SOUZA, Eduardo Nunes de; RODRIGUES, Cássio Monteiro. Tutela da vulnerabilidade contratual nas relações de economia do compartilhamento. *Revista Pensar*, Fortaleza, v. 25, n. 3, p. 2-4, 2020.

UBER NEWSROOM. *Uber fecha contrato com Serpro para checar dados de veículos e motoristas em tempo real*. 02 abr. 2019. Disponível em: https://www.uber.com/pt-BR/newsroom/uber-fecha-contrato-com-serpro-para-checar-dados-de-veiculos-e-motoristas-em-tempo-real/#:~:text=De%20tempos%20em%20tempos%2C%20o,proteger%20as%20contas%20dos%20condutores. Acesso em 24 jan. 2021.

Informação bibliográfica deste texto, conforme a NBR 6023:2018 da Associação Brasileira de Normas Técnicas (ABNT):

MEDON, Filipe; SANTOS, Camila Ferrão dos. Caracterização do consumidor e qualificação contratual nas relações da economia do compartilhamento (*sharing economy*). *In*: TEPEDINO, Gustavo; SILVA, Rodrigo da Guia (Coord.). *Relações patrimoniais*: contratos, titularidades e responsabilidade civil. Belo Horizonte: Fórum, 2021. p. 71-95. ISBN 978-65-5518-233-0.

PERFILIZAÇÃO AUTOMATIZADA E O MERCADO DE CRÉDITO AO CONSUMO: ENTRE PERSPECTIVAS E QUESTÕES SENSÍVEIS À PESSOA HUMANA

MATHEUS BAIA DE ANDRADE

1 Notas introdutórias: a perfilização automatizada da pessoa humana como imperativo da sociedade contemporânea

A necessidade de ordenar a pessoa humana em grupos é prática que não bem se constitui em novidade para as sociedades de forma geral, sendo certo que a capacidade de perceber e categorizar pessoas e coisas com as quais interage cotidianamente é característica inerente ao próprio ser humano, desde a mais tenra idade, e tida como um dos aspectos fundamentais da vida social, não havendo nada mais básico para o seu pensamento, percepção, ação e discurso.[1]

Da natural capacidade humana de dividir as experiências do mundo em categorias, é de se justificar a tendência a que muitas instituições sociais de que fazem parte possuem em levar a efeito formas variadas de categorização da pessoa humana, algumas delas bastante sofisticadas, que chegam a utilizar-se de avançadíssimos recursos tecnológicos na tentativa de predizer atributos desconhecidos ou aspectos comportamentais futuros, a partir de elementos ora individuais ora emanados

---

[1] LAKOFF, George. *Women, fire, and dangerous things*: what categories reveal about the mind. Chicago: The University of Chicago, 1987. p. 5.

de grupos sociais nos quais esses mesmos indivíduos estão inseridos, com o objetivo deliberado de segmentá-los.[2]

É justamente nesse diapasão que se inserem os debates atuais acerca da chamada perfilização (*profiling*), prática consistente no "ato ou processo de extrapolar informação sobre uma pessoa, baseado em traços ou tendências conhecidas",[3] ou como quer Hildebrandt, no "ato de tornar visível padrões invisíveis ao olho humano".[4] Perceba-se, nessa esteira, que o próprio Regulamento Geral Europeu de Proteção de Dados (RGPD), ao contrário de outras legislações protetivas de dados pessoais, da qual a legislação brasileira é exemplo, parece adotar definição própria de perfilização, por meio da qual a entende como

> forma de processamento automatizado de dados pessoais para avaliar certos aspectos relativos a uma pessoa natural, em particular para analisar ou prever aspectos concernentes a seu desempenho no trabalho, situação econômica, saúde, preferências pessoais, interesses, confiabilidade, comportamento ou padrões de mobilidade.[5]

Diferentemente da perfilização a que o ser humano certamente pode empreender naturalmente, a forma de perfilização a que aludem as definições apresentadas parecem estar em larga medida associadas ao emprego da inteligência artificial, inaugurando uma espécie de "perfilização automatizada",[6] muito embora não seja a automatização condição *sine qua non* para a formação de perfis comportamentais que pode ser perpetrada por organizações dos setores público e privado em sociedade. O cenário atual, todavia, parece demonstrar a necessidade cada vez maior da utilização de sistemas automatizados para a tomada de decisões a partir da previsão do comportamento dos indivíduos, seja pelo mercado, que em apertada síntese consegue criar melhores

---

[2] FERRARIS, Valeria; BOSCO, Francesca; D'ÂNGELO, Elena. The impact of Profiling on Fundamental Rights. *SSRN Electronic Journal*, p. 1-45, 12 dec. 2013. Disponível em: http://bit.ly/2M1J0eH. Acesso em 01 dez. 2020. p. 3-4.

[3] MERRIAM-WEBSTER.COM DICTIONARY. *Profiling (noun)*. Disponível em: http://bit.ly/3iPlcH1. Acesso em 01 dez. 2020.

[4] HILDEBRANDT, Mireille. Who is Profiling Who? Invisible Visibility. *In*: GUTWIRTH, Serge *et al.* (Org.). *Reinventing Data Protection?* Netherlands: Springer, 2009. p. 241.

[5] Article 4 (4), GDPR. [Tradução livre do inglês].

[6] HILDEBRANDT, Mireille. Defining profiling: a new type of knowledge? *In*: HILDEBRANDT, Mireille; GUTWIRTH, Serge (Org.). *Profiling the European citizen*: cross-disciplinary perspectives. Dordrecht: Springer, 2008. p. 58.

estratégias de *marketing* e publicidade aos consumidores,[7] além de entabular negócios de menor risco,[8] seja até mesmo pelo Estado, que melhor consegue desempenhar suas funções em áreas como tributação, segurança e controle.[9]

A utilização das tecnologias de inteligência artificial na tomada de decisões que muito fazem impactar em diversos aspectos da vida humana é hoje, portanto, fenômeno irremediável e parte integrante do cotidiano da maioria das pessoas. Deveras, a disponibilidade de recursos computacionais atualmente em muito supera aquela de meados do século XX, quando do advento da primeira geração de computadores,[10] o que propiciou a ampliação das técnicas de processamento e armazenagem de dados. Outrossim, o avanço tecnológico a que se testemunha desde o início deste século acarretou uma verdadeira revolução na geração desses mesmos dados, quer em volume, que em variedade, quer em velocidade.[11] Nesse aspecto, é forçoso reconhecer que a quantidade de dados digitais gerados no início desta década alcança patamares nunca antes vistos na história da humanidade, beirando anualmente os 350 zettabytes, ou 40 trilhões de gigabytes, o que representa 5.200 gigabytes por pessoa,[12] numa diversidade que varia desde dados estruturados, semiestruturados, até não estruturados, não raro produzidos, mas também analisados e utilizados em velocidades colossais.

---

[7] Nesse espectro, resgata-se a ideia de publicidade comportamental online (online behavioral advertising) concebida pela Federal Trade Comission norte-americana, que reconhecendo o grande poder da Internet no desenvolvimento de novas formas de abordagem ao consumidor, a define como o "monitoramento das atividades de um consumidor quando conectado à Internet – incluindo as pesquisas que ele faz, as páginas que ele visita e o conteúdo consultado – com a finalidade de fornecer-lhe publicidade dirigida aos seus interesses individuais". (Cf.: Tracking, Targeting, and Technology. *FTC – Federal Trade Commission Staff Report: Self-Regulatory Principles For Online Behavioral Advertising*, fev. 2009. p. 1, *in verbis*. Disponível em: http://bit.ly/3p9ScMx. Acesso em 02 dez. 2020.

[8] Cf. NERY JÚNIOR, Nelson. O serviço de análise estatística de dados [score ou rating]. Serviço distinto e que não se confunde com banco de dados [negativo ou positivo] e cadastros de consumidores. *In: Soluções práticas de direito*. São Paulo: Revista dos Tribunais, 2014. v. 4, p. 467.

[9] V., a título exemplificativo: BRASIL. Governo do Estado de São Paulo. *Sistema usa inteligência artificial para prever ocorrência de crimes em cidades*. 03 ago. 2020. Disponível em: http://bit.ly/3ogagmM. Acesso em 02 dez. 2020.

[10] PEREIRA, Lucas de Almeida. Os primórdios da informatização no Brasil: o "período paulista" visto pela ótica da imprensa. *História [online]*, São Paulo, v. 33, n. 2, p. 410, 2014.

[11] GANDOMI, Amir; HAIDER, Murtaza. Beyond the hype: Big data concepts, methods, and analytics. *International Journal of Information Management*, v. 35, n. 2, p. 137-144, 2015. Disponível em: http://dx.doi.org/10.1016/j.ijinfomgt.2014.10.007. Acesso em 02 dez. 2020.

[12] GANTZ, John; REINSEL, David. *The digital universe in 2020*: Big Data, nigger digital shadows, and biggest growth in the far east. New York: IDC, 2012. v. 3, p. 01.

Diante desse cenário, pode-se afirmar que se está a vivenciar, atualmente, uma verdadeira era da *BigData*, na qual uma grande quantidade de dados em alta velocidade, complexidade e variabilidade exigem técnicas e tecnologias avançadas para permitir a captura, o armazenamento, a distribuição, o gerenciamento e a análise de informações.[13] É nesse quadro que se inserem as tecnologias do *data mining* (mineração de dados) e também da perfilização, a que esse manuscrito se dedicará mais detidamente, e que muito embora não sejam a mesma coisa, podem ser utilizadas conjuntamente na tentativa de extrair conhecimento desse grande emaranhado de dados.[14]

Dessa forma, é natural que a tomada de decisões a partir do perfilamento automatizado de indivíduos revele um cenário animador, no qual a tão almejada objetividade, neutralidade e segurança decisionais, nem sempre passíveis de ser encontradas no ser humano, possam finalmente ser alcançadas. A utilização repetida desse expediente, no entanto, evidencia a frustração dessa expectativa, posto que a categorização de indivíduos promovida pela perfilagem computadorizada, conquanto possa ser bastante bem sucedida em seus propósitos, por vezes é também defeituosa, cabendo aqui a menção ao alerta que fazia Stefano Rodotà, para quem essa forma de categorização representa uma ameaça à percepção das nuances sutis e dos gostos não habituais que indivíduos e grupos podem apresentar.[15] Além disso, outro aspecto crucial é o perigoso potencial violador de direitos fundamentais a que as decisões baseadas em perfilização automatizada frequentemente podem ocasionar, fazendo ampliar o espectro de problemas aí incutidos, que para além da desindividualização aludida, abarca também o risco de discriminação, de estereotipização, de assimetrias de informação, de

---

[13] TECHAMERICA FOUNDATION. Demystifying big data: a practical guide to transforming the business of governmet. *Washington D.C.* [s.d]. p. 10. Disponível em: http://bit.ly/2NswqFH. Acesso em 03 dez. 2020.
[14] SAGE. The SAGE Encyclopedia of Surveillance, Security, and Privacy. *Data Mining and Profiling in Big Data*, 2018. p. 4.
[15] RODOTÀ, Stefano. *A vida na sociedade da vigilância*: a privacidade hoje. (Trad. Danilo Doneda e Luciana Cabral Doneda). Rio de Janeiro: Renovar, 2008. p. 83. No mesmo sentido, anota-se a observação de Anderson Schreiber para quem "toda a complexidade da pessoa humana, em sua singular individualidade, fica reduzida à inserção em uma ou outra 'categoria', como fruto da sua representação virtual a partir de dados coletados de modo autorizado ou não". SCHREIBER, Anderson. *Direitos da personalidade*. 2. ed. São Paulo: Atlas, 2013. p. 137-138, in verbis.

imprecisão e de abuso por parte dos controladores de dados ou terceiros, questões essas que naturalmente se confundem e se complementam.[16]

Para efeitos de ilustração do que se acabou de afirmar, seja consentido trazer à memória alguns dos muitos exemplos a que provavelmente o leitor mais afeito às inter-relações entre Direito e Tecnologia estará familiarizado, mas que muito se prestam a chamar a atenção para os riscos da perfilização automatizada, em especial nos mais variados braços do setor privado. Nesse sentido, anota-se o caso dos anúncios de moradia e empregos exibidos no *Facebook* e que recentemente foram alvos de denúncia pelo governo americano por reproduzirem estereótipos de gênero e raça, transgredindo frontalmente normativas tais como o *Fair Housing Act*.[17] Outro exemplo procede do setor securitário, mas com idêntico potencial discriminatório, desta vez obstando a contratação de seguros de vida, saúde e invalidez por mulheres com histórico de violência doméstica.[18] O setor varejista, em igual sentido, ao empregar técnicas de perfilização na tentativa de sugerir produtos que eventualmente correspondam ao interesse de seus clientes nem sempre são bem sucedidos nesse intento, e em outras ocasiões colocam esses mesmos consumidores em situações no mínimo embaraçosas.[19]

O setor de crédito, por derradeiro, não fica para trás, como se faz provar pelo exemplo de Kevin D. Johnson, cidadão negro norte-americano que sofrera drásticas restrições no acesso ao crédito a despeito de adimplir pontualmente todas as suas dívidas, sugerindo a incidência de fatores de ordem racial, étnica e/ou social na técnica de perfilamento empregada para aferir seu comportamento financeiro.[20] É, pois, sobre os liames entre a perfilização da pessoa humana e a concessão de crédito, bem como o potencial de violação à sua dignidade, que se dedicarão as próximas linhas.

---

[16] SCHERMER, Bart M. The limits of privacy in automated profiling and data mining. *Computer Law & Security Review*, v. 27, Issue 1, p. 45-52, 2011.

[17] BRANDOM, Russell. Facebook has been charged with housing discrimination by the US government. *The Verge*, 28 mar. 2019. Disponível em: http://bit.ly/2LZEGwE. Acesso em 04 dez. 2020.

[18] MORRISON, Ellen J. Insurance Discrimination against battered women: proposed legislative protections. *Indiana Law Journal*, v. 72, issue 1, article 11, p. 266, 1996.

[19] Cf. HILL, Kashmir. How Target figured out a teen girl was pregnant before her father did. *Forbes*, 16 fev. 2012. Disponível em: http://bit.ly/3sS59g5. Acesso em 04 dez. 2020.

[20] TEEGARDIN, Carrie. Whatever happened to Kevin D. Johnson, part of credit card debate. *The Atlanta Journal-Constitution*, 11 ago. 2012. Disponível em: http://bit.ly/3c1YGcG. Acesso em 04 dez. 2020.

2 A oferta de crédito ao consumo e a necessidade inarredável da perfilização de consumidores

A concessão de crédito ao consumo é atividade empresarial que, desde os seus primórdios, sempre se valeu de alguma forma de perfilamento de indivíduos como modo de se precaver, ante o risco que esse negócio naturalmente representa. Com efeito, por ser a confiança elemento fundamental dessas operações,[21] e considerando o fato de que nem sempre se pode encontrá-la em todos os parceiros negociais, em especial numa sociedade de consumo cada vez mais massificada[22] e que tende a encobrir suas próprias fragilidades,[23] soa natural que os fornecedores busquem se valer de determinados mecanismos, a fim de se certificarem da propensão de seus clientes em cumprirem compromissos previamente estabelecidos.

Nesse sentido, ainda que tais mecanismos não consigam superar completamente o vício característico da assimetria de informações entre tomadores de crédito e seus credores, eis que ninguém melhor que o próprio tomador para conhecer a sua real disposição e capacidade para pagar as dívidas contraídas. O grande investimento de recursos a que muitos fornecedores vêm aplicando ao longo dos anos no esforço de suplantar o total anonimato do consumidor continua justificável, já que a própria sobrevivência do setor e a previsibilidade de ganhos com esse tipo de atividade dependem em larga medida da probabilidade de retorno dos valores que são dispensados a seus clientes.

Os esforços no sentido de melhor conhecer os comportamentos e atributos financeiros dos consumidores são, portanto, realidade indissociável da atuação da indústria do crédito ao consumo, sendo certo que, no decorrer de sua longa trajetória, variadas foram as formas de pô-los em prática. Bertram Antônio Stümer[24] observa que, no Brasil, em especial, durante os primeiros anos do século XX, era prática comum dos credores a realização de pesquisas e levantamento

---

[21] BUECHELE, Paulo Armínio Tavares. Os títulos de crédito no projeto de Código Civil Brasileiro. *Revista de Direito Mercantil, Industrial, Econômico e Financeiro*, São Paulo, n. 78, p. 61, 1990.

[22] BENJAMIN, Antônio Herman de Vasconcellos. *Código brasileiro de Defesa do Consumidor comentado pelos autores do anteprojeto*. 9. ed. Rio de Janeiro: Forense Universitária, 2007. p. 420.

[23] BARRON, John M; STATEN, Michael. The value of comprehensive credit reports: lessons from the U.S. experience. *In*: MILLER, Margaret J. *Credit report systems and the international economy*. England: The MIT Press, 2003. p. 287.

[24] STÜMER, Bertram Antônio. Banco de dados e habeas data no Código do Consumidor. *Revista de Direito do Consumidor*, n. 1, p. 59, 1992.

de informações sobre potenciais consumidores de crédito, que para tal fim dirigiam-se pessoalmente aos setores de crediário dos grandes estabelecimentos comerciais da época. De posse dessas informações, os credores conseguiam avaliar a honradez dos consumidores para com suas avenças pactuadas, permitindo-lhes categorizá-los enquanto bons ou maus pagadores, o que na prática correspondia a uma autêntica técnica de perfilização, ainda que despida de qualquer traço de automatismo.

O alvorecer da segunda metade do século XX, nesse seguimento, não haveria de alterar o cenário delineado, a não ser pelo fato de que a descentralização da coleta de informações outrora vivenciada cederia lugar a um modelo novo, em que algumas entidades voltadas especificamente para esse propósito passariam a congregar as informações relevantes à análise de risco de concessão de crédito a consumidores, corrigindo os inconvenientes da incerteza, da morosidade e da dispendiosidade a que caracterizava o exercício dessa atividade por distintos fornecedores.[25]

Por aqui, tal como em outros países do mundo, tais entidades tornar-se-iam bastante conhecidas pela produção de fichários, em geral contendo informações sobre o inadimplemento de consumidores,[26] o que não obstava que pudessem registrar informações outras sobre a vida dos indivíduos de serventia duvidosa para o propósito a que se destinavam, preocupação esta que se tornou recorrente em especial nos Estados Unidos da América, país no qual a indústria das fichas

---

[25] Foi nessa toada que haveria de ser criada, no Brasil, a Câmara de Dirigentes Lojistas de Porto Alegre, em julho de 1955, a que seria precedida da criação da Câmara de Dirigentes Lojistas de São Paulo, em outubro daquele mesmo ano. A multiplicidade de Câmaras de Dirigentes Lojistas daria azo, ainda, à criação de um sistema unificado que pudesse congregar nacionalmente as informações obtidas isoladamente por cada entidade associativa, o que faria originar o Serviço de Proteção ao Crédito (SPC), sistema de informações até hoje existente e considerado o mais completo banco de dados com informações creditícias sobre pessoas físicas e jurídicas da América Latina. Ao lado das associações, despontariam, igualmente, sociedades empresárias que passariam a explorar o setor de proteção ao crédito, como a Serasa, líder do setor no mercado brasileiro, e que mais recentemente passou a fazer parte do grupo Experian, além da Equifax, birô de crédito norte-americano que a despeito de ter sido criado em fins do século XIX, vivenciaria nessa época uma das fases mais áureas de seu crescimento. OLIVEIRA, Júlio Moraes. Bancos de dados, cadastros de consumidores, a Lei do Cadastro Positivo e o novo sistema scoring de crédito. *Revista Brasileira de Direito Comercial*, Porto Alegre: Magister, n. 4, p. 49, abr./mai. 2015; Cf. Portal SPC Brasil. *Conheça o SPC Brasil*. Disponível em: http://bit.ly/3iILVVR. Acesso em 05 dez. 2020; Portal Serasa Experian. *Sobre a Serasa Experian*. Disponível em: http://bit.ly/2Y7aPF4. Acesso em 05 dez. 2020; Portal Equifax. *Perfil da empresa*. Disponível em: http://bit.ly/2Y7aZfE. Acesso em 05 dez. 2020.

[26] Cf. Serviço de Proteção ao Crédito completa 60 anos no mercado. *Portal SPC Brasil*, [s.d]. p. 01. Disponível em: http://bit.ly/3iPFkcc. Acesso em 05 dez. 2020.

de crédito foi por muito tempo alvo de pesadas críticas.[27] No mais, continuava a ser imprescindível a participação da figura humana do concedente de crédito, na tentativa da predição do comportamento dos consumidores, que tão logo recebiam as informações dos birôs de crédito, podiam prontamente avaliar a conveniência de determinada contratação, bem como as eventuais condições em que esta se daria.[28]

A grande virada de Copérnico do setor só ocorreria, todavia, anos mais tarde, com a progressiva introdução da inteligência artificial para a tomada de decisões na esfera privada, cuja a qual a indústria do crédito ao consumo saberia absorver rapidamente. Com a perfilização automatizada de indivíduos, a concessão de crédito passou a depender em larga medida da utilização de algoritmos, que em pouco tempo se tornaram os verdadeiros protagonistas desse processo decisional, quando muito eliminando qualquer forma de participação humana.[29] Nesse cenário, tornou-se lugar comum no quotidiano a ocorrência de situações como a descrita por Renato Leite Monteiro e cuja transcrição nesse momento se impõe:

> Um indivíduo chega a um banco. Ele pretende dar entrada em um pedido de financiamento do seu primeiro apartamento. Se dirige ao gerente, que o recebe, pede o seu CPF, e o insere em um sistema da instituição. Ao assim fazer, os demais campos do formulário eletrônico são imediatamente preenchidos. O gerente solicita, ainda, informações sobre o valor do imóvel, quanto o indivíduo pretende dar de entrada, quanto pretende financiar, e em quanto tempo. Imediatamente o sistema calcula a taxa de juros a incidir naquela contratação, que tal não foi a surpresa do consumidor se mostrava em muito superior àquela anunciada pela instituição nos inúmeros outdoors e propagandas espalhadas pela cidade. Questionado sobre o porquê da taxa praticada, o gerente apenas informa que o sistema faz o cálculo e exibe na sua tela e que não tem

---

[27] Cf. NADER, Ralph. The Dossier Invades the Home. *In*: NADER, Ralph. *The Ralph Nader Reader*. Seven Stories Press, 2000. p. 406-417.

[28] NADER, Ralph. The Dossier Invades the Home. *In*: NADER, Ralph. *The Ralph Nader Reader*. Seven Stories Press, 2000. p. 407.

[29] Almir Sousa e Alexandre Chaia, todavia, chamam a atenção para o fato de que isso, por si só, "não inibe a possibilidade de se recusar um bom pagador ou se aceitar um mau pagador." Isto porque "nenhum sistema de gestão de crédito consegue o total de informações relevantes na classificação do devedor, e, mesmo que conseguisse, o seu custo tornaria a análise economicamente inviável". SOUSA, Almir Ferreira de; CHAIA, Alexandre Jorge. Política de crédito: uma análise qualitativa dos processos das empresas. *Caderno de Pesquisas em Administração*, São Paulo, v. 07, n. 03, p. 21, jul. 2000. *In verbis*.

qualquer ingerência sobre os valores das taxas de juros e das parcelas mensais.[30]

A ilustração anterior tem grande valia, portanto, para demonstrar a enorme importância dada aos programas de computador no processo de tomada de decisões relativas à concessão de crédito na atualidade. Perceba-se que o sistema automatizado tudo fez e tudo controlou, ao fim e ao cabo, definindo as chances do indivíduo em contratar ou não o financiamento pretendido, e adquirir, por conseguinte, o bem da vida que lhe interessava na ocasião, no caso em tela, a casa própria, curiosamente, o principal ingrediente para a concretização de seu direito fundamental à moradia.

Em igual sentido, é de se constatar que a participação humana nesse processo de impactos sem dúvida significativos, em outros tempos indispensável, restou bastante esvaziada, limitando-se ao preenchimento das informações acerca do imóvel requeridas pelo sistema, o que ainda assim se faz cada vez mais dispensável nos dias de hoje, sobretudo diante do cenário da rápida popularização das contratações bancárias eletrônicas a que se faz acompanhar do ritmo igualmente impressionante da disseminação dos *smartphones*.

A escalada de utilização da inteligência artificial no segmento creditício, a despeito de demandar, como se vê, uma participação diminuta da pessoa humana no processo de tomada de decisões, o que por si só pode traduzir-se num grande obstáculo à preservação dos direitos dos tomadores que não se pode tolerar, parece ainda assim justificar-se. Isso porque a tomada de crédito é hoje atividade frequente entre pessoas físicas das mais variadas classes sociais, possibilitando, em muitos casos, o acesso dessas mesmas pessoas a bens e serviços essenciais que dificilmente seriam alcançados sem a sua assistência.[31] Desta feita, já não mais subsiste atualmente a grande desconfiança a que grande parcela da população nutria para com a concessão de crédito ao longo dos anos do século passado, e ainda que esse mercado possa sofrer naturais flutuações,[32] pode-se afirmar que a população, sobretudo a

---

[30] MONTEIRO, Renato Leite. Existe um direito à explicação na Lei Geral de Proteção de Dados do Brasil? *In*: INSTITUTO IGARAPÉ. *Artigo estratégico 39*. Dez. 2018. p. 02. Disponível em: http://bit.ly/2MsEKVp. Acesso em 07 dez. 2020.

[31] BERTONCELLO, Káren Rick Danilevicz; LIMA, Clarissa Costa de. Adesão ao projeto conciliar é legal – CNJ: projeto-piloto: tratamento das situações de superendividamento do consumidor. *Revista de Direito do Consumidor*, v. 63, p. 175, jul./set. 2007.

[32] Nesse sentido, relatório divulgado pelo Departamento Intersindical de Estatística e Estudos Socioeconômicos (Dieese) apontou que o período compreendido entre os anos de 2008 e

brasileira, dificilmente abandonará as benesses do acesso ao crédito, em especial num cenário em que mais da metade dessa mesma população confessa não conseguir guardar dinheiro para comprar bens à vista ou acessar serviços de mais alto valor.[33]

Diante desse cenário, fica fácil perceber que a análise de risco para a concessão de crédito feita sob moldes antigos não mais conseguiria fazer frente ao volume de contratações, bem como à rapidez que passou a exigir esses novos tempos. A complexidade e a morosidade anteriores fizeram reclamar, portanto, a introdução de algoritmos que conseguiriam analisar dados, aprender com eles, e fazer predições sobre a conduta dos consumidores após terem acesso franqueado ao crédito. A técnica de *machine learning*,[34] como se convencionou denominar tal processo, encontrou terreno fértil nesse segmento, que passou a empregar em pouco tempo uma de suas formas mais simples, qual seja, a utilização de algoritmos supervisionados, em que dados previamente rotulados e escolhidos por seres humanos, bem como o resultado desejado são carregados em determinado sistema, que por sua vez ajusta as suas variáveis para transformar as entradas na saída respectiva. Nesse caso específico, algumas entradas dirão respeito ao comportamento de crédito do pretendente, e as informações utilizadas para treinar o sistema se constituirão em dados já classificados como positivos ou negativos, a depender do padrão de comportamento que se espera de um tomador de crédito.[35]

Além disso, é de se ter em conta que a indústria do crédito ao consumo vem se utilizando mais recentemente de modelos baseados em

---

2013 apresentou forte elevação real do crédito acumulada, com aumento quase idêntico para pessoas físicas (alta de 104,4%) e jurídicas (alta de 105,5%), cenário bastante diferente do que se passaria a testemunhar a partir do ano de 2014, com uma queda expressiva do crédito concedido tanto a pessoas físicas quanto jurídicas. Do ponto de vista do crédito às famílias, o relatório parece apontar, ainda, alguns fatores que ajudam a explicar esse quadro, dentre os quais a alta no desemprego; a queda do rendimento médio real dos trabalhadores; além dos altos níveis inflacionários dos anos seguintes. Cf. Dieese – Departamento Intersindical de Estatística e Estudos Socioeconômicos. *Análise da evolução do crédito no período recente 2014-2017*, 2018. p. 36. Disponível em: http://www.dieese.org.br/notatecnica/2018/notaTecCredito2014a2017.pdf. Acesso em 07 dez. 2020.

[33] Cf. 67% dos brasileiros não conseguem poupar dinheiro, aponta pesquisa. *Portal G1 Economia*. Disponível em: http://g1.globo.com/economia/noticia/2019/09/26/67percent-dos-brasileiros-nao-conseguem-poupar-dinheiro ponta-pesquisa.ghtm. Acesso em 07 dez. 2020.

[34] COPELAND, Michael. What's the difference between Artificial Intelligence, Machine Learning and Deep Learning? *Nvidia*, 29 jul. 2016. Disponível em: http://bit.ly/39iboC7. Acesso em 08 dez. 2020.

[35] FERRARI, Isabela; BECKER, Daniel; WOLKART, Erik Navarro. Arbitrium ex machina: panorama, riscos e a necessidade de regulação das decisões informadas por algoritmos. *Revista dos Tribunais*, v. 995, 2018, p. 4. [Recurso eletrônico].

técnicas de redes neurais artificiais para a análise de sua concessão.[36] Inspiradas na arquitetura do cérebro humano, as redes neurais artificiais são sistemas de processamento de informações que apresentam as atrativas vantagens de aprender automaticamente por meio de um processo reiterado de ajustes a seus parâmetros (o que pode ocorrer através de pesos sinápticos), além de proporcionar uma ótima capacidade em generalizar a informação aprendida.[37] No caso de sua aplicação para a identificação de bons e maus pagadores em operações de crédito ao consumidor, não raro são utilizadas diversas variáveis de entrada, dentre as quais, inclusive, seu estado civil, sexo, salário, idade, profissão, tempo de trabalho, renda, CEP da residência, além dos dados referentes à sua adimplência e inadimplência.[38] Há que se mencionar, ainda, a possibilidade defendida por alguns estudiosos da aplicação conjunta de algoritmos supervisionados e não supervisionados, que para fins de avaliação de risco de crédito pode se revelar estratégia viável e bastante promissora.[39]

Por fim, é preciso tecer alguns comentários acerca do *modus operandi* de boa parte desses algoritmos, em geral utilizados para a tomada de decisão quanto à concessão ou não do crédito ao consumo. O algoritmo, nesse cenário, ao perfilizar indivíduos interessados na contratação, assim o faz através da utilização de modelos estatísticos, permitindo facilmente a sua categorização enquanto um cliente de alto ou de baixo risco. É nesse esquadro que se desenrola a discussão acerca dos sistemas de escoragem de crédito, debate esse que não se pretende inédito, porquanto presente no meio acadêmico e empresarial ao menos

---

[36] Nesse sentido, cf. CORRÊA, Marcelo França; MACHADO, Maria Augusta Soares. Construção de um modelo de credit scoring em redes neurais para previsão de inadimplência na concessão de micro-crédito. In: *Anais do Encontro da Associação Nacional de Pós-Graduação e Pesquisa em Administração.* Curitiba: Anpad, 2004.

[37] ZHANG, Guoqiang; PATUWO, B. Eddy; HU, Michel Y. Forecasting with artificial neural networks: the state of the art. *International Journal of Forecasting*, Kent (Ohio), v. 14, n. 1, p. 35-62, 1998.

[38] RIBEIRO, Evandro Marcos Saidel *et al.* Aplicação das redes neurais na concessão de crédito – um estudo de caso em uma empresa de consórcio. In: *Anais do 6º Congresso USP de Controladoria e Contabilidade e 3º Congresso USP de Iniciação Científica em Contabilidade*, v. 1, p. 8, 2006.

[39] BAO, Wang; LIANJU, Ning; YUE, Kong. Integration of unsupervised and supervised machine learning algorithms for credit risk assessment. In: *Expert Systems with Applications*, v. 128, 2019. Disponível em: http://doi.org/10.1016/j.eswa.2019.02.033. Acesso em 09 dez. 2020.

desde a década de 1960,[40] mas que se viu reforçado com a ascensão da inteligência artificial no setor.

Esses modelos, em síntese, consistem na atribuição de pesos estatisticamente pré-determinados, a algumas das características dos pretendentes ao crédito, com o objetivo de lhes gerar uma pontuação final.[41] Tais características, que se constituem nas variáveis da decisão, são fatores que a experiência empresarial há muito considera importantes para aferir a possibilidade do retorno do crédito concedido, e que, portanto, merecem ser valorados, um a um, à luz da situação concreta, para produzir uma pontuação quantitativa referente ao solicitante.[42] A partir da escoragem obtida, é possível compará-la a um valor de corte e aferir, afinal, se o consumidor em questão ostenta um bom potencial em honrar o compromisso a que se quer assumir e fazer jus à aprovação da solicitação empreendida.[43]

Os sistemas de pontuação de crédito, a que se convencionou denominar *credit scoring*, são hoje empregados nos mais variados processos de concessão de crédito, fazendo-se presente tanto na análise de risco referente a pessoas jurídicas quanto naquele referente a pessoas físicas, donde se tornaria mais conhecido. Suas vantagens são inegáveis, reunindo características que os torna desejáveis por qualquer instituição, inclusive para aquelas sem uma forte cultura de crédito, dentre essas características, estão a objetividade, a consistência, a simplicidade, a facilidade de interpretação e instalação, bem como a ordinariedade das metodologias usadas para a construção desses modelos.[44]

Tal apanhado de atrativos, entretanto, jamais obstou o surgimento de polêmicas quanto à sua utilização. No Brasil, em especial, a discussão daria azo ao reconhecimento pelo Superior Tribunal de Justiça, em sede de julgamento de dois Recursos Especiais submetidos àquela Corte na

---

[40] BRUNI, Adriano Leal; FUENTES Junio; FAMÁ, Rubens. Risco de crédito: Evolução teórica e mecanismo de proteção desenvolvido nos últimos 20 anos. In: *Anais do II Seminário de Administração da FEA/USP*, São Paulo, 1997. p. 382.

[41] THOMAS, Lyn C. *A survey of credit and behavioural scoring*: forecasting financial risk of lending to consumers. Edinburgh, U.K: University of Edinburgh, 2000. p. 150. No mesmo sentido: VICENTE, Ernesto Fernando Rodrigues. *A estimativa do risco na constituição da PDD*. Dissertação de Mestrado, Universidade de São Paulo. São Paulo, 2001. p. 49; SAUNDERS, Anthony. *Medindo o risco de crédito*: novas abordagens para value at risk e outros paradigmas. Rio de Janeiro: Qualitymark Ed., 2000. p. 13.

[42] LUPION, Ricardo. O caso do sistema "Credit Scoring" do cadastro positivo. *Revista Ajuris*, v. 2, n. 137, p. 443, mar. 2015. Disponível em: http://bit.ly/36fmxSf. Acesso em 10 dez. 2020.

[43] CAOUETTE, John B.; ALTMAN, Edward I.; NARAYANAN, Paul. *Gestão do risco de crédito*: o próximo grande desafio financeiro. Rio de Janeiro: Qualitymark Ed., 1999. p. 182.

[44] CAOUETTE, John B.; ALTMAN, Edward I.; NARAYANAN, Paul. *Gestão do risco de crédito*: o próximo grande desafio financeiro. Rio de Janeiro: Qualitymark Ed., 1999. p. 182.

sistemática repetitiva,[45] da licitude da prática, de resto autorizada pela Lei do Cadastro Positivo (Lei nº 12.414/2011). Na ocasião, o então relator Min. Paulo de Tarso Sanseverino firmou o entendimento de que o *credit scoring*, nada obstante não configure banco de dados em sentido estrito, deveria pautar-se pelo respeito aos "limites estabelecidos pelo sistema de proteção do consumidor no sentido da tutela da privacidade e da máxima transparência nas relações negociais", sob pena de configurar abuso no exercício desse direito.

Da licitude da prática, hoje reconhecida, portanto, pelo Judiciário, sustentam-se as suas numerosas possibilidades de aplicação, sendo forçoso reconhecer que o procedimento de *credit scoring* não é uno, mas dividido em categorias distintas. Nesse sentido, destaca parcela da doutrina a sua divisão em dois grupos, a saber, modelos de aprovação de crédito e modelos de escoragem comportamental (também conhecidos como *behavioural scoring*).[46]

Quanto ao primeiro, são estes os modelos preferenciais para que as instituições de crédito possam avaliar o potencial de adimplemento de um cliente, sobretudo aquele que não se conhece, a fim de aprovar ou não a solicitação de crédito requerida. No Brasil, o manejo dessa dinâmica fica, em geral, a cargo de uma empresa especializada em análise e proteção ao crédito, da qual a *Serasa Experian* é certamente hoje o exemplo mais eloquente.[47] Para tanto, é frequente a utilização de variáveis tais como a existência de dívidas vencidas negativadas; a faixa etária do consumidor; informações de adimplemento; emissão de cheques sem fundo; permanência em cadastro positivo; avaliações de crédito frequentes; e até mesmo a existência de processos judiciais envolvendo o indivíduo.[48] Essas informações, consideradas individualmente, compõem o cálculo da pontuação final que reflete a sua probabilidade de solvibilidade, a ser enquadrada, nesse caso específico, dentro de uma escala numérica que varia entre zero e mil.[49]

---

[45] STJ. 2ª Seção. *REsp nº 1.457.199/RS*. Rel. Min. Paulo de Tarso Sanseverino, j. 12.11.2014; STJ. 2ª Seção. *REsp nº 1.419.697/RS*. Rel. Min. Paulo de Tarso Sanseverino, j. 12.11.2014.
[46] CAOUETTE, John B.; ALTMAN, Edward I.; NARAYANAN, Paul. *Gestão do risco de crédito*: o próximo grande desafio financeiro. Rio de Janeiro: Qualitymark Ed., 1999. p. 180.
[47] VIEIRA, Gustavo Duarte. *Proteção de dados pessoais em práticas de profiling no setor privado*. Dissertação de Mestrado, Universidade Federal de Minas Gerais. Belo Horizonte, 2019. p. 61.
[48] Cf. Portal Serasa Experian. *Score de crédito: por que avaliar as finanças do seu cliente?* 15 out. 2020. Disponível em: http://bit.ly/3abxp54. Acesso em 10 dez. 2020.
[49] Cf. Portal Serasa Experian. *Score de crédito: por que avaliar as finanças do seu cliente?* 15 out. 2020. Disponível em: http://bit.ly/3abxp54. Acesso em 10 dez. 2020.

Os modelos comportamentais, por sua vez, operam a partir do conhecimento prévio das operações de crédito realizadas pelo consumidor junto ao concedente. Tais modelos, portanto, podem ser aplicados diretamente pela instituição para fins diversos, desde autorizações de compra acima do limite do cartão de crédito, até a gestão de limites de crédito rotativo, dentre outros.[50] É muito comum que as instituições concedentes incorporem em seus modelos as pontuações de crédito obtidas nos modelos de aprovação de crédito para o cálculo da sua própria pontuação, que, para além desta variável, também podem utilizar-se de informações relativas a seus hábitos de pagamento; nível de utilização do limite de crédito; frequência e quantidade de inadimplência; tempo de relacionamento etc.[51] Perceba-se que os modelos de escoragem comportamental apresentam grandes vantagens às instituições concedentes, em especial por permitir a elas a avaliação do chamado risco cliente, ou seja, a probabilidade de que o consumidor venha a inadimplir num contexto determinado, possibilitando estimar perdas esperadas para certos perfis de clientes na utilização de produtos específicos.[52]

Em adição, outro modelo que vem ganhando cada vez mais espaço no segmento da concessão de crédito é o do *collection scoring*.[53] Da mesma forma que o *credit scoring* e o *behavioural scoring*, é este um sistema de pontuação que permite a previsão das possibilidades de pagamento do mutuário, com a diferença de que neste caso o consumidor já se tornou inadimplente perante a instituição concedente, o que, por óbvio, limita sua aplicação para casos em que há prévio relacionamento entre os dois, nos mesmos moldes dos sistemas de escoragem comportamental em sentido estrito. Sua aplicação torna-se bastante útil para a definição de recursos e estratégias de cobrança, de forma a minimizar as perdas dos concedentes, fato este que por si só faria merecer um olhar mais atento das instituições para o seu desenvolvimento e aplicação, já que a

---

[50] VICENTE, Ernesto Fernando Rodrigues. *A estimativa do risco na constituição da PDD*. Dissertação de Mestrado, Universidade de São Paulo. São Paulo, 2001. p. 48.

[51] SOUZA, Ródnei Bernardino de. *O modelo de collection scoring como ferramenta para a gestão estratégica do risco de crédito*. Dissertação apresentada ao Curso de Pós Graduação da FGV/EAESP. São Paulo, 2000. p. 22.

[52] SOUZA, Ródnei Bernardino de. *O modelo de collection scoring como ferramenta para a gestão estratégica do risco de crédito*. Dissertação apresentada ao Curso de Pós Graduação da FGV/EAESP. São Paulo, 2000. p. 23.

[53] MACHADO, Aline Rodrigues. *Collection scoring via regressão logística e modelo de riscos proporcionais de Cox*. Dissertação de Mestrado, Universidade de Brasília. Brasília, 2015. p. 13-22.

inadimplência é cenário que nem sempre se pode evitar, e em negócios de crédito, a bem da verdade, é realidade tida por corriqueira.

Como visto, muitas são as possibilidades e benefícios do emprego da automatização para a tomada decisões no setor do crédito ao consumo, sendo certo que as empresas concedentes há muito parecem ter se dado conta desse fato, prova incontestável da incorporação destes artifícios, em larga medida, na exploração de sua atividade. Frisa-se, no entanto, com o perdão da insistência, a capacidade reconhecida dessas decisões em ferir direitos fundamentais individuais, fato este que faz merecer nossa preocupação ao longo das linhas que se seguem.

3 Questões sensíveis atinentes à perfilização automatizada de indivíduos no mercado de crédito

A introdução da inteligência artificial no mercado de crédito, tal como em outros segmentos privados, representou, para além da rapidez, uma grande promessa de cientificidade na tomada de decisões, eliminando subjetivismos de toda ordem, que em muito poderiam comprometer esse processo.[54] Por mais que a experiência daqueles que se dedicam a observar mais detidamente os efeitos das aplicações concretas de IA na vida cotidiana possam ter atestado, ao longo do tempo, o desacerto desta concepção, é certo que o senso comum até hoje parece insistir na fácil retórica da constante acurácia e imparcialidade das decisões algorítmicas, postura essa que talvez se revele conveniente a alguns poucos, mas de forte caráter opositor a muitos outros.

Decerto, é preciso considerar que algoritmos não são tão neutros quanto parecem, podendo, em certos casos, ser utilizados com propósitos odiosos sabidamente discriminatórios, ou mais frequentemente acabar perpetuando padrões discriminatórios existentes em sociedade, ainda que não seja essa a intenção inicial de seus operadores.[55]

A discriminação operada por algoritmos, no entanto, nem sempre é repudiável, cabendo aqui o destaque para o fato de que qualquer discriminação que se justifique de um ponto de vista racional ou constitucional não se pode afigurar ilegítima, e por isso não ofensora do direito à igualdade sagrado em plúrimas fontes normativas do

---

[54] DONEDA, Danilo Cesar Maganhoto *et al*. Considerações iniciais sobre inteligência artificial, ética e autonomia pessoal. *Pensar*, v. 23, n. 4, p. 5, out./dez. 2018.
[55] BAROCAS, Solon; SELBST, Andrew D. Big Data's Disparate Impact. *California Law Review*, Berkeley, v. 104, p. 671-676, 2016. p. 676.

ordenamento, e especialmente no artigo 5º, inciso I, da Constituição da República.[56] Nessa esteira, alguns autores chegam a afirmar que a discriminação entre indivíduos, em certo sentido, é a tônica da perfilização feita pelos algoritmos,[57] o que ao menos se aplica em terreno de concessão de crédito, já que a análise de risco é expediente que ao fim e ao cabo imporá um tratamento diferenciado entre pessoas, de resto plenamente justificável para o desempenhar dessa atividade.

Para a promoção dessa discriminação lícita, é preciso ter em conta, ainda, que tipo de dados lhe servem como base, já que a decisão algorítmica será reflexo necessário desses últimos, e uma vez que tais dados reflitam padrões discriminatórios intoleráveis socialmente, a discriminação algorítmica promovida, ao final, se poderá dizer tudo, menos legítima. Nesse sentido, nada mais oportuno que fazer menção à advertência feita por Solon Barrocas e Andrew Selbst,[58] para quem a qualidade de um algoritmo é diretamente proporcional à qualidade dos dados que o alimenta, e que, portanto, se estes dados forem problemáticos em sua gênese, tais problemas inevitavelmente comprometerão a qualidade da decisão final por ele emanada.

A perfilização algorítmica em matéria de crédito, para que se revista de qualidade, conquanto seja necessária a utilização de dados exatos, verdadeiros, claros, relevantes e atuais do consumidor,[59] é também indispensável, nesse contexto, que não empregue dados com alto potencial discriminatório em sentido lato, o que faria certamente comprometer a qualidade da perfilização empreendida, tornando-a, sobretudo, promotora de um tratamento desigual ilícito entre indivíduos.

Em outros termos, não há que se conceber a utilização de dados sensíveis para alimentar a operação de algoritmos nessa seara. Acerca dos dados pessoais sensíveis, vale mencionar a disposição contida na própria Lei nº 13.709/2018 (LGPD), entrada em vigor recentemente, que os considera enquanto dados que digam respeito, dentre outros, à origem racial ou étnica, convicção religiosa, opinião política, saúde ou orientação sexual de uma pessoa natural.[60] Tais dados, nesse

---

[56] MELLO, Celso Antônio Bandeira de. *O conteúdo jurídico do princípio da igualdade*. 3. ed. São Paulo: Malheiros, 2009. p. 17.

[57] VIDOR, D. M. *Dados pessoais, Big Data e processamento em larga escala. Privacidade, discriminação e profiling*. Porto Alegre: Mercury LBC, 2019. p. 8.

[58] BAROCAS, Solon; SELBST, Andrew D. Big Data's Disparate Impact. *California Law Review*, Berkeley, v. 104, p. 671-676, 2016. p. 671.

[59] Cf. Artigo 6º, V, LGPD. No mesmo sentido vai a dicção do artigo 3º, §1º e 2º, da Lei nº 12.414/11; e do artigo 43, §1º, do Código de Defesa do Consumidor.

[60] Artigo 5º, II, LGPD.

compasso, parecem ter sido motivo de grande preocupação por parte do legislador do referido diploma, que fez limitar sua utilização para hipóteses bastante específicas, o que não inclui e nem poderia incluir a proteção do crédito.[61] Nesse mesmo sentido, há que se mencionar igualmente as disposições da Lei nº 12.414/2011, que parecem fazer impedir o emprego dessas informações eventualmente armazenadas em bancos de dados de proteção ao crédito na composição algorítmica, dentre as quais aquelas dos seus artigos 3º, §3º, II; e 7º-A, I.[62]

O fato de tais dados receberem tratamento particular justifica-se, portanto, por seu risco maior em proporcionar discriminação, aqui entendida em sua vertente mais direta, pela qual se reputa aquela gerada em virtude de atributos pessoais, em geral ligados à origem racial ou étnica, que imponha a determinada pessoa um tratamento menos favorável se comparado à outra em situação similar.[63] Mas a discriminação ilícita algorítmica aí não se limita, e muito embora sejam tomados todos os cuidados para que não haja emprego de dados potencialmente discriminatórios em sentido amplo para basear sua decisão, ainda assim ela é passível de acontecer.[64]

A constatação a que se faz menção tem gerado, mais recentemente, importantes discussões sobre a ocorrência da chamada discriminação indireta nas decisões tomadas por algoritmos, o que alude justamente ao emprego de critérios, disposições ou práticas aparentemente neutros, mas com um enorme potencial de colocar uma pessoa numa posição de desvantagem injustificável, se comparada a outras. Nessa esteira, formas tradicionais de discriminações ilícitas ou abusivas, aparentemente também mais fáceis de ser constatadas, vêm dando lugar a novas formas

---

[61] Cf. Artigo 11, caput, LGPD.
[62] Art. 3º, Lei nº 12.414/2011. "Os bancos de dados poderão conter informações de adimplemento do cadastrado, para a formação do histórico de crédito, nas condições estabelecidas nesta Lei. [...] §3º Ficam proibidas as anotações de: [...] II – informações sensíveis, assim consideradas aquelas pertinentes à origem social e étnica, à saúde, à informação genética, à orientação sexual e às convicções políticas, religiosas e filosóficas".
Art. 7º-A. "Nos elementos e critérios considerados para composição da nota ou pontuação de crédito de pessoa cadastrada em banco de dados de que trata esta Lei, não podem ser utilizadas informações: I – que não estiverem vinculadas à análise de risco de crédito e aquelas relacionadas à origem social e étnica, à saúde, à informação genética, ao sexo e às convicções políticas, religiosas e filosóficas [...]".
[63] Nesse sentido vai a dicção do artigo 2º, nº 2, da Diretiva nº 2000/43/CE do Conselho de 29 de junho de 2000, que aplica o princípio da igualdade de tratamento entre as pessoas, sem distinção de origem racial ou étnica. Cf. *Eur-Lex. Document 32000L0043*. Disponível em: http://bit.ly/3j2VcYV. Acesso em 15 dez. 2020.
[64] RODOTÀ, Stefano. *A vida na sociedade da vigilância*: a privacidade hoje. (Trad. Danilo Doneda e Luciana Cabral Doneda). Rio de Janeiro: Renovar, 2008. p. 56.

de discriminação no âmbito algorítmico, do qual a discriminação por erro estatístico ou por generalização são exemplos.[65]

No âmbito do acesso ao crédito, as "novas formas de discriminação" parecem abundar, e diuturnamente se verifica, ou ao menos se presume, o emprego de critérios que ao mesmo tempo em que apresentam pouco potencial em promover uma decisão sensata quanto à sua concessão, grande potencial possuem em engendrar discriminações de todo gênero. Nesse espectro é que são utilizadas informações do endereço pessoal do tomador para análise do seu risco de inadimplemento, fazendo com que frequentemente moradores de áreas periféricas sofram maiores restrições no acesso ao crédito por uma pressuposição de mau comportamento financeiro. Em igual sentido, informações da faixa etária do consumidor são utilizadas no sentido de lhe negar crédito, dada a suposição imperante de que pessoas de mais baixa idade são imaturas financeiramente (o que nem sempre é verdade). O exercício legítimo de um direito é não raro utilizado na análise de risco como elemento a penalizar, por exemplo, pessoas que acessam frequentemente sua pontuação de crédito, já que supostamente teriam maiores chances de ser inadimplentes, tais quais aquelas que estão movendo alguma ação judicial em face de uma instituição concedente. Alguns exemplos de práticas nesse sentido, vindos do exterior, chegam a indicar que até mesmo marcas de carro e frequência de consumo em determinadas lojas são critérios comumente utilizados para análise de crédito operada por algoritmos,[66] realidade que não se pretende tão distante do que possivelmente pode estar sendo aqui praticado.

A utilização de critérios inofensivos, mas potencialmente discriminatórios, apesar de constituir realidade mais comum do que se imagina, hoje se pode dizer esbarrar em obstáculos de ordem legislativa no plano interno. O reconhecimento da prática enquanto forma de discriminação indireta de consumidores parece o suficiente, por exemplo, para fazer incidi-la no princípio da não discriminação plasmado no artigo 6º, inciso IX, do diploma protetivo de dados pessoais vigente, mas não só. Nessa esteira questiona-se, igualmente, se o tratamento dessas informações não seria absolutamente dispensável e inadequado para os propósitos em questão, tendo em vista que a análise de risco de crédito deve ser

---

[65] MENDES, Laura Schertel; MATTIUZZO, Marcela. Discriminação Algorítmica: Conceito, Fundamento Legal e Tipologia. *RDU*, Porto Alegre, v. 16, n. 90, p. 47-55, 2019.

[66] HURLEY, Mikella; ADEBAYO, Julius. Credit scoring in the age of big data. *The Yale Journal of Law & Technology*, v. 18, p. 150-151, 2016. Disponível em: http://bit.ly/2MhETva. Acesso em 15 dez. 2020.

feita sobremaneira a partir de elementos outros dos consumidores, em especial suas informações de adimplemento e inadimplemento, cujo acesso para fins de proteção ao crédito tem se tornado cada vez mais facilitado nos últimos tempos.[67]

É preciso trazer à memória, portanto, a extrema relevância do princípio da finalidade e seus corolários para a disciplina da proteção dos dados pessoais, do qual se destaca o princípio da necessidade, que em boa hora foi incorporado pela Lei nº 13.709/2018.[68] No campo do crédito, em especial, outras disposições legais parecem ir na mesma direção, tais quais o artigo 3º, §3º, II, da Lei nº 12.414/2011, que proíbe a anotação de informações excessivas em bancos de dados de proteção ao crédito, assim entendidas aquelas que não guardam relação com a análise de risco de crédito ao consumidor; e o seu artigo 7º-A, incisos I, II, e III, que dispensam a utilização de informações não vinculadas à análise de risco de crédito em sistemas de pontuação, bem como aquelas relativas a parentes mais distantes do cadastrado ou atinentes ao exercício regular de direitos.[69]

Outrossim, não se pode olvidar da existência de alguns instrumentos normativos que auxiliam o consumidor, ao menos em tese, a verificar a ocorrência de eventuais discriminações ilícitas ou abusivas quando da análise de risco de crédito relativa à sua pessoa, o que no caso da discriminação indireta pode se revelar muito tormentoso, em especial para o homem comum. Assim sendo, a própria Lei Geral de Proteção de Dados Pessoais previu o direito do interessado em obter

---

[67] Nesse sentido, lembram Milena Donato Oliva e Francisco de Assis Viégas que "a recente Lei Complementar nº 166/2019, ao promover mudanças na Lei nº 12.414/2011, instituiu o modelo *opt out* para a formação dos bancos de dados contendo o histórico de crédito [dos consumidores]: em vez de se exigir a manifestação de vontade do consumidor para a abertura do cadastro (modelo *opt in*), o gestor responsável pela administração do banco de dados poderá efetuar [automaticamente] a abertura do cadastro positivo, mediante comunicação ao consumidor, que poderá optar pelo cancelamento do cadastro". OLIVA, Milena Donato; VIÉGAS, Francisco de Assis. Tratamento de dados para a concessão de crédito. *In*: FRAZÃO, Ana; TEPEDINO, Gustavo; OLIVA, Milena Donato (Coords.). *Lei Geral de Proteção de Dados Pessoais e suas repercussões no direito brasileiro*. 2. ed. São Paulo: Editora Revista dos Tribunais, 2020. p. 14, *in verbis*. [Recurso eletrônico].

[68] Art. 6º. "As atividades de tratamento de dados pessoais deverão observar a boa-fé e os seguintes princípios: I – finalidade: realização do tratamento para propósitos legítimos, específicos, explícitos e informados ao titular, sem possibilidade de tratamento posterior de forma incompatível com essas finalidades; II – adequação: compatibilidade do tratamento com as finalidades informadas ao titular, de acordo com o contexto do tratamento; III – necessidade: limitação do tratamento ao mínimo necessário para a realização de suas finalidades, com abrangência dos dados pertinentes, proporcionais e não excessivos em relação às finalidades do tratamento de dados [...]". [Grifou-se].

[69] Na mesma direção vai o artigo 21 da LGPD, proibindo expressamente que dados pessoais referentes ao exercício regular de direitos pelo titular sejam utilizados em seu prejuízo.

informações relativas ao tratamento de seus dados (art. 9º, *caput*), além de lhe propiciar pleno conhecimento a respeito da natureza desses mesmos dados objeto de tratamento (art. 18, II c/c Art.19). Nota-se que, uma vez mais, em matéria de crédito, a Lei nº 12.414/2011 só faz reforçar algumas dessas disposições extraídas da LGPD, prevendo, de forma semelhante, um direito do cadastrado em bancos de dados em acessar gratuitamente, independentemente de justificativa, as informações sobre si ali existentes, inclusive seu histórico de crédito e pontuação (art. 5º, II); a disponibilização pelos gestores de informações sobre ele constantes de seus arquivos (art. 6º, I), disposição esta que corrobora com o disposto no artigo 43, *caput*, do Código de Defesa do Consumidor;[70] o acesso pelo cadastrado à política de coleta e utilização de dados pessoais para fins de elaboração de análise de risco de crédito (art. 7º-A, §1º); dentre outras disposições.

De todo modo, ainda que o interessado em crédito possa ter acesso, *a priori*, às informações tratadas e que podem estar sendo usadas para perfilizá-lo, resta-lhe uma questão importante. Tal questão diz respeito à opacidade do próprio processo decisório operado pelo algoritmo, que em muitos casos sequer é do conhecimento daquele que o opera diretamente, fazendo-lhe uma verdadeira caixa-preta (*blackbox*),[71] e, portanto, pouco transparente. A Lei Geral de Proteção de Dados Pessoais, nesse sentido, no embalo do disposto no artigo 22 do Regulamento Europeu Geral de Proteção de Dados Pessoais, passou a prever, em seu artigo 20, a existência de um direito de revisão de decisões exclusivamente automatizadas, que também abrange em seu âmago um direito à explicação dos critérios e procedimentos utilizados pelo controlador para alcançar a decisão automatizada (§1º). Não se trata, todavia, de previsões inéditas no ordenamento, uma vez que a própria Lei nº 12.414/2011, em matéria de análise de risco de crédito, já trazia em seu texto uma prerrogativa do cadastrado em "solicitar ao consulente a revisão de decisão realizada exclusivamente por meios automatizados" e "conhecer os principais elementos e critérios considerados para a análise de risco", o que incluiria, para além dos

---

[70] Art. 43, *caput*, Lei nº 8.078/90. "O consumidor, sem prejuízo do disposto no art. 86, terá acesso às informações existentes em cadastros, fichas, registros e dados pessoais e de consumo arquivados sobre ele, bem como sobre as suas respectivas fontes".

[71] PASQUALE, Frank. *The black box society*: the secret algorithms that control money and information. Cambridge: Harvard University Press, 2015. p. 22.

dados utilizados pelo algoritmo, o modo pelo qual seu processamento foi realizado para obter uma decisão final.[72] Por sua natureza, e sobretudo em tempos de perfilização automatizada para concessão de crédito, o direito à revisão certamente é hoje a principal ferramenta que o consumidor pode lançar mão para fazer conhecer de potenciais discriminações contra a sua pessoa, perpetradas por algoritmos no segmento, o que faz justificar a enorme importância do assunto, para onde se espera que os estudos afeitos à proteção de dados pessoais se encaminhem desde logo. Nesse sentido, muitas perguntas ainda permanecem sem resposta, o que até o momento vem impedindo um pleno exercício desse direito pelo consumidor, que atualmente (recorde-se) pode ser exercido em face das decisões automatizadas emanadas para os mais variados fins, não tão somente à concessão de crédito. A título exemplificativo, questiona-se: a) A possibilidade da revisão de decisão realizada exclusivamente por meios automatizados a que alude o legislador deve ser empreendida necessariamente por mãos humanas?; b) Qual postura a ser adotada pelo agente de tratamento no sentido de fazer valer o direito à explicação do titular?; c) Como equilibrar a proteção do segredo empresarial e o direito do titular em conhecer os principais elementos e critérios que nortearam a decisão?; d) O que bem caracterizaria uma decisão tomada exclusivamente com base em tratamento automatizado de dados pessoais para efeitos da lei?; e) A técnica da explicação contrafactual é suficiente para fazer valer o direito à explicação do titular? Tais questões, que em muito superam os limites deste trabalho, certamente exigirão boa dose de reflexões doutrinárias para serem solucionadas, fazendo demandar, igualmente, participação proativa dos próprios agentes de tratamento, que hoje, mais do que nunca, precisam estar comprometidos no sentido de promover um benfazejo equilíbrio entre inovação, aqui revelada através do desenvolvimento de técnicas automatizadas de tomada de decisão, e a necessidade precípua do resguardo dos direitos fundamentais do indivíduo.

4 Conclusão

A necessidade da categorização de pessoas, tão antiga quanto a humanidade, é hoje uma realidade plenamente incorporada pelo mercado, e da qual não se pode mais abrir mão. Para a melhor promoção

---

[72] Cf. art. 5º, incisos IV e VI, Lei nº 12.414/2011.

desse intento, mostrou-se essencial, ao longo do tempo, o emprego de técnicas variadas para a previsão de comportamentos humanos, as quais mais recentemente vêm fazendo grande proveito na utilização da inteligência artificial, inaugurando os debates sobre uma espécie de "perfilização automatizada" que estaria a norteá-lo diuturnamente em seus processos naturais de tomada de decisões.

A indústria do crédito ao consumo, em especial, soube absorver rapidamente a perfilização automatizada de indivíduos, conseguindo fazer frente à alta demanda de contratações e à rapidez que os novos tempos passaram a exigir. Hoje, portanto, não mais se vislumbra uma concessão de crédito que não esteja fortemente dependente da utilização de algoritmos, de sorte a reduzir ou até dispensar a participação humana desse processo.

A perfilização levada a efeito por algoritmos, para fins de concessão de crédito, embora de grande valia para o setor, bem como para os tomadores em geral, nem sempre produz resultados científicos e isentos de valoração. Nesse cenário, não raro podem perpetuar discriminações ilícitas ou abusivas de todo gênero, seja de forma direta, em que se denota o emprego de dados sabidamente discriminatórios para alimentar sua operação, seja de forma indireta, caracterizada pelo emprego de dados aparentemente neutros, mas com enorme potencial de promoverem diferenciações injustas.

A promoção da discriminação algorítmica ilícita na seara do crédito, ao passo que frequente, encontra resistência sobretudo constitucional, contrariando, ainda, uma série de disposições emanadas da novel Lei Geral de Proteção de Dados Pessoais (Lei nº 13.709/2018) e da Lei do Cadastro Positivo (Lei nº 12.414/2011), que oportunamente incluíram em seus textos alguns instrumentos que permitem ao tomador precaver-se ante a ocorrência de discriminações ilícitas relativas à sua pessoa. Nesse espectro, dada a característica natural da opacidade que perpassa o processo decisório algorítmico, salta aos olhos, ainda, a existência de um direito de revisão das decisões exclusivamente automatizadas, a abranger igualmente uma espécie de direito à explicação dos critérios e procedimentos utilizados pela máquina para alcançar a decisão final, ambos consagrados pelos dois diplomas, mas de aplicabilidade ainda muito acanhada. Assim sendo, muitas questões acerca do exercício de tais direitos ainda aguardam uma resposta, o que certamente é danoso ao consumidor, já que sua dignidade não pode ser vilipendiada a despeito da inovação, que de resto é necessária ao desenvolvimento do segmento creditício.

Referências

BAO, Wang; LIANJU, Ning; YUE, Kong. Integration of unsupervised and supervised machine learning algorithms for credit risk assessment. *In*: Expert Systems with Applications, v. 128, 2019. Disponível em: http://doi.org/10.1016/j.eswa.2019.02.033. Acesso em 09 dez. 2020.

BAROCAS, Solon; SELBST, Andrew D. Big Data's Disparate Impact. *California Law Review*, Berkeley, v. 104, p. 671-676, 2016.

BARRON, John M; STATEN, Michael. The value of comprehensive credit reports: lessons from the U.S. experience. *In*: MILLER, Margaret J. *Credit report systems and the international economy*. England: The MIT Press, 2003.

BENJAMIN, Antônio Herman de Vasconcellos. *Código brasileiro de Defesa do Consumidor comentado pelos autores do anteprojeto*. 9. ed. Rio de Janeiro: Forense Universitária, 2007.

BERTONCELLO, Káren Rick Danilevicz; LIMA, Clarissa Costa de. Adesão ao projeto conciliar é legal – CNJ: projeto-piloto: tratamento das situações de superendividamento do consumidor. *Revista de Direito do Consumidor*, v. 63, p. 175, jul./set. 2007.

BRANDOM, Russell. Facebook has been charged with housing discrimination by the US government. *The Verge*, 28 mar. 2019. Disponível em: http://bit.ly/2LZEGwE. Acesso em 04 dez. 2020.

BRASIL. Governo do Estado de São Paulo. *Sistema usa inteligência artificial para prever ocorrência de crimes em cidades*. 03 ago. 2020. Disponível em: http://bit.ly/3ogagmM. Acesso em 02 dez. 2020.

BRUNI, Adriano Leal; FUENTES Junio; FAMÁ, Rubens. Risco de crédito: Evolução teórica e mecanismo de proteção desenvolvido nos últimos 20 anos. *In*: Anais do II Seminário de Administração da FEA/USP, São Paulo, 1997.

BUECHELE, Paulo Armínio Tavares. Os títulos de crédito no projeto de Código Civil Brasileiro. *Revista de Direito Mercantil, Industrial, Econômico e Financeiro*, São Paulo, n. 78, p. 61, 1990.

CAOUETTE, John B.; ALTMAN, Edward I.; NARAYANAN, Paul. *Gestão do risco de crédito*: o próximo grande desafio financeiro. Rio de Janeiro: Qualitymark Ed., 1999.

COPELAND, Michael. What's the difference between Artificial Intelligence, Machine Learning and Deep Learning? *Nvidia*, 29 jul. 2016. Disponível em: http://bit.ly/39iboC7. Acesso em 08 dez. 2020.

CORRÊA, Marcelo França; MACHADO, Maria Augusta Soares. Construção de um modelo de credit scoring em redes neurais para previsão de inadimplência na concessão de micro-crédito. *In*: Anais do Encontro da Associação Nacional de Pós-Graduação e Pesquisa em Administração. Curitiba: Anpad, 2004.

DIEESE – DEPARTAMENTO INTERSINDICAL DE ESTATÍSTICA E ESTUDOS SOCIOECONÔMICOS. *Análise da evolução do crédito no período recente 2014-2017*. 2018. Disponível em: http://www.dieese.org.br/notatecnica/2018/notaTecCredito2014a2017.pdf. Acesso em 07 dez. 2020.

DONEDA, Danilo Cesar Maganhoto *et al*. Considerações iniciais sobre inteligência artificial, ética e autonomia pessoal. *Pensar*, v. 23, n. 4, p. 5, out./dez. 2018.

EUR-Lex. *Document 32000L0043*. Disponível em: http://bit.ly/3j2VcYV. Acesso em 15 dez. 2020.

FERRARI, Isabela; BECKER, Daniel; WOLKART, Erik Navarro. Arbitrium ex machina: panorama, riscos e a necessidade de regulação das decisões informadas por algoritmos. *Revista dos Tribunais*, v. 995, 2018.

FERRARIS, Valeria; BOSCO, Francesca; D'ÂNGELO, Elena. The impact of Profiling on Fundamental Rights. *SSRN Electronic Journal*, p. 1-45, 12 dec. 2013. Disponível em: http://bit.ly/2M1J0eH. Acesso em 01 dez. 2020.

FTC – FEDERAL TRADE COMMISSION STAFF REPORT: SELF-REGULATORY PRINCIPLES FOR ONLINE BEHAVIORAL ADVERTISING. *Tracking, Targeting, and Technology*, fev. 2009. Disponível em: http://bit.ly/3p9ScMx. Acesso em 02 dez. 2020.

GANDOMI, Amir; HAIDER, Murtaza. Beyond the hype: Big data concepts, methods, and analytics. *International Journal of Information Management*, v. 35, n. 2, p. 137-144, 2015. Disponível em: http://dx.doi.org/10.1016/j.ijinfomgt.2014.10.007. Acesso em 02 dez. 2020.

GANTZ, John; REINSEL, David. *The digital universe in 2020*: Big Data, nigger digital shadows, and biggest growth in the far east. New York: IDC, 2012. v. 3.

HILDEBRANDT, Mireille. Defining profiling: a new type of knowledge? *In*: HILDEBRANDT, Mireille; GUTWIRTH, Serge (Org.). *Profiling the European citizen*: cross-disciplinary perspectives. Dordrecht: Springer, 2008.

HILDEBRANDT, Mireille. Who is Profiling Who? Invisible Visibility. *In*: GUTWIRTH, Serge et al. (Org.). *Reinventing Data Protection?* Netherlands: Springer, 2009.

HILL, Kashmir. How Target figured out a teen girl was pregnant before her father did. *Forbes*, 16 fev. 2012. Disponível em: http://bit.ly/3sS59g5. Acesso em 04 dez. 2020.

HURLEY, Mikella; ADEBAYO, Julius. Credit scoring in the age of big data. *The Yale Journal of Law & Technology*, v. 18, p. 150-151, 2016. Disponível em: http://bit.ly/2MhETva. Acesso em 15 dez. 2020.

LAKOFF, George. *Women, fire, and dangerous things*: what categories reveal about the mind. Chicago: The University of Chicago, 1987.

LUPION, Ricardo. O caso do sistema "Credit Scoring" do cadastro positivo. *Revista Ajuris*, v. 2, n. 137, p. 443, mar. 2015. Disponível em: http://bit.ly/36fmxSf. Acesso em 10 dez. 2020.

MACHADO, Aline Rodrigues. *Collection scoring via regressão logística e modelo de riscos proporcionais de Cox*. Dissertação de Mestrado, Universidade de Brasília. Brasília, 2015.

MELLO, Celso Antônio Bandeira de. *O conteúdo jurídico do princípio da igualdade*. 3. ed. São Paulo: Malheiros, 2009.

MENDES, Laura Schertel; MATTIUZZO, Marcela. Discriminação Algorítmica: Conceito, Fundamento Legal e Tipologia. *RDU*, Porto Alegre, v. 16, n. 90, p. 47-55, 2019.

MERRIAM-WEBSTER.COM DICTIONARY. *Profiling (noun)*. Disponível em: http://bit.ly/3iPlcH1. Acesso em 01 dez. 2020.

MONTEIRO, Renato Leite. Existe um direito à explicação na Lei Geral de Proteção de Dados do Brasil? *In*: INSTITUTO IGARAPÉ. *Artigo estratégico 39*. Dez. 2018. Disponível em: http://bit.ly/2MsEKVp. Acesso em 07 dez. 2020.

MORRISON, Ellen J. Insurance Discrimination against battered women: proposed legislative protections. *Indiana Law Journal*, v. 72, issue 1, article 11, p. 266, 1996.

NADER, Ralph. The Dossier Invades the Home. *In*: NADER, Ralph. *The Ralph Nader Reader*. Seven Stories Press, 2000.

NERY JUNIOR, Nelson. O serviço de análise estatística de dados [score ou rating]. Serviço distinto e que não se confunde com banco de dados [negativo ou positivo] e cadastros de consumidores. *In*: *Soluções práticas de direito*. São Paulo: Revista dos Tribunais, 2014. v. 4.

OLIVA, Milena Donato; VIÉGAS, Francisco de Assis. Tratamento de dados para a concessão de crédito. *In*: FRAZÃO, Ana; TEPEDINO, Gustavo; OLIVA, Milena Donato (Coords.). *Lei Geral de Proteção de Dados Pessoais e suas repercussões no direito brasileiro*. 2. ed. São Paulo: Editora Revista dos Tribunais, 2020.

OLIVEIRA, Júlio Moraes. Bancos de dados, cadastros de consumidores, a Lei do Cadastro Positivo e o novo sistema scoring de crédito. *Revista Brasileira de Direito Comercial*, Porto Alegre: Magister, n. 4, p. 49, abr./mai. 2015.

PASQUALE, Frank. *The black box society*: the secret algorithms that control money and information. Cambridge: Harvard University Press, 2015.

PEREIRA, Lucas de Almeida. Os primórdios da informatização no Brasil: o "período paulista" visto pela ótica da imprensa. *História [online]*, São Paulo, v. 33, n. 2, p. 410, 2014.

PORTAL EQUIFAX. *Perfil de la empresa*. Disponível em: http://bit.ly/2Y7aZfE. Acesso em 05 dez. 2020.

PORTAL G1 ECONOMIA. *67% dos brasileiros não conseguem poupar dinheiro, aponta pesquisa*. Disponível em: http://g1.globo.com/economia/noticia/2019/09/26/67percent-dos-brasileiros-nao-conseguem-poupar-dinheiroponta-pesquisa.ghtm. Acesso em 07 dez. 2020.

PORTAL SERASA EXPERIAN. *Score de crédito*: por que avaliar as finanças do seu cliente? 15 out. 2020. Disponível em: http://bit.ly/3abxp54. Acesso em 10 dez. 2020.

PORTAL SERASA EXPERIAN. *Sobre a Serasa Experian*. Disponível em: http://bit.ly/2Y7aPF4. Acesso em 05 dez. 2020.

PORTAL SPC BRASIL. *Conheça o SPC Brasil*. Disponível em: http://bit.ly/3iILVVR. Acesso em 05 dez. 2020.

PORTAL SPC BRASIL. *Serviço de Proteção ao Crédito completa 60 anos no mercado*. Disponível em: http://bit.ly/3iPFkcc. Acesso em 05 dez. 2020.

RIBEIRO, Evandro Marcos Saidel *et al*. Aplicação das redes neurais na concessão de crédito – um estudo de caso em uma empresa de consórcio. *In*: *Anais do 6º Congresso USP de Controladoria e Contabilidade e 3º Congresso USP de Iniciação Científica em Contabilidade*, v. 1, p. 8, 2006.

RODOTÀ, Stefano. *A vida na sociedade da vigilância*: a privacidade hoje. (Trad. Danilo Doneda e Luciana Cabral Doneda). Rio de Janeiro: Renovar, 2008.

SAGE. The SAGE Encyclopedia of Surveillance, Security, and Privacy. *Data Mining and Profiling in Big Data*, 2018.

SAUNDERS, Anthony. *Medindo o risco de crédito*: novas abordagens para value at risk e outros paradigmas. Rio de Janeiro: Qualitymark Ed., 2000.

SCHERMER, Bart M. The limits of privacy in automated profiling and data mining. *Computer Law & Security Review*, v. 27, Issue 1, p. 45-52.

SCHREIBER, Anderson. *Direitos da personalidade*. 2. ed. São Paulo: Atlas, 2013.

SOUSA, Almir Ferreira de; CHAIA, Alexandre Jorge. Política de crédito: uma análise qualitativa dos processos das empresas. *Caderno de Pesquisas em Administração*, São Paulo, v. 07, n. 03, p. 21, jul. 2000.

SOUZA, Ródnei Bernardino de. *O modelo de collection scoring como ferramenta para a gestão estratégica do risco de crédito*. Dissertação apresentada ao Curso de Pós Graduação da FGV/EAESP. São Paulo, 2000.

STÜMER, Bertram Antônio. Banco de dados e habeas data no Código do Consumidor. *Revista de Direito do Consumidor*, n. 1, p. 59, 1992.

TECHAMERICA FOUNDATION. Demystifying big data: a practical guide to transforming the business of governmet. *Washington D.C.* Disponível em: http://bit.ly/2NswqFH. Acesso em 03 dez. 2020.

TEEGARDIN, Carrie. Whatever happened to Kevin D. Johnson, part of credit card debate. *The Atlanta Journal-Constitution*, 11 ago. 2012. Disponível em: http://bit.ly/3c1YGcG. Acesso em 04 dez. 2020.

THOMAS, Lyn C. *A survey of credit and behavioural scoring*: forecasting financial risk of lending to consumers. Edinburgh, U.K: University of Edinburgh, 2000.

VICENTE, Ernesto Fernando Rodrigues. *A estimativa do risco na constituição da PDD*. Dissertação de Mestrado, Universidade de São Paulo. São Paulo, 2001.

VIDOR, D. M. *Dados pessoais, Big Data e processamento em larga escala. Privacidade, discriminação e profiling*. Porto Alegre: Mercury LBC, 2019.

VIEIRA, Gustavo Duarte. *Proteção de dados pessoais em práticas de profiling no setor privado*. Dissertação de Mestrado, Universidade Federal de Minas Gerais. Belo Horizonte, 2019.

ZHANG, Guoqiang; PATUWO, B. Eddy; HU, Michel Y. Forecasting with artificial neural networks: the state of the art. *International Journal of Forecasting*, Kent (Ohio), v. 14, n. 1, p. 35-62, 1998.

Informação bibliográfica deste texto, conforme a NBR 6023:2018 da Associação Brasileira de Normas Técnicas (ABNT):

ANDRADE, Matheus Baia de. Perfilização automatizada e o mercado de crédito ao consumo: entre perspectivas e questões sensíveis à pessoa humana. *In*: TEPEDINO, Gustavo; SILVA, Rodrigo da Guia (Coord.). *Relações patrimoniais*: contratos, titularidades e responsabilidade civil. Belo Horizonte: Fórum, 2021. p. 97-122. ISBN 978-65-5518-233-0.

SIMULAÇÃO E NEGÓCIO JURÍDICO INDIRETO: DISTINÇÃO A PARTIR DE UMA PERSPECTIVA FUNCIONAL

GUSTAVO SOUZA DE AZEVEDO
MARVIO BONELLI

1 Introdução

Os fatos jurídicos, como se sabe, podem ser apreendidos a partir de sua estrutura e de sua função.[1] Esses dois aspectos do fenômeno jurídico, no entanto, não são estanques, mas se interconectam e se influenciam mutuamente, na medida em que "determinada a função do fato, pode-se considerar determinada também a sua estrutura. Apreende-se, assim, o nexo entre estrutura e função".[2]

Não raro, porém, identificam-se fatos jurídicos cujas estrutura e função estão em descompasso, mesmo que apenas aparente. O presente artigo tem por objetivo estudar duas figuras: a simulação e o negócio jurídico indireto, que se aproximam justamente por haver, em ambos os institutos, uma – aparente – incompatibilidade entre os perfis estático e dinâmico do negócio jurídico.

---

[1] "[P]ode-se dizer que estrutura e função respondem a duas perguntas que se põem em torno do fato. O 'como é?' evidencia a estrutura, o 'para que serve?' evidencia a função" (PERLINGIERI, Pietro. *Perfis do direito civil*: introdução do direito civil-constitucional. 3. ed. (Trad. Maria Cristina de Cicco). Rio de Janeiro: Renovar, 2007. p. 94). No mesmo sentido e a respeito da análise funcional do direito, v. BOBBIO, Norberto. Em direção a uma teoria funcionalista do direito. *In*: *Da estrutura à função*. (Trad. Daniela Beccaccia Versiani). Barueri: Manole, 2007. p. 53-79).

[2] PERLINGIERI, Pietro. *O direito civil na legalidade constitucional*. (Trad. Maria Cristina de Cicco). Rio de Janeiro: Renovar, 2008. p. 643.

Essa proximidade, já há tempos conhecida pela doutrina civilística, teve sua relevância prática argutamente esclarecida por San Tiago Dantas, ao observar que "sempre será a defesa do interponente alegar que o negócio foi fiduciário e não simulado" e que, "se vai atacar-se algum ato simulado, trata-se de mostrar claramente que aí não existe fidúcia".[3] Isso se dá, pois, embora nem sempre seja simples distingui-las no caso concreto, o ordenamento jurídico reserva a cada uma das figuras destinos diversos: ao passo que o artigo 167 do Código Civil reputa nulo o negócio jurídico simulado,[4] o negócio indireto é tutelado pelo ordenamento como legítima manifestação da autonomia privada.

Nos próximos itens, o trabalho buscará delinear as características principais dos institutos em questão, bem como os seus respectivos regramentos jurídicos, para, em seguida, a partir de alguns exemplos, tentar indicar métodos capazes de guiar o intérprete na análise do caso concreto.

2 A simulação do negócio jurídico no direito brasileiro

O Código Civil de 2002, ao entrar em vigor, promoveu significativas modificações no regramento da simulação. Em primeiro lugar, o novo código, ao contrário do regime de 1916, que indicava o negócio simulado como anulável,[5] passou a tratar a simulação como causa de nulidade do negócio jurídico ao argumento de que "tal figura, mais que restrita a atingir interesses privados, ofende o interesse público de correção e veracidade nas relações negociais".[6]

---

[3] DANTAS, San Tiago. *Programa de Direito Civil*. Rio de Janeiro: Ed. Rio, 1977. v. I, p. 284. Sobre a referência do autor a negócio fiduciário, será oportunamente abordada, no presente trabalho, as aproximações e divergências entre o instituto e o negócio jurídico indireto. Neste momento, entretanto, consideram-se os termos sinônimos.

[4] CC, art. 167: É nulo o negócio jurídico simulado, mas subsistirá o que se dissimulou, se válido for na substância e na forma.

[5] José Belleza dos Santos indica que o Código Civil brasileiro de 1916 representava ponto fora da curva em relação às demais codificações que reputavam nulo o negócio simulado. Segundo o autor: "O código civil brasileiro considera simplesmente anuláveis os actos simulados (artigo 147, nº 2), porventura porque entendeu indevidamente que na simulação há não falta de vontade, mas um vício da vontade, como expressamente se dizia no Projeto Beviláqua (art. 159, nº 3)". (SANTOS, José Belleza. *A Simulação em Direito Civil*. (Dactilografado por Mário da Silva e Sousa). Coimbra, 1955. p. 303-304).

[6] MATTIETTO, Leonardo. Negócio jurídico simulado (notas ao art. 167 do Código Civil). *In: Revista da Procuradoria Geral do Estado do Rio de Janeiro*, v. 61, p. 219-225, 2006. p. 219. Para além desse fundamento teórico, entretanto, razões práticas animaram o legislador de 2002 a tratar a simulação como causa de nulidade e não mais de anulabilidade. Conforme explica o professor José Carlos Moreira Alves, membro da comissão do projeto do Código Civil

Em segundo lugar, outra relevante inovação encampada pelo Código Civil de 2002 quanto ao regime da simulação foi a supressão da menção à simulação inocente. O diploma de 1916, em seu artigo 103, estabelecia que a simulação não seria considerada defeito quando não houvesse "intenção de prejudicar a terceiros, ou de violar disposição de lei". O silêncio do novo código no que se refere à simulação inocente levou grande parte da doutrina a considerar que o legislador a equiparou à denominada simulação maliciosa – aquela que tem por objetivo fraudar a lei ou prejudicar terceiro – eivando ambas de nulidade, conquanto ainda haja fautores da tese de que apenas esta seja inválida.[7]

Não obstante os debates mencionados, as alterações no regime legal da simulação parecem ter atraído o foco da doutrina brasileira para aspectos regulamentares da simulação, enquanto seu perfil dinâmico tem sido pouco discutido. É, no entanto, justamente por meio da apreensão funcional do fenômeno simulatório que se torna possível identificá-lo e distingui-lo de figuras semelhantes, como o negócio jurídico indireto.

---

de 2002, reputar nulo o negócio simulado "acaba com aquela regra de que um simulante não pode opor-se a outro simulado", o que gerava problemas de legitimidade processual em casos de simulação para dissimular negócio usurário. (MOREIRA ALVES, José Carlos. Parte Geral do Novo Código Civil. In: *Anais do "EMERJ Debate o Novo Código Civil", parte 1*. Rio de Janeiro, 2002. p. 59). Não foi isenta de crítica, porém, a alteração do regime da simulação pelo Código Civil de 2002: "Melhor teria sido que o Código de 2002 mantivesse a doutrina consagrada no Código de 1916. Assim procedesse, evitaria a incongruência de catalogar como nulo o negócio simulado, ressalvando, entretanto, o negócio dissimulado (art. 167, *caput*), bem como os direitos dos terceiros de boa-fé (art. 167, §2º)". (PEREIRA, Caio Mário da Silva. *Instituições de direito civil*. 24. ed. (Atualizado por Maria Celina Bodin de Moraes). Rio de Janeiro: Forense, 2011. v. I, p. 535).

[7] A respeito da celeuma, v., por todos: ROSENVALD, Nelson; FARIAS, Cristiano Chaves de. *Curso de direito civil*: parte geral e LINDB. 17. ed. Salvador: JvsPodvum, 2019. p. 711: "Discute-se, atualmente, em sede doutrinária, se, perante a Codificação Civil de 2002, que não manteve a regra insculpida no art. 103 do Código Civil de 1916, a simulação inocente teria, ou não, passado a ser causa de invalidade do negócio jurídico. Alguns ilustres autores preferem afirmar que, apesar da ausência de disposição legal, somente havendo prejuízo de terceiros, ou infringência à lei, poderá se consubstanciar a simulação (que será, portanto, necessariamente maliciosa, nocente). Outros, por seu turno, entendem que, diante da nova ordem positiva, em qualquer caso (seja inocente, seja maliciosa), a simulação implicará nulidade do negócio, uma vez que não traduzirá a realidade. Parece assistir razão à primeira corrente, inclusive contando com a simpatia dos Tribunais; afinal de contas, não havendo intenção de prejudicar terceiros ou mesmo de violar a lei, não parece producente invalidar o negócio jurídico". Esse, porém, não parece ser o entendimento majoritário: "a maioria dos autores entende que a supressão corrobora a jurisprudência majoritária no sentido de que a simulação inocente também causa nulidade do negócio simulado". (TEPEDINO, Gustavo; BARBOZA, Heloisa Helena; BODIN DE MORAES, Maria Celina. *Código Civil interpretado conforme a Constituição da República*. 3. ed. Rio de Janeiro: Renovar, 2014. v. I, p. 317). Nesse sentido, aliás, foi redigido o Enunciado 152 da III Jornada de Direito Civil do Conselho da Justiça Federal: "Toda simulação, inclusive a inocente, é invalidante".

A doutrina tradicional, ainda apegada ao dogma voluntarista e firme na compreensão de que a vontade, compreendida como fato psicológico interno ao agente, configura o elemento central do negócio jurídico, entendeu o fenômeno simulatório como "divergência entre vontade manifesta e vontade real".[8] O descompasso, portanto, existiria entre o querer interior das partes e a vontade manifestada no negócio jurídico.

O desenvolvimento da teoria objetiva do negócio jurídico, porém, propiciou o surgimento de novas explicações para o fenômeno simulatório. A partir da compreensão de que o cerne da análise do negócio jurídico estaria em seus aspectos objetivos e, portanto, externos ao sujeito, passou-se a entender a simulação como discrepância entre a declaração contida no negócio jurídico e os efeitos concretos perseguidos pelas partes.[9]

Como se nota, o entendimento que se tem a respeito do fenômeno simulatório variará a depender da noção de negócio jurídico adotada: aqueles que enxergam na vontade a alma do instituto, compreenderão a simulação como problema relativo à vontade; já os que adotam a teoria objetiva do negócio jurídico, colocarão a causa – isto é, seus efeitos – no centro da discussão sobre simulação.[10]

---

[8] CORDEIRO, António Barreto Menezes. *Da simulação no direito civil*. Coimbra: Almedina, 2014. p. 67. Nesse sentido, v. também: MONTEIRO, Washington de Barros. *Curso de direito civil*: parte geral. São Paulo: Saraiva, 1995. p. 207: "Caracteriza-se pelo intencional desacordo entre a vontade interna e a declaração"; e SANTOS, José Belleza. *A Simulação em Direito Civil*. (Dactilografado por Mário da Silva e Sousa). Coimbra, 1955. p. 10: "Normalmente, a manifestação exterior da vontade está em perfeita harmonia com a vontade que se declarou. (...) Pode, porém, acontecer, e de facto algumas vezes acontece, que esses dois elementos, em lugar de coincidirem, sejam divergentes. (...) Essa divergência pode ser intencional, tendo-se querido aparentar uma vontade que realmente se não tem. É o que se verifica nas declarações *ludendi causa*, na reserva mental, na simulação". E, ainda, FERRARA, Francesco. *A simulação dos negócios jurídicos*. (Trad. A. Bossa). São Paulo: Saraiva, 1939. p. 59, para quem a simulação "tem a sua origem numa divergência deliberada e secreta do íntimo dos contratantes".

[9] "Quando le parti stipulano un contratto ma in realtà no ne vogliono gli effetti oppure vogliono la produzione di effetti diversi, l'accordo si dice simulatorio". (PERLINGIERI, Pietro. *Manuale di diritto civile*. Napoli: Edizioni Scientifiche Italiane, 1997. p. 412. Tradução livre: "Quando as partes estipulam um contrato, mas em realidade não lhe querem os efeitos ou querem a produção de efeitos diversos, o acordo se diz simulatório)". No mesmo sentido, v. PEREIRA, Caio Mário da Silva. *Instituições de direito civil*. 24. ed. (Atualizado por Maria Celina Bodin de Moraes). Rio de Janeiro: Forense, 2011. v. I, p. 510: "Consiste a simulação em celebrar-se um ato, que tem aparência normal, mas que, na verdade, não visa ao efeito que juridicamente devia produzir". E, ainda, v. TEPEDINO, Gustavo; OLIVA, Milena Donato. *Fundamentos do direito civil*. 1. ed. Rio de Janeiro: Forense, 2020. v. 1, p. 349: "Na simulação, dessa forma, há divergência intencional entre o declarado e o efetivamente realizado".

[10] Alberto Auricchio coloca a questão nos seguintes termos: "Se se define primeiro, no campo da teoria geral, o negócio, e se lhe identifica a essência naquele elemento que lhe justifica a

Uma vez identificadas as óticas a partir das quais a questão pode ser apreendida, passa-se, então, a analisar o fenômeno simulatório tendo como premissa a teoria causalista do negócio jurídico. A escolha por esse prisma, em detrimento da vontade, justifica-se, pois a causa permite a compreensão do negócio a partir de sua função e é esta que guiará o intérprete à devida qualificação do fato jurídico analisado, afinal, "não basta qualificar um fato como produtivo, modificativo ou extintivo de efeitos: é necessário compreender a razão justificadora da constituição, modificação ou extinção".[11]

A causa do negócio jurídico é, certamente, um dos conceitos mais disputados em direito civil.[12] Entretanto, se há algum consenso a respeito do tema, é o de que a causa se refere a efeitos, sendo uma de suas mais aceitas definições a de que o elemento causal do fato consiste na "função jurídica fixada pela síntese dos seus efeitos (jurídicos) essenciais".[13]

---

eficácia, necessariamente, esse elemento faltará na simulação; saber se ele é a vontade ou a causa, é um problema sucessivo e até secundário". (AURICCHIO, Alberto. *A simulação no negócio jurídico*: premissas gerais. 1. ed. (Trad. Fernando de Miranda). Coimbra: Coimbra Editora, 1964. p. 14). Em sentido análogo, v. AMARAL, Francisco. *Direito civil*: introdução. 8. ed. Rio de Janeiro: Renovar, 2014. p. 565: "Concepção mais moderna, no âmbito da teoria objetiva do negócio jurídico, apresenta a simulação como vício da própria causa do negócio".

[11] PERLINGIERI, Pietro. *O direito civil na legalidade constitucional*. (Trad. Maria Cristina de Cicco). Rio de Janeiro: Renovar, 2008. p. 642. No mesmo sentido, Eduardo Nunes de Souza explica que "a importância metodológica da distinção entre estrutura e função reside nas potencialidades que se abrem ao hermeneuta – particularmente no âmbito jurídico – para a identificação da verdadeira natureza de seu objeto de estudo, a partir da adoção de uma perspectiva funcional. Na análise funcional dos institutos jurídicos, é a função – vale dizer, o conjunto dos efeitos produzidos, dos interesses promovidos pelos institutos – que permitirá a atribuição de um *nomen iuris* e a consequente identificação de sua disciplina jurídica". (SOUZA, Eduardo Nunes de. Função negocial e função social do contrato: subsídios para um estudo comparativo. *In: Revista de Direito Privado*, n. 54, p. 66, 2013).

[12] "A noção de causa do contrato continua a ser tida como das mais difíceis e complexas em todo o direito civil". (BODIN DE MORAES, Maria Celina. A causa do contrato. *In: Civilistica. com*, a. 2, n. 1, p. 2, 2013).

[13] "La causa del negozio è la sua funzione giuridica fissata della sintesi dei suoi offetti (giuridici) essenziali". (PUGLIATTI, Salvatore. Precisazioni in tema di causa del negozio giuridico. *In: Nuova rivista di diritto commerciale, diritto dell'economia, diritto sociale*, v. 1, p. 20, 1947). Na mesma direção: "A função é justamente a síntese dos efeitos 'essenciais' do fato" (PERLINGIERI, Pietro. *O direito civil na legalidade constitucional*. (Trad. Maria Cristina de Cicco). Rio de Janeiro: Renovar, 2008. p. 643). Antônio Junqueira de Azevedo observa que "predomina, atualmente, na verdade, o que se chama de sentido objetivo da causa, isto é, um terceiro sentido da palavra, pelo qual se vê, na causa, a função prático-social, ou econômico-social do negócio". (AZEVEDO, Antônio Junqueira de. *Negócio Jurídico*: existência, validade e eficácia. 4. ed. São Paulo: Saraiva, 2002. p. 153). O professor faz referência, nessa passagem, ao conceito bettiano de causa, segundo o qual "causa ou razão do negócio se identifica com a função econômico-social de todo o negócio, considerado despojado da tutela jurídica, na síntese de seus elementos essenciais, como totalidade e unidade funcional, em que se manifesta a autonomia privada. A causa é, em resumo, a função de interesse social da autonomia privada". (BETTI, Emilio. *Teoria Geral do Negócio Jurídico*. (Trad. Ricardo

Ao examinar o fenômeno simulatório do negócio jurídico, salta logo à vista o problema de eficácia dela decorrente.[14] De fato, há, nesse fenômeno, uma estrutura – o negócio jurídico simulado – que apresenta todos os requisitos de validade exigidos pela lei para a produção normal de efeitos jurídicos,[15] mas, por deliberação das próprias partes, estes efeitos jamais ocorrem. Por esse motivo, aliás, diz-se que as "partes poderiam reconhecer eficácia ao contrato simulado".[16] Tem-se, em outras

---

Rodrigues Gama). Campinas: LZN, 2003. t. I, p. 260). A teoria de Betti, no entanto, conquanto popular, recebeu críticas "uma vez que a fórmula 'função econômico-social', ao enfatizar os interesses coletivos, descuidava dos interesses individuais", problema que foi "diretamente endereçado pela doutrina que associou a causa à 'função econômico-individual'". (SOUZA, Eduardo Nunes. De volta à causa contratual: aplicações da função negocial nas invalidades e nas vicissitudes supervenientes do contrato. In: *Civilistica.com*, a. 8, n. 2, p. 12, 2019). Nessa direção, em resposta à teoria bettiana, Pugliatti defende a relevância do aspecto individual na determinação da causa da seguinte maneira: "La causa, però, è benne avvertirlo, non può vivere unicamente come astratto schema legale; ma anzi, allo stesso modo di ogni altro elemento del negozio, ha bisogno di trovare rispondenza in un substrato di fatto che deve venir apprestato dai soggetti che pongono in essere il negozio. Sicché la causa nella sua concreta determinazione risulta insieme constituita dalla funzione tipica descritta nella norma e dall'apporto soggettivo dell'agente, apporto consistente nella effettiva destinazione del negozio ai fini posti nella funzione tipica". (PUGLIATTI, Salvatore. *I fatti giuridici*. Milano: Giuffrè, 1996. p. 111). Tradução livre: "A causa, porém, é bom advertir, não pode viver unicamente como abstrato esquema legal, mas, na verdade, do mesmo modo que os demais elementos do negócio, deve encontrar correspondência num substrato de fato colocado em prática pelo sujeito que celebra o negócio. Desse modo, a causa em sua determinação concreta resulta da conjugação da função típica descrita na norma e da contribuição subjetiva do agente, contribuição esta consistente na efetiva destinação do negócio aos fins colocados na função típica". De todo o exposto, no entanto, pode-se afirmar, com algum grau de certeza, que a problemática da causa refere-se à compreensão dos efeitos do negócio jurídico.

[14] "Pode começar-se por dizer que as partes [simulantes] pretendem realizar um negócio. Negócio viciado, naturalmente: mas a própria existência do vício, não só não exclui a natureza negocial do comportamento, mas até, num certo sentido – ainda que meramente lógico – a pressupõe. O que as partes evitam são os efeitos do contrato". (AURICCHIO, Alberto. *A simulação no negócio jurídico*: premissas gerais. 1. ed. (Trad. Fernando de Miranda). Coimbra: Coimbra Editora, 1964. p. 78).

[15] De fato, para que ocorra simulação, parece fundamental que o negócio jurídico simulado seja aparentemente válido, isto é, contenha todos os requisitos de validade exigidos pela lei, afinal, se viciado, não conseguirá exercer a função a que se propõe: aparentar a produção de efeitos, e tampouco será necessário recorrer ao regime legal da simulação. Nesse sentido, ensina Alberto Auricchio: "Na verdade, se as partes pretendem esconder a natureza da relação contratual com um título diverso, é também necessário que o título usado para esse fim seja válido: não existindo este requisito, não só, efetivamente, se frustraria o escopo das partes, mas faltaria o meio idôneo, o instrumento técnico para se atingir esse escopo, e, portanto, faltaria a própria simulação, dela só restando a intenção". (AURICCHIO, Alberto. *A simulação no negócio jurídico*: premissas gerais. 1. ed. (Trad. Fernando de Miranda). Coimbra: Coimbra Editora, 1964. p. 216).

[16] "Sembra tuttavia preferibile discorrere d'inefficatia in quanto la simulazione non integra una vera e propria irregolarità del contratto: sono le parti a stabilire la non produzione di effeti, peraltro le parti potrebbero comunque riconoscere efficacia al contratto simulato". (PERLINGIERI, Pietro. *Manuale di diritto civile*. Napoli: Edizione Scientifiche Italiane, 1997.

palavras, uma estrutura oca, desidratada pelos próprios sujeitos que a elaboraram,[17] desatrelada de qualquer função jurídica.[18]

Essa caracterização da simulação como estrutura sem efeitos jurídicos aplica-se tanto à simulação absoluta quanto à simulação relativa. A diferença entre as duas espécies não se encontra na produção de efeitos pelo negócio jurídico simulado – pois em ambas o negócio não produz qualquer efeito –, mas sim, no regulamento de interesses estabelecido pelas partes para reger-lhes a relação interna.[19] Ao passo que na simulação absoluta esse regulamento estabelece apenas que o negócio jurídico simulado não produzirá os efeitos jurídicos que lhe

---

p. 412). Tradução livre: "Parece, todavia, preferível falar de ineficácia, na medida em que a simulação não integra uma verdadeira e própria irregularidade do contrato: são as partes que estabeleceram a não produção de efeitos; em paralelo, as partes poderiam reconhecer eficácia ao contrato simulado".

[17] Ressalta a doutrina que o acordo entre as partes que retira os efeitos do negócio simulado deve preceder a este, pois, se posterior, não se estaria diante de simulação, mas de revogação. Nesse sentido, por todos, v. GARCÍA, Manuel Albaladejo. *La simulación*. Madrid: Edisofer, 2005. p. 23: "El acuerdo simulatorio debe no ser posterior a la declaración simulada; pues si lo fuese no habría realmente simulación de ésta, sino posterior anulación de la misma por voluntad contraria". Essa afirmação, contudo, deve ser vista *cum grano salis*, na medida em que se apega a aspecto puramente estrutural: o momento do acordo simulatório. De fato, ao que parece, o acordo simulatório, mesmo que posterior à celebração do negócio, mas antes da ocorrência de seus efeitos, é funcionalmente capaz de produzir um negócio jurídico simulado.

[18] Frise-se, aqui, que os efeitos que faltam ao negócio simulado são estritamente jurídicos, na medida em que a sua celebração justifica-se para a obtenção de finalidade extrajurídica: ludibriar terceiros que reputam aquele negócio plenamente eficaz. Nessa direção, v. FERRARA, Francesco. *A simulação dos negócios jurídicos*. (Trad. A. Bossa). São Paulo: Saraiva, 1939. p. 51: "O negócio, que aparentemente é sério e eficaz é, em si, mentiroso e fictício, ou constitui uma máscara para ocultar um negócio diferente. Esse negócio, pois, é destinado a provocar uma ilusão no público, que é levado a acreditar na sua existência ou na sua natureza, tal como aparece declarada".

[19] Sobre o papel do regulamento interno de interesses na distinção entre simulação relativa e simulação absoluta, Emilio Betti explica: "Há simulação quando as partes de um negócio bilateral, combinadas entre si – ou o autor de uma declaração com destinatário determinado, de combinação com este –, estabelecem um regulamento de interesses diverso daquele que pretendem observar nas suas relações, procurando atingir, através do negócio, um escopo (dissimulado) divergente da sua causa típica. Escopo divergente, que *(a)* pode, no entanto, ser sempre de autonomia privada, na medida em que caracteriza um tipo de negócio diferente do simulado e leva a descobrir, por baixo do negócio simulado, a figura de um negócio diferente; ou *(b)* pode ser de natureza totalmente diferente, estranha à função da autonomia privada. Na primeira hipótese *(a)*, a simulação costuma qualificar-se como relativa (por ex., celebra-se uma venda com escopo de doação, ou uma venda com a faculdade de ser resgatada, a esconder um mútuo com garantia real). Na segunda hipótese *(b)*, em que a intenção prática das partes não é dirigida a qualquer negócio, a simulação costuma qualificar-se como absoluta (p. ex., efetua-se uma alienação sem qualquer causa que possa justificá-la, só para retirar aos credores a garantia constituída pelos bens do devedor)". (BETTI, Emilio. *Teoria Geral do Negócio Jurídico*. (Trad. Ricardo Rodrigues Gama). Campinas: LZN, 2003. t. II, p. 281).

seriam normais, na simulação relativa o regulamento interno, para além de ceifar os efeitos do negócio simulado, organiza a atividade a ser levada a efeito pelas partes para a obtenção do fim efetivamente almejado, mas dissimulado.[20]

Por vezes esse regulamento de interesses elaborado pelas partes pode indicar um programa muito semelhante ao negócio jurídico simulado. Isto ocorre, por exemplo, na compra e venda com preço simulado. Os efeitos jurídicos previstos no regulamento são os mesmos que decorreriam do negócio jurídico falseado, exceto quanto ao valor pago pelo comprador como contraprestação pela aquisição da propriedade. De outro giro, não raro os efeitos acordados no regulamento são bastante diferentes dos previstos no negócio jurídico simulado, como se dá na doação dissimulada por compra e venda simulada. Nesta hipótese, as partes acordam que o programa a viger na relação entre elas será o próprio do contrato de doação, muito embora o negócio simulado indicasse uma compra e venda.

Como se nota, o conceito de regulamento de interesses aqui adotado engloba duas figuras bastante estudadas pela doutrina que cuida da simulação: o "acordo simulatório" e o "negócio jurídico dissimulado". A primeira consiste no acordo das partes, essencial à simulação, no sentido de que o negócio simulado não produzirá efeitos. A segunda, por sua vez, refere-se à relação jurídica efetivamente buscada pelas partes quando realizam simulação relativa. Todavia, na medida em que, com o estudo da simulação, busca-se identificar os efeitos efetivamente pretendidos pelas partes, parece não haver razão para o estudo estanque do acordo simulatório, de um lado, e do "negócio" dissimulado de outro. Ambos, a um só tempo, contribuem para a identificação da função da relação jurídica em concreto, pautada pelo regulamento interno de interesses.[21]

---

[20] Alberto Auricchio explica o que consiste o regulamento interno no fenômeno simulatório: "O auto-regulamento querido cria a relação jurídica entre os contratantes, numa posição de directa e autónoma causalidade jurídica. Por outras palavras, numa compra e venda dissimulada, o adquirente é obrigado a pagar o respectivo preço, não porque exista uma declaração deste teor, mas pelo simples facto de se haver obrigado a esse comportamento para com o próprio alienante". Nas palavras do autor, há, neste caso, uma "vontade 'nua', isto é, privada de uma declaração adequada". (AURICCHIO, Alberto. *A simulação no negócio jurídico*: premissas gerais. 1. ed. (Trad. Fernando de Miranda). Coimbra: Coimbra Editora, 1964. p. 236).

[21] Para justificar a apreensão conjunta do "acordo simulatório" e do "negócio dissimulado", recorra-se, uma vez mais, ao exemplo da simulação do preço na compra e venda. Neste caso, ao que tudo indica, não haverá um "acordo simulatório" e a celebração de um "negócio dissimulado" apartados, mas as partes apenas concordam que o preço será diverso do previsto no negócio simulado e esse único acordo, a um só tempo, colocará em vigor todo o regulamento de interesses que pautará a relação. Em sentido contrário, v. CORDEIRO,

Cumpre, agora, investigar, a natureza jurídica desse regulamento de interesses que pauta a relação jurídica existente entre os simuladores. O Código Civil, no artigo 167, ao utilizar a expressão negócio jurídico "que se dissimulou", faz crer que o regulamento estabelecido pelas partes configuraria verdadeiro negócio jurídico. Não parece ser este o caso, contudo.

A teoria do negócio jurídico, desenvolvida no século XVIII, foi inspirada pela busca por segurança jurídica nas relações privadas e, para atingir esse objetivo, condicionou a criação de obrigações pela autonomia privada à presença de elementos – subjetivos, objetivos e formais – essenciais que, por sua vez, deveriam respeitar certos pressupostos, requisitos e modalidades indispensáveis.[22]

O reconhecimento de uma relação jurídica como negócio jurídico eficaz, portanto, pressupõe que esteja respeitada a rígida estrutura imposta pela lei à configuração do instituto.[23] Estrutura esta que, definitivamente, não se encontra no regulamento de interesses acordado pelos simuladores para reger-lhes a relação interna. Não há, ali, vontade negocial propriamente dita, nem sequer o respeito a eventuais exigências formais indicadas pela lei. Afinal, o cumprimento desses requisitos sequer faria sentido, na medida em que as partes não pretendem que aquele regulamento seja conhecido por pessoas alheias à relação.[24]

António Barreto Menezes. *Da simulação no direito civil*. Coimbra: Almedina, 2014. p. 68, para quem "o acordo simulatório é uma realidade jurídica autónoma, quer do negócio simulado quer do negócio dissimulado, no caso de este existir".

[22] "Com a teoria do negócio jurídico logrou o Direito assegurar-se de que os efeitos obrigacionais tivessem por fonte, inicialmente, a vontade real dos agentes e, posteriormente, a vontade declarada, valorando-se, assim, à luz de disciplina legal extensa e analítica, o livre discernimento e o conteúdo das declarações tal qual manifestadas, em homenagem à maior segurança social". (TEPEDINO, Gustavo. Evolução da autonomia privada e o papel da vontade na atividade contratual. *In*: FRANÇA, Erasmo Valladão Azevedo e Novaes; ADAMEK, Marcelo Vieira von (Coords.). *Temas de direito empresarial e outros estudos em homenagem ao professor Luiz Gastão Paes de Barros Leães*. São Paulo: Malheiros, 2014. p .320).

[23] Vale observar, porém, que a doutrina contemporânea tem se esforçado para flexibilizar os rigores da lei dentro da teoria geral do negócio jurídico. Nesse sentido: "A solução prevista legislativamente para regulação dos efeitos negociais deve ter sua adequação posta à prova à luz do caso concreto, incumbindo ao julgador investigar se a disciplina legal pode conduzir a resultados contrários à axiologia do ordenamento, diante dos valores e interesses que estejam em jogo no ato analisado. Se for esse o caso, não se estará diante de uma quebra de sistemática, pois a aplicação da integralidade da ordem jurídica ao caso concreto autoriza o intérprete a modular de forma diferenciada as consequências do reconhecimento da nulidade ou da anulação do negócio, inclusive ao ponto de considerar certo ato em concreto funcionalmente válido, a despeito de conter uma causa de invalidade, por força do equilíbrio dos interesses por ele tangenciados". (SOUZA, Eduardo Nunes. *Teoria geral das invalidades do negócio jurídico*. São Paulo: Almedina, 2017. p. 386).

[24] Alberto Auricchio faz interessante comparação entre o negócio jurídico simulado e o regulamento interno de interesses estipulado pelas partes ao afirmar que, no primeiro, há

Apesar da ausência dos pressupostos exigidos pela lei para a validade do negócio jurídico, o ordenamento admite expressamente a produção de efeitos pelo regulamento interno de interesses, ao afirmar que, na simulação relativa, "subsistirá o que se dissimulou".

À primeira vista, pode parecer que o que permite a produção de efeitos pelo regulamento interno é a existência do negócio jurídico simulado. Esse é o entendimento do professor Alberto Auricchio, para quem "na simulação relativa existe um título válido e há, portanto, uma situação de validade, que permite a plena tutela, no âmbito do ordenamento do Estado, da relação querida" e conclui que "dessa forma, a validade do negócio simulado e a eficácia do auto-regulamento dissimulado, tornam-se termos recíprocos de uma única realidade".[25] Em outros termos, a estrutura do negócio simulado e os efeitos do dissimulado se complementariam, aproveitando-se, este, do arcabouço daquele para se abrigar.

No direito brasileiro, a interpretação que, de modo geral, é feita pela doutrina do artigo 167 do Código Civil parece corroborar essa tese, ao exigir que os requisitos de substância e de forma do "negócio dissimulado" estejam presentes no negócio simulado.[26]

A explicação, entretanto, parece não subsistir a uma análise mais detida. Isso porque, ao se admitir que os efeitos dissimulados dependem da estrutura do negócio simulado para que sejam válidos, disso decorreria, em primeiro lugar, que apenas após desvendada a relação dissimulada e feito o juízo positivo de compatibilidade entre ela e o negócio simulado é que se estaria diante de um negócio jurídico válido e hábil a produzir efeitos em consonância com o regulamento de

---

estrutura sem efeitos, ao passo que, no segundo, tem-se efeitos sem estrutura, veja-se: "No caso da simulação relativa, há uma eficácia sem validade, isto é, verifica-se o fenómeno oposto à simulação absoluta, em que existe uma validade sem eficácia". (AURICCHIO, Alberto. *A simulação no negócio jurídico*: premissas gerais. 1. ed. (Trad. Fernando de Miranda). Coimbra: Coimbra Editora, 1964. p. 237).

[25] AURICCHIO, Alberto. *A simulação no negócio jurídico*: premissas gerais. 1. ed. (Trad. Fernando de Miranda). Coimbra: Coimbra Editora, 1964. p. 238.

[26] "O efeito da simulação relativa é a nulidade do negócio simulado, para que subsista o negócio dissimulado, se válido for na substância e na forma (CC 2002, art. 167). A fórmula legislativa é um tanto quanto ambígua, não esclarecendo se os requisitos de substância e de forma devem existir no acordo de simulação ou se basta que estejam presentes no negócio simulado, sendo esta segunda posição mais aceitável, sob pena de se tornar quase impossível a prova da simulação. Sendo assim, para o negócio dissimulado poder ser considerado válido, os requisitos de substância e de forma já devem ter sido preenchidos quando da edição do negócio simulado" (MATTIETTO, Leonardo. Negócio jurídico simulado (notas ao art. 167 do Código Civil). In: *Revista da Procuradoria Geral do Estado do Rio de Janeiro*, v. 61, p. 219-225, 2006. p. 225).

interesses das partes. Ocorre, porém, que a simulação pode subsistir por longo tempo sem ser descoberta e, ao longo desse período, o regulamento interno produz normalmente seus efeitos entre as partes. Afirmar que esses efeitos, pretéritos ao juízo de compatibilidade positivo, decorrem do negócio simulado, seria o mesmo que afirmar que se está diante de um negócio jurídico com efeitos retroativos, o que não se admite.

Em segundo lugar, associar a produção de efeitos pelo regulamento interno à estrutura do negócio simulado limita as potencialidades da relação dissimulada. De fato, de acordo com a tese mencionada, para que o regulamento interno possa deflagrar efeitos válidos, é fundamental sua estrita compatibilidade formal e substancial com a estrutura negocial simulada, o que por vezes não ocorre e, como consequência lógica, nestes casos, a conclusão seria pela nulidade e pela consequente ineficácia da relação dissimulada.

Nem sempre, porém, esta é a melhor solução. Há casos em que, mesmo diante da ausência de estrita compatibilidade entre o regulamento interno e a estrutura simulada e, portanto, do não preenchimento dos requisitos formais exigidos pela teoria do negócio jurídico para a produção de efeitos, o regulamento interno põe em prática atividades legítimas que merecem tutela do ordenamento, conquanto inválidas, a princípio.[27]

Nessa direção, para explicar a produção de efeitos pelo regulamento interno no período pretérito ao juízo de compatibilidade positivo entre a relação dissimulada e o negócio simulado; bem como para permitir a preservação da eficácia do regulamento interno mesmo em alguns casos

---

[27] Não é em qualquer caso, evidentemente, que os efeitos da relação dissimulada deverão ser preservados. Conforme ensina Juliana Pedreira da Silva, para que uma relação contratual sem negócio jurídico fundante seja tutelada, "será necessária a verificação: (a) de dois ou mais centros de interesses; (b) da coordenação das condutas entre os centros de interesses que deflagra a mínima unidade de efeitos, ou seja, a causa; e c) do cumprimento da função social da atividade desenvolvida, sem o que não há legitimidade no comportamento capaz de tipificá-lo socialmente". (SILVA, Juliana Pedreira da. *Contrato sem negócio jurídico*: crítica das relações contratuais de fato. São Paulo: Atlas, 2011. p. 83). O último elemento indicado pela autora parece fundamental na discussão a respeito da eficácia do regulamento interno dissimulado, afinal, se aquela simulação, em concreto, foi animada pelo objetivo de prejudicar terceiro (simulação maliciosa), seus efeitos prejudiciais não poderão ser preservados. Por essa mesma razão (proteção de interesses de terceiros) o §3º do artigo 167 do Código Civil ressalva os direitos de terceiros de boa-fé em face dos contraentes do negócio jurídico simulado. Trata-se, neste caso, de ineficácia da relação dissimulada "inspirada na exigência de tutela de terceiros e de não frustração da confiança nestes suscitada pela situação aparente a que as partes deram vida" ao simularem negócio jurídico. (ROPPO, Enzo. *O contrato*. (Trad. Ana Coimbra e M. Januário C. Gomes). Coimbra: Almedina, 2009. p. 164).

de juízo negativo de compatibilidade, parece de grande valia recorrer à categoria das relações contratuais de fato.[28]

A teoria das relações contratuais de fato assume, na doutrina civilística, o papel de contraponto aos rigores da teoria do negócio jurídico, a fim de preservar efeitos que, embora inválidos, são legítimos.[29] Segundo Karl Larenz, esses efeitos, frutos da autonomia privada, não decorreriam de negócio jurídico, mas de relações contratuais fáticas, isto é, relações jurídicas de direito contratual que se estabelecem em razão de uma fatispécie social vinculante para os envolvidos e se realiza conforme a praxe cotidiana.[30]

As relações contratuais de fato, portanto, são atividades desenvolvidas pelas partes, independentemente da existência de negócio

---

[28] Essas duas utilidades práticas da aplicação da teoria das relações contratuais de fato na compreensão do fenômeno simulatório, a rigor, correspondem às utilidades genéricas da teoria – reconhecer efeitos pretéritos à celebração do negócio jurídico e preservar a efetividade do negócio mesmo após extinto o conteúdo negocial, na lição de Gustavo Tepedino – aplicadas ao microcosmo da simulação: "A atividade contratual precede, por vezes, a celebração do negócio, quando nas tratativas, minutas ou acordos preliminares se desenvolvem vínculos com propósitos definitivos, parciais, embora inteiramente aperfeiçoados, a despeito da inexistência ainda do negócio jurídico, cuja celebração se encontra pendente, na dependência da consecução de elementos essenciais, naturais ou acidentais, pretendidos pelas partes (formação contratual progressiva). Em outras hipóteses, embora consumados todos os efeitos previstos no negócio, extinguindo-se inteiramente o conteúdo negocial, remanesce a atividade empreendida entre as partes, sendo razoável cogitar da expansão da relação contratual para além da extinção do negócio (poder-se-ia falar, então, em uma extinção contratual progressiva). Não se trata, aqui, convém anotar, de projeção de deveres anexos para além da extinção do contrato, senão de atividade levada a cabo após o exaurimento dos efeitos do negócio jurídico originário". (TEPEDINO, Gustavo. Evolução da autonomia privada e o papel da vontade na atividade contratual. *In*: FRANÇA, Erasmo Valladão Azevedo e Novaes; ADAMEK, Marcelo Vieira von (Coords.). *Temas de direito empresarial e outros estudos em homenagem ao professor Luiz Gastão Paes de Barros Leães*. São Paulo: Malheiros, 2014. p. 331).

[29] TEPEDINO, Gustavo. A atividade sem negócio jurídico fundante e a formação progressiva dos contratos. *In*: *Revista Trimestral de Direito Civil*, v. 44, p. 20, out./dez. 2010. Larenz explica a utilidade da teoria da seguinte forma: "O reconhecimento de que não se trata de um negócio jurídico, mas ainda assim de um ato no campo da autonomia privada, resolve várias dificuldades dogmáticas. Já que não há uma 'declaração de vontade' no comportamento social típico, 'vícios de vontade' não têm qualquer importância. Os dispositivos sobre "capacidade de fato" não são imediatamente aplicáveis, mas a proteção do incapaz precisa também aqui ser observada". (LARENZ, Karl. O estabelecimento de relações obrigacionais por meio de comportamento social típico. (Trad. Alessandro Hirata). *In*: *Revista Direito GV*, v. 2, n. 1, p. 57-62, jan./jun. 2006. p. 61).

[30] LARENZ, Karl. O estabelecimento de relações obrigacionais por meio de comportamento social típico. (Trad. Alessandro Hirata). *In*: *Revista Direito GV*, v. 2, n. 1, p. 57-62, jan./jun. 2006. p. 57.

jurídico prévio, às quais, por meio de sua mínima unidade de efeitos essenciais – causa –, atribui-se tipicidade social.[31]

A aplicação da teoria das relações contratuais de fato à simulação parece útil, pois permite enxergar o regulamento de interesses estipulado pelas partes para reger a relação interna como verdadeira relação contratual, que produz seus efeitos próprios, apesar de não haver ali negócio jurídico. Desse modo, no exemplo de uma compra e venda simulada a dissimular locação, há, entre os simuladores, atividade contratual de fato que se identifica com o contrato de locação por lhe produzir os efeitos próprios. Com essa constatação, torna-se possível abandonar artificialismos como a atribuição de eficácia à obrigação de o simulador-locatário pagar aluguel ao simulador-locador em razão da existência de um negócio jurídico de compra e venda simulado, como fazem os defensores da tese de que a eficácia da relação dissimulada decorre da validade estrutural do negócio simulado. Na realidade, neste caso, a obrigação de pagar aluguel existe e é exigível porque os simuladores, por meio da autonomia privada, mas sem a estrutura de um negócio jurídico, deflagraram atividade – relação jurídica de fato balizada pelo regulamento de interesses interno – que se identifica com uma locação, de modo que a explicação não passa pela existência da estrutura negocial da compra e venda simulada.

Em síntese, tem-se, no fenômeno simulatório, um negócio jurídico aparente simulado e um regulamento de interesses que regerá a relação interna entre os simuladores. O negócio simulado será sempre desprovido de efeitos em razão do acordo simulatório que compõe

---

[31] "A causa contribui para outorgar tipicidade aos contratos sem negócio, pois o reconhecimento social e reiterado dos efeitos mínimos da atividade tipifica socialmente o contrato. Assim, a despeito da inexistência de tipificação legislativa, a tipificação social existirá". (SILVA, Juliana Pedreira da. *Contrato sem negócio jurídico*: crítica das relações contratuais de fato. São Paulo: Atlas, 2011. p. 128). A respeito da relevância da causa na qualificação dos contratos de um modo geral, v. KONDER, Carlos Nelson. Qualificação e coligação contratual. *In: Revista Jurídica Luso-Brasileira (RJLB)*, a. 4, n. 1, p. 372, 2018: "A causa em concreto, entendida como 'a função econômico-individual, expressa pelo valor e capacidade que as próprias partes deram à operação negocial na sua globalidade, considerada em sua concreta manifestação', ao valorizar a apreciação das peculiaridades do regulamento de interesses em exame, sob uma perspectiva unitária e funcional, é condizente com a constitucionalização do processo de qualificação contratual, na medida em que determina a busca da normativa mais adequada à realização dos preceitos constitucionais diante das peculiaridades do caso concreto". Nesse sentido, Larenz explica que "quanto ao conteúdo, as relações obrigacionais estabelecidas por meio de comportamentos sociais típicos devem ser julgadas segundo as normas válidas para a relação contratual correspondente, ou seja, por exemplo, segundo as regras do contrato de empreitada ou do depósito oneroso". (LARENZ, Karl. O estabelecimento de relações obrigacionais por meio de comportamento social típico. (Trad. Alessandro Hirata). *In: Revista Direito GV*, v. 2, n. 1, p. 57-62, jan./jun. 2006. p. 62).

o regulamento interno e tem por função privá-lo de eficácia. Este regulamento interno, por sua vez, poderá – no caso da simulação relativa – deflagrar atividade contratual cujos efeitos, após passarem pelo processo de análise de merecimento de tutela, poderão ser preservados, embora ausente qualquer negócio jurídico fundante.

3   O uso indireto de negócios jurídicos

É possível identificar, sem muito esforço, situações em que as partes recorrem a um determinado negócio jurídico típico, visando, por seu intermédio, alcançar objetivo que não corresponde à sua causa típica. Tal mecanismo é muitas vezes utilizado quando as figuras contratuais típicas disponíveis não se mostram suficientes para satisfazer adequadamente as necessidades dos contratantes.[32] Isso ocorre por um motivo tão simples quanto óbvio: é impossível que o legislador acompanhe no mesmo ritmo a dinâmica e as mudanças sociais.[33] Dessa forma, para resolver esse descompasso entre direito positivo e necessidades negociais, velhas estruturas contratuais são convidadas a desempenhar novas funções.[34]

Para Tulio Ascareli, tais situações em que "as partes recorrem, no caso concreto, a um negócio determinado, visando a alcançar através dele, consciente e consensualmente, finalidades diversas das que, em princípio, lhe são típicas",[35] consistem no que se chama de uso indireto de certo negócio jurídico.[36]

---

[32] Segundo José Abreu, a figura do negócio jurídico indireto resulta das diversas restrições que limitam a autonomia privada. (ABREU, José. *O negócio jurídico e sua teoria geral*. 2. ed. São Paulo: Saraiva, 1988. p. 154).

[33] Nota-se uma histórica tentativa de o Direito preencher todas as lacunas e regular todas as relações jurídicas. Entretanto, em razão da patente obsolescência legislativa, foi necessário haver "uma alteração profunda na técnica legislativa" para um sistema de cláusulas gerais, diretrizes e metas, nesse sentido v. TEPEDINO, Gustavo. Premissas Metodológicas para a Constitucionalização do Direito Civil. *In*: TEPEDINO, Gustavo. *Temas de Direito Civil*. 3. ed. Rio de Janeiro: Renovar, 2004. p. 4-7.

[34] O negócio jurídico indireto representa um dos exemplos do fenômeno que o professor Luiz Edson Fachin denomina de atribuição de novos significados a velhos significantes, característica da acepção prospectiva da constituição do direito civil. Sobre o tema, v. FACHIN, Luiz Edson. *Direito civil*: sentidos, transformações e fim. Rio de Janeiro: Renovar, 2015. p. 84 e ss.

[35] ASCARELLI, Tulio. *Problema das Sociedades Anônimas e Direito Comparado*. São Paulo: Quorum, 2008. p. 157. Dentre os autores italianos, destaca-se também Dominico Rubino, segundo o qual o negócio indireto proporciona um resultado jurídico alheio ao negócio celebrado, substituindo, completa ou parcialmente, o efeito típico do negócio celebrado (RUBINO, Dominico. *El Negócio Juridico Indireto*. (Trad. L. Rodriguez-Arias). Madri: Editorial Revista de Derecho Priavo, 1953. p. 25). Quanto aos autores brasileiros que se dedicaram ao tema, ressaltam-se Francisco Amaral, que classifica o negócio jurídico indireto como aquele em

A existência desse fenômeno é corroborada pelo Superior Tribunal de Justiça. Em 2001, a Ministra Nancy Andrighi definiu os negócios jurídicos indiretos como situações em que *"um contrato típico é realizado sob forma de outro, porque as partes querem se valer do regime deste"*.[37] Entretanto, algumas observações complementares merecem ser feitas. Em primeiro lugar, a doutrina chancela que a discordância entre o objetivo prático visado pelas partes[38] e a causa típica desempenhada pelo negócio adotado[39] seria a grande marca desse fenômeno. De fato, esse tipo de mecanismo negocial é heterogêneo por ter a aparência formal de negócio típico e por levar consigo, ao mesmo tempo, uma finalidade diversa da que tal instrumento contratual normalmente visa a alcançar.[40]

---

que se utiliza um procedimento oblíquo para alcançar o resultado não obtenível de modo direto, isto é, as partes usam determinado tipo de negócio para atingir fim diverso daquele que normalmente lhe corresponde". (AMARAL, Francisco. *Direito civil*: introdução. 8. ed. Rio de Janeiro: Renovar, 2014. p. 432); e Gustavo Tepedino que enxerga como possível o negócio jurídico indireto, ao admitir, no direito brasileiro, "a possibilidade de os particulares celebrarem negócio jurídico para alcançarem uma finalidade contratual que, em termos técnicos, transcende a finalidade típica correspondente ao tipo contratual escolhido pelas partes". (TEPEDINO, Gustavo. Nota Promissória e sua Autonomia. *In: Soluções Práticas*. Rio de Janeiro: Renovar, 2011. v. 3, p. 15). Na doutrina portuguesa, ressalta-se a lição de José de Oliveira Ascensão, segundo o qual "há negócio indireto quando as partes recorrem a tipo legal, para obter um resultado cuja via normal e direta de obtenção não é essa". (ASCENSÃO, José de Oliveira. *Direito Civil*: teoria geral. Coimbra: Coimbra Editora, 2002. v. 3, p. 306).

[36] Em geral, refere-se informalmente a essa figura como *negócio jurídico indireto* ou simplesmente *negócio indireto*, no entanto, a denominação *negócio jurídico com fins indiretos* ou *uso indireto do negócio jurídico* seria a nomenclatura mais correta, por refletir melhor a estrutura e o funcionamento dessa figura. Ver: ASCARELLI, Tulio. *Problema da Sociedades Anônimas e Direito Comparado*. São Paulo: Quorum, 2008. p. 156-162.

[37] STJ. Terceira Turma, REsp nº 303.707/MG, Rel. Min. Nancy Andrighi, julgado em 19.11.2001.

[38] Nesse sentido, destaca Messineo ser plenamente admissível, para conseguir determinado efeito jurídico, utilizar-se de uma via transversa, produzindo uma dissonância entre o meio adotado, *i.e.* um negócio típico nominado, e o fim prático perseguido (MESSINEO, Francesco. *Manuale di Diritto Civile e Commerciale*. 9. ed. Milano: Giuffrè, 1957. v. 1, p. 581).

[39] Nesse sentido, GOMES, Orlando. *Introdução ao Direito Civil*. 19. ed. Rio de Janeiro: Forense, 2008. p. 321: "[O] meio pode exceder o fim, como nos negócios fiduciários, ou ao contrário, a transcendência pode ser do fim. O que importa é a incongruência entre o fim visado e a causa típica do negócio escolhido, ou, como outros preferem, a contraposição entre a causa do negócio e o motivo que induziu as partes, no caso concreto, a realiza-lo". E, acompanhando tal entendimento, destaca-se Francisco Amaral (AMARAL, Francisco. *Direito civil*: introdução. 8. ed. Rio de Janeiro: Renovar, 2014. p. 432).

[40] O negócio jurídico indireto também se confunde com o negócio fiduciário. O ponto em comum seria a existência de um objetivo que não corresponde à causa típica do negócio jurídico adotado (ABREU, José. *O negócio jurídico e sua teoria geral*. 2. ed. São Paulo: Saraiva, 1988. p. 154). No entanto, diferenciam-se na medida em que, nos negócios fiduciários, visa-se um efeito jurídico mais amplo para conseguir um fim menor (FERRARA, Francisco. *A Simulação dos Negócios Jurídicos*. São Paulo: Red Livros, 1999. p. 78; MARTINS-COSTA, Judith. Os Negócios Fiduciários: considerações sobre a possibilidade de acolhimento do "trust" no Direito brasileiro. *In: Revista dos Tribunais*, São Paulo, n. 657, p. 42, jul. 1990;

Em segundo lugar, tal finalidade indireta pode ora corresponder à finalidade de outro negócio jurídico típico, ora a um fim novo, completamente atípico.⁴¹ ⁴² Ocorre que a escolha do determinado negócio jurídico "não é feita por acaso". Muito pelo contrário, querem as partes

---

ANDRADE JÚNIOR, Luiz Carlos de. *A simulação no Direito Civil*. São Paulo: Malheiros, 2016. p. 170-171 e TEPEDINO, Gustavo. Nota Promissória e sua Autonomia. In: *Soluções Práticas*. Rio de Janeiro: Renovar, 2011. v. 3, p. 26), ao passo que, no negócio indireto, o objetivo ulterior não é maior, mas sim excedente à causa típica do negócio-meio (ABREU, José. *O negócio jurídico e sua teoria geral*. 2. ed. São Paulo: Saraiva, 1988. p. 155). Outros autores preferem apontar o pacto fiduciário como o elemento mais adequado para distinguir os negócios fiduciários dos indiretos (GOMES, Orlando. *Introdução ao Direito Civil*. 19. ed. Rio de Janeiro: Forense, 2008. p. 320-321; AMARAL, Francisco. *Direito civil*: introdução. 8. ed. Rio de Janeiro: Renovar, 2014. p. 432; e OLIVA, Milena Donato. *Do Negócio Fiduciário à Fidúcia*. São Paulo: Atlas, 2014. p. 11-15). Custódio da Piedade Ubaldino Miranda, por sua vez, aponta que o negócio indireto é um negócio causal, e o negócio fiduciário é abstrato, faltando-lhe uma função típica, de forma que, por ser um negócio abstrato, não seria possível falar de uma utilização indireta (MIRANDA, Custódio da Piedade Ubaldino. Negócio Jurídico Indireto e Negócios Fiduciários. In: *Revista de Direito Civil, Imobiliário, Agrário e Empresarial*, n. 29, p. 82-89, jul./set. 1984. p. 89). Ainda na tentativa de diferenciar os negócios indiretos dos fiduciários, alguns autores identificam o negócio fiduciário como uma espécie que faria parte do gênero negócio jurídico indireto (ASCARELLI, Tulio. *Problema da Sociedades Anônimas e Direito Comparado*. São Paulo: Quorum, 2008. p. 157; ASCENSÃO, José de Oliveira. *Direito Civil*: teoria geral. Coimbra: Coimbra Editora, 2002. v. 3, p. 308; MENEZES, Cordeiro. *Tratado de Direito Civil Português*. 2. ed. Coimbra: Almedina, 2000. v. 1, t. 2, p. 632; ANDRADE JÚNIOR, Luiz Carlos de. *A simulação no Direito Civil*. São Paulo: Malheiros, 2016. p. 169; GAINO, Itamar. *A Simulação nos Negócios Jurídicos*. São Paulo: Saraiva, 2007. p. 51; LIMA, Alvino. *A fraude no Direito Civil*. São Paulo: Saraiva, 1965. p. 81; RIVERA, Julio Cesar. *Instituiciones de Derecho Civil*. Buenos Aires: Abeledo-Perrot, 1994. v. 2, p. 602. Há quem limite a categoria dos negócios indiretos aos fiduciários: BRAVO, Frederico de Castro y. *El Negócio Jurídico*. Madrid: Civitas, 1985. p. 456, §505; FRANCESCHINI, José Ignácio Gonzaga. Contratos Inominados, mitos e negócio indireto. In: *Doutrinas Essenciais Obrigações e Contratos*. São Paulo: Revista dos Tribunais, 2011. v. 3, p. 258.), ao passo que outros autores indicam que o negócio fiduciário seria uma figura independente e autônoma em relação ao negócio jurídico indireto (MARINO, Francisco Paulo de Crescenzo. Notas sobre o negócio jurídico fiduciário. In: *Revista Trimestral de Direito Civil*, Rio de Janeiro: Padma Ltda, v. 20, p. 39-60, out./dez. 2004. p. 39; GOMES, Orlando. *Introdução ao Direito Civil*. 19. ed. Rio de Janeiro: Forense, 2008. p. 320-321; AMARAL, Francisco. *Direito civil*: introdução. 8. ed. Rio de Janeiro: Renovar, 2014. p. 432; MIRANDA, Custódio da Piedade Ubaldino. Negócio Jurídico Indireto e Negócios Fiduciários. In: *Revista de Direito Civil, Imobiliário, Agrário e Empresarial*, n. 29, p. 82-89, jul./set. 1984. p. 89; e DISTASO, Nicola. *La Simulazione dei Negozi Giuridici*. Torino: Unione Tipografico Editrice Torinese, 1960. p. 119-120). Para Milena Donato, contudo, o negócio jurídico indireto seria uma espécie que faz parte do gênero maior negócio fiduciário, o qual, por sua vez, poderia se apresentar sob duas formas diferentes (OLIVA, Milena Donato. *Do Negócio Fiduciário à Fidúcia*. São Paulo: Atlas, 2014. p. 14). A primeira forma seria de um contrato típico para atingir fim análogo a de um outro contrato nominado existente. A segunda seria de um contrato com regras próprias sem visar um fim correspondente a um contrato típico. Para a autora, a primeira forma se traduz em um negócio jurídico indireto, enquanto que a segunda em um contrato atípico de transmissão da titularidade para fins fiduciários.

⁴¹ ASCARELLI, Tulio. *Problema da Sociedades Anônimas e Direito Comparado*. São Paulo: Quorum, 2008. p. 156; MIRANDA, Custódio da Piedade Ubaldino. Negócio Jurídico Indireto e Negócios Fiduciários. In: *Revista de Direito Civil, Imobiliário, Agrário e Empresarial*, n. 29, p. 82-89, jul./set. 1984. p. 82.

se submeter inteiramente ao regime jurídico típico deste negócio, uma vez que só por meio dele poderão as partes alcançar seus objetivos ulteriores.[43]

Em terceiro lugar, a partir do momento em que o legislador passa a disciplinar a situação jurídica antes alcançada por via do negócio jurídico indireto, qualificá-lo como negócio indireto perde sentido.[44] Uma vez disciplinada, desaparece justamente a essência do negócio jurídico indireto: a discordância entre o fim desejado e a causa típica do negócio jurídico adotado.[45] A título de exemplo, isso foi o que ocorreu com a alienação fiduciária em garantia.[46]

Preliminarmente, é possível, então, traçar um perfil dos negócios jurídicos com fins indiretos. Em síntese, em vez de executar ordinariamente o negócio típico escolhido, as partes o adaptam para que ele corresponda às suas necessidades. Para tanto, valem-se de cláusulas acessórias ou até o combinam com outros instrumentos para que seja possível alcançar o fim indireto,[47] desviando o negócio de sua finalidade ordinária.[48] Dessa forma, saltam aos olhos duas finalidades que passam a coexistir: a direta-imediata (extraída do próprio instrumento pactuado) e outra indireta-mediata (extraída a partir dos elementos do caso

---

[42] Custódio da Piedade Ubaldino Miranda destaca, ainda, que há casos em que o fim poderá ser um mero resultado jurídico distinto, como por exemplo, na aquisição de um crédito ou a assunção de uma dívida com fins de compensação, muito embora tais casos não sejam propriamente hipóteses de negócios jurídicos indiretos (Ver: MIRANDA, Custódio da Piedade Ubaldino. Negócio Jurídico Indireto e Negócios Fiduciários. In: *Revista de Direito Civil, Imobiliário, Agrário e Empresarial*, n. 29, p. 82-89, jul./set. 1984. p. 82).

[43] ASCARELLI, Tulio. *Problema da Sociedades Anônimas e Direito Comparado*. São Paulo: Quorum, 2008. p. 156. Nesse sentido também, destaca-se o caso STJ. Terceira Turma, REsp nº 303.707/MG, Rel. Min. Nancy Andrighi, julgado em 19.11.2001.

[44] Notadamente, essa explicação só é válida para os negócios jurídicos indiretos que visem a alcançar fim atípico.

[45] MARINO, Francisco Paulo de Crescenzo. Notas sobre o negócio jurídico fiduciário. In: *Revista Trimestral de Direito Civil*, Rio de Janeiro: Padma Ltda, v. 20, p. 39-60, out./dez. 2004. p. 60; e MOREIRA ALVES, José Carlos. *Da Alienação Fiduciária*. 3. ed. Rio de Janeiro: Forense, 1987. p. 25.

[46] GOMES, Orlando. *Introdução ao Direito Civil*. 19. ed. Rio de Janeiro: Forense, 2008. p. 321. Isso se considerarmos que a alienação fiduciária é um exemplo de negócio jurídico indireto.

[47] STJ. Quarta Turma REsp nº 28.598/BA, Rel. Min. Barros Monteiro, julgado em 05.11.1996, v.u. Apenas em poucas situações será possível identificar um negócio-meio que, por si só, será capaz de atender aos objetivos indiretos desejados pelas partes, sem necessitar da inclusão de cláusulas ou da celebração de outros negócios para que o fim indireto seja alcançado (MIRANDA, Custódio da Piedade Ubaldino. Negócio Jurídico Indireto e Negócios Fiduciários. In: *Revista de Direito Civil, Imobiliário, Agrário e Empresarial*, n. 29, p. 82-89, jul./set. 1984. p. 87-88).

[48] ABREU, José. *O negócio jurídico e sua teoria geral*. 2. ed. São Paulo: Saraiva, 1988. p. 155.

concreto).⁴⁹ Fica evidente, então, a importância não só do fim indireto, mas também do fim direto, que deriva do negócio adotado, uma vez que a realização do fim típico é desejada, sendo um pressuposto ao atingimento do objetivo das partes.

Ocorre que os negócios indiretos não constituem uma categoria jurídica independente.⁵⁰ Não existe um regime jurídico específico sempre aplicável a essa figura. Ela consiste apenas num fenômeno identificado tanto pela doutrina quanto pela jurisprudência para sublinhar que certa relação jurídica pode ser ferramenta para buscar um fim que vai além da sua função tradicional e típica, sem que isso necessariamente seja tachado como simulação ou fraude.⁵¹

De todo modo, os negócios jurídicos não se dividem entre, de um lado, casos eivados de simulação e, de outro, exemplos lícitos de negócio jurídico indireto. Para que, à luz do caso concreto, haja o uso do negócio jurídico indireto, é necessário que o resultado prático seja (a) alheio ao negócio adotado; (b) alcançado indiretamente e (c) que o negócio-meio seja típico.⁵²

Se as cláusulas do negócio adotado conduzem direta e imediatamente ao resultado pretendido, não há obviamente um negócio jurídico com uso indireto. Isso ocorre, por exemplo, na doação modal, em que há determinado grau de onerosidade decorrente do encargo. A imposição de um encargo seria, a princípio, estranha ao contrato de doação (tradicionalmente um contrato unilateral), de modo que seria

---

⁴⁹ Ver: ASCARELLI, Tulio. *Problema da Sociedades Anônimas e Direito Comparado*. São Paulo: Quorum, 2008. p. 56.

⁵⁰ GOMES, Orlando. *Introdução ao Direito Civil*. 19. ed. Rio de Janeiro: Forense, 2008. p. 322; AMARAL NETO; Francisco dos Santos. A Alienação Fiduciária em garantia no direito brasileiro. *In*: *Doutrinas Essenciais Obrigações e Contratos*. São Paulo: Revista dos Tribunais, 2011. v. 5, p. 323; FABIAN, Christopher. *Fidúcia*: Negócios Fiduciários e Relações Externas. Porto Alegre: Sergio Antonio Fabris Editor, 2007. p. 33; NERY JÚNIOR, Nelson. Estatuto Social e Invalidade de Deliberação Social. *In*: *Soluções Práticas de Direito*. São Paulo: Revista dos Tribunais, 2014. v. 4, p. 672; MESSINEO, Francesco. *Manuale di Diritto Civile e Commerciale*. 9. ed. Milano: Giuffré, 1957. v. 1, p. 581; RIVERA, Julio Cesar. *Instituciones de Derecho Civil*. Buenos Aires: Abeledo-Perrot, 1994. v. 2, p. 601; D'AMICO, Giovanni. *Libertà di Scelta del tipo Contratualle e Frodo alla legge*. Milano: Giuffré, 1993, p. 55. Contra: MOREIRA ALVES, José Carlos. *A Retrovenda*. São Paulo: Revista dos Tribunais, 1967. p. 17-19; GRAZIANI, Alessandro. Negozi Indiretti e Negozi Fiduciari. *In*: *Rivista del Diritto Comerciale*, v. 31, parte prima, p. 418, 1933; e BIANCA, C. Massimo. *Diritto Civile*. 2. ed. Milano: Giuffré, 2000. v. 3, p. 485.

⁵¹ BIANCA, C. Massimo. *Diritto Civile*. 2. ed. Milano: Giuffré, 2000. v. 3, p. 485.

⁵² GOMES, Orlando. *Introdução ao Direito Civil*. 19. ed. Rio de Janeiro: Forense, 2008. p. 321); ASCENSÃO, José de Oliveira. *Direito Civil*: teoria geral. Coimbra: Coimbra Editora, 2002. v. 3, p. 306; e MIRANDA, Custódio da Piedade Ubaldino. Negócio Jurídico Indireto e Negócios Fiduciários. *In*: *Revista de Direito Civil, Imobiliário, Agrário e Empresarial*, n. 29, p. 82-89, jul./set. 1984. p. 82.

possível entender que a doação estaria sendo usada para fins indiretos. No entanto, esse entendimento não é o correto, pois o efeito pretendido deriva diretamente do encargo.[53]

Outro caso similar, embora mais complexo, seria o da renúncia à herança, visando a uma doação, muitas vezes classificado como negócio jurídico indireto. A confusão existe porque as consequências da renúncia à herança (seja ela abdicativa ou translatícia) e as consequências da doação de herança – ou mais tecnicamente da cessão de direito hereditário a título gratuito – coincidem em muitas situações. Veja-se a seguinte situação: uma mãe viúva falece deixando dois filhos e um deles renuncia a seu quinhão. Quer o filho renuncie especificamente em favor de seu irmão (renúncia translatícia), quer ele simplesmente renuncie (renúncia abdicativa, hipótese na qual seu quinhão retorna ao monte), o efeito final será o mesmo: o irmão receberá o quinhão objeto da renúncia. Em ambos os casos, há a transferência dos bens objeto da herança à mesma pessoa. No entanto, nas palavras de Francisco Amaral: "[n]ão é, porém, negócio indireto, a renúncia de um direito visando a uma doação".[54] E isso é verdade tanto sob a perspectiva da renúncia abdicativa quanto da perspectiva da renúncia translatícia.

Em relação à renúncia abdicativa, esta não pode ser considerada negócio jurídico com fins indiretos de doação, pois, baseando-se no caso narrado, a transferência de direitos ao irmão é atingida diretamente por meio da renúncia. Não há alteração na estrutura da renúncia para que esta gere os efeitos pretendidos pelo titular. Há uma mera coincidência de efeitos, o que impossibilita a sua caracterização como negócio indireto.

Em relação à renúncia translatícia, destaca-se que ela não é propriamente uma renúncia.[55] A renúncia é, por natureza, um ato

---

[53] Ademais, ressalta-se que o encargo, a depender sempre do caso concreto, não é capaz de desfigurar o contrato de doação.

[54] AMARAL, Francisco. *Direito civil*: introdução. 8. ed. Rio de Janeiro: Renovar, 2014. p. 432. Nesse mesmo sentido, GOMES, Orlando. *Introdução ao Direito Civil*. 19. ed. Rio de Janeiro: Forense, 2008. p. 322.

[55] Sobre o caráter puramente abdicativo da renúncia no direito civil, v. VAZ, Marcella Campinho. *Renúncia de direitos*: limites e parâmetros do seu exercício no direito brasileiro. Dissertação (Mestrado em Direito) – Faculdade de Direito da Universidade do Estado do Rio de Janeiro, Rio de Janeiro, 2019. Tal fato faz com que alguns autores entendam que, em regra, a renúncia de herança não é uma doação, contudo admite-se que ela poderá, a depender das circunstâncias, importar doação. Essa posição é sustentada por autores como Carvalho de Mendonça (v. MENDONÇA, Manuel Inácio Carvalho de. *Contratos no Direito Civil Brasileiro*. Rio de Janeiro: Francisco Alves, 1911. v. 1), sob a alegação de que embora o herdeiro adquira a propriedade dos bens herdados no momento da morte do autor da herança (saisine) e a renúncia seja dada em momento posterior, cria-se uma ficção por

unilateral cujos efeitos independem da concordância de terceiros.[56] Dessa forma, se o titular do direito declara no ato a intenção de beneficiar uma pessoa especifica, que, por sua vez, aceita tal transferência, "o ato será fora de dúvida uma doação".[57] Ao declarar a quem o direito aproveitará, a estrutura da renúncia – uma declaração não receptícia de vontade[58] – é desconfigurada.

Portanto, se o titular do direito hereditário expressamente transfere seu quinhão a um terceiro especifico, não haverá negócio jurídico indireto. Não se trata de renúncia, mas sim de doação, ou, mais tecnicamente, de cessão de direito hereditário a título gratuito, uma vez que os próprios elementos do negócio-meio coincidem com os de doação, independentemente do *nomen iures* dado pelas partes. Em outras palavras, o meio e o fim aqui coincidem, de sorte que não há negócio jurídico com fins indiretos.

Nessa direção, destaca Emilio Betti que a exclusão dos efeitos essenciais ou das características inerentes do tipo de negócio altera o regime jurídico que, a princípio, as partes desejaram conceder àquela situação jurídica.[59] Por conseguinte, tal exclusão ensejará a invalidade do negócio ou a sua requalificação para um tipo diverso, sendo justamente a última hipótese que se verifica na dita "renúncia a uma herança" visando a uma doação. Num verdadeiro negócio jurídico indireto, as características inerentes do tipo do negócio adotado devem estar presentes, bem como seus efeitos essenciais.

---

meio da qual seria como se o renunciante nunca tivesse herdado, dessa forma, não haveria diminuição no patrimônio do renunciante.

[56] ALVIM, Agostinho. *Da Doação*. 3. ed. São Paulo: Saraiva, 1980. p. 15.

[57] Nesse sentido é a doutrina de José Paulo Cavalcanti, que aponta a declaração do titular do direito como instrumento para analisar sua real vontade: "Todavia, se o agente declara no ato essa intenção liberal e aquele a quem o direito aproveitará, ciente dessa decisão, o aceita, o ato será fora de dúvida uma doação". (CAVALCANTI, José Paulo. *Da renúncia no direito civil*. Rio de Janeiro: Forense, 1958). Contudo, numa clara referência à teoria subjetivista, o autor destaca que "quando a intenção liberal não seja revelada no ato, mas existe, e o beneficiário a conheça, a aceitação do dinheiro por este fará do ato uma doação dissimulada, fraudulenta ou inocente, consoante as circunstâncias de cada caso concreto".

[58] MIRANDA, Pontes de. *Tratado de Direito Privado*: negócios jurídicos, representação, conteúdo, forma, prova. (Atualizada por Marcos Bernardes de Mello, Marcos Ehrhardt Jr.). São Paulo: Revista dos Tribunais, 2012. t. 3, p. 215-216. Para mais informações, v. VAZ, Marcella Campinho. *Renúncia de direitos*: limites e parâmetros do seu exercício no direito brasileiro. Dissertação (Mestrado em Direito) – Faculdade de Direito da Universidade do Estado do Rio de Janeiro, Rio de Janeiro, 2019.

[59] BETTI, Emilio. *Teoria Geral do Negócio Jurídico*. (Trad. Ricardo Rodrigues Gama). Campinas: LZN, 2003. t. II, p. 50. V. também: ABREU, José. *O negócio jurídico e sua teoria geral*. 2. ed. São Paulo: Saraiva, 1988. p. 102.

4   O negócio jurídico com fins indiretos e a simulação

Delineados os aspectos relevantes da simulação e do negócio jurídico indireto, passa-se, então, a uma tentativa de estabelecer critério distintivo entre as figuras.

Como se teve a oportunidade de adiantar na introdução deste trabalho, a aproximação entre o fenômeno simulatório e o negócio jurídico indireto ocorre, pois, em ambos os casos, há aparente incoerência entre os elementos estrutural e funcional do negócio. Desse modo, na variante relativa da simulação, o intérprete crê que os efeitos jurídicos identificados decorrem do negócio ostensivo, quando, na realidade, originam-se da relação contratual fática dissimulada.

De outro giro, no que se refere ao negócio jurídico indireto, não há qualquer combinação para simular. O processo desenvolve-se à luz do sol, visto que as próprias cláusulas do negócio evidenciam esse escopo indireto.[60] Os efeitos jurídicos, portanto, decorrem do negócio celebrado pelas partes e a aparente incongruência entre estrutura e função explica-se em razão da utilização de certo tipo negocial para finalidades que não lhe são típicas. O estranhamento do intérprete se dá apenas por conta da inovação promovida pela autonomia privada, mas também não há, neste caso, verdadeira incompatibilidade entre função e estrutura, uma vez que a função só será cumprida graças e por meio da estrutura adotada.[61] Ora, se o negócio jurídico adotado é, de fato, pressuposto da estrutura, o regime jurídico e os efeitos legais do negócio típico escolhido pelas partes devem estar presentes, bem como todos os elementos típicos de tal negócio devem ser identificados.[62]

A distinção entre os institutos, encontradiça em doutrina, aponta que, no negócio jurídico indireto, ao contrário do que ocorre na simulação, querem as partes efetivamente o negócio realizado e, portanto, submetem-se inteiramente aos seus efeitos típicos e à sua

---

[60]   ASCARELLI, Tulio. *Problema da Sociedades Anônimas e Direito Comparado*. São Paulo: Quorum, 2008. p. 180. Nesse sentido também destaca Rubino: "Es verdad que también aquí falta una simulación en sentido técnico-jurídico, porque el recurso de los contratantes al procedimiento indirecto deriva no de la intención de perjudicar a los terceros, sino de la consabida idoneidad instrumental del negocio". (RUBINO, Dominico. *El Negócio Jurídico Indireto*. (Trad. L. Rodriguez-Arias). Madri: Editorial Revista de Derecho Priavo, 1953. p. 77).

[61]   COMPARATO, Fabio Konder; SALOMÃO FILHO, Calixto Salomão. *O Poder de Controle na Sociedade Anônima*. 6. ed. Rio de Janeiro: Forense, 2014. p. 381; ASCARELLI, Tulio. *Problema da Sociedades Anônimas e Direito Comparado*. São Paulo: Quorum, 2008. p. 179.

[62]   Já apontava Ascarelli que quem vende com fins de garantia, por exemplo, quer efetivamente transmitir a propriedade e por isso recorre à venda e não ao penhor (ASCARELLI, Tulio. *Problema da Sociedades Anônimas e Direito Comparado*. São Paulo: Quorum, 2008. p. 180).

disciplina, muito embora para um resultado prático diverso do que lhe é ordinariamente esperado.[63] A constatação demonstra ainda certo apego ao dogma voluntarista ao eleger a vontade das partes como o fator apto a distinguir a simulação dos negócios jurídicos indiretos. Ocorre que é tarefa quase impossível perquirir o que de fato pretendem os agentes ao celebrarem um negócio.

Desse modo, pode-se dizer que o intérprete, na faina de identificar se certo negócio é simulado ou indireto, busca, na realidade, averiguar se dele decorrem ou não efeitos jurídicos. Caso se constate que os efeitos jurídicos decorrem do negócio analisado – mesmo que tais efeitos sejam excêntricos em relação àqueles normalmente aferidos naquele tipo negocial –, de negócio indireto se tratará. Por outro lado, caso se perceba que aqueles efeitos emanam do regulamento interno estabelecido pelas partes e distinto do negócio ostensivo, então será o caso de se concluir pela presença de negócio simulado.

Como consequência natural dessa constatação, surge, então, a seguinte questão: como definir se os efeitos jurídicos decorrem do negócio jurídico analisado ou de eventual regulamento interno por elas estipulado, afinal, as partes geralmente não intencionam revelar a relação dissimulada. Nesse momento, então, deve o intérprete recorrer à causa,[64] entendida como mínima unidade de efeitos essenciais, e averiguar se esta é compatível com o regulamento de interesses previsto no negócio jurídico celebrado entre as partes. A afirmação, embora pareça abstrata, pode ser melhor compreendida com a utilização de alguns exemplos.

Pense-se, de início, no corriqueiro exemplo da doação escamoteada por compra e venda. O intérprete, neste caso, deverá analisar os efeitos

---

[63] "Il negozio indiretto si dintingue rispetto a quello simulato in quanto le parti vogliono realmente gli effetti giuridici del negozio". (BIANCA, Massimo. *Instituzioni di diritto privato*. Milano: Giuffrè, 2014. p. 445). Nesse sentido, v. também: TEPEDINO, Gustavo; OLIVA, Milena Donato. *Fundamentos do direito civil*. 1. ed. Rio de Janeiro: Forense, 2020. v. 1, p. 352: "O negócio fiduciário não se confunde com o simulado. (...) A vontade do negócio no negócio fiduciário é séria, os contratantes desejam o ajuste com as suas consequências jurídicas, ainda que se sirvam dele para finalidade diversa, mas também legítima e protegida pelo ordenamento". No mesmo sentido, v. TEPEDINO, Gustavo. Nota Promissória e sua Autonomia. *In*: *Soluções Práticas*. Rio de Janeiro: Renovar, 2011. v. 3, p. 25-27; e ANDRADE, Manuel A. Domingues de. *Teoria Geral da Relação Jurídica*. 4. reimp. Coimbra: Almedina, 1974. v. 2, p. 180; FERRARA, Francisco. *A Simulação dos Negócios Jurídicos*. São Paulo: Red Livros, 1999. p. 76, mas abordando especificamente negócios fiduciários; MESSINEO, Francesco. *Manuale di Diritto Civile e Commerciale*. 9. ed. Milano: Giuffré, 1957. v. 1, p. 581.

[64] Nesse sentido, v. TEPEDINO, Gustavo. Premissas Metodológicas para a Constitucionalização do Direito Civil. *In*: TEPEDINO, Gustavo. *Temas de Direito Civil*. 3. ed. Rio de Janeiro: Renovar, 2004. p. 6: "Os novos fatos sociais dão ensejo a soluções objetivistas e não mais subjetivistas, a exigirem do legislador, do interprete e da doutrina, uma preocupação com o conteúdo e com as finalidades das atividades desenvolvidas pelo sujeito de direito".

concretos daquela relação jurídica e, ao fazê-lo, constatará que há, de um lado, a transferência da propriedade, mas que, de outro lado, não houve o pagamento do preço e, mesmo assim, a parte alienante deu-se por satisfeita. Após realizar tal análise, perceberá que esses efeitos não condizem com o regulamento de interesses previsto no negócio jurídico ostensivo, que estabelecia uma compra e venda e indicava, inclusive, o preço a ser pago em contrapartida. A partir dessa percepção, apenas poderá concluir que a compra e venda foi simulada e que a verdadeira relação jurídica existente entre as partes, regida pelo regulamento interno por elas dissimulado, configura doação. Como se percebe, no fenômeno simulatório o intérprete irá se deparar com efeitos jurídicos que não decorrem do negócio analisado.

Por outro lado, no negócio jurídico indireto isso não ocorre. O exemplo da compra e venda com cláusula de retrovenda e escopo de garantia pode facilitar a visualização.

Já se sustentou, em doutrina, que a retrovenda com escopo de garantia seria sempre negócio jurídico simulado com objetivo de dissimular mútuo com garantia real de hipoteca.[65] Essa tese, no entanto, descurava-se dos efeitos jurídicos essenciais – causa – da retrovenda, que em diversos aspectos se distingue daqueles próprios do mútuo com garantia real de hipoteca. Com efeito, a utilização, pelas partes, da compra e venda com cláusula de retrovenda, mesmo que com escopo de garantia, obriga, por exemplo, a transferência imediata da propriedade ao credor e, além disso, impõe ao devedor que a dívida seja paga em até três anos para que possa reaver o imóvel. São efeitos específicos da retrovenda, que não encontram paralelo no mútuo com garantia hipotecária.[66] Por essa razão, caso esses efeitos sejam identificados pelo intérprete, pode-se dizer que a causa em concreto percebida está em consonância com o regulamento de interesses previsto no negócio jurídico – indireto – analisado. Como se vê, diferentemente do que ocorre na simulação, neste caso, os efeitos jurídicos percebidos decorrem do cumprimento natural do contrato celebrado, mesmo que o objetivo perseguido pelas partes com a sua celebração fosse distinto daquele para qual é tipicamente utilizado.

---

[65] CARNELUTTI, F. Mutuo pignoratizio e vendita com clausola di riscatto. In: *Revista di Diritto Processuale*, v. I, p. 156-157, 1946.

[66] MONTEIRO FILHO, Carlos Edison do Rêgo. *Pacto comissório e pacto marciano no sistema brasileiro de garantias*. Rio de Janeiro: Processo, 2017. p. 154-155.

O fato de se qualificar o negócio como indireto e não como simulação não implica, contudo, sua validade.[67] Afinal, utilizando ainda o exemplo da retrovenda com escopo de garantia, é possível que o negócio celebrado pelas partes represente violação à vedação ao pacto comissório[68] e, neste caso, a declaração de nulidade se impõe.

Importante pontuar, ainda, a possibilidade de as partes dissimularem negócio jurídico indireto. Imagine-se, por exemplo, a hipótese de as partes celebrarem contrato de compra e venda puro e simples, mas, no regulamento interno, estabelecerem que o vendedor poderá reaver o bem caso, no prazo de três anos, restitua o valor pago pelo comprador, mais juros e correção monetária. Ao que parece, nesta situação se estará diante de retrovenda com escopo de garantia dissimulada, talvez com o objetivo de burlar a vedação ao pacto comissório.

Por fim, importa tecer considerações acerca da compra e venda a preço vil, hipótese que pode gerar dúvidas ao intérprete quanto à qualificação. Tem-se, nesse caso, a transferência da propriedade e, em contrapartida, o pagamento do preço. Este, porém, é estipulado em patamar muito abaixo daquele praticado no mercado pelo mesmo bem, o que suscita dúvidas se seria caso de compra e venda simulada para dissimular doação de negócio jurídico indireto, utilizando-se da estrutura de compra e venda para se fazer doação, ou se, na realidade, seria uma doação propriamente dita.

Em primeiro lugar, parece não haver, na compra e venda a preço vil, por si só, simulação. Isso porque, havendo a transferência da propriedade e o pagamento do preço indicado no contrato – mesmo que módico –, o negócio jurídico celebrado pelas partes produz seus efeitos normais, sem que as partes, em comum acordo, tenham-lhe tirado eficácia.

Em segundo lugar, tampouco parece haver, na compra e venda a preço vil, negócio jurídico indireto, pois, para tanto, seria necessário que as partes se utilizassem da estrutura da compra e venda para atingir função diversa, o que não acontece aqui. Embora se utilize a expressão "compra e venda" para nomear a figura, tem-se, na realidade, verdadeiro contrato de doação. Isso se dá, pois, conforme observam Gustavo Tepedino, Carlos Nelson Konder e Paula Greco Bandeira, "a compra e venda caracteriza-se por duas prestações essenciais contrapostas, que a um só tempo definem o seu sinalagma e a sua causa: as prestações

---

[67] ASCARELLI, Tulio. *Problema da Sociedades Anônimas e Direito Comparado*. São Paulo: Quorum, 2008. p. 181.

[68] CC, Art. 1.428. "É nula a cláusula que autoriza o credor pignoratício, anticrético ou hipotecário a ficar com o objeto da garantia, se a dívida não for paga no vencimento".

da entrega do bem para a transferência da propriedade e o pagamento do preço convencionado".[69]

Na compra e venda a preço vil, no entanto, inexiste sinalagma, entendido como "nexo funcional entre polos prestacionais",[70] o que impossibilita a qualificação do negócio como compra e venda e o aproxima de doação. Por esse motivo, nesse caso, não há propriamente a utilização da estrutura de negócio típico (compra e venda) para atingir finalidade que lhe é estranha (doação), pois, diante da ausência de sinalagma, sequer se pode reconhecer, ali, a estrutura de compra e venda.[71]

5 Conclusão

A apreensão dos aspectos funcional e estrutural do negócio jurídico mostra-se essencial à análise do fenômeno em toda a sua complexidade. Nem sempre, porém, esse exame é simples, na medida em que alguns fatores podem gerar a aparência de descompasso entre esses dois aspectos. Isso ocorre tanto na simulação quanto no negócio jurídico indireto.

---

[69] TEPEDINO, Gustavo; KONDER, Carlos Nelson; BANDEIRA, Paula Greco. *Fundamentos do direito civil*. 1. ed. Rio de Janeiro: Forense, 2020. v. 3 p. 168.

[70] SILVA, Rodrigo da Guia. Novas perspectivas da exceção de contrato não cumprido: repercussões da boa-fé objetiva sobre o sinalagma contratual. In: *Revista de Direito Privado*, v. 78, p. 7, jun. 2017. Explica o autor: "No contrato não sinalagmático, o interesse objetivamente extraído da causa contratual pode ser concretizado independentemente dessa correlação entre os polos de prestações: uma das partes pode não ter nada a prestar, pode ter de observar apenas os deveres da boa-fé ou pode ter prestações de menor relevância para a causa (como nos ditos contratos bilaterais imperfeitos que não apresentam vínculo de correspectividade). Diversamente, estar-se-á diante de contrato sinalagmático quando os polos prestacionais forem reciprocamente relevantes para a promoção do resultado útil que o contrato busca promover". Em sentido análogo, v. ALMEIDA COSTA, Mário Júlio de. *Direito das obrigações*. 10. ed. Coimbra: Almedina, 2006. p. 361: "nos contratos bilaterais ou sinalagmáticos as obrigações das partes se encontram numa relação de correspectividade e interdependência. Existe entre elas um nexo, um sinalagma, significando que a obrigação de uma das partes constitui a razão de ser da outra. Quando esse nexo se refere ao momento de celebração do contrato, quer dizer, só surge a obrigação de um dos contraentes se surgir a do outro, fala-se de sinalagma genético. Assim, se A e B celebram um contrato em que este se compromete, mediante retribuição, à prática de um facto ilícito, a invalidade da obrigação de B impede o nascimento da obrigação de A. Trata-se, porém, de sinalagma funcional, se a reciprocidade ou contrapartida das prestações se manifesta e releva durante a vida do contrato, designadamente quanto à simultaneidade do cumprimento, ou seja, a execução por uma das partes encontra-se condicionada à execução pela outra".

[71] Em sentido diverso, v. ABREU, José. *O negócio jurídico e sua teoria geral*. 2. ed. São Paulo: Saraiva, 1988. p. 155, para quem, na compra e venda a preço vil, há negócio jurídico indireto, isto é, compra e venda por meio da qual se busca atingir os efeitos da doação.

Tentou-se demonstrar, no entanto, que esse descompasso, embora aparente, não é real em qualquer dessas figuras. Isso porque, na simulação, os efeitos jurídicos não decorrem do negócio jurídico ostensivo (simulado), mas do regulamento de interesses interno (dissimulado), que deflagra relação contratual de fato.

Por outro lado, no negócio jurídico indireto tampouco há incompatibilidade entre estrutura e função, conquanto, neste caso, por vezes possa haver estranhamento do intérprete diante da produção de efeitos distintos daqueles tipicamente produzidos pelo negócio. Isso, porém, não representa incompatibilidade, mas utilização, pela autonomia privada, de velhas estruturas para novas funções, o que é tutelado pelo ordenamento jurídico.

Por fim, com a apresentação de exemplos, buscou-se estabelecer a distinção fundamental entre negócio jurídico indireto e simulação capaz de guiar o intérprete na difícil tarefa de qualificação do caso concreto. Indicou-se, então, a causa do negócio, isto é, a síntese de seus efeitos jurídicos essenciais, como o norte a ser buscado. Caso constate que há efeitos concretos que não decorrem do regulamento de interesses previsto no negócio, então concluirá o intérprete pela existência de simulação e de uma relação contratual de fato dissimulada pelas partes, verdadeira genitora daqueles efeitos verificados. De outro giro, caso os efeitos constatados – ainda que diversos daqueles normalmente verificados naquele tipo de negócio – sejam consequência natural do cumprimento do programa indicado no negócio jurídico analisado, então se estará diante de negócio jurídico indireto.

Referências

ABREU, José. *O negócio jurídico e sua teoria geral*. 2. ed. São Paulo: Saraiva, 1988.

ALMEIDA COSTA, Mário Júlio de. *Direito das obrigações*. 10. ed. Coimbra: Almedina, 2006.

ALVIM, Agostinho. *Da Doação*. 3. ed. São Paulo: Saraiva, 1980.

AMARAL NETO; Francisco dos Santos. A Alienação Fiduciária em garantia no direito brasileiro. In: *Doutrinas Essenciais Obrigações e Contratos*. São Paulo: Revista dos Tribunais, 2011. v. 5.

AMARAL, Francisco. *Direito civil*: introdução. 8. ed. Rio de Janeiro: Renovar, 2014.

ANDRADE JUNIOR, Luiz Carlos de. *A simulação no Direito Civil*. São Paulo: Malheiros, 2016.

ANDRADE, Manuel A. Domingues de. *Teoria Geral da Relação Jurídica*. 4. reimp. Coimbra: Almedina, 1974. v. 2.

ASCARELLI, Tulio. *Problema da Sociedades Anônimas e Direito Comparado*. São Paulo: Quorum, 2008.

ASCENSÃO, José de Oliveira. *Direito Civil*: teoria geral. Coimbra: Coimbra Editora, 2002. v. 3.

AURICCHIO, Alberto. *A simulação no negócio jurídico*: premissas gerais. 1. ed. (Trad. Fernando de Miranda). Coimbra: Coimbra Editora, 1964.

AZEVEDO, Antônio Junqueira de. *Negócio Jurídico*: existência, validade e eficácia. 4. ed. São Paulo: Saraiva, 2002.

BETTI, Emilio. *Teoria Geral do Negócio Jurídico*. (Trad. Ricardo Rodrigues Gama). Campinas: LZN, 2003. t. I.

BETTI, Emilio. *Teoria Geral do Negócio Jurídico*. (Trad. Ricardo Rodrigues Gama). Campinas: LZN, 2003. t. II.

BIANCA, Massimo. *Instituzioni di diritto privato*. Milano: Giuffrè, 2014.

BIANCA, C. Massimo. *Diritto Civile*. 2. ed. Milano: Giuffré, 2000. v. 3.

BOBBIO, Norberto. Em direção a uma teoria funcionalista do direito. In: *Da estrutura à função*. (Trad. Daniela Beccaccia Versiani). Barueri: Manole, 2007.

BODIN DE MORAES, Maria Celina. A causa do contrato. In: *Civilistica.com*, a. 2, n. 1, p. 2, 2013.

BRAVO, Frederico de Castro y. *El Negócio Jurídico*. Madrid: Civitas, 1985.

CARNELUTTI, F. Mutuo pignoratizio e vendita com clausola di riscatto. In: *Revista di Diritto Processuale*, v. I, p. 156-157, 1946.

CAVALCANTI, José Paulo. *Da renúncia no direito civil*. Rio de Janeiro: Forense, 1958.

COMPARATO, Fabio Konder; SALOMÃO FILHO, Calixto Salomão. *O Poder de Controle na Sociedade Anônima*. 6. ed. Rio de Janeiro: Forense, 2014.

CORDEIRO, António Barreto Menezes. *Da simulação no direito civil*. Coimbra: Almedina, 2014.

D'AMICO, Giovanni. *Libertà di Scelta del tipo Contratualle e Frodo alla legge*. Milano: Giuffré, 1993.

DANTAS, San Tiago. *Programa de Direito Civil*. Rio de Janeiro: Ed. Rio, 1977. v. I.

DISTASO, Nicola. *La Simulazione dei Negozi Giuridici*. Torino: Unione Tipografico Editrice Torinese, 1960.

FABIAN, Christopher. *Fidúcia*: Negócios Fiduciários e Relações Externas. Porto Alegre: Sergio Antonio Fabris Editor, 2007.

FACHIN, Luiz Edson. *Direito civil*: sentidos, transformações e fim. Rio de Janeiro: Renovar, 2015.

FERRARA, Francesco. *A simulação dos negócios jurídicos*. (Trad. A. Bossa). São Paulo: Saraiva, 1939.

FERRARA, Francisco. *A Simulação dos Negócios Jurídicos*. São Paulo: Red Livros, 1999.

FRANCESCHINI, José Ignácio Gonzaga. Contratos Inominados, mitos e negócio indireto. *In*: *Doutrinas Essenciais Obrigações e Contratos*. São Paulo: Revista dos Tribunais, 2011. v. 3.

GAINO, Itamar. *A Simulação nos Negócios Jurídicos*. São Paulo: Saraiva, 2007.

GARCÍA, Manuel Albaladejo. *La simulación*. Madrid: Edisofer, 2005.

GOMES, Orlando. *Introdução ao Direito Civil*. 19. ed. Rio de Janeiro: Forense, 2008.

GRAZIANI, Alessandro. Negozi Indiretti e Negozi Fiduciari. *In*: *Rivista del Diritto Comerciale*, v. 31, parte prima, p. 418, 1933.

KONDER, Carlos Nelson. Qualificação e coligação contratual. *In*: *Revista Jurídica Luso-Brasileira (RJLB)*, a. 4, n. 1, p. 372, 2018.

LARENZ, Karl. O estabelecimento de relações obrigacionais por meio de comportamento social típico. (Trad. Alessandro Hirata). *In*: *Revista Direito GV*, v. 2, n. 1, p. 57-62, jan./jun. 2006.

LIMA, Alvino. *A fraude no Direito Civil*. São Paulo: Saraiva, 1965.

MARINO, Francisco Paulo de Crescenzo. Notas sobre o negócio jurídico fiduciário. *In*: *Revista Trimestral de Direito Civil*, Rio de Janeiro: Padma Ltda, v. 20, p. 39-60, out./dez. 2004.

MARTINS-COSTA, Judith. Os Negócios Fiduciários: Considerações sobre a possibilidade de acolhimento do "trust" no Direito brasileiro". *In*: *Revista dos Tribunais*, São Paulo, n. 657, p. 42, jul. 1990.

MATTIETTO, Leonardo. Negócio jurídico simulado (notas ao art. 167 do Código Civil). *In*: *Revista da Procuradoria Geral do Estado do Rio de Janeiro*, v. 61, p. 219-225, 2006.

MENDONÇA, Manuel Inácio Carvalho de. Contratos no Direito Civil Brasileiro. Rio de Janeiro: Francisco Alves, 1911. v. 1.

MENEZES, Cordeiro. *Tratado de Direito Civil Português*. 2. ed. Coimbra: Almedina, 2000. v. 1, t. 2.

MESSINEO, Francesco. *Manuale di Diritto Civile e Commerciale*. 9. ed. Milano: Giuffré, 1957. v. 1.

MIRANDA, Custódio da Piedade Ubaldino. Negócio Jurídico Indireto e Negócios Fiduciários. *In*: *Revista de Direito Civil, Imobiliário, Agrário e Empresarial*, n. 29, p. 82-89, jul./set. 1984.

MIRANDA, Pontes de. *Tratado de Direito Privado*: negócios jurídicos, representação, conteúdo, forma, prova. (Atualizada por Marcos Bernardes de Mello, Marcos Ehrhardt Jr.). São Paulo: Revista dos Tribunais, 2012. t. 3.

MONTEIRO FILHO, Carlos Edison do Rêgo. *Pacto comissório e pacto marciano no sistema brasileiro de garantias*. Rio de Janeiro: Processo, 2017.

MONTEIRO, Washington de Barros. *Curso de direito civil*: parte geral. São Paulo: Saraiva, 1995.

MOREIRA ALVES, José Carlos. *A Retrovenda*. São Paulo: Revista dos Tribunais, 1967.

MOREIRA ALVES, José Carlos. *Da Alienação Fiduciária*. 3. ed. Rio de Janeiro: Forense, 1987.

MOREIRA ALVES, José Carlos. Parte Geral do Novo Código Civil. *In: Anais do "EMERJ Debate o Novo Código Civil", parte 1*. Rio de Janeiro, 2002.

NERY JUNIOR, Nelson. Estatuto Social e Invalidade de Deliberação Social. *In: Soluções Práticas de Direito*. São Paulo: Revista dos Tribunais, 2014. v. 4.

OLIVA, Milena Donato. *Do Negócio Fiduciário à Fidúcia*. São Paulo: Atlas, 2014.

PEREIRA, Caio Mário da Silva. *Instituições de direito civil*. 24. ed. (Atualizado por Maria Celina Bodin de Moraes). Rio de Janeiro: Forense, 2011. v. I.

PERLINGIERI, Pietro. *Manuale di diritto civile*. Napoli: Ediziono Scientifiche Italiane, 1997.

PERLINGIERI, Pietro. *O direito civil na legalidade constitucional*. (Trad. Maria Cristina de Cicco). Rio de Janeiro: Renovar, 2008.

PERLINGIERI, Pietro. *Perfis do direito civil*: introdução do direito civil-constitucional. 3. ed. (Trad. Maria Cristina de Cicco). Rio de Janeiro: Renovar, 2007.

PUGLIATTI, Salvatore. *I fatti giuridici*. Milano: Giuffrè, 1996.

PUGLIATTI, Salvatore. Precisazioni in tema di causa del negozio giuridico. *In: Nuova rivista di diritto commerciale, diritto dell'economia, diritto sociale*, v. 1, p. 20, 1947.

RIVERA, Julio Cesar. *Instituciones de Derecho Civil*. Buenos Aires: Abeledo-Perrot, 1994. v. 2.

ROPPO, Enzo. *O contrato*. (Trad. Ana Coimbra e M. Januário C. Gomes). Coimbra: Almedina, 2009.

ROSENVALD, Nelson; FARIAS, Cristiano Chaves de. *Curso de direito civil*: parte geral e LINDB. 17. ed. Salvador: JvsPodvum, 2019.

RUBINO, Dominico. *El Negócio Juridico Indireto*. (Trad. L. Rodriguez-Arias). Madri: Editorial Revista de Derecho Priavo, 1953.

SANTOS, José Belleza. *A Simulação em Direito Civil*. (Dactilografado por Mário da Silva e Sousa). Coimbra, 1955.

SILVA, Juliana Pedreira da. *Contrato sem negócio jurídico*: crítica das relações contratuais de fato. São Paulo: Atlas, 2011.

SILVA, Rodrigo da Guia. Novas perspectivas da exceção de contrato não cumprido: repercussões da boa-fé objetiva sobre o sinalagma contratual. *In: Revista de Direito Privado*, v. 78, p. 7, jun. 2017.

SOUZA, Eduardo Nunes de. Função negocial e função social do contrato: subsídios para um estudo comparativo. *In: Revista de Direito Privado*, n. 54, p. 66, 2013.

SOUZA, Eduardo Nunes. De volta à causa contratual: aplicações da função negocial nas invalidades e nas vicissitudes supervenientes do contrato. *In: Civilistica.com*, a. 8, n. 2, p. 12, 2019.

SOUZA, Eduardo Nunes. *Teoria geral das invalidades do negócio jurídico*. São Paulo: Almedina, 2017.

TEPEDINO, Gustavo. A atividade sem negócio jurídico fundante e a formação progressiva dos contratos. *In: Revista Trimestral de Direito Civil*, v. 44, p. 20, out./dez. 2010.

TEPEDINO, Gustavo. Evolução da autonomia privada e o papel da vontade na atividade contratual. *In*: FRANÇA, Erasmo Valladão Azevedo e Novaes; ADAMEK, Marcelo Vieira von (Coords.). *Temas de direito empresarial e outros estudos em homenagem ao professor Luiz Gastão Paes de Barros Leães*. São Paulo: Malheiros, 2014.

TEPEDINO, Gustavo. Nota Promissória e sua Autonomia. *In: Soluções Práticas*. Rio de Janeiro: Renovar, 2011. v. 3.

TEPEDINO, Gustavo. Premissas Metodológicas para a Constitucionalização do Direito Civil. *In*: TEPEDINO, Gustavo. *Temas de Direito Civil*. 3. ed. Rio de Janeiro: Renovar, 2004.

TEPEDINO, Gustavo; BARBOZA, Heloisa Helena; BODIN DE MORAES, Maria Celina. *Código Civil interpretado conforme a Constituição da República*. 3. ed. Rio de Janeiro: Renovar, 2014. v. I.

TEPEDINO, Gustavo; KONDER, Carlos Nelson; BANDEIRA, Paula Greco. *Fundamentos do direito civil*. 1. ed. Rio de Janeiro: Forense, 2020. v. 3.

TEPEDINO, Gustavo; OLIVA, Milena Donato. *Fundamentos do direito civil*. 1. ed. Rio de Janeiro: Forense, 2020. v. 1.

VAZ, Marcella Campinho. *Renúncia de direitos*: limites e parâmetros do seu exercício no direito brasileiro. Dissertação (Mestrado em Direito) – Faculdade de Direito da Universidade do Estado do Rio de Janeiro, Rio de Janeiro, 2019.

Informação bibliográfica deste texto, conforme a NBR 6023:2018 da Associação Brasileira de Normas Técnicas (ABNT):

AZEVEDO, Gustavo Souza de; BONELLI, Marvio. Simulação e negócio jurídico indireto: distinção a partir de uma perspectiva funcional. *In*: TEPEDINO, Gustavo; SILVA, Rodrigo da Guia (Coord.). *Relações patrimoniais*: contratos, titularidades e responsabilidade civil. Belo Horizonte: Fórum, 2021. p. 123-152. ISBN 978-65-5518-233-0.

Segundo Eixo – Titularidades

A FUNÇÃO SOCIAL NA TUTELA POSSESSÓRIA

ANDRÉ LUIZ MIRANDA DE ABREU

> *"Um possível exame da extensão do que se obtém em termos de efetividade do direito posto a respeito do tema pode, quiçá, revelar aspectos de uma crise. Uma análise centrada, por exemplo, na extensão concreta do cumprimento da função social da propriedade urbana, pode levar à conclusão de que a realização dos seus respectivos ditames previstos na Constituição e no Estatuto das Cidades tem encontrado óbices na passagem do dever-ser ao ser.*
> *De outro lado, se os avanços da funcionalização, especificamente no Brasil, após a redemocratização dos anos 80, não foram suficientes para a construção da almejada "sociedade livre, justa e solidária", também não podem ser desprezados, tanto no que tange à implementação de políticas públicas como na própria atuação jurisprudencial a esse respeito".*[1]

1 Introdução: a função social entre oásis e miragens

Grandes e recorrentes são os debates estabelecidos em torno da expressão "função social", sobretudo quando a expressão pretende

---

[1] RUZYK, Carlos Eduardo Pianovski. *Institutos fundamentais do direito civil e liberdade(s). Repensando a dimensão funcional do contrato, da propriedade e da família*. Rio de Janeiro: GZ Editora, 2011. p. 194.

"conferir um sentido teleológico a ser atribuído à propriedade, ao contrato e à família, como aptos à produção de prestações de caráter funcional".[2]

O que está em meio ao debate não é apenas a já desafiante dúvida acerca da existência mesmo da função social como realidade jurídica, mas sobretudo sua efetiva tradução em instrumental técnico-jurídico capaz de viabilizar a efetividade do projeto constitucional. Na seara ideológica, como já se afirmou, "a funcionalização é criticada tanto por liberais, por supostamente submeter os direitos do indivíduo (sobretudo a propriedade) aos interesses coletivos, [quanto por] por marxistas, por servir como discurso de legitimação da manutenção da propriedade privada".[3]

Perceber a manifestação concreta da função social nos institutos patrimoniais em geral, bem como identificar sua concretização no espaço da juridicidade, requer, antes de tudo, compreender de que modo pode, nas relações, traduzir desdobramentos eficientes de implementação do esperado solidarismo, consubstanciado no incremento do acesso e fruição dos bens, de modo a refutar também a crise de efetividade apontada pelos que afirmam "que a função social não teria realizado suas promessas".[4]

O delineamento dos debates doutrinários acerca da função social no século XX aponta, em grande parcela, o confronto entre as ideias de função como limite e de função como contributo, ambas vinculadas

---

[2] RUZYK, Carlos Eduardo Pianovski. *Institutos fundamentais do direito civil e liberdade(s). Repensando a dimensão funcional do contrato, da propriedade e da família*. Rio de Janeiro: GZ Editora, 2011. p. 194.

[3] RUZYK, Carlos Eduardo Pianovski. *Institutos fundamentais do direito civil e liberdade(s). Repensando a dimensão funcional do contrato, da propriedade e da família*. Rio de Janeiro: GZ Editora, 2011. p. 191. É do mesmo autor a citação de José Luiz de Los Mozos, em sua afirmação de que "a função social da propriedade só teve êxito no terreno ideológico, encontrando "um perfeito fracasso do ponto de vista da técnica legislativa", devendo restringir-se ao seu devido lugar: "fora do sistema". No mesmo sentido, o autor reproduz Orlando Gomes: "Se não chega a ser uma mentira convencional, é um conceito ancilar do regime capitalista, por isso que, para os socialistas autênticos, a fórmula função social, sobre ser uma concepção sociológica e não um conceito técnico-jurídico, revela profunda hipocrisia, pois 'mais não serve do que para embelezar e esconder a substância da propriedade capitalista'".

[4] RUZYK, Carlos Eduardo Pianovski. *Institutos fundamentais do direito civil e liberdade(s). Repensando a dimensão funcional do contrato, da propriedade e da família*. Rio de Janeiro: GZ Editora, 2011. p. 193. Como já se mencionou também, "déficits de eficácia" não têm sido argumentos capazes de afastar o reconhecimento mínimo da função social no contorno dos critérios de aquisição, estrutura e exercício das titularidades.

perigosamente, por vezes, às noções inapropriadas de interesse coletivo e bem comum.⁵

A abordagem deste trabalho, ao pretender encontrar indícios da influência da função social na tutela possessória do Brasil redemocratizado, o faz afastando de pronto qualquer concepção conceitual de função que pretenda tomar função como limite externo. E isso porque

> a função tomada apenas como limite não tem sentido, propriamente, funcional, sendo inepta para ensejar uma transformação qualitativa dos institutos a que se pretende aplicar. Aqui, com efeito, a função-limite define apenas um sentido quantitativo, que funciona como um estreitamento da liberdade formal dos indivíduos titulares de dadas posições jurídicas – sobretudo vinculadas à propriedade e ao contrato.⁶

Toma-se para esta construção, portanto, o conceito de função contributo, que, embora se relacione com todas as formas de pertencimento, aqui será analisada em sua conexão com o instituto possessório e consequente incremento das necessidades materiais primordiais. Nesta

---

[5] Neste sentido RUZYK, Carlos Eduardo Pianovski. *Institutos fundamentais do direito civil e liberdade(s). Repensando a dimensão funcional do contrato, da propriedade e da família*. Rio de Janeiro: GZ Editora, 2011. p. 186. Convergindo ao mesmo entendimento, Marcus Eduardo de Carvalho Dantas: "Esta primeira etapa será importante para que seja possível ressaltar que a discussão acerca do "lugar" a ser ocupado pelo conceito de função social – se interno ao próprio conceito de direito de propriedade ou limitação externa – é fortemente influenciada por uma visão jusnaturalista de direito subjetivo, a *facultas agendi* que o proprietário naturalmente tem e cabe ao Estado apenas "reconhecer". É daí que surge a visão, fundamentalmente distorcida, de que a regulamentação constitucional e legal do exercício do direito de propriedade representa uma "limitação" a um direito que, sendo natural, não admitiria restrições. Nesse sentido, pretende-se realizar uma contraposição entre essa "visão clássica" e a concepção presente em alguns estudos desenvolvidos por Pietro Perlingieri (1971; 2008) e Stefano Rodotà (1968; 1976; 2013), nos quais a noção de direito subjetivo é superada em favor do reconhecimento da existência de "situações jurídicas subjetivas", de caráter complexo e variado" (DANTAS, Marcus Eduardo de Carvalho. Da função social da propriedade à função social da posse exercida pelo proprietário. Uma proposta de releitura do princípio constitucional. *Revista de Informação Legislativa*, a. 52, n. 205, p. 23-38, jan./mar. 2015. Disponível em: https://www2.senado.leg.br/bdsf/bitstream/handle/id/509941/001032607.pdf?sequence=1. Acesso em 03 jan. 2021). Em construção lapidar, veja-se, por todos Gustavo Tepedino: "A despeito, portanto, da disputa em torno do significado e da extensão da noção de função social, poder-se-ia assinalar, como patamar de relativo consenso, a capacidade do elemento funcional em alterar a estrutura do domínio, inserindo-se em seu *profilo interno* e atuando como critério de valoração do exercício do direito, o qual deverá ser direcionado para um *massimo sociale*" (TEPEDINO, Gustavo. Contornos constitucionais da propriedade privada. *In: Temas de Direito Civil*. 3. ed. rev. e atual. Renovar: Rio de Janeiro, 2004. p. 281-282).

[6] RUZYK, Carlos Eduardo Pianovski. *Institutos fundamentais do direito civil e liberdade(s). Repensando a dimensão funcional do contrato, da propriedade e da família*. Rio de Janeiro: GZ Editora, 2011. p. 193.

perspectiva, é relevante perceber o caráter prestacional estabelecido para o titular do direito, bem como a finalidade a que se dirigem tais prestações, porque, como já dito, o estabelecimento do conteúdo e da operatividade da função social não é questão de fácil solução.[7] De todo modo, a orientação é a de que a noção de direito subjetivo é superada em favor do reconhecimento da existência de situações jurídicas subjetivas de caráter complexo e variado, atuando a função social como elemento legitimador da essência qualitativa do direito e também de sua estrutura.[8]

Esclareça-se, aqui, também, que o emprego da locução função social é assumido de modo a que se perceba, primeiramente, que o direito patrimonial é atribuído a um sujeito personificado, membro da comunidade.[9] Na mesma linha, o elemento "social" não é empregado no sentido abstrato de um interesse coletivo ou de bem comum, segundo o qual a noção de função social exsurge de uma lógica de precedência do coletivo sobre o individual, ou mesmo de precedência de uma determinada lógica de organização dos recursos produtivos sobre o titular do direito. Os perigos dessa concepção são evidentes, ao substituir a intersubjetividade concreta por elaborações que, marcadamente, podem vir a revestir-se de viés totalitário. Assim, a formulação de função social que encarrilha o presente trabalho encontra fundamento na compreensão da função social dos direitos patrimoniais como "tutela geral do homem que tem como objetivo o trabalho e a busca de garantia da emancipação na sociedade".[10] Assim, importante assinalar que se tomam como referências sujeitos inseridos em categorias sociais ou comunidades faticamente aferíveis.

Todo o exposto ganha pleno sentido ao constatar-se que os critérios que justifiquem a intervenção judiciária na tutela possessória devem ser passíveis de aferição. E isso, porque

---

[7] RUZYK, Carlos Eduardo Pianovski. *Institutos fundamentais do direito civil e liberdade(s). Repensando a dimensão funcional do contrato, da propriedade e da família*. Rio de Janeiro: GZ Editora, 2011. p. 259.

[8] HIRONAKA, Giselda Maria Fernandes Novaes. *Direito Civil*. Belo Horizonte: Del Rey, 2000. p. 103.

[9] BARCELLONA, Pietro *apud*. RUZYK, Carlos Eduardo Pianovski. *Institutos fundamentais do direito civil e liberdade(s). Repensando a dimensão funcional do contrato, da propriedade e da família*. Rio de Janeiro: GZ Editora, 2011. p. 183.

[10] POLIDO, Fabrício Pasquot *apud*. RUZYK, Carlos Eduardo Pianovski. *Institutos fundamentais do direito civil e liberdade(s). Repensando a dimensão funcional do contrato, da propriedade e da família*. Rio de Janeiro: GZ Editora, 2011. p. 179.

remeter-se ao "interesse coletivo" como uma abstração pode se transformar em instrumento retórico de restrição efetiva à proteção à posse, pois alguém poderia supor que o simples exercício de moradia, ou de atividade comercial de pequeno porte, não seria "relevante" para atender ao interesse social previsto pela norma, esvaziando, a rigor, suas finalidades.[11]

A averiguação que se pretende fazer a respeito da função social a toma como meio de promoção efetiva dos valores constitucionais, e isso por ser capaz de promover qualificações a partir de indivíduos em seus contextos de inserção e de acesso aos bens.[12] Em outras palavras, sem recorrer a concepções generalistas e abstrações coletivistas, a função social tece suas decorrências a partir das exigências do solidarismo como regra de corresponsabilidade pela manutenção das dignidades no campo das interações entre *pessoas* e *bens*.

2 A Constituição de 1988 e a tutela possessória: primeiras reflexões sobre "concessões à necessidade",[13] intervenção emancipatória e efetividade

Como exprime Menezes Cordeiro, a posse é uma situação na qual uma pessoa tem o controle material de uma coisa, podendo, por isso, dela retirar as vantagens que possa proporcionar ao mesmo tempo que, a princípio, pode excluir qualquer outra pessoa desse aproveitamento. Por tal motivo, prossegue o autor, afirmando que uma situação deste tipo não pode deixar de ter consequências de Direito, que, por sua

---

[11] RUZYK, Carlos Eduardo Pianovski. *Institutos fundamentais do direito civil e liberdade(s). Repensando a dimensão funcional do contrato, da propriedade e da família*. Rio de Janeiro: GZ Editora, 2011. p. 247.

[12] Em apoio ao mencionado, Brochado e Konder: "Funcionalizar um instituto é descobrir sob qual finalidade ele serve melhor para o cumprimento dos objetivos constitucionais, qual seja, a tutela da pessoa humana na perspectiva não apenas individual, mas também solidarista e relacional" (TEIXEIRA, Ana Carolina Brochado; KONDER, Carlos Nelson. Situações jurídicas dúplices: controvérsias na nebulosa fronteira entre patrimonialidade e extrapatrimonialidade. *In*: TEPEDINO, Gustavo; FACHIN, Luiz Edson (Orgs.). *Diálogos sobre direito civil*. Rio de Janeiro: Renovar, 2012. v. III, p. 07).

[13] A expressão é derivada da construção notória de Luiz Edson Fachin: "A posse assume então uma perspectiva que não se reduz a mero efeito, nem ser a encarnação da riqueza e muito menos manifestação de poder: é uma concessão à necessidade". FACHIN, Luiz Edson. *A função social da posse e a propriedade contemporânea (uma perspectiva da usucapião imobiliária rural)*. Porto Alegre: Fabris, 1988. p. 21.

vez, não são "monolíticas ou únicas". E isto, porque, "[d]e acordo com múltiplos critérios, a Ordem Jurídica irá ponderar que tipo de controlo está em causa, quem o exerce, quem o adquiriu e em que circunstâncias o fez, qual o bem considerado e quem, mercê da exclusividade por ele proposta, fica prejudicado pelo exercício". Conclui o autor: "Podemos adiantar que a posse surge quando o direito decida conceder, ao controlo material de determinada coisa, um estatuto que implique em algum relevo jurídico".[14]

Fato é que se a propriedade como direito subjetivo viabiliza traços de uma pretensa abstração, a posse é por si mesma efetividade. Ainda que direito, é, intrinsecamente, fato. É seu exercício efetivo que justifica sua tutela, porque "[o] aproveitamento dessa aptidão para gerar ampliação do universo capacitório dos possuidores e de terceiros que deles possam depender economicamente é dado que revela os contributos para a proteção jurídica da posse".[15] A concretude da posse acaba por determinar forma ímpar de construção do reconhecimento de sua legitimidade e formas de tratamento, conforme assinala Hernández Gil:

> La norma actua de manera heterónoma, dotando de validez a un acontecer real, no por su realidad, sino por formal acomodación a lo establecido, de tal suerte que es porque vale y no vale porque es. En cambio, en la posesión la situación dada tiene de suyo un valor. Naturalmente que obedece a la norma. Pero para afirmarlo se atiene a algo que existe y sucede; o sea, el contenido normativo aparece sensiblemente plegado al influjo de una realidad.[16]

A questão da efetividade dos direitos e, sobretudo, da efetividade da normativa constitucional, assumiu, como se sabe, o centro dos debates no denominado neoconstitucionalismo, fruto da reconstitucionalização posterior à segunda guerra mundial. No Brasil, porém, mesmo após o lapso já transcorrido de vigência da Constituição Federal de 1988, o quadro é cercado, até hoje, "das resistências previsíveis, ligadas ao autoritarismo e à insinceridade constitucional".[17]

---

[14] CORDEIRO, António Menezes. *A posse*: perspectivas dogmáticas atuais. 3. ed. actualizada. Coimbra: Edições Almedina SA, 2014. p. 7-8.

[15] RUZYK, Carlos Eduardo Pianovski. *Institutos fundamentais do direito civil e liberdade(s). Repensando a dimensão funcional do contrato, da propriedade e da família*. Rio de Janeiro: GZ Editora, 2011. p. 246.

[16] GIL, Antonio Hernández. *La Función Social de la Posesión. Ensayo de teorización sociológico-jurídica*. Madri: Artes Gráficas Benzal, 1967. p. 12.

[17] Afirma, ainda, Barroso: "A propósito, cabe registrar que o desenvolvimento doutrinário e jurisprudencial na matéria não eliminou as tensões inevitáveis que se formam entre as

A consagração normativa do dever de resguardo do mínimo existencial está longe de garantir a efetividade de tal tutela na vida factual de grande parte de grupos de pessoas desprovidas de sustento material e existencial.[18] Em razão disso, a otimização da citada garantia na vida das pessoas tem sido buscada por via da densificação do dever de solidariedade, a exigir de entes públicos e privados condutas que contribuam para a preservação da dignidade humana, e, por conseguinte, para o livre desenvolvimento da personalidade.[19] Assinale-se que a questão agiganta-se contemporaneamente com o reconhecimento de que "é necessário que também a posse esteja estruturada de modo a propiciar um conjunto de garantias materiais para uma vida condigna",[20] em um ambiente em que se constata "a presença de mais pessoas que demandam o uso de bens e a pretensão das democracias de atender e não mais ignorar tal pleito".[21]

Ponderada a assunção da solidariedade como princípio jurídico e a determinação do engajamento de todos no esforço de realização da dignidade da pessoa humana, é de se perscrutar então, no campo de uma reflexão acerca dos influxos da função social na tutela possessória, se e quais caminhos têm sido adotados para a garantia da desconstrução de obstáculos e superação de equívocos. Uma tal averiguação há que se fazer por meio de análises realísticas e contemporâneas, capazes de diagnosticar, inclusive, que o rol de necessidades mínimas a satisfazer não pode ser percebido por meio de enunciações subjetivas, mas, ao contrário, deve ser verificado concretamente em face da diversidade das características, auspícios e potencialidades humanas. A outro giro, uma tal investida importa em reposicionar os recursos em prol de uma ressignificada concepção de sustento, como já se afirmou.[22] O labor confronta-se, neste campo, com a imprescindível constatação do peso do

---

pretensões de normatividade do constituinte, de um lado, e, de outro lado, as circunstâncias da realidade fática e as eventuais resistências do *status quo*". (BARROSO, Luiz Roberto. *Curso de Direito Constitucional Contemporâneo. Os conceitos fundamentais e a Construção do Novo Modelo*. 5. ed. São Paulo: Saraiva, 2015. p. 296-297).

[18] SARMENTO, Daniel. O mínimo existencial. *In: Revista de Direito da Cidade*, v. 08, n. 4, p. 1644-1689, 2016. ISSN 2317-7721.

[19] MORAES, Maria Celina Bodin de. O princípio da solidariedade. *In*: MATOS, Ana Carla Harmatiuk (Org.). *A construção dos novos direitos*. Porto Alegre: Núria Fabris, 2008.

[20] SARLET, Ingo Wolfgang. Direitos fundamentais sociais, mínimo existencial e direito privado. Função do Direito. *In*: TIMM, Luciano Benetti; MACHADO, Rafael Bicca (Coord.). *Função Social do Direito*. São Paulo: Quartier Latin, 2009. p. 83.

[21] PERLINGIERI, Pietro. *Perfis do Direito Civil*. (Trad. Maria Cristina de Cicco). 2. ed. Rio de Janeiro: Renovar, 2002. p. 221.

[22] "... densificar a concepção de sustento (como sendo aquilo que se obtém dos recursos), alargando tal concepção de modo que se entenda como sustento tanto o pão de cada dia

elemento histórico, das forças sociais dominantes e das possibilidades do Direito enquanto "condicionado pela e condicionante da realidade".[23] Como também já se enunciou, as averiguações hão que se dar em meio às "tensões dialéticas entre fato e norma",[24] compreendidas no perímetro brasileiro no contexto das "marchas e contramarchas da constitucionalização do Direito Civil".[25]

Cumpre, então, ao presente trabalho, analisar, sob a perspectiva das diferentes vertentes de interpretação do fenômeno possessório e do solidarismo constitucional, em que medida a abordagem da tutela possessória – na doutrina e na jurisprudência brasileira – tem contribuído para a construção da autonomia da posse, seu redesenho estrutural e para a garantia da emancipação de possuidores proprietários ou não proprietários, legitimados pela utilização promocional dos bens. E isto porque:

> Numa sociedade em que a propriedade passa a ser o princípio organizativo do sistema, a transcendência – leia-se: a existência de um valor para além do valor de troca – das coisas é dificilmente percebida ou visualizada, e assim permite-se a negação do indivíduo enquanto pessoa. Recuperar a transcendência das coisas, reaver o que a titularidade das coisas tem de instrumento para a realização concreta da existência humana, significa ver a apropriação de bens por outros olhos. Estes olhos devem enxergar que as coisas de que o homem se apropria servem para realizar o homem, e não para serem realizadas no homem.[26]

---

quanto a ética refundidora da sociedade". MARÉS, Carlos Frederico. *A função social da terra*. Porto Alegre: Sérgio Antônio Fabris Editor, 2003. p. 11.

[23] A consideração é oriunda da constatação de Fachin: "Tal análise, por sua vez, requer – ao mesmo tempo em que também elucida – a consideração do elemento histórico, ajudando a demonstrar que a gerência dominante das forças sociais se revela nas instituições jurídicas, embora o Direito condicione e possa também ser condicionado". FACHIN, Luiz Edson. *A função social da posse e a propriedade contemporânea (uma perspectiva da usucapião imobiliária rural)*. Porto Alegre: Fabris, 1988. p. 2.

[24] PERLINGIERI, Pietro. *Perfis do Direito Civil*. (Trad. Maria Cristina de Cicco). 2. ed. Rio de Janeiro: Renovar, 2002. p. 2.

[25] A expressão é de Tepedino. TEPEDINO, Gustavo. Marchas e Contramarchas da Constitucionalização do Direito Civil: A interpretação do Direito Privado à luz da Constituição da República. *[Syn]Thesis*, Rio de Janeiro, v. 5, n. 1, p. 15-21, 2012. Disponível em: https://www.e-publicacoes. uerj.br/index.php/ synthesis/article/view/7431/ 5386. Acesso em 27 dez. 2020.

[26] CORTIANO JÚNIOR, Eroulths. Para além das coisas: breve ensaio sobre o direito, a pessoa e o patrimônio mínimo. *In*: RAMOS, Carmem Lucia Silveira, et. al. (Orgs.). *Diálogos sobre Direito Civil*: construindo a racionalidade contemporânea. Rio de Janeiro: Renovar, 2002. p. 163.

Na condução de um tal propósito, importante elucidar, antecipadamente, os critérios norteadores do exame, fundados nos balizamentos de constatação e reconhecimento da eficácia dos direitos fundamentais no contexto do pós-positivismo e do neoconstitucionalismo.[27]

3 A posse entre tradição e contexto

Realidade manifesta há muito tempo na história humana, a posse foi contemplada em diversas ordens jurídicas predecessoras. Sua abordagem jurídica foi elaborada no Direito Romano, no Direito Canônico, nos Direitos Germânicos, no jurisracionalismo e nas codificações. Sobre a complexidade histórico-cultural do instituto e suas consequências, merecem referência as observações de Menezes Cordeiro. Primeiro, ressalta o autor que "[a]s ideias novas tendem a não substituir as anteriores; antes se somam a elas. O conjunto não é sempre coerente: é filho duma complexidade histórico-cultural e não da pena de um legislador esclarecido". A partir de tais ilações, o doutrinador aponta a presença de "recepções sobrepostas", diversas e, por vezes, heterogêneas. Daí ser possível concluir – em dedução afim à realidade brasileira – que "todos esses factores de complexidade, que afligem a posse, são coroados pela persistência dum sistema tradicional de exposição, pouco permeável a novidades e à própria realidade dogmática". Em suma, espraiando sua análise, afirma Menezes Cordeiro que "[t]orna-se difícil, em Direitos Reais, fazer prevalecer uma ponderação de interesses sobre puras construções qualitativas".[28]

---

[27] Relevantíssima aqui a perfeita tradução de tais critérios efetivada por Tepedino: a) o reconhecimento do direito como realidade cultural, e não como resultado (*rectius*, submissão) da ordem econômica vigente: o direito tem uma intrínseca função promocional e não apenas uma função mantenedora do *status quo* (repressora) e reguladora de divergências; b) o decisivo predomínio das situações existenciais sobre as situações patrimoniais, devido à tutela constitucional da dignidade da pessoa humana; c) a valorização do perfil funcional em detrimento do perfil estrutural dos institutos jurídicos, impedindo, por essa via, a perpetuação do esquema da subsunção, já completamente ultrapassado, e libertando o fato – e juntamente com ele o juiz – dos enquadramentos rígidos em prol da aplicação da normativa mais adequada ao caso concreto; d) o reconhecimento da historicidade dos institutos, na medida da importância da função que exercem naquela determinada sociedade, naquele determinado momento histórico; e) a relatividade dos princípios, das regras e dos direitos, na medida em que todos exercem sua função em sociedade, isto é, em relação ao outro.

[28] O autor exemplifica, evocando o contexto português: "Por exemplo, continua a ser negada a possibilidade de constituir, por usucapião, o direito do locatário, embora procedam, em relação a essa possibilidade, todas as razões que justificam a usucapião, nos direitos reais de gozo". CORDEIRO, António Menezes. *A posse*: perspectivas dogmáticas atuais. 3. ed. actualizada. Coimbra: Edições Almedina SA, 2014. p. 10-11.

De fato, um olhar de perspectiva voltado às construções jurisprudenciais brasileiras é capaz de revelar que o processo interpretativo das circunstâncias de cada caso concreto carrega consigo, em grande parte das situações, muito mais das concepções teóricas ancoradas em discursos pretéritos sobre a posse do que do enfrentamento da tarefa de reconhecimento de sua autonomia e legitimidade como direito patrimonial vinculado à promoção de valores constitucionalmente tutelados.[29]

Permanecem as cogitações em torno de ser a posse fato ou direito, e, na última hipótese, as indagações acerca de tratar-se de direito pessoal ou real. Para além disso, algumas construções justificam a tutela possessória como decorrência da defesa de outros institutos (teorias relativas),[30] enquanto outras posições (teorias absolutas) reconhecem ser a tutela derivativo direto da posse em si mesma.[31] [32] O fato é que, dada a cristalização das construções doutrinárias anteriores e sua incrustação na fundamentação da tutela possessória, foram exatamente estudos sociológicos, por seu nível de questionamento e dissecção da realidade, que abriram caminho para uma significativa releitura da estrutura e função da posse e, por conseguinte, das motivações solidaristas e promocionais que justificariam sua tutela nos ordenamentos democráticos.

Ao se indagar, hoje, acerca do relevo dos questionamentos sobre sua natureza,[33] é importante sobrelevar, malgrado as elucubrações

---

[29] Tome-se como exemplo a discussão jurisprudencial e doutrinária em torno da relevante questão da possibilidade da interversão da posse precária e suas consequências.

[30] Neste campo, as teorias de Savigny e Ihering. A tutela possessória para Savigny encontraria seu fundamento na preservação da paz social e na negação da violência pela interdição do exercício arbitrário das próprias razões, impedindo-se, sobretudo via interditos, que o possuidor fosse atingido em sua pessoa. Na conhecida fundamentação de Ihering, a tutela possessória encontraria razão na defesa proprietária. Sobretudo as ações possessórias serviriam como uma "sentinela avançada" capaz de propiciar proteção rápida, presumindo tratar-se do titular efetivo do bem.

[31] Neste segmento posicionam-se a denominada Teoria da Vontade (BRUNS) e as Teorias do Interesse Econômico, inserindo-se nessas últimas as teorias sociológicas da posse.

[32] O registro acerca das teorias relativas e absolutas pode ser encontrado na análise dos estudos de Ihering, em sua obra *Sobre o fundamento da proteção possessória*, efetivada por Menezes Cordeiro. CORDEIRO, António Menezes. *A posse*: perspectivas dogmáticas atuais. 3. ed. actualizada. Coimbra: Edições Almedina SA, 2014. p. 47.

[33] Sobre o lugar e relevância de tais debates na contemporaneidade, pontua Tepedino: "Em outros termos, para além da vetusta discussão entre a natureza da posse como fato ou direito, ou entre direito real ou pessoal, o estudo e a tutela da posse passaram a significar a prevalência da função sobre a estrutura dos direitos na promoção da solidariedade constitucional". TEPEDINO, Gustavo. Apresentação. *In*: GONÇALVES, Marcos Alberto Rocha. *A Posse como direito autônomo*: teoria e prática no Direito Civil Brasileiro. Rio de Janeiro: Renovar, 2015.

suscitáveis, que, na contemporaneidade, o ordenamento reconhece a autonomia possessória, perquirindo sua fundamentação do ponto de vista funcional, fundamentação esta capaz de justificar sua legitimidade como direito patrimonial.[34] A constatação que se pretende apresentar encontra tradução refinada em Tepedino:

> Entretanto, o exercício possessório, protegido legal e constitucionalmente, adquiriu gradualmente fundamento, legitimidade e finalidade autônomos, a desafiar a doutrina a definir seus contornos dogmáticos a partir da tutela própria de que é merecedora na legalidade constitucional. Na experiência brasileira, e especialmente após a Constituição da República de 1988, a utilização de bens jurídicos submete-se à função social, que implica permanente controle da utilidade social do exercício possessório, funcionalizando-o à promoção de valores e direitos fundamentais, como moradia e trabalho.[35]

Mais que as questões secundárias registradas na dogmática, devem prevalecer hodiernamente, como norteadores centrais da tutela possessória, – bem como de seu alcance, razão e possibilidades no contexto pátrio – as aferições funcionais capazes de adequar e compromissar a estrutura protetiva com aqueles interesses que se reconheçam como *interesses qualificados*.[36] Em termos práticos, o que significa a afirmação? Significa reconhecer que, malgrado a tutela da posse ter percorrido caminhos históricos de submissão à propriedade e metadiscursos ensejadores de *refrações conceituais*,[37] é necessário "autorizar o intérprete a se valer de mecanismos de defesa da posse com autonomia, sempre que se acharem presentes os pressupostos de

---

[34] Conforme salienta Fachin, em prefácio à obra de Gonçalves, "O regime jurídico da posse e da propriedade é a imagem especular, ainda que assimétrica, do que se projeta da sociedade para o ordenamento jurídico. A estrutura da apropriação define os sentidos e fundamentos do sistema de relações sociais. Tanto paradoxos endógenos quanto contradições endógenas entre a regulação jurídica e a vida em sociedade podem, por essa via, pontificar travessias interessantes para a teoria e prática do Direito". No exato sentido do parágrafo que suscita essa nota – no que pertine ao reconhecimento da autonomia possessória – elucida Fachin, na mesma obra: "A posse, como bem exposto está no trabalho que ora prefaciamos, diz respeito a um *interesse qualificado*. Tal qualificação lhe imprime um sentido existencial, sobranceiro ao desígnio patrimonial que lhe é também inerente. FACHIN, Luiz Edson. Prefácio. *In*: GONÇALVES, Marcos Alberto Rocha. *A Posse como direito autônomo*: teoria e prática no Direito Civil Brasileiro. Rio de Janeiro: Renovar, 2015.

[35] TEPEDINO, Gustavo. Apresentação. *In*: GONÇALVES, Marcos Alberto Rocha. *A Posse como direito autônomo*: teoria e prática no Direito Civil Brasileiro. Rio de Janeiro: Renovar, 2015.

[36] Ver notas anteriores.

[37] CORDEIRO, António Menezes. *A posse*: perspectivas dogmáticas atuais. 3. ed. actualizada. Coimbra: Edições Almedina SA, 2014. p. 9.

sua legitimação social, independentemente do domínio".[38] Impõe-se, por fim, na contemporaneidade, partir da função do instituto para fazer incluir, em sua estrutura, poderes atribuídos ao possuidor e também deveres indispensáveis ao atendimento da função social.

4 A tutela possessória na realidade da redemocratização: renitências e congruências

A poesia espanhola elucidou constatação extensível ao fenômeno jurídico: "Caminante, no hay camino, se hace camino al andar".[39] É justo, nesta perspectiva,[40] que se constatam renitências e congruências determinantes dos fluxos e refluxos da efetivação de uma tutela possessória[41] comprometida com "a força normativa da Constituição".[42]

Pressupondo que a ordem jurídica atual se reestrutura de modo a eleger a dignidade da pessoa humana como imperativo ético existencial fundante da racionalidade do ordenamento jurídico nacional, forçoso concluir que o indivíduo, nesse cenário de *repersonalização*,[43] emerge como protagonista das preocupações do Direito.

Reconhecido como um fim em si próprio, não mais no lugar metafísico da abstração do sujeito racional, mas como pessoa humana concreta cuja rede de relações constitui a sociedade, o indivíduo passa a contar com o respeito e a consideração por parte do Estado – que encontra na preservação da dignidade limites e tarefas – e da comunidade. Reveste-se, assim, de um complexo de direitos e deveres que lhe garantem contra ingerências degradantes ou desumanas e lhe asseguram condições existenciais mínimas para uma vida plena,

---

[38] TEPEDINO, Gustavo. Direito das Coisas. Arts. 1196 a 1276. *In*: AZEVEDO, Antônio Junqueira de (Coord.). *Comentários ao Código Civil*. São Paulo: Saraiva, 2011. v. 14, p. 47. Citando Chamoun, registra ainda o autor que posse seria, nesta recontextualização, "exercício autônomo das faculdades inerentes ao domínio, mas independentemente do domínio, até mesmo sem domínio, até mesmo contra o domínio".

[39] Os versos são do poeta espanhol Antônio Machado, em seu poema Cantares. Em tradução livre: "Caminhante, não há caminho, o caminho se faz ao caminhar".

[40] Ver notas anteriores.

[41] Nas palavras de Marés, "É a eterna luta do velho contra o novo que sempre acaba por se impor e que por isso mesmo alimenta a esperança de um mundo possível, para todos, e justo". MARÉS, Carlos Frederico. *A função social da terra*. Porto Alegre: Sérgio Antônio Fabris Editor, 2003. p. 131.

[42] A expressão encontra fulcro no notório trabalho de Konrad Hesse. HESSE *apud*. BARROSO, Luiz Roberto. *Curso de Direito Constitucional Contemporâneo. Os conceitos fundamentais e a Construção do Novo Modelo*. 5. ed. São Paulo: Saraiva, 2015. p. 296.

[43] TEPEDINO, Gustavo. *Temas de Direito Civil*. 3. ed. Rio de Janeiro: Renovar, 2004.

autônoma em relação ao próprio destino e corresponsável pela vida em comunhão.[44] Como informa Fachin,[45] o reconhecimento da dignidade da pessoa humana é consequência de uma ética de alteridade[46] que sobrepaira o direito e deve informá-lo.

É justamente da ideia de dignidade da pessoa humana que deriva a necessidade de proteção autônoma da posse, situação de apropriação coligada, em grande parte das circunstâncias, à subsistência. A ideia, de tão nítida e necessária, reveste-se do reconhecimento social espontâneo presente ao longo da história humana, explicitado pelas teorias sociológicas e refletido no tratamento jurídico ao fenômeno fático que, historicamente, antecedeu a propriedade.

Após as teorias de Savigny e Ihering, este último com forte reverberação em diversos sistemas jurídicos, a dura tarefa da desconstrução do caráter subalterno da posse coube, como já salientado, a juristas marcados por fortes formações sociológicas, destacando-se pelas contribuições Silvio Perozzi (posse como plena disposição ante abstenção dos sujeitos integrantes da coletividade), Raymond Saleilles (posse como relação fática hábil a estabelecer independência econômica do possuidor) e Antônio Hernandez Gil (função social como pressuposto e escopo de todas as instituições reguladas pelo Direito, inclusive a posse).[47]

A incidência e o reconhecimento da função social das titularidades conferem novo papel à posse, conforme se pode depreender de parte dos julgados pátrios. Paulatinamente, dá-se o reconhecimento da autonomia do instituto, capaz de permitir ao julgador verificar, em conformidade com o conjunto valorativo constitucional, qual situação deve merecer a efetiva proteção estatal.

O desafio dos julgadores na salvaguarda da pessoa humana e implementação de uma solidariedade determinada pelos deveres da coexistência é conferir efetividade ao conceito de função social, sem, contudo, descurar-se de que ele deve também coabitar com a proteção

---

[44] SARLET, Ingo Wolfgang. *Dignidade da Pessoa Humana e Direitos Fundamentais na Constituição Federal de 1988*. Porto Alegre: Livraria do Advogado, 2001. p. 60.

[45] FACHIN, Luiz Edson; PIANOVSKI, Carlos Eduardo. A dignidade da pessoa humana no direito contemporâneo: uma contribuição à crítica da raiz dogmática do neopositivismo constitucionalista. *Revista Trimestral de Direito Civil*. Rio de Janeiro: Padma, v. 9, n. 35, jul./set. 2008, pp. 101-119.

[46] FACHIN, Luiz Edson; PIANOVSKI, Carlos Eduardo. A dignidade da pessoa humana no direito contemporâneo: uma contribuição à crítica da raiz dogmática do neopositivismo constitucionalista. *Revista Trimestral de Direito Civil*. Rio de Janeiro: Padma, v. 9, n. 35, jul./set. 2008, pp. 101-119.

[47] OLIVEIRA, Álvaro Borges de; MACIEL, Marcos Leandro. Estado da arte das teorias possessórias. *Revista direitos fundamentais e democracia*, Curitiba, v. 5, p. 1-14, 2009.

constitucional à livre iniciativa e à propriedade privada. Neste aspecto é possível detectar a sensibilização, em maior ou menor intensidade, a "novos contornos constitucionais"[48] das titularidades, reconhecedores de interesses individuais e supraindividuais de caráter existencial. A afirmação sobre a maior ou menor sensibilização pode ser conferida em julgados e suas diferentes manifestações, "congruentes ou renitentes" à principiologia constitucional. No plano das incongruências, são ressaltáveis as críticas não apenas a interpretações jurisprudenciais e doutrinárias não emancipadoras das premissas existenciais, mas também à construção de embaraços comprometedores, no próprio texto constitucional, da proposta solidarista. É contundente a asserção de Marés:

> Como não podiam desaprovar claramente o texto cidadão, ardilosa e habilmente introduziram senões, imprecisões, exceções que, contando com a interpretação de Juízes, Tribunais e do próprio Poder Executivo, fariam do texto letra morta, transportando a esperança anunciada na Constituição para o velho enfrentamento diário das classes dominadas, onde a lei sempre é contra.
>
> [...]
>
> Para fazer valer estas falácias já não aceitas pelo povo, o sistema latifundiário usa toda a inteligência dos intérpretes, a astúcia dos políticos e a brutalidade da polícia pública e dos exércitos privados, reprimindo o grito de esperança que teimosamente surge no horizonte. É a eterna luta do velho contra o novo que sempre acaba por se impor e que por isso mesmo alimenta a esperança de um mundo possível, para todos, e justo.[49]

É, portanto, em seu caminhar, que doutrina e jurisprudência têm se encarregado, desde a redemocratização, da *construção do caminho*,[50]

---

[48] A expressão é de Tepedino, em sua produção "Contornos Constitucionais da Propriedade Privada". TEPEDINO, Gustavo. Contornos constitucionais da propriedade privada. *In*: *Temas de Direito Civil*. 3. ed. rev. e atual. Renovar: Rio de Janeiro, 2004. p. 303-329.

[49] MARÉS, Carlos Frederico. *A função social da terra*. Porto Alegre: Sérgio Antônio Fabris Editor, 2003. p. 118, 131.

[50] É de Ubillus o registro de que "O trato que será dado ao tema pela doutrina e jurisprudência no Brasil seguramente capitaneará os rumos que a defesa da Constituição tomará neste país. Em meio a tanta desigualdade social, o desenvolvimento da eficácia horizontal revela-se ainda mais importante para que se consolide um "significado educativo" dos direitos fundamentais: afinal, "se em uma relação jurídico-privada ambas as partes sabem que os direitos fundamentais regem também esta relação, o mero conhecimento já pode evitar a aparição de vulnerações desses direitos". UBILLUS *apud*. COSTA, Adriano Pessoa da. *Direitos Fundamentais entre particulares na Ordem Jurídica Constitucional Brasileira*. Disponível em: www.georgemlima.xpg.com.br/horizontal.doc. Acesso em 05 out. 2020.

da tutela possessória, consideradas as adversidades do percurso e o maior ou menor grau de comprometimento com o resultado do processo interpretativo.

Considerações mais apropriadas acerca da proteção possessória apresentam como ponto comum a verificação de que a função social realiza-se, ou não, mediante atos concretos de quem tem a disponibilidade dos bens, ou seja, do possuidor, considerado no mais amplo sentido, titular do direito de propriedade ou não, provido ou não de título jurídico a justificar sua posse.[51] A outorga da tutela possessória, nesta esteira, pressupõe a averiguação sensível do alinhamento entre a ação humana – apreciada no contexto do exercício das faculdades do domínio – e seus reflexos síncronos de promoção dos interesses legítimos do possuidor e respeito aos interesses dos circundantes não possuidores.[52] Como reconhecem as teorias sociológicas, o fenômeno possessório encontra repercussão e tutela jurídica em razão de um "permissivo da solidariedade social" determinante de abstenções e proteções do grupo em circunstâncias nas quais o interesse possuidor ajusta-se ao cumprimento da função social dos bens. Inexistindo tal ajuste, seja porque o interesse possuidor rompe fundamentos éticos e basilares do sistema, seja porque o desenvolvimento da posse por seu titular ou titulares mostra-se economicamente inviável (*v.g.*, a improdutividade que a teoria econômica acabou por denominar de "tragédia dos comuns"), torna-se também imperioso impor restrições na eficácia da posse ou mesmo negar-lhe eficácia.

É fato que a posse, acompanhada de título dominical, tem sua função absorvida pela função social atribuída ao direito de propriedade. Desacompanhada de título dominical, tem "função dúctil que se define a posteriori", sob a diretriz dos princípios da dignidade humana, da solidariedade social e da igualdade. Este é o fundamento da tutela

---

[51] Na lição de Marés: "Por isso a função social é relativa ao bem e ao seu uso, e não ao direito. A desfunção ou violação se dá quando há um uso humano, seja pelo proprietário legitimado pelo sistema, seja por ocupante não legitimado". MARÉS, Carlos Frederico. *A função social da terra*. Porto Alegre: Sérgio Antônio Fabris Editor, 2003. p. 116.

[52] Leciona, nesse sentido, Tepedino: "Semelhante giro conceitual se explica a partir do reconhecimento do papel preponderante do perfil do exercício possessório para a análise do merecimento de tutela dos direitos reais. De fato, se a posse é a manifestação exterior do exercício das faculdades do domínio, aumenta em importância a análise do exercício possessório para a identificação de titularidades reais merecedoras de tutela (ou, ao revés, para a proteção prioritária de posses desprovidas de titularidade dominical, desde que consentâneas com os valores e princípios existenciais agasalhados pelo ordenamento)". TEPEDINO, Gustavo. Apresentação. *In*: GONÇALVES, Marcos Alberto Rocha. *A Posse como direito autônomo*: teoria e prática no Direito Civil Brasileiro. Rio de Janeiro: Renovar, 2015.

possessória na ordem civil constitucional e o critério interpretativo para a solução dos conflitos entre situações jurídicas proprietárias e possessórias, sem precedência hierárquica. Daí a conclusão de que é "contraproducente assegurar tutela legal abstrata ao possuidor não proprietário".[53]

A apuração fática é, portanto, imprescindível a uma perquirição compromissada com a tábua axiológica maior. É o compromisso com a adequada qualificação das situações, aliás, que tem talhado, sob o mármore da tradição, novos e adequados relevos, promovendo a releitura de classificações, alteração na análise dos temas da transmudação e da interversão, a construção de inovadores instrumentos de titulação e a instrumentalização de novos recursos assecuratórios, mesmo para aqueles cuja posse não segue ancorada a título formal. Reafirma-se, aqui, portanto, a relevância do método interpretativo. Uma tal complexidade de análise jamais pode ser cotejada, em toda sua amplitude, pela estrita lógica-formal subsuntiva.

Na linha contrária, as interpretações comprometedoras da efetividade constitucional têm como traço comum a perigosa e, por vezes, intencionada, adoção das já mencionadas referências abstratas e universalizantes acerca do conceito de função social. Tais *constructos* carregam consigo alto potencial de nocividade. A uma, porque podem prestar-se à implementação de propósitos totalitários. Também porque tornam possível o arbítrio do magistrado, incrementando o risco do "decisionismo". Por fim, porque "remeter-se ao interesse coletivo como abstração pode se transformar em instrumento retórico de restrição excessiva à proteção à posse".[54]

Em incursão ao quadro brasileiro recente, paradigmático, no confronto das linhas interpretativas referenciadas, é o caso da usucapião imobiliária urbana ante a questão da metragem mínima do lote usucapível. As duas orientações interpretativas, em confronto com a referência fática, acabaram por, em primeiro momento, externar, nas divergências jurisprudenciais, matizes e consequências distintas. Assim, sobrelevada a questão existencial, a exigibilidade de metragem mínima como requisito da via aquisitiva da propriedade foi redimensionada

---

[53] Os apontamentos são de Tepedino, (TEPEDINO, Gustavo. Apresentação. *In*: GONÇALVES, Marcos Alberto Rocha. *A Posse como direito autônomo*: teoria e prática no Direito Civil Brasileiro. Rio de Janeiro: Renovar, 2015. Nota 51).

[54] RUZYK, Carlos Eduardo Pianovski. *Institutos fundamentais do direito civil e liberdade(s). Repensando a dimensão funcional do contrato, da propriedade e da família.* Rio de Janeiro: GZ Editora, 2011. p. 247.

nas elaborações que, frente às exigências concretas de "concessão à necessidade", foram capazes de identificar que os traços da função social se sobrepõem, embora não suplantem, às exigências gerais de ordenação da cidade. Decisões, porém, arraigadas à legalidade estrita e ao método subsuntivo – anunciadoras da existência de um "direito coletivo" à ordenação urbana, precedente aos imperativos da dignidade do *alter* –, tingiram de entraves o quadro jurisprudencial, afastando a posse, em casos dramáticos, de sua função mais precípua: a viabilização do acesso ao mínimo existencial.[55]

Em contraposto aos olhares pessimistas, são constatáveis significativas contribuições dos tribunais brasileiros na direção do reconhecimento da autonomia possessória e do redimensionamento de sua apreciação. São passíveis de apontamento as gradativas reconsiderações em torno da qualificação da posse – suplantando tradicionais imperativos da dogmática clássica atinente à classificação da posse – e suas implicações práticas. Muitos são os rearranjos em torno da interversão unilateral da posse injusta, reconhecendo-se o convalescimento dos vícios da violência e da clandestinidade, e, de forma mais emblemática, do vício da precariedade, em razão do quadro objetivo ensejador da requalificação.[56] Do mesmo modo, no esforço de conceder-se eficácia ao instituto previsto no §4º do art. 1228 do Código Civil, o território dos denominados vícios subjetivos acabou por suportar reconsiderações a respeito de sua plástica

---

[55] A questão foi desenvolvida por Monteiro Filho: "A função, aqui, é eminentemente distinta, a promover a conversão da posse em propriedade e permitir o acesso ao domínio por parte do possuidor, fortalecendo o estatuto de sua moradia. Representa a consagração dos anseios por justiça social, além de eloquente exemplo da prevalência dos interesses extrapatrimoniais sobre os patrimoniais, na medida em que antepõe a função social da posse exercida pelo possuidor à propriedade do incauto titular; o direito à moradia à especulação dominial; a dignidade humana ao capital; o desempenho ativo da situação jurídica subjetiva à letra fria do título no Registro de Imóveis; a solidariedade ao individualismo; a substância à forma". O estudo do autor, para além de cotejar e catalogar diferentes julgados e súmulas, traça apurada análise crítica. MONTEIRO FILHO, Carlos Edson do Rego. Usucapião Imobiliária Urbana Independente de Metragem Mínima: uma concretização da função social da propriedade. *Revista Brasileira de Direito Civil*, v. 2, p. 25, out./dez. 2014. ISSN 2358-6974.

[56] Sobre a precariedade, tome-se o seguinte acórdão: INTERVENÇÃO DA POSSE PRECÁRIA. FUNÇÃO SOCIAL DA PROPRIEDADE E DA POSSE. DA PRELIMINAR CONTRARRECURSAL Atendido o disposto no art. 1.003, §5º, do CPC, a apelação foi interposta tempestivamente. Preliminar rejeitada. DO MÉRITO. Se o direito de propriedade se legitima (e então cumpre sua função social) pela utilização econômica, aquele que, sendo privado da posse por precarista, se mantém inerte pelo tempo necessário para consumar a aquisição, perde seu direito de propriedade, e consequentemente, deve sucumbir ante a uma ação de usucapião, possessória ou reivindicatória. PRELIMINAR CONTRARRECURSAL REJEITADA. APELO DESPROVIDO. (BRASIL. *Apelação Cível nº 70076047851*. Décima Quarta Câmara Cível. Tribunal de Justiça do Estado do Rio Grande do Sul, Relator: Roberto Sbravati, Julgado em 22.02.2018).

conceitual, redesenhada também pelo abandono das teorias relativas em prol de uma tutela possessória fulcrada na análise circunstanciada demandada pelo imperativo da função social. Deste modo, o qualificativo "boa-fé" suplanta o elemento psíquico para revestir-se de novo delineamento provindo do efetivo exercício das faculdades proprietárias em quadros nos quais o acesso ao mínimo existencial, cotejado com outros elementos, justifique o reconhecimento da situação possessória e sua tutela, mesmo diante da ciência da inexistência de título.[57] O que

---

[57] A proposição está claramente contemplada no enunciado 309 das Jornadas de Direito Civil do Conselho da Justiça Federal: "O conceito de posse de boa-fé de que trata o art. 1.201 do Código Civil não se aplica ao instituto previsto no §4º do art. 1.228". Registre-se que, a nosso ver, a questão vai além de se dizer que o conceito tradicional da classificação não se aplica para averiguação da boa-fé no instituto do art. 1228, §4º do Código Civil. Trata-se de reconhecer que a construção da autonomia da posse acaba por exigir a averiguação, em cada caso (mormente quando em confronto com a propriedade ou outro direito real), quem, verdadeiramente, ostenta título, considerado este último não como elemento formal, mas como causa justificadora da tutela jurídica. Uma tal ponderação abre caminho para diferente delineamento da boa-fé, torneada pela conduta humana que, no trato com os bens, manifesta os melhores qualificativos segundo o cumprimento da função social. Tal forma de análise, embora ainda muitas vezes deturpada pela vetusta noção de propriedade absoluta, ganha terreno nos tribunais brasileiros, como se vê, por exemplo, na reflexão levada a cabo na ementa do acórdão seguinte: "DESAPROPRIAÇÃO JUDICIAL PRIVADA POR POSSE-TRABALHO. ART. 1228, §§4º E 5º, DO CÓDIGO CIVIL. POSSE DE BOA-FÉ NÃO CONFIGURADA. 1. A boa-fé subjetiva relaciona-se àquele que ignora vício relativo a uma pessoa, bem ou negócio; a boa-fé objetiva, por outro lado, constitui um modelo de conduta social ou um padrão ético de comportamento que impõe, concretamente, a todo cidadão que, nas suas relações, atue com honestidade, lealdade e probidade. 2. No caso concreto, a boa-fé dos apelantes, revelada por um comportamento honesto e leal em relação à ocupação, não restou configurada. Os autos revelam que foram ajuizadas, há anos, ações de reintegração de posse dos imóveis em questão, no bojo das quais foram deferidas liminares, tendo sido, posteriormente, julgada procedente a pretensão. O ajuizamento da presente ação, portanto, caracteriza uma tentativa de os apelantes se furtarem à observância dos comandos judiciais que, há anos, determinaram a desocupação dos imóveis invadidos, o que, evidentemente, não se coaduna com a boa-fé. 3. Além disso, caso fossem destinados recursos públicos para o pagamento de indenização ao proprietário, como postulado, estar-se-ia violando indiretamente a proibição do art. 2º, §8º, da Lei nº 8.629/93, bem como burlando os critérios legais de seleção de beneficiários do Programa Nacional de Reforma Agrária". (TRF4. BRASIL. *Apelação Cível nº 5002649-24.2017.4.04.7010*. Terceira Turma. Tribunal Regional Federal da 4ª Região. Rel. Des. Marga Inge Barth Tessler, juntado aos autos em 18.09.2019). Ainda na mesma esteira de análise distinta do conceito de posse de boa-fé: "APELAÇÃO CÍVEL. IMISSÃO DE POSSE. COMODATO VERBAL. INTERVERSÃO NA POSSE. SUPRESSIO. Apelante que se insurge contra o não reconhecimento de sua melhor posse em face do alegado ocupante da área, este que ali se encontra há mais de 40 anos. Alegação de existência de comodato verbal pelo proprietário anterior. Prova oral conflitante. Ocupação da área pelo réu que é anterior à aquisição do domínio pela autora. Autora que em depoimento afirma nunca ter tido posse de área ou feito qualquer acessão ou benfeitoria no terreno. Ausência de qualquer ato de preservação dos seus direitos ao longo de mais de quatro décadas. Ocorrência de supressio pela inércia prolongada do exercício de um direito subjetivo, o que segundo a boa-fé objetiva cria na outra parte a legítima expectativa de que tal direito não mais será exercido. Réu que viu crescer seus filhos no imóvel e ainda explora no local pequeno comércio de bar de onde tira seu sustento. Nítida

se afere então é que a revisita às tradicionais classificações da posse tem estabelecido importante "iter" de redesenho estrutural. Tal revisita, ao determinar erosões, torna possível que as classificações consagradas não se revelem, pelo peso do dogma, detratores do real significado da posse. O processo interpretativo derivado do reconhecimento da função social como contributo tem levado, como não poderia deixar de ser, à identificação de que a emancipação da posse há de resultar em direitos, mas também em conjunto de prestações igualmente decorrentes do solidarismo. A observação se comprova com a mostra do mosaico de decisões em ambos os sentidos. Liberta das justificativas relativistas[58] de sua tutela, a posse tem reconhecida sua independência, concedendo direitos, por exemplo, na já emblemática admissibilidade da oposição de embargos de terceiro, fundada em alegação de posse advinda do compromisso de compra e venda de imóvel, ainda que desprovido do registro (Súmula nº 84 do STJ) e na proteção efetiva da posse do promissário comprador, sem o referido registro (inclusive na hipótese da Súmula nº 308 do STJ, resguardando-se a ineficácia de hipoteca frente a promissários compradores/possuidores de boa-fé, ainda que não efetivos proprietários).[59] Também encontra promoção na possibilidade de invocação da proteção emanada dos direitos de vizinhança, mesmo nas hipóteses em que o texto legal se referiu apenas

---

interversão do caráter da posse por atos exteriores e inequívocos, durante largo período de tempo, pelo possuidor direto que se opõe ao abandono pelo possuidor indireto e alegado proprietário. Inteligência do §único do art. 1.198 c/c 1203 CC/02. Ordenamento que não ampara o exercício da propriedade divorciado de sua função social. Inteligência do art. 5º XXIII CF/88. Sentença que se confirma. Recuso desprovido". (TJ-RJ. BRASIL. *Apelação Cível nº 0001005-83.2004.8.19.0011*. 5ª Câmara Cível. Tribunal de Justiça do Estado do Rio de Janeiro. Relator: Des. Cristina Tereza Gaulia).

[58] Ver notas anteriores.
[59] Tome-se como referência a seguinte ementa: "PROCESSO CIVIL. EMBARGOS DE TERCEIRO. IMÓVEL EM PROCESSO DE USUCAPIÃO. CONTRATO DE PROMESSA DE COMPRA E VENDA NÃO REGISTRADO. IMPOSSIBILIDADE. POSSUIDOR DE BOA-FÉ. SÚMULAS Nº 84 E 308 DO STJ. 1. Deve-se resguardar o terceiro possuidor e adquirente de boa-fé quando a penhora recair sobre imóvel objeto de execução e não mais pertencente ao devedor/alienante, uma vez que houve transferência do domínio, embora sem o rigor formal exigido. 2. No tocante ao possuidor, que, durante anos, detém o imóvel em virtude de compromisso de compra e venda ou documento equivalente, ainda não registrado, dá-se prevalência ao direito pessoal qualificado pela posse, sobre o direito, também pessoal, do credor exequente. Nesse sentido, a Súmula 84 do STJ, que admite os embargos de terceiro fundados em alegação de posse advinda do compromisso de compra e venda de imóvel, ainda que desprovido de registro. 3. Irrelevante que tenha um ocupante no imóvel, diverso do usucapiente. 4. Apelação desprovida". (TRF4. BRASIL. *Apelação Cível nº 5002899-32.2014.4.04.7117*. Terceira Turma. Tribunal Regional Federal da 4ª Região. Rel. Des. Carlos Eduardo Thompson Flores Lenz, juntado aos autos em 04.12.2014).

ao proprietário.⁶⁰ No feixe das possibilidades do possuidor, encarta-se, ainda, aquela que maiores perplexidades tem suscitando quanto aos limites e possibilidades do texto constitucional, mas que, construída prudentemente, tem reestruturado, com observância aos ditames da carta, o direito de propriedade: a neutralização e a inversão – pelo reconhecimento da primazia da posse – das faculdades proprietárias, máxime a faculdade reivindicatória.⁶¹

Já no que tange às prestações derivadas da situação possessória, é também o solidarismo o pincel delineador de um estatuto em desenvolvimento. Nesta linha, é possível apontar o reconhecimento da legitimidade da cobrança de cotas condominiais diretamente do possuidor não proprietário.⁶² Também, como contraponto já apontado em notas anteriores, a submissão do possuidor a obrigações *propter rem* típicas do proprietário no âmbito do direito de vizinhança. Cabível igualmente mencionar o entendimento que tem concedido interpretação extensiva da expressão "imóvel reivindicado", do art. 1228, §4º, do CC, para abarcar a possibilidade de invocação do instituto frente ao juízo possessório, quando a retomada se pretenda protagonizada pela via

---

⁶⁰ Conforme Farias e Rosenvald, "Certamente, não é apenas o proprietário que se encontra em posição de sofrer consequências do uso anormal do prédio vizinho. A disciplina jurídica dos direitos de vizinhança se refere à titularidade e também ao possuidor – direito e indireto. Todos são titulares de direitos subjetivos a um comportamento de abstenção de vizinhos, apto a impedir o uso anormal da propriedade e da posse. A legitimidade ativa para a propositura das ações pertinentes estende-se aos aparentes proprietários, abrangendo os titulares de direitos reais (v.g., usufrutuário, superficiário) e obrigacionais (v.g. locatário, comodatário), que exercitem ingerência socioeconômica sobre o bem imóvel na qualidade de possuidores, sem qualquer relação com o proprietário". (FARIAS, Cristiano Chaves de; ROSENVALD, Nelson. *Curso de Direito Civil*. São Paulo: Atlas, 2015. v. 5, p. 544). No contraponto da nocividade do possuidor ao seu entorno, assinala Lobo: "Do mesmo modo, a pretensão e a ação judicial podem ser dirigidas ao possuidor direto, pois a obrigação de não causar interferências não é apenas do proprietário, mas de quem esteja na qualidade de vizinho. A legitimidade passiva expandida, na ação judicial, tem sido admitida pelos tribunais (STJ. REsp nº 480.621 e REsp nº 622.203)". LOBO, Paulo. Direitos e conflitos de vizinhança. In: *Revista Brasileira de Direito Civil, Doutrina Nacional*, v. 1, p. 61-87, jul./set. 2014. ISSN 2358-6974.

⁶¹ Vide ementa do segundo acórdão citado em notas anteriores, a mencionar expressamente, inclusive, o instituto da *supressio*.

⁶² *v.g.*, julgado do TJ-SP: COBRANÇA DE CONDOMÍNIO. AÇÃO PROPOSTA CONTRA AQUELES QUE CONSTAM COMO PROPRIETÁRIOS JUNTO AO REGISTRO IMOBILIÁRIO. A dívida de condomínio, de caráter *propter rem* pode ser cobrada tanto do titular do domínio quanto do compromissário-comprador. Hipótese, contudo, em que a transmissão da posse se deu de longa data. Existência de cobrança anterior quitada pelo próprio compromissário-comprador. Ilegitimidade passiva daquele que já não exerce os direitos inerentes à propriedade há muitos anos Recurso desprovido. (TJSP. BRASIL. *Apelação Cível nº 0016748-55.2010.8.26.0003*. 27ª Câmara de Direito Privado. Tribunal de Justiça do Estado de São Paulo. Rel. Des. Gilberto Leme. Data do Julgamento: 12.03.2013. Data de Registro: 19.03.2013).

possessória por aquele que agiu em desconformidade com a função social, segundo os parâmetros do §4º do art. 1228 do Código Civil.[63] Finalmente, construindo restrições aos efeitos possessórios em razão do entendimento de suas finalidades e da finalidade dos institutos de sua tutela, cita-se a restrição da aplicabilidade da "acessio possessionis" nas sucessões a título singular, nas circunstâncias dos artigos 1239 e 1240 do Código Civil.[64]

Se é fato que procedem as críticas[65] sobre renitências doutrinárias e grau do efetivo comprometimento do Poder Judiciário com a

---

[63] Enunciado nº 310 das Jornadas de Direito Civil do Conselho da Justiça Federal: "Interpreta-se extensivamente a expressão "imóvel reivindicado" (art. 1.228, §4º), abrangendo pretensões tanto no juízo petitório quanto no possessório".

[64] O entendimento está expresso na ementa do acórdão seguinte: "CIVIL E PROCESSUAL CIVIL – APELAÇÃO – AÇÃO DE USUCAPIÃO ESPECIAL URBANO – REQUISITOS NECESSÁRIOS À AQUISIÇÃO DO DOMÍNIO NÃO COMPROVADOS – ACCESSIO POSSESSIONIS – IMPOSSIBILIDADE – IMPROCEDÊNCIA – SENTENÇA MANTIDA. 1) Com assento constitucional, o reconhecimento do instituto do usucapião especial, urbano ou rural, exige a presença concomitante de alguns requisitos previstos na Constituição Federal, tais como limitação da área (50 hectares para o rural e 250 metros quadrados para o urbano), prova de não ser proprietário de outro imóvel, utilização para subsistência em proveito próprio ou da família com a prática de labor tipicamente agrário (usucapião especial rural), ou a moradia do núcleo familiar (usucapião especial urbano), e o preenchimento de um curto período de tempo (5 anos) em que a posse seja exercida de forma pessoal e ininterrupta; 2) As formas tradicionais de usucapião admitem, como regra, a *accessio possessionis*, isto é, a soma do período de posse do antecessor com a do possuidor que pretende a aquisição do domínio, entretanto, as formas constitucionais, inspiradas pelos princípios da dignidade da pessoa humana e da função social da propriedade, exigem que a posse seja pessoal, exercida diretamente pela pessoa ou pelo núcleo familiar, e com finalidade de torná-la útil; 3) Uma vez não satisfeito pelo autor/apelante o requisito temporal para o reconhecimento do usucapião como forma de aquisição do domínio, a improcedência da demanda é medida que se impõe; 4) Apelo conhecido e desprovido". (TJ-AP. BRASIL. *Apelação Cível nº 0000092-57.2018.8.03.0011*. Câmara única. Tribunal de Justiça do Estado do Amapá, acórdão nº 131968, Rel. Des. Manoel Brito). No mesmo sentido, o texto do Enunciado nº 317 das Jornadas de Direito Civil do Conselho da Justiça Federal: "A *accessio possessionis* de que trata o art. 1.243, primeira parte, do Código Civil não encontra aplicabilidade relativamente aos arts. 1.239 e 1.240 do mesmo diploma legal, em face da normatividade da usucapião constitucional urbano e rural, arts. 183 e 191, respectivamente".

[65] "A questão de fundo encontrada nos processos diz respeito diretamente a uma visão dogmática do direito restrita à conceituação liberal de propriedade. Não se trata de visão restrita ao positivismo. Afinal, direito à moradia e função social da propriedade estão previstos no ordenamento jurídico brasileiro, já que a propriedade também não é absoluta, como levantado acima pela literatura jurídica. O esquema positivo qualifica enquanto propriedade aquela que cumpre uma função social. Diante disso, é necessário entender quais elementos distorcem o direito. Roberto Lyra Filho trabalha essa questão a partir das restrições impostas por uma visão dogmática do direito capaz de camuflar e proteger interesses de classe. Tratar o direito à propriedade como um dogma envolve concebê-lo como uma verdade absoluta e intangível, porque dogma não deve ser contestado ou a ele proposta alternativa, cabendo apenas a adesão. "Neste viés, terá, sempre, uma tendência a cristalizar as ideologias, mascarando interesses e conveniências dos grupos que se instalam nos aparelhos de controle social, para ditarem em seu próprio benefício (LYRA FILHO,

concretização de uma tutela possessória congruente às garantias constitucionais, também não se pode deixar de registrar, segundo se tentou demonstrar, que, consideradas as dificuldades da "tensão dialética fato norma",[66] um conjunto mínimo de adaptações de instrumentos da tutela possessória tem se apresentado, erigido sobre os alicerces do reconhecimento da "ductibilidade" do instituto e de sua função social. Esses registros, como sentenciou Marés,[67] marcam o despontar inevitável do novo e conservam a possibilidade do sustento de esperança mínima em tempos de redução de desigualdades.

5 Considerações finais

Exteriorização do apoderamento imprescindível à satisfação das necessidades materiais do ser humano, a posse revela-se, há muito, nas ferramentas, utensílios e demarcações que, entre esqueletos e catálogos arqueológicos, traduzem a jornada da sobrevivência humana. Desafia o Direito a traduzi-la – realidade precedente que é – segundo o *dever ser* de cada tempo e espaço. Exaspera-o, assim, confrontando-o com o fato de que é fruto das possibilidades e conjunturas, ao mesmo passo que pode transformá-las.

Plúrimos são os contextos que contribuíram com a apreensão e a normatização do fenômeno possessório, erigindo estatutos e mecanismos de reconhecimento e de tutela. A posse, ora amparada sob o argumento do tratamento episódico para manutenção da paz social, ora entendida como indício factível da propriedade, requer constante readequação estrutural, recolhendo da tradição o que ainda lhe vista, e exigindo da contemporaneidade, pelo brado dos excluídos, novos trajes. Nesta ambiência, ganha relevância extrema a acepção constitucional da função social das titularidades. Emergem desta opção reflexões prévias acerca do caráter meramente discursivo ou efetivo da função social no

---

Roberto. 1980. p. 21)." (ACYPRESTE, R; COSTA, A. B. *Direito à Moradia e o Poder Judiciário*: ações de reintegração de posse contra o MTST. *Crítica Social*, v. 1, p. 19-20, 2018. Disponível em: https:// criticasocial.org/article/5d0eb1000e88254e6aa2060c. Acesso em 10 jan. 2021).

[66] PERLINGIERI, Pietro. *Perfis do Direito Civil*. (Trad. Maria Cristina de Cicco). 2. ed. Rio de Janeiro: Renovar, 2002. p. 2. Corrobora, de igual modo, Fachin: "O direito não é imune aos fatos e nem se basta em si mesmo. Sem perder a condição de *locus* privilegiado para a proteção jurídica das relações sociais, abre-se para o tempo, o espaço e as circunstâncias. É científico sem deixar de ser essencialmente ideológico e é revelador de premissas políticas mesmo quando proclama suposta imparcialidade". FACHIN, Luiz Edson. *Estatuto Jurídico do Patrimônio Mínimo*. 2. ed. Rio de Janeiro: Renovar, 2006. p. 238-239.

[67] Ver notas anteriores.

reconhecimento do apoderamento de bens e dos institutos de direitos reais legitimadores de tal apoderamento. Ademais, quanto ao uso dos recursos, exsurge a tarefa de interpretar o conceito de sociabilidade, de modo a não o submeter a generalizações e abstrações subjetivas, mas compromissá-lo com a concretude das necessidades existenciais.

Contemplando as diferentes análises sobre a promoção e as razões da tutela possessória determinadas pela Constituição Federal de 1988, são localizáveis justas críticas às resistências mantidas por vertentes do individualismo proprietário, da exacerbação de interesses patrimoniais ilegítimos e da manutenção do *status quo* por interesse e intervenção da elite na esfera dos poderes estatais. Um olhar mais preciso, porém, permite aferir em abordagens doutrinárias e, sobretudo, jurisprudenciais, significativas reconsiderações em torno de dogmas e estruturas atinentes à posse, evidenciando-se a existência de um percurso de transformações a partir da vigência da ordem constitucional atual.

É possível então aferir, com a evocação das hipóteses trazidas pelo estudo, influências claras da orientação axiológica constitucional no discurso dogmático, em diplomas legislativos e no caminhar das transformações assimiladas e desenhadas pela jurisprudência, salvaguardada a unidade do sistema. Se é verdade que há muito a se fazer, também o é que o caminho, em meio aos obstáculos da realidade brasileira, está a ser trilhado. Tal o intuito deste trabalho: oferecer registros deste percurso.

Referências

ACYPRESTE, R; COSTA, A. B. *Direito à Moradia e o Poder Judiciário*: ações de reintegração de posse contra o MTST. *Crítica Social*, v. 1, p. 19-20, 2018. Disponível em: https:// criticasocial.org/article/5d0eb1000e88254e6aa2060c. Acesso em 10 jan. 2021.

BARROSO, Luiz Roberto. *Curso de Direito Constitucional Contemporâneo. Os conceitos fundamentais e a Construção do Novo Modelo*. 5. ed. São Paulo: Saraiva, 2015.

BRASIL. *Apelação Cível nº 70076047851*. Décima Quarta Câmara Cível. Tribunal de Justiça do Estado do Rio Grande do Sul, Relator: Roberto Sbravati, Julgado em 22.02.2018.

BRASIL. *Apelação Cível nº 5002649-24.2017.4.04.7010*. Terceira Turma. Tribunal Regional Federal da 4ª Região. Rel. Des. Marga Inge Barth Tessler, juntado aos autos em 18.09.2019.

BRASIL. *Apelação Cível nº 5002899-32.2014.4.04.7117*. Terceira Turma. Tribunal Regional Federal da 4ª Região. Rel. Des. Carlos Eduardo Thompson Flores Lenz, juntado aos autos em 04.12.2014.

BRASIL. *Apelação Cível nº 0001005-83.2004.8.19.0011*. 5ª Câmara Cível. Tribunal de Justiça do Estado do Rio de Janeiro. Relator: Des. Cristina Tereza Gaulia.

BRASIL. *Apelação Cível nº 0016748-55.2010.8.26.0003*. 27ª Câmara de Direito Privado. Tribunal de Justiça do Estado de São Paulo. Rel. Des. Gilberto Leme. Data do Julgamento: 12.03.2013. Data de Registro: 19.03.2013.

BRASIL. *Apelação Cível nº 0000092-57.2018.8.03.0011*. Câmara única. Tribunal de Justiça do Estado do Amapá, acórdão nº 131968, Rel. Des. Manoel Brito.

CORDEIRO, António Menezes. *A posse*: perspectivas dogmáticas atuais. 3. ed. actualizada. Coimbra: Edições Almedina SA, 2014.

CORTIANO JÚNIOR, Eroulths. Para além das coisas: breve ensaio sobre o direito, a pessoa e o patrimônio mínimo. *In*: RAMOS, Carmem Lúcia Silveira, *et. al*. (Orgs.). *Diálogos sobre Direito Civil:* construindo a racionalidade contemporânea. Rio de Janeiro: Renovar, 2002.

COSTA, Adriano Pessoa da. *Direitos Fundamentais entre particulares na Ordem Jurídica Constitucional Brasileira*. Disponível em: www.georgemlima.xpg.com.br/horizontal.doc. Acesso em 05 out. 2020.

DANTAS, Marcus Eduardo de Carvalho. Da função social da propriedade à função social da posse exercida pelo proprietário. Uma proposta de releitura do princípio constitucional. *Revista de Informação Legislativa*, a. 52, n. 205, p. 23-38, jan./mar. 2015. Disponível em: https://www2.senado.leg.br/bdsf/bitstream/handle/id/509941/001032607.pdf?sequence=1. Acesso em 03 jan. 2021.

FACHIN, Luiz Edson. *A função social da posse e a propriedade contemporânea (uma perspectiva da usucapião imobiliária rural)*. Porto Alegre: Fabris, 1988.

FACHIN, Luiz Edson; PIANOVSKI, Carlos Eduardo. A dignidade da pessoa humana no direito contemporâneo: uma contribuição à crítica da raiz dogmática do neopositivismo constitucionalista. *Revista Trimestral de Direito Civil*. Rio de Janeiro: Padma, v. 9, n. 35, jul./set. 2008, pp. 101-119.

FACHIN, Luiz Edson. Prefácio. *In*: GONÇALVES, Marcos Alberto Rocha. *A Posse como direito autônomo*: teoria e prática no Direito Civil Brasileiro. Rio de Janeiro: Renovar, 2015.

FACHIN, Luiz Edson. *Estatuto Jurídico do Patrimônio Mínimo*. 2. ed. Rio de Janeiro: Renovar, 2006.

FARIAS, Cristiano Chaves de; ROSENVALD, Nelson. *Curso de Direito Civil*. São Paulo: Atlas, 2015. v. 5.

GIL, Antonio Hernández. *La Función Social de la Posesión. Ensayo de teorización sociológico-jurídica*. Madri: Artes Gráficas Benzal, 1967.

HIRONAKA, Giselda Maria Fernandes Novaes. *Direito Civil*. Belo Horizonte: Del Rey, 2000.

LOBO, Paulo. Direitos e conflitos de vizinhança. *In: Revista Brasileira de Direito Civil, Doutrina Nacional*, v. 1, p. 61-87, jul./set. 2014. ISSN 2358-6974.

MARÉS, Carlos Frederico. *A função social da terra*. Porto Alegre: Sérgio Antônio Fabris Editor, 2003.

MONTEIRO FILHO, Carlos Edson do Rego. Usucapião Imobiliária Urbana Independente de Metragem Mínima: Uma Concretização da Função Social da Propriedade. *Revista Brasileira de Direito Civil*, v. 2, p. 25, out./dez. 2014. ISSN 2358-6974.

MORAES, Maria Celina Bodin de. O princípio da solidariedade. *In*: MATOS, Ana Carla Harmatiuk (Org.). *A construção dos novos direitos*. Porto Alegre: Núria Fabris, 2008.

OLIVEIRA, Álvaro Borges de; MACIEL, Marcos Leandro. Estado da arte das teorias possessórias. *Revista direitos fundamentais e democracia*, Curitiba, v. 5, p. 1-14, 2009.

PERLINGIERI, Pietro. *Perfis do Direito Civil*. (Trad. Maria Cristina de Cicco). 2. ed. Rio de Janeiro: Renovar, 2002.

RUZYK, Carlos Eduardo Pianovski. *Institutos fundamentais do direito civil e liberdade(s). Repensando a dimensão funcional do contrato, da propriedade e da família*. Rio de Janeiro: GZ Editora, 2011.

SARLET, Ingo Wolfgang. Direitos fundamentais sociais, mínimo existencial e direito privado. Função do Direito. *In*: TIMM, Luciano Benetti; MACHADO, Rafael Bicca (Coord.). *Função Social do Direito*. São Paulo: Quartier Latin, 2009.

SARLET, Ingo Wolfgang. *Dignidade da Pessoa Humana e Direitos Fundamentais na Constituição Federal de 1988*. Porto Alegre: Livraria do Advogado, 2001.

SARMENTO, Daniel. O mínimo existencial. *In*: *Revista de Direito da Cidade*, v. 08, n. 4, p. 1644-1689, 2016. ISSN 2317-7721.

SCHREIBER, Anderson. Função Social da Propriedade na Prática Jurisprudencial Brasileira. *In*: *Revista Trimestral de Direito Civil*. Rio de Janeiro, Padma, v. 6, p. 159-183, abr./jun. 2002.

TEIXEIRA, Ana Carolina Brochado; KONDER, Carlos Nelson. Situações jurídicas dúplices: controvérsias na nebulosa fronteira entre patrimonialidade e extrapatrimonialidade. *In*: TEPEDINO, Gustavo; FACHIN, Luiz Edson (Orgs.). *Diálogos sobre direito civil*. Rio de Janeiro: Renovar, 2012. v. III.

TEPEDINO, Gustavo. Contornos constitucionais da propriedade privada. *In*: *Temas de Direito Civil*. 3. ed. rev. e atual. Renovar: Rio de Janeiro, 2004.

TEPEDINO, Gustavo. Marchas e Contramarchas da Constitucionalização do Direito Civil: A interpretação do Direito Privado à Luz da Constituição da República. *[Syn]Thesis*, Rio de Janeiro, v. 5, n. 1, p. 15-21, 2012. Disponível em: https://www.e-publicacoes. uerj.br/ index.php/ synthesis/article/view/7431/ 5386. Acesso em 27 dez. 2020.

TEPEDINO, Gustavo. Apresentação. *In*: GONÇALVES, Marcos Alberto Rocha. *A Posse como direito autônomo*: teoria e prática no Direito Civil Brasileiro. Rio de Janeiro: Renovar, 2015.

TEPEDINO, Gustavo. Direito das Coisas. Arts. 1196 a 1276. *In*: AZEVEDO, Antônio Junqueira de (Coord.). *Comentários ao Código Civil*. São Paulo: Saraiva, 2011. v. 14.

TEPEDINO, Gustavo. *Temas de Direito Civil*. 3. ed. Rio de Janeiro: Renovar, 2004.

Informação bibliográfica deste texto, conforme a NBR 6023:2018 da Associação Brasileira de Normas Técnicas (ABNT):

ABREU, André Luiz Miranda de. A função social na tutela possessória. *In*: TEPEDINO, Gustavo; SILVA, Rodrigo da Guia (Coord.). *Relações patrimoniais*: contratos, titularidades e responsabilidade civil. Belo Horizonte: Fórum, 2021. p. 155-179. ISBN 978-65-5518-233-0.

RESPONSABILIDADE POR ENCARGOS CONDOMINIAIS NA MULTIPROPRIEDADE IMOBILIÁRIA: ANÁLISE FUNCIONALIZADA DO ART. 1.358-L, §2º, DO CÓDIGO CIVIL

MARIANA MAIA DE VASCONCELLOS

1 Introdução

Promissor instrumento para fomentar o turismo no Brasil, a multipropriedade imobiliária finalmente recebeu tratamento normativo próprio através da Lei nº 13.777/18, em vigor desde fevereiro de 2019. Merecedora de aplausos, a norma trouxe segurança jurídica para incrementar a exploração desse instituto, por meio do qual se concretiza uma relação jurídica de aproveitamento econômico sobre um bem imóvel,[1] dividido em unidades fixas de tempo, de forma que múltiplos titulares possam utilizar-se da coisa de modo exclusivo e perpétuo, cada qual a seu turno.[2]

Trata-se de instituto que dialoga com a economia do compartilhamento, tema bastante em voga na atualidade, voltado a ampliar o acesso e o uso eficiente e mais racional dos bens, especialmente em áreas de veraneio, recantos de repouso, férias e regiões turísticas em geral – estas abundantes em nosso país de dimensões continentais. Note-se que esse

---

[1] Em que pese se admita a multipropriedade também sobre bens móveis, sendo esta largamente explorada no contexto norte-americano, por exemplo, considerando-se que a Lei nº 13.777/18 limitou seu escopo sobre os bens imóveis, optou-se por seguir a mesma orientação no presente estudo, voltado à análise da disciplina legal vigente.

[2] GAMA, Guilherme Calmon Nogueira da; PEREIRA, Luiz Gustavo Lopes. *Multipropriedade imobiliária*: questões controvertidas. No prelo.

regime especial de condomínio se consubstancia ainda em interessante produto de investimentos mundo afora, em especial no Estados Unidos, o que evidencia seu inequívoco potencial.

A respeito de sua disciplina normativa, verifica-se que ao mesmo tempo em que acalentou discussões, a lei suscitou dúvidas, pois se de um lado contém dispositivos que eliminam incertezas e trazem maior previsibilidade para empreendedores, adquirentes e investidores, configurando um importante incentivo ao mercado imobiliário,[3] de outro, deixou margem a interpretações que podem comprometer sua eficiência, como ocorre, por exemplo, com o artigo 1.358-L, §2º, inserido no Código Civil, objeto do presente estudo.

Com efeito, se na multipropriedade, mais do que nas outras espécies de condomínio, a estrita observância dos deveres é essencial para a organização do empreendimento, para a boa conservação do imóvel e para o uso adequado do bem com vistas ao pleno atingimento de suas finalidades, especialmente diante da existência de muitos proprietários, cumpre à doutrina debruçar-se sobre o tema, a fim de pacificar discussões. Em vista de tanto, bem como do fato de que o inadimplemento nessa modalidade condominial pode assumir múltiplas facetas, dedicou-se o presente estudo à investigação acerca do regime de responsabilidade pelo pagamento dos encargos condominiais entre multiproprietários, bem como da sucessão dessas obrigações quando nascidas anteriormente à transmissão do direito real, a fim de analisar se a responsabilidade perante o condomínio será do alienante ou do adquirente.

2 Multipropriedade imobiliária

2.1 Breve histórico e qualificação

Expressão de uma relação jurídica complexa com grandes potenciais, a multipropriedade imobiliária, conforme se aludiu em sede introdutória, teve seu regime próprio instituído pela Lei nº 13.777/18, que a definiu expressamente como sendo o regime de condomínio especial em que cada um dos proprietários de um mesmo imóvel é titular de uma fração de tempo – não inferior a 07 dias – à qual corresponde a

---

[3] ABELHA, André; CÂMERA, Maya Garcia. Efeitos do inadimplemento das obrigações do multiproprietário. *In*: TERRA, Aline de Miranda Valverde; GUEDES, Gisela Sampaio da Cruz. *Inexecução das Obrigações*. Rio de Janeiro: Processo, 2020. p. 611.

faculdade de uso e gozo, com exclusividade, da totalidade do imóvel, a ser exercida pelos proprietários de forma alternada.[4]

Concebida na França na década de 60, num cenário de pós guerra em que a Europa se viu mergulhada em profunda crise econômica, a multipropriedade espraiou-se pelo velho continente e posteriormente pelos Estados Unidos como uma forma de permitir às camadas menos abastadas da população o acesso à segunda moradia em regiões turísticas, ou seja, à casa de veraneio no campo ou nas praias, já que os elevados custos de aquisição e manutenção desses imóveis poderiam ser repartidos entre os proprietários. Nos anos 80, assumiu a forma de investimento imobiliário para famílias de classes média e alta, incentivando a introdução de grandes cadeias imobiliárias e hoteleiras no mercado.[5]

Interessante notar que na experiência estrangeira, a multipropriedade foi e até hoje é explorada sob diferentes formatos, os quais poderiam ser agrupados em quatro espécies: a *multipropriedade societária*, por meio da qual os cotistas de uma sociedade têm o direito contratualmente assegurado de utilização de um bem por esta titularizado, durante temporada fixa, que se repete anualmente, por prazo indeterminado; a *multipropriedade imobiliária*, situada no campo dos direitos reais sobre bens imóveis, a qual oferece maior estabilidade e segurança pelas situações jurídicas de natureza real que enseja, objeto do presente estudo; a *multipropriedade hoteleira*, que não consiste propriamente numa espécie autônoma, já que se manifesta através de uma das primeiras, mas envolve uma estrutura hoteleira responsável por sua

---

[4] Por meio da positivação desse conceito, o legislador chancelou a fórmula que já havia sido proposta pelo professor Gustavo Tepedino em sua célebre obra sobre o tema, segundo o qual, "com o termo multipropriedade designa-se, genericamente, a relação jurídica de aproveitamento econômico de uma coisa móvel ou imóvel, repartida em unidades fixas de tempo, de modo que diversos titulares possam, cada qual a seu turno, utilizar-se da coisa com exclusividade e de maneira perpétua", o que retrata "uma pluralidade de direitos individuais sobre a mesma base material, dividida em frações de tempo". (TEPEDINO, Gustavo. *Multipropriedade imobiliária*. São Paulo: Saraiva, 1993. p. 1-2).

[5] CÂMERA, Maya Garcia. *Breves considerações sobre a Lei nº 13.777/18 na evolução do instituto da Multipropriedade Imobiliária*. Disponível em: https://ibradim.org.br/breves-consideracoes-sobre-a-lei-n-o-13-777-18-na-evolucao-do-instituto-da-multipropriedade-imobiliaria/. Acesso em 26 jan. 2021. De acordo com a autora, nos Estados Unidos, já no início dos anos 2000, havia 1.604 empreendimentos de multipropriedade, totalizando 154.439 unidades em regime de propriedade compartilhada. Atualmente, cerca de 6% da população norte-americana é proprietária de um ou mais imóveis nessa modalidade, negócio que gera uma média de 8,6 bilhões de dólares por ano. A América do Norte é responsável por 31% do *share* mundial, estando 25% na Europa, 16% na América Latina (sendo o México responsável por 40% e o Brasil por 30%) e 14% na Ásia. Atualmente, imóveis compartilhados constituem o ramo com maior crescimento mundial na indústria de turismo mundial.

gestão e exploração, atraindo, por isso, disciplina jurídica própria; e, por fim, a *multipropriedade como direito real sobre coisa alheia*, caso em que o multiproprietário adquire o direito de utilização de certo bem imóvel por uma fração de tempo que se repete anualmente, contudo, este bem continua sob titularidade do empresário responsável pela gestão do empreendimento.[6]

Na Itália, à guisa de exemplo, desenvolveu-se, inicialmente, sob o modelo acionário, com estrutura societária, que mais se assemelhava a *multijouissance* ou *droit de jouissance à temps partagé* do sistema francês, casos em que o direito de utilização do bem era assegurado por meio de contrato.[7] Em Portugal, por sua vez, é até hoje explorada como *direito real de habitação periódica*, uma espécie de direito real limitado sobre coisa alheia, transmissível contratualmente, por meio do qual a pessoa física ou jurídica que promove o negócio é a proprietária do conjunto imobiliário sobre o qual incidem os direitos limitados (estes asseguram aos respectivos titulares a utilização da fração de tempo), reiteradamente, em caráter limitado ou perpétuo.[8] Sem prejuízo dessa diversidade, verifica-se que o modelo mais bem sucedido foi inequivocamente o da multipropriedade imobiliária, explorado em países como Espanha, Bélgica e, posteriormente, na Itália,[9] por meio do qual restou privilegiada a situação jurídica de natureza real.

Chegando ao Brasil nos anos 80, foi instalado no litoral norte de São Paulo o primeiro empreendimento multiproprietário,[10] existente e bem

---

[6] Sobre essas diferentes modalidades, v. TEPEDINO, Gustavo. *Multipropriedade imobiliária*. São Paulo: Saraiva, 1993. p. 3-4.

[7] Essa roupagem afastava seu caráter real, o que gerou, dentre outros fatores, o insucesso do negócio em ambos os países: dentre os diversos inconvenientes a que se sujeitava esse modelo, é possível citar a sujeição do multiproprietário acionista aos destinos da sociedade, o que o tornava vulnerável a eventuais alterações tanto em relação à destinação do empreendimento, quanto às regras societárias e até mesmo à dissolução ou falência da sociedade.

[8] TEPEDINO, Gustavo. *Multipropriedade imobiliária*. São Paulo: Saraiva, 1993. p. 37-41. Sobre o direito de habitação periódica português, remeta-se à doutrina de: VIDAL, Lucio. *O direito real de habitação periódica*. Coimbra: Almedina, 1984.

[9] Para abordagem detalhada das experiências de direito comparado, v. TEPEDINO, Gustavo. *Multipropriedade imobiliária*. São Paulo: Saraiva, 1993. p. 9-42.

[10] "No Brasil, o primeiro empreendimento de multipropriedade surgiu em 1985, na praia de Paúba, em São Sebastião, litoral norte de São Paulo, quando ainda não existia legislação específica sobre a matéria". (STANCATI, Alice Assunção; FIGUEIREDO, Elisa Junqueira. Multipropriedade de imóveis: dividir para ganhar. *In: Migalhas*, 20 mai. 2019. Disponível em: https://migalhas.uol.com.br/depeso/302580/multipropriedade-de-imoveis--dividir-para-ganhar. Acesso em 26 jan. 2021); v. tb. CÂMERA, Maya Garcia. *Breves considerações sobre a Lei nº 13.777/18 na evolução do instituto da Multipropriedade Imobiliária*. Disponível em: https://ibradim.org.br/breves-consideracoes-sobre-a-lei-n-o-13-777-18-na-evolucao-do-instituto-da-multipropriedade-imobiliaria/. Acesso em 26 jan. 2021.

sucedido até os dias de hoje. Desde seu surgimento, revelou-se através de duas modalidades principais: como multipropriedade imobiliária e como multipropriedade hoteleira (organizada também sob a forma imobiliária) sendo que em ambas, os multiproprietários, na qualidade de titulares de direito real sobre bem imóvel – tornando-se condôminos do prédio e de seus acessórios, inclusive móveis e utensílios, cabendo a cada qual uma fração ideal sobre o todo – vinculavam-se a uma escritura de convenção condominial[11] e a um regulamento interno os quais definiam os direitos e obrigações de cada qual.

O grande desafio, porém, que o instituto enfrentou ao longo de décadas em nosso ordenamento dizia respeito à ausência de regulamentação jurídica específica, o que suscitou discussões nas sedes doutrinária e jurisprudencial sobre sua efetiva natureza jurídica e sobre quais normas lhe seriam aplicáveis, quando da tentativa de conformação a uma estrutura formal típica. A este propósito, alguns afastavam a natureza de direito real do instituto[12] com fundamento nos princípios da taxatividade e da tipicidade,[13] ao passo em que outros

---

[11] TEPEDINO, Gustavo. *Multipropriedade imobiliária*. São Paulo: Saraiva, 1993. p. 43-44. Sobre a convenção, estatuto essencial ao condomínio edilício (v. arts. 1.333 e 1.334 do Código Civil), o qual dispõe sobre a sua constituição, relações entre condôminos e discrimina as unidades autônomas e frações ideais respectivas que o integram, cumpre da doutrina destacar: "Na convenção reúnem-se normas reguladoras do condomínio, de forma a suprir as disposições legais no que diz respeito às condições particulares de cada edifício, aumentando a soma de deveres, pautando o comportamento individual em benefício da coexistência, estabelecendo critérios de solução de divergências, máximas de orientação das deliberações, forma de convocação da assembleia, quórum de instalação e votação, etc.". (PEREIRA, Caio Mário da Silva. *Condomínio e Incorporações*. 11. ed. Rio de Janeiro: Forense, 2014. p. 93-94).

[12] Integrava essa corrente o autor João Batista Lopes, que antes da edição da Lei nº 13.777/18 sustentava que a multipropriedade não se confundiria com o condomínio edilício, citando como razões fundamentais para extremar os dois institutos: "a) na multipropriedade não há uso e gozo continuados das unidades, como ocorre no condomínio; b) a multipropriedade tem caráter predominantemente contratual; o condomínio em edifícios, ao revés, tem caráter institucional ou estatutário (ato-regra); (...) d) a unidade autônoma, no condomínio, pode ser modificada internamente, o que não é admitido na multipropriedade; e) o caráter *propter rem* das despesas de condomínio é incompatível com o fracionamento da dívida, próprio do regime da multipropriedade". (LOPES, João Batista. *Condomínio*. 8. ed. São Paulo: Revista dos Tribunais, 2003. p. 180-181). No mesmo sentido, GOMES, Orlando. Sobre a multipropriedade. *In: Jornal A Tarde*, Salvador, 18 mar. 1983. Em direção oposta, a 3ª Turma do STJ reconheceu, no julgamento do REsp nº 1.546.165/SP, a natureza de direito real, a fim de rejeitar a penhora da totalidade de imóvel por débitos de um dos condôminos, assim preservando as frações ideais dos outros multiproprietários (STJ. 3ª T. *REsp. nº 1.546.165/SP*. Rel. Min. Ricardo Villas Bôas Cueva. Julg. 26.04.16. DJe 06.09.2016).

[13] Esclareça-se, a este propósito, que enquanto o princípio da taxatividade (*numerus clausus*) diz respeito à fonte dos direitos reais – necessariamente legal, devido ao seu potencial de produção de efeitos *erga omnes* – a tipicidade diz respeito ao seu conteúdo, à modalidade de seu exercício. A partir da promulgação da Constituição de 1988, a doutrina civilista evoluiu para reconhecer amplo espaço de atuação da autonomia privada sobre os direitos reais, ao que

defendiam a aplicabilidade das normas do condomínio ordinário, cuja incompatibilidade funcional[14] com a multipropriedade trouxe grande insegurança jurídica, responsável por sua tímida expansão em nosso país, muito aquém de seu potencial.

Em vista desse cenário, veio em boa hora a Lei nº 13.777/18, a qual, conforme asseverado, pacificou a natureza jurídica de direito real ao instituir a multipropriedade como modalidade de condomínio especial, disciplinando-a nos artigos 1.358-B a 1.358-U, incluídos no Código Civil. O legislador adotou, acertadamente, o modelo de unidades autônomas individualizadas no espaço e no tempo,[15] às quais corresponderão matrículas também autônomas perante o Registro Geral

---

se denomina *tipicidade aberta*: "Examina-se, usualmente, a tipicidade apenas no seu aspecto negativo de limite à liberdade contratual, destacando-se que é por meio da indicação do conteúdo peculiar de cada tipo real que a lei delimita os direitos reais admitidos na ordem jurídica. No entanto, dessa maneira, deixa-se de reconhecer a importante função que aquela desempenha em direção oposta, isto é, na promoção da autonomia negocial. Com efeito, os tipos reais são abertos, coexistindo, no interior de cada tipo, regras essenciais e outras que podem ser livremente modificadas pelas partes. Embora não possam desrespeitar as regras essenciais que são fixadas pela lei, sob pena de subverter o tipo real, admite-se que a autonomia privada possa atuar de sorte a moldar o conteúdo do direito real aos legítimos interesses das partes". (OLIVA, Milena Donato; RENTERÍA, Pablo. Autonomia privada e direitos reais: redimensionamento dos princípios da taxatividade e da tipicidade no direito brasileiro. *In*: *Civilistica.com*, Rio de Janeiro, a. 5, n. 2, 2016. Disponível em: http://civilistica.com/autonomia-privada-e-direitos-reais/. Acesso em 10 jan. 2020). Sobre o tema, v. ainda NUNES, Eduardo. Autonomia Privada e Boa-Fé Objetiva em Direitos Reais. *In*: *Revista Brasileira de Direito Civil*, Rio de Janeiro, v. 4, p. 55-80, abr./jun. 2015. Disponível em: https://rbdcivil.ibdcivil.org.br/rbdc/article/view/99. Acesso em 16 jan. 2021.

[14] Essa incompatibilidade funcional entre os institutos se evidencia, por exemplo, nas regras de divisibilidade do condomínio ordinário após o decurso de 05 anos (art. 1.320, §2º, CC); de observância obrigatória do direito de preferência pelo condômino que pretende alienar sua fração, o que gera entraves à circulação do direito, dado o extenso universo de multiproprietários; pela possibilidade de renúncia à propriedade comum pelo inadimplente (art. 1.316, CC), entre outros. Nesse sentido, "As diferenças entre o centro de interesse jurídico traduzido pela multipropriedade, dirigido à aquisição de uma unidade espaço-temporal exclusiva, em caráter perpétuo, transmissível por ato *inter vivos* e *causa mortis*, em relação ao condomínio ordinário, levado a cabo, de uma forma ou de outra, pelas operações brasileiras, são gritantes, afirmando-se, talvez por esta razão, que 'a natureza jurídica da multipropriedade continua obscura', verdadeiro 'direito real atípico e, portanto, uma espécie que não pode existir em face do princípio do *numerus clausus* dos direitos reais'". (TEPEDINO, Gustavo. *Multipropriedade imobiliária*. São Paulo: Saraiva, 1993. p. 49).

[15] "A nova lei regula, de forma minuciosa, os variados aspectos jurídicos do empreendimento, compatibilizando os interesses dos multiproprietários com o condomínio. Desse modo, trouxe a segurança jurídica necessária para a expansão desse importante produto imobiliário, abrindo oportunidade para um novo ciclo de desenvolvimento do setor de imóveis para férias". (MONTEIRO FILHO, Carlos Edison do Rêgo; TEPEDINO, Gustavo; RENTERIA, Pablo. *Fundamentos do Direito Civil*: Direitos Reais. Rio de Janeiro: Forense, 2020. v. 5, p. 278).

de Imóveis competente (art. 1.358-F, CC).¹⁶ Assim, a depender do caso concreto, nada impede que a divisão temporal do bem seja feita com base em semanas, quinzenas ou mesmo em meses, e que o período correspondente a cada fração seja fixo, flutuante ou misto (art. 1.358-E, CC), o que deverá ser regulado pela convenção condominial, como expressão de autonomia privada que se harmoniza com a tipicidade aberta dos direitos reais.¹⁷

Além disso, a lei ainda dispôs sobre a vocação à perpetuidade do direito de propriedade sobre o bem, resultante da indivisibilidade do imóvel objeto da multipropriedade (art. 1.358-D, I, CC), sobre os direitos e deveres dos multiproprietários; previu, como regra, a inexistência do direito de preferência na hipótese de alienação da unidade autônoma (art. 1.358-L, §1º, CC); pormenorizou disposições sobre sua administração, cujo responsável deverá ser previsto na convenção condominial, tamanha a relevância da boa gestão para a viabilidade e sucesso do empreendimento; trouxe ainda normas para disciplinar a multipropriedade em condomínio edilício, que poderá ser instituída no todo ou em parte das unidades autônomas que o compõem – caso em que deverá haver necessariamente um administrador profissional (art. 1.358-R, CC) – dentre outas previsões de interesse dignas de análise em sede própria.

Com base nisso, pode-se verificar que a multipropriedade revela, como manifestação do direito de propriedade sob a forma de condomínio especial, uma situação jurídica complexa de natureza real, exclusiva, perpétua,¹⁸ um direito de exercício periódico (e não temporário,

---

[16] Isto porque Lei nº 13.777/18 também promoveu alterações na lei de registros públicos (Lei nº 6.015/76), dentre as quais se destaca a inclusão dos §§10, 11 e 12 ao artigo 176: "*§10*. Quando o imóvel se destinar ao regime da multipropriedade, além da matrícula do imóvel, haverá uma matrícula para cada fração de tempo, na qual se registrarão e averbarão os atos referentes à respectiva fração de tempo, ressalvado o disposto no §11 deste artigo; *§11*. Na hipótese prevista no §10 deste artigo, cada fração de tempo poderá, em função de legislação tributária municipal, ser objeto de inscrição imobiliária individualizada; *§12*. Na hipótese prevista no inciso II do §1º do art. 1.358-N da Lei nº 10.406, de 10 de janeiro de 2002 (Código Civil), a fração de tempo adicional, destinada à realização de reparos, constará da matrícula referente à fração de tempo principal de cada multiproprietário e não será objeto de matrícula específica".

[17] Sobre o tema da tipicidade aberta, v. OLIVA, Milena Donato; RENTERÍA, Pablo. Autonomia privada e direitos reais: redimensionando dos princípios da taxatividade e da tipicidade no direito brasileiro. *In: Civilistica.com*, Rio de Janeiro, a. 5, n. 2, 2016. Disponível em: http://civilistica.com/autonomia-privada-e-direitos-reais/. Acesso em 10 jan. 2020.

[18] "A característica da perpetuidade do domínio resulta do fato de que ele subsiste independentemente de exercício, enquanto não sobrevier causa extintiva legal ou oriunda da própria vontade do titular, não se extinguindo, portanto, pelo não-uso". (DINIZ, Maria Helena. *Curso de Direito Civil Brasileiro*: Direito das Coisas. 3. ed. São Paulo: Saraiva, 1985. p. 88).

frise-se),[19] cíclico, que se expressa em períodos anuais, sendo transmissível por ato *inter vivos* ou *mortis causa*, além de ser dotada de inúmeras potencialidades, como se verá a seguir.

2.2 Vantagens e desafios do instituto

Superados os entraves relativos à natureza jurídica e à regulamentação aplicável à multipropriedade (o que ocorreu, como dito, graças à tardia, porém benfazeja promulgação da legislação própria), cumpre destacar, dentre as inúmeras vantagens do instituto, a abertura do mercado a estratos sociais com menos recursos para a aquisição de imóvel unifamiliar, sobretudo em termos de casas de férias e veraneio, em virtude da redução dos custos de aquisição,[20] manutenção e guarda do imóvel – ônus não apenas de natureza econômica, mas que representam, muitas vezes, penosa incumbência ao proprietário;[21] o aumento da margem de lucro para os empreendedores do setor, em virtude da grande quantidade de unidades postas à venda; a expansão da indústria turístico-hoteleira, dos serviços e da economia, os quais se mantêm aquecidos de forma mais homogênea ao longo de todo o ano, estimulando assim sua estabilidade e o desenvolvimento de regiões turísticas antes pouco exploradas; a contribuição para o equilíbrio ecológico e, portanto, para a sustentabilidade, na medida em que resguarda o meio ambiente da proliferação indiscriminada de construções.

Nessa toada, interessante destacar a potencialidade do instituto representada pela possibilidade de sua exploração em regime de hotelaria, visto que além de incentivar a construção de hotéis, gera investimentos, novos empregos, dinamizando, assim, a economia. Ao mesmo tempo, é possível associar a essa estrutura hoteleira o chamado

---

[19] "Sublinhou-se, com efeito, a diferença entre temporariedade e periodicidade. Na multipropriedade, ao contrário do que sucederia na propriedade temporária, o termo não se refere à vida do direito, mas ao seu exercício, sendo, portanto, um direito perpétuo quanto à sua duração, embora periódico quanto ao seu exercício". (TEPEDINO, Gustavo. *Multipropriedade imobiliária*. São Paulo: Saraiva, 1993. p. 69-70).

[20] "Com preços diferenciados ao longo do ano, a depender da valorização do mês escolhido (verão ou inverno; época de férias escolares ou período letivo), os adquirentes moldam o investimento segundo seu estilo de vida e poder aquisitivo". (MONTEIRO FILHO, Carlos Edison do Rêgo; TEPEDINO, Gustavo; RENTERIA, Pablo. *Fundamentos do Direito Civil*: Direitos Reais. Rio de Janeiro: Forense, 2020. v. 5, p. 278).

[21] Nesse esteio, é possível mencionar ainda a redução de inconvenientes financeiros e de ordem prática relacionados a reservas em hotéis e à locação de apartamentos por temporada, nem sempre disponíveis nas épocas almejadas pelos turistas, ou, quando disponíveis, demasiadamente onerosas devido à alta temporada, por exemplo.

regime de intercâmbio das frações de tempo[22] titularizadas pelos multiproprietários, inclusive a nível internacional.

A partir disso, nota-se que o instituto atende à função social do direito de propriedade,[23] na medida em que concretiza uma série de valores extraproprietários caros ao ordenamento e insculpidos em nossa Constituição de 1988 – a começar pelo aproveitamento racional dos bens, otimizando-os e garantindo seu acesso a um maior número de titulares, como visto. Ocorre que, para tanto, é imprescindível que os multiproprietários convirjam esforços para a boa manutenção e conservação do imóvel e dos acessórios que o guarnecem,[24] revelando-se imperiosa a observância dos deveres e o adimplemento tempestivo das obrigações pelos titulares do direito, em especial no que tange ao rateio de despesas condominiais, objeto de nosso estudo.

---

[22] Nesse sentido: "a multipropriedade pode ser conjugada com outros contratos ou direitos reais a fim de potencializar o aproveitamento do imóvel. É o caso dos contratos de serviços de intercâmbio, por meio do qual o multiproprietário cede os direitos de uso sobre um determinado imóvel em um específico período do ano a uma empresa que, em troca, permite-lhe utilizar qualquer imóvel do mundo integrante da vasta rede credenciada. O contrato de prestação de serviço de intercâmbio é comum no meio turístico e até recebe reconhecimento no art. 23, §2º, da Lei Geral de Turismo (Lei nº 11.771/2008) e no art. 31 do Decreto nº 7.381/2010 (que regulamentou essa lei geral)". (OLIVEIRA, Carlos Eduardo Elias de. *Análise Detalhada da Multipropriedade no Brasil após a Lei nº 13.777/2018*: pontos polêmicos e aspectos de registros públicos. Disponível em: http://genjuridico.com.br/2019/03/21/analise-detalhada-da-multipropriedade-no-brasil-apos-a-lei-no-13-777-2018-pontos-polemicos-e-aspectos-de-registros-publicos/. Acesso em 20 jan. 2021). Ainda sobre o tema: "A entrega da gestão multiproprietária a redes de hotelaria, em geral empresas multinacionais, estimula a prática de intercâmbio entre multiproprietários, visando à permuta anual das respectivas frações de que são titulares, em lugares e países diversos, formando-se um chamado "banco de trocas" altamente diversificado e interessante para os que gostam de viajar". (TEPEDINO, Gustavo. *Multipropriedade imobiliária*. São Paulo: Saraiva, 1993. p. 19); sobre o tema, v. tb. MONTEIRO FILHO, Carlos Edison do Rêgo; TEPEDINO, Gustavo; RENTERIA, Pablo. *Fundamentos do Direito Civil*: Direitos Reais. Rio de Janeiro: Forense, 2020. v. 5, p. 279.

[23] Através da Constituição de 1988, a pessoa humana foi alçada ao vértice do ordenamento jurídico e, com isso, a propriedade perdeu o caráter absoluto de outrora, devendo se voltar ao atendimento da função social, prevista no artigo 5º, XXIII, da Carta Magna. Nesse sentido, "[a] função social volta-se à promoção de interesses sociais e coletivos, impondo aos titulares de direitos reais que respeitem as situações subjetivas de terceiros (...)". (RENTERÍA, Pablo. *Penhor e autonomia privada*. São Paulo: Atlas, 2016. p. 43). No mesmo sentido: "Na função social (...), a tutela se volta aos interesses da coletividade indeterminada, isto é, da sociedade em geral". (CASTRO, Diana Paiva de; VIÉGAS, Francisco de Assis. A boa-fé objetiva nas relações reais: tutela da confiança na relação real como processo. *In*: TEPEDINO, Gustavo; TEIXEIRA, Ana Carolina Brochado; ALMEIDA, Vitor (Coord.). *Da dogmática à efetividade do Direito Civil*: Anais do Congresso Internacional de Direito Civil Constitucional – IV, Congresso do IBDCIVIL. Belo Horizonte: Fórum, 2017. p. 326).

[24] Cumpre notar que o artigo 1.358-D, II, do Código Civil, estabeleceu que o imóvel objeto da multipropriedade inclui as instalações, os equipamentos e o mobiliário destinados a seu uso e gozo, de modo que esses acessórios integram efetivamente o bem imóvel.

Com efeito, através desse rateio, o condomínio arrecada e constitui um fundo de reserva basicamente para custear despesas de manutenção e conservação do bem comum – e não para divisão de lucros, afinal não se trata de uma estrutura empresária – o que gera preservação e valorização do patrimônio de todos os titulares de frações sobre o imóvel. Além disso, a divisão isonômica das despesas entre condôminos concretiza o princípio da solidariedade social, previsto em nossa Constituição como um dos objetivos da República. O problema surge, entretanto, quando uma vez transferido o direito real de propriedade sobre o bem imóvel (no caso, a fração de tempo), verifica-se que há débitos anteriores à alienação. Nesse sentido, operando-se a transmissão, a título singular, do direito real do qual acedem as obrigações, transferir-se-ão também eventuais dívidas ao adquirente? Qual seria o regime de responsabilidade aplicável à multipropriedade? Tais questionamentos inspiraram os próximos tópicos e, para busca de respostas, imprescindível a análise do artigo 1.358-L, §2º, instituído pela Lei nº 13.777/18, cuja redação insuficientemente clara deixou margem a interpretações.

3 Responsabilidade por encargos condominiais na multipropriedade

3.1 Notas sobre o art. 1.358-L, §2º, CC

Se de um lado a lei previu, no primeiro inciso do artigo que trata especificamente dos deveres dos multiproprietários (art. 1.358-J), a obrigação de pagar a contribuição condominial do condomínio em multipropriedade e, quando for o caso, do condomínio edilício onde ela estiver inserida, de outro lado, deixou margem a interpretações no que diz respeito ao regime de responsabilidade aplicável, bem como à sucessão desta em caso de transferência do direito de propriedade sobre o bem imóvel, graças à turva redação do artigo 1.358-L, §2º. Confira-se: "Artigo 1.358-L, §2: O adquirente será solidariamente responsável com o alienante pelas obrigações de que trata o §5º do art. 1.358-J deste Código caso não obtenha a declaração de inexistência de débitos referente à fração de tempo no momento de sua aquisição".

Conforme se evidencia, o dispositivo atinge os dois temas relacionados à responsabilidade pelos encargos condominiais: quanto ao regime jurídico aplicável, uma vez que faz alusão ao §5º do art. 1.358-J, o qual instituiu que "[c]ada multiproprietário de uma fração de tempo responde individualmente pelo custeio das obrigações, não havendo solidariedade entre os diversos multiproprietários"; e quanto ao regime de sucessão da responsabilidade por essas obrigações, o qual impacta diretamente o alienante e o adquirente do direito real, visto que estabeleceu solidariedade entre eles relativamente aos débitos originados em período anterior à transferência do direito, caso não obtida a declaração de inexistência de débitos.

Nesse sentido, cumpre destacar, inicialmente, que o referido §5º do artigo 1.358-J foi vetado pelo Presidente da República,[25] surgindo, assim, um primeiro questionamento acerca da própria vigência do artigo que se pretende analisar. Além disso, o referido regime de solidariedade entre alienante e adquirente e a possibilidade de exoneração deste parecem inverter a sistemática aplicável aos condomínios edilícios, cuja disciplina se estende à multipropriedade em caráter subsidiário. Não obstante, em relação à declaração de inexistência de débitos a que alude o artigo, quem deve assiná-la? Qual é o alcance de sua força probatória e quais os requisitos formais necessários para que seja afastada a responsabilidade do adquirente pelos débitos anteriores à transferência do direito?

A fim de que seja possível empreender análise funcionalizada do artigo 1.358-L, §2º, com vistas a buscar a interpretação merecedora de tutela à luz do ordenamento e dos valores por ele promovidos, importante passar em revista, inicialmente, os contornos das obrigações *propter rem*, uma vez que a maior parte da doutrina atribui aos encargos condominiais esta natureza, para então investigar, no âmbito da multipropriedade, a disciplina jurídica aplicável.

---

[25] Além do §5º, foram também vetados pelo Presidente os §§3º, 4º do artigo 1.358-J, os quais dispunham, *in verbis*: "§3º- Os multiproprietários responderão, na proporção de sua fração de tempo, pelo pagamento dos tributos, contribuições condominiais e outros encargos que incidam sobre o imóvel; §4º- A cobrança das obrigações de que trata o §3º deste artigo será realizada mediante documentos específicos e individualizados para cada multiproprietário". Nas razões do veto, consignou-se que "[o]s dispositivos substituem a solidariedade tributária (artigo 124 do Código Tributário Nacional) pela proporcionalidade quanto à obrigação pelo pagamento e pela cobrança de tributos e outros encargos incidentes sobre o imóvel com multipropriedade. No entanto, cabe à Lei Complementar dispor a respeito de normas gerais em matéria tributária (artigo 146, III, da Constituição). Ademais, geram insegurança jurídica ao criar situação de enquadramento diversa para contribuintes em razão da multipropriedade, violando o princípio da isonomia (art. 150, II, da Constituição). Por fim, poderiam afetar de forma negativa a arrecadação e o regular recolhimento de tributos". (BRASIL. Mensagem nº 763, de 20 de dezembro de 2018. *Diário Oficial da União*, 21 dez. 2018. Disponível em: http://www.planalto.gov.br/ccivil_03/_ato2015-2018/2018/Msg/VEP/VEP-763.htm. Acesso em 10 jan. 2021).

3.2 Obrigações *propter rem*

A obrigação *propter rem*, também denominada obrigação real, mista, *ob rem*, *in rem* ou *rei cohaerens*, origina-se da titularidade de uma situação jurídica real ou possessória, sendo seu titular obrigado, devido a essa condição, a satisfazer determinada prestação. Uma vez constituída, se autonomiza e adere ao patrimônio do titular da situação jurídica subjetiva real, de modo a vincular pessoalmente o sujeito, que passa a responder com todo o seu patrimônio pela dívida.[26] Ela possui, portanto, conteúdo positivo que, em decorrência do estatuto de um direito real, impende sobre o respectivo titular.[27]

Como ensina Serpa Lopes, as obrigações *propter rem*, como a própria denominação indica, são obrigações cuja força vinculante se manifesta em função da situação do devedor em face de uma determinada coisa, isto é, quem a ela se vincula o faz em razão da situação jurídica de titular do domínio ou de uma relação possessória sobre uma determinada coisa.[28] Assim, dentre suas principais características, segundo o autor, estaria a vinculação a um direito real, do qual irá decorrer (*ambulat cum domino*), e sua tipicidade.[29]

A este propósito, importante frisar que as obrigações reais apresentam acessoriedade em relação ao direito real que lhes acede e disso decorre outra importante característica, qual seja, sua ambulatoriedade, posto que ao aderirem à coisa, transferem-se juntamente com o seu domínio – pontue-se, porém, que essa ambulatoriedade diz respeito à fonte da obrigação, qual seja, a titularidade do direito real, não havendo dúvidas de que o adquirente de uma situação jurídica subjetiva real é devedor dos encargos surgidos após se tornar titular. A grande discussão doutrinária refere-se, no entanto, às consequências

---

[26] OLIVA, Milena Donato. Apontamentos acerca das Obrigações Propter Rem. *Revista de Direito da Cidade*, v. 9, n. 2, p. 582-596, 2017. p. 582. No mesmo sentido: "Trata-se de obrigações em que a pessoa do devedor individualiza-se não em razão de um ato de autonomia privada, mas em função da titularidade de um direito real". (FARIAS, Cristiano Chaves de; ROSENVALD, Nelson. *Curso de Direito Civil*. 11. ed. São Paulo: Atlas, 2015. v. 5, p. 28); "Não interessam características pessoais [do devedor], mas a circunstância de ele ser, nesse momento, o titular daquele direito real". (ASCENSÃO, José de Oliveira. *Direitos Reais*. Lisboa: Quid Juris, 1978. p. 179).

[27] MESQUITA, Manuel Henrique. *Obrigações reais e ônus reais*. Coimbra: Almedina, 2000. p. 266.

[28] LOPES, Miguel Maria de Serpa. *Curso de Direito Civil*. 6. ed. Rio de Janeiro: Freitas Bastos, 1995. v. II, p. 46.

[29] LOPES, Miguel Maria de Serpa. *Curso de Direito Civil*. 6. ed. Rio de Janeiro: Freitas Bastos, 1995. v. II, p. 57. V. tb.: MATTIA, Fábio Maria de. *O direito de vizinhança e a utilização da propriedade imóvel*. São Paulo: Bushatsky, 1976. p. 288-289.

da transferência do direito real em relação ao polo passivo da obrigação *propter rem* constituída anteriormente a essa transmissão.[30]

No tocante à sua natureza jurídica, o fato de as obrigações reais decorrerem, como visto, da titularidade de um direito real, contudo vincularem-se ao patrimônio pessoal do sujeito, revela um caráter híbrido que suscitou discussões sobre o tema, sendo possível identificar em doutrina três posicionamentos diversos[31] sobre sua qualificação.

Inicialmente, o debate se instaurou entre realistas e personalistas, por força da antiga dicotomia que havia entre direitos reais e pessoais no campo do direito civil.[32] Assim, se de um lado os realistas atribuíam maior significado ao aspecto real da relação jurídica, sustentando que a obrigação *propter rem* existiria se e enquanto um sujeito é titular do direito real ou do exercício da posse, por outro lado, os personalistas enalteciam a prestação como objeto da relação jurídica, a qual dispõe caráter pessoal e vincula-se ao patrimônio do sujeito, ainda que se verifique a transferência do direito real.

A partir de então, uma terceira corrente integrada por Orozimbo Nonato[33] passou a destacar sua natureza mista. Nesse sentido, segundo Serpa Lopes, a tendência dos autores passou a ser considerar as

---

[30] OLIVA, Milena Donato. A responsabilidade do adquirente pelos encargos condominiais na propriedade horizontal. *Revista Trimestral de Direito Civil – RTDC*, v. 26, p. 67-105, abr./jun. 2006. p. 68.

[31] Nesse sentido: "Há quem defenda possuir eficácia real (ESPÍNOLA, 1944, p. 16; DIEZ-PICAZO, 1996, p. 71; DANTAS, 1972, p. 244); outros entendem tratar-se de espécie obrigacional (AZEVEDO, 2004, p. 314-315; MESSINEO, 1959, p. 51); e, por fim, há os que lhe atribuem natureza mista (PEREIRA, 2016, p. 40-41; MAIA, 2011, p. 885-886). A dificuldade na qualificação reside na circunstância de a obrigação *propter rem*, ao mesmo tempo, se associar à titularidade de um direito real ou do exercício da posse, sendo o devedor determinado a partir de sua relação com a coisa, e consubstanciar dever que vincula pessoalmente o sujeito, para cujo cumprimento este responde com todo o seu patrimônio". (OLIVA, Milena Donato. Apontamentos acerca das Obrigações Propter Rem. *Revista de Direito da Cidade*, v. 9, n. 2, p. 582-596, 2017. p. 586).

[32] Para análise detalhada dessa temática, v. SILVA, Roberta Mauro e. Relações reais e obrigacionais: Propostas para uma nova delimitação de suas fronteiras. *In*: TEPEDINO, Gustavo (Coord.). *Obrigações*: estudos na perspectiva civil-constitucional. Rio de Janeiro: Renovar, 2005. p. 69-98). A autora esclarece em seu estudo que "essa antiga dicotomia deu lugar à distinção entre direitos patrimoniais e existenciais, pois ao situar o princípio da dignidade da pessoa humana no ápice do ordenamento jurídico, a Constituição de 1988 fez com que a tutela do patrimônio, antes a principal preocupação do civilista, desse lugar à proteção da pessoa, objetivo que deve conformar o conteúdo de cada um dos institutos jurídicos".

[33] NONATO, Orozimbo. *Curso de Obrigações*: generalidade e espécies. Rio de Janeiro: Forense, 1959, v. I, p. 47-48.

obrigações *propter rem* como espécies autônomas, grupo intermediário entre pessoais e reais.[34]

Paralelamente, existem, ainda, aqueles que identificam as obrigações *propter rem* com os ônus reais, em virtude da publicidade, da ambulatoriedade e da consequente sequela[35] que lhes são comuns, porém, ressalvadas as devidas vênias, tal entendimento não se sustenta, na medida em que ônus reais consistem em deveres ambulatórios que gravam a coisa e dela não se desprendem, não gerando obrigações autônomas, de forma a recaírem sobre a coisa como um peso (um ônus);[36] além disso, nas obrigações *ob rem*, o devedor responde com todo o seu patrimônio pela satisfação da dívida, ao passo que quanto aos ônus reais, a responsabilidade pelo débito encontra limites no próprio bem.

Sem prejuízo dos debates doutrinários a respeito da natureza jurídica do instituto – e sem qualquer pretensão de esgotamento do tema – é imprescindível ter em mente seu duplo aspecto: real, na medida em que se vincula à titularidade de um direito real,[37] e obrigacional, por vincular o titular desse direito ao cumprimento de uma prestação, a qual se incorpora ao seu patrimônio independentemente de eventual alienação da coisa.

---

[34] Afirma o autor que as obrigações reais podem ser entendidas como "uma transação entre os dois tipos extremos do direito real e do direito pessoal, com o fim de qualificar certas figuras ambíguas que tinham tanto de um quanto de outro. (LOPES, Miguel Maria de Serpa. *Curso de Direito Civil*. 6. ed. Rio de Janeiro: Freitas Bastos, 1995. v. II, p. 57). Em sentido diverso, Arnoldo Wald identifica as obrigações reais como direitos reais inominados, aproximando-as dos direitos de vizinhança, o que demonstra a ausência de entendimento pacífico em doutrina. (WALD, Arnoldo. *Direito das coisas*. 11. ed. São Paulo: Saraiva, 2002. p. 181).

[35] "A sequela é o corolário da ambulatoriedade aplicada ao direito subjetivo real. Assim como os deveres jurídicos, nas relações reais, são ambulatórios, diz-se que o titular do direito subjetivo tem o direito de sequela, caracterizado pelo poder de perseguir a coisa, sobre a qual exerce seu direito, nas mãos de quem a possua. No exemplo [da hipoteca], o direito de sequela do credor hipotecário verifica-se no poder que lhe é conferido de excussão do bem, para a satisfação da dívida garantida pela hipoteca, em face do proprietário atual, em nada importando se o imóvel já fora vendido a terceiros. Assim, ao contrário do titular do direito de crédito, a quem não é dado obter a execução de seu direito senão contra o próprio devedor, oferece-se ao titular do direito real a prerrogativa de exercer o seu direito sobre a coisa a ele vinculada". (TEPEDINO, Gustavo. *Temas de Direito Civil*. Rio de Janeiro: Renovar, 2005. t. II, p. 141).

[36] OLIVA, Milena Donato. Apontamentos acerca das Obrigações Propter Rem. *Revista de Direito da Cidade*, v. 9, n. 2, p. 582-596, 2017. p. 596.

[37] "Não será preciso lembrar que existem obrigações que não resultam de uma avença entre pessoas, podendo o vínculo decorrer do fato de ser alguém titular de um direito real. O titular desse direito real pode mudar, mas a obrigação acompanha a coisa. A titularidade do direito real define o sujeito passivo da obrigação. Por força dessa razão, esse tipo de obrigação se denomina ambulatória, *propter rem*, ou também obrigação real". (LIRA, Ricardo Pereira. *Elementos de direito urbanístico*. Rio de Janeiro: Renovar, 1997. p. 189).

Por fim, no tocante à sua disciplina jurídica, a regra geral atinente às obrigações *propter rem* encontra amparo legal expresso no artigo 502 do Código Civil, segundo o qual "o vendedor, salvo convenção em contrário, responde por todos os débitos que gravem a coisa até o momento da tradição". A partir dela, conclui-se pela intransmissibilidade das obrigações surgidas antes da alienação do direito real, o que significa, em outras palavras, que na hipótese de transferência desse direito do qual acede a obrigação, permanecerá o alienante como responsável pelos débitos relativos ao período de sua titularidade ou exercício de posse, enquanto o adquirente será responsável somente pelas obrigações nascidas a partir da efetiva aquisição.

3.3 Qualificação e sucessão da obrigação ao pagamento de encargos condominiais

Os encargos condominiais refletem as despesas efetuadas para a conservação e a manutenção do bem comum, objeto de copropriedade (por exemplo, limpeza de partes comuns do condomínio, funcionamento dos elevadores, pagamento de empregados, consumo de água e luz, etc.), bem como as destinadas a obras ou inovações aprovadas em assembleia de condôminos, as relativas a responsabilidade por indenizações, os tributos, o seguro do condomínio, etc.[38] Sob essa ótica, compete a todos os condôminos concorrer, na proporção de sua cota-parte, para as respectivas despesas,[39] regra esta que encontra amparo nos artigos 1.315 (relativo ao condomínio ordinário), bem como no artigo 1.336 (pertinente ao condomínio edilício), e cuja *ratio* é reproduzida no já referido artigo 1.358-J do Código Civil. Com efeito, o adimplemento

---

[38] LOPES, João Batista. *Condomínio*. 8. ed. São Paulo: Revista dos Tribunais, 2003. p. 91. Sobre o tema, v. ainda a classificação adotada por Gabas, que compreende dentre as despesas de condomínio: *despesas com administração* – são as que se destinam a cobrar gastos com a conservação e o funcionamento do edifício, inclusive reparações nas partes comuns para manter-lhes em condições normais de segurança, conforto, etc.; *despesas com inovações*, ou seja, aquelas que objetivam melhorar as condições de uso e gozo do prédio; *fundo de reserva*, destinado a cobrir despesas extraordinárias ou imprevistas, que fogem ao conceito normal de administração; *despesas decorrentes de atos dos condôminos*, as quais são efetuadas por um ou vários condôminos, na omissão do síndico, em casos especiais, como reparações urgentes no prédio. (GABAS, Alberto Anibal. *Manual teórico-práctico de propriedade horizontal*. Buenos Aires: Hammurabi, 1987. p. 160).

[39] "No estudo dos deveres dos condôminos cumpre desde logo estabelecer uma norma diretriz da respectiva distribuição, no propósito de ordenar com bom método a discriminação [das] imposições e restrições. (...) Interessando a todos a manutenção e a conservação do edifício, é de princípio que a todos os condôminos compete concorrer, na proporção de sua parte, para as respectivas despesas". (PEREIRA, Caio Mário da Silva. *Condomínio e Incorporações*. Rio de Janeiro: Forense, 2002. p. 109-110).

das cotas respectivas pelos condôminos é condição essencial à própria existência do condomínio.[40]

No tocante à multipropriedade imobiliária, o professor Gustavo Tepedino já esclarecia, desde a década de 90, que o rateio das despesas relativas à conservação deveria ser feito de modo proporcional, consideradas as frações ideais das unidades, ao passo em que as demais relacionadas à unidade habitacional seriam de responsabilidade do multiproprietário, que deveria adimpli-las ao final de sua temporada.[41]

Nessa toada, com base nas normas previstas no diploma civilista, parece claro que a obrigação ao pagamento dos encargos condominiais pode ser qualificada como *propter rem*,[42] afinal, o nascimento desse dever jurídico não decorre de manifestação de vontade do devedor, mas da titularidade de um direito real, apresentando nítida relação de acessoriedade para com este.[43]

---

[40] OLIVA, Milena Donato. Apontamentos acerca das obrigações *propter rem*. *Revista de Direito da Cidade*, v. 9, n. 2, p. 582-596, 2017. p. 589. No mesmo sentido: "Seu principal dever, na realidade obrigação *propter rem*, é concorrer com a quota-parte que lhe couber no rateio para as despesas do condomínio (art. 12 da Lei nº 4.591/64; atual, art. 1.336, I). É razão da própria sobrevivência da estrutura condominial. O condômino inadimplente acarreta prejuízo geral, onerando toda a estrutura condominial". (VENOSA, Sílvio. *Direito civil*: direitos reais. 7. ed. São Paulo: Atlas, 2007. p. 332).

[41] "As despesas com a conservação do condomínio são rateadas proporcionalmente ao valor das frações. As despesas relacionadas exclusivamente com a unidade habitacional, como luz, telefone, bar e lavanderia [quando sujeitas a uma administração hoteleira], têm cobrança diferenciada, cabendo ao multiproprietário pagá-las ao final de cada temporada, prevendo-se ainda, o fundo de reserva e fundo de manutenção e reposição." (TEPEDINO, Gustavo. *Multipropriedade imobiliária*. São Paulo: Saraiva, 1993. p. 45.)

[42] Nesse sentido: LOPES, João Batista. *Condomínio*. 8. ed. São Paulo: Revista dos Tribunais, 2003. p. 93-94. E reforçando a essencialidade dessa obrigação ao condomínio, Caio Mário chegou a se referir a ela como uma *espécie peculiar de ônus real*: "O cumprimento das obrigações atinentes aos encargos condominiais, sujeitando o devedor às cominações previstas (juros moratórios, multa, correção monetária), todas exigíveis judicialmente, constitui uma espécie peculiar de ônus real, gravando a própria unidade, uma vez que a lei lhe imprime poder de sequela. Com efeito, estabelece o art. 4º, parágrafo único, da Lei do *Condomínio e Incorporações* [N.A.: cujo texto está reproduzido no art. 1.345 do atual Código Civil], que o adquirente responde pelos débitos do alienante da unidade adquirida. O objetivo da norma é defender o condomínio (...)". (PEREIRA, Caio Mário da Silva. *Condomínio e Incorporações*. Rio de Janeiro: Forense, 2002. p. 153).

[43] TEPEDINO, Gustavo; BARBOZA, Heloisa Helena; MORAES, Maria Celina Bodin de. *Código Civil interpretado conforme a Constituição da República*. Rio de Janeiro: Renovar, 2011. v. III, p. 716. No mesmo sentido: "A obrigação *propter rem* existe em função da *res*, impondo-se, tal qual vínculo obrigacional, ao titular do direito real em virtude justamente desta titularidade, e é acessória à coisa. São exemplos de obrigações *propter rem* no ordenamento brasileiro a obrigação do condômino de conservar a coisa comum (CC, art. 1.315) e a do proprietário de contribuir para as despesas de construção e conservação de tapumes divisórios". (TEPEDINO, Gustavo; SCHREIBER, Anderson. *Fundamentos do Direito Civil*: obrigações. Rio de Janeiro: Forense, 2020. v. 2, p. 26-27).

No âmbito da propriedade horizontal – cujas normas se aplicam subsidiariamente à multipropriedade – a caracterização dos encargos condominiais como obrigações *propter rem* decorreu de política legislativa que se voltou ao reforço da tutela da propriedade comum, em homenagem à função social e econômica do condomínio edilício, uma vez que nele existe uma relação simbiótica entre a propriedade exclusiva sobre as unidades autônomas e a copropriedade sobre as partes comuns,[44] funcionalizando-se estas ao pleno aproveitamento daquelas.[45] Nesse sentido, cumpre revisitar o artigo 1.336 do Código Civil, o qual prevê, já no seu inciso I, o principal dever dos condôminos, qual seja, o de contribuir para as despesas do condomínio, na proporção de sua fração ideal, salvo disposição em contrário na convenção.[46]

Outrossim, no que diz respeito à sucessão das obrigações pelos encargos condominiais nascidos antes da alienação do direito real, é importante esclarecer que, sem prejuízo da regra geral das obrigações *propter rem* prevista no já referido artigo 502, exatamente em virtude da configuração particular do condomínio edilício – cuja *ratio* parece ser aplicável à multipropriedade no tema em pauta – o legislador instituiu regra específica voltada ao reforço da proteção da coletividade, prevista no artigo 1.345 do Código, a saber: "O adquirente de unidade responde pelos débitos do alienante, em relação ao condomínio, inclusive multas e juros moratórios".[47]

A este propósito, em que pese se trate de exceção à regra geral, é pacífico o entendimento doutrinário no sentido de que o artigo 1.345 não afastou por completo a incidência do artigo 502, contudo, no caso específico do condomínio edilício, o legislador ponderou os interesses

---

[44] Nesse sentido são os ensinamentos do eterno professor Caio Mário, o qual frisa que "na *propriedade horizontal*, o condomínio sobre o subsolo, solo, partes de uso comum, perderia totalmente a finalidade se não existisse a propriedade individual da unidade autônoma. A *propriedade horizontal* é, portanto, um direito que se configura com as suas linhas estruturais definidas, próprias, características, peculiares, na aglutinação do domínio e do condomínio; da propriedade individual e da propriedade comum, formando um todo indissolúvel, inseparável e unitário". (PEREIRA, Caio Mário da Silva. *Instituições de Direito Civil. Direitos Reais*. 27. ed. Rio de Janeiro: Forense, 2019. v. IV, p. 64-65 e 164).

[45] MONTEIRO FILHO, Carlos Edison do Rêgo; TEPEDINO, Gustavo; RENTERIA, Pablo. *Fundamentos do Direito Civil*: Direitos Reais. Rio de Janeiro: Forense, 2020. v. 5, p. 244.

[46] Sobre o tema, v. ARAÚJO, Bárbara Almeida de. As obrigações *propter rem*. In: TEPEDINO, Gustavo (Coord.). *Obrigações*: estudos na perspectiva civil-constitucional. Rio de Janeiro: Renovar. 2005. p. 106.

[47] Nessa toada: "a transferência para o adquirente das dívidas para com o condomínio representa exceção à regra geral das obrigações *propter rem* por conta da previsão específica do artigo 1.345". (MONTEIRO FILHO, Carlos Edison do Rêgo; TEPEDINO, Gustavo; RENTERIA, Pablo. *Fundamentos do Direito Civil*: Direitos Reais. Rio de Janeiro: Forense, 2020. v. 5, p. 260).

em jogo e criou expediente para proteção da coletividade em detrimento do adquirente – o que se coaduna com o princípio da solidariedade social e com a função social da propriedade horizontal – na medida em que este poderá ser demandado em juízo para responder pelos débitos relativos ao imóvel, sejam estes de origem anterior ou posterior à transferência do direito real. Não obstante, em função da regra geral do artigo 502, estará resguardado o direito de regresso do adquirente em face do alienante por esses débitos nascidos anteriormente à aquisição.[48]

Dito em outras palavras, a interpretação sistemática dos artigos 502 e 1.345 direciona no sentido de que embora o adquirente possa ser instado pelo condomínio a responder por tais obrigações, persiste a obrigação do *alienante* por todas as despesas condominiais surgidas enquanto era o titular da propriedade, o que justifica a possibilidade deste responder em eventual ação de regresso. Portanto, a responsabilidade do adquirente perante o condomínio não descaracteriza a qualidade de devedor do alienante.[49]

---

[48] Destaca a professora Milena Oliva: "Ao se interpretar o art. 1.345 em conjunto com o art. 502, ambos do Código Civil, percebe-se que a transmissão, a título singular, do direito real, não tem o condão de alterar o polo passivo da relação obrigacional. No condomínio edilício, em virtude dos interesses envolvidos, optou o legislador por tornar o adquirente garantidor do pagamento dos débitos do alienante. Vale dizer, o legislador criou expediente para proteger o condomínio, possibilitando que a ação de cobrança de encargos condominiais seja proposta diretamente em face do adquirente, já que este possui, ao menos, um bem para ser executado, qual seja, a unidade autônoma. Todavia, tal possibilidade conferida ao condomínio não altera o devedor da obrigação *propter rem*, que continua sendo o alienante". (OLIVA, Milena Donato. Apontamentos acerca das Obrigações Propter Rem. *Revista de Direito da Cidade*, v. 9, n. 2, p. 582-596, 2017. p. 591). V. tb.: "Os encargos condominiais caracterizam-se como obrigação que, sendo de caráter pessoal, insinua-se como acessória da coisa ou do direito real sobre ela – *obligatio propter rem* (San Tiago Dantas, Orosimbo Nonato, Serpa Lopes, Eduardo Espínola, Tito Fulgêncio, Sá Pereira, Philadelpho Azevedo, Lacerda de Almeida). O condômino tem o dever de suportar as despesas do condomínio, na proporção de sua fração ideal, salvo disposição em contrário na Convenção (art. 1.334, I). Defendendo o condomínio contra a eventualidade de uma indefinição de quem seja o sujeito passivo, em caso de alienação, o art. 1.345 estabelece que ao adquirente os débitos do alienante se transferem, inclusive multas e juros, bem como a correção monetária, se for aplicada". (PEREIRA, Caio Mário da Silva. *Instituições de Direito Civil*. 25. ed. Rio de Janeiro: Forense, 2017. v. VI, p. 191).

[49] Essa interpretação se coaduna com a *teoria dualista da obrigação*, segundo a qual o vínculo jurídico –correspondente ao terceiro elemento que compõe a estrutura da relação obrigacional, ao lado dos elementos subjetivo (credor e devedor) e objetivo (prestação) – poderia ser decomposto em dois aspectos conceituais diferenciados: o débito (*Schuld*) e a responsabilidade (*Haftung*), sendo o primeiro o que exprime o dever do sujeito de efetuar a prestação, enquanto a segunda estaria associada à sujeição do patrimônio para responder pelo débito, ou seja, à faculdade que tem o credor de exigir que o devedor cumpra a prestação e de utilizar a força estatal para coagi-lo ao cumprimento. Nesse sentido, embora a doutrina afirme que débito e responsabilidade normalmente aparecem juntos, há relações em que se apresentam dissociados, incidindo sobre sujeitos diversos, como no caso sob exame. (TEPEDINO, Gustavo; SCHREIBER, Anderson. *Fundamentos do Direito Civil*: obrigações. Rio

Repita-se que toda essa sistemática se justifica pelo fato de que o adimplemento dos encargos condominiais, mais do que uma obrigação individual de cada condômino, é pressuposto para a continuidade do próprio condomínio, de modo que o regramento ora exposto, ao colocar o adquirente (e efetivo titular do imóvel) na posição de garantidor do pagamento da dívida, protege a propriedade comum de flutuações dos patrimônios individuais de cada um dos condôminos, assim garantindo a sua manutenção[50] – afinal, ele dispõe ao menos um bem passível de execução para satisfação da dívida, qual seja, a unidade autônoma. Pontue-se, por fim, que a possibilidade de o condomínio cobrar o débito em face do adquirente não exclui a possibilidade de fazê-lo também em face do alienante, afinal, ele é o efetivo devedor.[51]

Feitos os esclarecimentos pertinentes a respeito das obrigações *propter rem* e da sucessão da obrigação de pagamento dos encargos condominiais no âmbito do condomínio edilício, para prosseguir rumo à busca de interpretação funcionalizada do artigo 1.358-L, §2º, parece ser possível estabelecer como premissa o fato de que também na multipropriedade esse dever jurídico dispõe natureza de obrigação *ob rem*, bem como verificar a estreita aproximação da *ratio* que a orienta com a propriedade horizontal.

3.4 Interpretação funcionalizada do art. 1.358-L, §2º, CC

Para empreender análise funcionalizada do dispositivo em tela, cumpre resgatar as duas questões propostas alhures: em primeiro lugar,

---

de Janeiro: Forense, 2020. v. 2, p. 16-17). Ainda sobre o tema: "Ao se decompor uma *relação obrigacional*, verifica-se que o direito de crédito tem como fim *imediato* uma prestação, e *remoto*, a sujeição do patrimônio do devedor. Encarada essa dupla finalidade sucessiva pelo lado passivo, pode-se distinguir, correspondentemente, o *dever de prestação*, a ser cumprido espontaneamente, da *sujeição* do devedor, na ordem patrimonial, ao poder coativo do credor. Analisada a obrigação sob essa dupla perspectiva, descortinam-se os dois elementos que compõem seu conceito. Ao *dever de prestação* corresponde o *debitum*, à *sujeição* a *obligatio*, isto é, a *responsabilidade*". (GOMES, Orlando. *Obrigações*. 18. ed. Rio de Janeiro: Forense, 2016. p. 12). Com efeito, o polo passivo da relação de dívida pode ser preenchido apenas pelo alienante, enquanto o polo passivo da relação de responsabilidade pode ser preenchido também pelo adquirente.

[50] "A saúde financeira [do condomínio] não pode ficar à mercê das mudanças na titularidade dominial (...) a *ratio* da norma, é, portanto, proteger o condomínio evitando-se problemas na cobrança de despesas, do que poderia decorrer desequilíbrio orçamentário, em prejuízo da vida condominial". (LOPES, João Batista. *Condomínio*. 8. ed. São Paulo: Revista dos Tribunais, 2003. p. 98).

[51] OLIVA, Milena Donato. Apontamentos acerca das Obrigações Propter Rem. *Revista de Direito da Cidade*, v. 9, n. 2, p. 582-596, 2017. p. 591.

o regime aplicável à obrigação de pagamento dos encargos condominiais incidentes sobre o imóvel objeto da multipropriedade; em outras palavras, investigar se existe solidariedade entre os multiproprietários, já que o §5º do art. 1.358-J, citado pelo 1.358-L, §2º, foi vetado pelo Presidente da República; em segundo lugar, desponta a questão relativa à sucessão da responsabilidade entre alienante e adquirente, e eventual solidariedade entre eles, relativamente aos débitos nascidos antes da transferência do direito, diante da exigência legal pela declaração de inexistência de débitos.

Frise-se que aqui tratamos de dois cenários distintos de aplicação do regime solidário: o primeiro diz respeito ao pagamento dos tributos, contribuições condominiais e outros encargos que incidam sobre o imóvel, impondo-se verificar se existe solidariedade entre os multiproprietários; enquanto o segundo se refere à sucessão dessa responsabilidade entre alienante e adquirente do direito real sobre o imóvel.

3.4.1 Investigação da solidariedade entre multiproprietários

Conforme se depreende dos tópicos anteriores, o inadimplemento das cotas de rateio de despesas condominiais pelos multiproprietários consiste em grave ameaça à harmonia e à própria sobrevivência do sistema, na medida em que elas englobam todos os dispêndios ordinários relativos à unidade objeto da multipropriedade, incluindo o custo de reposição de pertences, mobiliário e enxoval que guarnece o imóvel, além de eventuais serviços que lhes sejam prestados, desde a realização de *check in* e *check out*; governança e higienização interna; TV a cabo; internet; IPTU; água; gás; luz, dentre outros,[52] apenas para citar alguns exemplos.

Outrossim, em relação aos débitos tributários incidentes sobre o imóvel, a despeito do veto presidencial aos §§3º, 4º e 5º do artigo 1.358-J ter sido fundamentado no argumento de que eles substituiriam a solidariedade tributária (art. 124 do CTN) pela proporcionalidade quanto à obrigação pelo pagamento e pela cobrança de tributos e outros encargos incidentes sobre o imóvel sujeito à multipropriedade – e, por isso, supostamente violariam a isonomia e comprometeriam a arrecadação – destaque-se que a própria Lei nº 13.777/18 já havia

---

[52] ABELHA, André; CÂMERA, Maya Garcia. Efeitos do inadimplemento das obrigações do multiproprietário. *In*: TERRA, Aline de Miranda Valverde; GUEDES, Gisela Sampaio da Cruz. *Inexecução das Obrigações*. Rio de Janeiro: Processo, 2020. p. 623.

disciplinado a questão através da inclusão dos §§10 e 11 ao artigo 176 da lei de registros públicos (Lei nº 6.015/73), segundo os quais cada fração de tempo poderá, em função de legislação tributária municipal, ser objeto de inscrição imobiliária individualizada.

Dessa maneira, as razões de veto baseadas na suposta violação ao CTN parecem não se sustentar, a uma, porque os débitos tributários consistem essencialmente em ônus reais[53] que acompanham o imóvel independentemente da transmissão da titularidade do direito real,[54] o que já representa, por si só, maior segurança ao ente tributante; a duas, porque a abertura de inscrições imobiliárias individualizadas perante o município tributante deixa clara a *ratio* legal que orienta à inexistência de solidariedade entre os multiproprietários de frações de tempo distintas, até porque o bem imóvel ligado ao fato gerador do tributo é a fração de tempo, e não a unidade autônoma (casa ou apartamento, à guisa de exemplo) que se divide em frações de tempo. Logo, da mesma forma que no condomínio edilício não existe solidariedade tributária entre unidades autônomas diversas, tampouco na multipropriedade poderia haver, já que neste regime a unidade autônoma é justamente o módulo temporal, também chamada de unidade periódica.[55]

---

[53] "No direito brasileiro, os tributos cujos fatos geradores consistem na titularidade de um direito real ou cuja determinação do sujeito passivo se dá pela titularidade de um direito real, podem ser considerados ônus reais. Isto porque oneram, gravam a coisa, nela permanecendo independentemente das mutações subjetivas que se operem na situação jurídica real. Ou seja, os débitos fiscais, por si só, não se autonomizam, isto é, não dão ensejo a obrigações autônomas, não tendo o condão de se incorporarem ao patrimônio de um dado devedor, mas aderem à coisa, daí sua ambulatoriedade. (OLIVA, Milena Donato. A responsabilidade do adquirente pelos encargos condominiais na propriedade horizontal. *Revista Trimestral de Direito Civil – RTDC*, v. 26, p. 67-105, abr./jun. 2006. p. 86).

[54] O artigo 130 do CTN reforça essa ideia, ao estatuir que "os créditos tributários relativos a impostos cujo fato gerador seja a propriedade, o domínio útil ou a posse de bens imóveis, e bem assim os relativos a taxas pela prestação de serviços referentes a tais bens, ou a contribuições de melhoria, sub-rogam-se na pessoa dos respectivos adquirentes, salvo quando conste do título a prova de sua quitação. Parágrafo único. No caso de arrematação em hasta pública, a sub-rogação ocorre sobre o respectivo preço".

[55] No mesmo sentido, Carlos Eduardo Elias de Oliveira explica que "[h]á várias repercussões práticas do fato de a unidade periódica ser um imóvel autônomo objeto de direito real sobre coisa própria (direito real de propriedade), à semelhança do que sucede com as unidades autônomas em condomínio edilício. A primeira delas é a de que, nos tributos reais (IPTU e ITR, por exemplo), *cada unidade periódica é um fato gerador próprio*, de maneira que cada multiproprietário é obrigado a pagar o tributo real relativo à sua unidade periódica É, portanto, totalmente descabido que o Fisco pretenda responsabilizar um multiproprietário por débito de tributo real relativo a unidades periódicas dos demais. A lei tributária tem de respeitar os conceitos de direito privado para a definição do fato gerador (art. 109, CTN)". (OLIVEIRA, Carlos Eduardo Elias de. *Análise Detalhada da Multipropriedade no Brasil após a Lei nº 13.777/2018*: pontos polêmicos e aspectos de registros públicos. Disponível em: http://genjuridico.com.br/2019/03/21/analise-detalhada-da-multipropriedade-no-brasil-apos-a-lei-no-13-777-2018-pontos-polemicos-e-aspectos-de-registros-publicos/. Acesso em 20 jan.

Em relação às despesas condominiais relativas às cotas de rateio ordinárias e extraordinárias aprovadas em assembleia de condôminos, por sua vez, parece ser aplicável lógica semelhante. Nesse sentido, independentemente do veto presidencial aos dispositivos citados, diversos doutrinadores posicionam-se pela inexistência de solidariedade entre multiproprietários também nesta seara,[56] argumento que se reforça ainda pelo fato de que nas razões de veto citadas, restou claro que a preocupação do Chefe do Executivo voltou-se aos débitos tributários – o que, como visto, foi resolvido pela própria lei – e não propriamente às demais cotas de rateio de despesas condominiais.

3.4.2 Responsabilidade do adquirente pelos débitos anteriores à alienação do imóvel

Considerando-se que o §2º do artigo 1.358-L dispôs que o adquirente será solidariamente responsável com o alienante pelas obrigações de que trata o §5º do art. 1.358-J do Código, caso não obtenha a declaração de inexistência de débitos referente à fração de tempo no momento de sua aquisição, teria ele pretendido instituir, *a contrario sensu*, que o adquirente estaria exonerado do pagamento dos débitos caso obtida essa declaração? Sob essa ótica, ele não atuaria como garantidor, afastando-se a regra do artigo 1.345 do Código Civil?

2021). Ratificando tal entendimento, pontue-se que em caso de inadimplemento, o Fisco poderá excutir a unidade periódica do devedor para quitação da dívida tributária, sem que isso prejudique os demais multiproprietários, o que se justifica em função do interesse público subjacente à arrecadação.

[56] "O veto [presidencial] não impõe que haja solidariedade em relação às contribuições condominiais e demais encargos, na medida em que, nos termos do artigo 1.315 do Código Civil, 'o condômino é obrigado, na proporção de sua parte, a concorrer com as despesas de conservação ou divisão da coisa, e a suportar os ônus a que estiver sujeito.' Trata-se de regra do condomínio geral, que se aplica também ao condomínio em multipropriedade, espécie que é daquele gênero". (SCHREIBER, Anderson. Multipropriedade Imobiliária e a Lei nº 13.777/18. *GenJurídico*, 17 jan. 2019. Disponível em: http://genjuridico.com.br/2019/01/17/multipropriedade-imobiliaria-e-a-lei-13777-18/. Acesso em 20 jan. 2021). E o professor Gustavo Tepedino ratifica: "Tal veto, contudo, não altera a autonomia das matrículas, devendo ser afastada, portanto, qualquer interpretação que pretendesse atribuir ao conjunto dos multiproprietários de um mesmo apartamento a responsabilidade solidária das referidas despesas individuais". (TEPEDINO, Gustavo. A multipropriedade e a retomada do mercado imobiliário. *Consultor Jurídico*, 30 jan. 2019. Disponível em: https://www.conjur.com.br/2019-jan-30/tepedino-multipropriedade-retomada-mercado-imobiliario#author. Acesso em 20 jan. 2021). Acompanham também este entendimento: VIEGAS, Cláudia Mara de Almeida Rabelo; PAMPLONA FILHO, Rodolfo. A Multipropriedade Imobiliária à luz da Lei nº 13.777/2018. In: *Revista da Faculdade de Direito da Universidade Federal de Minas Gerais (UFMG)*, Belo Horizonte, n. 75, p. 91-118, jul./dez. 2019.

Em outras palavras, teria o legislador estabelecido como regra geral a responsabilidade do *alienante* em ambos os casos,[57] porém a do adquirente apenas na hipótese de não obtenção da declaração (caso em que haveria solidariedade entre ambos)? A este propósito, qual seria o alcance e a força probatória da declaração citada pelo artigo? Ela geraria presunção absoluta? Quais seriam seus requisitos? Para tais reflexões, considerando-se que essa exigência por declaração de inexistência de débitos não se consubstanciou propriamente numa inovação legislativa, porquanto a Lei nº 4.591/64 já continha previsão semelhante, impõe-se breve análise da evolução legislativa e jurisprudencial sobre o tema.

Com efeito, o artigo 4º, §único da referida Lei nº 4.591/64 (conhecida como lei dos condomínios e incorporações), em sua redação original, previa que "o adquirente de uma unidade responde pelos débitos do alienante, em relação ao condomínio, inclusive multas". Posteriormente, o texto foi alterado pela Lei nº 7.182/84, passando a dispor que *a alienação ou transferência de direitos de que trata este artigo dependerá de prova de quitação das obrigações do alienante para com o respectivo condomínio*, e essa norma foi regulamentada pela Lei nº 7.433/85, cujo artigo 2º, §2º, instituiu que "considerar-se-á *prova de quitação* a declaração feita pelo alienante ou seu procurador, sob as penas da Lei, a ser expressamente consignada nos instrumentos de alienação ou de transferência de direitos".

Não obstante, destaque-se que nosso ordenamento permite que o adquirente dispense a apresentação das certidões de quitação fiscal do imóvel urbano para efeito de registro da escritura, ressalvando-se que, neste caso, ele responderá por eventuais débitos existentes, nos termos da lei[58] – o que se aplica também, por analogia, à declaração de inexistência de débitos condominiais.

Outrossim, após a edição dessas normas – até hoje em pleno vigor – foi promulgado o Código Civil de 2002, o qual instituiu a regra específica do artigo 1.345 para o condomínio edilício, sem fazer qualquer ressalva em relação à *prova de quitação das obrigações* a que alude a Lei

---

[57] Reestabeleceria, assim, a regra geral das obrigações *propter rem* do artigo 502 do Código Civil.

[58] Trata-se de previsão constante no Decreto nº 93.240/86, que regulamenta a citada Lei nº 7.433/85, assim dispondo: Art. 1º – Para a lavratura de atos notariais, relativos a imóveis, serão apresentados os seguintes documentos e certidões: (...) III – as certidões fiscais, assim entendidas: a) em relação aos imóveis urbanos, as certidões referentes aos tributos que incidam sobre o imóvel, observado o disposto no §2º, deste artigo; (...) §2º – As certidões referidas na letra *a* do inciso III deste artigo somente serão exigidas para a lavratura das escrituras públicas que impliquem a transferência de domínio *e a sua apresentação poderá ser dispensada pelo adquirente que, neste caso, responderá, nos termos da lei, pelo pagamento dos débitos fiscais existentes*. (g.n.).

nº 4.591/64, ou seja, sem prever exceção para isentar o adquirente do imóvel da responsabilidade pelo pagamento dos débitos do alienante.[59] Por isso, coube à jurisprudência empreender esforço hermenêutico para compatibilizar esses dispositivos, atribuir sentido à exigência legal pela prova de quitação das obrigações – equivalente à declaração de inexistência de débitos – e, assim, assegurar a harmonia do sistema.

Nesse diapasão, restou pacificado pelo Superior Tribunal de Justiça o entendimento de que o art. 4º, §único da Lei nº 4.591/64, na redação dada pela Lei nº 7.182/84, constitui, a rigor, norma de proteção do condomínio, de sorte que se porventura a alienação ou transferência da unidade autônoma se faz sem a prévia quitação da dívida, evidenciando má-fé do transmitente e negligência ou consciente concordância do adquirente, responde este último pelo débito, na qualidade de novo titular do imóvel, ressalvado o seu direito de regresso contra o alienante (o qual decorre da regra geral prevista no artigo 502, CC). A obrigação *propter rem*, neste caso, acompanha o imóvel para efeito de responsabilidade perante o condomínio credor. Tal entendimento, esposado no julgamento do REsp nº 671.941/RJ,[60] foi objeto do Informativo nº 279 do

---

[59] Nessa toada: "O legislador, forte na proteção do condomínio contra o inadimplemento crônico que, por vezes, leva à deterioração e extinção da vida comunitária, confirma a tendência de responsabilizar o adquirente da unidade autônoma pelos débitos não solvidos pelo titular anterior. Evoluiu, de alguma maneira, o sistema já adotado pela Lei nº 7.433/1985, que, em seu art. 2º, §2º, estabelecia que a prova de quitação, por parte do alienante, poderia substituir-se por declaração expressa – eficaz entre as partes, não já perante o condomínio – em que se atribuía legitimidade para cobrar do adquirente o débito anterior (J. Nascimento Franco, *Condomínio*, p. 298). (...) Sem prejuízo, portanto, da obrigação do alienante por todas as despesas condominiais surgidas enquanto era o titular da propriedade, o que poderá ser cobrado inclusive em ação de regresso, o [art. 1.345] 'decidiu privilegiar o condomínio em detrimento do adquirente, determinando a responsabilidade deste em relação aos encargos condominiais e multa nascidos antes da aquisição do direito real'". (TEPEDINO, Gustavo; BARBOZA, Heloisa Helena; MORAES, Maria Celina Bodin de. *Código Civil interpretado conforme a Constituição da República*. Rio de Janeiro: Renovar, 2011. v. III, p. 703-704).

[60] Confira-se a ementa: CIVIL E PROCESSUAL. IMÓVEL ADJUDICADO POR CREDORA HIPOTECÁRIA. RESPONSABILIDADE DA ADQUIRENTE, PERANTE O CONDOMÍNIO, PELO PAGAMENTO DE COTAS CONDOMINIAIS ATRASADAS DEIXADAS PELO MUTUÁRIO. LEI Nº 4.591/64, ART. 4º §ÚNICO, NA REDAÇÃO DADA PELA LEI Nº 7.182/84. EXEGESE. OBRIGAÇÃO PROPTER REM. (STJ. 4ª T. *REsp nº 671.941/RJ (2004/0082433-3)*. Rel. Min. Aldir Passarinho Junior, julg. 28.03.2006, DJO 22.05.2006. p. 206). Neste caso, destacou auspiciosamente o relator: "A referida norma legal [art. 4º, §único da Lei nº 4591/64] traça exigência inibitória da alienação ou transferência patrimonial, com vistas justamente à proteção do condomínio, de modo a buscar impedir que o condômino venda a sua unidade com débitos que prejudicam a pequena comunidade. Ora, se é uma regra protetiva, a tese da CEF vai justamente na sua contramão, como se a lei deixasse, por isso, ao abandono o condomínio, em caso de a venda ser feita em desrespeito a tal disposição. É importante observar que o sentido é de impedir a transferência irregular, e, assim acontecendo, por má-fé óbvia do vendedor, e negligência do comprador, se não conscientemente, o adquirente responderá pela dívida. Portanto, ao inverso do que defende a recorrente, a transferência

STJ (Março/2006) e reiterado em sucessivos acórdãos,[61] o que denota a orientação da Corte Cidadã sobre a matéria. Portanto, a interpretação sistemática conferida ao parágrafo único do artigo 4º da Lei nº 4.591/64 permite concluir que a referida norma, ao exigir prova de quitação, não teve por escopo beneficiar o adquirente e isentá-lo da responsabilidade pela solvência dos débitos existentes quanto a despesas condominiais não saldadas pelo alienante, o que ratifica a incidência do artigo 1.345 como regra geral para os condomínios edilícios.[62] Essa orientação privilegia a proteção da comunidade condominial em detrimento do adquirente e se revela compatível com o princípio da solidariedade social, insculpido na Constituição da República como um dos objetivos fundamentais de nosso Estado Democrático de Direito.

Paralelamente a esse cenário, importante destacar ainda que em 2015, quando promulgado o novo Código de Processo Civil, através de seu artigo 784, inciso X, o legislador transformou o crédito condominial em título executivo extrajudicial, o que trouxe expressiva vantagem aos condomínios: antes disso, à luz do CPC/73, a recuperação da inadimplência era feita através de ação de cobrança pelo rito sumário, porém atualmente é possível a propositura de ação de execução, o que abreviou sensivelmente o tempo e os custos despendidos pelos condomínios com o processo judicial. Isso evidencia mais uma medida

---

regular faz-se sempre com a prova da quitação da dívida. Mas, se, mesmo assim, ela acontece irregularmente, em desrespeito à norma do art. 4º, o adquirente, a quem também é dirigida a norma legal, fica responsável pelo pagamento".

[61] Destaquem-se, à guisa de exemplo: STJ. 4ª T. *REsp nº 547.638/RS*. Rel. Min. Aldir Passarinho Junior, julg. 10.08.2004, publ. DJ 25.10.2004, p. 351 e RSTJ vol. 193 p. 445; e ainda: STJ. *REsp nº 719.546/SE [2005/0011599-0]*. Rel. Min. Ari Pargendler, julg. 05.05.2006 – em seu voto, o relator frisou que "a alteração implementada em relação ao parágrafo único, do art. 4º, da Lei nº 4.591/64, pela Lei nº 7.182, de 27.03.84 não resultou na revogação do comando do art. 12 daquele diploma legal, dito de outro modo, não desqualificou a taxa de condomínio como obrigação *propter rem*. Pela modificação destacada, apenas se condicionou a alienação ou transferência de direitos pertinentes à aquisição e à constituição de direitos reais sobre unidades condominiais à prova de quitação dos encargos do alienante para com o condomínio, robustecendo a garantia que se outorga a créditos desse jaez. *Não se isentou o adquirente da responsabilidade pela solvência dos débitos eventualmente existentes quanto a despesas condominiais não saldadas pelo alienante.* [Portanto] O adquirente de unidade condominial responde pelos encargos existentes junto ao condomínio, mesmo que anteriores à aquisição". (g.n.).

[62] No mesmo sentido: SCHREIBER, Anderson *et al*. *Código Civil Interpretado – Doutrina e Jurisprudência*. Rio de Janeiro: Forense, 2019. p. 964-965. Sobre o tema, os autores frisam que o adquirente de unidade autônoma que for compelido a pagar cotas condominiais anteriores ao ato de alienação poderá propor ação de regresso em face do alienante se na escritura não assumiu expressamente tais obrigações, consoante o disposto no art. 502 do Código Civil: "O vendedor, salvo convenção em contrário, responde por todos os débitos que gravem a coisa até o momento da tradição".

em prol da proteção da coletividade e da promoção do princípio da solidariedade social em detrimento do direito individual de um condômino, além de revelar notória tendência convergente das sedes legislativa e jurisprudencial nesse mesmo sentido.

Nessa toada, parece que a interpretação do artigo 1.358-L, §2º, que melhor se coadunaria com o cenário até então exposto e que atenderia à função social do condomínio em multipropriedade seria no sentido de que a norma não afasta a incidência do artigo 1.345, segundo o qual o adquirente responde pelos débitos do alienante, atuando como efetivo garantidor – afinal, ele possui ao menos um bem em seu patrimônio para responder pela dívida – sem prejuízo de seu direito de regresso em face do alienante.

Para reforço dessa tese, sintetizam-se três argumentos de relevo: em primeiro lugar, o fato de que o regime jurídico do condomínio edilício, o qual compreende unidades autônomas em relação de simbiose com o condomínio sobre partes comuns, inspirou a multipropriedade, sendo certo que no âmbito desta se aplica a mesma sistemática, com a peculiaridade de se verificar o fator tempo como elemento individualizador de suas unidades autônomas. Essa aproximação entre os dois regimes, além de estar expressamente prevista no artigo 1.358-B do Código Civil,[63] já era defendida pelo professor Gustavo Tepedino[64] em sua precursora tese sobre o tema (quando sustentou a natureza jurídica

---

[63] Art. 1.358-B do Código Civil: a multipropriedade reger-se-á pelo disposto neste Capítulo e, de forma supletiva e subsidiária, pelas demais disposições deste Código e pelas disposições das Leis nºs 4.591/64 e 8.078/90 (Código de Defesa do Consumidor).

[64] Nesse sentido, o autor frisou ser preciso reconhecer "de maneira estável [na multipropriedade], dois tipos de relações: as derivadas da convivência de unidades autônomas apropriadas em caráter de exclusividade, com a (necessidade de preservação da) base material comum, representada pelo apartamento fisicamente considerado; e as relações decorrentes da utilização coordenada de áreas de propriedade comum, representadas pelo solo, pela estrutura arquitetônica do edifício". Dessa maneira, esse "regime bifronte" revelaria "inquestionável compatibilidade" com o instituído pela Lei nº 4.591/64, consubstanciado na propriedade horizontal, no condomínio especial edilício, no qual igualmente se tem um sistema misto, em que se conjugam a propriedade exclusiva sobre unidades autônomas e a compropriedade sobre as áreas comuns. Sua disciplina é abrangente no direito positivo, deixando significativa margem à autonomia privada, tanto no tocante à individuação das unidades autônomas, quando na regulação da convivência entre condôminos, através da Convenção, razão pela qual reconheceu acertado o enquadramento da multipropriedade sob o regime da propriedade horizontal. E concluiu: "Admitida a pluralidade de direitos individuais relativos a múltiplos bens incidentes sobre uma estrutura comum, o consectário lógico é a aplicação direta, não em via analógica, da disciplina do condomínio especial [edilício]". (TEPEDINO, Gustavo. *Multipropriedade imobiliária*. São Paulo: Saraiva, 1993. p. 107-109).

de direito real do instituto), e também foi objeto do Enunciado nº 89[65] da I Jornada de Direito Civil do Conselho da Justiça Federal (CJF); por conseguinte, mesmo após a promulgação da Lei nº 13.777/18, seguiu sendo reconhecida pela doutrina.[66]

Em segundo lugar, uma vez admitida essa estreita relação entre os dois regimes, como apontada, se no condomínio edilício o adquirente do direito real sobre o bem imóvel é alçado à posição de garantidor do adimplemento dos débitos, com muito mais razão parece se aplicar a mesma *ratio* à multipropriedade, afinal, neste regime compreende-se como bem imóvel, por opção legislativa, também o mobiliário que guarnece as unidades espaço-temporais, além de existir um amplo universo de multiproprietários que utilizam a coisa. Isso naturalmente demanda maiores despesas com a sua manutenção, além de maiores esforços voltados à conservação do bem e de eventuais áreas de lazer e serviços pelo mesmo abrangidas, a fim de que todos possam dispor do seu uso e gozo com a mesma qualidade; note-se, ainda, a demanda pela remuneração de uma administração profissional para gerir todo este complexo, sempre com vistas à tutela eficiente dos interesses da comunidade condominial e, em última análise, à plena realização da personalidade dos multiproprietários.

E em terceiro lugar, tem-se a aplicação do princípio da boa-fé objetiva à situação jurídica de direito real que subjaz à multipropriedade e à transferência do direito, a qual se concretizaria, no caso, pelo

---

[65] Enunciado nº 89 do CJF: "O disposto nos arts. 1.331 a 1.358 do novo Código Civil aplica-se, no que couber, aos condomínios assemelhados, tais como loteamentos fechados, multipropriedade imobiliária e clubes de campo".

[66] Segundo o professor Guilherme Calmon, "no caso brasileiro, vislumbra-se a compatibilidade do sistema positivo da duplicidade de regime jurídico (propriedade exclusiva e compropriedade), reclamada pela multipropriedade, com o condomínio de edifícios. As divergências na individuação da unidade autônoma do multiproprietário e o apartamento tradicionalmente identificado no edifício não tornam divergente o sistema condominial misto de ambas as situações". (GAMA, Guilherme Calmon Nogueira da; PEREIRA, Luiz Gustavo Lopes. *Multipropriedade imobiliária*: questões controvertidas. No prelo. p. 10-11). Em unidade de entendimento, v. tb. OLIVEIRA, Carlos Eduardo Elias de. *Análise Detalhada da Multipropriedade no Brasil após a Lei nº 13.777/2018*: pontos polêmicos e aspectos de registros públicos. Disponível em: http://genjuridico.com.br/2019/03/21/analise-detalhada-da-multipropriedade-no-brasil-apos-a-lei-no-13-777-2018-pontos-polemicos-e-aspectos-de-registros-publicos/. Acesso em 20 jan. 2021; e ainda: MELO, Marco Aurélio Bezerra de. *Curso de Direito Civil*: Direito das Coisas. São Paulo: Atlas, 2015. v. 5, p. 311; PEREIRA, Caio Mário da Silva. *Instituições de Direito Civil. Direitos Reais*. 27. ed. Rio de Janeiro: Forense, 2019. v. IV, p. 181-182; SCHREIBER, Anderson *et al*. *Código Civil Interpretado – Doutrina e Jurisprudência*. Rio de Janeiro: Forense, 2019. p. 977. E trazendo questões adicionais sobre o tema, v. ainda: MELO, Marco Aurélio Bezerra de. A multipropriedade imobiliária no direito brasileiro. *In*: TARTUCE, Flavio; SALOMÃO, Luis Felipe (Coord.). *Direito Civil. Diálogos entre Doutrina e Jurisprudência*. São Paulo: Atlas, 2021. v. 2, p. 619-640.

entendimento de que a declaração de inexistência de débitos a que alude o artigo se consubstanciaria em prova relativa e não absoluta. Dito em outras palavras, ela corresponderia a mero elemento integrante de um conjunto de diligências mínimas que se impõem ao pretendente à aquisição de direito real sobre o imóvel, uma vez que se a boa-fé objetiva dispõe de tríplice função[67] – hermenêutico-interpretativa dos negócios; restritiva de direitos e criadora de deveres anexos ou acessórios à prestação principal – sendo inequivocamente aplicável em esfera de direitos reais,[68] à luz desse princípio deverá o adquirente buscar informações relativas ao bem, tais como extrair certidões de praxe que um negócio de compra e venda requer (para saber, por exemplo, se esse bem é objeto de execução judicial, se existe ação de cobrança em face do alienante); informar-se perante a administração condominial (interna e/ou profissional contratada), a qual dispõe o controle da inadimplência, dentre outras diligências ordinárias do homem médio que fazem parte de um conjunto probatório mínimo. Afinal, se de um lado a declaração de quitação poderá ser assinada pelo próprio alienante, nos termos legais, podendo até mesmo ser dispensada pelo adquirente, de outro lado impõe-se a observância da boa-fé, incidindo um dever de cooperação que dialogue com a solidariedade social tantas vezes destacada ao longo do presente estudo.

Nesta medida, nos parece que a declaração de inexistência de débitos a que alude o dispositivo não se consubstanciaria em prova absoluta[69] idônea a afastar a responsabilidade do adquirente perante o condomínio multiproprietário no caso concreto, especialmente se

---

[67] Nesse sentido, v. SCHREIBER, Anderson; TEPEDINO, Gustavo. A Boa-fé Objetiva no Código de Defesa do Consumidor e no novo Código Civil. *In*: TEPEDINO, Gustavo (Coord.). *Obrigações*: estudos na perspectiva civil-constitucional. Rio de Janeiro: Renovar, 2005. p. 29-44.

[68] Para análise detalhada do tema, v. NUNES, Eduardo. Autonomia Privada e Boa-Fé Objetiva em Direitos Reais. *In*: *Revista Brasileira de Direito Civil*, Rio de Janeiro, v. 4, p. 55-80, abr./jun. 2015. Disponível em: https://rbdcivil.ibdcivil.org.br/rbdc/article/view/99. Acesso em 16 jan. 2021; bem como: CASTRO, Diana Paiva de; VIÉGAS, Francisco de Assis. A boa-fé objetiva nas relações reais: tutela da confiança na relação real como processo. *In*: TEPEDINO, Gustavo; TEIXEIRA, Ana Carolina Brochado; ALMEIDA, Vitor (Coord.). *Da dogmática à efetividade do Direito Civil*: Anais do Congresso Internacional de Direito Civil Constitucional – IV, Congresso do IBDCIVIL. Belo Horizonte: Fórum, 2017. p. 319-338.

[69] Para reforço desse entendimento, seria possível estabelecer analogia com o justo título relacionado à posse: ele presume boa-fé, mas não se trata de presunção absoluta, apenas relativa, passível de ser ilidida no caso concreto e evidenciar que o possuidor estava de má-fé. Entendimento contrário à relatividade da presunção desse elemento probatório poderia contribuir inclusive para a fraude à execução, afinal, a má-fé não se expressa unicamente pelo "eu sei", mas pelo "eu sei ou deveria saber", de modo que a interpretação no caso concreto deve ser feita à luz do princípio da boa-fé.

assinada unicamente pelo alienante. Assim, seria merecedora de tutela a interpretação do artigo 1.358-L, §2º que, dialogando com o entendimento já consolidado pelo STJ e em doutrina acerca da exigência legal pela declaração de inexistência de débitos, extrai desta previsão uma norma voltada à proteção da coletividade condominial e não do adquirente, de modo a não se afastar a aplicabilidade do artigo 1.345 do Código Civil.

Não obstante, em que pese o artigo tenha previsto regime solidário entre o adquirente e o alienante pelos débitos anteriores à alienação, parece possível a interpretação de que, a rigor, no regime multiproprietário, o legislador ampliou o escopo de proteção do condomínio, ao prever a responsabilidade solidária e não subsidiária do alienante (como usualmente ocorre na prática ao se aplicar o artigo 1.345),[70] graças à necessidade de proteção mais robusta e efetiva do bem comum objeto do compartilhamento, a qual se impõe na multipropriedade.

4 Conclusão

Voltando-se ao estudo do regime de responsabilidade pelo pagamento dos encargos condominiais na multipropriedade imobiliária, o presente trabalho buscou traçar parâmetros à interpretação funcionalizada do artigo 1.358-L, §2º, incluído no Código Civil pela Lei nº 13.777/2018, a qual finalmente regulamentou o promissor instituto em nosso país.

Para tanto, após a exposição de breve histórico e da qualificação jurídica da multipropriedade, bem como das vantagens e desafios do instituto, empreendeu-se análise acerca da existência de solidariedade entre os multiproprietários pelo pagamento das despesas e tributos incidentes sobre o imóvel, especialmente em virtude do veto presidencial aos §§3º, 4º e 5º do artigo 1.358-J, este citado pelo artigo 1.358-L, §2º, bem como acerca da sucessão da responsabilidade entre o alienante e o adquirente do bem pelos débitos nascidos em período anterior à transferência do direito real.

---

[70] No mesmo sentido: "(...) Feita essa observação, na realidade, a lei estabelece que a obrigação *propter rem* decorrente das despesas condominiais da multipropriedade e do condomínio edilício, se houver, serão transferidas para o adquirente, assemelhando-se ao que prevê o art. 1.345 do Código Civil, o qual estabelece que o adquirente de unidade responde pelos débitos do alienante, em relação ao condomínio, inclusive multas e juros moratórios, sendo essa a regra genérica para o condomínio, enquanto que na multipropriedade, como reproduzido acima, há a previsão de solidariedade entre o adquirente e o alienante". (SCHREIBER, Anderson *et al*. *Código Civil Interpretado – Doutrina e Jurisprudência*. Rio de Janeiro: Forense, 2019. p. 983).

Nessa investigação, perpassou-se pelo estudo das obrigações *propter rem*, bem como da qualificação e da sucessão da obrigação ao pagamento de encargos condominiais, identificando-se a regra geral prevista pelo artigo 502 do Código Civil e a regra específica contida no artigo 1.345 para os condomínios edilícios, cuja disciplina se aplica subsidiariamente à multipropriedade imobiliária. Esta última prevê o adquirente como responsável pelos débitos perante a coletividade condominial, sejam estes anteriores ou posteriores à transmissão do direito, de modo que ele assume efetiva posição de garantidor, sem prejuízo de eventual ação de regresso em face do alienante.

Sob essa ótica, se na multipropriedade parece incidir com muito mais razão a *ratio* protetiva da coletividade condominial e do bem comum, como exposto, em que pese se sustente a inexistência de solidariedade entre multiproprietários no tocante à responsabilidade pelo pagamento dos encargos condominiais – afinal, cada unidade espaço-temporal se relaciona a um fato gerador distinto, o que se reforça pelos §§10 e 11 incluídos no artigo 176 da lei de registros públicos – no que diz respeito ao regime de sucessão entre alienante e adquirente, parece não ser possível afastar a aplicabilidade do artigo 1.345, a despeito da previsão do artigo 1.358-L, §2º no sentido de que "o adquirente será solidariamente responsável com o alienante pelas obrigações de que trata o §5º do art. 1.358-J deste Código, *caso não obtenha a declaração de inexistência de débitos referente à fração de tempo no momento de sua aquisição*".

A este propósito, com base na evolução legislativa e jurisprudencial acerca dessa exigência legal pela declaração de inexistência de débitos quando da alienação do bem imóvel, igualmente analisada no presente estudo, foi possível verificar, além do fato de que tal dispositivo não inovou na ordem jurídica, o posicionamento pacífico do STJ e da doutrina no sentido de que a *ratio* legislativa volta-se à proteção do condomínio em detrimento do direito individual do adquirente – afinal, o artigo 1.345 não estabelece quaisquer ressalvas para exonerá-lo de responsabilidade e o artigo 502 garante seu direito de regresso em face do alienante, relativamente às obrigações nascidas antes da transmissão do direito.

Além disso, com base no princípio da boa-fé, verificou-se, ainda, que essa declaração a que alude o artigo faria parte de um conjunto de diligências mínimas que devem ser adotadas pelo adquirente para obtenção de informações sobre o bem imóvel almejado, com vistas ao atendimento dos princípios da cooperação e da solidariedade social, este previsto pela Constituição de 1988 como um dos objetivos fundamentais de nossa República.

Assim, com base na exposição empreendida, parece ser possível concluir que a previsão do artigo 1.358-L, §2º, pela existência de solidariedade entre adquirente e alienante teria por finalidade, a rigor, ampliar o escopo de proteção do condomínio multiproprietário, e não simplesmente exonerar o primeiro de responsabilidade, caso obtida a declaração, visto que, à luz do artigo 1.345, ele seria o efetivo responsável perante o condomínio, atuando como garantidor da dívida.

Esse entendimento parece ser, portanto, aquele que melhor realiza a função social do instituto e se alinha aos valores de nosso ordenamento.

Referências

ABELHA, André; CÂMERA, Maya Garcia. Efeitos do inadimplemento das obrigações do multiproprietário. *In*: TERRA, Aline de Miranda Valverde; GUEDES, Gisela Sampaio da Cruz. *Inexecução das Obrigações*. Rio de Janeiro: Processo, 2020.

ARAÚJO, Bárbara Almeida de. As obrigações *propter rem*. *In*: TEPEDINO, Gustavo (Coord.). *Obrigações*: estudos na perspectiva civil-constitucional. Rio de Janeiro: Renovar. 2005.

ASCENSÃO, José de Oliveira. *Direitos Reais*. Lisboa: Quid Juris, 1978.

BRASIL. Mensagem nº 763, de 20 de dezembro de 2018. *Diário Oficial da União*, 21 dez. 2018. Disponível em: http://www.planalto.gov.br/ccivil_03/_ato2015-2018/2018/Msg/VEP/VEP-763.htm. Acesso em 10 jan. 2021.

CÂMERA, Maya Garcia. *Breves considerações sobre a Lei nº 13.777/18 na evolução do instituto da Multipropriedade Imobiliária*. Disponível em: https://ibradim.org.br/breves-consideracoes-sobre-a-lei-n-o-13-777-18-na-evolucao-do-instituto-da-multipropriedade-imobiliaria/. Acesso em 26 jan. 2021.

CHALHUB, Melhim. Multipropriedade – Uma abordagem à luz do Recurso Especial nº 1.546.165-SP. *Revista de Direito Imobiliário*, v. 82, p. 71-86, 2017.

CASTRO, Diana Paiva de; VIÉGAS, Francisco de Assis. A boa-fé objetiva nas relações reais: tutela da confiança na relação real como processo. *In*: TEPEDINO, Gustavo; TEIXEIRA, Ana Carolina Brochado; ALMEIDA, Vitor (Coord.). *Da dogmática à efetividade do Direito Civil*: Anais do Congresso Internacional de Direito Civil Constitucional – IV, Congresso do IBDCIVIL. Belo Horizonte: Fórum, 2017.

DINIZ, Maria Helena. *Curso de Direito Civil Brasileiro*: Direito das Coisas. 3. ed. São Paulo: Saraiva, 1985.

FARIAS, Cristiano Chaves de; ROSENVALD, Nelson. *Curso de Direito Civil*. 11. ed. São Paulo: Atlas, 2015. v. 5.

GABAS, Alberto Anibal. *Manual teórico-práctico de propriedad horizontal*. Buenos Aires: Hammurabi, 1987.

GAMA, Guilherme Calmon Nogueira da; PEREIRA, Luiz Gustavo Lopes. *Multipropriedade imobiliária*: questões controvertidas. No prelo.

GOMES, Orlando. *Obrigações*. 18. ed. Rio de Janeiro: Forense, 2016.

GOMES, Orlando. Sobre a multipropriedade. *In: Jornal A Tarde*, Salvador, 18 mar. 1983.

LIRA, Ricardo Pereira. *Elementos de direito urbanístico*. Rio de Janeiro: Renovar, 1997.

LOPES, João Batista. *Condomínio*. 8. ed. São Paulo: Revista dos Tribunais, 2003.

LOPES, Miguel Maria de Serpa. *Curso de Direito Civil*. 6. ed. Rio de Janeiro: Freitas Bastos, 1995. v. II.

MATTIA, Fábio Maria de. *O direito de vizinhança e a utilização da propriedade imóvel*. São Paulo: Bushatksy, 1976.

MELO, Marco Aurélio Bezerra de. *Curso de Direito Civil*: Direito das Coisas. São Paulo: Atlas, 2015. v. 5.

MELO, Marco Aurélio Bezerra de. A multipropriedade imobiliária no direito brasileiro. *In*: TARTUCE, Flavio; SALOMÃO, Luis Felipe (Coord.). *Direito Civil. Diálogos entre Doutrina e Jurisprudência*. São Paulo: Atlas, 2021. v. 2.

MESQUITA, Manuel Henrique. *Obrigações reais e ônus reais*. Coimbra: Almedina, 2000.

MONTEIRO FILHO, Carlos Edison do Rêgo; TEPEDINO, Gustavo; RENTERIA, Pablo. *Fundamentos do Direito Civil*: Direitos Reais. Rio de Janeiro: Forense, 2020. v. 5.

NONATO, Orozimbo. *Curso de Obrigações*: generalidade e espécies. Rio de Janeiro: Forense, 1959, v. I.

NUNES, Eduardo. Autonomia Privada e Boa-Fé Objetiva em Direitos Reais. *In: Revista Brasileira de Direito Civil*, Rio de Janeiro, v. 4, p. 55-80, abr./jun. 2015. Disponível em: https://rbdcivil.ibdcivil.org.br/rbdc/article/view/99. Acesso em 16 jan. 2021.

OLIVA, Milena Donato. A responsabilidade do adquirente pelos encargos condominiais na propriedade horizontal. *Revista Trimestral de Direito Civil – RTDC*, v. 26, p. 67-105, abr./jun. 2006.

OLIVA, Milena Donato. Apontamentos acerca das Obrigações Propter Rem. *Revista de Direito da Cidade*, v. 9, n. 2, p. 582-596, 2017.

OLIVA, Milena Donato; RENTERÍA, Pablo. Autonomia privada e direitos reais: redimensionamento dos princípios da taxatividade e da tipicidade no direito brasileiro. *In: Civilistica.com*, Rio de Janeiro, a. 5, n. 2, 2016. Disponível em: http://civilistica.com/autonomia-privada-e-direitos-reais/. Acesso em 10 jan. 2020.

OLIVEIRA, Carlos Eduardo Elias de. *Análise Detalhada da Multipropriedade no Brasil após a Lei nº 13.777/2018*: pontos polêmicos e aspectos de registros públicos. Disponível em: http://genjuridico.com.br/2019/03/21/analise-detalhada-da-multipropriedade-no-brasil-apos-a-lei-no-13-777-2018-pontos-polemicos-e-aspectos-de-registros-publicos/. Acesso em 20 jan. 2021.

PERLINGIERI, Pietro. *O direito civil na legalidade constitucional*. Rio de Janeiro: Renovar, 2008.

PEREIRA, Caio Mário da Silva. *Condomínio e Incorporações*. Rio de Janeiro: Forense, 2002.

PEREIRA, Caio Mário da Silva. *Condomínio e Incorporações*. 11. ed. Rio de Janeiro: Forense, 2014.

PEREIRA, Caio Mário da Silva. *Instituições de Direito Civil*. 25. ed. Rio de Janeiro: Forense, 2017. v. VI.

PEREIRA, Caio Mário da Silva. *Instituições de Direito Civil*. Direitos Reais. 27. ed. Rio de Janeiro: Forense, 2019. v. IV.

RENTERÍA, Pablo. *Penhor e autonomia privada*. São Paulo: Atlas, 2016.

SCHREIBER, Anderson. Multipropriedade Imobiliária e a Lei nº 13.777/18. *GenJurídico*, 17 jan. 2019. Disponível em: http://genjuridico.com.br/2019/01/17/multipropriedade-imobiliaria-e-a-lei-13777-18/. Acesso em 20 jan. 2021.

SCHREIBER, Anderson; TEPEDINO, Gustavo. A Boa-fé Objetiva no Código de Defesa do Consumidor e no novo Código Civil. *In*: TEPEDINO, Gustavo (Coord.). *Obrigações*: estudos na perspectiva civil-constitucional. Rio de Janeiro: Renovar, 2005.

SCHREIBER, Anderson et al. *Código Civil Interpretado – Doutrina e Jurisprudência*. Rio de Janeiro: Forense, 2019.

SILVA, Roberta Mauro e. Relações reais e obrigacionais: Propostas para uma nova delimitação de suas fronteiras. *In*: TEPEDINO, Gustavo (Coord.). *Obrigações*: estudos na perspectiva civil-constitucional. Rio de Janeiro: Renovar, 2005.

STANCATI, Alice Assunção; FIGUEIREDO, Elisa Junqueira. Multipropriedade de imóveis: dividir para ganhar. *In: Migalhas*, 20 mai. 2019. Disponível em: https://migalhas.uol.com.br/depeso/302580/multipropriedade-de-imoveis--dividir-para-ganhar. Acesso em 26 jan. 2021.

TARTUCE, Flavio; SALOMÃO, Luis Felipe (Coord.). *Direito Civil. Diálogos entre Doutrina e Jurisprudência*. São Paulo: Atlas, 2021. v. 2.

TEPEDINO, Gustavo. A multipropriedade e a retomada do mercado imobiliário. *Consultor Jurídico*, 30 jan. 2019. Disponível em: https://www.conjur.com.br/2019-jan-30/tepedino-multipropriedade-retomada-mercado-imobiliario#author. Acesso em 20 jan. 2021.

TEPEDINO, Gustavo. A multipropriedade e a Lei nº 13.777/2018: virtudes e problemas. *In*: TARTUCE, Flavio; SALOMÃO, Luis Felipe (Coord.). *Direito Civil. Diálogos entre Doutrina e Jurisprudência*. São Paulo: Atlas, 2021. v. 2.

TEPEDINO, Gustavo. Aspectos Atuais da Multipropriedade Imobiliária. *In*: AZEVEDO, Fábio de Oliveira; MELO, Marco Aurélio Bezerra de (Coord.). *Direito Imobiliário*: escritos em homenagem ao Professor Ricardo Pereira Lira. São Paulo: Atlas, 2015.

TEPEDINO, Gustavo. A nova Lei da Multipropriedade Imobiliária. *Editorial da RBDCivil*, v. 19, n. 01, 2019. Disponível em: https://rbdcivil.ibdcivil.org.br/rbdc/article/view/359/268. Acesso em 20 jan. 2021.

TEPEDINO, Gustavo. *Multipropriedade imobiliária*. São Paulo: Saraiva, 1993.

TEPEDINO, Gustavo. *Temas de Direito Civil*. Rio de Janeiro: Renovar, 2005. t. II.

TEPEDINO, Gustavo; SCHREIBER, Anderson. *Fundamentos do Direito Civil*: obrigações. Rio de Janeiro: Forense, 2020. v. 2.

TEPEDINO, Gustavo; BARBOZA, Heloisa Helena; MORAES, Maria Celina Bodin de. *Código Civil interpretado conforme a Constituição da República*. Rio de Janeiro: Renovar, 2011. v. III.

VENOSA, Sílvio. *Direito civil*: direitos reais. 7. ed. São Paulo: Atlas, 2007.

VIDAL, Lucio. *O direito real de habitação periódica*. Coimbra: Almedina, 1984.

VIEGAS, Cláudia Mara de Almeida Rabelo; PAMPLONA FILHO, Rodolfo. A Multipropriedade Imobiliária à luz da Lei nº 13.777/2018. *In: Revista da Faculdade de Direito da Universidade Federal de Minas Gerais (UFMG)*, Belo Horizonte, n. 75, p. 91-118, jul./dez. 2019.

WALD, Arnoldo. *Direito das coisas*. 11. ed. São Paulo: Saraiva, 2002.

Informação bibliográfica deste texto, conforme a NBR 6023:2018 da Associação Brasileira de Normas Técnicas (ABNT):

VASCONCELLOS, Mariana Maia de. Responsabilidade por encargos condominiais na multipropriedade imobiliária: análise funcionalizada do art. 1.358-L, §2º, do Código Civil. *In*: TEPEDINO, Gustavo; SILVA, Rodrigo da Guia (Coord.). *Relações patrimoniais*: contratos, titularidades e responsabilidade civil. Belo Horizonte: Fórum, 2021. p. 181-214. ISBN 978-65-5518-233-0.

O CONDÔMINO ANTISSOCIAL E A POSSIBILIDADE DE SUA EXCLUSÃO NO ORDENAMENTO JURÍDICO BRASILEIRO

GUILHERME MARQUES BOTELHO
VINÍCIUS RANGEL MARQUES

1 Introdução

O ordenamento jurídico brasileiro trata da matéria dos condomínios edilícios com notável prudência, de forma a definir apropriadamente a sua organização, ilustrando os direitos dos condôminos, assim como os deveres, que devem ser respeitados por todo indivíduo que venha a integrar a vida condominial. Tais deveres são necessários à manutenção da ordem e da convivência harmônica entre os condôminos, contudo, o descumprimento destes, que pode se dar por uma infinidade de motivos, é o que resulta, de forma resumida, na qualificação do condômino como antissocial.

Desde a edição da Lei nº 4.591/64, já era vedado o chamado uso nocivo da propriedade,[1] sendo certo que com o advento do Código Civil de 2002, o legislador previu, de forma expressa, a aplicação de multa ao condômino antissocial, reiterando, dessa forma, a necessidade de se cumprir os deveres inerentes aos condôminos, atualmente elencados no artigo 1.336 do Código Civil.

Entretanto, da leitura do artigo 1.337, *caput*, e de seu parágrafo único, do Código Civil, é possível apreender que, apesar de haver

---

[1] GAMA, Guilherme Calmon Nogueira da; PEREIRA, Luis Gustavo Lopes. *Multipropriedade imobiliária*: questões controvertidas. p. 23.

referência direta ao condômino antissocial e à aplicação de multa, não há qualquer definição de seu conceito, assim sendo, seria possível questionar quais seriam, de fato, as ações ou omissões praticadas pelo condômino que o enquadraria como antissocial.

Outro questionamento que inevitavelmente irrompe, guarda relação com a sanção máxima que pode ser aplicada ao condômino antissocial. Seria a multa correspondente ao décuplo do valor atribuído à contribuição para as despesas condominiais, previsto expressamente pelo parágrafo único do artigo 1.337, CC, a medida mais gravosa disponível para fazer cessar o comportamento antissocial? Entendemos que não. E caminha na mesma direção grande parte da doutrina, citando aqui como exemplo os professores: Gustavo Tepedino, Carlos Edison do Rêgo Monteiro Filho, Pablo Renteria;[2] Marco Aurélio Bezerra de Melo;[3] André Abelha,[4] dentre outros.

De fato, como ficará demonstrado no decorrer do presente artigo, não parece razoável a impossibilidade de utilizar a exclusão do condômino antissocial como medida de resolução dos transtornos por ele causados ao condomínio. Basta que se observe o exemplo de um condômino deveras abastado financeiramente, de forma que o pagamento das multas previstas nos artigos 1.336 e 1.337, CC, não viriam a cumprir com a sua função de coibir, tampouco de fazer cessar os comportamentos nocivos e antissociais por ele praticados. Seriam sanções inócuas diante de tais atitudes, restando somente o recurso à exclusão do condômino antissocial no caso examinado.

A possibilidade de exclusão foi debatida na *V Jornada de Direito Civil*, e hoje é representada pelo enunciado nº 508 do Conselho da Justiça Federal,[5] de autoria do professor Marco Aurélio Bezerra de Melo, e, ainda neste sentido, a Lei nº 13.777/18, que trata sobre a Multipropriedade, foi a primeira a fazer constar, de forma expressa, a possibilidade de privação temporária do direito de utilização do imóvel

---

[2] TEPEDINO, Gustavo; MONTEIRO FILHO, Carlos Edison do Rêgo; RENTERIA, Pablo. *Fundamentos do Direito Civil*. Rio de Janeiro: GEN/Forense, 2020. v. 5, p. 261.

[3] MELO, Marco Aurélio Bezerra de. *Direito das coisas*. Rio de Janeiro: Lumen Juris, 2007. p. 262.

[4] DUTRA, André Abelha. *Abuso do direito no condomínio edilício*. Porto Alegre: Sergio Antonio Fabris Editor, 2013. p. 162.

[5] Enunciado nº 508, CJF: "Verificando-se que a sanção pecuniária se mostrou ineficaz, a garantia fundamental da função social da propriedade (arts. 5º, XXIII, da CRFB e 1.228, §1º, do CC) e a vedação ao abuso do direito (arts. 187 e 1.228, §2º, do CC) justificam a exclusão do condômino antissocial, desde que a ulterior assembleia prevista na parte final do parágrafo único do art. 1.337 do Código Civil delibere a propositura de ação judicial com esse fim, asseguradas todas as garantias inerentes ao devido processo legal".

em virtude do descumprimento reiterado dos deveres inerentes aos condôminos.

A exclusão, portanto, se afigura como medida necessária sob determinadas circunstâncias, e cada vez mais presente no ordenamento jurídico brasileiro. No entanto, não se pode olvidar tratar-se de medida extrema, e que, portanto, só deve ser tomada como última alternativa, sempre com o devido respeito ao contraditório e à ampla defesa, lembrando que sempre existe a possibilidade de restringir o acesso do condômino antissocial a determinadas áreas do condomínio antes de proibir o acesso à sua propriedade, caso tal solução seja, de fato, possível na análise do caso concreto.[6]

Outros questionamentos surgem da possibilidade de exclusão do condômino antissocial, tais como as formalidades da exclusão, o *quantum* necessário para que se decida pela exclusão na assembleia condominial, assim como a necessidade ou não de judicialização, e o prazo pelo qual ficará excluído o condômino. Todas essas questões serão exploradas adiante, entretanto, trata-se de situações não pacificadas na doutrina e parte de discussões por diferentes autores.

2   O enquadramento como condômino antissocial

Como se pode observar da análise do artigo 1.337, CC, não há uma definição expressa da figura do condômino antissocial, existindo, meramente, menção à sanção atribuída àqueles que se enquadram em tal característica. Dessarte, é possível considerar estarmos diante de um conceito jurídico indeterminado.

Nesse sentido, Judith Martins-Costa entende que o conceito jurídico indeterminado representa uma apreensão do significado de determinada figura, tal como o condômino antissocial, através das regras de experiência.[7] Em outras palavras, razoável inferir que o conceito jurídico indeterminado será preenchido pelas normas que regem determinado tema e também pela experiência que será construída com o seu uso no decorrer do tempo.

Nesta mesma direção caminha André Abelha, que, uma vez entendendo o condômino antissocial como conceito jurídico indeterminado,

---

[6]   TEPEDINO, Gustavo. Os direitos reais no novo Código Civil. In: *Temas de direito civil*. Rio de Janeiro: Renovar, 2006. t. II, p. 168.
[7]   MARTINS-COSTA, Judith. *A boa-fé no direito privado*. São Paulo: Revista dos Tribunais, 1999. p. 325.

entende ser necessário buscar no próprio dispositivo legal, utilizando como aliado uma interpretação sistemática do mesmo.[8]

No íntimo da interpretação sistemática, faz-se mister entender que a dignidade da pessoa humana, como vértice axiológico do ordenamento jurídico brasileiro, irá servir como norteadora perquirição do conceito jurídico indeterminado. Significa dizer que um comportamento praticado por um condômino que vá de encontro com Direitos Fundamentais pode ser considerado como ato nocivo, sujeito a ser caracterizado como um comportamento antissocial.

No mesmo caminho, buscando encurtar a distância para que se atinja uma conclusão do que pode ser enquadrado na definição de condômino antissocial, é essencial entender que uma convivência harmoniosa em sociedade passa pela observância de normas e pelo cumprimento de deveres, o que não poderia ser diferente no que toca aos condomínios edilícios.[9]

Sabe-se que os referidos "deveres" inerentes aos condôminos encontram-se no artigo 1.336, CC,[10] e, dos deveres expressos por ele, é fundamental ressaltar que o inciso I não será considerado como ato nocivo passivo de gerar a obrigação ao pagamento das multas previstas nos artigos 1.336 e 1337, CC. Neste ponto, apesar de não ser o objeto de estudo da presente obra, esta é a posição majoritária na doutrina, uma vez que não seria razoável imaginar que aquele condômino que já não possuía condições de arcar com as despesas das cotas condominiais

---

[8] Nas palavras de André Abelha: "O significado de comportamento antissocial deve ser buscado, em primeiro lugar, no próprio dispositivo legal que regula a matéria, qual seja, o art. 1337 do Código Civil. Mas isso não é o bastante: necessário se faz interpretar esse dispositivo sistematicamente, pois, a nosso sentir, o legislador quis estabelecer uma sequência de penalidades ao condômino infrator, conforme a gravidade da sua conduta". DUTRA, André Abelha. *Abuso do direito no condomínio edilício*. Porto Alegre: Sergio Antonio Fabris Editor, 2013. p. 131.

[9] Sobre os deveres observa Carlos Roberto Gonçalves: "A vida em comunidade restrita como a existente no condomínio edilício exige, para que se tenha uma convivência harmoniosa, a observância de diversas normas, algumas delas restritivas de direitos e enumeradas como "deveres" dos condôminos, outras indicativas dos "direitos" a eles reconhecidos". GONÇALVES, Carlos Roberto. *Direito Civil Brasileiro*: Direito das Coisas. 12. ed. São Paulo: Saraiva, 2017. v. 5, p. 408.

[10] Artigo 1.336, CC: "São deveres do condômino:
I – contribuir para as despesas do condomínio na proporção das suas frações ideais, salvo disposição em contrário na convenção; (Redação dada pela Lei nº 10.931, de 2004);
II – não realizar obras que comprometam a segurança da edificação;
III – não alterar a forma e a cor da fachada, das partes e esquadrias externas;
IV – dar às suas partes a mesma destinação que tem a edificação, e não as utilizar de maneira prejudicial ao sossego, salubridade e segurança dos possuidores, ou aos bons costumes".

em atraso, teria condições de efetuar o pagamento de eventual multa aplicada, justamente, pela falta de pagamento da cota.[11]

Por conseguinte, fica claro não estar em consonância com o princípio da razoabilidade onerar ainda mais aquele condômino que, uma vez estando em falta com os pagamentos das cotas condominiais, não terá condições de arcar com uma multa de valor igual ou maior ao que não fora pago anteriormente. Lembrando, ainda, que o condomínio dispõe de instrumento diverso para buscar o adimplemento nessas hipóteses, que é a ação de cobrança. Destarte, a inadimplência do condômino não pode ser utilizada como razão para enquadrá-lo como condômino antissocial.

Sobre os deveres do condômino, também requer atenção especial aqueles dispostos no inciso IV do artigo 1.336, CC. O referido inciso deixa claro que a utilização do condomínio de maneira prejudicial ao sossego, à salubridade e à segurança dos possuidores, ou aos bons costumes é entendido como ato nocivo que pode culminar na qualificação como condômino antissocial.

Sobre atos que ferem o sossego, a salubridade, a segurança e os bons costumes dos condôminos, é importante ressaltar tratar-se, tal qual ocorre com a noção de condômino antissocial, de conceitos jurídicos indeterminados, e, mais uma vez, a avaliação para se definir o que configura cada uma das supracitadas situações deve se dar pela análise da *fattispecie*, assim como do exame de eventuais normas que tratem do tema. Importante observar também que, ainda que o condomínio defina de forma taxativa, em sua convenção, quais situações serão consideradas para fins de configuração do ato nocivo por descumprimento dos deveres previstos no inciso IV do artigo 1.336, CC, outros cenários poderão ser considerados, uma vez que o rol previsto pelas convenções sempre será taxativo.

Desse modo, a título de exemplo, podemos entender que situações que venham a prejudicar o sossego dos morados de um condomínio são: barulho excessivo, em virtude de obras ou festas em horários já

---

[11] A razão para tal conclusão pode ser encontrada na explicação dada pelo professor André Abelha, que, relembrando a elevação da dignidade da pessoa humana ao vértice axiológico do ordenamento expõe: "Partindo-se da premissa de que os direitos fundamentais incidem diretamente nas relações entre particulares, não é razoável, nem está em consonância com os valores constitucionais, uma decisão assemblear que pune com até cinco cotas condominiais quem já não tinha condições de pagar apenas uma. Tal decisão, tomada com abuso do direito, vai servir apenas para agravar o imbróglio financeiro daquele condômino, sem com isto resolver o problema do condomínio". DUTRA, André Abelha. *Abuso do direito no condomínio edilício*. Porto Alegre: Sergio Antonio Fabris Editor, 2013. p. 138-139.

não mais permitidos; uso excessivo de instrumentos musicais sem a devida preparação acústica no apartamento em questão; animais que emitem sons excessivos, durante seguidos períodos de tempo e de forma intermitente etc.

Além disso, a saúde dos condôminos pode ser colocada em risco com atitudes como: abandono de lixo nas áreas comuns do condomínio, o que facilita a proliferação de insetos e de roedores e desencadeia doenças por eles provocadas; falta de higiene no imóvel que venha acarretar problemas de saúde, tais como alergias ou outros problemas relacionados à falta de limpeza; criação de animais que possam ser vetores de determinadas doenças ou não estejam sendo tratados com a devida higiene; e circulação pelo condomínio enquanto acometido por doença transmissível, tal como ocorre com a COVID-19, dentre outras.

No tocante à segurança, esta pode ser diminuída por circunstâncias como: realizar, ou deixar de executar, obras que possam colocar em risco a segurança do imóvel e dos demais condôminos; deixar os portões de áreas comuns abertos de maneira continuada; promover a entrada de estranhos no condomínio, sem a devida organização e identificação; transitar pelas áreas comuns do condomínio com animais considerados perigosos ou ferozes, sem tomar medidas de cuidado.

A existência de cláusula na convenção que proíba a permanência de animais nos apartamentos ou dependências do condomínio de forma genérica pode ser considerada medida exagerada e, portanto, a depender do caso concreto, pode ser retirada da convenção, se não estiver em consonância com a razoabilidade e os preceitos fundamentais do ordenamento jurídico brasileiro.[12]

Por fim, situações que atentem contra os bons costumes são aquelas que vão de encontro ao que seria moralmente aceito dentro da sociedade. Trata-se, na verdade, de definição demasiadamente complexa, pois não se trata de impedir determinados comportamentos por serem diferentes, mas sim, de impedir comportamentos que sejam considerados abusivos diante da sociedade como um todo. Citemos como exemplo a prática de relações sexuais de forma excessivamente barulhenta, ou a realização de tais práticas nas áreas comuns do condomínio; bem como a utilização do imóvel para exploração de turismo sexual, transformando-o em bordel, dentre outras situações.

---

[12] GONÇALVES, Carlos Roberto. *Direito Civil Brasileiro*: direito das coisas. 12. ed. São Paulo: Saraiva, 2017. v. 5, p. 417.

Seguindo adiante, já acercando a melhor forma de se entender o condômino antissocial, André Abelha afirma que "se enquadrará na noção de condômino antissocial toda pessoa que, de maneira reiterada, descumprir os seus deveres perante o condomínio".[13]

Imperioso ressaltar que a convenção do condomínio também pode prever outros deveres além daqueles previstos no artigo 1.336, CC, desde que estejam de acordo com os preceitos fundamentais da Constituição Federal, em especial no que tange à dignidade da pessoa humana.

Ponderando o estudo em tela sob outro prisma, o professor Marco Aurélio Bezerra de Melo entende existir duas noções jurídicas diversas no artigo 1.337, CC, quais sejam: as noções de "condômino nocivo" e "condômino antissocial". De forma resumida, entende-se que o descumprimento de um dos deveres previstos na convenção condominial, ou no artigo 1.336, CC, representa o que pode ser considerado como "comportamento nocivo", e é justamente esse descumprimento que qualifica o condômino como tal. Já a reincidência no comportamento nocivo, capaz de gerar incompatibilidade de convivência, enquadra este condômino na noção de "antissocial".[14]

A importância da análise trazida por Marco Aurélio Bezerra de Melo se reflete no incremento da noção de comportamento nocivo, uma vez que resta cristalino o fato de que apenas a persistência do condômino em manter atos considerados nocivos, juntamente da insuportabilidade de sua convivência com os demais moradores do condomínio, é que o caracteriza como condômino antissocial.

Dentro do exame do comportamento nocivo, coligimos que o mesmo ocorre no instante em que o condômino descumpre um dos deveres previstos nos incisos do artigo 1.336, CC, ou naqueles previstos na convenção do condomínio. Nesse sentido, importante ressaltar que é preciso, mais uma vez, realizar uma análise sistemática dos artigos 1.277, parágrafo único,[15] e 1.336, CC, para que se possa aferir o que de

---

[13] DUTRA, André Abelha. *Abuso do direito no condomínio edilício*. Porto Alegre: Sergio Antonio Fabris Editor, 2013. p. 132.

[14] MELO, Marco Aurélio Bezerra de. O condômino antissocial pode ser expulso da vida condominial? *In: GenJurídico*, 29 ago. 2017. Disponível em: http://genjuridico.com.br/2017/08/29/o-condomino-antissocial-pode-ser-expulso-da-vida-condominial /#_ftn1. Acesso em 29 jan. 2021.

[15] Artigo 1.277, CC: "O proprietário ou o possuidor de um prédio tem o direito de fazer cessar as interferências prejudiciais à segurança, ao sossego e à saúde dos que o habitam, provocadas pela utilização de propriedade vizinha.
Parágrafo único. Proíbem-se as interferências considerando-se a natureza da utilização, a localização do prédio, atendidas as normas que distribuem as edificações em zonas, e os limites ordinários de tolerância dos moradores da vizinhança".

fato será considerado um comportamento nocivo. Este artigo alinha-se com um critério elaborado por San Tiago Dantas, que busca averiguar o que seria o uso anormal da propriedade. Em síntese, para que possamos compreender o que vem a ser um ato nocivo, faz-se necessário levar em consideração "a natureza da utilização, a localização do prédio, atendidas as normas que distribuem as edificações em zonas, e os limites ordinários de tolerância dos moradores da vizinhança".[16]

Diante da noção apresentada, é imprescindível entender que o uso anormal da propriedade, que pode vir a gerar um ato nocivo, irá variar de acordo com diferentes fatores. A título de exemplo, pegue-se a hipótese de uma cidade de menor dimensão e população, como Petrópolis, por exemplo, e compare-a com uma metrópole global, como o Rio de Janeiro. Indubitável que a poluição sonora presente na metrópole será muito maior do que aquela presente na cidade serrana. Através desse exemplo resta cristalina a necessidade de se levar em consideração o logradouro do condomínio, assim como o estilo de vida pressuposta em seu entorno, para só então definir o grau de caracterização de determinados atos nocivos.

Por fim, é acurado afirmar, portanto, que o condômino se torna nocivo, quando pratica um ato nocivo, aqui entendido como o descumprimento dos deveres previstos no artigo 1.336, CC, ou na própria convenção do condomínio, passando a ser classificado como condômino antissocial, quando há reincidência de tal comportamento nocivo, vindo a gerar incompatibilidade de convivência com os demais condôminos, sempre atento às peculiaridades de cada caso, assim como ao local onde está situado o condomínio.

3 A gradação entre as multas aplicadas ao condômino antissocial

Dito isso, passemos agora às consequências do enquadramento de um condômino como antissocial. Neste momento, uma vez mais aliado a uma análise sistemática do ordenamento, é notório que o legislador teve a intenção de estabelecer uma gradação entre as punições, uma vez que existem três diferentes multas, cada qual progressivamente mais

---

[16] DANTAS, San Tiago. *O conflito de vizinhança e sua composição*. 2. ed. Rio de Janeiro: Forense, 1972 *apud*. DUTRA, André Abelha. *Abuso do direito no condomínio edilício*. Porto Alegre: Sergio Antonio Fabris Editor, 2013. p. 134.

gravosa que a anterior, culminando, por derradeiro, na possibilidade de exclusão do condômino antissocial.[17]

Defronte da gradação que deve existir entre as multas, será analisada, de forma objetiva, cada uma de suas possibilidades e peculiaridades, para só então avançarmos ao cabimento de expulsão do condômino antissocial, foco das maiores discussões acerca do tema.

Inicialmente, temos a multa prevista no artigo 1.336, §2º, CC,[18] representando a mais branda das situações, que ocorre quando um indivíduo pratica um ato nocivo e, igualmente, é enquadrado como condômino nocivo perante o condomínio. Caso tal circunstância ocorra, pode ser fixada multa de até cinco cotas condominiais, podendo esta ser aplicada de forma direta pelo síndico, desde que haja previsão expressa na convenção do condomínio, caso contrário, a multa dependerá de assembleia geral, necessitando da aprovação de 2/3 dos condôminos restantes.

Não há grandes discussões acerca da primeira multa, contudo, a partir da seguinte, com previsão no *caput* do artigo 1.337, CC,[19] existem algumas particularidades a serem observadas. Começando pela segunda multa na escala de gravidade prevista pelo legislador, temos, mais uma vez, a aplicação de até cinco cotas condominiais, todavia, existe um requisito expresso para que esta possa ser aplicada, qual seja: a necessidade de reiteração na conduta nociva praticada pelo condômino. Nesta hipótese, determinado condômino praticou um ato nocivo qualquer, tendo sido punido com a multa do artigo 1.336, §2º, CC, e, posteriormente, praticou outro ato nocivo (podendo ser o mesmo que ensejou a primeira multa, não existe a obrigação de reincidência específica), o que culminou na aplicação da multa do *caput* do artigo 1.337, CC.

---

[17] Para mais informações sobre a gradação das punições ao condômino antissocial vide: DUTRA, André Abelha. *Abuso do direito no condomínio edilício*. Porto Alegre: Sergio Antonio Fabris Editor, 2013. p. 151.

[18] Artigo 1.336, §2º. O condômino, que não cumprir qualquer dos deveres estabelecidos nos incisos II a IV, pagará a multa prevista no ato constitutivo ou na convenção, não podendo ela ser superior a cinco vezes o valor de suas contribuições mensais, independentemente das perdas e danos que se apurarem; não havendo disposição expressa, caberá à assembleia geral, por dois terços no mínimo dos condôminos restantes, deliberar sobre a cobrança da multa.

[19] Art. 1.337, *caput*. O condômino, ou possuidor, que não cumpre reiteradamente com os seus deveres perante o condomínio poderá, por deliberação de três quartos dos condôminos restantes, ser constrangido a pagar multa correspondente até ao quíntuplo do valor atribuído à contribuição para as despesas condominiais, conforme a gravidade das faltas e a reiteração, independentemente das perdas e danos que se apurem.

Peguemos como exemplo a situação de um condômino que fora multado pelo síndico em três cotas condominiais, por atentar contra a segurança do condomínio, ao deixar o portão de entrada totalmente aberto de forma negligente. Passados alguns dias, o mesmo condômino realiza uma festa, que perdura até a madrugada, com música altíssima. Posteriormente, em assembleia geral, fica determinado que ele será multado em três cotas, desta vez, de acordo com o artigo 1.337, *caput*, CC, uma vez que praticou, de maneira reiterada, atos nocivos ao condomínio.

Oportuno ressaltar que o valor da multa não precisa ser superior ao valor da multa anterior. Ainda que estejamos diante de uma escala gradativa de gravidade entre elas, o valor poderá ser o mesmo, uma vez que a segunda somente pode ser aplicada se houver o preenchimento de um requisito, qual seja: a reiteração da conduta nociva.

Importante observar que o síndico não pode aplicar a multa de maneira direta, e isto se deve à própria redação do artigo 1.337, CC, que exige a realização de assembleia geral e a deliberação de 3/4 dos condôminos restantes. Houve certa discussão, inclusive, em sede jurisprudencial, a respeito da possibilidade de aplicação direta pelo síndico, em virtude da expressão utilizada pelo artigo "até a ulterior deliberação da assembleia". Entretanto, respeitando a gradação existente entre as punições, nos parece que a conclusão mais adequada é justamente a que proíbe a aplicação direta pelo síndico, posição majoritária na doutrina[20] e também na jurisprudência.[21]

Finalizando as punições monetárias, encontramos no parágrafo único do artigo 1.337, CC,[22] a mais grave das três multas, que será fixada em dez cotas condominiais. A última multa prevista pelo ordenamento poderá ser aplicada quando, somado à reiteração do comportamento nocivo do condômino, também for caracterizada a incompatibilidade de convivência. Para Marco Aurélio Bezerra de Melo, é neste momento que o condômino nocivo passa a ser considerado condômino antissocial.[23]

---

[20] Vide: DUTRA, André Abelha. *Abuso do direito no condomínio edilício*. Porto Alegre: Sergio Antonio Fabris Editor, 2013. p. 151, e MELO, Marco Aurélio Bezerra de. *Direito Civil*: coisas. 2. ed. Rio de Janeiro: Forense, 2017.

[21] TJRJ. 16ª Câmara Cível. Apelação nº 2006.001.08922. Rel. Des. Mario Robert Mannheimer. Julgamento: 23.01.2007.

[22] Artigo 1.337, Parágrafo único, CC: "O condômino ou possuidor que, por seu reiterado comportamento antissocial, gerar incompatibilidade de convivência com os demais condôminos ou possuidores, poderá ser constrangido a pagar multa correspondente ao décuplo do valor atribuído à contribuição para as despesas condominiais, até ulterior deliberação da assembleia".

[23] MELO, Marco Aurélio Bezerra de. O condômino antissocial pode ser expulso da vida condominial? *In: GenJurídico*, 29 ago. 2017. Disponível em: http://genjuridico.com.

Socorrendo-nos do exemplo prático demonstrado anteriormente, imaginemos que o condômino nocivo que deixou o portão aberto realizou festas durante a madrugada e fora multado, como prescrito, pelas duas primeiras multas, mas continuou a praticar novos atos nocivos até o ponto em que a convivência dele com os demais se tornou insuportável, é neste momento que estaria configurada a condição de "incompatibilidade de convivência" com os demais condôminos.

Como observação final no tocante à multa do parágrafo único do artigo 1.337, CC, é válido ressaltar que não há menção no artigo ao *quorum* necessário para a deliberação da multa pela assembleia geral, tampouco há referência quanto à possibilidade, ou não, de aplicação direta pelo síndico.

Diante deste impasse, uma vez mais será preciso fazer uso da necessária progressão de gravidade que existe entre as multas. É instintivo que seja vedada a aplicação direta da multa pelo síndico, uma vez que na segunda multa tal possibilidade já não era possível, destarte, o mesmo deve ocorrer na multa considerada mais grave. No que compete ao *quórum* exigido para a fixação da multa, novamente levando em consideração a gradação entre as multas, não seria razoável o entendimento de que na segunda multa faz-se necessário a deliberação de 3/4 dos condôminos restantes, enquanto na terceira e última multa um *quorum* inferior seria exigido. Dessa forma, conclui-se que para a fixação da multa correspondente ao décuplo da cota condominial será exigido, do mesmo modo, a deliberação de 3/4 dos condôminos restantes.

Findada a discussão acerca das multas previstas ao condômino antissocial, ingressemos, agora, em controvérsia diversa. Caso as multas não sejam suficientes para fazer cessar o comportamento antissocial, qual medida deve ser tomada? No ápice da escala de gradação encontramos a possibilidade de exclusão do condômino antissocial, medida que somente será possível quando esgotadas todas as outras possibilidades de interromper os atos nocivos praticados pelo condômino. Tal discussão possui muitas especificidades e será explorada a seguir.

4 A expulsão do condômino antissocial

De antemão, é preciso esclarecer que o Código Civil de 2002 não previu, de maneira expressa, a exclusão do condômino dito antissocial,

br/2017/08/29/o-condomino-antissocial-pode-ser-expulso-da-vida-condominial /#_ftn1. Acesso em 29 jan. 2021.

limitando-se apenas às já referidas multas elencas nos artigos 1.336 e 1.337, CC. Tal posicionamento omissivo da lei levou parcela da doutrinar a entender – erroneamente, a nosso ver, – que a expulsão estaria vedada em nosso ordenamento jurídico, mas mesmo essas vozes não pouparam críticas a essa falha do legislador.[24]

A falta de previsão expressa não significa, per si, a impossibilidade de se excluir o condômino nocivo, uma vez que a interpretação da norma, como ensina o professor Pietro Perlingieri,[25] não pode ser feita considerando apenas determinado dispositivo de forma isolada, mas sim, confrontando-o com o resto do ordenamento jurídico, afastando o método interpretativo da subsunção[26] e garantindo a unidade do sistema.

No caso da exclusão do condômino antissocial, faz-se necessário não apenas observar o chamado diálogo entre as plurais fontes normativas presentes no ordenamento pátrio,[27] mas também manter coesão e integridade sistemática do próprio Código Civil.

Destarte, é imperativa a análise conjunta do final do artigo 1.337, parágrafo único, CC ("até ulterior decisão da assembleia") com o conteúdo do artigo 1.277, CC, como já analisado anteriormente, o que dá ao proprietário ou possuidor de um prédio, com fulcro no direito de vizinhança, o direito de fazer cessar o uso nocivo da propriedade. Por essa interpretação, conclui-se que o legislador autorizou que a assembleia geral do condomínio restringisse o uso e o gozo de determinado imóvel, praticando, assim, a então chamada "exclusão do condômino antissocial".[28]

Salienta-se que o instituto não se trata de uma invenção tupiniquim, sendo previsto expressamente em diversas codificações modernas, tais

---

[24] VIANA, Marco Aurélio S. *Comentários ao Novo Código Civil*: dos direitos reais. 3. ed. Rio de Janeiro: Forense, 2013. v. XVI, p. 566-567.

[25] PERLINGIERI, Pietro. *O direito civil na legalidade constitucional*. (Trad. Maria Cristina de Cicco). Rio de Janeiro: Renovar, 2008. p. 616-617.

[26] Sobre a crítica ao método interpretativo da subsunção, v. TEPEDINO, Gustavo. O papel atual da doutrina do direito civil entre o sujeito e a pessoa. *In*: TEPEDINO, Gustavo; TEIXEIRA, Ana Carolina Brochado; ALMEIDA, Vitor (Coord.). *O direito civil entre o sujeito e a pessoa*: estudos em homenagem ao professor Stefano Rodotá. Belo Horizonte: Fórum, 2016. p. 25-31.

[27] Sobre o necessário diálogo entre as plurais fontes do nosso ordenamento jurídico, v. OLIVA, Milena Donato. Desafios contemporâneos da proteção do consumidor: codificação e pluralidade de fontes normativas. *Revista Brasileira de Direito Civil – RBDCivil*, Belo Horizonte, v. 16, p. 15-33, abr./jun. 2018.

[28] DUTRA, André Abelha. *Abuso do direito no condomínio edilício*. Porto Alegre: Sergio Antonio Fabris Editor, 2013. p. 156.

como a da Alemanha, a da Espanha, a do Uruguai e a do México.[29] A presença de tais previsões em legislação alienígena foi mais um dos pontos que serviram para alimentar as críticas da doutrina pátria acerca da falta de coragem do legislador brasileiro em incluir, de maneira mais expressa, a possibilidade de expulsão do condômino nocivo no Código Civil de 2002.[30]

Corrobora, ainda, com a recepção do instituto em nosso ordenamento o já mencionado Enunciado nº 508 da V Jornada de Direito Civil do CJF. Através da publicação deste, o Conselho da Justiça Federal reconheceu expressamente a possibilidade de exclusão do condômino antissocial.

Superada a compatibilidade do instituto com o ordenamento jurídico pátrio, faz-se mister analisar o efeito da expulsão no condômino, isto é, se ele terá mera restrição ao seu direito de propriedade ou se o perderá por completo. O tema é diverso na experiência estrangeira, havendo países como a Espanha que chegam a permitir ambas as formas de punição ao condômino que desrespeitou os demais vizinhos.

No Brasil, as poucas vozes que defendem a aplicabilidade do instituto o fazem prevendo a possibilidade de alienação compulsória do imóvel, estando entre essa minoria a professora Maria Regina Pagetti Moran,[31] que se abraça em doutrina estrangeira para isso.

Porém, não nos parece ser esse o melhor caminho, uma vez que é preciso levar em consideração que, no Brasil, há o princípio dos *numerus clausus* dos direitos reais, de modo que todas as formas de perda da propriedade devem estar expressamente previstas na lei.[32]

Assim sendo, a legislação só permite como efeito de exclusão do condômino antissocial o mero desapossamento, ou seja, a perda do usufruto sobre o imóvel, mas sem que o bem saia de seu patrimônio, restando ainda ao condômino nocivo a faculdade de vender, locar ou até mesmo emprestar o bem.[33]

---

[29] DUTRA, André Abelha. *Abuso do direito no condomínio edilício*. Porto Alegre: Sergio Antonio Fabris Editor, 2013. p. 152.

[30] FRANCO, J. Nascimento. Possibilidade de exclusão do condômino antissocial. *Artigo publicado no Jornal Tribuna do Direito, Caderno Especial – Novo Código Civil*, fev. 2003. p. 9.

[31] MORAN, Maria Regina Pagetti. *Exclusão do Condômino Nocivo nos Condomínios em Edifícios*. São Paulo: Led Editora de Direito, 1996. p. 92, 321-322, 338-339.

[32] DUTRA, André Abelha. *Abuso do direito no condomínio edilício*. Porto Alegre: Sergio Antonio Fabris Editor, 2013. p. 155.

[33] ANGELICO, Américo Isidoro. Exclusão do condômino por reiterado comportamento antissocial à luz do Novo Código Civil. *Boletim de Direito Imobiliário*, n. 24, p. 3-4, out. 2003. p. 3.

Apesar da crescente tendência na doutrina e jurisprudência em se entender pela compatibilidade do instituto com o ordenamento, o tema ainda está longe de ser pacífico, já que há vozes importantes na doutrina, como a do professor Flávio Tartuce, que são contrárias à possibilidade de exclusão do condômino nocivo. Para o professor, a expulsão configuraria violação aos princípios da dignidade da pessoa humana, da solidariedade social e concreção da tutela de moradia, sendo suficientes as punições pecuniárias previstas no artigo 1.337, CC, para cessar o uso nocivo da propriedade.[34]

Entendemos, porém, que tais críticas do professor Tartuce seriam melhor direcionadas aos defensores da alienação forçada do imóvel, uma vez que com o mero desapossamento, o condômino ainda mantém sua propriedade e terá tempo hábil para procurar outra residência, visto que a expulsão não se opera de maneira imediata.

Ademais, coibir a aplicabilidade do instituto é que resultaria verdadeiro ataque à dignidade dos vizinhos do condômino que está sendo expulso, que teriam que continuar suportando sua conduta incompatível. Antonio Riggiero[35] e Guilherme Calmon[36] atentam para o fato de que, caso não fosse possível a aplicação da exclusão do condômino antissocial, a suportabilidade de tal vizinho seria reduzida a mera questão econômica, podendo o proprietário ou possuidor abastado continuar a desrespeitar, reiteradamente, os deveres impostos pelo direito de vizinhança, já que possui condições de arcar com as multas que lhe serão impostas.

Tal cenário traduz verdadeira reversão da dogmática do direito civil e violação dos preceitos constitucionais que hoje são a base axiológica do ordenamento. O Direito não pode "dar carta branca" aos ricos para exercerem, de maneira indiscriminada, o seu direito de propriedade, que não pode mais ser considerado como absoluto.

4.1 Formalidades da expulsão

Passando para a análise das formalidades do procedimento de expulsão, aponta-se para o fato da necessidade de o condômino ter o seu direito de defesa assegurado em assembleia especial convocada

---

[34] TARTUCE, Flávio. *Direito civil*: Direito das coisas. 10. ed. Rio de Janeiro: Forense, 2017. v. 4, p. 388.

[35] RUGGIERO, Antonio Biasi. *Questões imobiliárias*. São Paulo: Saraiva, 1997. p. 90.

[36] GAMA, Guilherme Calmon Nogueira da; PEREIRA, Luis Gustavo Lopes. *Multipropriedade imobiliária*: questões controvertidas. p. 25-26.

unicamente para deliberar acerca da exclusão. A medida extrema também faz parte do sistema progressivo de sanções previsto no artigo 1.337, CC, de modo que só pode ser removido do convívio com os demais vizinhos o condômino que já foi punido com a multa do décuplo do valor da quota condominial.

Devido à natureza extremamente restritiva da medida, a convocação do condômino que se pretende expulsar deve dar-se de maneira individualizada, não sendo suficiente a simples convocação geral de todos os condôminos, através de mensagens enviadas a grupo de moradores ou convocações afixadas em áreas comuns, por exemplo.

Os professores Melhim Namem Chalhub e o saudoso Sylvio Capanema, ao atualizarem, em 2018, a obra do professor Caio Mário da Silva Pereira, apontaram, corretamente, que a exclusão é medida de *ultima ratio*, só podendo ser aplicada caso nenhuma outra solução seja possível.[37] A título de ilustração, se um condômino tem comportamento nocivo na área da piscina, talvez fosse melhor apenas restringir o seu acesso à área de lazer, do que o excluir por completo do condomínio.

Uma outra questão formal importante diz respeito à necessidade de remeter ou não a matéria à apreciação do Poder Judiciário. O próprio Enunciado nº 508 do CNJ parece indicar –a nosso ver, corretamente –, a necessidade de propositura de uma ação, entendendo ser necessária medida judicial para tratar do tema. Faz-se necessário ressaltar, porém, que devido à natureza morosa do processo judicial no Brasil, a espera pelo trânsito em julgado demoraria anos, levando os moradores que fazem bom uso de sua propriedade ao suplício de continuar convivendo com o vizinho inconveniente.

Diante do exposto, a melhor solução nos parece ser a concessão de decisão em caráter liminar para expulsar o condômino nocivo, uma vez comprovado que todos os requisitos formais para tal exclusão tenham sido observados, quais sejam: i) incidência das multas pretéritas aplicadas, respeitando o seu devido escalonamento; ii) obediência ao *quórum* de 3/4 em assembleia, previsto no artigo 1.337, parágrafo único, CC; e iii) asseguramento da legítima defesa do condômino expulso durante a assembleia geral convocada para deliberar sobre sua exclusão.

---

[37] PEREIRA, Caio Mário da Silva. *Condomínio e Incorporações*. 13. ed. Rio de Janeiro: Forense, 2018. p. 130.

4.2 O prazo de duração da expulsão

Como já visto anteriormente, o fato de o legislador não ter previsto a expulsão do condômino antissocial, de forma explícita, no Código Civil, não obsta a sua incidência no ordenamento jurídico nacional, todavia, a falta de regulamentação mais robusta traz à tona inúmeros problemas de ordem prática que desafiam o intérprete sobre qual a melhor forma de aplicar o instituto. Dentre esses problemas, iremos nos debruçar, agora, sobre um de especial relevância: o tempo de duração da sanção.

Inicialmente, é relevante apontar que, ao determinar que a opção pela expulsão ou não do condômino seja feita por meio de assembleia geral do condomínio, o legislador quis privilegiar a autonomia privada, de modo que a própria assembleia seja a responsável por estabelecer o prazo de exclusão. Alguns condomínios, inclusive, já possuem em suas convenções tal prazo estipulado, restando à assembleia apenas o trabalho de aplicar o termo previsto na convenção condominial.

Deixar a decisão do prazo de exclusão ao arbítrio dos demais condôminos levanta a importante discussão sobre os limites a serem adotados no momento da fixação do lapso temporal, ou mesmo se existe algum limite a ser observado. O professor Marco Aurélio Bezerra de Melo, ao tentar, ainda na *III Jornada de Direito Civil do CJF* aprovar o enunciado,[38] já defendia a possibilidade do que chamou de interdição "definitiva" da propriedade, ou seja, uma exclusão permanente.

Esta, porém, não nos parece ser a melhor interpretação. Assim como na seara criminal – âmbito de punições mais gravosas – não é admitido pelo ordenamento jurídico penas perpétuas, não nos parece ser possível abrir essa exceção justamente na esfera cível.

É justamente por isso que, apesar da lei ter privilegiado a autonomia privada dos condôminos, esta não pode ser considerada como uma força irrefreável e absoluta, cabendo ao juiz, com base em critérios de razoabilidade,[39] interpretar o prazo apresentado e determinar se ele está ou não em conformidade com o nosso ordenamento jurídico.

---

[38] "Ao condômino antissocial a que se refere o art. 1337, parágrafo único do Código Civil, pode ser aplicada a pena, observando o devido processo legal, de interdição judicial temporária ou definitiva da unidade autônoma, se assim for decidido em assembleia ulterior àquela que aplicou a sanção pecuniária de pagamento do décuplo da cota condominial".

[39] Para a crítica do professor Gustavo Tepedino ao uso equivocado da razoabilidade no ordenamento jurídico brasileiro, vide: TEPEDINO, Gustavo. A razoabilidade na experiência brasileira. *In*: TEPEDINO, Gustavo; TEXEIRA, Ana Carolina Brochado; ALMEIDA, Vitor (Coord.). *Da dogmática à efetividade do direito civil*: anais do congresso internacional de direito civil – IV congresso do IBDCivil. Belo Horizonte: Fórum, 2019. p. 29-38.

Dentre os critérios que podem ser usados para essa análise do caso concreto, os dois principais nos parece ser: i) a gravidade das condutas que levaram à incompatibilidade de convivência e ii) o fato da expulsão ser reincidente ou não.

4.3 A inovação legislativa com a Lei da Multipropriedade

Se a bem da verdade não existia nenhuma menção expressa à possibilidade de exclusão do condômino antissocial na legislação pátria até 2018, isso mudou com o advento da promulgação da Lei nº 13.777/18, também chamada de Lei da Multipropriedade. Como o nome já indica, a lei busca regular a multipropriedade, que é a divisão no tempo da titularidade dominical, de modo a fracionar determinado imóvel a múltiplos proprietários, tendo cada um direito ao mesmo em determinado período do ano.[40]

A nova legislação trouxe uma série de inovações à Lei de Registros Públicos e ao Código Civil. Dentre as alterações ocorridas neste último, a que, a nosso ver, é mais relevante é a adição do artigo 1.358– J.[41] A

---

[40] TEPEDINO, Gustavo. A multipropriedade e a retomada do mercado imobiliário. *ConJur*, 2019. Disponível em: https://www.conjur.com.br/2019-jan-30/tepedino-multipropriedade-retomada-mercado-imobiliario. Acesso em 27 jan. 2021.

[41] Artigo 1.358-J, CC. "São obrigações do multiproprietário, além daquelas previstas no instrumento de instituição e na convenção de condomínio em multipropriedade: (Incluído pela Lei nº 13.777, de 2018) (Vigência);
I – pagar a contribuição condominial do condomínio em multipropriedade e, quando for o caso, do condomínio edilício, ainda que renuncie ao uso ou gozo, total ou parcial, do imóvel, das áreas comuns ou das respectivas instalações, equipamentos e mobiliário; (Incluído pela Lei nº 13.777, de 2018) (Vigência);
II – responder por danos causados ao imóvel, às instalações, aos equipamentos e ao mobiliário por si, por qualquer de seus acompanhantes, convidados ou prepostos ou por pessoas por ele autorizadas; (Incluído pela Lei nº 13.777, de 2018) (Vigência);
III – comunicar imediatamente ao administrador os defeitos, avarias e vícios no imóvel dos quais tiver ciência durante a utilização; (Incluído pela Lei nº 13.777, de 2018) (Vigência);
IV – não modificar, alterar ou substituir o mobiliário, os equipamentos e as instalações do imóvel; (Incluído pela Lei nº 13.777, de 2018) (Vigência);
V – manter o imóvel em estado de conservação e limpeza condizente com os fins a que se destina e com a natureza da respectiva construção; (Incluído pela Lei nº 13.777, de 2018) (Vigência);
VI – usar o imóvel, bem como suas instalações, equipamentos e mobiliário, conforme seu destino e natureza; (Incluído pela Lei nº 13.777, de 2018) (Vigência);
VII – usar o imóvel exclusivamente durante o período correspondente à sua fração de tempo; (Incluído pela Lei nº 13.777, de 2018) (Vigência);
VIII – desocupar o imóvel, impreterivelmente, até o dia e hora fixados no instrumento de instituição ou na convenção de condomínio em multipropriedade, sob pena de multa diária, conforme convencionado no instrumento pertinente; (Incluído pela Lei nº 13.777, de 2018) (Vigência);

redação do inciso II do parágrafo 1º do dispositivo regula a exclusão do condômino antissocial da multipropriedade, mas condiciona essa exclusão à prévia previsão em convenção do condomínio.

Apesar do nítido avanço no reconhecimento do instituto no direito brasileiro, deve-se tomar cuidado com possíveis interpretações equivocadas que a nova norma pode sofrer.

O artigo 1.358 – J, CC, nada mais faz que reconhecer a existência da possibilidade de exclusão do condômino antissocial no Brasil e reafirmar sua aplicabilidade ao instituto da multipropriedade, diferenciando-o, apenas, da regra geral presente no Código Civil, que exige sua estipulação prévia na convenção do condomínio.

Destarte, não há que se falar que a expulsão do condômino nocivo está restrita apenas ao modelo do *time sharing*, tampouco que a legislação deste deve ser usada para a exclusão do condômino ordinário, uma vez que este último é regido pela regra geral que já constava no Código Civil, sem a exigência da previsão em convenção.

5 Notas conclusivas

Após tudo o que foi apresentado, parece não se mostrar incompatível com o ordenamento jurídico brasileiro a exclusão do condômino antissocial, posto que tanto a doutrina quanto o legislador estão cada vez mais receptíveis à sua aceitação.

Uma das principais críticas à expulsão do vizinho nocivo ainda pousa sobre a questão que envolve a garantia constitucional à propriedade privada, que, conforme já mencionado, não caracteriza hipótese de perda

---

IX – permitir a realização de obras ou reparos urgentes. (Incluído pela Lei nº 13.777, de 2018) (Vigência);

§1º Conforme previsão que deverá constar da respectiva convenção de condomínio em multipropriedade, o multiproprietário estará sujeito a: (Incluído pela Lei nº 13.777, de 2018) (Vigência);

I – multa, no caso de descumprimento de qualquer de seus deveres; (Incluído pela Lei nº 13.777, de 2018);

II – multa progressiva e perda temporária do direito de utilização do imóvel no período correspondente à sua fração de tempo, no caso de descumprimento reiterado de deveres. (Incluído pela Lei nº 13.777, de 2018);

§2º A responsabilidade pelas despesas referentes a reparos no imóvel, bem como suas instalações, equipamentos e mobiliário, será: (Incluído pela Lei nº 13.777, de 2018) (Vigência);

I – de todos os multiproprietários, quando decorrentes do uso normal e do desgaste natural do imóvel; (Incluído pela Lei nº 13.777, de 2018) (Vigência);

II – exclusivamente do multiproprietário responsável pelo uso anormal, sem prejuízo de multa, quando decorrentes de uso anormal do imóvel. (Incluído pela Lei nº 13.777, de 2018) (Vigência);

da propriedade, mas sim, de supressão de alguns dos poderes inerentes a ela, uma vez que a posse indireta do proprietário excluído continuaria preservada. Da mesma forma, outra crítica de especial atenção seria uma suposta violação à taxatividade dos direitos reais, o que, como já fora explicado, não ocorre, uma vez que o institudo opera apenas através do desapossamento do imóvel, restringindo o seu uso, mas mantendo o domínio. E, se, mesmo assim, ainda se pudesse falar em violação ao princípio dos *numerus clausus*, violação maior ao ordenamento jurídico seria permitir que indivíduos abastados estivessem imunes ao alcance de deveres advindos do direito de vizinhança, o que criaria verdadeira casta de privilegiados, em franca violação aos princípios constitucionais da solidariedade social[42] e da igualdade.[43]

Apesar da constante evolução na aceitação do instituto, um grande impasse ainda presente diz respeito à sua aplicabilidade pelos tribunais. Não foi difícil encontrar em decisões recentes, indícios de que o mesmo foi utilizado de maneira equivocada, principalmente no que se refere ao desrespeito ao escalonamento das sanções previstas no artigo 1.337, CC.[44]

Tais dificuldades encontradas pelo judiciário somam-se às lacunas deixadas pela omissão legislativa – como falta de definição expressa quanto aos prazos ou mesmo critérios para tratar a reincidência – sendo mister a elaboração de lei específica para regular as nuances do tema e assim garantir maior segurança jurídica àqueles que precisam se socorrer da jurisdição estatal.

Referências

ANGELICO, Américo Isidoro. Exclusão do condômino por reiterado comportamento antissocial à luz do Novo Código Civil. *Boletim de Direito Imobiliário*, n. 24, p. 3-4, out. 2003.

DANTAS, San Tiago. *O conflito de vizinhança e sua composição*. 2. ed. Rio de Janeiro: Forense, 1972.

DUTRA, André Abelha. *Abuso do direito no condomínio edilício*. Porto Alegre: Sergio Antonio Fabris Editor, 2013.

FRANCO, J. Nascimento. Possibilidade de exclusão do condômino antissocial. *Artigo publicado no Jornal Tribuna do Direito, Caderno Especial – Novo Código Civil*, fev. 2003.

---

[42] Artigo 3º, I, CF/88.
[43] Artigo 5º, CF/88.
[44] Processo nº: 0011962-14.2020.8.19.0002. 6ª Vara Cível da Comarca de Niterói/RJ. Decisão prolatada em 07.05.2020 pelo juiz Gabriel Stagi Hossmann e Processo nº: 1003154-24.2020.8.26.0223. 3ª Vara Cível da Comarca de Guarujá/SP. Decisão prolatada em 29.04.2020.

GAMA, Guilherme Calmon Nogueira da. *Direitos Reais*. São Paulo: Ed. Atlas, 2011.

GAMA, Guilherme Calmon Nogueira da; PEREIRA, Luis Gustavo Lopes. *Multipropriedade imobiliária*: questões controvertidas. No Prelo.

GONÇALVES, Carlos Roberto. *Direito Civil Brasileiro*: Direito das Coisas. 12. ed. São Paulo: Saraiva, 2017. v. 5.

MARTINS-COSTA, Judith. *A boa-fé no direito privado*. São Paulo: Revista dos Tribunais, 1999.

MELO, Marco Aurélio Bezerra de. *Direito das coisas*. Rio de Janeiro: Lumen Juris, 2007.

MELO, Marco Aurélio Bezerra de. *Direito Civil*: coisas. 2. ed. Rio de Janeiro: Forense, 2017.

MELO, Marco Aurélio Bezerra de. O condômino antissocial pode ser expulso da vida condominial? *In*: *GenJurídico*, 29 ago. 2017. Disponível em: http://genjuridico.com.br/2017/08/29/o-condomino-antissocial-pode-ser-expulso-da-vida-condominial /#_ftn1. Acesso em 29 jan. 2021.

MORAN, Maria Regina Pagetti. *Exclusão do Condômino Nocivo nos Condomínios em Edifícios*. São Paulo: Led Editora de Direito, 1996.

OLIVA, Milena Donato. Desafios contemporâneos da proteção do consumidor: codificação e pluralidade de fontes normativas. *Revista Brasileira de Direito Civil – RBDCilvil*, Belo Horizonte, v. 16, p. 15-33, abr./jun. 2018.

PEREIRA, Caio Mário da Silva. *Condomínio e Incorporações*. 13. ed. Rio de Janeiro: Forense, 2018.

PERLINGIERI, Pietro. *O direito civil na legalidade constitucional*. (Trad. Maria Cristina de Cicco). Rio de Janeiro: Renovar, 2008.

RUGGIERO, Antonio Biasi. *Questões imobiliárias*. São Paulo: Saraiva, 1997.

TARTUCE, Flávio. *Direito civil*: Direito das coisas. 10. ed. Rio de Janeiro: Forense, 2017. v. 4.

TEPEDINO, Gustavo. A multipropriedade e a retomada do mercado imobiliário. *ConJur*, 2019. Disponível em: https://www.conjur.com.br/2019-jan-30/tepedino-multipropriedade-retomada-mercado-imobiliario. Acesso em 27 jan. 2021.

TEPEDINO, Gustavo. A razoabilidade na experiência brasileira. *In*: TEPEDINO, Gustavo; TEXEIRA, Ana Carolina Brochado; ALMEIDA, Vitor (Coord.). *Da dogmática à efetividade do direito civil*: anais do congresso internacional de direito civil – IV congresso do IBDCivil. Belo Horizonte: Fórum, 2019.

TEPEDINO, Gustavo; MONTEIRO FILHO, Carlos Edison do Rêgo; RENTERIA, Pablo. *Fundamentos do Direito Civil*. Rio de Janeiro: GEN/Forense, 2020. v. 5.

TEPEDINO, Gustavo. Os direitos reais no novo Código Civil. *In*: *Temas de direito civil*. Rio de Janeiro: Renovar, 2006. t. II.

TEPEDINO, Gustavo. O papel atual da doutrina do direito civil entre o sujeito e a pessoa. *In*: TEPEDINO, Gustavo; TEIXEIRA, Ana Carolina Brochado; ALMEIDA, Vitor (Coord.). *O direito civil entre o sujeito e a pessoa*: estudos em homenagem ao professor Stefano Rodotá. Belo Horizonte: Fórum, 2016.

VIANA, Marco Aurélio S. *Comentários ao Novo Código Civil*: dos direitos reais. 3. ed. Rio de Janeiro: Forense, 2013. v. XVI.

Informação bibliográfica deste texto, conforme a NBR 6023:2018 da Associação Brasileira de Normas Técnicas (ABNT):

BOTELHO, Guilherme Marques; MARQUES, Vinícius Rangel. O condômino antissocial e a possibilidade de sua exclusão no ordenamento jurídico brasileiro. *In*: TEPEDINO, Gustavo; SILVA, Rodrigo da Guia (Coord.). *Relações patrimoniais*: contratos, titularidades e responsabilidade civil. Belo Horizonte: Fórum, 2021. p. 215-235. ISBN 978-65-5518-233-0.

Terceiro Eixo – Responsabilidade Civil

DESAFIOS ATUAIS EM MATÉRIA DE DANO MORAL

GUSTAVO TEPEDINO
RODRIGO DA GUIA SILVA

1 Introdução

O percurso histórico do dano moral no direito brasileiro revela ininterrupto debate sobre o tema e seus desdobramentos. Desde a longa resistência à admissibilidade da reparação de danos extrapatrimoniais,[1]

---

[1] José de Aguiar Dias sintetiza algumas das principais críticas formuladas ao reconhecimento da reparabilidade do dano moral: "Se bem que indiscutível atualmente a tese da reparabilidade do dano moral, após sua inclusão na Constituição Federal (art. 5º, inciso X) e no Código Civil de 2002 (art. 186), é importante, nem que seja para valorizar a notável conquista de sua adoção, conhecer os argumentos dos adversários do ressarcimento do dano moral, que podem ser metodicamente resumidos a este esquema: a) falta de efeito penoso durável; b) incerteza do direito violado; c) dificuldades em descobrir a existência do dano moral; d) indeterminação do número das pessoas lesadas; e) impossibilidade de rigorosa avaliação em dinheiro; f) imoralidade da compensação da dor com o dinheiro; g) extensão do arbítrio concedido ao juiz" (DIAS, José de Aguiar. *Da responsabilidade civil*. 12. ed. atual. por Rui Berford Dias. Rio de Janeiro: Lumen Juris, 2012. p. 846-847). Para o histórico do tratamento do dano moral no direito brasileiro até a consagração da sua plena reparabilidade (em especial pela sua positivação explícita e enfática tanto pela Constituição Federal de 1988 quanto pelo Código Civil de 2002), v. REALE, Miguel. *O dano moral no direito brasileiro. Temas de direito positivo*. São Paulo: Editora Revista dos Tribunais, 1992. *passim*; MONTEIRO FILHO, Carlos Edison do Rêgo. *Elementos de responsabilidade civil por dano moral*. Rio de Janeiro: Renovar, 2000. p. 8 e ss.; e MATOS, Eneas de Oliveira. *Dano moral e dano estético*. Rio de Janeiro: Renovar, 2008. p. 151 e ss.

passando por sua delimitação conceitual[2] e seu respectivo remédio,[3] nota-se que a categoria tem sido alvo de detida reflexão de sucessivas gerações de civilistas.

Ao propósito, merecem destaque as formulações teóricas que desafiam a aptidão da categoria do dano moral para solucionar alguns denominados *novos danos extrapatrimoniais*. Exemplo emblemático dessa tendência diz respeito à enunciação do *dano estético* e, mais recentemente, do *dano existencial* (v. item 2, *infra*). A difusão de tais denominações usualmente encontra-se acompanhada da proposta de suposta autonomia desses *novos danos* em relação à categoria do dano moral, o que conduziria, segundo essa linha de raciocínio, ao reconhecimento da autonomia dogmática do dano estético e do dano existencial em face do dano moral, inserindo-se cada qual como espécie do abrangente gênero *dano extrapatrimonial*.

Percebe-se, assim, que muitas das discussões atuais em matéria de dano extrapatrimonial se associam diretamente a certa resistência (ora velada, ora explícita) ao reconhecimento da aptidão da categoria do dano moral a equacionar os desafios postos pelos ditos *novos danos*. Renova-se constantemente, portanto, a importância de se examinar criticamente cada uma das novas figuras à luz da dogmática da responsabilidade civil, a fim de se perquirir a compatibilidade funcional da categoria do dano moral a abranger tais hipóteses fáticas e as consequências daí decorrentes (v. item 3, *infra*).

Na mesma perspectiva metodológica, investigam-se algumas possíveis repercussões do reconhecimento da feição objetiva do dano

---

[2] "Com razão já foi dito que "a expressão 'dano moral' designa um 'enormemente difícil conceito'. Entre nós, o seu tratamento dogmático, todavia, se tem dado, no mais das vezes, de modo simplista, atécnico e disfuncional aos próprios fins que a responsabilidade civil, como instituto jurídico, está voltada a proteger, isto é: a reparação (no caso de lesão a interesse patrimonial) ou a compensação (quando ofendido interesse extrapatrimonial) de danos injustamente cometidos. Modo geral, parca é a atenção aos filtros ou critérios que discernem entre a indenizabilidade de 'qualquer dano' e os danos merecedores de tutela jurídica por via indenizatória" (MARTINS-COSTA, Judith. Dano moral à brasileira. *Revista do Instituto do Direito Brasileiro*, a. 3, n. 9, p. 7.073-7.122, 2014, p. 7074).

[3] Em superação da antiga alegação de incompatibilidade entre o dano moral e o escopo da indenização, difundiu-se o reconhecimento de que do sistema de responsabilidade civil poder-se-ia extrair não apenas o remédio da *indenização*, mas também o remédio da *compensação*, que serviria justamente à tutela reparatória dos danos extrapatrimoniais. Ao propósito, v. MARTINS-COSTA, Judith. Dano moral à brasileira. *Revista do Instituto do Direito Brasileiro*, a. 3, n. 9, p. 7.073-7.122, 2014. p. 7074; e PEREIRA, Fabio Queiroz. Danos estéticos: uma análise à luz da função social da responsabilidade civil e da dignidade humana. *Revista de Direito Privado*, v. 50, p. 205-226, abr./jun. 2012, item 3. À luz de tais considerações, pode-se reconhecer a *reparação* como gênero ao qual remontam tanto a *indenização* quanto a *compensação*.

moral no direito brasileiro, analisando-se criticamente as noções de dano moral *in re ipsa* e de dano moral da pessoa jurídica (v. item 4, *infra*). A partir daí, examina-se a distinção funcional das diversas hipóteses de lesões desencadeadoras de danos morais, suscitando a necessária diferenciação das hipóteses lesivas sem se perder de vista a unidade dogmática da categoria. Tal empreitada permitirá o reconhecimento da necessidade de se atribuir tratamento distinto a variadas hipóteses de danos morais, de acordo com a gravidade e a extensão das lesões à personalidade humana, com repercussão na liquidação dos danos e na disciplina da prescrição (v. item 5, *infra*).

2 Imprecisões na enunciação teórica de *novos danos* extrapatrimoniais: do dano estético ao dano existencial

Um dos desafios mais expressivos em matéria de dano moral diz respeito à própria delimitação conceitual de tal categoria. Comprova-se tal assertiva, na experiência brasileira, pela figura do *dano estético* e, mais recentemente, pela noção de *dano existencial*. Também referido por *dano físico*, *dano corporal* ou *dano fisiológico*,[4] o dano estético é definido em doutrina como "qualquer modificação na aparência externa de uma pessoa e que lhe acarrete desagrado".[5] De tal definição pode-se extrair a compreensão corrente no sentido de que "o dano estético teria um duplo viés marcado por subsídios distintos – elemento pessoal e elemento social".[6] Busca-se, com a referida denominação, fazer menção a hipóteses fáticas em que a vítima sofre injusta lesão aos seus aspectos corporais exteriores, tais como "as cicatrizes, as mutilações (de orelhas, nariz, pernas ou braços), a perda de cabelos, cílios, sobrancelhas, dentes, voz, olhos, etc.".[7]

---

[4] "O dano estético possui diversas terminologias, como dano físico, dano corporal (*pretium corporis*), dano fisiológico, dano biológico, dano à saúde, etc." (REIS, Clayton. *Dano moral*. 6. ed. São Paulo: Thomson Reuters Brasil, 2019. p. 153).

[5] SILVA FILHO, Artur Marques da. A responsabilidade civil e o dano estético. *Revista dos Tribunais*, v. 689, p. 38-49, mar. 1993, item 5.

[6] PEREIRA, Fabio Queiroz. Danos estéticos: uma análise à luz da função social da responsabilidade civil e da dignidade humana. *Revista de Direito Privado*, v. 50, p. 205-226, abr./jun. 2012, item 4.

[7] REIS, Clayton. *Dano moral*. 6. ed. São Paulo: Thomson Reuters Brasil, 2019. p. 153. Outros exemplos introdutórios podem ser encontrados em: MATOS, Eneas de Oliveira. *Dano moral e dano estético*. Rio de Janeiro: Renovar, 2008. p. 168-169.

Afirma-se, ainda, que a noção de *dano estético* englobaria não apenas as sequelas perceptíveis em análise estática do corpo da vítima, mas igualmente as sequelas manifestadas nas suas atividades dinâmicas.[8] Argumenta-se, assim, que o abalo à aparência externa da pessoa humana (núcleo da figura do dano estético) pode estar associado tanto a *implicações estáticas* quanto a *implicações dinâmicas* do evento danoso. Tais noções poderiam ser exemplificadas, respectivamente, por cicatrizes, queimaduras e pigmentações anormais, e, de outra parte, por alterações da marcha, alterações de mímica e modificações de gestos ou da voz.[9] Em esforço de coerência com a conceituação corrente do dano estético, identifica-se, em doutrina, a formulação de alguns requisitos cuja comprovação seria necessária para a sua configuração. Afirma-se, nessa esteira, sem embargo de pontuais variações entre as formulações teóricas em matéria de dano estético, que a respectiva lesão deveria ser: (i) visível,[10] (ii) permanente[11] e (iii) irreparável.[12]

---

[8] Assim, Teresa Ancona Lopez afirma que o dano estético "(...) deve ser notado não só no corpo parado, mas também através dos movimentos deste, pois há deformidades que somente aparecem nas 'atividades dinâmicas do ofendido. Como exemplo, poderíamos lembrar os defeitos na fala, a constante claudicação, as deficiências na mastigação etc., que só são percebidas quando o indivíduo se movimenta" (LOPEZ, Teresa Ancona. *O dano estético*: responsabilidade civil. 2. ed. São Paulo: Editora Revista dos Tribunais, 1999. p. 43).

[9] "Estas sequelas são, normalmente, subdivididas em dois tipos: implicações estáticas e implicações dinâmicas. No primeiro grupo, encontram-se as cicatrizes, queimaduras, pigmentações anormais, assimetrias, entre outros danos. Já no segundo grupo, verificam-se as lesões perceptíveis, normalmente, por meio de movimentos, como alterações da marcha, alterações de mímica, modificações de gestos ou as mudanças vocais" (PEREIRA, Fabio Queiroz. Danos estéticos: uma análise à luz da função social da responsabilidade civil e da dignidade humana. *Revista de Direito Privado*, v. 50, p. 205-226, abr./jun. 2012, item 4).

[10] A *visibilidade*, intimamente associada à própria conceituação corrente de dano estético como dano à aparência exterior da pessoa, demandaria que a lesão *estética* fosse aparente no ambiente social, ainda que estivesse presente em parte do corpo normalmente coberta por vestimentas. Ao propósito, v. PEREIRA, Fabio Queiroz. Danos estéticos: uma análise à luz da função social da responsabilidade civil e da dignidade humana. *Revista de Direito Privado*, v. 50, p. 205-226, abr./jun. 2012, item 4.

[11] O requisito da *permanência*, por sua vez, demandaria a comprovação de que a vítima tivesse sofrido uma transformação duradoura na sua aparência. De acordo com tal ordem de compreensão da matéria, a lesão *estética* deveria ser "duradoura ou permanente, não bastando o dano temporário" (RSTON, Sergio Martins. Dano estético. *Revista do Instituto dos Advogados de São Paulo*, v. 9, p. 95-103, jan./jun. 2002, item 1), negando-se, portanto, a indenizabilidade de lesões de curta duração.

[12] A exigência de irreparabilidade – compreendida como componente da própria noção de permanência – obstaria a deflagração do dever de indenizar quando a lesão estética pudesse ser sanada (v. LOPEZ, Teresa Ancona. *O dano estético*: responsabilidade civil. 2. ed. São Paulo: Editora Revista dos Tribunais, 1999. p. 40). Segundo essa linha de pensamento, eventual cirurgia reparadora poderia vir a deflagrar o dever de indenizar apenas o dano patrimonial atinente às despesas com a intervenção, mas não propriamente um dano extrapatrimonial (v. MATOS, Eneas de Oliveira. *Dano moral e dano estético*. Rio de Janeiro: Renovar, 2008. p. 184). Não surpreende que, na sequência do raciocínio, se sustente a suposta impossibilidade

A tentativa doutrinária de estabelecer requisitos para a configuração do dano estético convive com o expressivo esforço de afirmação de sua autonomia em relação ao dano moral,[13] em rejeição à tradicional (e acertada) compreensão do dano estético como hipótese fática vinculada à categoria do dano moral. Sem embargo da pluralidade de fundamentos eventualmente invocados, assume proeminência nesse contexto o argumento segundo o qual a alegada autonomia do dano estético em relação ao dano moral decorreria da diversidade entre os bens jurídicos tutelados por cada uma das figuras. Segundo tal linha de raciocínio, a categoria jurídica do dano estético estaria vinculada à tutela da *integridade física*, ao passo que a categoria jurídica do dano moral estaria vinculada à tutela da *integridade moral*.[14] Em outras palavras, dano estético e dano moral diferenciar-se-iam por traduzirem, respectivamente, lesões "à beleza física, à harmonia das formas externas do sujeito" ou lesões aos "sentimentos" da vítima.[15] Aduz-se, nesse sentido, que "o dano estético é passível de apreciação objetiva, ao passo que o dano moral padece de análise de caráter subjetivo, casuístico",[16] do que decorreria o caráter *in re ipsa* do dano estético em contraposição à imprescindibilidade da comprovação concreta do dano moral.[17]

Em que pese o valoroso esforço na configuração da suposta autonomia dogmática do dano estético e na construção de requisitos para

---

de cumulação da indenização por danos patrimoniais (tendo por referência, no exemplo mencionado, as despesas para a realização de cirurgia reparadora) com a compensação do dano (extrapatrimonial) estético (nesse sentido, v. CAHALI, Yussef Said. *Dano moral*. 4. ed. São Paulo: Editora Revista dos Tribunais, 2011. p. 180).

[13] Afirma-se nessa direção: "O dano estético representa uma categoria autônoma em relação ao dano moral". (RSTON, Sergio Martins. Dano estético. *Revista do Instituto dos Advogados de São Paulo*, v. 9, p. 95-103, jan./jun. 2002. item 7).

[14] O entendimento é defendido, por exemplo, por: MATOS, Eneas de Oliveira. *Dano moral e dano estético*. Rio de Janeiro: Renovar, 2008. p. 167 e ss.

[15] "O dano estético, assim o dano moral, representa uma ofensa a um direito de personalidade. Contudo, o dano moral é intrínseco, voltado para dentro do sujeito, afeta os seus sentimentos, incorpora-se ao psiquismo, constitui o acervo da consciência. Já o dano estético está voltado para fora, isto é, ele é a lesão à beleza física, à harmoniza das formas externas do sujeito, correspondendo ao patrimônio da aparência" (REIS, Clayton. *Dano moral*. 6. ed. São Paulo: Thomson Reuters Brasil, 2019. p. 153).

[16] MATOS, Eneas de Oliveira. *Dano moral e dano estético*. Rio de Janeiro: Renovar, 2008. p. 169.

[17] "Dessa forma, não só é possível, mas principalmente justa, a cumulação do dano estético com o dano moral, por serem dois tipos diferentes de danos morais à pessoa, ou seja, atingem bens jurídicos diferentes. O dano estético (dano físico) é dano moral objetivo que ofende um dos direitos da personalidade, o direito à integridade física. Não precisa ser provado, é o *damnum in re ipsa*. O sofrimento e a dor integram esse tipo de dano. O dano moral é o dano à imagem social, à nova dificuldade na vida de relação, o complexo de inferioridade na convivência humana" (LOPEZ, Teresa Ancona. *O dano estético*: responsabilidade civil. 2. ed. São Paulo: Editora Revista dos Tribunais, 1999. p. 126-127).

tal hipótese de dano, tais premissas teóricas não se justificam no direito civil brasileiro. O desenvolvimento atual da doutrina parece impor tanto a superação da suposta autonomia do dano estético quanto a crítica a seus respectivos requisitos. O debate não se diferencia substancialmente da recente controvérsia em torno da noção de dano existencial. Busca-se, com a denominação *dano existencial*, fazer referência a hipóteses de "lesão ao complexo de relações que auxiliam no desenvolvimento normal da personalidade do sujeito".[18] Tratar-se-ia, assim, de hipóteses lesivas produtoras de deterioração considerável da qualidade de vida da vítima,[19] prejudicando a realização dos mais variados interesses da pessoa em suas áreas de atuação.[20] Em síntese emblemática, afirma-se que o núcleo essencial da noção de dano existencial consistiria na "compressão de uma atividade não econômica".[21]

Nessa esteira, prolifera em doutrina a indicação de hipóteses que serviriam a ilustrar a configuração do dano existencial nos mais diversos aspectos ou setores da vida em sociedade.[22] Seria o caso, por exemplo, das seguintes situações fáticas: renúncia forçada a ocasiões felizes e aos *hobbies*; perda da rotina incorporada; não poder tocar instrumento musical; não poder praticar esportes; não poder viajar; prejuízo à vida sexual; morte de filho; emissões de ruídos em excesso; dano por férias estragadas (*danno da vacanza rovinata*, na expressão corrente na doutrina italiana) em decorrência do inadimplemento de

---

[18] "O dano existencial é a lesão ao complexo de relações que auxiliam no desenvolvimento normal da personalidade do sujeito, abrangendo a ordem social. É uma afetação negativa, total ou parcial, permanente ou temporária, seja uma atividade, seja um conjunto de atividades que a vítima do dano, normalmente, tinha como incorporado ao seu cotidiano e que, em razão do efeito lesivo, precisou modificar sua forma de realização, ou mesmo suprimir de sua rotina" (SOARES, Flaviana Rampazzo. *Responsabilidade civil por dano existencial*. Porto Alegre: Livraria do Advogado, 2009. p. 44).

[19] Assim sustenta, por exemplo: SOARES, Flaviana Rampazzo. *Responsabilidade civil por dano existencial*. Porto Alegre: Livraria do Advogado, 2009. p. 44.

[20] "É [o dano existencial] aquela lesão que compromete as várias atividades através das quais a pessoa atua para plena realização na esfera individual. Seus efeitos comprometem as realizações do interesse da pessoa quotidianamente nas várias áreas de sua atuação, comprometendo sua qualidade de vida. (...) O importante para a caracterização do dano existencial é que tenha produzido um prejuízo ao bem-estar pessoal ou ao projeto de vida" (LOPEZ, Teresa Ancona. Dano existencial. *Revista de Direito Privado*, v. 57, jan./mar. 2014, item 3).

[21] ZIVIZ, Patrizia. Alla scoperta del danno esistenziale. *Contratto e Impresa*, a. X, n. 2, p. 845-869, 1994. p. 864. Tradução livre do original.

[22] "O dano existencial pode atingir setores distintos: a) atividades biológicas de subsistência; b) relações afetivo-familiares; c) relações sociais; d) atividades culturais e religiosas; e) atividades recreativas e outras atividades" (SOARES, Flaviana Rampazzo. *Responsabilidade civil por dano existencial*. Porto Alegre: Livraria do Advogado, 2009. p. 47).

contratos de turismo.[23] Alude-se, ainda, aos danos decorrentes de perseguição (*"stalking"*), intimidação sistemática (*"bullying"*),[24] assédio moral no trabalho (*"mobbing"*)[25] e assédio sexual (*"sexual harassment"*).[26] Nessa mesma linha, chega-se a se sustentar a configuração de dano existencial em decorrência do deslocamento forçado de comunidades por força de desastres ambientais[27] ou mesmo em decorrência do superendividamento da pessoa humana.[28] Trata-se tão somente de alguns entre tantos outros exemplos aventados em doutrina.[29] De tal riqueza de exemplos, contudo, não se deve depreender automaticamente a suposta adequação, à luz do direito brasileiro, da construção de nova espécie de dano extrapatrimonial apartada da categoria do dano moral. Muito ao revés, a análise da origem próxima do tema desaconselha a sua importação para o direito brasileiro.

Usualmente, atribui-se à doutrina italiana o desenvolvimento inicial do conceito,[30] com particular destaque para o pioneirismo[31]

---

[23] A enunciação dos exemplos remonta às lições de: LOPEZ, Teresa Ancona. Dano existencial. *Revista de Direito Privado*, v. 57, jan./mar. 2014, item 3.

[24] A propósito da noção de *"bullying"* e de algumas das suas possíveis repercussões à luz do direito brasileiro, remete-se a: COHEN, Fernanda. *Agressões à pessoa em desenvolvimento*: o problema do *bullying* escolar. Dissertação de mestrado. Universidade do Estado do Rio de Janeiro. Rio de Janeiro, 2017. *passim*.

[25] Para o desenvolvimento da análise do dano existencial por assédio moral no ambiente de trabalho, v. FERREIRA, Vanessa Rocha; SANTANA, Agatha Gonçalves. O assédio moral no ambiente de trabalho e a possibilidade de configuração do dano existencial. *Revista IBERC*, v. 2, n. 3, set./dez. 2019, *passim*.

[26] Os exemplos remontam à lição de: LOPEZ, Teresa Ancona. Dano existencial. *Revista de Direito Privado*, v. 57, jan./mar. 2014, item 6.

[27] Assim, STEIGLEDER, Annelise Monteiro. Desterritorialização e danos existenciais: uma reflexão a partir do desastre ambiental da Samarco. *Revista de Direito Ambiental*, v. 96, out./dez. 2019, *passim*.

[28] Assim, VERBICARO, Dennis; ATAÍDE, Camille da Silva Azevedo; LEAL, Pastora do Socorro Teixeira. Fundamentos ao reconhecimento do dano existencial nos casos de superendividamento: considerações sobre o mínimo existencial, o valor do tempo e a concepção normativa de dano. *Revista de Direito do Consumidor*, v. 120, nov./dez. 2018, *passim*.

[29] Para a análise de outras hipóteses fáticas associadas à noção de dano existencial, v. ALMEIDA NETO, Amaro Alves de. Dano existencial: a tutela da dignidade da pessoa humana. *Revista de Direito Privado*, v. 24, p. 21-53, out./dez. 2005, item 6.2.

[30] Cf.: LOPEZ, Teresa Ancona. Dano existencial. *Revista de Direito Privado*, v. 57, jan./mar. 2014. item 3; e GONZÁLES, Carlos Antonio Agurto; MAMANI, Sonia Lídia Quequejana. O dano existencial como contribuição da cultura jurídica italiana. (Trad. Fabiano Coulon). *Revista Eletrônica Direito e Sociedade*, v. 6, n. 1, p. 47-58, mai. 2018, p. 48.

[31] Tal pioneirismo é identificado, entre outros, por: SOARES, Flaviana Rampazzo. *Responsabilidade civil por dano existencial*. Porto Alegre: Livraria do Advogado, 2009. p. 43 e ss.

da produção doutrinária de Paolo Cendon[32] e de Patrizia Ziviz.[33] Da enunciação doutrinária à consagração jurisprudencial,[34] o desenvolvimento da categoria do dano existencial na experiência italiana parece estar intimamente relacionado a vicissitudes de tal sistema jurídico, em especial no que tange à tradicional prevalência de compreensões restritivas acerca do espectro de lesões tuteláveis a título de dano extrapatrimonial com base no art. 2.059 do *Codice Civile* italiano de 1942, em contraposição à proclamada atipicidade da categoria do dano patrimonial *ex vi* do art. 2.043 do *Codice Civile*.[35]

---

[32] Parcela expressiva dos textos de Paolo Cendon sobre a matéria encontra-se compilada em: CENDON, Paolo. *Il danno esistenziale nell'attuale panorama giurisprudenziale. Aggiornamento a cura di Daniela Ricciuti*. Frosinone: Key, 2014.

[33] A produção de Patrizia Ziviz sobre a matéria encontra-se substancialmente refletida em: ZIVIZ, Patrizia. Alla scoperta del danno esistenziale. *Contratto e Impresa*, a. X, n. 2, 1994, *passim*; e ZIVIZ, Patrizia. Equivoci da sfatare sul danno esistenziale. *Responsabilità Civile e Previdenza*, a. LXVI, n. 4-5, 2001, *passim*.

[34] A evolução do desenvolvimento conferido à matéria pela jurisprudência italiana é passada em revista por: CENDON, Paolo. L'itinerario del danno esistenziale. *Giurisprudenza Italiana*, abr. 2009, *passim*; MONATERI, Pier Giuseppe. El perjuicio existencial como voz del daño no patrimonial. (Trad. Carlos Antonio Agurto Gonzáles e Sonia Lidia Quequejana Mamani). In: PUERTAS, Carlos Alberto Calderón; GONZALES, Carlos Agurto (Coords.). *Observatorio de Derecho Civil*: La responsabilidad civil. Lima: Motivensa, 2010. v. III, *passim*; e MORLINI, Gianluigi. Dano patrimonial e dano existencial. (Trad. Yone Frediani). *Revista de Direito do Trabalho*, v. 182, out. 2017, *passim*.

[35] Art. 2.059 do *Codice Civile*: "O dano não patrimonial deve ser ressarcido apenas nos casos determinados por lei" (tradução livre do original). Art. 2.043 do *Codice Civile*: "Qualquer fato doloso ou culposo que causa a outrem um dano injusto obriga aquele cometeu o fato a ressarcir o dano" (tradução livre do original). Ao propósito, colhe-se da doutrina italiana o reconhecimento de que "a categoria legislativa de 'dano não patrimonial' é mencionada no art. 2.059 do *Codice Civile*, que a admite apenas nos casos determinados pela lei" (VISINTINI, Giovanna. *Trattato breve della repsonsabilità civile*. 3. ed. Padova: Cedam, 2005. p. 650. Tradução livre do original), em contraposição à "ressarcibilidade do dano patrimonial nos termos do art. 2.043 do *Codice Civile* (...), caracterizada pelo atributo da atipicidade" (TORRENTE, Andrea; SCHLESINGER, Piero. *Manuale di diritto privato*. 23. ed. Milano: Giuffrè, 2017. p. 963. Tradução livre do original). A doutrina ressalva, contudo, a evolução jurisprudencial da *Corte di Cassazione* para a gradual consolidação de uma interpretação ampliativa do mencionado art. 2.059 do *Codice Civile*, de modo a se considerar que a remissão legal à "lei" ("*legge*") deveria ser compreendida no sentido de *legalidade constitucional*: "(...) com a sentença nº 26972/2008, a *Cassazione Civile* em Seções Unidas, em coerência com o precedente da Corte Constitucional e retomando e desenvolvendo o quanto já afirmado em jurisprudência, enunciou o princípio de que o dano não patrimonial é ressarcível quando derive da lesão de direitos constitucionalmente protegidos, devendo-se ressalvar que eles não podem restar desprovidos de um 'mínimo de tutela'. Essa enunciação não contradiz o art. 2.059 do *Codice Civile*, nem o supera, porque se trata sempre de casos previstos pela lei constitucional, ainda que na forma concisa que se adiciona às enunciações de princípio" (TRIMARCHI, Pietro. *La responsabilità civile*: atti illeciti, rischio, danno. Milano: Giuffrè, 2017. p. 549. Tradução livre do original). Consolidar-se-ia, assim, por via jurisprudencial, "uma interpretação ampla e constitucionalmente orientada do art. 2.059 do *Codice Civile*". (MONATERI, Pier Giuseppe; GIANTI, Davide; CINELLI, Luca Siliquini. *Danno e risarcimento*. Torino: G. Giappichelli, 2013. p. 116. Tradução livre do original). Em construção ainda mais

Tal limitação usualmente atribuída à categoria do dano extrapatrimonial no direito italiano teria ensejado, assim, o reconhecimento da autonomia da categoria do dano existencial (vinculado a bens jurídicos não tutelados diretamente por outras categorias de dano) como condição necessária para a tutela das hipóteses lesivas reunidas sob essa alcunha e que não estariam compreendidas pelas concepções técnicas de dano moral[36] nem de dano biológico, e tampouco seriam passíveis de recondução imediata à categoria do dano patrimonial.[37] No ordenamento jurídico brasileiro, diversamente, o caráter aberto do sistema dualista de responsabilidade civil[38] e a superação da vertente subjetiva em matéria de dano moral possibilitam o enquadramento dos denominados *novos danos* no interior da categoria do dano moral (v. item 3, *infra*), de modo a desaconselhar a importação da construção

---

extensa, chega-se a afirmar que "não convence a construção do dano à pessoa sob a ideia de tipicidade, e, ainda mais, de taxatividade das hipóteses ressarcíveis. Em um sistema constitucional que põe o ser humano como valor primário caracterizante, não se pode discorrer de atipicidade para a lesão de interesses patrimoniais (2.043) e de tipicidade para a lesão da pessoa (2.059). (...) É, portanto, preferível, remeter a aplicabilidade do art. 2.059 apenas ao dano moral subjetivo, reconduzindo, ao invés, ao art. 2.043 as *fattispecie* atípicas dos danos injustos, ainda que não patrimoniais" (PERLINGIERI, Pietro. *Manuale di diritto civile*. 7. ed. Napoli: Edizioni Scientifiche Italiane, 2014. p. 951. Tradução livre do original).

[36] Colhe-se da doutrina italiana o reconhecimento de feição subjetiva do dano moral, por vezes referida como *dano moral puro* (noção contraposta à feição objetiva prevalente no direito brasileiro, conforme demonstrado no item 3, *infra*): "A fórmula 'dano moral' individualiza, entre os vários possíveis prejuízos não patrimoniais, um tipo de prejuízo constituído pelo sofrimento subjetivo causado pelo delito em si considerado. O dano moral, portanto, é compreendido como sofrimento subjetivo em si considerado, sem ulteriores conotações em termos de duração. Trata-se, em essência, da turbação do ânimo, da dor íntima sofrida que não degeneram em patologia, porque, em tal caso, se adentra na área do dano biológico" (MONATERI, Pier Giuseppe; GIANTI, Davide; CINELLI, Luca Siliquini. *Danno e risarcimento*. Torino: G. Giappichelli, 2013. p. 119. Tradução livre do original).

[37] "De fato, as categorias conceituais criadas pela jurisprudência, como as do 'dano à vida de relação', do 'dano estético' e do 'dano biológico', e, por último, do dano existencial representam uma tentativa voltada a ampliar a ressarcibilidade de danos ou apenas muito indiretamente acarretam a diminuição do patrimônio e que, em realidade, refletem consequências também morais do fato ilícito". (VISINTINI, Giovanna. *Trattato breve della repsonsabilità civile*. 3. ed. Padova: Cedam, 2005. p. 658. Tradução livre do original). Afirma-se, nesse sentido, que "o dano existencial é uma figura de dano diversa do dano moral e do dano biológico, proposta no intuito de suprir um vazio de tutela" (MONATERI, Pier Giuseppe; GIANTI, Davide; CINELLI, Luca Siliquini. *Danno e risarcimento*. Torino: G. Giappichelli, 2013. p. 125. Tradução livre do original). Ao propósito, v., ainda, CORTIANO JÚNIOR, Eroulths; RAMOS, André Luiz Arnt. Dano moral nas relações de trabalho: a limitação das hipóteses de sua ocorrência e a tarifação da indenização pela reforma trabalhista. *Civilistica.com*, a. 7, n. 2, p. 1-23, 2018. p. 14-15.

[38] A propósito da configuração do sistema dualista de responsabilidade civil no direito brasileiro, seja consentido remeter a: TEPEDINO, Gustavo. *A evolução da responsabilidade civil no direito brasileiro e suas controvérsias na atividade estatal. Temas de direito civil*. 4. ed. Rio de Janeiro: Renovar, 2008. p. 201 e ss.

doutrinária cujo escopo fundamental consiste justamente em ampliar a tutela reparatória dos danos extrapatrimoniais.[39] Não se trata, por certo, de ignorar a gravidade das hipóteses lesivas referidas por *dano existencial*, mas de reconhecer a aptidão da categoria do dano moral para tutelar satisfatoriamente tais hipóteses no ordenamento pátrio.

Na contramão do tradicional sistema brasileiro de responsabilidade civil, nota-se que a figura do dano existencial encontrou considerável disseminação, notadamente no âmbito do Direito do Trabalho.[40] Difundiu-se, assim, a invocação da noção de dano existencial para se qualificarem variadas situações lesivas que teriam em comum o comprometimento à qualidade de vida e à liberdade dos trabalhadores, como, por exemplo, as hipóteses de submissão do trabalhador a jornadas de trabalho excessivas,[41] redução do trabalhador à condição análoga à de escravo[42] ou configuração de lesão por esforços repetitivos.[43] Tal construção teórica seria acolhida também em sede jurisprudencial, inclusive no âmbito do Tribunal Superior do Trabalho (TST).[44] Assim, por exemplo, o aludido Tribunal reconheceu a configuração de dano

---

[39] Em sentido similar, v. CORTIANO JÚNIOR, Eroulths; RAMOS, André Luiz Arnt. Dano moral nas relações de trabalho: a limitação das hipóteses de sua ocorrência e a tarifação da indenização pela reforma trabalhista. *Civilistica.com*, a. 7, n. 2, p. 1-23, 2018, p. 15.

[40] V., por todos: LOPEZ, Teresa Ancona. Dano existencial. *Revista de Direito Privado*, v. 57, jan./mar. 2014, item 8.

[41] V., por todos, MARTINS, Karina. Dano existencial na esfera trabalhista. *Revista de Direito do Trabalho*, v. 182, p. 223-254, out. 2017, item 3.1; e VALADÃO, Carla Cirino; FERREIRA, Maria Cecília Máximo Teodoro. A responsabilidade civil do empregador por dano existencial decorrente da violação ao direito fundamental à desconexão. *Revista de Direito do Trabalho*, v. 174, fev. 2017. *passim*. Imperiosa, contudo, uma análise atenta de cada caso concreto, a fim de se evitar eventual banalização da tutela reparatória por supostos danos existenciais, como adverte: LOPEZ, Teresa Ancona. Dano existencial. *Revista de Direito Privado*, v. 57, jan./mar. 2014, item 8.

[42] Por todos: SOARES, Flaviana Rampazzo. *Responsabilidade civil por dano existencial*. Porto Alegre: Livraria do Advogado, 2009. p. 75.

[43] Assim: SOARES, Flaviana Rampazzo. *Responsabilidade civil por dano existencial*. Porto Alegre: Livraria do Advogado, 2009. p. 75-76; MARTINS, Karina. Dano existencial na esfera trabalhista. *Revista de Direito do Trabalho*, v. 182, p. 223-254, out. 2017, item 3.1; e MOLINA, André Araújo. Dano existencial por jornada de trabalho excessiva: critérios objetivos (horizontais e verticais) de configuração. *Revista de Direito do Trabalho*, v. 164, jul./ago. 2015, *passim*.

[44] Sobre a evolução do tratamento dispensado ao dano existencial pela jurisprudência trabalhista, v., MARTINS, Karina. Dano existencial na esfera trabalhista. *Revista de Direito do Trabalho*, v. 182, p. 223-254, out. 2017, item 3.3; FERREIRA, Vanessa Rocha; SANTANA, Agatha Gonçalves. O assédio moral no ambiente de trabalho e a possibilidade de configuração do dano existencial. *Revista IBERC*, v. 2, n. 3, p. 1-17, set./dez. 2019, item 4; e, no que diz respeito especificamente ao dano existencial por jornada de trabalho excessiva, MOLINA, André Araújo. Dano existencial por jornada de trabalho excessiva: critérios objetivos (horizontais e verticais) de configuração. *Revista de Direito do Trabalho*, v. 164, p. 15-43, jul./ago. 2015, item 5.

existencial em hipótese na qual "a reclamada deixou de conceder férias à reclamante por dez anos", em atentado "contra a saúde física, mental e a vida privada da reclamante".[45] De todo modo, a consolidação do reconhecimento do dano existencial na jurisprudência do TST evidencia-se especialmente nas hipóteses de submissão dos trabalhadores a prestações excessivas e contínuas de horas extras, em descumprimento sistemático dos limites legais e contratuais da jornada de trabalho.[46] Com base nesse raciocínio, por exemplo, o TST reputou configurado dano existencial ao analisar situação fática de "gestão empregatícia que submeta o indivíduo a reiterada e contínua jornada extenuante, muito acima dos limites legais, por doze horas diárias, em dias sequenciais".[47]

Em que pese o amplo reconhecimento da possibilidade, em tese, de configuração de dano existencial por imposição reiterada do trabalhador a jornada excessiva, identifica-se relevante controvérsia, no âmbito do próprio TST, sobre a necessidade de o trabalhador reclamante comprovar os prejuízos concretos que a jornada excessiva lhe teria causado. Controverte-se, em outras palavras, sobre a atribuição de caráter *in re ipsa* ao dano existencial – problemática que, a bem da verdade, permeia muitas das discussões atuais sobre diversas hipóteses de danos extrapatrimoniais, muito em razão do crescimento da vertente subjetiva do dano moral (v. item 3, *infra*).

De uma parte, encontram-se decisões no sentido de que o "dano existencial não pode ser reconhecido à míngua de prova específica do efetivo prejuízo pessoal, social ou familiar",[48] de modo que o "cumprimento de jornada de trabalho extensa pela prestação de horas extras, por si só, não enseja a indenização pretendida quando não demonstrada a efetiva impossibilidade de convívio familiar e social".[49] De outra parte, encontram-se decisões no sentido de que, "configurada essa situação no caso dos autos, em que a jornada de trabalho do autor comumente era excessiva, não há dúvida sobre a necessidade de reparação do dano

---

[45] TST. *RR nº 727-76.2011.5.24.0002*. 1ª T., Rel. Min. Hugo Carlos Scheuermann, julg. 19.6.2013.
[46] "A sobrejornada habitual e excessiva, exigida pelo empregador, em tese, tipifica dano existencial. Com efeito, o trabalho prestado em jornadas que excedem habitualmente o limite legal de duas horas extras diárias, parâmetro considerado tolerável, afronta os direitos fundamentais do trabalhador, por prejudicar o seu desenvolvimento pessoal e as suas relações sociais" (TST. *ARR nº 745-74.2013.5.09.0025*. 6ª T., Rel. Min. Kátia Magalhães Arruda, julg. 7.10.2015).
[47] TST. 3ª T. *RR nº 1152-12.2012.5.04.0007*. 3ª T., Rel. Min. Mauricio Godinho Delgado, julg. 9.12.2015.
[48] TST. *E-RR nº 402-61.2014.5.15.0030*. SDI-1, Rel. Min. Luiz Philippe Vieira de Mello Filho, julg. 29.10.2020.
[49] TST. *RRAg nº 11554-31.2016.5.15.0097*. 8ª T., Rel. Min. Dora Maria da Costa, julg. 9.12.2020.

moral sofrido, devendo ser condenada a reclamada ao pagamento de uma indenização",[50] asseverando-se que, "uma vez vislumbrada a jornada exaustiva (integral), (...) a reparação do dano não depende de comprovação dos transtornos sofridos pela parte, pois trata-se de dano *'in re ipsa'*, ou seja, deriva da própria natureza do fato gravoso".[51]

Exemplo revelador do prestígio de que desfruta a construção teórica atinente ao dano existencial se verifica na inclusão do art. 223-B à CLT, em cuja redação se lê: "Causa dano de natureza extrapatrimonial a ação ou omissão que ofenda a esfera moral ou existencial da pessoa física ou jurídica, as quais são as titulares exclusivas do direito à reparação". Incluído à CLT pela Lei nº 13.467/2017, o referido dispositivo legal buscou refletir o entendimento – amplamente difundido na seara trabalhista, como visto – de que o dano extrapatrimonial seria gênero composto tanto pelo dano moral quanto pelo dano existencial.[52]

Sem embargo das justas objeções que a doutrina direcionou à referida inovação legislativa,[53] a redação do novel art. 223-B da CLT

---

[50] TST. *ARR nº 10972-60.2016.5.15.0152*. 3ª T., Rel. Min. Mauricio Godinho Delgado, julg. 18.11.2020.

[51] TST. *RR nº 1374-15.2017.5.10.0014*. 2ª T., Rel. Min. Delaíde Miranda Arantes, julg. 4.11.2020.

[52] É ver-se: "Muito embora pareça que exista uma sinonímia entre o dano moral e o dano extrapatrimonial, pelo fato de que ambos desvinculam-se da questão patrimonial e que são corolários da violação ao direito da personalidade, esta relação inexiste, porquanto o dano extrapatrimonial é um gênero e o dano moral uma de suas espécies, já que, de acordo com o art. 223-B da CLT, os danos extrapatrimoniais são formados por duas espécies: dano moral e dano existencial" (PIMENTA, José Roberto Freire; PEREIRA, Ricardo José Macêdo de Britto. Os danos extrapatrimoniais e a Constituição Federal de 1988. *Revista de Direito do Trabalho*, v. 196, p. 21-36, dez. 2018. item 2).

[53] "O problema prossegue quando o legislador pretende tipificar os danos morais e existenciais com indicação de interesses típicos, como etnia, idade, nacionalidade, honra, imagem, intimidade, liberdade, autoestima, gênero, orientação sexual, saúde, lazer e integridade psicofísica (art. 223-G da CLT). E se desdobra, como diria Leminski, em dois probleminhas: o texto normativo não traz critérios para distinguir quais interesses suscitam, se lesados, dano moral ou dano existencial (categorias criadas pelo Legislador, mas não tratadas com rigor por ele próprio), e, mais grave, põe em questão décadas de construção teórico-jurisprudencial. Por outras palavras: o emprego de técnica legislativa regulamentar neste universo temático trai não apenas a característica fundamental do modelo brasileiro de reparação de danos, como também toda a tradição acadêmica e jurisprudencial que, ao menos desde o advento da Constituição de 1988, acumula-se na comunidade jurídica brasileira. Tradição, esta, respeitante ao escopo de proteção dos direitos de personalidade, cuja impossibilidade de clausura em rol taxativo é intransigentemente afirmada pela literatura especializada (...)" (CORTIANO JÚNIOR, Eroulths; RAMOS, André Luiz Arnt. Dano moral nas relações de trabalho: a limitação das hipóteses de sua ocorrência e a tarifação da indenização pela reforma trabalhista. *Civilistica.com*, a. 7, n. 2, p. 1-23, 2018, p. 16). Os autores concluem: "A Lei nº 13.467/2017, conquanto possa ostentar qualidades positivas, tem inconsistências e inconstitucionalidades em matéria de Responsabilidade por Danos". (CORTIANO JÚNIOR, Eroulths; RAMOS, André Luiz Arnt. Dano moral nas relações de trabalho: a limitação das hipóteses de sua ocorrência e a tarifação da indenização pela reforma trabalhista. *Civilistica.com*, a. 7, n. 2, p. 1-23, 2018, p. 20).

serve a demonstrar a percepção corrente (não apenas na doutrina trabalhista) de que a categoria do dano moral seria insuficiente para a tutela da pluralidade de lesões de índole extrapatrimonial a que pode vir a restar submetida a pessoa humana.[54] Segundo tal linha de raciocínio, o imperativo de tutela da dignidade humana imporia o reconhecimento do dano existencial como categoria autônoma de dano extrapatrimonial,[55] por se entender que, "cotejado com o dano moral, não se reduz [o dano existencial] a um sofrimento, a uma angústia, mas uma renúncia a uma atividade concreta".[56] O dano existencial diferenciar-se-ia, assim, do denominado *dano moral puro*:[57] o dano existencial estaria caracterizado "em todas as alterações nocivas na vida cotidiana da vítima em todos os seus componentes relacionais", ao passo que o dano moral puro pertenceria "à esfera interior da pessoa".[58]

---

[54] A ilustrar a afirmação da insuficiência da categoria do dano moral especificamente para a tutela do propugnado dano existencial por superendividamento da pessoa humana, v. VERBICARO, Dennis; ATAÍDE, Camille da Silva Azevedo; LEAL, Pastora do Socorro Teixeira. Fundamentos ao reconhecimento do dano existencial nos casos de superendividamento: considerações sobre o mínimo existencial, o valor do tempo e a concepção normativa de dano. *Revista de Direito do Consumidor*, v. 120, p. 365-396, nov./dez. 2018, item 3.

[55] Chega-se, ainda, a se invocarem os arts. 949, 950, 951, 953 e 954 do Código Civil do Código Civil como supostos fundamentos para o reconhecimento da autonomia do dano existencial no direito brasileiro (nesse sentido, v. BUARQUE, Elaine. O dano existencial como uma nova modalidade de dano não patrimonial: a necessidade da ampliação do princípio da função social da responsabilidade civil e a busca da reparação integral do dano à pessoa. *Revista IBERC*, v. 2, n. 2, p. 1-22, mai./ago. 2019, p. 17 e ss.). Em que pese o valor didático dessa formulação teórica, a enunciação teórica da alegada autonomia do dano existencial não parece subsistir a um exame pautado na adequada compreensão da categoria do dano moral à luz da Constituição Federal de 1988 (v. item 3, *infra*).

[56] ALMEIDA NETO, Amaro Alves de. Dano existencial: a tutela da dignidade da pessoa humana. *Revista de Direito Privado*, v. 24, p. 21-53, out./dez. 2005, item 6.2. Em sentido similar, v. BUARQUE, Elaine. O dano existencial como uma nova modalidade de dano não patrimonial: a necessidade da ampliação do princípio da função social da responsabilidade civil e a busca da reparação integral do dano à pessoa. *Revista IBERC*, v. 2, n. 2, p. 1-22, mai./ago. 2019, p. 13-14.

[57] No que tange à definição do denominado *dano moral puro*, afirma-se: "Por isso, o dano moral, propriamente dito, tem natureza extrapatrimonial e é subjetivo, porque atinge a moral da pessoa, vale dizer, afeta, negativamente, seu ânimo (é o que se pode denominar de 'prostração'), turbando a sua esfera interna, transitoriamente. Por tal razão o dano moral puro também é denominado como dano 'anímico'". (SOARES, Flaviana Rampazzo. *Responsabilidade civil por dano existencial*. Porto Alegre: Livraria do Advogado, 2009. p. 98). Semelhante enunciação de um *dano moral puro* se encontra em: CENDON, Paolo. L'itinerario del danno esistenziale. *Giurisprudenza Italiana*, p. 1047-1051, abr. 2009, p. 1.051. A enunciação do dito *dano moral puro* parece, em realidade, ser mero consectário da vertente subjetiva de compreensão do dano moral, formulação incompatível com o perfil dispensado pelo tecido constitucional brasileiro ao dano moral (v. item 3, *infra*).

[58] SOARES, Flaviana Rampazzo. *Responsabilidade civil por dano existencial*. Porto Alegre: Livraria do Advogado, 2009, p. 99. Em sentido similar, v. FERREIRA, Keila Pacheco; BIZELLI, Rafael Ferreira. A cláusula geral de tutela da pessoa humana: enfoque específico no dano

A defesa doutrinária da suposta autonomia dogmática do dano existencial – em fenômeno similar ao verificado a respeito do dano estético – evidencia a atualidade e a importância de constante esforço de depuração conceitual, com vistas à recondução dos chamados *novos danos extrapatrimoniais* à dogmática do dano moral. Para além do necessário rigor técnico no tratamento da responsabilidade civil, tal diretriz possibilitará o reconhecimento de algumas relevantes consequências do redimensionamento das noções de dano estético e de dano existencial, de modo consentâneo com a legalidade constitucional.

3 Perspectivas de recondução dos denominados *novos danos extrapatrimoniais* à unidade dogmática do dano moral

As formulações teóricas sobre as figuras do dano estético e do dano existencial convergem, no mais das vezes, quanto à afirmação da insuficiência da categoria do *dano moral* para abranger as diversas hipóteses de dano extrapatrimonial. A partir de tal ordem de raciocínio, difundiu-se, como visto no item antecedente, a proposta de que a categoria do *dano extrapatrimonial* consistiria em gênero formado por variadas espécies, entre as quais se destacariam o dano moral, o dano estético e o dano existencial.[59] Nesse contexto, a afirmação da alegada autonomia do dano estético e do dano existencial serviria, entre outros propósitos, a justificar a cumulatividade das respectivas verbas indenizatórias com a compensação do dito dano moral puro.[60] Assim, seria possível conferir à vítima o direito à reparação do dano estético ou do dano existencial cumulativamente à reparação do dano moral, ou

---

existencial, sob a perspectiva civil-constitucional. *Revista de Direito Privado*, v. 54, p. 11-43, abr./jun. 2013, item 5.3.

[59] Na direção do texto, MARTINS-COSTA, Judith. Os danos à pessoa no direito brasileiro e a natureza da sua reparação. *Revista da Faculdade de Direito da UFRGS*, v. 19, p. 181-207, mar. 2001, p. 191). Em sentido próximo, a reconhecer o *dano extrapatrimonial* como gênero composto por diversas espécies para além dos *danos morais*, v., na doutrina brasileira, MATOS, Eneas de Oliveira. *Dano moral e dano estético*. Rio de Janeiro: Renovar, 2008. p. 155 e ss.; e, na doutrina portuguesa, MONTEIRO, António Pinto. A indemnização por danos não patrimoniais em debate: também na responsabilidade contratual? Também a favor das pessoas jurídicas? *Revista Brasileira de Direito Civil*, v. 5, p. 102-120, jul./set. 2015, p. 105-106.

[60] Nesse sentido, a sustentar a cumulatividade do dano moral com o dano estético e com o dano existencial, v., respectivamente, MATOS, Eneas de Oliveira. *Dano moral e dano estético*. Rio de Janeiro: Renovar, 2008. p. 169; e FERREIRA, Vanessa Rocha; SANTANA, Agatha Gonçalves. O assédio moral no ambiente de trabalho e a possibilidade de configuração do dano existencial. *Revista IBERC*, v. 2, n. 3, p. 1-17, set./dez. 2019, p. 15.

mesmo a reparação simultânea de todas essas ditas espécies de danos extrapatrimoniais.[61] Em relação ao dano estético, esse raciocínio acabou consagrado no Enunciado nº 387 da Súmula do Superior Tribunal de Justiça (STJ), *in verbis*: "É lícita a cumulação das indenizações de dano estético e dano moral".

Parece possível afirmar que tal construção teórica tenderia a encontrar respaldo técnico em eventual cenário de consolidação, no direito brasileiro, da vertente subjetiva do dano moral.[62] Como se sabe, segundo a vertente subjetiva, a análise deveria se ater aos efeitos psíquicos do dano sobre a vítima, partindo-se da premissa de que o dano moral caracterizar-se-ia pela dor psicológica sofrida pela vítima.[63] Esse modo de compreensão do dano moral influencia, ainda hoje, a jurisprudência do STJ, no âmbito da qual se tornaram recorrentes as afirmações de que o dano moral se configura quando a situação experimentada pela vítima "tem o condão de expor a parte a dor, vexame, sofrimento ou constrangimento perante terceiros",[64] ou no sentido de que a configuração do dano moral pressupõe "a existência de uma consequência fática capaz de acarretar dor e sofrimento indenizável por sua gravidade".[65]

À luz de tal ordem de compreensão, pareceria possível o reconhecimento da autonomia de outras espécies de danos extrapatrimoniais para além do dano moral, que pudessem melhor expressar o sofrimento da pessoa humana em situações específicas. De fato, nesse cenário hipotético identificar-se-iam aspectos de insubsistência da categoria do

---

[61] V., por todos: LOPEZ, Teresa Ancona. Dano existencial. *Revista de Direito Privado*, v. 57, jan./mar. 2014. item 4; e GONZÁLES, Carlos Antonio Agurto; MAMANI, Sonia Lídia Quequejana. O dano existencial como contribuição da cultura jurídica italiana. (Trad. Fabiano Coulon). *Revista Eletrônica Direito e Sociedade*, v. 6, n. 1, p. 47-58, mai. 2018, p. 52.

[62] A vertente subjetiva de compreensão do dano moral parece se associar ao que Miguel Reale referiu por "dano moral subjetivo" (REALE, Miguel. O dano moral no direito brasileiro. *Temas de direito positivo*. São Paulo: Editora Revista dos Tribunais, 1992. p. 23). Para o reconhecimento do efeito extrapatrimonial tutelado juridicamente na pessoa do ofendido independentemente da *"comprovação de dor"* por parte da vítima, v., MONTEIRO FILHO, Carlos Edison do Rêgo. O conceito de dano moral e as relações de trabalho. *Civilistica.com*, a. 3, n. 1, p. 1-15, 2014, p. 11 (grifos no original).

[63] Sobre o ponto, OLIVA, Milena Donato. Dano moral e inadimplemento contratual nas relações de consumo. *Revista de Direito do Consumidor*, v. 93, p. 13-28, mai./jun. 2014, item 1.

[64] STJ. 4ª T. *AgInt no REsp nº 1.827.470/PR*. julg. 15.10.2019. Em sentido similar, v., ilustrativamente, STJ. 3ª T. *AgInt no REsp nº 1.795.421/SP*. julg. 27.05.2019; e STJ. 3ª T. *REsp nº 1.605.466/SP*. julg. 16.08.2016.

[65] STJ. 4ª T. *AgInt no AREsp nº 1.701.482/RJ*. Rel. Min. Luis Felipe Salomão, julg. 30.11.2020. Em sentido similar, v., ilustrativamente, STJ. 4ª T. *AgInt no AREsp nº 1.692.558/AL*. Rel. Min. Antonio Carlos Ferreira, julg. 23.11.2020; e STJ. 3ª T. *AgInt no AREsp nº 1.506.584/RJ*. Rel. Min. Moura Ribeiro, julg. 10.08.2020.

dano moral para justificar a tutela reparatória a certas hipóteses fáticas que não necessariamente envolvessem dor psicológica, o que justificaria a enunciação da suposta autonomia de *novos danos extrapatrimoniais*. Nota-se, então, que a defesa enfática da autonomia dogmática das variadas espécies de dano extrapatrimonial traduz, no mais das vezes, resposta coerente com a linha de raciocínio pautada na vertente subjetiva de compreensão do dano moral.

Essa necessidade de fixação de novas categorias de dano extrapatrimonial tende a se dissipar, contudo, a partir da superação da vertente subjetiva em matéria de dano moral. Em boa hora, a doutrina logrou demonstrar que os sentimentos porventura experimentados pela vítima não integram a definição do dano moral, sob pena de se concluir que pessoas com o discernimento suprimido ou comprometido não estariam suscetíveis a sofrer danos morais.[66] A dor sofrida pela vítima constitui, a rigor, "mera consequência, eventual, da lesão à personalidade e que, por isso mesmo, mostra-se irrelevante à sua configuração".[67]

Tais considerações permitem perceber que as críticas à invocação da categoria do *dano moral* como gênero – com a preferência pela expressão *dano extrapatrimonial* para se fazer menção a tal gênero –[68] costumam remontar a questão preliminar consistente na conceituação da noção de dano moral.[69] Assim sucede tanto em debates sobre o dano estético quanto em debates sobre o dano existencial, a respeito dos quais é possível observar que a afirmação enfática da alegada insuficiência da categoria do dano moral usualmente se associa à sua compreensão

---

[66] Assim adverte: OLIVA, Milena Donato. Dano moral e inadimplemento contratual nas relações de consumo. *Revista de Direito do Consumidor*, v. 93, p. 13-28, mai./jun. 2014. item 1.

[67] SCHREIBER, Anderson. *Novos paradigmas da responsabilidade civil*: da erosão dos filtros da reparação à diluição dos danos. 6. ed. São Paulo: Atlas, 2015. p. 204). Em sentido similar, BRAZ, Alex Trevisan. *Dano moral por inadimplemento contratual*. São Paulo: Almedina, 2016. p. 40 e ss. Tal linha de entendimento encontra-se refletida no Enunciado 445 da V Jornada de Direito Civil do Conselho da Justiça Federal: "O dano moral indenizável não pressupõe necessariamente a verificação de sentimentos humanos desagradáveis como dor ou sofrimento".

[68] O recurso à expressão *dano extrapatrimonial* em detrimento de *dano moral* para se fazer referência ao gênero em questão é defendido, dentre outros, por: REIS, Clayton. *Dano moral*. 6. ed. São Paulo: Thomson Reuters Brasil, 2019. p. 118 e ss.

[69] Para uma crítica à pré-compreensão reducionista do dano moral à dor moral, v. MARTINS-COSTA, Judith. Os danos à pessoa no direito brasileiro e a natureza da sua reparação. *Revista da Faculdade de Direito da UFRGS*, a. 19, p. 181-207, mar. 2001, p. 194). V. também: MARTINS-COSTA, Judith. Dano moral à brasileira. *Revista do Instituto do Direito Brasileiro*, a. 3, n. 9, p. 7.073-7.122, 2014, p. 7080.

como *abalo psíquico*[70] ou *sofrimento d'alma*.[71] Reconhecendo-se, ao revés, que o sistema jurídico brasileiro atribuiu feição objetiva ao dano moral, associado à lesão da dignidade humana nas diversas expressões da personalidade, percebe-se a inexistência de fundamento técnico a justificar a enunciação do dano estético e do dano existencial como categorias autônomas em face do dano moral. Afinal, a compreensão do dano moral vincula-se diretamente à cláusula geral de tutela da pessoa humana (art. 1º, III, da Constituição Federal),[72] afastando-se, dessa maneira, o paradigma do *pretium doloris*.[73] Nesse cenário, convém repetir, a reparação do dano moral traduz a contrapartida imediata do princípio da dignidade da pessoa humana, a assegurar a efetiva tutela da pessoa nos variados corolários (ou subprincípios) da dignidade, a saber: igualdade, integridade psicofísica, liberdade e solidariedade.[74]

A compreensão da feição objetiva do dano moral (vinculada diretamente à tutela da dignidade da pessoa humana) vai ao encontro

---

[70] Nesta direção, em matéria de dano estético, cf.: MATOS, Eneas de Oliveira. *Dano moral e dano estético*. Rio de Janeiro: Renovar, 2008. p. 176.

[71] Quanto ao dano existencial, cf.: LOPEZ, Teresa Ancona. Dano existencial. *Revista de Direito Privado*, v. 57, jan./mar. 2014, item 4). Em sentido similar, v., ainda, GONZÁLES, Carlos Antonio Agurto; MAMANI, Sonia Lídia Quequejana. O dano existencial como contribuição da cultura jurídica italiana. (Trad. Fabiano Coulon). *Revista Eletrônica Direito e Sociedade*, v. 6, n. 1, p. 47-58, mai. 2018, p. 52; FERREIRA, Keila Pacheco; BIZELLI, Rafael Ferreira. A cláusula geral de tutela da pessoa humana: enfoque específico no dano existencial, sob a perspectiva civil-constitucional. *Revista de Direito Privado*, v. 54, p. 11-43, abr./jun. 2013, item 5.1; SOARES, Flaviana Rampazzo. *Responsabilidade civil por dano existencial*. Porto Alegre: Livraria do Advogado, 2009. p. 46; BUARQUE, Elaine. O dano existencial como uma nova modalidade de dano não patrimonial: a necessidade da ampliação do princípio da função social da responsabilidade civil e a busca da reparação integral do dano à pessoa. *Revista IBERC*, v. 2, n. 2, p. 1-22, mai./ago. 2019, p. 14; MARTINS, Karina. Dano existencial na esfera trabalhista. *Revista de Direito do Trabalho*, v. 182, p. 223-254, out. 2017, itens 2.2 e 2.3; e STEIGLEDER, Annelise Monteiro. Desterritorialização e danos existenciais: uma reflexão a partir do desastre ambiental da Samarco. *Revista de Direito Ambiental*, v. 96, p. 47-79, out./dez. 2019, item 3.

[72] "Com efeito, a escolha da dignidade da pessoa humana como fundamento da República, associada ao objetivo fundamental de erradicação da pobreza e da marginalização, e de redução das desigualdades sociais, juntamente com a previsão do §2º do art. 5º, no sentido da não exclusão de quaisquer direitos e garantias, mesmo que não expressos, desde que decorrentes dos princípios adotados pelo texto maior, configuram uma verdadeira cláusula geral de tutela e promoção da pessoa humana, tomada como valor máximo pelo ordenamento" (TEPEDINO, Gustavo. A tutela da personalidade no ordenamento civil-constitucional brasileiro. *Temas de direito civil*. 3. ed. Rio de Janeiro: Renovar, 2004. p. 50).

[73] Por todos, CORTIANO JÚNIOR, Eroulths; RAMOS, André Luiz Arnt. Dano moral nas relações de trabalho: a limitação das hipóteses de sua ocorrência e a tarifação da indenização pela reforma trabalhista. *Civilistica.com*, a. 7, n. 2, p. 1-23, 2018. p. 4.

[74] Deve-se tal construção a: MORAES, Maria Celina Bodin de. *Danos à pessoa humana*: uma leitura civil-constitucional dos danos morais. Rio de Janeiro: Renovar, 2009. p. 85.

da percepção de que o direito positivo brasileiro[75] consagrou a utilização de *dano moral* como sinônimo de *dano extrapatrimonial*, no sentido de categoria contraposta à do *dano patrimonial*.[76] Impõe-se, assim, a superação das denominações fragmentárias, com o reconhecimento da aptidão do "dano moral, entendido como a lesão à dignidade da pessoa humana, a abarcar todos os danos extrapatrimoniais".[77] A partir de tais premissas teóricas, resta indagar se as hipóteses reunidas sob as designações de dano estético e dano existencial correspondem a componentes da dignidade da pessoa humana e, por via de consequência, se elas podem ser enquadradas no âmbito da categoria do dano moral. A análise dos exemplos e dos conceitos usualmente invocados pelos autores empenhados na afirmação da autonomia das referidas figuras responde a tal indagação, revelando que, a bem da verdade, as respectivas hipóteses fáticas se vinculam diretamente à tutela dos corolários da dignidade humana.

No que diz respeito ao denominado dano estético, nota-se que as hipóteses fáticas aventadas em sede doutrinária e jurisprudencial evidenciam lesões à integridade física,[78] contida na cláusula geral de tutela da pessoa humana. Até mesmo das formulações teóricas que associam o dano estético ao conceito (por natureza, arbitrário) de *beleza*,[79]

---

[75] Vale destacar, ao propósito, os seguintes dispositivos: art. 5º, V e X, da CF/1988; art. 114, VI, da CF/1988; art. 186 do Código Civil; e art. 6º, VI e VII, do Código de Defesa do Consumidor.

[76] Em tal perspectiva, ressalta Judith Martins-Costa: "A legislação brasileira utiliza a expressão 'dano moral' para referir-se a todas as espécies de danos não-patrimoniais, assim constando do art. 5º, incisos V e X da Constituição Federal, do art. 186 do Projeto do Código Civil (...)" (MARTINS-COSTA, Judith. Os danos à pessoa no direito brasileiro e a natureza da sua reparação. *Revista da Faculdade de Direito da UFRGS*, v. 19, p. 181-207, mar. 2001, p. 191).

[77] TEPEDINO, Gustavo; TERRA, Aline de Miranda Valverde; GUEDES, Gisela Sampaio da Cruz. *Fundamentos do direito civil*: responsabilidade civil. Rio de Janeiro: Forense, 2020. v. 4, p. 60. Em sentido similar, a destacar que as diversas nomenclaturas da matéria se reconduzem à unidade dogmática do dano moral, v. CORTIANO JÚNIOR, Eroulths; RAMOS, André Luiz Arnt. Dano moral nas relações de trabalho: a limitação das hipóteses de sua ocorrência e a tarifação da indenização pela reforma trabalhista. *Civilistica.com*, a. 7, n. 2, p. 1-23, 2018, p. 7.

[78] Afinal, o dano estético "não é um *tertium genus* de dano, ao lado do material e do moral. Entende-se por tal, a lesão aos bens jurídicos, à integridade física e à imagem, que pode gerar, em princípio, efeitos patrimoniais ou extrapatrimoniais na esfera de interesses da vítima" (MONTEIRO FILHO, Carlos Edison do Rêgo. *Elementos de responsabilidade civil por dano moral*. Rio de Janeiro: Renovar, 2000. p. 51). Em sentido próximo, a reconhecer que o dano estético consiste em lesão à integridade psicofísica, v. MATOS, Eneas de Oliveira. *Dano moral e dano estético*. Rio de Janeiro: Renovar, 2008. p. 155-156.

[79] Exemplo emblemático das possíveis (e inquietantes) repercussões desse raciocínio consiste na diferenciação entre a intensidade do dano conforme seja a vítima "uma mulher jovem e bonita" ou "um velho encarquilhado": "É evidente, também, que a avaliação do dano moral não é igual para todas as pessoas; sua intensidade vai depender de condições como sexo, idade, beleza anterior, posição social etc. É óbvio que uma mulher jovem e bonita

se depreende que, ao fim e ao cabo, é a integridade física (e não a beleza) o bem jurídico tutelado.[80] Caso assim não se entendesse, dificilmente se poderia justificar a acertada conclusão quanto à irrelevância, para a configuração do dano *estético*, da utilização posterior, pela vítima, de artifícios como perucas, próteses e maquiagem.[81] Fosse a beleza o bem jurídico tutelado, dever-se-ia, ao menos, cogitar da aptidão de tais artifícios a restaurarem a percepção social de *beleza* da vítima, o que definitivamente não se coadunaria com o escopo da tutela do dano estético – conclusão ainda mais cristalina a partir do reconhecimento de que o objeto de tutela não é o ideal de beleza, mas sim a integridade psicofísica da pessoa humana.

Semelhante conclusão é alcançada em relação ao denominado dano existencial, que consiste em autêntica lesão à dignidade da pessoa humana.[82] Com efeito, as hipóteses fáticas abrangidas pelo chamado dano existencial têm em comum a circunstância de a lesão atingir diretamente a dignidade humana, notadamente a integridade psíquica[83] ou a liberdade individual do sujeito.[84] No que diz respeito

---

sofrerá muito mais que um velho encarquilhado se ambos sofrerem deformação no rosto, além do fato de a perda das oportunidades pessoais e sociais ser muito mais significativa para os jovens" (LOPEZ, Teresa Ancona. *O dano estético*: responsabilidade civil. 2. ed. São Paulo: Editora Revista dos Tribunais, 1999. p. 45).

[80] A associação entre as noções de *aparência, dor, sofrimento* e *integridade corporal* pode ser percebida em: CAHALI, Yussef Said. *Dano moral*. 4. ed. São Paulo: Editora Revista dos Tribunais, 2011. p. 175.

[81] Como advertido em doutrina, tais recursos e apetrechos não são capazes de elidir a condenação por dano estético, e tampouco se "considerará reparada a lesão que se oculta por *maquillage*, barba, cabelo ou pela moda" (LOPEZ, Teresa Ancona. *O dano estético*: responsabilidade civil. 2. ed. São Paulo: Editora Revista dos Tribunais, 1999. p. 41).

[82] Assim, VERBICARO, Dennis; ATAÍDE, Camille da Silva Azevedo; LEAL, Pastora do Socorro Teixeira. Fundamentos do reconhecimento do dano existencial nos casos de superendividamento: considerações sobre o mínimo existencial, o valor do tempo e a concepção normativa de dano. *Revista de Direito do Consumidor*, v. 120, p. 365-396, nov./dez. 2018, item 5). Semelhante conclusão – no sentido da vinculação do denominado dano existencial à tutela da liberdade da pessoa humana – pode ser depreendida, entre outros, de: MARTINS, Karina. Dano existencial na esfera trabalhista. *Revista de Direito do Trabalho*, v. 182, p. 223-254, out. 2017, item 2.2; e BUARQUE, Elaine. O dano existencial como uma nova modalidade de dano não patrimonial: a necessidade da ampliação do princípio da função social da responsabilidade civil e a busca da reparação integral do dano à pessoa. *Revista IBERC*, v. 2, n. 2, p. 1-22, mai./ago. 2019, p. 15.

[83] Para a usual correlação entre o dano existencial e a noção de lesão à integridade psíquica, v. VALADÃO, Carla Cirino; FERREIRA, Maria Cecília Máximo Teodoro. A responsabilidade civil do empregador por dano existencial decorrente da violação ao direito fundamental à desconexão. *Revista de Direito do Trabalho*, v. 174, p. 19-39, fev. 2017, item 3.2.

[84] A conexão do dano existencial à liberdade é destacada por: ALMEIDA NETO, Amaro Alves de. Dano existencial: a tutela da dignidade da pessoa humana. *Revista de Direito Privado*, v. 24, p. 21-53, out./dez. 2005, item 6.2.

especificamente a este último ponto, a correlação entre o denominado dano existencial e a tutela da liberdade torna-se ainda mais clara quando se leva em consideração que um dos dispositivos legais invocados como supostos fundamentos da autonomia do dano existencial é o art. 954 do Código Civil,[85] que alude expressamente à "liberdade pessoal" como valor tutelado.[86]

À luz de tais considerações, pode-se afirmar que *dano estético* e *dano existencial* consistem tão somente em denominações que encurtam a referência a certas hipóteses de configuração de dano moral, por violação à dignidade humana em alguma de suas manifestações, a aconselhar a superação do tratamento fragmentário subjacente à suposta autonomia de tais figuras.[87] Trata-se, aliás, de fenômeno similar ao que se verifica com outros chamados *novos danos*[88] (como os denominados dano por rompimento do noivado, dano por infidelidade conjugal, dano à vida afetiva, dano à realização sexual e dano temporal), que guardam em comum a circunstância de traduzirem denominações que, como mencionado, simplesmente abreviam a referência a certas hipóteses lesivas.[89]

Advirta-se, por oportuno, que a aplicação do presente raciocínio não necessariamente conduzirá, em cada caso concreto, a *quantum* reparatório menor do que aquele que decorreria do raciocínio pautado na autonomia (e na subsequente cumulatividade) entre dano moral, dano estético e dano existencial. Pelo contrário, a proliferação de

---

[85] Nesse sentido, v. BUARQUE, Elaine. O dano existencial como uma nova modalidade de dano não patrimonial: a necessidade da ampliação do princípio da função social da responsabilidade civil e a busca da reparação integral do dano à pessoa. *Revista IBERC*, v. 2, n. 2, p. 1-22, mai./ago. 2019, p. 19 e ss.

[86] "Art. 954. A indenização por *ofensa à liberdade pessoal* consistirá no pagamento das perdas e danos que sobrevierem ao ofendido, e se este não puder provar prejuízo, tem aplicação o disposto no parágrafo único do artigo antecedente. Parágrafo único. Consideram-se *ofensivos da liberdade pessoal*: I – o cárcere privado; II – a prisão por queixa ou denúncia falsa e de má-fé; III – a prisão ilegal" (grifou-se).

[87] Reconhece-se, no âmbito da doutrina italiana, onde se desenvolveu a figura do dano existencial, que "não convence, antes de tudo, a proposta distinção ontológica [do dano existencial] com o dano dito moral" (LAURO, Antonino Procida Mirabelli di. Il danno ingiusto – Dall' ermeneutica "bipolare" alla teoria generale e "monocentrica" della responsabilità civile. *Rivista Critica del Diritto Privato*, a. XXI, n. 1, p. 9-56, mar. 2003, p. 35. Tradução livre do original).

[88] Para a crítica à expansão casuística dos chamados novos danos, v., TEPEDINO, Gustavo; TERRA, Aline de Miranda Valverde; GUEDES, Gisela Sampaio da Cruz. *Fundamentos do direito civil*: responsabilidade civil. Rio de Janeiro: Forense, 2020. v. 4, p. 60.

[89] Ao propósito, cf.: TEPEDINO, Gustavo; SILVA, Rodrigo da Guia. Novos bens jurídicos, novos danos ressarcíveis: análise dos danos decorrentes da privação do uso. *Revista de Direito do Consumidor*, a. 29, v. 129, p. 133-156, mai./jun. 2020, p. 139.

categorias autônomas de novos danos, a despeito de pretender ampliar a proteção da vítima, tem servido, frequentemente, para redução de valores condenatórios, fragmentados em uma multidão de conceitos explicitados por descrições sobrepostas, nem sempre claras e distintas entre si. Nada obstante, embora não constituam categorias jurídicas autônomas (e tecnicamente cumuláveis), as noções de dano estético e de dano existencial preservam valor didático para direcionar a atenção do intérprete a variados aspectos lesivos da dignidade humana, todos eles idôneos a concorrer para a conformação de uma só espécie de dano – o dano moral (ou, melhor, extrapatrimonial). Desse modo, somente a partir da consideração dos diversos elementos lesivos da dignidade humana será possível mensurar adequadamente o montante da indenização.

4 Análise crítica das noções de dano moral *in re ipsa* e de dano moral da pessoa jurídica

A adequada compreensão do dano moral possibilita também a crítica à antiga controvérsia em matéria de danos extrapatrimoniais, relacionada à definição das hipóteses de dano moral (ou extrapatrimonial) *in re ipsa*, no âmbito das quais "uma vez provado o fato lesivo, demonstrado estará, *ipso facto*, o dano moral".[90] Trata-se de controvérsia presente na generalidade das hipóteses de dano moral, com especial relevância nos atuais debates em curso no âmbito do TST ao propósito do dano existencial (como mencionado no item 2, *supra*).

A formulação da noção de dano (moral) *in re ipsa* encontra-se substancialmente influenciada pela vertente subjetiva de compreensão do dano moral.[91] A afirmação do atributo *in re ipsa* traduziria, assim, bem-intencionada proposta de solução a obstáculo criado por essa própria linha de entendimento, consistente na dificuldade (quiçá, impossibilidade) de a vítima comprovar concretamente a intensidade de seu sentimento de dor ou sofrimento. A afirmação de que os danos morais se manifestam *in re ipsa* serviria, então, a viabilizar a concessão da tutela

---

[90] Sobre o tema, OLIVA, Milena Donato. Dano moral e inadimplemento contratual nas relações de consumo. *Revista de Direito do Consumidor*, v. 93, p. 13-28, mai./jun. 2014. item 2. A invocação desse raciocínio na seara do dano existencial verifica-se em: GONZÁLES, Carlos Antonio Agurto; MAMANI, Sonia Lídia Quequejana. O dano existencial como contribuição da cultura jurídica italiana. (Trad. Fabiano Coulon). *Revista Eletrônica Direito e Sociedade*, v. 6, n. 1, p. 47-58, mai. 2018, p. 52).

[91] A correlação entre a noção de dano *in re ipsa* e a vertente subjetiva do dano moral manifesta-se nitidamente em: LOPEZ, Teresa Ancona. *O dano estético*: responsabilidade civil. 2. ed. São Paulo: Editora Revista dos Tribunais, 1999. p. 126-127.

reparatória sem a necessidade de se percorrer a *via crucis* da prova do abalo psicológico, sobretudo em hipóteses consideradas particularmente graves pelo julgador.[92] Entretanto, reconhecendo-se a já referida feição objetiva do dano moral, entende-se desnecessário o recurso à atribuição do caráter *in re ipsa*.[93] A rigor, o esforço de invocação da aludida técnica parece refletir a dificuldade de se liquidarem os danos morais, pelo fato de tais danos não se sujeitarem propriamente à indenização (por bem jurídico deteriorado ou subtraído), mas ao mecanismo da compensação (por lesão a rigor irreparável). Ao contrário dos danos materiais, em que a vítima pretende, com a reparação, indenizar-se pelo valor pecuniário do dano sofrido, restaurando-se, assim, a situação patrimonial anterior à lesão, no caso do dano moral não há de fato restauração possível. Diante disso, a missão do magistrado não consiste propriamente em condenar o autor à reposição do bem jurídico atingido, mas em compensá-lo, mediante arbitramento, sem que haja qualquer referência material possível para auxiliar o intérprete na resposta a lesões existenciais. Tal a gravidade objetiva dessa lesão, que atinge aspectos da dignidade da pessoa humana, impõe-se o arbitramento sem qualquer elemento material que pudesse servir de parâmetro. Desse modo, prova-se a lesão, não propriamente o dano, já que evidentemente não há materialidade no dano moral. O valor do arbitramento, em consequência, reflete a importância dos valores existenciais para a ordem jurídica, *tout court*, sem que se pudesse dimensioná-lo ou se pretendesse legitimá-lo a partir de técnica de deflagração automática, que prescindisse do reconhecimento (subjetivo) do dano.[94]

---

[92] OLIVA, Milena Donato. Dano moral e inadimplemento contratual nas relações de consumo. *Revista de Direito do Consumidor*, v. 93, p. 13-28, mai./jun. 2014, item 2.

[93] De fato, "para a corrente objetiva, a rigor, não haveria necessidade desse artifício do *in re ipsa*". (TEPEDINO, Gustavo; TERRA, Aline de Miranda Valverde; GUEDES, Gisela Sampaio da Cruz. *Fundamentos do direito civil*: responsabilidade civil. Rio de Janeiro: Forense, 2020. v. 4, p. 43).

[94] "Na teoria do dano *in re ipsa* parece, contudo, residir um grave erro de perspectiva, ligado à própria construção do dano extrapatrimonial e à sua tradicional compreensão como *pretium doloris*. Em outras palavras, a afirmação do caráter *in re ipsa* vem quase sempre vinculada a uma definição consequencialística de dano moral, muito frequentemente invocada a partir da sua associação com a dor ou o sofrimento. Sob esta ótica, parece mesmo óbvio que a prova do dano deve ser dispensada, na medida em que seria esdrúxulo e, antes disso, ineficaz exigir a demonstração em juízo da repercussão sentimental de um determinado evento sobre a vítima, seja porque a dor e o sofrimento são fatos inteiramente subjetivos, seja porque, nesta condição, são facilmente simuláveis" (SCHREIBER, Anderson. *Novos paradigmas da responsabilidade civil*: da erosão dos filtros da reparação à diluição dos danos. 6. ed. São Paulo: Atlas, 2015. p. 204). No mesmo sentido, v. OLIVA, Milena Donato. Dano moral e inadimplemento contratual nas relações de consumo. *Revista de Direito do Consumidor*, v. 93, p. 13-28, mai./jun. 2014, item 2.

Por outro lado, o prestígio axiológico atribuído à categoria do dano moral pela Constituição Federal de 1988 justifica a persistente e insuperável objeção à possibilidade de as pessoas jurídicas sofrerem danos morais.[95] Mostram-se por isso mesmo alvos de crítica as teses que, embora movidas pelo louvável propósito de ampliar os confins da reparação civil, consideram indistintamente a pessoa física e a pessoa jurídica (seja de direito privado, seja de direito público) como titulares dos direitos da personalidade, a despeito do tratamento diferenciado atribuído pelo ordenamento constitucional aos interesses patrimoniais e extrapatrimoniais.[96]

A rigor, as lesões atinentes às pessoas jurídicas, quando não atingem diretamente as pessoas dos seus sócios, instituidores ou administradores, repercutem exclusivamente no desenvolvimento de suas atividades produtivas (de cunho econômico, no caso das pessoas jurídicas com finalidade lucrativa).[97] Tais lesões devem atrair, por isso mesmo, técnicas de reparação próprias dos danos materiais, não se confundindo, contudo,

---

[95] TEPEDINO, Gustavo. A tutela da personalidade no ordenamento civil-constitucional brasileiro. *Temas de direito civil*. 3. ed. Rio de Janeiro: Renovar, 2004. item 5; e TEPEDINO, Gustavo; OLIVA, Milena Donato. *Fundamentos do direito civil*: teoria geral do direito civil. Rio de Janeiro: Forense, 2020. v. 1, p. 169 e ss.

[96] Na direção criticada, ALVES, Alexandre Ferreira de Assumpção. *A pessoa jurídica e os direitos da personalidade*. Rio de Janeiro: Renovar, 1998. p. 81 e ss. Tal entendimento restou consagrado no enunciado da Súmula nº 227 do STJ: "As pessoas jurídicas podem sofrer danos morais". Emblemático de tal linha de pensamento é a decisão da 2ª Turma do STJ, que admite a possibilidade de pessoas jurídicas de direito público serem vítimas de danos morais, no caso, o Instituto Nacional do Seguro Social (INSS). Colhe-se da ementa do referido julgado: "1. Trata-se, na origem, de demanda proposta pelo INSS com o fim de obter reparação por danos decorrentes de fraude praticada contra a autarquia no contexto do denominado 'caso Jorgina de Freitas', cuja totalidade dos prejuízos, segundo as instâncias ordinárias, superou 20 (vinte) milhões de dólares. (...) 4. Embora haja no STJ diversas decisões em que se reconheceu a impossibilidade da pessoa jurídica de Direito Público ser vítima de dano moral, o exame dos julgados revela que essa orientação não se aplica ao caso dos autos. (...) 6. Diversamente do que se verifica no caso dos autos, nesses precedentes estava em jogo a livre manifestação do pensamento, a liberdade de crítica dos cidadãos ou o uso indevido de bem imaterial do ente público. 7. Também não afasta a pretensão reparatória o argumento de que as pessoas que integram o Estado não sofrem 'descrédito mercadológico'. 8. O direito das pessoas jurídicas à reparação por dano moral não exsurge apenas no caso de prejuízos comerciais, mas também nas hipóteses, mais abrangentes, de ofensa à honra objetiva. Nesse plano, até mesmo entidades sem fins lucrativos podem ser atingidas. (...) 10. Não se pode afastar a possibilidade de resposta judicial à agressão perpetrada por agentes do Estado contra a credibilidade institucional da autarquia" (STJ. 2ª T. REsp nº 1.722.423/RJ, julg. 24.11.2020).

[97] MONTEIRO FILHO, Carlos Edison do Rêgo. *Elementos de responsabilidade civil por dano moral*. Rio de Janeiro: Renovar, 2000. p. 94 e ss.; FROTA, Pablo Malheiros da Cunha. Dano moral e pessoa jurídica. *In*: RODRIGUES JÚNIOR, Otavio Luiz; MAMEDE, Gladston; ROCHA, Maria Vital da (Coords.). *Responsabilidade civil contemporânea*: em homenagem a Sílvio de Salvo Venosa. São Paulo: Atlas, 2011. p. 557 e ss.

com os bens jurídicos traduzidos na personalidade humana. Cuida-se, afinal, de induvidosa tomada de posição do legislador constituinte, que delineou a tábua axiológica definidora do sistema e, por conseguinte, da atividade econômica privada. Daí a necessidade de especial atenção hermenêutica, sobretudo na seara empresarial, de molde a subordinar a lógica patrimonial àquela existencial,[98] estremando, de um lado, as categorias da empresa, informadas pela ótica do mercado e da otimização dos lucros, e, de outro, as categorias atinentes à pessoa humana, cuja dignidade é o princípio basilar erguido ao vértice hierárquico do ordenamento.[99]

Ainda em referência ao tema em questão, destaca-se a cláusula geral contida no art. 52 do Código Civil, segundo a qual "aplica-se às pessoas jurídicas, no que couber, a proteção dos direitos da personalidade". Andou bem o legislador em não conferir à pessoa jurídica direitos informados por valores inerentes à pessoa humana. Limitou-se o dispositivo a permitir a aplicação, por empréstimo, da técnica da tutela da personalidade – e apenas no que couber – à proteção da pessoa jurídica. Esta, embora dotada de capacidade para o exercício de direitos, não contém os elementos justificadores (fundamento axiológico) da proteção à personalidade, concebida como bem jurídico, objeto de situações existenciais.

Assim é que o texto do art. 52 parece reconhecer que os direitos da personalidade constituem categoria voltada para a defesa e para a promoção da pessoa humana. Tanto é assim que não assegura às pessoas jurídicas os direitos subjetivos da personalidade, admitindo, tão somente, a extensão da técnica dos direitos da personalidade para a proteção da pessoa jurídica. Qualquer outra interpretação, que pretendesse

---

[98] Sobre a prevalência axiológica da dignidade da pessoa humana e a correlata funcionalização das situações jurídicas subjetivas patrimoniais às situações jurídicas subjetivas existenciais, v., por todos, SCHREIBER, Anderson; KONDER, Carlos Nelson. Uma agenda para o direito civil-constitucional. *Revista Brasileira de Direito Civil*, v. 10, p. 9-27, out./dez. 2016, p. 12-13; e MONTEIRO FILHO, Carlos Edison do Rêgo. Reflexões metodológicas: a construção do observatório de jurisprudência no âmbito da pesquisa jurídica. *Revista Brasileira de Direito Civil*, v. 9, p. 8-30, jul./set. 2016, p. 11. Remeta-se, ainda, a: TEPEDINO, Gustavo. Marchas e contramarchas da constitucionalização do direito civil: interpretação do direito privado à luz da Constituição da República. *[Syn]Thesis*, v. 5, n. 1, p. 15-21, 2012, p. 16.

[99] "Compreende-se o sistema jurídico em sua unidade amalgamada pelas normas constitucionais que condensam os valores de justiça socialmente reconhecidos, destacando a dignidade da pessoa humana. Disso decorre uma ampla tutela dos direitos fundamentais (reconhecida de modo expresso, convém sublinhar, a fundamentalidade do direito à reparação do dano no art. 5º, V e X da CF/88) e da personalidade, com impacto, inclusive, nos institutos tradicionalmente privatistas" (MENEZES, Joyceane Bezerra de; LIMA, Martonio Mont'Alverne Barreto; COSTA, Adriano Pessoa de. Análise epistemológica da responsabilidade civil na contemporaneidade. *Revista Brasileira de Direito Civil*, v. 21, p. 17-37, jul./set. 2019, p. 29-30).

encontrar no art. 52 o fundamento para a admissão dos direitos da personalidade das pessoas jurídicas, contrariaria a dicção textual do dispositivo e se chocaria com a informação axiológica indispensável à concreção da aludida cláusula geral. Dito diversamente, o fundamento valorativo dos direitos da personalidade é a tutela da dignidade da pessoa humana. Ainda assim, provavelmente por conveniência de ordem prática, o codificador pretendeu estendê-los, no que couber, às pessoas jurídicas, o que não poderá significar que a concepção dos direitos da personalidade seja uma categoria conceitual neutra, aplicável indistintamente a pessoas jurídicas e pessoas humanas.

Descartada a equiparação dos direitos tipicamente atinentes às pessoas naturais (integridade psicofísica, pseudônimo etc.), vê-se que não é propriamente a honra da pessoa jurídica que merece proteção. A tutela da imagem da pessoa jurídica – atributo mencionado, assim como a honra, pelo art. 20 do Código Civil – tem sentido diferente da tutela da imagem da pessoa humana. Nesta, a imagem é atributo de fundamental importância existencial, de inspiração constitucional inclusive para a manutenção de sua integridade psicofísica. Já para a pessoa jurídica, a preocupação resume-se ao prejuízo de sua atividade econômica, e comprometimento, quando for o caso, de seu potencial lucrativo. O ataque que na pessoa humana atinge a sua dignidade, ferindo-a psicológica e moralmente, no caso da pessoa jurídica repercute em sua capacidade de produzir riqueza, no âmbito da atividade econômica por ela legitimamente desenvolvida.

Mesmo no caso de pessoas jurídicas sem fins lucrativos, ainda assim não há que se falar de dano moral propriamente dito, já que o dano perpetrado, ao prejudicar o desenvolvimento da atividade institucional – o que deverá ser evidentemente valorado –, atinge em regra as pessoas físicas responsáveis pela atividade, as quais poderão, estas sim, sofrer danos morais. Em qualquer das hipóteses, não se deve cogitar, tecnicamente, de dano moral da pessoa jurídica.

Com base em tais premissas metodológicas, percebe-se o equívoco de se imaginarem os direitos da personalidade e o ressarcimento por danos morais como categorias neutras, adotadas artificialmente pela pessoa jurídica para a sua tutela (isto é, a otimização de seu desempenho econômico e de seus lucros). Ao revés, o intérprete deve estar atento à diversidade de princípios e valores que inspiram a pessoa física e a pessoa jurídica.

5 Distinção funcional entre danos morais e seus reflexos na liquidação e na prescrição

Reconhecida a necessidade de estabelecimento dos fundamentos axiológicos dos bens jurídicos lesados, cuja reparação se pretende obter, verifica-se que, mesmo no plano das relações existenciais, há distintos graus de possíveis lesões, com consequências bastante diferenciadas para sua liquidação e para a incidência da disciplina da prescrição. Basta pensar em situações hipotéticas potencialmente deflagradoras de danos morais. De uma parte, reúnem-se o extravio de bagagem em viagem turística, importunação do consumidor por ligações reiteradas de determinado fornecedor de produtos ou serviços, falha no fornecimento de serviços de conexão à *internet* por algumas horas, cobrança indevida que não acarrete prejuízo ao desenvolvimento das atividades regulares da vítima e demora injustificada no atendimento de demandas dos consumidores. De outra parte, situam-se a dispensa imotivada de servidores públicos em razão de divergência política, atos de racismo, amputação de membros da vítima, prisão ilegal, perda de entes queridos e a perpetração de tortura.[100]

A análise comparativa de tais grupos de situações revela que a categoria do dano moral, conquanto dogmaticamente unitária (por estar vinculada diretamente à cláusula geral de tutela da pessoa humana), configura-se ampla o bastante para conter hipóteses fáticas com acentuado grau de distinção entre si, impedindo, no plano interpretativo, tratamento idêntico. Há distinção funcional significativa entre os bens jurídicos atingidos, a provocar lesões inteiramente diversas no plano existencial. Diante disso, ao analisar cada situação concreta de dano moral, o intérprete deve levar em consideração o interesse tutelado, a gravidade e a duração dos efeitos da lesão sobre a vítima de dano moral. Não se trata de proclamar a fragmentação abstrata e estrutural

---

[100] O regime ditatorial brasileiro foi protagonista de um sem-número de hipóteses ilustrativas desse grupo das lesões mais graves à dignidade humana. Ao propósito, relata-se: "Jovens que, na década de 1960, viviam com o futuro estendido à sua frente tiveram-no retirado pelo Estado brasileiro. O roteiro se repetia: simpatizantes ou integrantes de organizações políticas contrárias ao regime tinham seus nomes inscritos no registro dos órgãos e entidades oficiais, eram presos ilegalmente e submetiam-se a inimagináveis torturas. A história registra cenas deploráveis, tais como o confinamento em manilhas de esgoto e análogos, agressões, privação de sono, ameaças de morte, choques elétricos em distintas partes do corpo, além de ombrear a execução de companheiros. Trata-se dos mais profundos danos que podem ser causados à dignidade da pessoa" (MONTEIRO FILHO, Carlos Edison do Rêgo. Subversões hermenêuticas: a Lei da Comissão da Anistia e o direito civil-constitucional. *Civilistica.com*, a. 5, n. 1, p. 1-19, 2016, p. 3).

da categoria do dano moral, mas tão somente de reconhecer a necessária distinção funcional entre situações concretas díspares abrangidas pela categoria do dano moral.[101]

Tal esforço de classificação funcional dos danos morais, a partir da distinção do interesse tutelado em cada lesão à dignidade humana que os deflagra, haverá de repercutir sobre os mais diversos aspectos da disciplina da indenização dos danos extrapatrimoniais – notadamente nos planos da liquidação e da prescrição. Em relação à liquidação de danos, a necessária diferenciação dos danos morais à luz dos pertinentes critérios distintivos (que levem em conta a gravidade e a duração dos efeitos da lesão) justificará a condenação à verba compensatória em valores bastante diferentes entre si.

Já em relação ao plano da prescrição, a diferenciação ora proposta possibilita, a partir do cuidadoso e fundamentado exame das vicissitudes de cada caso, o reconhecimento de que, em regra, a prescrição incide sobre a pretensão patrimonial decorrente de danos morais, justificando-se, assim, a sua aplicação. Entretanto, em determinadas hipóteses, há incompatibilidade entre o prazo prescricional estipulado pelo legislador ordinário e a cláusula geral de tutela da pessoa humana,[102]

---

[101] "O fato jurídico, como qualquer outra entidade, deve ser estudado nos dois perfis que concorrem para individuar sua natureza: a estrutura (como é) e a função (para que serve)" (PERLINGIERI, Pietro. *O direito civil na legalidade constitucional*. (Trad. Maria Cristina de Cicco). Rio de Janeiro: Renovar, 2008. p. 642). Para o desenvolvimento da distinção entre a análise estrutural e a análise funcional no âmbito das ciências sociais, v., por todos, BOBBIO, Norberto. Em direção a uma teoria funcionalista do direito. *Da estrutura à função*: novos estudos de teoria do direito. Barueri: Manole, 2007. p. 53.

[102] Sobre a necessidade de compatibilidade dos limites temporais ao exercício da ação com o princípio da razoabilidade, v. PERLINGIERI, Pietro. Il "giusto rimedio" nel diritto civile. *Il Giusto Processo Civile*, n. 1, p. 1-23, 2011, p. 20-23. A partir de semelhante raciocínio, afirma-se, na doutrina nacional: "Entendendo-se o dano à pessoa humana como um tipo especial de dano moral, presente somente quando houver lesão à dignidade humana – isto é, à integridade psicofísica, à igualdade, à liberdade e à solidariedade social e familiar –, como se vem se defendendo, será possível fazer a devida discriminação para determinar que as pretensões ressarcitórias a bens jurídicos dessa natureza são imprescritíveis ou, pelo menos, prescritíveis em prazos mais extensos. Esta solução, aliás, nem se configuraria como novidade no ordenamento nacional: o Superior Tribunal de Justiça já considerou imprescritíveis as pretensões indenizatórias decorrentes dos danos a direitos da personalidade ocorridos durante o regime militar" (MORAES, Maria Celina Bodin de. Prescrição, efetividade dos direitos e danos à pessoa humana. Editorial a *Civilistica.com*, a. 6, n. 1, p. 1-7, 2017, p. 6). A partir de semelhante ordem de preocupação, a endossar "a tese da imprescritibilidade do dano moral, ou ao menos de sua flexibilização", por entender que a sua "configuração perante a pessoa depende de um processo muitas vezes lento de racionalização do trauma", com o que conclui que "[a] previsão de prazo – ainda por cima tão exíguo – para o dano moral é possivelmente contrário ao imperativo de tutela da pessoa humana, provocando um obstáculo disfuncional", v. SÊCO, Thaís Fernanda Tenório. Prescrição e decadência no direito civil: em busca da distinção funcional. *Revista Brasileira de Direito Civil*, v. 3, p. 57-82, jan./mar. 2015, p. 80, nota de rodapé n. 47.

notadamente diante de hipóteses nas quais a violação à dignidade humana, além de sua gravidade, ostenta caráter permanente.[103] Tal raciocínio justifica a imprescritibilidade de situações gravíssimas, em que a lesão perpetrada se projeta indefinidamente na vida da vítima.[104] Vale dizer: em hipóteses extremas, a perda da pretensão por parte da vítima em nome da segurança jurídica não parece condizer com a pretendida

---

[103] Em matéria de danos continuados ou permanentes, a ausência de solução de continuidade da lesão resulta na constante renovação do termo inicial do prazo prescricional: "Não há dúvida de que as pretensões ressarcitórias, em regra, se sujeitam à prescrição e não se confundem com os direitos imprescritíveis, em si considerados. O que diferencia, entretanto, os chamados direitos da personalidade, e os fazem imprescritíveis, é que a sua violação não se regenera, afastando-se a tríade, típica das relações jurídicas patrimoniais: dano-reparabilidade-prescrição. Assim sendo, a lesão à imagem, à privacidade ou à honra jamais se convalesce: a antijuridicidade atua de maneira contínua contra a dignidade da pessoa humana. Daí dizer-se que a violação se preserva enquanto a personalidade estiver atingida, seguindo-se pretensões ressarcitórias sempre atuais" (TEPEDINO, Gustavo *et al*. *Código Civil interpretado conforme a Constituição da República*. 2. ed. Rio de Janeiro: Renovar, 2007. v. I, p. 366). Como se percebe, o mencionado raciocínio não versa diretamente sobre o reconhecimento de pretensões deontologicamente imprescritíveis, mas sim sobre danos (continuados ou permanentes) em relação aos quais "a tendência tem sido a de flexibilizar o início da contagem do prazo" (MORAES, Maria Celina Bodin de; GUEDES, Gisela Sampaio da Cruz. A prescrição e o problema da efetividade dos direitos. *In*: MORAES, Maria Celina Bodin de; GUEDES, Gisela Sampaio da Cruz; SOUZA, Eduardo Nunes de (Coords.). *A juízo do tempo*: estudos atuais sobre prescrição. Rio de Janeiro: Processo, 2019. p. 26), do que constitui bom exemplo a lesão continuada decorrente de publicação em redes sociais (ao propósito, v. MONTEIRO FILHO, Carlos Edison; AZEVEDO, Gustavo Souza de. A lesão continuada decorrente de publicação em mídia digital. *In*: EHRHARDT JÚNIOR, Marcos; CATALAN, Marcos; MALHEIROS, Pablo (Coord.). *Direito civil e tecnologia*. Belo Horizonte: Fórum, 2020. *passim*). De todo modo, em que pese a distinção de fundamentação (imprescritibilidade *versus* renovação ou flexibilização do termo inicial do prazo prescricional), afigura-se oportuno o cotejo entre as duas linhas de raciocínio.

[104] Ao propósito, adverte-se: "(...) o Código Civil não apresentou qualquer orientação sobre a imprescritibilidade. Ainda que esta seja uma situação excepcional, a falta de um tratamento unificado (tal como se espera de um Código) deixa ao intérprete a difícil tarefa de garimpar as situações de imprescritibilidade. Tal falha, ademais, contraria o princípio da operacionalidade que se procurou impingir na recente codificação. As pretensões fundadas nos direitos da personalidade e as pretensões para proteção dos estados pessoais são imprescritíveis, mediante interpretação, sem se esclarecer se a imprescritibilidade atinge o poder de exigir prestações de respeito aos direitos da personalidade ou, ainda, se atingiriam o poder de exigir indenização pelos danos decorrentes da violação" (LEONARDO, Rodrigo Xavier. A prescrição no Código Civil brasileiro (ou o jogo dos sete erros). *Revista da Faculdade de Direito – UFPR*, n. 51, p. 101-120, 2010. p. 117-118). Ao propósito, v., ainda, BARBOSA, Fernanda Nunes. A prescrição nas relações de consumo interfaces entre o Código de Defesa do Consumidor e o Código Civil. *Revista Brasileira de Direito Civil*, v. 15, jan./mar. 2018, p. 109. Semelhante advertência já havia sido realizada, sob a égide do Código Civil de 1916, por Agnelo Amorim Filho, embora tenha o autor concluído pela possibilidade de reconhecimento da imprescritibilidade apenas em relação às ações declaratórias e a algumas ações constitutivas, mas não em relação às ações condenatórias (AMORIM FILHO, Agnelo. Critério científico para distinguir a prescrição da decadência e para identificar as ações imprescritíveis. *Revista dos Tribunais*, a. 94, v. 836, jun. 2005, *passim* e, em especial, p. 32-34).

tutela da pessoa humana e de sua dignidade.[105] Tal linha de raciocínio encontra-se refletida na jurisprudência do Superior Tribunal de Justiça em matéria de danos decorrentes de violação de direitos fundamentais no período de vigência do regime ditatorial no Brasil. De fato, em reiteradas ocasiões, a Corte Superior reconheceu a imprescritibilidade das pretensões reparatórias relativas a danos sofridos em razão da perseguição política do regime ditatorial,[106] tendo se sedimentado, aliás, que tal conclusão valeria não apenas para os danos morais, mas igualmente para os danos patrimoniais.[107] Tamanha consolidação do referido entendimento veio a resultar na edição do Enunciado nº 647 da Súmula do Superior Tribunal de Justiça, in verbis: "São imprescritíveis as ações indenizatórias por danos morais e materiais decorrentes de atos de perseguição política com violação de direitos fundamentais ocorridos durante o regime militar".

---

[105] "Os prazos de prescrição e decadência estabelecidos pelos legisladores nacionais apenas são compatíveis com o princípio comunitário de efetividade na medida em que não tornem impossível ou excessivamente difícil o exercício do direito (princípio de efetividade)" (MAZZAMUTO, Salvatore; PLAIA, Armando. *I rimedi nel diritto privato europeo*. Torino: G. Giappichelli, 2012. p. 158. Tradução livre do original). Para um relato da referida linha de entendimento, seja consentido remeter a: SILVA, Rodrigo da Guia. Remédios no direito privado. *Revista de Direito Privado*, a. 20, v. 98, p. 255-303, mar./abr. 2019, item 4 e, em especial, p. 284 e ss.

[106] "Indenização por danos morais. Perseguição política ocorrida durante o regime militar. Imprescritibilidade. Inaplicabilidade do art. 1º do Decreto nº 20.910/1932. (...) No que concerne à questão da prescrição, a jurisprudência do STJ está pacificada no sentido de que a prescrição quinquenal, disposta no art. 1º do Decreto nº 20.910/1932, é inaplicável aos danos decorrentes de violação de direitos fundamentais, que são imprescritíveis, principalmente quando ocorreram durante o Regime Militar, época na qual os jurisdicionados não podiam deduzir a contento as suas pretensões" (STJ. *REsp nº 1.783.581/RS*. 2ª T., Rel. Min. Herman Benjamin, julg. 21.3.2019). No mesmo sentido, v., ilustrativamente, STJ. *REsp nº 1.565.166/PR*. 1ª T., Rel. Min. Regina Helena Costa, julg. 26.6.2018; STJ. *AgInt no AREsp nº 600.264/RJ*. 2ª T., Rel. Min. Assusete Magalhães, julg. 5.9.2017; STJ. *REsp nº 1.355.555/PR*. 2ª T., Rel. Min. Herman Benjamin, julg. 10.11.2016; STJ. *AgRg no REsp nº 1.372.652/CE*. 1ª T., Rel. Min. Benedito Gonçalves, julg. 19.3.2015.

[107] "As ações indenizatórias por danos morais e materiais decorrentes de atos de tortura ocorridos durante o Regime Militar de exceção são imprescritíveis. Inaplicabilidade do prazo prescricional do art. 1º do Decreto nº 20.910/1932" (STJ. *EREsp nº 816.209/RJ*. 1ª S., Rel. Min. Eliana Calmon, julg. 28.10.2009). No mesmo sentido, mais recentemente, concluiu-se: "IV - Este Superior Tribunal de Justiça orienta-se no sentido de ser imprescritível a reparação de danos, material e/ou moral, decorrentes de violação de direitos fundamentais perpetrada durante o regime militar, período de supressão das liberdades públicas. V – A 1ª Seção desta Corte, ao julgar EREsp nº 816.209/RJ, de Relatoria da Ministra Eliana Calmon, afastou expressamente a tese de que a imprescritibilidade, nesse tipo de ação, alcançaria apenas os pleitos por dano moral, invocando exatamente a natureza fundamental do direito protegido para estender a imprescritibilidade também às ações por danos patrimoniais, o que deve ocorrer, do mesmo modo, em relação aos pleitos de reintegração a cargo público" (STJ. *REsp nº 1.565.166/PR*. 1ª T., Rel. Min. Regina Helena Costa, julg. 26.6.2018).

Parece oportuno, então, que tal orientação jurisprudencial se estenda para outras hipóteses de danos morais atinentes a lesões extremamente graves, cujos efeitos se mostram irreversíveis e permanentes, diferenciando-se tais hipóteses dos casos de danos morais em que a pretensão compensatória, de natureza patrimonial, embora decorrente de lesão à dignidade humana, há de ceder, em nome da segurança jurídica, ao limite prescricional. Busca-se, com isso, estabelecer níveis de lesões à dignidade humana em patamares diferenciados, assegurando-se, por exemplo, que se dispense ao dano moral decorrente de tortura ou de perda de filho, disciplina mais próxima à do dano moral decorrente de perseguição política (na esteira da mencionada jurisprudência do Superior Tribunal de Justiça) do que ao tratamento do dano moral atribuído ao extravio de bagagem ou falha no fornecimento de serviços de conexão à *internet*. Nesse contexto, há de se proceder à interpretação da Súmula nº 647 que se revele a um só tempo expansiva – de modo a estender a imprescritibilidade a casos tão graves quanto aqueles expressamente contemplados pelo enunciado sumular – e restritiva – evitando-se a banalização que decorreria de sua generalização, com a expansão do elevado grau de proteção ínsito à imprescritibilidade. O êxito de tal esforço teórico dependerá, em larga medida, da compreensão da pluralidade de interesses existenciais tutelados no âmbito da personalidade humana, fixando-se critérios distintivos dos graus de violação, sua extensão e respectivas consequências reparatórias na liquidação dos danos morais.

A compreensão desses parâmetros distintivos permitirá superar o cenário de certa forma paradoxal do atual estágio do direito brasileiro, em que a ampliação desmesurada da narrativa de proteção da vítima (com a multiplicidade de hipóteses de novos danos cumuladas em pretensões reparatórias submetidas ao Judiciário) acaba por provocar significativa redução dos valores das condenações, igualando-se, de modo inquietante, os montantes atribuídos a danos morais decorrentes de situações (com níveis de gravidade e extensão) inteiramente diversas. Cumpre, por isso mesmo, identificar critérios distintivos, a partir da análise dos bens e interesses jurídicos violados, que possibilitem apartar as situações de danos morais segundo a sua gravidade, reservando-se à imprescritibilidade situações limítrofes da existência humana, que se projetam de maneira indelével e permanente ao longo de toda a vida da vítima.

6 Conclusão

O aprofundamento teórico da responsabilidade civil revela significativas imprecisões conceituais em formulações teóricas dedicadas à enunciação da suposta autonomia dogmática do dano estético e do dano existencial em relação ao dano moral. Provavelmente pela construção empírica das soluções encontradas ao longo do tempo para a expansão da tutela das vítimas de danos, perde-se, por vezes, a perspectiva sistemática e axiológica indispensável à compreensão da disciplina dos danos morais. Desse modo, a partir do reconhecimento da feição objetiva atribuída pelo sistema jurídico brasileiro ao dano moral – cuja reparabilidade se vincula diretamente à cláusula geral de tutela da pessoa humana –, percebe-se a identidade funcional entre os denominados *novos danos extrapatrimoniais* e os *danos morais*, afigurando-se desaconselháveis, portanto, construções que pretendam conferir tratamento fragmentário às variadas hipóteses fáticas de danos extrapatrimoniais, sempre associados, quanto à sua fonte, a lesões à dignidade humana.

A adequada compreensão do dano moral no direito brasileiro permite, além disso, análise crítica da técnica *in re ipsa* para a liquidação do dano extrapatrimonial, normalmente associada à dificuldade em se reconhecer a expressão patrimonial da compensação pretendida para interesses jurídicos existenciais violados. O mesmo percurso metodológico possibilita, ainda, exame crítico do reconhecimento da possibilidade de pessoas jurídicas sofrerem dano moral. Como se buscou demonstrar, a subjetividade atribuída à categoria das pessoas jurídicas não se confunde com os valores ínsitos à personalidade humana, devendo-se afastar o tratamento neutro equivocadamente pretendido na equiparação à disciplina das pessoas jurídicas dos remédios diretamente vinculados à tutela de valores existenciais, associados à dignidade da pessoa humana. Tal percepção, que avulta em importância ao se analisarem as entidades com finalidade lucrativa, preserva a sua higidez também no caso de entidades sem finalidades lucrativas. Nesta hipótese, em regra, são os seus titulares, pessoas físicas cuja atividade se confunde com os entes por eles dirigidos de modo filantrópico, as verdadeiras vítimas das agressões que dificultam, reduzem ou interrompem as atividades institucionais da pessoa jurídica.

A unidade ontológica da categoria dos danos morais – a cuja estrutura conceitual devem ser reconduzidos os danos estéticos ou extrapatrimoniais, excluindo-se as lesões sofridas por pessoas jurídicas – convive com distinção funcional importante, associada à gravidade da lesão para a integridade existencial da vítima e à sua repercussão ao longo do tempo. Se todo dano injusto à personalidade suscita dano moral, cuja liquidação há de ser arbitrada com base no valor do interesse atingido e na extensão da violação, é certo que as lesões terão dimensões diferentes no enorme e intricado tecido de situações existenciais em que a pessoa humana se insere. Daqui decorre a necessidade de se distinguir, no âmbito da liquidação dos danos, diversos patamares de violação, admitindo-se, por um lado, que a repercussão patrimonial das lesões à personalidade pode ser traduzida em pecúnia e se sujeita, em regra, a prazos prescricionais; e, de outro, que certas lesões, por sua gravidade extrema, se perpetuam ao longo da existência da vítima, justificando a sua imprescritibilidade, como na hipótese capturada pela ementa do Enunciado nº 647 da Súmula do Superior Tribunal de Justiça. A conceituação unitária do dano moral e a distinção das lesões permitem estabelecer sistema de liquidação coerente com a legalidade constitucional, compatível com a extensão e duração das violações da dignidade humana, cuja dimensão axiológica serve de parâmetro hermenêutico para, a um só tempo, evitar a banalização das pretensões reparatórias e assegurar condenações objetivamente valoradas e proporcionais aos bens jurídicos atingidos.

Referências

ALMEIDA NETO, Amaro Alves de. Dano existencial: a tutela da dignidade da pessoa humana. *Revista de Direito Privado*, v. 24, p. 21-53, out./dez. 2005.

ALVES, Alexandre Ferreira de Assumpção. *A pessoa jurídica e os direitos da personalidade*. Rio de Janeiro: Renovar, 1998.

AMORIM FILHO, Agnelo. Critério científico para distinguir a prescrição da decadência e para identificar as ações imprescritíveis. *Revista dos Tribunais*, a. 94, v. 836, p. 7-37, jun. 2005.

BARBOSA, Fernanda Nunes. A prescrição nas relações de consumo interfaces entre o Código de Defesa do Consumidor e o Código Civil. *Revista Brasileira de Direito Civil*, v. 15, p. 109, jan./mar. 2018.

BOBBIO, Norberto. Em direção a uma teoria funcionalista do direito. *Da estrutura à função*: novos estudos de teoria do direito. Barueri: Manole, 2007.

BRAZ, Alex Trevisan. *Dano moral por inadimplemento contratual*. São Paulo: Almedina, 2016.

BUARQUE, Elaine. O dano existencial como uma nova modalidade de dano não patrimonial: a necessidade da ampliação do princípio da função social da responsabilidade civil e a busca da reparação integral do dano à pessoa. *Revista IBERC*, v. 2, n. 2, p. 1-22, mai./ago. 2019.

CAHALI, Yussef Said. *Dano moral*. 4. ed. São Paulo: Editora Revista dos Tribunais, 2011.

CENDON, Paolo. *Il danno esistenziale nell'attuale panorama giurisprudenziale. Aggiornamento a cura di Daniela Ricciuti.* Frosinone: Key, 2014.

CENDON, Paolo. L'itinerario del danno esistenziale. *Giurisprudenza Italiana*, p. 1047-1051, abr. 2009.

COHEN, Fernanda. *Agressões à pessoa em desenvolvimento*: o problema do *bullying* escolar. Dissertação de mestrado. Universidade do Estado do Rio de Janeiro. Rio de Janeiro, 2017.

CORTIANO JUNIOR, Eroulths; RAMOS, André Luiz Arnt. Dano moral nas relações de trabalho: a limitação das hipóteses de sua ocorrência e a tarifação da indenização pela reforma trabalhista. *Civilistica.com*, a. 7, n. 2, p. 1-23, 2018.

DIAS, José de Aguiar. *Da responsabilidade civil*. 12. ed. atual. por Rui Berford Dias. Rio de Janeiro: Lumen Juris, 2012.

FERREIRA, Keila Pacheco; BIZELLI, Rafael Ferreira. A cláusula geral de tutela da pessoa humana: enfoque específico no dano existencial, sob a perspectiva civil-constitucional. *Revista de Direito Privado*, v. 54, p. 11-43, abr./jun. 2013.

FERREIRA, Vanessa Rocha; SANTANA, Agatha Gonçalves. O assédio moral no ambiente de trabalho e a possibilidade de configuração do dano existencial. *Revista IBERC*, v. 2, n. 3, p. 1-17, set./dez. 2019.

FROTA, Pablo Malheiros da Cunha. Dano moral e pessoa jurídica. *In*: RODRIGUES JUNIOR, Otavio Luiz; MAMEDE, Gladston; ROCHA, Maria Vital da (Coords.). *Responsabilidade civil contemporânea*: em homenagem a Sílvio de Salvo Venosa. São Paulo: Atlas, 2011.

GONZÁLES, Carlos Antonio Agurto; MAMANI, Sonia Lídia Quequejana. O dano existencial como contribuição da cultura jurídica italiana. (Trad. Fabiano Coulon). *Revista Eletrônica Direito e Sociedade*, v. 6, n. 1, p. 47-58, mai. 2018.

LAURO, Antonino Procida Mirabelli di. Il danno ingiusto – Dall' ermeneutica "bipolare" alla teoria generale e "monocentrica" della responsabilità civile. *Rivista Critica del Diritto Privato*, a. XXI, n. 1, p. 9-56, mar. 2003.

LEONARDO, Rodrigo Xavier. A prescrição no Código Civil brasileiro (ou o jogo dos sete erros). *Revista da Faculdade de Direito – UFPR*, n. 51, p. 101-120, 2010.

LOPEZ, Teresa Ancona. Dano existencial. *Revista de Direito Privado*, v. 57, jan./mar. 2014.

LOPEZ, Teresa Ancona. *O dano estético*: responsabilidade civil. 2. ed. São Paulo: Editora Revista dos Tribunais, 1999.

MARTINS, Karina. Dano existencial na esfera trabalhista. *Revista de Direito do Trabalho*, v. 182, p. 223-254, out. 2017.

MARTINS-COSTA, Judith. Dano moral à brasileira. *Revista do Instituto do Direito Brasileiro*, a. 3, n. 9, p. 7.073-7.122, 2014.

MARTINS-COSTA, Judith. Os danos à pessoa no direito brasileiro e a natureza da sua reparação. *Revista da Faculdade de Direito da UFRGS*, v. 19, p. 181-207, mar. 2001.

MATOS, Eneas de Oliveira. *Dano moral e dano estético*. Rio de Janeiro: Renovar, 2008.

MAZZAMUTO, Salvatore; PLAIA, Armando. *I rimedi nel diritto privato europeo*. Torino: G. Giappichelli, 2012.

MENEZES, Joyceane Bezerra de; LIMA, Martonio Mont'Alverne Barreto; COSTA, Adriano Pessoa da. Análise epistemológica da responsabilidade civil na contemporaneidade. *Revista Brasileira de Direito Civil*, v. 21, p. 17-37, jul./set. 2019.

MOLINA, André Araújo. Dano existencial por jornada de trabalho excessiva: critérios objetivos (horizontais e verticais) de configuração. *Revista de Direito do Trabalho*, v. 164, p. 15-43, jul./ago. 2015.

MONATERI, Pier Giuseppe. El perjuicio existencial como voz del daño no patrimonial. (Trad. Carlos Antonio Agurto Gonzáles e Sonia Lidia Quequejana Mamani). *In*: PUERTAS, Carlos Alberto Calderón; GONZALES, Carlos Agurto (Coords.). *Observatorio de Derecho Civil*: La responsabilidad civil. Lima: Motivensa, 2010. v. III.

MONATERI, Pier Giuseppe; GIANTI, Davide; CINELLI, Luca Siliquini. *Danno e risarcimento*. Torino: G. Giappichelli, 2013.

MONTEIRO, António Pinto. A indemnização por danos não patrimoniais em debate: também na responsabilidade contratual? Também a favor das pessoas jurídicas? *Revista Brasileira de Direito Civil*, v. 5, p. 102-120, jul./set. 2015.

MONTEIRO FILHO, Carlos Edison do Rêgo. *Elementos de responsabilidade civil por dano moral*. Rio de Janeiro: Renovar, 2000.

MONTEIRO FILHO, Carlos Edison do Rêgo. O conceito de dano moral e as relações de trabalho. *Civilistica.com*, a. 3, n. 1, p. 1-15, 2014.

MONTEIRO FILHO, Carlos Edison do Rêgo. Reflexões metodológicas: a construção do observatório de jurisprudência no âmbito da pesquisa jurídica. *Revista Brasileira de Direito Civil*, v. 9, p. 8-30, jul./set. 2016.

MONTEIRO FILHO, Carlos Edison do Rêgo. Subversões hermenêuticas: a Lei da Comissão da Anistia e o direito civil-constitucional. *Civilistica.com*, a. 5, n. 1, p. 1-19, 2016.

MONTEIRO FILHO, Carlos Edison; AZEVEDO, Gustavo Souza de. A lesão continuada decorrente de publicação em mídia digital. *In*: EHRHARDT JÚNIOR, Marcos; CATALAN, Marcos; MALHEIROS, Pablo (Coord.). *Direito civil e tecnologia*. Belo Horizonte: Fórum, 2020.

MORAES, Maria Celina Bodin de. *Danos à pessoa humana*: uma leitura civil-constitucional dos danos morais. Rio de Janeiro: Renovar, 2009.

MORAES, Maria Celina Bodin de. Prescrição, efetividade dos direitos e danos à pessoa humana. Editorial a *Civilistica.com*, a. 6, n. 1, p. 1-7, 2017.

MORAES, Maria Celina Bodin de; GUEDES, Gisela Sampaio da Cruz. A prescrição e o problema da efetividade dos direitos. *In*: MORAES, Maria Celina Bodin de; GUEDES, Gisela Sampaio da Cruz; SOUZA, Eduardo Nunes de (Coords.). *A juízo do tempo*: estudos atuais sobre prescrição. Rio de Janeiro: Processo, 2019.

MORLINI, Gianluigi. Dano patrimonial e dano existencial. (Trad. Yone Frediani). *Revista de Direito do Trabalho*, v. 182, p. 193-222, out. 2017.

OLIVA, Milena Donato. Dano moral e inadimplemento contratual nas relações de consumo. *Revista de Direito do Consumidor*, v. 93, p. 13-28, mai./jun. 2014.

PEREIRA, Fabio Queiroz. Danos estéticos: uma análise à luz da função social da responsabilidade civil e da dignidade humana. *Revista de Direito Privado*, v. 50, p. 205-226, abr./jun. 2012.

PERLINGIERI, Pietro. Il "giusto rimedio" nel diritto civile. *Il Giusto Processo Civile*, n. 1, p. 1-23, 2011.

PERLINGIERI, Pietro. *Manuale di diritto civile*. 7. ed. Napoli: Edizioni Scientifiche Italiane, 2014.

PERLINGIERI, Pietro. *O direito civil na legalidade constitucional*. (Trad. Maria Cristina de Cicco). Rio de Janeiro: Renovar, 2008.

PIMENTA, José Roberto Freire; PEREIRA, Ricardo José Macêdo de Britto. Os danos extrapatrimoniais e a Constituição Federal de 1988. *Revista de Direito do Trabalho*, v. 196, p. 21-36, dez. 2018.

REALE, Miguel. *O dano moral no direito brasileiro. Temas de direito positivo*. São Paulo: Editora Revista dos Tribunais, 1992.

REIS, Clayton. *Dano moral*. 6. ed. São Paulo: Thomson Reuters Brasil, 2019.

RSTON, Sergio Martins. Dano estético. *Revista do Instituto dos Advogados de São Paulo*, v. 9, p. 95-103, jan./jun. 2002.

SCHREIBER, Anderson. *Novos paradigmas da responsabilidade civil*: da erosão dos filtros da reparação à diluição dos danos. 6. ed. São Paulo: Atlas, 2015.

SCHREIBER, Anderson; KONDER, Carlos Nelson. Uma agenda para o direito civil-constitucional. *Revista Brasileira de Direito Civil*, v. 10, p. 9-27, out./dez. 2016.

SÊCO, Thaís Fernanda Tenório. Prescrição e decadência no direito civil: em busca da distinção funcional. *Revista Brasileira de Direito Civil*, v. 3, p. 57-82, jan./mar. 2015.

SILVA, Rodrigo da Guia. Remédios no direito privado. *Revista de Direito Privado*, a. 20, v. 98, p. 255-303, mar./abr. 2019.

SILVA FILHO, Artur Marques da. A responsabilidade civil e o dano estético. *Revista dos Tribunais*, v. 689, p. 38-49, mar. 1993.

SOARES, Flaviana Rampazzo. *Responsabilidade civil por dano existencial*. Porto Alegre: Livraria do Advogado, 2009.

STEIGLEDER, Annelise Monteiro. Desterritorialização e danos existenciais: uma reflexão a partir do desastre ambiental da Samarco. *Revista de Direito Ambiental*, v. 96, p. 47-79, out./dez. 2019.

TEPEDINO, Gustavo. *A evolução da responsabilidade civil no direito brasileiro e suas controvérsias na atividade estatal. Temas de direito civil*. 4. ed. Rio de Janeiro: Renovar, 2008.

TEPEDINO, Gustavo. *A tutela da personalidade no ordenamento civil-constitucional brasileiro. Temas de direito civil*. 3. ed. Rio de Janeiro: Renovar, 2004.

TEPEDINO, Gustavo. Marchas e contramarchas da constitucionalização do direito civil: interpretação do direito privado à luz da Constituição da República. *[Syn]Thesis*, v. 5, n. 1, p. 15-21, 2012.

TEPEDINO, Gustavo et al. *Código Civil interpretado conforme a Constituição da República*. 2. ed. Rio de Janeiro: Renovar, 2007. v. I.

TEPEDINO, Gustavo; OLIVA, Milena Donato. *Fundamentos do direito civil*: teoria geral do direito civil. Rio de Janeiro: Forense, 2020. v. 1.

TEPEDINO, Gustavo; SILVA, Rodrigo da Guia. Novos bens jurídicos, novos danos ressarcíveis: análise dos danos decorrentes da privação do uso. *Revista de Direito do Consumidor*, a. 29, v. 129, p. 133-156, mai./jun. 2020.

TEPEDINO, Gustavo; TERRA, Aline de Miranda Valverde; GUEDES, Gisela Sampaio da Cruz. *Fundamentos do direito civil*: responsabilidade civil. Rio de Janeiro: Forense, 2020. v. 4.

TORRENTE, Andrea; SCHLESINGER, Piero. *Manuale di diritto privato*. 23. ed. Milano: Giuffrè, 2017.

TRIMARCHI, Pietro. *La responsabilità civile*: atti illeciti, rischio, danno. Milano: Giuffrè, 2017.

VALADÃO, Carla Cirino; FERREIRA, Maria Cecília Máximo Teodoro. A responsabilidade civil do empregador por dano existencial decorrente da violação ao direito fundamental à desconexão. *Revista de Direito do Trabalho*, v. 174, p. 19-39, fev. 2017.

VERBICARO, Dennis; ATAÍDE, Camille da Silva Azevedo; LEAL, Pastora do Socorro Teixeira. Fundamentos ao reconhecimento do dano existencial nos casos de superendividamento: considerações sobre o mínimo existencial, o valor do tempo e a concepção normativa de dano. *Revista de Direito do Consumidor*, v. 120, p. 365-396, nov./dez. 2018.

VISINTINI, Giovanna. *Trattato breve della repsonsabilità civile*. 3. ed. Padova: Cedam, 2005.

ZIVIZ, Patrizia. Alla scoperta del danno esistenziale. *Contratto e Impresa*, a. X, n. 2, p. 845-869, 1994.

ZIVIZ, Patrizia. Equivoci da sfatare sul danno esistenziale. *Responsabilità Civile e Previdenza*, a. LXVI, n. 4-5, p. 817-821, 2001.

Informação bibliográfica deste texto, conforme a NBR 6023:2018 da Associação Brasileira de Normas Técnicas (ABNT):

TEPEDINO, Gustavo; SILVA, Rodrigo da Guia. Desafios atuais em matéria de dano moral. *In*: TEPEDINO, Gustavo; SILVA, Rodrigo da Guia (Coord.). *Relações patrimoniais*: contratos, titularidades e responsabilidade civil. Belo Horizonte: Fórum, 2021. p. 239-274. ISBN 978-65-5518-233-0.

FUNÇÕES PUNITIVA E PREVENTIVA DA RESPONSABILIDADE CIVIL: (IN)COMPATIBILIDADES COM A RESPONSABILIDADE CIVIL BRASILEIRA

JOÃO QUINELATO
MARIA REGINA RIGOLON KORKMAZ

1 Introdução

Recentes debates acerca das funções punitiva e preventiva da responsabilidade civil reacenderam-se, sobretudo em campos de alta densidade social, como nas relações de consumo e no direito ambiental.[1] O intérprete é chamado a refletir se, de fato, a pena privada teria sido definitivamente abolida do sistema de responsabilidade civil ou se, ao revés, justificar-se-ia o resgate de tal ferramenta para responder a clamores sociais de indenizar exemplarmente danos de alta relevância social.[2] De outra parte, o dano passa a ser questionado por parte da

---

[1] "Uma certa ineficácia do instrumento ressarcitório, sobretudo no campo de lesões a interesses coletivos e extrapatrimoniais, no eco de um 'sentimento de insatisfação com os institutos tradicionais', veio despertar a doutrina e a jurisprudência para a busca de novos modelos de tutela das relações privadas". (TEPEDINO, Gustavo; SCHREIBER, Anderson. As penas privadas no direito brasileiro. *In*: SARMENTO, Daniel; GALDINO, Flávio (Org.). *Direitos fundamentais*: estudos em homenagem ao professor Ricardo Lobo Torres. Rio de Janeiro: Renovar, 2006. p. 501-502).

[2] É a preocupação externada por Judith Martins-Costa e Mariana Pargendler: "[a] responsabilidade civil] voltado a reparar danos injustamente sofridos pelos indivíduos, não estaria imune a fenômenos sociais próprios das sociedades hiper-industrializadas nem às escolhas jurídico-axiológicas dessas mesmas sociedades, tal qual, exemplificativamente, a proteção ao consumidor como sujeito jurídico em si mesmo vulnerável ou a classificação do meio ambiente entre os bens de uso comum do povo, com caráter de essencialidade".

doutrina como pressuposto (in)dispensável para a atração da função preventiva da responsabilidade civil.

O reconhecimento de juridicidade a novos valores merecedores de tutela[3] e a consequente ampliação de hipóteses indenizatórias soma-se, na miríade de preocupações com a insuficiência da tutela ressarcitória da responsabilidade civil, aos baixos valores indenizatórios dos tribunais conferidos a hipóteses de danos existenciais. A responsabilidade civil, por seu turno, repercute em todo ordenamento civil, como leciona Josserand, reacendendo o debate sobre sua estrutura e função.[4] Questiona-se, assim, se não seria justificável o reconhecimento da viabilidade das funções punitiva e preventiva da responsabilidade para solucionar tais dilemas.

A função indenizatória parece, em tom unânime, ser a função precípua da responsabilidade civil contemporânea, sobretudo à luz dos influxos da constitucionalização da responsabilidade civil que impõem reconhecer que a vítima – pessoa humana – é, ao fim e ao cabo, razão de existir de todo o sistema de responsabilidade civil.[5]

Para aqueles que defendem a pertinência da indenização a título punitivo, caberia ao Poder Judiciário condenar os autores de condutas danosas a título exemplar – inspirando-se nos *exemplary damages* norte--americanos – para dissuadir-se da prática de condutas especialmente reprováveis.[6] Por outro lado, a proposta de inserção da prevenção

---

(MARTINS-COSTA, Judith; PARGENDLER, Mariana. Usos e abusos da função punitiva. Punitive Damages e o Direito brasileiro. *R. CEJ*, Brasília, n. 28, p. 16-19, jan./mar. 2005. p. 16).

[3] "Define-se o dano como a lesão a um bem jurídico. A doutrina ressalva, todavia, que nem todo dano é ressarcível. Necessário se faz que seja certo e atual. Certo é o dano não-hipotético, ou seja, determinado ou determinável. Atual é o dano já ocorrido ao tempo da responsabilização. Vale dizer: em regra, não se indeniza o dano futuro, pela simples razão de que o dano ainda não há. Diz-se 'em regra' porque a evolução social fez surgir questões e anseios que desafiam a ideia de irreparabilidade do dano futuro". (TEPEDINO, Gustavo; BARBOZA, Heloisa Helena; BODIN DE MORAES, Maria Celina. *Código Civil Interpretado conforme a Constituição da República*. 2. ed. Rio de Janeiro: Renovar, 2007. p. 338).

[4] "[A responsabilidade] ocupa postos de mais a mais numerosos, deriva de várias fontes que brotam de todas as partes, em todos os pontos do campo jurídico – responsabilidade *contratual* e responsabilidade *delitual*; (...) O tronco primitivo, o tronco romano, desdobrou-se numa porção de ramos, e a responsabilidade tornou-se todo um mundo jurídico, mundo em movimento, em incessante gestação, sempre a começar". (JOSSERAND, Louis. Evolução da responsabilidade civil. *Revista Forense*, Rio de Janeiro: v. LXXXVI, a. XXXVIII, p. 548, abr. 1941).

[5] Nesse sentido: "In-denizar – isto é, a ficção jurídica pela qual, mediante a reposição ao estado anterior se torna indene, "sem dano", a parte lesada – é, sem nenhuma dúvida, função precípua da responsabilidade civil". (MARTINS-COSTA, Judith; PARGENDLER, Mariana. Usos e abusos da função punitiva. Punitive Damages e o Direito brasileiro. *R. CEJ*, Brasília, n. 28, p. 16-19, jan./mar. 2005. p. 17).

[6] "Ou seja, através da aplicação de indenizações exemplares, o Judiciário desestimularia as práticas que comumente causam danos aos indivíduos. (...) Desse modo, quanto maior o grau

como fundamento autônomo da responsabilidade civil vem sustentando a defesa de uma função preventiva do instituto, de forma a legitimar a sua aplicação independente da ocorrência do dano e, portanto, de um propósito compensatório. Com efeito, a constitucionalização do direito civil impõe a reflexão imediata, que o presente artigo tem por fim endereçar: as funções punitiva e preventiva da responsabilidade civil têm assento constitucional?

2 A função punitiva na responsabilidade civil

2.1 Da sanção à culpa

Nas primeiras lições de responsabilidade civil, o dano estava atrelado ao rompimento da ordem social cuja reparação perpassaria por atos sacrificiais e a indenização demandaria uma perseguição deixada para a iniciativa da vítima. Com o aprimoramento romano, a vingança[7] paulatinamente foi substituída pelas sanções ao ato ilícito.[8] A pena, contudo, permanecia centrada no autor do ilícito e não na vítima do dano, mas que paulatinamente foram abordadas de maneiras distintas pelos sistemas romano-germânico e anglo-saxão. A propósito, a punição do mal com o mal, concebida na Lei de Talião, demonstrava o caráter eminentemente punitivo da indenização, caminhando junto à punição penal e à punição cível.[9]

---

de reprovabilidade da conduta ou o grau de culpa, maior deverá ser o valor da indenização". (MARINHO, Maria Proença. Indenização punitiva: potencialidades no ordenamento brasileiro. In: SOUZA, Eduardo Nunes de; SILVA; Rodrigo da Guia. *Controvérsias Atuais em Responsabilidade Civil*. São Paulo: Almedina, 2018. p. 648).

[7] "Nos primórdios do antigo Direito romano prevaleceu a noção básica do delito. (...) Na origem, porém, a ideia predominante é a vingança privada, no que, aliás, não se distanciam as civilizações que o precederam". (PEREIRA, Caio Mário da Silva. *Responsabilidade Civil*. 11. ed. Rio de Janeiro: Forense, 2016. p. 3).

[8] MARTINS-COSTA, Judith; PARGENDLER, Mariana. Usos e abusos da função punitiva. Punitive Damages e o Direito brasileiro. *R. CEJ*, Brasília, n. 28, p. 16-19, jan./mar. 2005. p. 17.

[9] "Nesta fase da *vindicta* não se podia cogitar da ideia de culpa, dada a relevância do fato mesmo de vingar. Nesta fase, nenhuma diferença existe entre a responsabilidade civil e a responsabilidade penal". PEREIRA, Caio Mário da Silva. *Responsabilidade Civil*. 11. ed. Rio de Janeiro: Forense, 2016. p. 5). Nesse mesmo sentido: "Nas sociedades primitivas, a regra de Talião – dente por dente, olho por olho –, absorvida pela Lei das XII Tábuas, determinando o *nexus* corporal do violador perante o ofendido. Pouco a pouco, todavia, separou-se a responsabilidade civil da criminal, consagrando-se da *Lex Poetela Papilia* (326 a.C.), com a contenção da responsabilidade civil à responsabilidade patrimonial". (TEPEDINO, Gustavo. A Evolução da Responsabilidade Civil no Direito Brasileiro e suas Controvérsias na Atividade Estatal. In: *Temas de Direito Civil*. Rio de Janeiro: Renovar, 2008. p. 203).

O *neminem laedere* era orientado a partir do direito canônico, atrelando o ilícito a um pecado, investigando-se o desvio de conduta sob a perspectiva culposa, da intenção do causador do dano, sendo menos importante o interesse da vítima frente a sanção a ser aplicada ao pecado (ilícito).[10] A culpa, portanto, gozava de forte conotação moral, cuja aferição assumia, por vezes, faces arbitrárias.[11]

A intensa dificuldade de demonstração da culpa a partir de um quase jogo de adivinhação dos juízes de psicologia sobre a intenção dos autores de condutas danosas – e, consequentemente, da configuração do dever de indenizar no caso concreto – impuseram o paulatino divórcio entre a moral e a culpa.

O afastamento entre a moral e a culpa na responsabilidade civil marcaram, aparentemente em definitivo, a superação da função punitiva para a função indenizatória na responsabilidade civil. O subjetivismo que recaía sobre a imputação do dever de indenizar e a ausência de parâmetros concretos nas codificações de como indenizar, em qual medida e como graduar a gravidade da conduta eram sinais de insuficiência do modelo de responsabilidade até então posto.

Não deve passar desapercebido, ainda, o movimento de distanciamento entre o público e o privado, enquanto manifestação do liberalismo e fruto do rompimento da burguesia com o antigo regime, separando-se, rigorosamente, o ilícito civil e o penal.[12] A revolução significativa entre

---

[10] "Na medida em que a investigação era feita sob o aspecto subjetivo, da intenção do pecador, também as consequências eram determinadas por considerações desse mesmo tipo. Ressaltava aqui não o interesse da vítima, mas a existência do pecado e a sanção a ser aplicada. A sanção pelos danos culposos era, portanto, dirigida à consciência do ofensor, através de uma reprovação baseada na culpa como núcleo do pecado". (BODIN DE MORAES, Maria Celina. Caráter punitivo, além de compensatório? In: *Danos à Pessoa Humana*: uma leitura civil-constitucional dos danos morais. 2. ed. Rio de Janeiro: Editora Processo, 2017. p. 203).

[11] "A culpa invocada pelos juristas da Modernidade possuía forte conotação moral. Embora a noção de culpa tivesse se desenvolvido no direito romano republicano com caráter eminentemente objetivo (...) a influência de noções gregas e orientais, essencialmente individualistas, em oposição à ideologia estatalizante de Roma, *deu-lhe conotação mais subjetiva, que, com a posterior difusão da ideologia cristã, ganhou fortes contornos éticos e morais*, ligados à ideia do livre-arbítrio e de sua má utilização pelos fiéis". (SCHREIBER, Anderson. *Novos Paradigmas da Responsabilidade Civil*: da erosão dos filtros da reparação à diluição dos danos. 6. ed. São Paulo: Atlas, 2015. p. 13-14, g. n.).

[12] "A rejeição das penas – não apenas físicas, mas também pecuniárias – no âmbito das relações privadas acentua-se no decurso dos tempos, levando a uma rígida segregação entre o direito civil e o direito das penas (penal), não apenas sob o aspecto substantivo (estrutura e função), mas igualmente sob o aspecto adjetivo ou instrumental, como testemunha à quase universal diversidade de jurisdição. Tal segregação vem deliberadamente reforçada na Modernidade, com a *summa divisio* entre público e privado, cujo conteúdo ideológico não pode ser ignorado". (TEPEDINO, Gustavo; SCHREIBER, Anderson. As penas privadas no direito brasileiro. *In*: SARMENTO, Daniel; GALDINO, Flávio (Org.). *Direitos fundamentais*:

a concepção penal e cível do dano dá-se com a *Lex Aquilia*, cuja data não se sabe ao certo, mas se fala ter sido publicada no século III a. C., nascida de um plebiscito proposto pelo tribuno Aquilio, revogando normas anteriores sobre danos e seus efeitos.[13] Dando-se um salto na história, o art. 1.382 do Código Civil Francês (1804)[14] iria prever o conceito de dano e dever de indenizar, assentando em sede cível, e não mais penal, o princípio do *neminem laedere*, em fórmula reproduzida em numerosos códigos romano-germânicos que lhe seguiram, inclusive o Beviláqua. Essa separação – entre o ilícito cível e o penal – sedimentou a exclusão "da indenização [de] qualquer conotação punitiva; a pena dirá respeito ao Estado e a reparação, mediante indenização, exclusivamente ao cidadão".[15] A cláusula geral de não causar danos a terceiros do *Code* incorporava a máxima de respeito pelo próximo, propugnados tanto pelo Direito Canônico quanto pelo Direito Natural, dando sentido e alcance ao *neminem laedere*.

No Brasil, a introdução da dignidade da pessoa humana no ápice do ordenamento jurídico e como fim último da responsabilidade civil encerrou, de vez, a suposta função punitiva que residia na responsabilidade civil para que a função indenizatória assumisse protagonismo definitivo: importa é que a vítima permaneça indene, que o dano seja ressarcido e não que a indenização retribua ao ofensor o que ele tenha causado a terceiros. Nesse sentido a lição de Maria Celina Bodin de Moraes:

> A constitucionalização do direito dos danos impôs, como se viu, a releitura da própria função primordial da responsabilidade civil. O foco

---

estudos em homenagem ao professor Ricardo Lobo Torres. Rio de Janeiro: Renovar, 2006. p. 500).

[13] Anteriormente à *Lex Aquilia*, o Direito Romano conheceu como forma originária de reparação dos danos a pena privada, conforme leciona Marcelo Calixto: "Assim é que, na primeira fase aqui recordada [fase anterior à elaboração da Lei Aquilia], deve ser destacado que o Direito Romano, tal como ocorreu com os demais direitos antigos, conhece, como forma originária de reparação dos danos, a vingança privada. (....). Este sistema primitivo, que mal diferenciava a imposição de uma pena da reparação de um dano, foi seguido pelo sistema de talião, que também não faz distinção entre pena e reparação, mas que, de certa forma, restringe a reação da vítima ao dano por ela sofrido". (CALIXTO, Marcelo. *A culpa na responsabilidade civil*: estrutura e função. Rio de Janeiro: Renovar, 2008. p. 122).

[14] "Chapitre II. Des Délits Et Des Quasi-Délits. 1382. Tout fait quelconque de l'homme, qui cause à autrui un dommage, oblige celui par la faute duquel il est arrivé, à le réparer". Em tradução livre: "CAPÍTULO II. OFENSAS. 1382. Qualquer ato do homem que cause dano a outrem, obriga aquele por quem aconteceu a repará-lo".

[15] BODIN DE MORAES, Maria Celina. Caráter punitivo, além de compensatório? *In*: *Danos à Pessoa Humana*: uma leitura civil-constitucional dos danos morais. 2. ed. Rio de Janeiro: Editora Processo, 2017. p. 202.

que tradicionalmente recaía sobre a pessoa do causador do dano, que por seu ato reprovável deveria ser punido, deslocou-se no sentido da tutela especial garantida à vítima do dano injusto, que merece ser reparada. A punição do agente pelo dano causado, preocupação pertinente ao direito penal, perde a importância no âmbito cível para a reparação da vítima pelos danos sofridos.[16]

Por essas razões – a separação da pena no âmbito civil e penal e, ainda, o divórcio entre a moral e a culpa – é que se pode dizer que a responsabilidade civil se afastou do intento punitivista ao reconhecer-se o dever de indenizar. Por essas razões históricas, a indenização, ao menos em tese, gozaria de função eminentemente indenizatória, recompondo a vítima ao *status quo ante* sem que necessariamente um componente de vingança ou retribuição do dano causado, na mesma moeda, fosse a sua finalidade. Essas razões, assim, justificam refutar-se elementos de caráter punitivista na responsabilidade civil.

2.2 A temerosa importação acrítica dos *punitive damages*

O estudo do percurso que os danos punitivos têm no Brasil passa, obrigatoriamente, pela análise de diferenças estruturais e fundantes entre os sistemas jurídicos romano-germânicos e anglo-saxão, já que é a partir da inspiração dos *punitive damages*, típicos no sistema da *common law*, que, tradicionalmente, a doutrina e a jurisprudência brasileiras se valem para defender eventual função punitiva da responsabilidade civil.

A indenização punitiva – ou *vindictive damages* ou *exemplar damages* – consistem na: "soma em dinheiro conferida ao autor de uma ação indenizatória em valor expressivamente superior ao necessário à compensação do dano, tendo em vista a dupla finalidade de punição (*punishment*) e prevenção pela exemplaridade da punição (*deterrence*)".[17]

Funda-se, essencialmente, no §908 do *Restatement (Second) of Torts* 1979, que assim define o instituto: "Punitive damages are damages, other than compensatory or nominal damages, awarded against a person do punish him for his outrageous conduct and to deter him and others like him from similar conduct in the future". Os *punitive damages* têm como casos paradigmáticos uma série de julgados norte-americanos,

---

[16] BODIN DE MORAES, Maria Celina. A constitucionalização do direito civil e seus efeitos sobre a responsabilidade civil. In: *Na medida da pessoa humana*: estudos de direito civil-constitucional. Rio de Janeiro: Renovar, 2016. p. 331.

[17] MARTINS-COSTA, Judith; PARGENDLER, Mariana. Usos e abusos da função punitiva. Punitive Damages e o Direito brasileiro. *R. CEJ*, Brasília, n. 28, p. 16-19, jan./mar. 2005. p. 16.

em especial, os casos *Grimshaw v. Ford Motor Co* (1981),[18] *Liebeck v. McDonald's Restaurants* (1994)[19] e *BMW of North America, Inc. v. Gore* (1996),[20] nos quais, em síntese, fixou-se quantia indenizatória vultuosa a título de danos punitivos adicional aos danos efetivamente verificados nos casos concretos.

Com efeito, em busca de uma possível definição dos danos punitivos, assim sintetiza António Pinto Monteiro: "A pena privada surgiria, em contraste, como medida cuja *ratio* é a imposição ao lesante de uma quantia superior ao prejuízo por si causado, em que as finalidades preventiva e de repressão ocupam o lugar central e decisivo".[21]

A indenização cumpriria o duplo papel de punir o culpado e de servir como dissuasão da prática do comportamento delituoso. A função punitiva modelou-se no sistema norte-americano a partir da premissa

---

[18] *Grimshaw v. Ford Motor Company* foi um caso de lesão corporal decidido em Orange County, Califórnia, em fevereiro de 1978, e afirmado por um tribunal de apelação da Califórnia em maio de 1981. A ação envolveu a segurança do projeto do automóvel Ford Pinto, fabricado pela Ford Motor Company. Após um impacto que resultou na morte da motorista Lily Gray e grave lesão do passageiro Richard Grimshaw causados pela manifesta insegurança do veículo, o juiz, após o júri conceder às vítimas a quantia de US$127,8 milhões em indenizações, reduziu a sentença de *punitive damages* para US$3,5 milhões.

[19] No caso *Liebeck v. McDonald's Restaurants*, o *"Hot Coffee Case"*, uma mulher de 79 anos sofreu queimaduras de terceiro grau em sua região pélvica quando, acidentalmente, depois de comprar um copo de café em um restaurante McDonald's, deixou derramá-lo em seu colo. O fato ocorreu em fevereiro de 1992 e a vítima, Stella Liebeck, ficou internada por oito dias, foi submetida a enxerto de pele e precisou de tratamento médico por dois anos. Os advogados de Liebeck sustentaram que o café do McDonald's estava defeituoso, pois a temperatura (82-88 ºC) era extremamente quente e, portanto, seria mais propenso a causar ferimentos do que o café servido em qualquer outro estabelecimento. Ao ajuizar ação em face da rede de restaurantes, a indenização fixada pelo júri incluiu US$160.000 para cobrir despesas médicas e danos compensatórios e US$2,7 milhões em *punitive damages*. Posteriormente, em agosto de 1994, o juiz reduziu o veredicto final para US$640 mil, e as partes decidiram por um valor confidencial antes que um recurso fosse decidido. (Suprema Corte dos Estados Unidos, Liebeck v. McDonald's Rest., n. 93-02419, 1995 WL 360309).

[20] Em *BMW of North America, Inc v. Gore*, Dr. Ira Gore comprou um veículo BMW zero km, e, mais tarde, descobriu que o veículo tinha sido repintado antes mesmo de comprá-lo na concessionária. A BMW da América do Norte, então, revelou que sua política autorizava a venda de carros danificados como novos se o dano pudesse ser corrigido por menos de 3% do custo do carro. Nos autos da ação, foram arbitrados US$2 milhões pela Suprema Corte do Alabama a título de *punitive damages*. A decisão da Suprema Corte do Alabama foi então apelada à Suprema Corte dos Estados Unidos, que considerou a condenação excessivamente elevada e que violava a cláusula do devido processo legal. Por não desrespeitarem a saúde e a segurança do consumidor e nem mesmo restar configurada a má fé na conduta da BMW, as sanções criminais para conduta semelhante foram limitadas a US$2.000, tornando a avaliação de US$2 milhões o equivalente a uma severa penalidade criminal. (Suprema Corte dos Estados Unidos, BMW of North America, Inc. v. Gore, 517 U.S. 559 (1996)).

[21] PINTO MONTEIRO, António. *Cláusula penal e indemnização*. 1. impr. Coimbra: Almedina, 1999. p. 660.

de que a indenização, ainda que fixada pelo mesmo órgão decisório, cumpriria um duplo papel:

> Embora os danos compensatórios e punitivos sejam normalmente concedidos ao mesmo tempo pelo mesmo tomador de decisões, eles têm finalidades distintas. As primeiras visam a reparar o prejuízo concreto que o demandante sofreu em razão da conduta ilícita do réu. Estes últimos, que foram descritos como "quase criminosos", funcionam como "multas punitivas" destinadas a punir o réu e a coibir atos ilícitos. A avaliação de um júri sobre a extensão das lesões de um autor é essencialmente uma determinação factual, ao passo que sua imposição de danos punitivos é uma expressão de sua condenação moral.[22]

No modelo anglo-saxônico, os danos punitivos manifestavam-se pela imposição de reparação ao autor da conduta danosa em múltiplos de valores correspondentes ao dano sofrido, cuja origem remonta-se ao *Statute of Councester*, da Inglaterra (1278) – a raiz dos chamados *exemplary damages* que se repetiriam no século XVIII. A origem do instituto está nos danos morais,[23] que, ao longo do século XIX, foi ampliando-se aos danos materiais de modo que "na medida em que suas finalidades precípuas passaram a ser a punição e a prevenção, o foco passou a incidir não sobre a espécie do dano, mas sobre a conduta do ofensor".[24]

Os *punitive damages* na tradição jurídica norte-americana não seriam, assim, um direito subjetivo do demandante, mas sim, uma discricionariedade atribuída ao júri.[25] A Suprema Corte Norte-Americana, a

---

[22] Em tradução livre. No original: "Although compensatory damages and punitive damages are typically awarded at the same time by the same decisionmaker, they serve distinct purposes. The former are intended to redress concrete loss that the plaintiff has suffered by reason of the defendant's wrongful conduct. The latter, which have been described as 'quasi criminal' operate as 'punitive fines' intended to punish the defendant and to deter wrongdoing. A jury's assessment of the extent of a plaintiff's injuries is essentially a factual determination, whereas its imposition of punitive damages is an expression of its moral condemnation". (Suprema Corte dos Estados Unidos, *Cooper Indus v. Leatherman Tool*, 532 U.S. 424, 432, 121, S. Ct. 1678, 1683).

[23] "Essa indenização adicional por dano à pessoa era referida como *exemplary damages* pelas cortes que justificavam a condenação, afirmando-se que as indenizações elevadas tinham por objetivo não só compensar o lesado pelo prejuízo intangível sofrido, mas também punir o ofensor pela conduta ilícita". (MARTINS-COSTA, Judith; PARGENDLER, Mariana. Usos e abusos da função punitiva. Punitive Damages e o Direito brasileiro. *R. CEJ*, Brasília, n. 28, p. 16-19, jan./mar. 2005. p. 18).

[24] MARTINS-COSTA, Judith; PARGENDLER, Mariana. Usos e abusos da função punitiva. Punitive Damages e o Direito brasileiro. *R. CEJ*, Brasília, n. 28, p. 16-19, jan./mar. 2005. p. 19.

[25] Essas características – se são direitos subjetivos ou discricionariedade dos juris – dependem da legislação de cada estado.

partir do caso *BMW of North America Inc. v. Gore* (1996) fixou 3 (três) critérios orientadores para a fixação dos danos punitivos, a saber: (i) a reprovabilidade da conduta que está sendo punida; (ii) a razoabilidade da relação entre o dano e a sentença; e (iii) a diferença entre a sentença e as penalidades administrativas em casos comparáveis.[26]

Não é possível, acriticamente, importar o instituto dos *punitive damages* emanados, como se viu, do direito norte-americano, baseado no sistema da *common law*, para o nosso sistema de *civil law*, sem entender as radicais distinções entre eles. Uma vez compreendidas as diferenças, compreender-se-á os riscos da importação acrítica do instituto.

Enquanto os sistemas romano-germânicos baseiam-se na teoria e na exegese, os sistemas de *common law* – berço dos *punitive damages* – fundam-se na prática e na perícia, revelando profundas diferenças[27] que não permitem que, simplesmente, sem prejuízo ao sistema e ao próprio instituto, se apliquem os *punitive damanges* no Brasil sem alguma dose de atecnia. Justamente em razão de tais diferenças estruturais marcantes é que não se poderá, em uma operação simplista, importar o sistema dos *punitive damages*,[28] conforme pontua a doutrina:

> É de se registrar que, ao contrário do que ocorre nos sistemas jurídicos de tradição romano-germânica, a responsabilidade civil no *Common Law* possui uma trajetória histórica de entrelaçamento com a responsabilidade delitual, que lhe outorga características próprias, bastante distintas daquelas que informam a responsabilidade civil na tradição romano-germânica. Ademais, é preciso compreender como os *punitive*

---

[26] "Punitive damages, which are intended to punish and thereby deter blameworthy conduct, are generally not recoverable for breach of contract. The Supreme Court has held that tree guidelines help determine whether a punitive-damages award violates constitutional due-process: (i) the reprehensibility of the conduct being punished; (ii) the reasonableness of the relationship between the harm and the award and (iii) the difference between the award and the civil penalties authorized in comparable cases". (GARNER, Bryan A. *Black's Law Dictionary*. 8. ed. Saint Paul: Thomson West, 2007. p. 418-419).

[27] "Nos sistemas romano-germânicos entende-se haver uma 'ciência', decorrente do conhecimento do ordenamento, visto como um sistema que, composto pelo corpo de normas contidas em diplomas legislativos diversos, é dotado de algumas características essenciais: a unidade e a coerência. (...) Na tradição da *common law*, ao contrário, o direito é jurisprudencial, baseado nos casos concretos (*case law*) e pouco codificado". (BODIN DE MORAES, Maria Celina. Professores ou juízes? Editorial. *Civilistica.com*, Rio de Janeiro, a. 3, n. 2, p. 1-3, jul./dez. 2014. Disponível em: http://civilistica.com/professores-ou-juizes/. Acesso em 23 fev. 2021).

[28] "A lógica do modelo anglo-saxão é simplesmente diferente demais da lógica do sistema romano-germânico para que uma aproximação acrítica possa sair impune". (BODIN DE MORAES, Maria Celina. Professores ou juízes? Editorial. *Civilistica.com*, Rio de Janeiro, a. 3, n. 2, p. 1-3, jul./dez. 2014. Disponível em: http://civilistica.com/professores-ou-juizes/. Acesso em 23 fev. 2021).

damages operam em seus países de origem. Nos Estados Unidos, país sempre lembrado pelos defensores das indenizações punitivas, o instituto é cercado de contracautelas.[29]

A pretexto de se resolver um problema – as baixas indenizações por dano moral no Brasil – não se pode criar outro: o emprego dos *punitive damages*, à mercê de fundamento normativo.[30]

2.3 Função punitiva e dano moral

O debate acerca da viabilidade da função punitiva no dano moral reacende-se com vigor, considerando a insuficiência do modelo ressarcitório, somado à constatação de baixíssimos valores indenizatórios no Brasil para as hipóteses de danos extrapatrimoniais.[31]

Judith Martins-Costa advoga a constatação de que a reparação por danos morais encontrará elementos punitivos no *quantum* indenizatório, de modo que "a insistência de atribuir-se à responsabilidade civil, como se integrasse a sua própria natureza, um caráter estritamente reparatório, sem nenhum elemento de punição ou exemplaridade" assemelhar-se-ia à atitude de vestir na responsabilidade civil roupas mal cortadas.[32] Defende a autora que para além do caráter compensatório, a indenização, nessas hipóteses, deveria guardar um caráter punitivo.[33]

---

[29] SCHREIBER, Anderson *et al*. *Código Civil comentado – doutrina e jurisprudência*. Rio de Janeiro: Editora Forense, 2019. p. 629-630.

[30] "Embora se reconheça que a importação de institutos concebidos naquele sistema para ordenamentos jurídicos da *civil law* não seja incomum, é preciso reconhecer também, por outro lado, o perigo da importação acrítica de práticas incompatíveis com o ordenamento jurídico brasileiro, sob pena de se criarem figuras híbridas e sem amparo legal, a exemplo do que se passa, justamente, com o alegado caráter punitivo da responsabilidade civil". (TEPEDINO, Gustavo; TERRA, Aline de Miranda Valverde; GUEDES, Gisela Sampaio da Cruz. *Fundamentos de Direito Civil. Responsabilidade Civil*. Rio de Janeiro: Forense, 2020. p. 48).

[31] "A maior causa do ressurgimento das penas privadas no debate jurídico contemporâneo, e do consequente esforço de abranger sob a designação figuras tão díspares, consiste, sem dúvida, em uma generalizada frustração com as possibilidades do remédio ressarcitório". (TEPEDINO, Gustavo; SCHREIBER, Anderson. As penas privadas no direito brasileiro. *In*: SARMENTO, Daniel; GALDINO, Flávio (Org.). *Direitos fundamentais*: estudos em homenagem ao professor Ricardo Lobo Torres. Rio de Janeiro: Renovar, 2006. p. 518).

[32] MARTINS-COSTA, Judith. Os danos à pessoa no Direito Brasileiro e a Natureza da sua Reparação. *Revista da Faculdade de Direito da UFRGS*, v. 19, p. 204-207, mar. 2001. p. 204.

[33] "Parece assim evidente que a tendência, nos diversos ordenamentos, é agregar às funções compensatória – ou simbolicamente compensatória – e punitiva, a função pedagógica, ou de exemplaridade, de crescente importância nos danos provocados massivamente seja no âmbito das relações de consumo, seja no dano ambiental, ou nos produzidos pelos instrumentos de *mass media*. Esse caráter de exemplaridade guarda, incontroversamente, nítido elemento penal, ao menos se tivermos, de pena, a lata e até a intuitiva definição que lhe foi atribuída por Grotius: *"Malum passionis quod infligitur propter malum actiones*, ou

Atribuir à condenação em danos morais certa função punitiva torna-se cada vez mais frequente na jurisprudência brasileira: ao invés de quantificar a extensão do dano à luz do critério bifásico desenvolvido pelo Superior Tribunal de Justiça (STJ) – que, todavia, valora a culpabilidade do ofensor e mesmo a sua condição econômica –,[34] a jurisprudência sustenta que no dano moral "a função punitiva – sancionamento exemplar ao ofensor – é, aliada ao caráter preventivo – de inibição da reiteração da prática ilícita"[35] ou, ainda, que no dano moral "a fixação da verba reparatória deve observar os critérios da razoabilidade e da proporcionalidade, sem perder de vista a dupla função punitiva e pedagógica".[36] Demonstrando a imperícia do emprego não preciso da função punitiva nesses casos, se a função punitiva da responsabilidade civil fosse, de fato, aplicada à semelhança do que se faz no sistema norte-americano, na fase de quantificação da indenização por danos morais, o que se deveria fazer seria condenar o vencido a pagar uma quantia a título de indenização apartada, a título de danos punitivos, além das indenizações por danos morais, materiais, estéticos e demais espécies de dano verificadas no caso concreto, interpretação esta à margem da lei civil em vigor.[37]

---

seja, a pena é o padecimento de um mal pelo cometimento de outro". (MARTINS-COSTA, Judith. Os danos à pessoa no Direito Brasileiro e a Natureza da sua Reparação. *Revista da Faculdade de Direito da UFRGS*, v. 19, p. 204-207, mar. 2001. p. 207).

[34] A respeito do critério bifásico de quantificação do dano moral, vide jurisprudência do STJ: "(...) 3. O método bifásico, como parâmetro para a aferição da indenização por danos morais, atende às exigências de um arbitramento equitativo, pois, além de minimizar eventuais arbitrariedades, evitando a adoção de critérios unicamente subjetivos pelo julgador, afasta a tarifação do dano. Traz um ponto de equilíbrio, pois se alcançará uma razoável correspondência entre o valor da indenização e o interesse jurídico lesado, além do fato de estabelecer montante que melhor corresponda às peculiaridades do caso. 4. Na primeira fase, o valor básico ou inicial da indenização é arbitrado tendo-se em conta o interesse jurídico lesado, em conformidade com os precedentes jurisprudenciais acerca da matéria (grupo de casos). 5. Na segunda fase, ajusta-se o valor às peculiaridades do caso, com base nas suas circunstâncias (gravidade do fato em si, culpabilidade do agente, culpa concorrente da vítima, condição econômica das partes), procedendo-se à fixação definitiva da indenização, por meio de arbitramento equitativo pelo juiz". (STJ. *REsp nº 1332366/MS*. Rel. Min. Luis Felipe Salomão, 4ª T., julg. em 10.11.2016).

[35] STJ. *REsp nº 1737412/SE*. Rel. Min. Nancy Andrighi, 3 Turma., julg. em 05.02.2019.

[36] TJRJ. 19ª Câmara Cível. *Apelação cível nº 0003414-43.2018.8.19.0075*. Des. Lucia Regina Esteves, julg. em 04.02.2021.

[37] "Em síntese, o ordenamento jurídico brasileiro não acolhe os *punitive damages* como título autônomo de indenização, mas os tribunais empregam, à margem de uma indicação legislativa, critérios de quantificação de natureza punitiva, o que acaba por ser ainda mais grave". (TEPEDINO, Gustavo; SCHREIBER, Anderson. As penas privadas no direito brasileiro. In: SARMENTO, Daniel; GALDINO, Flávio (Org.). *Direitos fundamentais*: estudos em homenagem ao professor Ricardo Lobo Torres. Rio de Janeiro: Renovar, 2006. p. 521).

Há, ainda, aqueles que acreditam que a condenação aos danos punitivos deveria dar-se não por meio da condenação de um valor apartado, mas sim por meio da majoração do *quantum* indenizatório.[38] É preciso, aqui, distinguirmos três possíveis cenários: (i) condenar o autor ao pagamento de uma quantia específica a título de danos punitivos, em adição aos valores de indenização das demais espécies de danos ocorridos a partir do evento lesivo; (ii) condenar o autor ao pagamento de danos morais e, verificando-se a ocorrência de culpa grave, majorar o *quantum* indenizatório por aplicação – controvertida – *a contrario sensu* do art. 944, parágrafo único, do Código Civil,[39] sem que no *decisum* tenha o magistrado atribuído a essa majoração a finalidade de punição, mas tão somente em razão da verificação de culpa grave; ou (iii) condenar o autor da conduta danosa ao pagamento de indenização por danos morais, sem a verificação da ocorrência da culpa grave e/ou dolo e, atecnicamente, sob o pretexto de a indenização por danos morais exercer "funções punitiva, pedagógica e compensatória",[40] majorar-se o *quantum* indenizatório, sem na decisão explicitar os requisitos de como e por que se realizou tal majoração.[41]

---

[38] "Note-se que, no direito brasileiro, ao estabelecer-se por arbitramento a indenização por danos extrapatrimoniais, já se encontra sob a decisão judicial, que, diante da falta de critérios legais, expressos, permite larga margem de cognição judicial motivada, diante das circunstâncias do caso concreto, para avaliar a intensidade e a extensão dos danos sofridos pela vítima, *assim como* o dolo ou a culpa grave do ofensor. Não há, pois, de se falar em parcela adicional de indenização, visando cumprir finalidade punitiva, distinguindo-se de outra, com finalidade compensatória. Há só um valor de indenização, que, tomando-se em consideração as circunstâncias e características do dano, será definido". (MIRAGEM, Bruno Nubens Barbosa. *Direito civil*: responsabilidade civil. São Paulo: Saraiva, 2015. p. 393).

[39] "No que toca ao dano moral, toma particular relevo, nestas circunstâncias, o critério que se estabelece, *a contrario sensu*, no parágrafo único do art. 944 do Código Civil. A gravidade da culpa do ofensor, considerando os critérios sugeridos pela doutrina e jurisprudência e em observância aos princípios da razoabilidade e da vedação ao enriquecimento sem causa, entendo que o valor arbitrado revela-se suficiente para estimular a ré a promover a melhoria de seus serviços". (TJRJ. Apelação Cível nº 0330145-02.2016.8.19.0001. 27ª Câmara Cível, julg. em 06.02.2019).

[40] TJRJ. *Apelação Cível nº 0012548-07.2011.8.19.0054*. 3ª Câmara Cível, Des. Renata Cotta, julg. em 30.09.2020. No mesmo sentido: TJSP. *Apelação Cível nº 0003165-13.2010.8.26.0032*. Rel. Des. Roberto Maia, 10ª Câmara de Direito Privado, julg. em 24.09.2013. Vide, ainda, semelhante julgado do STJ: "A indenização por danos morais, ainda que tenha sido deferida medida liminar para a cobertura médica pleiteada, conserva a função pedagógico-punitiva de desestimular o ofensor a repetir a falta". (STJ. AgInt nº AREsp 862.868/CE. Rel. Min. Moura Ribeiro, 3ª T., julg. em 16.06.2016).

[41] No mesmo sentido: "A fixação da indenização por danos morais em valor que supostamente atenda à sua chamada função 'punitiva-pedagógica' é uma realidade na jurisprudência brasileira, que, supostamente, teria o fundamento na doutrina americana dos *punitive damages*. (...) Contribui, ademais, para tornar ainda mais tormentosa a discussão a respeito do dimensionamento dos danos morais, especialmente porque não há como se distinguir a parcela da indenização que seria compensatória daquela que seria fixada para punir o

O primeiro cenário, que se assemelharia a uma importação clara dos *punitive damages*, não goza de fundamento jurídico no Brasil e, portanto, é com segurança que se pode afirmar que na condenação por danos morais não se pode, sob pena de enriquecimento ilícito da vítima,[42] condenar o autor do dano ao pagamento de uma quantia a título de danos punitivos, em franca violação ao princípio da reparação integral contido no art. 944, *caput*, do Código Civil.[43] Em aparente contrariedade a esse pensamento, determinou o Enunciado 379 da IV Jornada de Direito Civil, ao dispor que "o art. 944, *caput*, do Código Civil não afasta a possibilidade de se reconhecer a função punitiva ou pedagógica da responsabilidade civil".

Já na segunda hipótese, isto é, ao constatar a culpa grave, ao magistrado majorar a indenização por aplicação do art. 944, parágrafo único, do Código Civil, esta opção não se assemelharia, em primeira vista, aos *punitive damages*, mas, para aqueles que assim acreditam, na aplicação direta da culpa grave e/ou dolo no momento de quantificação do dano. Parte da doutrina enxerga, justamente nessa hipótese, um caráter punitivo embutido ao majorar-se o dano, senão vejamos:

> Entre os critérios enumerados pela doutrina e pelos tribunais para o arbitramento da indenização por dano moral, aparecem usualmente a gravidade da culpa e a capacidade econômica do ofensor. *Tais critérios imprimem à indenização um caráter punitivo*. Fosse o cálculo da indenização pautado exclusivamente pela extensão do dano, como impõe a regra do

---

ofensor". (MARINHO, Maria Proença. Indenização punitiva: potencialidades no ordenamento brasileiro. *In*: SOUZA, Eduardo Nunes de; SILVA; Rodrigo da Guia. *Controvérsias Atuais em Responsabilidade Civil*. São Paulo: Almedina, 2018. p. 645-646).

[42] "Perquirir a ausência de justa causa do enriquecimento obtido à custa de outrem significa, em suma, investigar a existência de uma causa justificadora (ou título de justificação) dessa vantagem patrimonial. Compreende-se, assim, a inter-relação dos três requisitos da cláusula geral do dever de restituir: a vantagem patrimonial (enriquecimento) somente é relevante para fins restitutórios se houver sido obtida a partir de patrimônio alheio (obtenção à custa de outrem) sem uma legítima justificativa (ausência de justa causa). *A contrario sensu*, se a vantagem patrimonial houver sido obtida a partir do próprio patrimônio do enriquecido ou a partir de caso fortuito, ou ainda se a vantagem obtida à custa de patrimônio alheio desfrutar de justificativa legítima, impor-se-á idêntica conclusão: a não deflagração do dever de restituir". (SILVA, Rodrigo da Guia. *Enriquecimento sem causa*: as obrigações restitutórias no direito civil. São Paulo: Thomson Reuters Brasil, 2018. p. 174).

[43] "Art. 944. A indenização mede-se pela extensão do dano. Parágrafo único. Se houver excessiva desproporção entre a gravidade da culpa e o dano, poderá o juiz reduzir, equitativamente, a indenização".

art. 944, é certo que a gravidade da culpa e a capacidade econômica do ofensor em nada poderiam alterar o *quantum* indenizatório.[44]

A majoração do *quantum* indenizatório a partir do art. 944, parágrafo único, do Código Civil, é fruto de intensas controvérsias doutrinárias, na medida em que, para alguns e com acerto, em nosso entender, "o dispositivo tão somente autoriza o juiz a *reduzir* equitativamente a indenização e não a majorar".[45] Nesse mesmo sentido, "note-se que o dispositivo indica o grau de culpa como critério de quantificação válido exclusivamente para a *redução* da indenização, não para a majoração do *quantum* compensatório, a proscrever essa possibilidade".[46] Em pensamento oposto, há os que advogam que a culpa pode, sim, ser fator de aferição do *quantum* indenizatório.[47]

Em nosso pensar, por todas essas razões históricas ou de incompatibilidades de sistemas, os danos punitivos no Brasil não gozam de fundamento jurídico: a história deixou a pena no passado acabado da responsabilidade civil e não é tentando solucionar um problema – os valores baixos de indenizações no caso de dano moral – que se poderá

---

[44] TEPEDINO, Gustavo; BARBOZA, Heloisa Helena; BODIN DE MORAES, Maria Celina. *Código Civil interpretado conforme as a Constituição da República*. Rio de Janeiro: Renovar, 2006. v. II, p. 862-863. g. n.

[45] TEPEDINO, Gustavo; BARBOZA, Heloisa Helena; BODIN DE MORAES, Maria Celina. *Código Civil interpretado conforme as a Constituição da República*. Rio de Janeiro: Renovar, 2006. v. II, p. 864. g. n.

[46] TEPEDINO, Gustavo; TERRA, Aline de Miranda Valverde; GUEDES, Gisela Sampaio da Cruz. *Fundamentos de Direito Civil. Responsabilidade Civil*. Rio de Janeiro: Forense, 2020. p. 49). Também advogando contrariamente à quantificação do dano a maior a partir do art. 944, parágrafo único: "Contra esse caráter punitivo, posiciona-se expressamente o novo Código Civil brasileiro, que, em seu artigo 944, determina: 'a indenização mede-se pela extensão do dano.' A gravidade da culpa somente vem tomada em consideração pelo legislador de 2002 para fins de eventual redução equitativa a indenização, quando for excessivamente desproporcional ao prejuízo causado (art. 944 parágrafo único.)". (TEPEDINO, Gustavo; SCHREIBER, Anderson. As penas privadas no direito brasileiro. *In*: SARMENTO, Daniel; GALDINO, Flávio (Org.). *Direitos fundamentais*: estudos em homenagem ao professor Ricardo Lobo Torres. Rio de Janeiro: Renovar, 2006. p. 521).

[47] Os autores, após pontuarem que os graus de culpa não se sobrepõem sobre a extensão do dano, observam o movimento na doutrina de reconhecer os graus de culpa como critério para quantificar o dano: "É mérito da doutrina recente negar a tradicional indiferença da responsabilidade civil perante a gradação da culpa e demonstrar que existem, sim, hipóteses em que culpa e dolo possuem relevância autônoma". Especialmente em relação ao Enunciado nº 457 do CJF, que determina que "o grau de culpa do ofensor, ou a sua eventual conduta intencional, deve ser levado em conta pelo juiz para a quantificação do dano moral", assim se manifestam: "Nós aderimos a esse posicionamento, pois, apesar das particularidades inerentes a cada modelo, não há nada que justifique a aplicação de um critério diverso de tratamento entre o dano patrimonial e o dano moral". (FARIAS, Cristiano Chaves de; ROSENVALD, Nelson; NETTO, Felipe Peixoto Braga. *Curso de Direito Civil*: responsabilidade civil. Salvador: Ed. Jus Podivm, 2019. p. 206-207, 220).

gerar outro: a criação dos supostos danos punitivos no Brasil, sob pena de subversão do texto legal e dos imperativos constitucionais.[48] Adicionalmente, se apresenta o desafio da (in)admissibilidade de uma função preventiva autônoma na responsabilidade civil, que se pretende endereçar.

3 A função preventiva na responsabilidade civil

3.1 A prevenção e a tutela da personalidade

Não sendo a repressão da lesão, em um tipo negativo clássico, suficiente, ganha proeminência uma tutela positiva, preventiva ou inibitória, no sentido de proteger o interesse de situações potencialmente lesivas e viabilizar a sua máxima realização. A prevenção abrangeria toda e qualquer medida direcionada a evitar ou a minimizar os prejuízos causados por uma atividade conhecidamente perigosa e à qual se atribui um risco atual. A precaução, por sua vez, se associa a uma periculosidade de natureza incerta, propondo-se a evitar ou a controlar um risco de caráter meramente potencial.[49]

A cláusula geral de tutela da personalidade, consagrada no art. 1º, III, da Constituição da República, apresenta-se como importante diretriz nesse cenário. Isso porque, além de apresentar fundamento para a superação de uma ótica "tipificadora" da proteção da pessoa, passa a não se restringir a novas hipóteses de ressarcimento, mas a direcionar-se à promoção da tutela da personalidade, mesmo fora do rol de direitos subjetivos previsto pelo legislador. A rigor, leia-se a "personalidade" não como um reduto de poder do indivíduo, mas "como valor máximo do ordenamento, modelador da autonomia privada, capaz de submeter toda a atividade econômica a novos critérios de validade".[50] Em específico, segundo Pietro Perlingieri,

---

[48] "O que a prática advocatícia parece tentar solucionar com a importação desastrada dos *punitive damages* é o problema do baixo valor das indenizações por dano moral no Brasil. Tal problema, que é gravíssimo, deve ser solucionado por meio da elevação dessas indenizações pelo Poder Judiciário a partir da percepção dos efeitos sobre cada vítima em particular, de modo a despertar a sensibilidade da magistratura para a necessidade de reparação integral do dano sofrido". (SCHREIBER, Anderson *et al. Código Civil comentado – doutrina e jurisprudência*. Rio de Janeiro: Editora Forense, 2019. p. 630).

[49] SCHREIBER, Anderson. *Novos Paradigmas da Responsabilidade Civil*: da erosão dos filtros da reparação à diluição dos danos. 6. ed. São Paulo: Atlas, 2015. p. 229.

[50] TEPEDINO, Gustavo. A tutela da personalidade no ordenamento civil-constitucional brasileiro. *In: Temas de Direito Civil*. Rio de Janeiro: Renovar, 2004. p. 23-58, p. 25-28.

a tendência, um tempo dominante, que se prepõe a esgotar a problemática dos chamados direitos de personalidade no momento patológico da violação ou da lesão, e, portanto, no ressarcimento do dano, leva em consideração apenas as atitudes subjetivas e as situações que visam a impedir, ou, de toda sorte, a dificultar a realização do bem. Ao contrário, devem ser consideradas juridicamente relevantes também aquelas situações que o ordenamento orienta em direção à realização da pessoa em termos positivos ou fisiológicos (...). A tutela da pessoa nem mesmo pode se esgotar no tradicional perfil do ressarcimento do dano. Assume consistência a oportunidade de uma tutela preventiva: o ordenamento deve fazer de tudo para que o dano não se verifique e seja possível a realização efetiva das situações existenciais.[51]

Em atenção ao paradigma de proteção da pessoa e à própria constitucionalização da responsabilidade civil, promoveu-se, de acordo com Maria Celina Bodin de Moraes, a releitura da função primordial do instituto. A atenção deixou de se centralizar na reprovação do comportamento do ofensor e passou a se dirigir à especial proteção da vítima do dano injusto que merece a reparação, como destacado.[52] A rigor, segundo Gustavo Tepedino, com base no princípio fundamental da dignidade humana, a técnica das relações jurídicas existenciais que informa a proteção da pessoa em comunidades intermediárias, nas entidades familiares, nas relações de consumo, na atividade econômica privada, em particular no momento da prevenção da lesão, teria o condão de deflagrar uma transformação profunda na dogmática da responsabilidade civil.[53]

Com efeito, diante da centralidade da pessoa humana no ordenamento brasileiro, inegável é a importância da prevenção e da precaução. A indagação que se apresenta diz respeito à viabilidade de inseri-la como uma função autônoma da responsabilidade civil. Admitir que a responsabilidade civil tem por função, para além da compensação, a prevenção, implicaria assumir que o instituto possa ser aplicado *independentemente* da realização do dano. É o que se buscará abordar.

---

[51] PERLINGIERI, Pietro. *O direito civil na legalidade constitucional*. Rio de Janeiro: Renovar, 2008. p. 766-768.
[52] BODIN DE MORAES, Maria Celina. A constitucionalização do direito civil e seus efeitos sobre a responsabilidade civil. In: *Na medida da pessoa humana*: estudos de direito civil-constitucional. Rio de Janeiro: Renovar, 2010. p. 331.
[53] TEPEDINO, Gustavo. Normas constitucionais e direito civil na construção unitária do ordenamento. In: *Temas de Direito Civil*. Rio de Janeiro: Renovar, 2009. t. III, p. 8.

3.2 A (in)admissibilidade da responsabilidade civil sem dano

A prevenção como uma função da responsabilidade civil e a sua expressão a partir dos remédios preventivos foram ofuscados pela função compensatória, a qual teria sido, durante muito tempo, confundida com o próprio instituto.[54] A rigor, apesar de divergências conceituais, ontológicas e entre os remédios cabíveis nas defesas da autonomia de uma função preventiva na responsabilidade civil, determinados elementos podem ser identificados com certa constância.[55]

Em regra, a sustentação da autonomia da função de prevenir no âmbito da responsabilidade civil[56] é atribuída à progressiva dilatação

---

[54] ON, Alexandru-Daniel. Prevention and the Pillars of a Dynamic Theory of Civil Liability: a comparative study on preventive remedies. *Research Papers*, n. 1, p. 12-15, 2013. p. 20. Disponível em: http://digitalcommons.law.lsu.edu/studpapers/1. Acesso em 01 set. 2020.

[55] Para Nelson Rosenvald, o propósito de inibir atividades potencialmente danosas seria endereçado a partir da função precaucional da responsabilidade civil. Isso porque, de acordo com o autor, a prevenção seria um princípio do "Direito de Danos" que antecederia as demais funções e se apresentaria como o objetivo primordial da responsabilidade civil contemporânea. (ROSENVALD, Nelson. *As funções da responsabilidade civil*: a reparação e a pena civil. 3. ed. São Paulo: Saraiva, 2017. p. 94). Thaís G. Pascoaloto Venturi, por sua vez, sustenta que a prevenção, para além de mera função, deveria ser considerada como o verdadeiro fundamento da responsabilidade civil. VENTURI, Thaís G. Pascoaloto. A responsabilidade civil como instrumento de tutela e efetividade dos direitos da pessoa. *Civilistica.com*, Rio de Janeiro, a. 5, n. 2, p. 7-20, 2016. p. 19-20. Disponível em: http://civilistica. com/a-responsabilidade-civil-como-instrumento/. Acesso em 02 fev. 2020). Teresa Ancona Lopez defende a necessidade de se separar as noções de indenização e de responsabilidade e, encampando o propósito da prevenção no âmbito do instituto, propõe uma leitura dúplice da responsabilidade civil, sendo uma reparatória e outra preventiva. (LOPEZ, Teresa Ancona. *Princípio da precaução e evolução da responsabilidade civil*. São Paulo: Quartier Latin, 2010. p. 133-139 *apud*. RODRIGUES, Cássio Monteiro. Reparação de danos e função preventiva da responsabilidade civil: parâmetros para o ressarcimento de despesas preventivas ao dano. *Civilistica.com*, Rio de Janeiro, a. 9, n. 1, 2020. Disponível em: http://civilistica.com/reparacao-por-danos-e-funcao-preventiva/. Acesso em 08 jun. 2020). Também sobre a ênfase na função preventiva na responsabilidade civil, cf. BRAGA NETTO, Felipe Peixoto; ADJAFRE, Karine Cysne Frota. Tutela contra o ilícito: em busca de contornos conceituais. *In*: BRAGA NETTO, Felipe Peixoto; SILVA, Michael César; THIBAU, Vinícius Lott (Coord.). *O direito privado e o novo código de processo civil*: repercussões, diálogos e tendências. Belo Horizonte: Fórum, 2018.

[56] Na União Europeia, é de se remeter aos *Principles of European Tort Law*, que dispõem: "Art. 10:101. Natureza e finalidade da indemnização. A indemnização consiste numa prestação pecuniária com vista a compensar o lesado, isto é, a repor o lesado, na medida em (que) ele estaria se a lesão não tivesse ocorrido. A indemnização tem também uma função preventiva". (EUROPEAN GROUP ON TORT LAW. *Principles of European Tort Law*. Disponível em: http:// www.egtl.org/docs/PETLPortuguese.pdf. Acesso em 09 ago. 2020). Apesar da normativa, Francesco Busnelli pondera a tendência de preservação de uma visão tradicional do instituto nesse campo pela falta de densidade regulatória. (BUSNELLI, Francesco Donato. Deterrenza, responsabilità civile, fato illecito, danni punitivi. *Europa e Diritto Privato*, n. 4, 2009 *apud*. ROSENVALD, Nelson. *As funções da responsabilidade civil*: a reparação e a pena civil. 3. ed. São Paulo: Saraiva, 2017. p. 101-102).

dos riscos na sociedade contemporânea, bem como ao reconhecimento da insuficiência da função compensatória diante da irreparabilidade fática em diversos casos, como diante de danos graves e irreversíveis, sobretudo em se tratando de situações existenciais, além das condutas lesivas reiteradas.[57] O desenvolvimento da função preventiva na responsabilidade civil é atribuído, de uma maneira geral, à consolidação da referência aos princípios da prevenção e da precaução, os quais têm *locus* frequente no direito ambiental.[58]

A partir da referência à constitucionalização do direito civil,[59] Thaís G. Pascoaloto Venturi realiza a leitura de que esse movimento implicaria direcionar a responsabilidade civil a uma noção de "Direito de Danos", com a centralidade na figura da vítima e com o propósito de garantir a efetiva e integral indenização pelos danos suportados (*restitutio in integrum*).[60] Nesta direção, argumenta a autora que o polo central da responsabilidade civil haveria se deslocado para o dano, buscando-se, todavia, enxergá-lo de maneira antecipada para evitar a sua ocorrência a partir de técnicas inibitórias, com enfoque nos princípios da prevenção e da precaução para a defesa da "responsabilidade civil sem dano".[61]

Com efeito, ao prescindir da figura do dano para atrair o instituto da responsabilidade civil, ganha atenção o ato ilícito. Diante da ênfase ao ato ilícito, para sustentar a necessidade de se superar o paradigma puramente

---

[57] Em uma abordagem da função preventiva da responsabilidade civil através da análise econômica do direito, cf.: "Ne segue che lo scopo economico principale delle regole di responsabilità civile è quello di indurre gli agenti a livelli di prevenzione ottimali x*. Le regole di responsabilità sono efficienti se conducono gli agenti a tale livello x* che minimizza il costo sociale atteso". (MONATERI, Pier Giuseppe. *L'Analisi Economica della Responsabilità Civile*: costo e prevenzione degli incidenti. Disponível em: https://www.academia.edu/27494191/LANALISI_ECONOMICA_DELLA_RESPONSABILITA_CIVILE_COSTO_E_PREVENZIONE_DEGLI_INCIDENTI. Acesso em 09 ago. 2020).

[58] A título de exemplo, destaque-se a Conferência das Nações Unidas para o Meio Ambiente e o Desenvolvimento – "Declaração do Rio de Janeiro" – ECO 1992". Além disso, mencione-se o Enunciado nº 446 da V Jornada de Direito Civil, promovida pelo Conselho da Justiça Federal, relativo ao art. 187 do CC/02: "A responsabilidade civil prevista na segunda parte do parágrafo único do art. 927 do Código Civil deve levar em consideração não apenas a proteção da vítima e a atividade do ofensor, mas também a prevenção e o interesse da sociedade". (Enunciado nº 446. Disponível em: https://www.cjf.jus.br/enunciados/enunciado/371. Acesso em 09 ago. 2020).

[59] TEPEDINO, Gustavo. Premissas metodológicas para a constitucionalização do Direito Civil. *In*: *Temas de Direito Civil*. 3. ed. Rio de Janeiro: Renovar, 2004. p. 1-22.

[60] VENTURI, Thaís G. Pascoaloto. A responsabilidade civil como instrumento de tutela e efetividade dos direitos da pessoa. *Civilistica.com*, Rio de Janeiro, a. 5, n. 2, p. 7-20, 2016. p. 7. Disponível em: http://civilistica.com/a-responsabilidade-civil-como-instrumento/. Acesso em 02 fev. 2020.

[61] VENTURI, Thaís G. Pascoaloto. *Responsabilidade civil preventiva*: a proteção contra a violação dos direitos e a tutela inibitória material. São Paulo: Malheiros, 2014. p. 196, 201.

compensatório na esfera da responsabilidade civil, sustenta-se que a função preventiva da responsabilidade civil poderia ser materializada de diversas formas,

> tanto pela aplicação de sanções punitivas civis quanto por pretensões restituitórias, como regra de incentivo à reação aos ilícitos, superando o plano intersubjetivo da neutralização de danos para valorizar a função de desestímulo de comportamentos nocivos a toda a sociedade (de um lado) e a remoção de ganhos ilícitos[62] (de outro).[63]

Entre os fundamentos constitucionais apontados para a defesa da responsabilidade civil sem dano, podem ser identificados no rol do art. 5º, o inciso V, que assegura o direito de resposta e consagra o princípio da plena reparabilidade, o inciso X, que dispõe sobre a inviolabilidade da intimidade, a vida privada, a honra e a imagem da pessoa, bem como a indenização correspondente, e, por fim, a inafastabilidade da tutela jurisdicional diante de lesão ou ameaça a direito, consagrada no inciso XXXV. Emerge, portanto, a defesa da tutela inibitória enquanto instrumento específico de dissuasão e como uma forma de atuação da responsabilidade civil em seu caráter preventivo,[64] independentemente da realização do evento danoso, diante de um dever jurídico de diligência e de proteção.[65]

---

[62] A propósito, sobre a distinção entre o instituto da responsabilidade civil e o do enriquecimento sem causa, analisa Rodrigo da Guia Silva que: "Somente a análise funcional dos institutos parece possibilitar, então, a delimitação das suas fronteiras dogmáticas, de modo a revelar que a sua similitude estrutural não tem o condão de extirpar a distinção funcional que lhes acompanha desde a gênese". (SILVA, Rodrigo da Guia. *Enriquecimento sem causa*: as obrigações restitutórias no direito civil. São Paulo: Thomson Reuters Brasil, 2018. p. 105).

[63] ROSENVALD, Nelson. Responsabilidade civil: compensar, punir e restituir. *Revista IBERC*, [s. l], v. 2, n. 2, p. 1-9, abr./jun. 2019. Editorial. p. 6. Disponível em: https://revistaiberc.responsabilidadecivil.org/iberc/article/view/48. Acesso em 02 ago. 2020. Para Nelson Rosenvald, a responsabilidade civil sem dano se daria com base na função punitiva. Não se trataria, portanto, de indenização, mas de uma pena civil, com base na exposição ao risco. (ROSENVALD, Nelson. *As funções da responsabilidade civil*: a reparação e a pena civil. 3. ed. São Paulo: Saraiva, 2017. p. 126-127).

[64] Nelson Rosenvald adverte, em contrapartida, as limitações da tutela inibitória no seu escopo preventivo, com a aplicação da sanção pecuniária, porquanto apenas se daria diante das condutas especificamente proibidas em uma ordem judicial. (ROSENVALD, Nelson. *As funções da responsabilidade civil*: a reparação e a pena civil. 3. ed. São Paulo: Saraiva, 2017. p. 141).

[65] VIEIRA, Andrey Bruno Cavalcante; EHRHARDT JÚNIOR, Marcos. O direito de danos e a função preventiva: desafios de sua efetivação a partir da tutela inibitória em casos de colisão de direitos fundamentais. *Revista IBERC*, [s. l], v. 2, n. 2, p. 1-30, set. 2019. p. 17. Disponível em: https://revistaiberc.responsabilidadecivil.org/iberc/article/view/56. Acesso em 02 abr. 2020.

No entanto, cumpre indagar se estaríamos tratando da responsabilidade civil e das implicações da aplicação do instituto. A partir da leitura do ilícito enquanto ato contrário ao direito, enfatiza-se que o dano não se configura como elemento constitutivo, mas apenas como uma consequência de caráter meramente eventual e não necessária do ilícito. O propósito da tutela inibitória, de natureza eminentemente processual, não seria o de punir quem praticou o ilícito, mas o de impedir, fazer cessar ou obstar a sua repetição, não sendo necessária sequer a probabilidade de dano.[66]

Luiz Guilherme Marinoni esclarece, em adição, que o parágrafo único, do art. 497, do Código de Processo Civil, apresenta duas formas de tutela jurisdicional contra o ilícito, quais sejam, a tutela inibitória que se aplica contra a prática, a repetição ou a continuação do ilícito, e a tutela de remoção do ilícito, aplicável diante dos seus efeitos. Vale dizer, a norma afirma a distinção entre ato ilícito e fato danoso, os quais, em realidade, podem e devem ser destacados para que os direitos sejam tutelados de maneira mais adequada.[67]

A confusão entre ilícito e dano pode ser compreendida pelo fato de o dano configurar-se como um sintoma sensível de violação da norma, o que pode ser atribuído à frequente contextualidade cronológica que dificulta a distinção entre os fenômenos.[68] Em realidade, a imprecisão identificada na defesa da aplicação da responsabilidade civil apenas com base no ilícito e com o recurso à tutela inibitória acabaria por promover a mitigação da diferença funcional entre a tutela do ilícito e a tutela do dano.[69] Atribuir, portanto, à responsabilidade civil, com a sua lógica sistêmica própria, a responsabilidade por decorrência de mera ilicitude representaria uma involução em termos históricos, com

---

[66] MARINONI, Luiz Guilherme. *Tutela inibitória*: individual e coletiva. 4. ed. rev., atual. e ampl. São Paulo: Revista dos Tribunais, 2006 apud. RODRIGUES, Cássio Monteiro. Reparação de danos e função preventiva da responsabilidade civil: parâmetros para o ressarcimento de despesas preventivas ao dano. *Civilistica.com*, Rio de Janeiro, a. 9, n. 1, 2020. Disponível em: http://civilistica.com/reparacao-por-danos-e-funcao-preventiva/. Acesso em 08 jun. 2020.

[67] MARINONI, Luiz Guilherme. *Tutela inibitória e tutela de remoção do ilícito*. Disponível em: http://www.abdpc.org.br/abdpc/artigos/Luiz%20G%20Marinoni%282%29%20-%20formatado.pdf. Acesso em 07 set. 2020.

[68] MARINONI, Luiz Guilherme. *Tutela inibitória e tutela de remoção do ilícito*. Disponível em: http://www.abdpc.org.br/abdpc/artigos/Luiz%20G%20Marinoni%282%29%20-%20formatado.pdf. Acesso em 07 set. 2020.

[69] RODRIGUES, Cássio Monteiro. Reparação de danos e função preventiva da responsabilidade civil: parâmetros para o ressarcimento de despesas preventivas ao dano. *Civilistica.com*, Rio de Janeiro, a. 9, n. 1, 2020. p. 18-19. Disponível em: http://civilistica.com/reparacao-por-danos-e-funcao-preventiva/. Acesso em 08 jun. 2020.

a impossibilidade de harmonizar de maneira razoavelmente lógica o escopo do instituto.[70]

A referência ao direito penal também é realizada para a defesa da responsabilidade civil sem dano, a partir dos crimes de mera conduta, nos quais, para a configuração do tipo penal prescinde-se de um resultado material, bastando a conduta praticada pelo agente.[71] Todavia, além de se verificar uma certa confusão conceitual, na medida em que a exposição a perigo – escopo importante da função preventiva da responsabilidade civil – se configuraria como um crime material,[72] tendo os crimes de mera conduta uma ontologia diversa, como observa Cezar Roberto Bitencourt,[73] a seara penal ainda é estritamente delimitada, para a sua incidência, aos confins da tipicidade, da antijuridicidade e da culpabilidade.

A comparação parece imprópria ao desconsiderar as peculiaridades de cada ramo do direito. A rigor, esse raciocínio contrariaria a lógica que tem prevalecido no Direito ocidental nos últimos séculos, a saber, a delimitação sobre as regras repressivas com o fim de mitigar o excesso ou o arbítrio.[74]

A investigação das linhas apresentadas na sustentação da responsabilidade preventiva apresenta um diálogo nem sempre assinalado

---

[70] CARRÁ, Bruno Leonardo Câmara. *Responsabilidade civil sem dano*: uma análise crítica – limites epistêmicos a uma responsabilidade civil preventiva ou por simples conduta. São Paulo: Atlas, 2015.

[71] Cf. VIEIRA, Andrey Bruno Cavalcante; EHRHARDT JÚNIOR, Marcos. O direito de danos e a função preventiva: desafios de sua efetivação a partir da tutela inibitória em casos de colisão de direitos fundamentais. *Revista IBERC*, [s. l], v. 2, n. 2, p. 1-30, set. 2019. p. 19. Disponível em: https://revistaiberc.responsabilidadecivil.org/iberc/article/view/56. Acesso em 02 abr. 2020.

[72] A propósito: "O reconhecimento dos danos por exposição é de extrema importância, porque são eles que demarcam a fronteira última entre o dano e a mera ilicitude como pressuposto para a indenização. Parte dos teóricos da responsabilidade civil sem danos vê neles precisamente a manifestação da novel modalidade de responsabilidade que defendem". (CARRÁ, Bruno Leonardo Câmara. *Responsabilidade civil sem dano*: uma análise crítica – limites epistêmicos a uma responsabilidade civil preventiva ou por simples conduta. São Paulo: Atlas, 2015. p. 251).

[73] "(...) a classificação que consideramos mais adequada em função da técnica legislativa utilizada na redação dos tipos penais, é aquela que distingue os crimes de resultado dos crimes de mera conduta, porque o elemento a ser considerado, nesse âmbito, é se, para a consumação do crime, há exigência da produção de algum tipo de resultado: nos crimes materiais podem ser diferenciadas as espécies de resultado (de dano ou de perigo, como veremos no tópico seguinte), enquanto nos crimes de mera conduta, a simples ação ou omissão já é suficiente para a sua consumação". (BITENCOURT, Cezar Roberto. *Tratado de Direito Penal*: parte geral 1. 20. ed. rev., ampl. e atual. São Paulo: Saraiva: 2014. p. 281-282).

[74] CARRÁ, Bruno Leonardo Câmara. *Responsabilidade civil sem dano*: uma análise crítica – limites epistêmicos a uma responsabilidade civil preventiva ou por simples conduta. São Paulo: Atlas, 2015. p. 91-92.

com a função punitiva da responsabilidade civil. Nelson Rosenvald faz alusão à possibilidade de se valer de sanções, sejam elas positivas, no sentido de se valorizar aqueles agentes que apresentem uma "diligência extraordinária" na atividade econômica para evitar danos, sejam de ordem negativa, de natureza subjetiva e baseando-se em um juízo de reprovabilidade da conduta do agente, como a expressão da função preventiva da responsabilidade civil. O autor acrescenta que a tutela inibitória e a pena civil compartilhariam uma função preventiva de ilícitos, sendo a primeira de natureza processual e a segunda de direito material, delimitada pelo legislador.[75]

A doutrina pondera, no entanto, sobre a inadmissibilidade da multa civil enquanto instrumento da responsabilidade preventiva em razão do seu atuar *ex post* ao dano, uma vez que "mesmo as sanções civis pecuniárias ou restritivas de direito não incidem sobre uma pessoa pela mera ilicitude de sua conduta", além de que atuariam como uma prevenção indireta, um desestímulo psicológico, e não para prevenção de um dano específico.[76]

Em última análise, apesar de se extrair da ordem jurídica o imperativo da prevenção, a responsabilidade civil não comporta esse propósito de maneira autônoma e independente do dano. Embora se reconheça a necessidade de se superar um paradigma puramente estrutural dos institutos jurídicos, dando-se ênfase à sua função, à qual deve ser a estrutura subordinada, há de existir um mínimo de correlação entre esses elementos. O movimento observado reflete o propósito de reformar as bases da responsabilidade civil sem uma relação orgânica com a sua normatização e de maneira hipertrófica, em desatenção ao fato de que a gestão do dano na sociedade de risco não há de ser realizada

---

[75] Rosenvald esclarece: "(...) a inibitória e a pena civil nitidamente se distanciam em seus planos estrutural e funcional, ou seja, nem tudo que supera ou ignora a medida dos danos será uma sanção punitiva civil. Enquanto a tutela inibitória busca o objetivo de tornar economicamente ineficiente a persistência do agente no ilícito, na pena civil a sanção perseguirá uma condenação exemplar, possuindo caráter preventivo especial (a pena desestimulará a prática de ilícitos pelo próprio agente contra terceiros) e geral (a pena é instrumento de dissuasão contra outros potenciais ofensores". (ROSENVALD, Nelson. *As funções da responsabilidade civil*: a reparação e a pena civil. 3. ed. São Paulo: Saraiva, 2017. p. 141-142; 242-243).

[76] RODRIGUES, Cássio Monteiro. Reparação de danos e função preventiva da responsabilidade civil: parâmetros para o ressarcimento de despesas preventivas ao dano. *Civilistica.com*, Rio de Janeiro, a. 9, n. 1, 2020. p. 22-23. Disponível em: http://civilistica.com/reparacao-por-danos-e-funcao-preventiva/. Acesso em 08 jun. 2020.

apenas através da responsabilidade civil.⁷⁷ Sobre essas inconsistências, observa Maria Celina Bodin de Moraes:

> Torna-se cada vez mais difícil encontrar alguma grande função dos institutos jurídicos que já não tenha sido atribuída à responsabilidade civil, setor do direito civil que perde progressivamente sua identidade e revela a sua insuficiência como remédio para problemas que nunca foram sua preocupação original. Semelhante processo operou-se nos últimos anos sem que ocorresse nenhuma mudança no ordenamento brasileiro que permitisse superar as críticas, traçadas nesta obra, à adoção dos *punitive damages* no Brasil ou que justificasse a possibilidade de um instrumento de tutela eminentemente *a posteriori*, como o dever de indenizar, passar a comportar uma função prioritariamente preventiva e anterior à produção de um dano.⁷⁸

A revalorização do papel da culpa no âmbito da responsabilidade civil que vem sendo sustentada pode encontrar óbices estruturais e funcionais no instituto. A *contraofensiva da culpa*, que Anderson Schreiber se refere a partir de Geneviève Viney, se apresentaria como um movimento preocupado com o excessivo afastamento da concepção ética da responsabilidade civil, de forma a invocar o seu caráter sancionatório. Ocorre que o avanço da responsabilidade objetiva e as modificações verificadas na acepção de culpa têm levado a responsabilidade civil a um campo separado de preocupações de ordem subjetiva e progressivamente afastado da noção de culpabilidade.⁷⁹ A separação entre culpa e moral trouxe a prevalência, ainda que na responsabilidade subjetiva, da função reparatória sobre qualquer outra função que pudesse vir a

---

⁷⁷ CARRÁ, Bruno Leonardo Câmara. *Responsabilidade civil sem dano*: uma análise crítica – limites epistêmicos a uma responsabilidade civil preventiva ou por simples conduta. São Paulo: Atlas, 2015. p. 92-106.

⁷⁸ Em situações particulares, Maria Celina Bodin de Moraes pondera: "É ainda de se aceitar um valor a mais na reparação do dano extrapatrimonial para situações potencialmente causadoras de lesões a um grande número de pessoas, como ocorre nos direitos difusos e coletivos *stricto sensu*, tanto na relação de consumo quanto no direito ambiental. Aqui, a *ratio* será a função preventivo-precautória, que o caráter punitivo inegavelmente possui, em relação às dimensões do universo a ser protegido. Embora não se possa intitulá-la de 'indenização preventiva', um verdadeiro paradoxo, a figura teria como parâmetros de quantificação as probabilidades de risco que já podem ser avaliáveis objetivamente". A autora acrescenta que, nessas hipóteses, a destinação da indenização não seria à vítima, mas se voltaria a beneficiar um número maior de pessoas, com o depósito em fundos apropriados, tal como definido na Lei nº 7.347/85, bem como no Código de Defesa do Consumidor. (BODIN DE MORAES, Maria Celina Bodin de. *Danos à Pessoa Humana*: uma leitura civil-constitucional dos danos morais. 2. ed. rev. Rio de Janeiro: Editora Processo, 2017. p. XXVI- XXX).

⁷⁹ SCHREIBER, Anderson. *Novos Paradigmas da Responsabilidade Civil*: da erosão dos filtros da reparação à diluição dos danos. 6. ed. São Paulo: Atlas, 2015. p. 49-50.

ser desempenhada pelo instituto.[80] A indispensável subordinação da função preventiva a uma finalidade reparadora ou ressarcitória é, nesta direção, também sustentada por Mafalda Miranda Barbosa.[81]

Como elucida José de Aguiar Dias, seria um truísmo sustentar a impossibilidade de se admitir a responsabilidade civil sem a existência de um dano,[82] na medida em que, resultando a responsabilidade civil em uma obrigação de reparar, em termos lógicos seria inviável a sua concretização onde não houvesse o que ser reparado.[83] Geneviève Viney, que asseverou a unanimidade em torno de ser imprescindível o dano para atrair a responsabilidade civil, seja extracontratual ou contratual, enfatizou a sua função de medir a reparação quando da aplicação do princípio da reparação integral.[84]

Ao destacar o paradigma de uma gradual objetivação da responsabilidade civil e da flexibilização da prova do nexo causal – que acabam por refletir a ênfase jurisprudencial no propósito compensatório –, pondera-se em doutrina que a identificação do dano seria o único filtro apto a funcionar, de maneira legítima, como instrumento de seleção das demandas de responsabilização.[85] Em última análise, na síntese de Gustavo Tepedino:

---

[80] SCHREIBER, Anderson. *Novos Paradigmas da Responsabilidade Civil*: da erosão dos filtros da reparação à diluição dos danos. 6. ed. São Paulo: Atlas, 2015. p. 43-44.

[81] "(...) parece-nos injustificada a defesa de uma finalidade preventiva que se autonomize da função reparadora. Esvaziada da consideração da pessoalidade, a prevenção transforma um instituto jurídico num instrumento de uma tecnocracia que contraria a estrutura básica, axiologicamente fundamentada, do sistema. (...) Unida aos vetores sedimentados, a prevenção deve manter-se dentro dos parâmetros por ele definidos, pelo que se subordinará sempre a uma finalidade reparadora ou ressarcitória". (BARBOSA, Mafalda Miranda. Reflexões em torno da responsabilidade civil: teleologia e teleonomologia em debate. *Boletim da Faculdade de Direito da Universidade de Coimbra*, Coimbra: Ed. Coimbra, n. 81, p. 599, 2005).

[82] "No campo da responsabilidade civil, o dano apresenta-se como elemento central, sem o qual não se configura o dever de indenizar". (TEPEDINO, Gustavo; TERRA, Aline de Miranda Valverde; GUEDES, Gisela Sampaio da Cruz. *Fundamentos de Direito Civil. Responsabilidade Civil*. Rio de Janeiro: Forense, 2020. p. 29).

[83] DIAS, José de Aguiar. *Da responsabilidade civil*. 11. ed. atual. Rui Berford Dias. Rio de Janeiro: Renovar, 2006. p. 341.

[84] VINEY, Geneviève. La responsabilité civile. *In*: GHESTIN, Jacques (Coord.). Traité de droit civil. Librairie Générale de Droit et de Jurisprudence, Paris, n. 247, 1965 *apud*. PEREIRA, Caio Mário da Silva. *Responsabilidade Civil*. 12. ed. rev. atual. e ampl. Por Gustavo Tepedino. Rio de Janeiro: Forense, 2018. p. 55.

[85] A propósito, Anderson Schreiber pondera que, apesar da aceleração no processo de solidarização nas cortes judiciais em relação aos pressupostos tradicionais da reparação, as decisões continuam vinculadas à perspectiva individual, a demandar uma revisão crítica da função da responsabilidade civil. Com efeito, Schreiber, para sustentar o propósito da diluição de danos pela sociedade, aponta a necessidade de superação de um paradigma individualista, em direção a uma autêntica responsabilidade social, partindo do pressuposto que a resposta não estaria em uma reforma estrutural do instituto. (SCHREIBER, Anderson.

Tão grave quanto a ausência de reparação por um dano injusto mostra-se a imputação do dever de reparar sem a configuração de seus elementos essenciais, fazendo-se do agente uma nova vítima. (...) A indenização imposta sem a observância dos seus pressupostos representa, a médio prazo, o colapso do sistema, uma violência contra a atividade econômica e um estímulo ao locupletamento. (...) Aos estudiosos da responsabilidade civil apresenta-se, portanto, o desafio de garantir o ressarcimento amplo, de modo compatível com a locação de riscos estabelecida na sociedade atual, sem que se pretenda transferir para a reparação civil os deveres de justiça social desdenhados por insuficientes políticas públicas e deficitária seguridade social.[86]

Embora legítimo o propósito da prevenção, não pode ser imputada à responsabilidade civil uma ampla gestão de riscos em desconformidade com os seus pressupostos. Para além da responsabilidade civil, aponta-se a ideia de uma gestão conglobante no propósito de se evitar os danos. Para tanto, vários institutos e atores interagiriam de maneira coordenada e conjugada, para além do Direito estritamente considerado, mas em uma abordagem multidisciplinar e consentânea à complexidade das demandas contemporâneas.[87]

A inadmissibilidade da prevenção como uma função autônoma da responsabilidade civil não importa, todavia, em afastar o necessário diálogo entre a prevenção e o campo da responsabilidade civil. Como exemplo na ordem jurídica brasileira de interação entre a prevenção e a responsabilidade civil – em atenção aos seus pressupostos – importante é a referência da Lei Geral de Proteção de Dados Pessoais (LGPD – Lei nº 13.709/2018).

Novos Paradigmas da Responsabilidade Civil: da erosão dos filtros da reparação à diluição dos danos. 6. ed. São Paulo: Atlas, 2015. p. 195, 245-246, 256-257).

[86] TEPEDINO, Gustavo. O Futuro da Responsabilidade Civil. *Revista Trimestral de Direito Civil*, Rio de Janeiro: Padma, v. 24, 2005.

[87] CARRÁ, Bruno Leonardo Câmara. *Responsabilidade civil sem dano*: uma análise crítica – limites epistêmicos a uma responsabilidade civil preventiva ou por simples conduta. São Paulo: Atlas, 2015. p. 104-105. Adicionalmente, sobre a adoção de seguros, regulação de determinados setores econômicos, incremento da atividade fiscalizatória, entre outros, cf. SCHREIBER, Anderson. *Novos Paradigmas da Responsabilidade Civil*: da erosão dos filtros da reparação à diluição dos danos. 6. ed. São Paulo: Atlas, 2015. p. 221-246.

3.3 A exemplaridade dos influxos entre prevenção e responsabilidade civil na Lei Geral de Proteção de Dados Pessoais

Stefano Rodotà alertava que a proteção de dados pessoais é o direito fundamental mais expressivo da condição humana contemporânea, na medida em que se apresenta como chave, na era da informação, para que diversos direitos e garantias sejam tutelados.[88] A proteção de dados transcende a esfera individual, alçando-se a um patamar de tutela coletiva, diferentemente da privacidade.[89] A gravidade e a irreversibilidade das lesões nesse âmbito, em especial na esfera coletiva, tem exemplo emblemático no escândalo da *Cambridge Analytica*.[90]

Nessa direção, a ênfase à prevenção no âmbito da proteção de dados pessoais apresenta-se como um componente sensível que se extrai do *General Data Protection Regulation* (GDPR – Regulamento nº 2016/679 do Parlamento Europeu e do Conselho da União Europeia) e da LGPD. No art. 6º da regulação brasileira, é normatizado o princípio da prevenção que estabelece o imperativo da "adoção de medidas para prevenir a ocorrência de danos em virtude do tratamento de dados pessoais". Em paralelo, também é prescrito o princípio da responsabilização e prestação de contas, que dispõe sobre a necessidade de "demonstração, pelo agente, da adoção de medidas eficazes e capazes de comprovar a observância e o cumprimento das normas de proteção de dados pessoais e, inclusive, da eficácia dessas medidas".

---

[88] RODOTÀ, Stefano. *A vida na sociedade da vigilância. A privacidade hoje*. (Trad. Danilo Doneda e Luciana Cabral Doneda). Rio de Janeiro: Renovar, 2008. p. 21.

[89] A perspectiva coletiva endereçada pela LGPD é utilizada em sentido amplo, uma vez que o tratamento de dados pessoais tanto pode repercutir em lesões à esfera individual que podem vir a ser tuteladas coletivamente (direitos individuais homogêneos), quanto em se tratando de direitos transindividuais.

[90] A *Cambridge Analytica* se associou à chamada *Global Science Research*, de Aleksandr Kogan, um pesquisador do departamento de psicologia da Universidade de Cambridge, que havia desenvolvido um aplicativo, chamado *"My Digital Life"*, através do *Facebook*, para coletar dados e traçar perfis dos usuários que o utilizavam e da rede de amigos, sem consentimento. A partir de uma vasta coleta de dados foi possível desenvolver perfis psicométricos dos usuários, com o fim de enviar propaganda política hiperpersonalizada. O caso foi revelado pelo *The Guardian*, a partir da delação de Wylie, que afirmou o objetivo de moldar a opinião pública na penúltima eleição presidencial nos Estados Unidos, além do movimento favorável ao BREXIT. (CADWALLADR, Carole; GRAHAM-HARRISON, Emma. Revealed: 50 million Facebook profiles harvested for Cambridge Analytica in major data breach. *The Guardian*, [S.l.], 17 mar. 2018. Disponível em: https://www.theguardian.com/news/2018/mar/17/cambridge-analytica-facebook-influence-us-election. Acesso em 06 jul. 2018).

Além disso, em atenção ao propósito da circulação controlada de dados pessoais,[91] são estabelecidos diversos remédios em favor dos titulares de dados no marco regulatório brasileiro com o fim de assegurar que o fluxo informacional se dê de maneira adequada, além de apresentar campo para que os titulares exerçam a sua autonomia informacional.

Vale dizer, para além de representar um propósito da LGPD, a prevenção também se apresenta como um cânone para aferir a responsabilização do controlador ou do operador que, na atividade de tratamento de dados pessoais, causar dano patrimonial, moral, individual ou coletivo, enquanto instrumento para identificar a ocorrência de violação à norma. É o que se extrai do art. 42, da LGPD,[92] o qual, a propósito, se refere expressamente ao pressuposto do *dano* para a atração do instituto.

Embora existam divergências sobre o regime da responsabilidade civil estabelecido na LGPD, enfatizou-se, em outra sede, a adoção pelo legislador de um novo sistema que busca, sobretudo, prevenir a ocorrência de danos, ao que os autores referem como "responsabilização proativa", extraída da principiologia da prevenção, da responsabilização e da prestação de contas.[93] Caitlin Mulholland, em caráter complementar, refere que os princípios da segurança,[94] da prevenção e da responsabilização e prestação de contas seriam fundantes da responsabilidade civil na LGPD.[95]

A prevenção representa verdadeira baliza para a proteção de dados pessoais e constitui critério interpretativo e valorativo para aferir a conformidade ou não dos agentes de tratamento com as balizas

---

[91] A insuficiência do controle individual nesse campo já era endereçada por Rodotà, demandando-se que o controle se faça na perspectiva coletiva, cf. RODOTÀ, Stefano. *A vida na sociedade da vigilância. A privacidade hoje.* (Trad. Danilo Doneda e Luciana Cabral Doneda). Rio de Janeiro: Renovar, 2008. p. 37.

[92] "Art. 42. O controlador ou o operador que, em razão do exercício de atividade de tratamento de dados pessoais, causar a outrem dano patrimonial, moral, individual ou coletivo, em violação à legislação de proteção de dados pessoais, é obrigado a repará-lo".

[93] Cf. BODIN DE MORAES, Maria Celina; QUEIROZ, João Quinelato de. Autodeterminação informativa e responsabilização proativa: novos instrumentos de tutela da pessoa humana na LGDP. In: *Cadernos Adenauer*, v. 3, a. XX, 2019; BODIN DE MORAES, Maria Celina. LGPD: um novo regime de responsabilização civil dito "proativo". Editorial à *Civilistica.com*, Rio de Janeiro, a. 8, n. 3, 2019. Disponível em: http://civilistica.com/lgpd-um-novo-regime/. Acesso em 09 set. 2020.

[94] Em específico, emerge o papel da segurança da informação enquanto mecanismo de prevenção e, ao mesmo tempo, critério apontado na LGPD como referência para a responsabilização dos agentes de tratamento. Exemplo é o *caput* do art. 44.

[95] IBERC – RESPONSABILIDADE CIVIL. *I Simpósio de Responsabilidade Civil e Proteção de Dados.* 2020. Son., color. Disponível em: https://www.youtube.com/watch?v=igbbxkbqeKI. Acesso em 24 jan. 2021.

protetivas. Em outra perspectiva, a demonstrar o necessário diálogo entre a prevenção e a responsabilidade civil, a efetividade das balizas protetivas previstas na LGPD depende da efetividade dos instrumentos voltados à reparação de danos, como adverte Anderson Schreiber.[96]

O marco regulatório geral de proteção de dados brasileiro exemplifica como a prevenção e a responsabilidade civil podem se coordenar, sem desatentar para os pressupostos fundamentais para a responsabilização, em específico, o dano. A evolução no campo da proteção de dados pessoais ilustra a necessidade de se endereçar os riscos subjacentes aos progressivos avanços tecnológicos a partir da perspectiva preventiva, reservada, na hipótese de lesão ressarcível a interesses juridicamente tutelados, a atuação do instituto da responsabilidade civil para atender à sua função genuína: a compensação.

4 Considerações finais

A dilatação quantitativa e qualitativa das lesões a interesses juridicamente tutelados, na contemporaneidade, lança múltiplos desafios à civilística. De um lado, identificam-se formas de lesão à pessoa humana sem precedentes, muitas delas graves e irreversíveis e, de outro, fortalece-se o propósito de ampliação da sua tutela.

Entre as distintas funções que vêm sendo imputadas como próprias da responsabilidade civil contemporânea, entre elas a punição do ofensor e a prevenção, possível é reconhecer um escopo comum que se direciona à mitigação dos danos, diante de posturas abusivas e da irreparabilidade fática em diversas situações.

Todavia, a introdução da Constituição da República como guia orientativo do intérprete e do estudioso civilista, sobretudo no campo da responsabilidade civil,[97] impõe a reflexão sobre a inarredável afirmativa

---

[96] SCHREIBER, Anderson. Responsabilidade Civil na Lei Geral de Proteção de Dados Pessoais. *In*: MENDES, Laura Schertel *et al.* (Org.). *Tratado de Proteção de Dados Pessoais*. Rio de Janeiro: Forense, 2020. Cap. 16, p. 337.

[97] "Uma análise retrospectiva desses anos pós-constitucionais revela, no geral, uma história bem-sucedida. Contamos com um ordenamento jurídico plural e solidário, com a proteção cada vez mais plena e integral da pessoa humana e com uma metodologia de interpretação e aplicação do direito mais flexível e justa. No âmbito do direito civil, em especial, consolida-se a ideia de que a supremacia hierárquica do texto constitucional impõe não apenas o respeito formal às normas superiores, mas exige que a legislação ordinária seja sempre interpretada e aplicada de modo a garantir a máxima eficácia dos preceitos da Constituição". (BODIN DE MORAES, Maria Celina. Professores ou juízes? Editorial. *Civilistica.com*, Rio de Janeiro, a. 3, n. 2, p. 1-3, jul./dez. 2014. Disponível em: http://civilistica.com/professores-ou-juizes/. Acesso em 23 fev. 2021).

de que a função compensatória da responsabilidade civil, finalidade primeira do dever de indenizar, não comporta a criação de um dever majorado de indenização, mesmo em hipóteses de danos socialmente relevantes ou em campos de alta densidade social – seja pela majoração do *quantum* indenizatório ou, com maior razão ainda, pela criação de uma parcela autônoma de indenização a títulos punitivos.

Com efeito, no desenvolvimento do presente trabalho foi possível verificar que embora se identifique, no ordenamento jurídico brasileiro, diversos mecanismos que buscam assegurar a proteção da pessoa, à responsabilidade civil vem sendo atribuídas funções que não encontram qualquer correlação orgânica com o instituto, tal como ele está concebido na ordem jurídica, que atribui a centralidade à reparação da vítima.

Para além de se considerar que a gestão dos danos não apenas pode, mas deve ser endereçada de maneira interdisciplinar, a cautela deve se fazer presente para evitar uma hipertrofia da responsabilidade civil e a sua aplicação em desconformidade com os seus pressupostos. Sobretudo, o dano ressarcível, apresentado pela doutrina como o único elemento legítimo, em atenção ao cenário jurisprudencial brasileiro, para filtrar as demandas de reparação e delimitar a extensão da compensação, não pode ser dispensado para a atração do instituto, sob pena de esvaziamento da sua função genuína, qual seja, o propósito de compensá-lo.

Referências

BARBOSA, Mafalda Miranda. Reflexões em torno da responsabilidade civil: teleologia e teleonomologia em debate. *Boletim da Faculdade de Direito da Universidade de Coimbra*, Coimbra: Ed. Coimbra, n. 81, p. 599, 2005.

BITENCOURT, Cezar Roberto. *Tratado de Direito Penal*: parte geral 1. 20. ed. rev., ampl. e atual. São Paulo: Saraiva: 2014.

BODIN DE MORAES, Maria Celina. A constitucionalização do direito civil e seus efeitos sobre a responsabilidade civil. *In*: *Na medida da pessoa humana*: estudos de direito civil-constitucional. Rio de Janeiro: Renovar, 2016.

BODIN DE MORAES, Maria Celina. Caráter punitivo, além de compensatório? *In*: *Danos à Pessoa Humana*: uma leitura civil-constitucional dos danos morais. 2. ed. Rio de Janeiro: Editora Processo, 2017.

BODIN DE MORAES, Maria Celina Bodin de. *Danos à Pessoa Humana*: uma leitura civil-constitucional dos danos morais. 2. ed. rev. Rio de Janeiro: Editora Processo, 2017.

BODIN DE MORAES, Maria Celina. LGPD: um novo regime de responsabilização civil dito "proativo". Editorial à *Civilistica.com*, Rio de Janeiro, a. 8, n. 3, 2019. Disponível em: http://civilistica.com/lgpd-um-novo-regime/. Acesso em 09 set. 2020.

BODIN DE MORAES, Maria Celina. Professores ou juízes? Editorial. *Civilistica.com*, Rio de Janeiro, a. 3, n. 2, p. 1-3, jul./dez. 2014. Disponível em: http://civilistica.com/professores-ou-juizes/. Acesso em 23 fev. 2021.

BODIN DE MORAES, Maria Celina; QUEIROZ, João Quinelato de. Autodeterminação informativa e responsabilização proativa: novos instrumentos de tutela da pessoa humana na LGDP. *In*: *Cadernos Adenauer*, v. 3, a. XX, 2019.

BRAGA NETTO, Felipe Peixoto; SILVA, Michael César; THIBAU, Vinícius Lott (Coord.). *O direito privado e o novo código de processo civil*: repercussões, diálogos e tendências. Belo Horizonte: Fórum, 2018.

BRAGA NETTO, Felipe Peixoto; ADJAFRE, Karine Cysne Frota. Tutela contra o ilícito: em busca de contornos conceituais. *In*: BRAGA NETTO, Felipe Peixoto; SILVA, Michael César; THIBAU, Vinícius Lott (Coord.). *O direito privado e o novo código de processo civil*: repercussões, diálogos e tendências. Belo Horizonte: Fórum, 2018.

BUSNELLI, Francesco Donato. Deterrenza, responsabilità civile, fato illecito, danni punitivi. *Europa e Diritto Privato*, n. 4, 2009.

CADWALLADR, Carole; GRAHAM-HARRISON, Emma. Revealed: 50 million Facebook profiles harvested for Cambridge Analytica in major data breach. *The Guardian*, [S.l.], 17 mar. 2018. Disponível em: https://www.theguardian.com/news/2018/mar/17/cambridge-analytica-facebook-influence-us-election. Acesso em 06 jul. 2018.

CALIXTO, Marcelo. *A culpa na responsabilidade civil*: estrutura e função. Rio de Janeiro: Renovar, 2008.

CARRÁ, Bruno Leonardo Câmara. *Responsabilidade civil sem dano*: uma análise crítica – limites epistêmicos a uma responsabilidade civil preventiva ou por simples conduta. São Paulo: Atlas, 2015.

CAVALIERI FILHO, Sérgio. *Programa de responsabilidade civil*. 8. ed. São Paulo: Atlas, 2008.

DIAS, José de Aguiar. *Da responsabilidade civil*. 11. ed. atual. Rui Berford Dias. Rio de Janeiro: Renovar, 2006.

EUROPEAN GROUP ON TORT LAW. *Principles of European Tort Law*. Disponível em: http://www.egtl.org/docs/PETLPortuguese.pdf. Acesso em 09 ago. 2020.

FARIAS, Cristiano Chaves de; ROSENVALD, Nelson; NETTO, Felipe Peixoto Braga. *Curso de Direito Civil*: responsabilidade civil. Salvador: Ed. Jus Podivm, 2019.

GARNER, Bryan A. *Black's Law Dictionary*. 8. ed. Saint Paul: Thomson West, 2007.

IBERC – RESPONSABILIDADE CIVIL. *I Simpósio de Responsabilidade Civil e Proteção de Dados*. 2020. Son., color. Disponível em: https://www.youtube.com/watch?v=igbbxkbqeKI. Acesso em 24 jan. 2021.

JOSSERAND, Louis. Evolução da responsabilidade civil. *Revista Forense*, Rio de Janeiro: v. LXXXVI, a. XXXVIII, p. 548, abr. 1941.

LOPEZ, Teresa Ancona. *Princípio da precaução e evolução da responsabilidade civil*. São Paulo: Quartier Latin, 2010.

MARINHO, Maria Proença. Indenização punitiva: potencialidades no ordenamento brasileiro. *In*: SOUZA, Eduardo Nunes de; SILVA; Rodrigo da Guia. *Controvérsias Atuais em Responsabilidade Civil*. São Paulo: Almedina, 2018.

MARINONI, Luiz Guilherme. *Tutela inibitória*: individual e coletiva. 4. ed. rev., atual. e ampl. São Paulo: Revista dos Tribunais, 2006.

MARINONI, Luiz Guilherme. *Tutela inibitória e tutela de remoção do ilícito*. Disponível em: http://www.abdpc.org.br/abdpc/artigos/Luiz%20G%20Marinoni%282%29%20-%20 formatado.pdf. Acesso em 07 set. 2020.

MARTINS-COSTA, Judith. Os danos à pessoa no Direito Brasileiro e a Natureza da sua Reparação. *Revista da Faculdade de Direito da UFRGS*, v. 19, p. 204-207, mar. 2001.

MARTINS-COSTA, Judith; PARGENDLER, Mariana. Usos e abusos da função punitiva. Punitive Damages e o Direito brasileiro. *R. CEJ*, Brasília, n. 28, p. 16-19, jan./mar. 2005.

MIRAGEM, Bruno Nubens Barbosa. *Direito civil*: responsabilidade civil. São Paulo: Saraiva, 2015.

MONATERI, Pier Giuseppe. *L'Analisi Economica della Responsabilità Civile*: costo e prevenzione degli incidenti. Disponível em: https://www.academia.edu/27494191/ LANALISI_ECONOMICA_DELLA_RESPONSABILITA_CIVILE_COSTO_E_ PREVENZIONE_DEGLI_INCIDENTI. Acesso em 09 ago. 2020.

ON, Alexandru-Daniel. Prevention and the Pillars of a Dynamic Theory of Civil Liability: a comparative study on preventive remedies. *Research Papers*, n. 1, p. 12-15, 2013. Disponível em: http://digitalcommons.law.lsu.edu/studpapers/1. Acesso em 01 set. 2020.

PEREIRA, Caio Mário da Silva. *Responsabilidade Civil*. 11. ed. Rio de Janeiro: Forense, 2016.

PEREIRA, Caio Mário da Silva. *Responsabilidade Civil*. 12. ed. rev. atual. e ampl. Por Gustavo Tepedino. Rio de Janeiro: Forense, 2018.

PERLINGIERI, Pietro. *O direito civil na legalidade constitucional*. Rio de Janeiro: Renovar, 2008.

PINTO MONTEIRO, António. *Cláusula penal e indemnização*. 1. impr. Coimbra: Almedina, 1999.

RODOTÀ, Stefano. *A vida na sociedade da vigilância. A privacidade hoje*. (Trad. Danilo Doneda e Luciana Cabral Doneda). Rio de Janeiro: Renovar, 2008.

RODRIGUES, Cássio Monteiro. Reparação de danos e função preventiva da responsabilidade civil: parâmetros para o ressarcimento de despesas preventivas ao dano. *Civilistica.com*, Rio de Janeiro, a. 9, n. 1, 2020. Disponível em: http://civilistica.com/reparacao-por-danos-e-funcao-preventiva/. Acesso em 08 jun. 2020.

ROSENVALD, Nelson. *As funções da responsabilidade civil*: a reparação e a pena civil. 3. ed. São Paulo: Saraiva, 2017.

ROSENVALD, Nelson. Responsabilidade civil: compensar, punir e restituir. *Revista IBERC*, [s. l], v. 2, n. 2, p. 1-9, abr./jun. 2019. Editorial. Disponível em: https://revistaiberc. responsabilidadecivil.org/iberc/article/view/48. Acesso em 02 ago. 2020.

SCHREIBER, Anderson *et al*. *Código Civil comentado – doutrina e jurisprudência*. Rio de Janeiro: Editora Forense, 2019.

SCHREIBER, Anderson. *Novos Paradigmas da Responsabilidade Civil*: da erosão dos filtros da reparação à diluição dos danos. 6. ed. São Paulo: Atlas, 2015.

SCHREIBER, Anderson. Responsabilidade Civil na Lei Geral de Proteção de Dados Pessoais. *In*: MENDES, Laura Schertel *et al.* (Org.). *Tratado de Proteção de Dados Pessoais.* Rio de Janeiro: Forense, 2020. Cap. 16.

SILVA, Rodrigo da Guia. *Enriquecimento sem causa*: as obrigações restitutórias no direito civil. São Paulo: Thomson Reuters Brasil, 2018.

TEPEDINO, Gustavo. A tutela da personalidade no ordenamento civil-constitucional brasileiro. *In*: *Temas de Direito Civil.* Rio de Janeiro: Renovar, 2004.

TEPEDINO, Gustavo. A Evolução da Responsabilidade Civil no Direito Brasileiro e suas Controvérsias na Atividade Estatal. *In*: *Temas de Direito Civil.* Rio de Janeiro: Renovar, 2008.

TEPEDINO, Gustavo; BARBOZA, Heloisa Helena; BODIN DE MORAES, Maria Celina. *Código Civil interpretado conforme as a Constituição da República.* Rio de Janeiro: Renovar, 2006. v. II.

TEPEDINO, Gustavo; BARBOZA, Heloisa Helena; BODIN DE MORAES, Maria Celina. *Código Civil Interpretado conforme a Constituição da República.* 2. ed. Rio de Janeiro: Renovar, 2007.

TEPEDINO, Gustavo. Normas constitucionais e direito civil na construção unitária do ordenamento. *In*: *Temas de Direito Civil.* Rio de Janeiro: Renovar, 2009. t. III.

TEPEDINO, Gustavo. O Futuro da Responsabilidade Civil. *Revista Trimestral de Direito Civil*, Rio de Janeiro: Padma, v. 24, 2005.

TEPEDINO, Gustavo. Premissas metodológicas para a constitucionalização do Direito Civil. *In*: *Temas de Direito Civil.* 3. ed. Rio de Janeiro: Renovar, 2004.

TEPEDINO, Gustavo; SCHREIBER, Anderson. As penas privadas no direito brasileiro. *In*: SARMENTO, Daniel; GALDINO, Flávio (Org.). *Direitos fundamentais*: estudos em homenagem ao professor Ricardo Lobo Torres. Rio de Janeiro: Renovar, 2006.

TEPEDINO, Gustavo; TERRA, Aline de Miranda Valverde; GUEDES, Gisela Sampaio da Cruz. *Fundamentos de Direito Civil. Responsabilidade Civil.* Rio de Janeiro: Forense, 2020.

VENTURI, Thaís G. Pascoaloto. A responsabilidade civil como instrumento de tutela e efetividade dos direitos da pessoa. *Civilistica.com*, Rio de Janeiro, a. 5, n. 2, p. 7-20, 2016. Disponível em: http://civilistica.com/a-responsabilidade-civil-como-instrumento/. Acesso em 02 fev. 2020.

VENTURI, Thaís G. Pascoaloto. *Responsabilidade civil preventiva*: a proteção contra a violação dos direitos e a tutela inibitória material. São Paulo: Malheiros, 2014.

VIEIRA, Andrey Bruno Cavalcante; EHRHARDT JÚNIOR, Marcos. O direito de danos e a função preventiva: desafios de sua efetivação a partir da tutela inibitória em casos de colisão de direitos fundamentais. *Revista IBERC*, [s. l], v. 2, n. 2, p. 1-30, set. 2019. Disponível em: https://revistaiberc.responsabilidadecivil.org/iberc/article/view/56. Acesso em 02 abr. 2020.

VINEY, Geneviève. La responsabilité civile. *In*: GHESTIN, Jacques (Coord.). Traité de droit civil. *Librairie Générale de Droit et de Jurisprudence*, Paris, n. 247, 1965.

Informação bibliográfica deste texto, conforme a NBR 6023:2018 da Associação Brasileira de Normas Técnicas (ABNT):

QUINELATO, João; KORKMAZ, Maria Regina Rigolon. Funções punitiva e preventiva da responsabilidade civil: (in)compatibilidades com a responsabilidade civil brasileira. *In*: TEPEDINO, Gustavo; SILVA, Rodrigo da Guia (Coord.). *Relações patrimoniais*: contratos, titularidades e responsabilidade civil. Belo Horizonte: Fórum, 2021. p. 275-307. ISBN 978-65-5518-233-0.

OS CHAMADOS NOVOS DANOS E ADMISSIBILIDADE DO TEMPO COMO BEM JURÍDICO PASSÍVEL DE TUTELA NO ORDENAMENTO JURÍDICO BRASILEIRO

AMANDA PIERRE DE MORAES MOREIRA
DANIELLE TAVARES PEÇANHA

1 Notas introdutórias

Vivencia-se o vertiginoso aumento do que se convencionou chamar de "novos danos", seja como resultado de um contexto de ausência de política pública eficiente, que impõe ao Poder Judiciário, de forma cada vez mais enérgica e profunda, a intervenção e a última palavra em situações de abalo à esfera de direitos de indivíduos ou da coletividade, na forma de concessão de indenizações muitas vezes vultosas, seja em razão da erosão dos filtros tradicionais de reparação.[1] Nesse contexto, novas violações a bens jurídicos começam a ser questionadas, sobretudo no tocante à sua recepção e merecimento de tutela pelo ordenamento, e, no exame do que seria o dano injusto, nota-se a expansão qualitativa e quantitativa dos danos, traduzindo novo desafio ao Poder Judiciário e seus artesãos.

Já de início, a própria nomenclatura e o conceito dos chamados novos danos são postos em debate, anotando-se que o enfoque pretendido deve se dar no âmbito do exame do dano injusto (e já não mais restrito ao ato ilícito abstratamente considerado). Propõe-se, ademais, análise

---

[1] Cf.: SCHREIBER, Anderson. Os novos danos. *In*: *Novos paradigmas da responsabilidade civil*: da erosão dos filtros da reparação à diluição dos danos. 6. ed. São Paulo: Atlas, 2015.

acerca dos contornos que estes 'novos danos' assumem no ordenamento brasileiro e suas consequências práticas observadas em jurisprudência, que podem ser das mais diversas formas, assumindo caráter patrimonial ou extrapatrimonial.

Mais especificamente, no que se refere à temática da lesão ao tempo, recorrente no cenário veloz e assoberbado da vida contemporânea, que conduz à maior valorização do tempo e da liberdade das pessoas, discute-se sua admissibilidade no ordenamento jurídico brasileiro para fins de reparabilidade, bem como seus principais traços característicos. Questiona-se se haveria que falar em nova categoria autônoma de dano, e também se o tempo merecedor de salvaguarda pela ordem constitucional estaria circunscrito ao tempo útil ou também abarcaria a violação ao tempo livre, levantando-se, ainda, os questionamentos próprios dos limites e da qualificação desta reparabilidade, tanto em termos teóricos, quanto na prática dos Tribunais.

Com esses fins, o presente artigo visa a elucidar a temática dos novos danos, considerados sob a perspectiva funcional dos bens juridicamente tutelados pelo ordenamento, sublinhando a admissão e os contornos da chamada lesão ao tempo e sua configuração, tomando como amostra paradigmáticos precedentes colhidos do Superior Tribunal de Justiça e do Tribunal de Justiça do Rio de Janeiro, em observatório jurisprudencial, visando à preservação da unidade e da complexidade do ordenamento, com fins de fortalecer a conexão entre legislação, doutrina e julgados, e, por fim, anotando-se as considerações finais encontradas.

2 Os chamados novos danos à luz da valoração funcional dos bens juridicamente tutelados pelo ordenamento

Vislumbra-se no âmbito do sistema de responsabilidade civil contemporâneo verdadeira evolução dogmática, cujos institutos e categorias assumem perspectiva renovada, voltada a atender às atuais demandas, sempre impulsionadas pelas mudanças sociais, pelas novas tecnologias ou por novos modelos de negócios. Assume importância crucial a prioritária proteção conferida à vítima pela Constituição da República, que erige a dignidade da pessoa humana como fundamento da República Federativa do Brasil, já em seu art. 1º, III, ratificando-se a radical mudança de foco da responsabilidade civil, que deixa definitivamente de se dirigir à repressão das condutas negligentes dos causadores de danos, e passa a se concentrar prioritariamente na reparação dos danos sofridos pelas vítimas.[2]

A mudança de perspectiva reflete diretamente em todos os tradicionais pressupostos da responsabilidade civil, ganhando especial relevo os impactos sentidos no âmbito da análise do *dano*. Em primeiro lugar, a indenização passa a ser medida exclusivamente em virtude da repercussão que a lesão gera à vítima, a despeito de quaisquer considerações acerca da pessoa ou do patrimônio do ofensor, conforme dispõe o art. 944 do Código Civil. E em segundo lugar, e ponto essencial ao estudo que se pretende desenvolver, identificam-se o que se convencionou chamar de *novos danos*, a revelar, na verdade, a identificação de novos interesses juridicamente tutelados e novas situações lesivas a tais interesses.[3]

De fato, constata-se o que o Prof. Orlando Gomes denomina de "giro conceitual do ato ilícito para o dano injusto",[4] com a verificação de que há inúmeros danos provenientes de condutas outras que não configuram atos ilícitos, com os tradicionais pressupostos da conduta culposa, dano e nexo de causalidade, a exigirem, igualmente, a devida reparação civil. A discussão em torno da resposta reparatória centra-se não mais no descumprimento estrutural de certa lei, mas sim, na violação a valores e interesses tutelados pelo ordenamento, de modo que se deve verificar concretamente se o interesse violado é merecedor de tutela e permite o surgimento do dever de indenizar, que depende inexoravelmente da injustiça do dano.[5]

A constatação parte da premissa de que os bens não se subsomem à realidade material ou a uma previsão expressa do legislador, mas

---

[2] TEPEDINO, Gustavo; TERRA, Aline de Miranda Valverde; GUEDES, Gisela Sampaio. *Fundamentos do Direito Civil*: responsabilidade Civil. 2. ed. Rio de Janeiro: Forense, 2021. v. 4, p. 2.

[3] Já antecipando controvérsia que será abordada adiante, adotando a terminologia "novos suportes fáticos de danos", afirma Aline Terra: "A partir do exposto, conclui-se não haver, no direito brasileiro, nova categoria de dano, ao lado do dano moral e do dano patrimonial". (TERRA, Aline de Miranda Valverde. Danos autônomos ou novos suportes fáticos de danos? Considerações acerca da privação do uso e da perda do tempo nas relações de consumo. *In*: KNOERR, Viviane Coêlho de Séllos; FERREIRA, Keila Pacheco; STELZER, Joana (Orgs.). *Direito, Globalização e Responsabilidade nas Relações de Consumo*. Florianópolis: COPENDI, 2015. p. 218).

[4] GOMES, Orlando. Tendências modernas da reparação de danos. *In*: *Estudos em homenagem ao Professor Silvio Rodrigues*. Rio de Janeiro: Forense, 1980. p. 293.

[5] "O dano será injusto quando, ainda que decorrente de conduta lícita, afetando aspecto fundamental da dignidade humana, não for razoável, ponderados os interesses contrapostos, que a vítima dele permaneça irressarcida". (MORAES, Maria Celina Bodin de. *Danos à pessoa humana*: uma leitura civil-constitucional dos danos morais. Rio de Janeiro: Renovar, 2009. p. 179).

resultam de processo de individuação, de modo a determinar parcela autônoma e unitária sobre a qual recai interesse subjetivo cuja tutela justifica sua qualificação como bem jurídico,[6] emanado diretamente do princípio da dignidade da pessoa humana. Nesse cenário, admite-se contemporaneamente uma infinidade de bens passíveis de tutela pelo ordenamento jurídico, a depender dos interesses que neles são introjetados e à luz da função à qual se destinam nas concretas relações jurídicas. Redimensiona-se a própria noção de bens,[7] os quais, consistindo-se em objeto de aproveitamento econômico e integrando o patrimônio dos sujeitos, demandam tutela por parte do ordenamento jurídico.[8]

Percebe-se, então, que, à luz da pluralidade de bens jurídicos merecedores de tutela, inúmeras são as hipóteses de lesão que se poderá observar às situações jurídicas, que acabarão por apontar para a via ressarcitória como remédio adequado.[9] Daqui a associação entre os novos bens jurídicos, de que se toma como exemplo o tempo, e a identificação do que se consignou chamar de *novos danos ressarcíveis*.

Nesse ponto, a nomenclatura utilizada – *novos danos* –[10] não parece ser a mais adequada para retratar o fenômeno, já que a novidade não

---

[6] TEPEDINO, Gustavo. Livro (eletrônico) e o perfil funcional dos bens jurídicos na experiência brasileira. *In*: VICENTE, Dário Moreira *et al.* (Orgs.). *Estudos de Direito Intelectual em homenagem ao Prof. Doutor José de Oliveira Ascensão.* Coimbra: Almedina, 2015. item 1.

[7] "O conceito de bem é histórico e relativo. Histórico, porque a ideia de utilidade tem variado de acordo com as diversas épocas da cultura humana, e relativo porque tal variação se verifica em face das necessidades diversas por que o homem tem passado. Nos primórdios, as necessidades eram puramente vitais, respeitantes à defesa e à sobrevivência do indivíduo e do grupo. As coisas úteis e apropriáveis diziam respeito à vida orgânica e material dos indivíduos. Com a evolução da espécie humana e o desenvolvimento da vida espiritual, expresso na arte, na ciência, na religião, na cultura, enfim, surgiram novas exigências e novas utilidades, passando a noção de bem a ter sentido diverso do que tinha primitivamente". (AMARAL, Francisco. *Direito civil*: introdução. Rio de Janeiro: Renovar, 2003. p. 309-310).

[8] Na constatação de Francesco Ferrara: "Quali beni siano giuridicamente protetti, dipende dalle norme positive il determinare, in connessione alle condizioni di civiltà. Perciò il concetto di cosa è relativo e mutevole. Nella vita moderna la cerchia dei beni s'è allargata, perchè a canto a semplici oggetti corporali sono entrate delle creazioni intellettuali (prodotti scientifici, letterari, artistici) come capaci d'un'autonoma esistenza e sfruttamento economico. Il concetto di cosa si è spiritualizzato, e da semplice oggetto corporale si è elevato ad elemento impalpabile e soprasensibile del nostro patrimonio". (FERRARA, Francesco. *Trattato di diritto civile.* Roma: Athenaeum, 1921. v. I, p. 730).

[9] "As mais diversas hipóteses de lesão a situações jurídicas subjetivas (estas, como visto, renovadas e diversificadas ao se adotar o prisma funcional) podem ter como remédio a via ressarcitória. Desse modo, o reconhecimento dos novos bens jurídicos se associa, em larga medida, à identificação dos novos danos ressarcíveis". (TEPEDINO, Gustavo; SILVA, Rodrigo da Guia. Novos bens jurídicos, novos danos ressarcíveis: análise dos danos decorrentes da privação do uso. *In*: *Revista de Direito do Consumidor*, v. 129, p. 133-156, mai./jun. 2020. p. 134).

[10] A discussão foi aguçada com a edição do Enunciado nº 387 da Súmula do STJ: "É lícita a cumulação das indenizações de dano estético e dano moral", tendo indicado a autonomia

está propriamente nas categorias de dano já consagradas (patrimonial e extrapatrimonial), mas, em verdade, no reconhecimento de novas hipóteses fáticas, analisadas no contexto histórico em que se inserem, deflagradoras do dever de indenizar.[11] Vale dizer, nos chamados novos danos, a novidade diz respeito tão somente ao reconhecimento da possibilidade de lesão injusta a bem jurídico que tradicionalmente não se entendia passível de implicar ressarcimento.[12]

Inclusive, destaca a doutrina que esse entendimento consagra, em última análise, o disposto no art. 5º, V, da Constituição da República, que prevê que "é assegurado o direito de resposta, proporcional ao agravo, além da indenização por dano material, moral ou à imagem", e consagra autonomia aos danos patrimoniais e extrapatrimoniais, nesses últimos incluídos o dado moral e o dano à imagem.[13] Assim, o incremento das pretensões indenizatórias não decorre de suposta expansão das espécies de danos,[14] que sempre se restringiram e continuam a se restringir às

---

conceitual do dano estético frente ao dano moral. O Enunciado, contudo, não passou imune a críticas: "O Enunciado reflete a mentalidade casuística de eleição de espécies de dano. É como se, para merecer proteção jurídica (ou como forma de elevar o *quantum* indenizatório), fosse necessário o dano ser dotado de autonomia, situando-se fora da 'vala comum' do dano moral". (PAMPLONA, Rodolfo. Novos danos na responsabilidade civil. *In: Direito Civil*: diálogos entre a doutrina e a jurisprudência. São Paulo: Atlas, 2018. p. 433).

[11] SCHREIBER, Anderson. O futuro da responsabilidade civil: um ensaio sobre as tendências da responsabilidade civil contemporânea. *In:* RODRIGUES JÚNIOR, Otavio Luiz; MAMEDE, Gladston; ROCHA, Maria Vital da (Coord.). *Responsabilidade civil contemporânea*: em homenagem a Sílvio de Salvo Venosa. São Paulo: Atlas, 2011. p. 91 e segs. Sobre o tema, v. também: TERRA, Aline de Miranda Valverde. Danos autônomos ou novos suportes fáticos de danos? Considerações acerca da privação do uso e da perda do tempo nas relações de consumo. *In:* KNOERR, Viviane Coêlho de Séllos; FERREIRA, Keila Pacheco; STELZER, Joana (Orgs.). *Direito, Globalização e Responsabilidade nas Relações de Consumo*. Florianópolis: COPENDI, 2015. p. 205-222.

[12] TEPEDINO, Gustavo; SILVA, Rodrigo da Guia. Novos bens jurídicos, novos danos ressarcíveis: análise dos danos decorrentes da privação do uso. *In: Revista de Direito do Consumidor*, v. 129, p. 133-156, mai./jun. 2020.

[13] PAMPLONA, Rodolfo. Novos danos na responsabilidade civil. *In: Direito Civil*: diálogos entre a doutrina e a jurisprudência. São Paulo: Atlas, 2018. p. 433-435. E continua o autor: "A grande maioria desses 'novos danos' pode (e deve) ser caracterizada como dano moral. Se esse tipo de dano é aquele que busca proteger a dignidade da pessoa em qualquer de seus âmbitos, a ofensa dirigida à cláusula geral de proteção à dignidade humana já caracterizará um dano merecedor de reparação, não havendo necessidade de criar novas adjetivações a fim de assegurar a proteção jurídica. (...) A dignidade não é passível de fragmentação. Cada ofensa a um dos seus aspectos não significa um novo dano".

[14] "Portanto, *tertium non datur*: ou a lesão ocorre no patrimônio da vítima, a acarretar dano patrimonial, ou há lesão à dignidade da pessoa humana, a gerar dano moral. Qualquer lesão, portanto, reconduzir-se-á, necessariamente, a uma dessas duas espécies de dano, e apenas a análise do caso concreto poderá indicar se se trata de uma e/ou outra categoria. Isso porque, como se verá adiante, o mesmo evento pode causar uma ou outra espécie de dano, ou mesmo ambas, concomitantemente, consoante a(s) lesão(ões) provocada(s) na vítima". (TERRA, Aline de Miranda Valverde. Danos autônomos ou novos suportes fáticos

categorias do dano moral, entendido como lesão à dignidade da pessoa humana; e do dano patrimonial, decomposto em dano emergente e lucro cessante.[15]

Além disso, assinala-se que o esforço de tipificar ou catalogar os chamados supostos novos danos, pretensamente autônomos, seria tarefa interminável, na medida em que não se pode limitar os aspectos da personalidade do sujeito, nem impedir o surgimento contínuo de novos interesses tutelados capazes de serem lesados.[16] Nessa direção, a catalogação dos 'novos danos', além de atécnica, seria também perigosa.[17]

De todo modo, a despeito da imprecisão acerca da terminologia utilizada, certo é que o giro em torno dos chamados 'novos danos' é de tamanha dimensão que se passa a propugnar que se vivencia verdadeira *era dos danos*.[18] Em todo o mundo, começa-se a tomar notícia da expansão do dano ressarcível, como bem destacam os Professores Guido Alpa e

---

de danos? Considerações acerca da privação do uso e da perda do tempo nas relações de consumo. *In*: KNOERR, Viviane Coêlho de Séllos; FERREIRA, Keila Pacheco; STELZER, Joana (Orgs.). *Direito, Globalização e Responsabilidade nas Relações de Consumo*. Florianópolis: COPENDI, 2015. p. 207-208). Em direção similar: "Não obstante a moderna expansão do dano ressarcível acima referida, com a aparição de múltiplas espécies completamente novas, seja pela sua origem, seja pela sua amplitude, ainda nos parece mais correto e seguro classificar o dano nas suas modalidades tradicionais – o dano material ou patrimonial e o dano moral ou extrapatrimonial. As demais são meras subespécies que acabam por ensejar *bis in idem* no momento de quantificar a indenização; são novas situações de espécies de danos já existentes, perpetrados por novos meios". (CAVALIERI FILHO, Sergio. *Programa de Responsabilidade Civil*. São Paulo: Atlas, 2014. p. 93).

[15] Ver, sobre o tema, GUEDES, Gisela Sampaio da Cruz. *Lucros Cessantes*: do bom-senso ao postulado normativo da razoabilidade. São Paulo: Revista dos Tribunais, 2011.

[16] "Ampliando-se desmesuradamente o rol de direitos da personalidade ou adotando-se a tese que vê na personalidade um valor e reconhecendo, em consequência, tutela às suas manifestações, independentemente de serem ou não consideradas direitos subjetivos, todas as vezes que se tentar enumerar as novas espécies de danos, a empreitada não pode senão falhar: sempre haverá uma nova hipótese sendo criada". (MORAES, Maria Celina Bodin de. *Danos à pessoa humana*: uma leitura civil-constitucional dos danos morais. Rio de Janeiro: Renovar, 2009. p. 166). Na mesma toada: "(...) algumas destas novas espécies de dano correspondem, a rigor, não a novos danos, mas simplesmente a novas situações de risco ou a novos meios lesivos, cujo incremento é, de fato, inevitável no avançar do tempo". (SCHREIBER, Anderson. Os novos danos. *In*: *Novos paradigmas da responsabilidade civil*: da erosão dos filtros da reparação à diluição dos danos. 6. ed. São Paulo: Atlas, 2015. p. 94).

[17] Perigosa, na medida em que a catalogação resulta não na ampliação, mas em uma redução de proteção à pessoa, já que, no afã de enumerar as situações merecedoras de tutela, corre-se o risco de negar tutela a certa lesão injusta por exclusão, já que não prevista nas hipóteses enumeradas. A respeito: PAMPLONA, Rodolfo. Novos danos na responsabilidade civil. *In*: *Direito Civil*: diálogos entre a doutrina e a jurisprudência. São Paulo: Atlas, 2018. p. 436.

[18] TEPEDINO, Gustavo; TERRA, Aline de Miranda Valverde; GUEDES, Gisela Sampaio. *Fundamentos do Direito Civil*: responsabilidade Civil. 2. ed. Rio de Janeiro: Forense, 2021. v. 4, p. 58.

Mario Bessone.[19] Vale dizer, o mesmo progresso científico que amplia a expectativa e a qualidade de vida das pessoas multiplica, a um só tempo, o potencial de riscos e de danos na vida social, de forma que o conceito se encontra indiscutivelmente alargado.

Importante ressalva é necessária para a análise comparativa entre dois diferentes sistemas legais que se pode vislumbrar, em termos de indicação taxativa dos interesses passíveis de resultar em dano reparável em caso de violação, notadamente 'abertos' e 'fechados'. É que, muito embora seja possível o exame universal acerca da expansão do chamado dano ressarcível e, claro, dos limites desta expansão, não se pode deixar de pontuar que os diversos sistemas legais, a despeito de estarem cada vez mais próximos, dividem-se, sobretudo, em duas possíveis vertentes, a saber: os ordenamentos típicos ou fechados, que indicam taxativamente quais interesses estariam sujeitos a um dano reparável em caso de violação; e os ordenamentos atípicos ou abertos, que não limitam restritivamente essa qualificação, sendo o brasileiro exemplo deste último grupo.[20]

Nesse sentido, o Professor Anderson Schreiber alude a dois possíveis prismas de expansão que se tem observado no direito brasileiro no que tange à ressarcibilidade do dano: (i) expansão quantitativa, com o aumento vertiginoso dos pedidos ressarcitórios, que decorrem de acidentes de diferentes ordens; e (ii) expansão qualitativa, assentada justamente nos novos interesses considerados merecedores de tutela.[21]

---

[19] "[l]a funzione risacitoria viene per così dire esaltata dall'incremento dei danni che à un cannotato tipico della società moderna". ALPA, Guido; BESSONE, Mario. Atipicità dell'illecito. Milão: Dott A. Giuffrè, 1980. p. 4.

[20] SCHREIBER, Anderson. Os novos danos. In: *Novos paradigmas da responsabilidade civil*: da erosão dos filtros da reparação à diluição dos danos. 6. ed. São Paulo: Atlas, 2015. p. 102-104.
Em continuidade, contudo, elucida o autor: "Como todo esquema classificatório, a distinção entre ordenamentos típicos e atípicos no que tange à ressarcibilidade do dano implica certa dose de simplificação. Muitos ordenamentos usualmente qualificados como típicos contêm válvulas de abertura a novos interesses e mesmo os ordenamentos mais abertos encontram certos limites normativos à ressarcibilidade dos danos, ainda que fundados nos outros pressupostos do dever de indenizar".

[21] "O primeiro prisma sobre o qual a expansão do dano ressarcível costuma ser identificada é sempre quantitativa. Aponta-se, em muitas partes, o aumento do número de ações de ressarcimento e não faltam estatísticas alertando para o vertiginoso crescimento dos pedidos de indenização por dano moral. Em parte, tal aumento deriva dos fenômenos já examinados: o ocaso da culpa e a flexibilização do nexo de causalidade, que geram como consequência evidente um maior grau de aceitabilidade de pedidos ressarcitórios, pela simples razão de que o afrouxar dos requisitos para a reparação resulta necessariamente na sua ampliação. (...) À parte essa expansão quantitativa, verifica-se, em todo mundo, e de modo ainda mais marcante, uma expansão qualitativa, na medida em que novos interesses, sobretudo de natureza existencial e coletiva, passam a ser considerados pelos tribunais como merecedores de tutela, consubstanciando-se a sua violação em novos danos ressarcíveis". (SCHREIBER,

Fala-se, ilustrativamente, em dano por nascimento indesejado, dano por rompimento de noivado, dano decorrente de abandono afetivo, dano sexual, dano de privação do uso,[22] violência obstétrica, e assim por diante.

No que tange especificamente ao dano de privação do uso, vale parênteses para destacar a existente controvérsia atinente à análise acerca de tratar-se (ou não) de dano autônomo, importando não raro em algumas confusões terminológicas. A privação do uso se refere às situações em que o titular do bem é ilícita ou ilegitimamente impedido de exercer os atos inerentes ao domínio, e deixa de auferir os benefícios que sua utilização lhe proporcionaria. No Brasil, a despeito de alguns registros no sentido de que a mera privação abstrata de uso já geraria dano,[23] tem prevalecido o entendimento segundo o qual a privação do uso não dá azo à configuração de dano autônomo; de modo que a simples privação da possibilidade abstrata de utilização contida no direito de uso e gozo do bem por seu titular não configura, por si só, um dano.

Afirma-se que a mera potencialidade abstrata do uso não constitui interesse jurídico merecedor de tutela: o interesse jurídico tutelado é aquele, patrimonial ou não, que pode restar violado pela supressão de alguma vantagem específica que poderia ser auferida pelo uso efetivo do bem, e apenas a lesão a interesse juridicamente tutelado configura dano, passível de indenização.[24] Para tal corrente, trata-se de novo suporte

---

Anderson. Os novos danos. In: *Novos paradigmas da responsabilidade civil*: da erosão dos filtros da reparação à diluição dos danos. 6. ed. São Paulo: Atlas, 2015. p. 85-86).

[22] Para análise do tema da privação do uso, veja-se: TEPEDINO, Gustavo; SILVA, Rodrigo da Guia. Novos bens jurídicos, novos danos ressarcíveis: análise dos danos decorrentes da privação do uso. In: *Revista de Direito do Consumidor*, v. 129, p. 133-156, mai./jun. 2020; e TERRA, Aline de Miranda Valverde. Privação do uso: dano ou enriquecimento por intervenção? In: *Revista Eletrônica Direito e Política*, v. 9, p. 1620-1644, 2014.

[23] Ilustrativamente, veja-se o Tema 996 fixado em sede de Recurso Repetitivo no Superior Tribunal de Justiça: "No caso de descumprimento do prazo para a entrega do imóvel, o prejuízo do comprador é presumido, consistente na injusta privação do uso do bem, a ensejar o pagamento de indenização, na forma de aluguel mensal, com base no valor locatício de imóvel assemelhado, com termo final na data da disponibilização da posse direta ao adquirente da unidade autônoma". (STJ. 2ª S. REsp nº 1729593/SP. Rel. Min. Marco Aurélio Bellizze, julg. 25.9.2019, publ. DJ 27.9.2019). Como expoente dessa corrente, no direito português, remeta-se a: ABRANTES GERALDES, António Santos. *Indemnização do Dano da Privação do Uso*. 3. ed. Coimbra: Almedina, 2007. v. I, p. 73, em que se lê que "a opção pelo não uso ainda constitui uma manifestação dos poderes do proprietário, também afectada pela privação do uso", razão pela qual resta configurado o dano mesmo quando o titular não utiliza o bem nem pretende fazê-lo.

[24] TERRA, Aline de Miranda Valverde. Danos autônomos ou novos suportes fáticos de danos? Considerações acerca da privação do uso e da perda do tempo nas relações de consumo. In: KNOERR, Viviane Coêlho de Séllos; FERREIRA, Keila Pacheco; STELZER, Joana (Orgs.). *Direito, Globalização e Responsabilidade nas Relações de Consumo*. Florianópolis: COPENDI, 2015. p. 207-208. Nessa mesma direção, v. MOTA PINTO, Paulo. *Interesse Contratual Negativo e Interesse Contratual Positivo*. Coimbra: Coimbra Editora, 2008. v. I, p. 594.

fático de dano, vale dizer, de situação passível de causar dano injusto. Por isso, para configurar o dano, exige-se prova da lesão a interesse merecedor de tutela causada pela supressão de efetiva vantagem que o titular auferiria com o uso do bem.

Merece especial destaque, ainda, o entendimento que, em esforço de conciliação de ideias, salienta que a privação do uso, como faculdade inerente ao domínio, constitui evento lesivo apto a deflagrar o dever de ressarcir, que deve, contudo, ser confirmado, ampliado ou reduzido pelas peculiaridades do caso concreto, já que a faculdade de usar já seria interesse juridicamente tutelado, cabendo averiguar o merecimento de tutela no caso concreto, à luz da legalidade constitucional.[25]

Nessa mesma direção, ganha espaço a temática da lesão ao tempo, também conhecida como perda de tempo livre (ou útil), teoria do desvio produtivo ou dano temporal ou cronológico. Vale dizer, o tempo, conectado aos substratos da liberdade individual e da solidariedade social, constitui-se em bem reconhecidamente tutelado pelo sistema jurídico contemporâneo, irradiando-se diretamente da dignidade da pessoa humana. Nesse cenário, o tópico subsequente se destina a analisar a controvérsia atinente à indenizabilidade dos danos decorrentes da lesão ao tempo no direito brasileiro, amplamente desenvolvido na seara das relações de consumo, bem como a viabilidade de aplicação dessa categoria nos âmbitos da responsabilidade contratual e extracontratual, à luz da atual discussão que se coloca atualmente em termos da (im) pertinência da *summa divisio*.

3 Admissão de dano decorrente da lesão ao tempo no direito brasileiro

Compreendido o contexto em que se insere a perspectiva dos assim nomeados "novos danos", tem-se a discussão acerca da admissibilidade

---

[25] Nesse sentido: "Se é verdade, como parece, que a faculdade de usar é interesse juridicamente tutelado, e que, conseguintemente, pode haver lesões ao interesse juridicamente tutelado do uso, a supressão dessa prerrogativa de usar – por integrar o próprio domínio – tem a aptidão, só por si, a deflagrar o dever de reparar. Como em qualquer hipótese de interesse jurídico, o merecimento de tutela depende de circunstâncias fáticas que demonstrem a compatibilidade da situação jurídica aos valores do ordenamento. Vale dizer, o centro de interesse sujeita-se, necessariamente, ao controle de ilicitude, abusividade e merecimento de tutela, como todas as situações jurídicas, permitindo-se, assim, o controle social na legalidade constitucional". (TEPEDINO, Gustavo; SILVA, Rodrigo da Guia. Novos bens jurídicos, novos danos ressarcíveis: análise dos danos decorrentes da privação do uso. *In: Revista de Direito do Consumidor*, v. 129, p. 133-156, mai./jun. 2020).

de o tempo, enquanto bem jurídico tutelável, ter sua lesão admitida no direito brasileiro para fins de gerar indenização, e sob qual fundamento. Nesse sentido, recupera-se que os filtros tradicionais de reparação se mostraram insuficientes para abarcar as situações contemporâneas vivenciadas em sociedade, em especial, o exclusivo e abstrato exame da culpa ou do nexo causal para aferição de responsabilidade civil.[26] Por outro lado, tendo-se em conta a função compensatória da responsabilidade civil, crescente é a necessidade de ampla assistência às vítimas, especialmente considerando o contexto de ausência ou deficiência de políticas públicas voltadas para a prevenção do dano.[27]

Dentre as cada vez mais numerosas demandas individuais e coletivas para indenização dos mais diversos bens jurídicos tuteláveis, fica, portanto, o exercício diário da análise acerca do real merecimento de tutela, investigando-se critérios adequados para a necessária aplicação sistemática e uniforme do ordenamento jurídico sob a luz da Constituição da República, sem dissociar as circunstâncias fáticas dos valores do ordenamento.[28] Na mesma toada, é necessário que o juízo não fique adstrito ao subjetivismo de suas próprias convicções ou das consequências emocionais ou econômicas da lesão sobre cada vítima, mas que a atividade interpretativa se dê com enfoque na análise objetiva acerca da lesão ao bem atingido (o próprio interesse lesado),[29] vencendo-se o temor reconhecido por Stefano Rodotà, de que "a multiplicação de novas figuras de dano venha a ter como únicos limites a criatividade do intérprete e a flexibilidade da jurisprudência".[30]

O tempo, por sua vez, não fica alheio a tal debate, e são vários os desafios postos à sua proteção. Ilustrativamente, basta pensar em demanda indenizatória movida por turista que, em viagem de férias anuais do trabalho, foi infectada por salmonela no *resort all-inclusive* em que se hospedou, impedindo-a de melhor usufrui-lo e de aproveitar

---

[26] SCHREIBER, Anderson. Os novos danos. *In*: *Novos paradigmas da responsabilidade civil*: da erosão dos filtros da reparação à diluição dos danos. 6. ed. São Paulo: Atlas, 2015. p. 85.

[27] SCHREIBER, Anderson. Os novos danos. *In*: *Novos paradigmas da responsabilidade civil*: da erosão dos filtros da reparação à diluição dos danos. 6. ed. São Paulo: Atlas, 2015. p. 85.

[28] TEPEDINO, Gustavo. A razoabilidade na experiência brasileira. *In*: TEPEDINO, Gustavo; TEIXEIRA, Ana Carolina Brochado; ALMEIDA, Vitor (Coords.). *Da dogmática à efetividade do Direito Civil*: anais do Congresso Internacional de Direito Civil Constitucional – IV Congresso do IBDCivil. 2. ed. Belo Horizonte: Fórum, 2017. p. 27-36.

[29] MONTEIRO FILHO, Carlos Edison do Rêgo. Lesão ao tempo do consumidor no direito brasileiro. *In*: *Revista de Direito da Responsabilidade*, a. 2, p. 158-176, 2020. p. 158.

[30] RODOTÀ, Stefano. *Il Problema della Responsabilità Civile*. Milão: A. Giuffrè, 1964. p. 23.

seu restrito tempo de descanso.[31] Ou, ainda, em certo consumidor que, surpreendido com o cancelamento irregular de sua linha telefônica, teve de aguardar por horas em espera para fins de solucionar o problema por telefone e, ainda assim, não obteve êxito. Nessas situações, poderia a referida turista ou o consumidor insatisfeito alegar a lesão ao bem jurídico tempo como fundamento autônomo para obter indenização? Além disso, no segundo exemplo, incumbiria ao consumidor comprovar que houve uma perda patrimonial decorrente da morosidade do serviço, para a configuração do dano?

Duas são as acepções possíveis de tempo: o físico ou objetivo, que seria um acontecimento natural, ou seja, o fator tempo que simplesmente flui, estabelecendo o ritmo da vida e que é medido pelos relógios; ou sob perspectiva subjetiva ou de tempo pessoal, como suporte implícito da pessoa humana, isto é, da vida, que dura certo período de tempo e nele se desenvolve.[32] É precisamente essa última noção que importa para a análise da lesão ao tempo, já que associada a um conceito pessoal, relativo ao observador, que se afigura limitado, inacumulável e irrecuperável, do qual a pessoa deve dispor segundo sua própria consciência – através de escolhas que, aliás, para Jean-Paul Sartre,[33] estão intrinsicamente ligadas à própria existência humana.

Afirma-se que o tempo, em perspectiva dinâmica, seria fato jurídico em sentido estrito ordinário, ou seja, um acontecimento natural, apto a deflagrar efeitos diversos na órbita do Direito.[34] Sob tal perspectiva, observa-se diferentes manifestações do tempo no ordenamento, que valora sua passagem a depender do arranjo próprio em que incide e prevê efeitos diversos, como ocorre nos institutos da decadência, da

---

[31] SCHREIBER, Anderson. Os novos danos. In: *Novos paradigmas da responsabilidade civil*: da erosão dos filtros da reparação à diluição dos danos. 6. ed. São Paulo: Atlas, 2015. p. 94.

[32] DESSAUNE, Marcos. *Teoria aprofundada do desvio produtivo do consumidor*: o prejuízo do tempo desperdiçado e da vida alterada. 2. ed. Vitória: Edição especial do autor, 2017. p. 162. Sobre essa segunda perspectiva do tempo, afirma o autor: "(...) o tempo total de vida de cada pessoa é um bem finito individual; é o capital pessoal que, por meio de escolhas livres e voluntárias, pode ser convertido em outros bens materiais e imateriais, do qual só se deve dispor segundo a própria consciência".

[33] "(...) para a realidade humana, ser é escolher-se: nada lhe vem de fora, ou tão pouco de dentro, que ele possa receber ou aceitar. Está inteiramente abandonado, sem qualquer ajuda de nenhuma espécie, à insustentável necessidade de fazer-se até o mínimo detalhe". (SARTRE, Jean-Paul. *O ser e o nada* – ensaio de ontologia fenomenológica. 6. ed. (Trad. Paulo Perdigão). Rio de Janeiro: Vozes, 1998. p. 545).

[34] GAGLIANO, Pablo Stolze. Responsabilidade civil pela perda do tempo. In: *Jus Navegandi*, Teresina, a. 18, n. 3540, mar. 2013. Disponível em: https://jus.com.br/artigos/23925/responsabilidade-civil-pela-perda-do-tempo. Acesso em 30 nov. 2020.

usucapião, da prescrição ou da condição e do termo.³⁵ Para além desses casos, o tempo é atualmente reconhecido como verdadeiro valor, um bem relevante e passível de proteção jurídica.

Durante anos, a doutrina, especialmente aquela dedicada ao estudo da responsabilidade civil, não identificou no tempo um bem jurídico merecedor de indiscutível tutela. Esse panorama, contudo, tem se modificado nos últimos anos, à luz das exigências da contemporaneidade, que têm defrontado a sociedade com situações de ofensa inequívoca à livre disposição e uso do tempo do consumidor, em favor do interesse econômico ou da mera conveniência negocial de terceiro. A concepção de tempo assume, portanto, o caráter de "bem inestimável e cada vez mais escasso, a ser fruído a partir das escolhas próprias de cada pessoa humana"³⁶ e passa a ser objeto de estudo, sobretudo no âmbito das relações consumeristas, embora haja autores que defendam sua aplicação para outras relações possíveis, como no âmbito da prestação de serviços públicos.³⁷

Outra questão levantada ao longo do desenvolvimento da teoria consistiu na nomenclatura que melhor consubstanciaria o fenômeno da lesão ao tempo. Variados foram os termos que surgiram para designar, principalmente, a perda do tempo útil dos consumidores que, podendo solucionar facilmente questões simples como o cancelamento de sua

---

[35] "A influência que o tempo tem sobre as relações jurídicas é bastante grande, bem como a que tem sobre todas as coisas humanas. E além de grande é também bastante variada. Direitos que não podem surgir senão em dadas contingências de tempo; direitos que não podem ter senão uma duração preestabelecida, quer fixada pela lei, quer pela vontade privada; direitos que não podem exercer-se fora de certo prazo; direitos que se adquirem e direitos que se perdem em consequência do decurso de um certo período de tempo – destes e de outros modos o elemento tempo manifesta a sua importância, posto que frequentemente ele não seja apenas o único fator que produz tais efeitos, mas com ele concorram outros, como o comportamento de uma pessoa, a sua abstenção ao exercício de um poder, a condição subjetiva de boa-fé, a existência ou inexistência de um fato, de uma obra, de um sinal, etc. Não é possível constituir uma regra geral com o modo como a lei trata este importantíssimo elemento, dada a disparidade da sua função de caso para caso. Há, no entanto, alguns princípios de caráter geral que se referem à sua determinação e ao seu cômputo". (RUGGIERO, Roberto. *Instituições de direito civil*. São Paulo: Saraiva, 1971. v. I, p. 281-282).

[36] MONTEIRO FILHO, Carlos Edison do Rêgo. Lesão ao tempo do consumidor no direito brasileiro. *In: Revista de Direito da Responsabilidade*, a. 2, p. 158-176, 2020. p. 158.

[37] É esse o entendimento da Juíza do TRF da 2ª Região, Dra. Mônica Lúcia do Nascimento Frias: "O dano pelo desvio produtivo do consumidor é uma teoria criada pelo advogado Marcos Dessaune, que identifica o dano decorrente do desperdiçado pelo consumidor para a solução de problemas gerados pela má prestação de serviços privados. No meu entender, a teoria também deve ser aplicada aos serviços públicos". (FRIAS, Mônica Lúcia do Nascimento. Um breve resumo sobre os novos danos na responsabilidade civil. *In: Justiça e Cidadania*, 08 nov. 2019. Disponível em: https://www.editorajc.com.br/um-breve-resumo-sobre-os-novos-danos-na-responsabilidade-civil/. Acesso em 01 set. 2020).

linha telefônica, não conseguiam fazê-lo mesmo após horas gastas em um SAC, o que ocasionava o desperdício daquele tempo que poderia ser empregado em outra atividade também "útil". Segundo tal perspectiva, cunharam-se os termos "perda do tempo útil", "desvio produtivo" e "dano temporal ou cronológico".[38]

Ocorre que o tempo na sociedade contemporânea extrapola e muito o mero sentido do dinheiro ou do que é produtivo, de forma que sua fruição significa vida, e, mais que isso, associa-se à ideia de vida digna,[39] o que implica na assunção de que também o tempo livre – destinado ao lazer, ao descanso ou ao que melhor convier ao sujeito –[40] deve ser reputado bem jurídico tutelável pelo ordenamento, cuja violação é passível de reparação, e não somente a violação ao tempo que gera riqueza. Byung Chul-Han,[41] por sua vez, lança análise crítica e propõe o reencontro do sentido do tempo – que não pode ser compreendido somente pela perspectiva da utilidade econômica, muito pelo contrário. Ao tempo entendido vulgarmente como livre, indicado pelo autor como um tempo intermediário, atribui-se a característica da paz, que, sob uma ótica funcionalizada, não pode ser menosprezada, conquanto bem jurídico tutelável que é. Por isso, a expressão lesão ao tempo, centrada no próprio interesse lesado, configura-se mais apropriada, focando-se no objeto da tutela do ordenamento.[42]

Por sua vez, enquanto manifestação nas relações de consumo, o tempo passa a ser absorvido de modo frequente, podendo apresentar-se no âmbito da própria prestação principal (como tempo-produto), ou

---

[38] MONTEIRO FILHO, Carlos Edison do Rêgo. Lesão ao tempo do consumidor no direito brasileiro. In: *Revista de Direito da Responsabilidade*, a. 2, p. 158-176, 2020. p. 162.

[39] "[...] o tempo vai muito além do adágio popular segundo o qual 'tempo é dinheiro', pois tempo, na atual sociedade tecnológica e da informação, é vida e vida digna". (MAIA, Maurílio Casas, O dano temporal e sua autonomia na Ap. Civ. nº 2007.060473-7 (TJSC). p. 165. In: *Revista de Direito do Consumidor*, v. 24, n. 102, p. 467-486, nov./dez. 2015).

[40] "Para cada um de nós, tempo livre significa viagem, cultura, erotismo, estética, repouso, esporte, ginástica, meditação e reflexão. [...] Em suma, [significa] dar sentido às coisas de todo dia, em geral lindas, sempre iguais e divertidas, e que infelizmente ficam depreciadas pelo uso cotidiano". (DE MASI, Domenico. *O Ócio criativo*. (Trad. de Léa Manzi). Rio de Janeiro: Sexante, 2000. p. 200-201).

[41] Sobre o tema, "Há diversos tipos de atividade. A atividade que segue a estupidez da mecânica é pobre em interrupções. A máquina não pode fazer pausas. Apesar de todo o seu desempenho computacional, o computador é burro, na medida em que lhe falta a capacidade para hesitar". (HAN, Byung-Chul. *Sociedade do cansaço*. (Trad. Enio Paulo Giachini). Petrópolis, RJ: Vozes, 2015. Disponível em: https://portal.uneb.br/poscritica/wp-content/uploads/sites/113/2019/10/HAN_BYUNG_CHUL_Sociedade-do-cansa%C3%A7o.pdf. Acesso em 06 dez. 2020).

[42] MONTEIRO FILHO, Carlos Edison do Rêgo. Lesão ao tempo do consumidor no direito brasileiro. In: *Revista de Direito da Responsabilidade*, a. 2, p. 158-176, 2020. p. 162.

como manifestação do princípio da boa-fé objetiva, a partir de seus deveres anexos.[43] No primeiro caso, a exemplo das entregas expressas de produtos, a estipulação do tempo incorpora-se expressamente ao objeto contratado, de modo que a ofensa à estipulação contratual importa em inadimplemento contratual. Por outro lado, é possível observar o tempo como bem passível de tutela enquanto decorrência direta dos deveres anexos impostos pela boa-fé objetiva.[44] Nesses casos, o fornecedor deve engendrar todos os esforços possíveis para que não lesione o tempo do consumidor, respeitando o dever de colaboração presente nas relações de consumo.

Especialmente nesse tipo de relação, em que se está a tratar de interesses de partes vulneráveis, doutrina e jurisprudência construíram os padrões de comportamento considerados compatíveis com a boa-fé objetiva, sob uma acepção objetiva, desde a fase pré-contratual, passando pelo cumprimento do contrato e alcançando o período posterior à execução prestacional. Com isso, consagrou-se a atribuição à boa-fé de tríplice função: (i) função interpretativa, em que a boa-fé se apresenta como critério hermenêutico; (ii) função restritiva do exercício abusivo de direitos, em que atua a boa-fé como limite negativo ao exercício dos direitos; e (iii) função criadora de deveres anexos.[45]

Em relação à terceira função, que é a mais pertinente ao presente estudo, a boa-fé traz para dentro da relação jurídica os deveres de lealdade, de honestidade, de transparência, de informação, dentre outros, que, por força da previsão legal, são impostos às partes de acordo com as peculiaridades de cada regulamento de interesses. No bojo da discussão que envolve a lesão ao tempo, a boa-fé impõe que o fornecedor adote todas as medidas necessárias para evitar lesões ao tempo do consumidor.

Em concretização a tal *standard* de conduta, tem se tomado notícia de previsões legislativas de diversos estados e municípios que se esforçam em atribuir limites de tolerância no que tange ao tempo de

---

[43] MONTEIRO FILHO, Carlos Edison do Rêgo. Lesão ao tempo do consumidor no direito brasileiro. In: *Revista de Direito da Responsabilidade*, a. 2, p. 158-176, 2020. p. 162.

[44] "São tradicionalmente imputadas à boa-fé objetiva três distintas funções, quais sejam a de cânone hermenêutico-integrativo do contrato, a de norma de criação de deveres jurídicos e a de norma de limitação ao exercício de direitos subjetivos [...]". (MARTINS-COSTA, Judith. *A boa-fé no direito privado*: sistemática e tópica no processo obrigacional. São Paulo: Revista dos Tribunais, 2000. p. 427-428).

[45] MARTINS-COSTA, Judith. Os campos normativos da boa-fé objetiva: as três perspectivas do Direito Privado brasileiro. In: *Princípios do Novo Código Civil Brasileiro e outros temas*: homenagem a Tullio Ascarelli. São Paulo: Quartier Latin, 2010. p. 407.

espera de certos atendimentos.⁴⁶ Também em âmbito nacional, o Decreto nº 6.523/2008, que regulamenta o CDC e fixa normas sobre o serviço de atendimento ao consumidor (SAC), estabelece expressamente, em seu art. 8º, a necessidade de obediência à boa-fé e à celeridade, além de estabelecer outras regras específicas ao atendimento ao consumidor.⁴⁷ Na mesma linha, destaque-se a Resolução nº 632/2014 da Anatel, ao regulamentar o tempo do consumidor nos serviços de telecomunicação, fixando, dentre outras questões, o tempo máximo de 60 (sessenta) segundos para o contato direto com o atendente, quando essa opção for selecionada ou quando houver transferência entre setores (art. 27, §3º).

Em termos de lesão ao tempo, discute-se, ainda, se a referida reparabilidade poderia se dar por via autônoma (isto é, por demanda específica que tenha por objeto unicamente a pretensão de obter indenização por violação ao tempo), ou apenas por via incidental (isto é, enquanto adicional indenizatório em demandas que revolvam outros pleitos, por exemplo, de indenização por danos materiais sofridos). Sobre o tema, contemplando-se a análise de que o tempo é bem jurídico tutelado por si, conclui-se que ele pode ser objeto de demanda autônoma, bem como aparecer de forma incidental nas ações indenizatórias, como se buscará demonstrar em breve.

Outro debate já próprio da lesão ao tempo diz respeito à análise sobre se o abalo por ela provocado incidiria somente na esfera moral do indivíduo – isto é, apto a gerar indenização exclusivamente por danos extrapatrimoniais – ou se também poderia provocar danos materiais

---

[46] A Lei estadual nº 4.223/2003, do Rio de Janeiro, alterada pela Lei estadual nº 6.085/2011, estabelece espera máxima de 20 (vinte) minutos, em dias normais, e de 30 (trinta) minutos, em véspera e depois de feriados, nas agências bancárias do Estado, sob pena de multas que podem chegar ao valor de R$120.000,00 (cento e vinte mil reais), na quinta autuação. A disposição é trazida no art. 1º, que dispõe: "Fica determinado que agências bancárias situadas no âmbito do Estado do Rio de Janeiro deverão colocar, à disposição dos seus usuários, pessoal suficiente e necessário, no setor de caixas e na gerência, para que o atendimento seja efetivado no prazo máximo de 20 (vinte) minutos, em dias normais, e de 30 (trinta) minutos, em véspera e depois de feriados. Parágrafo único. As agências bancárias deverão informar, aos seus usuários, em cartaz fixado na sua entrada, a escala de trabalho do setor de caixas e da gerência colocados à disposição".

[47] Decreto nº 6.523/2008. "Art. 8º - O SAC obedecerá aos princípios da dignidade, boa-fé, transparência, eficiência, eficácia, celeridade e cordialidade". Destaque-se, ainda, os dispositivos a seguir: "Art. 10. Ressalvados os casos de reclamação e de cancelamento de serviços, o SAC garantirá a transferência imediata ao setor competente para atendimento definitivo da demanda, caso o primeiro atendente não tenha essa atribuição. §1º A transferência dessa ligação será efetivada em até sessenta segundos. §2º Nos casos de reclamação e cancelamento de serviço, não será admitida a transferência da ligação, devendo todos os atendentes possuir atribuições para executar essas funções". "Art. 18. O SAC receberá e processará imediatamente o pedido de cancelamento de serviço feito pelo consumidor".

indenizáveis às vítimas. É o caso citado no início deste tópico: poderia a turista acometida com salmonela durante suas férias requerer o pagamento de danos materiais, morais ou ambos?

Por um lado, há quem direcione seu exame, indicando ser viável falar apenas em reparabilidade a título de dano moral, pontuando que a situação vislumbrada no caso de lesão ao tempo, obrigando-se o consumidor a se socorrer do Poder Judiciário para satisfazer pretensão que poderia ter resolvido administrativamente, é fator que gera abalo de ordem moral, já que seria dever implícito do fornecedor a liberação dos recursos produtivos do consumidor de modo a evitar a judicialização. E isso, somado à longa duração processual, caracterizaria o abalo moral.[48]

Em compreensão diversa, a lesão pode se revestir de caráter patrimonial ou moral, a depender de cada caso concretamente considerado – corrente com a qual se concorda. Isso porque, em termos de perda do tempo, é bem possível que o consumidor sofra a perda de uma oportunidade ou mesmo venha a ter outras perdas patrimoniais em virtude do tempo desnecessariamente dispendido em virtude da tentativa de deslinde da questão junto ao fornecedor.[49] Assim também, pode ter abalada sua dignidade ou algum substrato de sua personalidade, configurando-se, por outro lado, dano moral, que pode ter ocorrido tanto em conjunto a um dano material ou isoladamente.

Compreendidas as arestas do que compõe o tempo enquanto bem jurídico que deve ser tutelado e entendidas suas manifestações nas situações jurídicas, passa-se aos fundamentos para sua admissibilidade no direito brasileiro. A Professora Aline de Miranda Valverde Terra, ao

---

[48] "De fato, é de se concordar com o posicionamento no sentido de que a perda do tempo gerada pela necessidade de se buscar a satisfação do direito junto ao Poder Judiciário é fato gerador de dano moral. Em primeiro lugar porque (...) um dos deveres jurídicos implícitos do fornecedor é liberar os recursos produtivos do consumidor, seja garantindo produtos e serviços de qualidade, seja atendendo a eventual reclamação por fato ou vício a tempo e modo, evitando-se, assim, sua judicialização. Em segundo lugar porque, ainda que os juízes sejam diligentes, ainda que o fornecedor – utopicamente – proceda com boa-fé processual, e que o processo tramite dentro dos prazos legalmente estatuídos, um processo judicial é sabidamente demorado, ao mesmo tempo em que as necessidades do consumidor são, muitas vezes, urgentes". (GUGLINSKI, Vitor. O dano temporal e sua reparabilidade: aspectos doutrinários e visão dos tribunais. *In: Revista de Direito do Consumidor*, v. 99, p. 16, 2015).

[49] "A perda do tempo útil pode, de fato, gerar dano moral ou dano patrimonial, desde que haja efetivamente dano injusto, tendo-se por irrazoável a subtração de tempo imposta pelo agente à vítima. Neste caso, no mais das vezes, configura-se dano moral, tendo em vista a lesão causada à liberdade da parte. Não se afasta, todavia, a possibilidade de configuração de dano patrimonial, o que se verifica quando, em razão do tempo excessivo dispendido com certa atividade, o sujeito sofre perda patrimonial". (TEPEDINO, Gustavo; TERRA, Aline de Miranda Valverde; GUEDES, Gisela Sampaio. *Fundamentos do Direito Civil*: responsabilidade Civil. 2. ed. Rio de Janeiro: Forense, 2021. v. 4, p. 71).

tratar sobre o tema, afirma tratar-se "de novo suporte fático de dano, vale dizer, de nova situação lesiva de interesse merecedor de tutela: ao violar seu dever contratual e impor ao consumidor dedicação de tempo extra à solução do problema, o fornecedor causa lesão à sua liberdade".[50] Além dela, outros tantos autores analisam e justificam a ressarcibilidade em razão da perda de tempo, ainda que não haja norma expressa prevendo a reparação das situações lesivas dessa ordem.

O Professor Carlos Edison do Rêgo Monteiro Filho, a seu turno, justifica a reparação dos danos decorrentes da perda de tempo em função do que chama de "tutela jurídica do tempo", a significar que "independentemente de se tratar de conduta lícita, ilícita ou abusiva, poderá haver dano indenizável se a conduta do ofensor atingir de modo indevido a esfera jurídica da vítima, ocasionando-lhe danos patrimoniais ou extrapatrimoniais".[51] Ademais, a verificação do dano e de sua reparabilidade deve ser feita em concreto, à luz dos diversos fatores em análise na situação fática. Vale dizer, nem todo caso em que haja dispêndio de tempo pelo consumidor enseja, por si só, dano a ser indenizado.

A despeito de haver, no sistema pátrio, algumas leis que prevejam tempo máximo de espera em filas bancárias ou no serviço de atendimento ao consumidor, é possível dizer que a exigência de ressarcibilidade decorre diretamente da tutela jurídica do tempo, seja ela figurando como prestação principal da obrigação, seja como resultado do dever geral de colaboração imposto pela boa-fé objetiva. Na responsabilidade civil contemporânea, como se buscou destacar, o dano é conceito aberto, que deverá ser averiguado não abstratamente, mas em concreto, examinando-se o interesse jurídico tutelado no caso sob exame, e tendo-se em mente a admissibilidade da lesão ao tempo no ordenamento jurídico pátrio.

---

[50] TERRA, Aline de Miranda Valverde. Danos autônomos ou novos suportes fáticos de danos? Considerações acerca da privação do uso e da perda do tempo nas relações de consumo. *In*: KNOERR, Viviane Coêlho de Séllos; FERREIRA, Keila Pacheco; STELZER, Joana (Orgs.). *Direito, Globalização e Responsabilidade nas Relações de Consumo*. Florianópolis: COPENDI, 2015. p. 205-222.

[51] MONTEIRO FILHO, Carlos Edison do Rêgo. Lesão ao tempo do consumidor no direito brasileiro. *In*: *Revista de Direito da Responsabilidade*, a. 2, p. 158-176, 2020. p. 166.

4 Observatório jurisprudencial: manifestações da lesão ao tempo no Superior Tribunal de Justiça e no Tribunal de Justiça do Rio de Janeiro

Entendendo-se ser imprescindível a aplicação direta das normas constitucionais com a finalidade da preservação da unidade e da complexidade do ordenamento,[52] e compreendendo, ainda, a necessidade da construção de um observatório de jurisprudência no âmbito da pesquisa jurídica, para uma maior aproximação e conexão entre os três protagonistas dessa ciência (legislador, doutrinador e magistrado; ou lei, teoria e prática),[53] passa-se a examinar de que forma a jurisprudência pátria tem lidado com a qualificação, os limites e a construção da indenização por lesão ao tempo.

Já de início, é possível notar que a jurisprudência pátria caminha de forma louvável em sentido à acolhida da lesão ao tempo enquanto fenômeno indenizável à luz do ordenamento brasileiro. Como assinalado no tópico anterior, trata-se de bem jurídico cuja tutela jurisdicional pode se dar via ação individual ou através de ações coletivas,[54] já havendo registros de ambos os entendimentos nos tribunais brasileiros, em especial destaque para o Tribunal fluminense.

Em exemplos práticos, para o primeiro grupo, já existe uma gama de julgados no âmbito do Tribunal de Justiça do Estado do Rio de Janeiro em que se conferiu indenização por dano moral em virtude da chamada "perda do tempo útil"[55] do autor, notadamente consumidor, que tentou sem sucesso resolver seu problema administrativamente, ora pela concessão não requerida de crédito em conta corrente, promovida por instituição bancária,[56] ou em razão da indevida inscrição do nome

---

[52] TEPEDINO, Gustavo. Normas Constitucionais e Direito Civil na construção unitária do ordenamento. *In*: *Temas* de Direito Civil. Rio de Janeiro: Renovar, 2009. t. II, p. 3-19.

[53] MONTEIRO FILHO, Carlos Edison do Rêgo. Reflexões metodológicas: a construção do observatório de jurisprudência no âmbito da pesquisa jurídica. *In*: *Revista Brasileira de Direito Civil*, v. 9, p. 8-30, jul./set. 2016.

[54] Sobre a relevância das demandas coletivas, sobretudo em relações de consumo, v. SÁ, Eduardo Buzzinari de. A importância das ações coletivas nas relações de consumo de massa. In: *Revista da EMERJ*, v. 12, n. 48, p. 262-267, 2009.

[55] Note-se que a terminologia utilizada ainda é, na grande parte dos julgados, aquela que privilegia a ideia de exigência de utilidade do tempo. Ainda assim, já se verificam julgados nesta Corte que adotam a nomenclatura "lesão ao tempo".

[56] "No caso, o autor narra que foi surpreendido por um crédito realizado em sua conta corrente e pela informação de que teriam sido contratados dois empréstimos consignados em seu nome junto ao banco réu. Prova documental que aponta para os aludidos descontos no contracheque do autor, sendo incontroverso o crédito na sua conta corrente pelo apelante. Nesse contexto, cabia à instituição bancária a comprovação de ter agido diligentemente no

do autor nos cadastros restritivos de crédito,[57] ora pelo simples mau atendimento que acarreta "longas esperas e inexistência de qualquer resposta às solicitações formuladas", caracterizando falha na prestação do serviço e, novamente, perda de tempo útil.[58] Há menção, ainda, à indenização em razão do chamado "desvio produtivo do consumidor", que teve de aguardar longo tempo em fila para realizar pagamentos que poderiam ter sido efetivados em autoatendimento.[59]

Outro interessante registro, que não perpassa pela ideia de tempo útil, mas volta-se ao exame amplo da lesão ao tempo, associada à totalidade de suas possibilidades, e suas implicações objetivas, data de 2014. Na ocasião, concedeu-se indenização por dano moral à consumidora que, em razão de atraso em horário de viagem aérea, com longa espera no aeroporto sem informações precisas quanto ao novo embarque, perdeu o sepultamento de seu pai.[60]

---

caso e, especialmente, a demonstração de que o apelado contratou os mútuos consignados, o que não ocorreu na espécie. (...) Dano moral, notadamente pela falta de zelo do réu aliada à perda do tempo útil do autor, circunstâncias que acarretaram transtorno, angústia, insegurança e sensação de impotência ao consumidor, que se viu privado de parte de sua renda mensal, em virtude de empréstimos que não contratara". (TJRJ. 27ª C.C. *Ap. Cív. nº 0011374-55.2010.8.19.0067*. Rel. Des. Maria Luiza Carvalho, julg. 15.10.2015).

[57] "Falha comprovada, uma vez que a inscrição do nome do autor nos cadastros restritivos de crédito se mostrou indevida. Incidência do verbete sumular nº 89 deste E. TJRJ. Dano moral *in re ipsa*. Autor que tentou por diversas vezes, sem êxito, solucionar o problema junto à ré. Teoria do Desvio Produtivo. Danos Morais configurados em razão da perda de tempo útil do consumidor e da negativa da instituição financeira em resolver o problema administrativamente". (TJRJ. 9ª C.C. *Ap. Cív. nº 0042225-39.2019.8.19.0204*. Rel. Des. Daniela Brandão Ferreira, julg. 3.12.2020). Na mesma direção: TJRJ. 22ª C.C. *Ap. Cív. nº 0002272-89.2017.8.19.0058*. Rel. Des. Carlos Santos de Oliveira, julg. 19.11.2020.

[58] "Neste caso concreto, (...) certo é que o mau atendimento narrado, consistente em longas esperas e inexistência de qualquer resposta às solicitações formuladas revelam a ocorrência de falha na prestação do serviço, devendo ser reconhecida a ocorrência de lesão extrapatrimonial em razão da perda de tempo útil experimentada pelo autor". (TJRJ. 5ª Turma. *Recurso Inominado nº 0001148-79.2013.8.19.0036*. Des. Tula Correa De Mello Barbosa, julg. 6.2.2014).

[59] "(...) *Consumidor que permaneceu esperando por aproximadamente uma hora e meia na fila do banco* – Sentença que julgou procedente o pleito autoral para condenar o réu ao pagamento de R$3.110,00 de indenização por danos morais – Restou caracterizada *a violação ao dever de qualidade - falha na prestação do serviço - desvio produtivo do consumidor – são inaceitáveis as alegações do apelante de que o autor poderia ter realizado o pagamento das contas por terminais de autoatendimento*, uma vez que cabe a este optar pelo meio que avalie mais conveniente, cabendo, por conseguinte, ao banco disponibilizar um serviço de qualidade, o que não se verificou – dessa forma, entende-se que os fatos narrados pelo consumidor ultrapassam o mero aborrecimento cotidiano, em razão de ter esperado na fila do banco por quase 02 horas, perdendo tempo produtivo, ensejando o dever de indenizar. Desprovimento do recurso". (TJRJ. 27ª C.C. *Ap. Cív. nº 0035092-08.2012.8.19.004*. Rel. Des. Fernando Antônio De Almeida, julg. 12.2.2014). (Grifos nossos).

[60] TJRJ. 1ª C.C. *Ap. Cív. nº 0122703- 47.2008.8.19.0001*. Rel. Des. Fábio Dutra, julg. 12.1.2010.

Representando o segundo grupo de casos, em tutela coletiva, o Superior Tribunal de Justiça julgou interessante demanda da Defensoria Pública do Estado de Sergipe envolvendo instituição bancária que descumpria reiteradamente as normas federais e locais relacionadas ao atendimento presencial, em lesão contínua perpetrada ao tempo dos consumidores do referido Estado.[61]

Quanto ao caráter autônomo ou incidental da indenização decorrente de lesão ao tempo, apesar de esta última modalidade ser a mais comum em ações individuais, acompanhando pedidos outros, relativos a outros danos vislumbrados, é possível notar o registro de ambas em acolhimento pela jurisprudência, compreendendo-se o tempo como bem jurídico tutelável em si, o que é significativo.

Aliás, o mesmo exemplo anteriormente colacionado da tutela coletiva exercida pela Defensoria Pública do Estado de Sergipe, perante o STJ via ação coletiva de consumo, denota bem que o objeto pretendido era, em si, relativo à lesão ao tempo sofrida comumente pelos consumidores locais naquela instituição financeira, o que se somou à tutela de obrigação de fazer perquirida pela DPE-SE consistente no cumprimento das "regras de atendimento presencial (...) relacionadas

---

[61] "(...) O propósito recursal é determinar se o descumprimento de normas municipais e federais que estabelecem parâmetros para a adequada prestação do serviço de atendimento presencial em agências bancárias é capaz de configurar dano moral de natureza coletiva. 4. *O dano moral coletivo é espécie autônoma de dano que está relacionada à integridade psico-física da coletividade, bem de natureza estritamente transindividual e que, portanto, não se identifica com aqueles tradicionais atributos da pessoa humana (dor, sofrimento ou abalo psíquico), amparados pelos danos morais individuais.* 5. *O dano moral coletivo não se confunde com o somatório das lesões extrapatrimoniais singulares, por isso não se submete ao princípio da reparação integral (art. 944, caput, do CC/02), cumprindo, ademais, funções específicas.* 6. No dano moral coletivo, a função punitiva – sancionamento exemplar ao ofensor – é, aliada ao caráter preventivo – de inibição da reiteração da prática ilícita – e ao princípio da vedação do enriquecimento ilícito do agente, a fim de que o eventual proveito patrimonial obtido com a prática do ato irregular seja revertido em favor da sociedade. 7. *O dever de qualidade, segurança, durabilidade e desempenho que é atribuído aos fornecedores de produtos e serviços pelo art. 4º, II, d, do CDC, tem um conteúdo coletivo implícito, uma função social, relacionada à otimização e ao máximo aproveitamento dos recursos produtivos disponíveis na sociedade, entre eles, o tempo.* 8. O desrespeito voluntário das garantias legais, com o nítido intuito de otimizar o lucro em prejuízo da qualidade do serviço, revela ofensa aos deveres anexos ao princípio da boa-fé objetiva e configura lesão injusta e intolerável à função social da atividade produtiva e à proteção do tempo útil do consumidor. 9. Na hipótese concreta, a instituição financeira recorrida optou por não adequar seu serviço aos padrões de qualidade previstos em lei municipal e federal, impondo à sociedade o desperdício de tempo útil e acarretando violação injusta e intolerável ao interesse social de máximo aproveitamento dos recursos produtivos, o que é suficiente para a configuração do dano moral coletivo. 10. Recurso especial provido". (STJ. 3ª T. REsp nº 1737412/SE. Rel. Min. Nancy Andrighi, julg. 5.2.2019, publ. DJe 8.2.2019, grifos nossos).

ao tempo máximo de espera em filas, à disponibilização de sanitários e ao oferecimento de assentos a pessoas com dificuldades de locomoção".

Em que pese o referido julgado pontue uma hipotética função punitiva da responsabilidade civil, justificando-a diante do caráter coletivo da ação, que responderia a regime diferenciado, a qual, com a devida vênia, não parece ser contemplada no ordenamento pátrio, independentemente da natureza da ação; e apesar de voto da Ministra Relatora Nancy Andrighi fazer menção ao "máximo aproveitamento do tempo como um interesse coletivo", privilegiando indiretamente a noção de produtividade de sua utilização, e com menção ao tempo útil, sem registro expresso da igual importância do tempo livre, o caso consiste em importante precedente no caminho à proteção do bem jurídico tempo perante o Superior Tribunal de Justiça.

Exemplos incidentais da reparação da lesão ao tempo também estão fartamente presentes na jurisprudência. Julgados do Tribunal de Justiça do Estado do Rio de Janeiro assinalam que as incessantes tentativas administrativas infrutíferas de resolução extrajudicial de caso de interrupção de energia elétrica por meses, a despeito do regular pagamento das contas mensais pelo consumidor – configurando "dano temporal ou desvio produtivo do consumidor" – configuram motivo para agravar o *quantum* indenizatório concedido à reparação pela falta de energia.[62] Além disso, há julgados no sentido de que deve ser indenizado incidentalmente o dano decorrente da perda do tempo livre incorrida pelo consumidor que, em saque a caixa eletrônico, recebe quantia menor que a solicitada, e que tentou solucionar o imbróglio junto à instituição financeira durante meses (só o tendo conseguido via demanda judicial), para além da restituição material do montante solicitado.[63]

---

[62] "Apelação Cível. Relação de consumo. Energia elétrica. Interrupção indevida no fornecimento de energia por aproximadamente 08 meses. *Tentativa de solucionar o problema durante esse período. Dano temporal ou desvio produtivo do consumidor caracterizado.* Majoração da verba indenizatória que se impõe. (...) Ressalte-se, ainda, que o consumidor tentou por 08 (oito) meses restabelecer o serviço, sem êxito. Configuração do dano temporal. Dano causado pela perda de tempo de vida da pessoa. Desgaste/prejuízo ocasionado à pessoa que deixa de ter um serviço prestado de forma eficiente e se obriga a perder algum tempo de sua vida seja para prevenir outro dano, para resolver o próprio problema em si ou, ainda, para ver seu prejuízo ressarcido. Verifica-se de forma nítida que a prática abusiva e reiterada da ré foi hábil a causar o chamado dano temporal ao autor, vez que violou seus direitos da personalidade, tais como a dignidade da pessoa humana e a vida". (TJRJ. 20ª C.C. *Ap. Cív. nº 0024660-60.2016.8.19.0008*. Rel. Des. Alcides da Fonseca Neto, julg. 14.03.2018, grifos nossos).

[63] "Apelação Cível. Indenizatória. Saque em caixa eletrônico. Recebimento a menor. Falha na prestação do serviço. Restituição da diferença. Dano moral. Teoria do desvio produtivo ou

Importante conquista relativa à ressarcibilidade do dano moral em si, com direta repercussão sobre a temática da lesão ao tempo, foi a revogação, em boa hora, do Enunciado nº 75 da Súmula do Tribunal de Justiça do Estado do Rio de Janeiro,[64] que previa que "o simples descumprimento do dever legal ou contratual, por caracterizar mero aborrecimento, em princípio, não configura dano moral, salvo se da infração advém circunstância que atenta contra a dignidade da parte". Como fundamento para a referida revogação, empregou-se a teoria objetiva do dano moral, fundada na análise da violação objetiva ao direito, ao invés da subjetividade característica do exame das implicações pessoais, com base em sentimentos e subjetivismos, do fato sobre a vítima (que justificaria o equivocado entendimento do mero aborrecimento). Também a teoria do "desvio produtivo do consumidor" foi determinante para a revogação da referida súmula.

Inobstante os julgados anteriormente colacionados, ressalva-se novamente o entendimento de que não somente o tempo útil deva ser considerado como tutelável. Sublinha-se, também, uma vez mais, a nomenclatura eleita no presente ensaio para fins de tratar do fenômeno – lesão ao tempo –, na linha da doutrina mais atenta, e em detrimento das demais terminologias usualmente empregadas, que

---

perda do tempo livre. *Quantum* indenizatório que se arbitra. 1. Falta do serviço eletrônico do banco. Retirada parcial do montante pretendido pelo consumidor, com lançamento integral junto à conta corrente. 2. Acervo probatório que revela lançamento de débito acima do montante entregue. 3. Falha praticada pelo banco réu que configura dano moral indenizável. *Aplicação da teoria do desvio produtivo do consumidor ou da perda do tempo livre*. 4. Reparação que deve atender aos princípios da razoabilidade, proporcionalidade e a vedação do enriquecimento ilícito". (TJRJ. 7ª C.C. *Ap. Cív. nº 0027994-38.2018.8.19.0205*. Rel. Des. Ricardo Couto de Castro, julg. 11.03.2020, grifos nossos).

[64] "(...) *Proposição de cancelamento do verbete sumular nº 75, deste Tribunal de Justiça, tendo em vista a existência de julgados desta corte, e também do STJ, no sentido de que o inadimplemento contratual é, sim, capaz de gerar dano moral, desde que haja lesão a algum dos direitos inerentes à personalidade, adotando-se a teoria objetiva, em detrimento da teoria subjetiva a que alude o enunciado de súmula, quando faz referência ao mero aborrecimento, expressão demasiadamente ampla e capaz de gerar as mais diversas e variadas interpretações, por parte de cada magistrado, diante de casos concretos fundados em um mesmo fato danoso, com violação, assim, dos princípios da isonomia e da segurança jurídica. Julgados desta Corte de Justiça que, desde os idos de 2009, trazem dentre os direitos da personalidade o tempo do contratante, que não pode ser desperdiçado inutilmente, tomando por base a moderna teoria do desvio produtivo do consumidor. Súmula que não mais se coaduna com o entendimento adotado por este sodalício, e que acaba por servir de amparo para que grandes empresas, em franca violação ao princípio da boa-fé objetiva, continuem a lesar os direitos dos contratantes, sob o amparo de que o inadimplemento contratual não é capaz de gerar mais do que mero aborrecimento. Acolhimento da proposta de cancelamento do Enunciado nº 75, da súmula de jurisprudência predominante deste Tribunal de Justiça*". (TJRJ. Órgão Especial. *Processo nº 0056716-18.2018.8.19.0000*. Des. Rel. Mauro Pereira Martins, julg. 17.12.2018, grifos nossos).

ainda se notabilizam na jurisprudência, tal qual se teve a oportunidade de expor anteriormente.

Sem registros consistentes na jurisprudência, permanecem alguns questionamentos, sobretudo acerca da eventual possibilidade de reparação da lesão ao tempo em relações não abrangidas pelas regras de direito do consumidor. Basta pensar na conduta insistente de um contratante fornecedor que descumpre o instrumento celebrado com o contratante revendedor na relação paritária e lhe causa perda desnecessária e excessiva de tempo (seja ele útil ou livre); ou, ainda, quando, no escopo de discussões para celebração de acordo entre partes não hipossuficientes, apto a evitar o litígio judicial, um dos contratantes age com desídia suficiente a frustrar intencionalmente a celebração da composição, ocasionando lesão ao tempo do outro contratante. Pergunta-se: tendo a teoria sido toda construída e desenvolvida no âmbito das relações de consumo, seriam tais situações ilustrativas aptas a ensejar reparação a título de lesão ao tempo? Ou essa reparação estaria circunscrita aos riscos do negócio e na ingerência normal do programa contratual, com respostas indicativas à boa-fé objetiva e ao dever de renegociar?[65]

Outros questionamentos válidos são postos para a posteridade, tais quais os parâmetros e critérios para a melhor aferição da liquidação dos danos ressarcíveis em razão da lesão ao tempo e para a necessária uniformização da jurisprudência nacional nesse sentido. Em todo caso, não se deixa de pontuar que o centro do exame do dano deve se dar em concreto, em análise objetiva, centrada no interesse tutelado atingido, e não na repercussão subjetiva e nos sentimentos vivenciados pela vítima ou nas concepções pessoais do julgador. Ao revés, a atividade interpretativa deve se dar através da compreensão dos interesses e valores em jogo, bem como da verificação da irreversibilidade da lesão, sempre à luz das normas e princípios que inspiram o ordenamento, como a boa-fé objetiva.[66]

De todo modo, é possível perceber que o acolhimento da reparabilidade da chamada lesão ao tempo é crescente na jurisprudência pátria, notadamente perante o Superior Tribunal de Justiça e o Tribunal de Justiça do Rio de Janeiro, o que, certamente, é um caminho em contínuo desenvolvimento e construção.

---

[65] Cf.: SCHREIBER, Anderson. *Equilíbrio contratual e dever de renegociar*. São Paulo: Saraiva Educação, 2018.
[66] MONTEIRO FILHO, Carlos Edison do Rêgo. *Responsabilidade contratual e extracontratual*: contrastes e convergências no direito civil contemporâneo. Rio de Janeiro: Processo, 2016.

5 Considerações finais

O presente artigo buscou tecer algumas considerações acerca dos chamados *novos danos*, temática que gradativamente ganha espaço entre os estudiosos do direito, e em sua aplicação prática pelas Cortes de todo o mundo, diante da expansão – qualitativa e quantitativa – pela qual tem passado. Debruçou-se, em especial, sobre a lesão ao tempo, discutindo-se o fundamento constitucional de sua admissibilidade no ordenamento jurídico brasileiro para fins de reparabilidade, anotando-se que o tempo, como bem tutelável que é, não se pode circunscrever exclusivamente ao tempo útil, mas engloba igualmente o tempo livre, fundado na dignidade da pessoa humana e em sua liberdade de escolhas. Levanta-se, ainda, questionamentos próprios de sua qualificação e limites de sua reparabilidade em teoria e, especialmente, na prática dos Tribunais, tomando-se como amostra investigativa o Superior Tribunal de Justiça e o Tribunal de Justiça do Rio de Janeiro.

Nesse sentido, vislumbra-se possível concluir este exame com algumas considerações. Em primeiro lugar, independentemente da nomenclatura adotada, isto é, sejam novos danos, novos bens tutelados, novos interesses jurídicos merecedores de tutela, fato é que se está diante de um novo paradigma de reparabilidade dos mais diversos bens jurídicos, e é preciso que os operadores do direito se mantenham em constante vigília para que não se propicie ou incentive a chamada indústria de danos, com multiplicação vertiginosa de ações idênticas visando à obtenção de indenizações por vezes infundadas.[67] O objeto central do intérprete deve ser o próprio interesse tutelado, isto é, a ocorrência do dano, aferido de forma objetiva, e a sua natureza, à luz das categorias existentes no sistema. Nesse contexto, não se pode prescindir da primordial investigação acerca da injustiça do dano, que decorre, precisamente, da violação a interesse considerado legítimo e digno de salvaguarda dentro da legalidade constitucional.

Por isso, cada vez mais urgente a necessidade de problematização e estudo do tema, com fins de que se ofereçam e desenvolvam parâmetros objetivos e suficientemente sólidos para a definição desses novos interesses, com especial enfoque na compatibilização da técnica do dano moral com as hipóteses de responsabilização objetiva, como ocorre nas relações de consumo. Dessa forma, torna-se possível afastar reversões pessoais e convicções subjetivas dos intérpretes, que se devem ater às

---

[67] SCHREIBER, Anderson. Os novos danos. In: *Novos paradigmas da responsabilidade civil*: da erosão dos filtros da reparação à diluição dos danos. 6. ed. São Paulo: Atlas, 2015. p. 84.

normas e princípios consagradores da ordem constitucional, em prol da justa salvaguarda da vítima que sofreu o dano, que, repise-se, deve ser objetivamente considerado.

Nesse debate, examinou-se em especial a lesão ao tempo, sua admissibilidade pelo ordenamento, seus fundamentos constitucionais e civis e seus limites, entendendo-se que, independentemente da forma perseguida de reparação – via demanda incidental ou autônoma; via ações individuais ou coletivas, sendo todas as formas legítimas, desde que preenchidos os requisitos legais –, a lesão deve ser apreendida em concreto e com parâmetros claros e sólidos para fins de garantir sua reparabilidade de forma consentânea com a complexidade do ordenamento e com a renovação pela qual tem passado o sistema de responsabilidade civil brasileiro.

A discussão da temática está ainda longe de ter fim, persistindo questionamentos de diferentes ordens, como, por exemplo, se seria possível seu concebimento em relações paritárias, fora do escopo do Código de Defesa do Consumidor, bem como o tormentoso tópico da liquidação desses danos, com esteio na necessária antijuridicidade para imposição do dever de reparar. Ainda assim, não se deve perder de mira a necessidade de pormenorizado exame da conduta e dos interesses em discussão, à luz dos ditames constitucionais e princípios que regem as relações entre os sujeitos.

Nessa difícil tarefa, coloca-se à disposição dos julgadores o importante recurso da razoabilidade, não como categoria formal de apoio dogmático às suas impressões subjetivas, mas como verdadeiro balizador do exame de legitimidade dos vários interesses contrapostos, tendo como norte a tábua axiológica extraída do ordenamento. Constrói-se, assim, a solução do caso concreto aliada à necessidade de preservação da unidade axiológica do ordenamento, condensadora da nova segurança jurídica.[68]

O tema é sensível e merece contínua análise por toda a comunidade jurídica, afinal, nas palavras do Desembargador Jones Figueiredo Alves, do Estado de Pernambuco, ao proferir voto/vista em Apelação Cível, julgada pela 4ª Câmara Cível do TJPE, mesmo para a visão eclesiástica, tudo tem o seu tempo determinado debaixo do céu, de modo que "a questão é de extrema gravidade e não se pode admiti-la, por retóricas

---

[68] TEPEDINO, Gustavo. A razoabilidade na experiência brasileira. *In*: TEPEDINO, Gustavo; TEIXEIRA, Ana Carolina Brochado; ALMEIDA, Vitor (Coords.). *Da dogmática à efetividade do Direito Civil*: anais do Congresso Internacional de Direito Civil Constitucional – IV Congresso do IBDCivil. 2. ed. Belo Horizonte: Fórum, 2019. p. 29-40.

de tolerância ou de condescendência, que sejam os transtornos do cotidiano que nos submetam a esse vilipêndio de tempo subtraído de vida, em face de uma sociedade tecnológica e massificada, impessoal e disforme".[69]

Por isso, longe de permanecer inerte frente à discussão dos chamados novos danos e, em especial, da lesão ao tempo, sobretudo com o aumento constante dos conflitos cotidianos e massificação das relações, é papel de todos os envolvidos na ciência jurídica propugnar pela releitura constante e permanente, à luz de todo o ordenamento, de seus contornos e limites. Foi no que se pretendeu contribuir modestamente com este artigo.

Referências

ABRANTES GERALDES, António Santos. *Indemnização do Dano da Privação do Uso*. 3. ed. Coimbra: Almedina, 2007. v. I.

ALPA, Guido; BESSONE, Mario. *Atipicità dell'illecito*. Milão: Dott A. Giuffrè, 1980.

AMARAL, Francisco. *Direito civil*: introdução. Rio de Janeiro: Renovar, 2003.

CAVALIERI FILHO, Sergio. *Programa de Responsabilidade Civil*. São Paulo: Atlas, 2014.

DE MASI, Domenico. *O Ócio criativo*. (Trad. de Léa Manzi). Rio de Janeiro: Sexante, 2000.

DESSAUNE, Marcos. *Teoria aprofundada do desvio produtivo do consumidor*: o prejuízo do tempo desperdiçado e da vida alterada. 2. ed. Vitória: Edição especial do autor, 2017.

FERRARA, Francesco. *Trattato di diritto civile*. Roma: Athenaeum, 1921. v. I.

FRIAS, Mônica Lúcia do Nascimento. Um breve resumo sobre os novos danos na responsabilidade civil. In: *Justiça e Cidadania*, 08 nov. 2019. Disponível em: https://www.editorajc.com.br/um-breve-resumo-sobre-os-novos-danos-na-responsabilidade-civil/. Acesso em 01 set. 2020.

GAGLIANO, Pablo Stolze. Responsabilidade civil pela perda do tempo. In: *Jus Navegandi*, Teresina, a. 18, n. 3540, mar. 2013. Disponível em: https://jus.com.br/artigos/23925/responsabilidade-civil-pela-perda-do-tempo. Acesso em 30 nov. 2020.

GOMES, Orlando. Tendências modernas da reparação de danos. In: *Estudos em homenagem ao Professor Silvio Rodrigues*. Rio de Janeiro: Forense, 1980.

GUEDES, Gisela Sampaio da Cruz. *Lucros Cessantes*: do bom-senso ao postulado normativo da razoabilidade. São Paulo: Revista dos Tribunais, 2011.

GUGLINSKI, Vitor. O dano temporal e sua reparabilidade: aspectos doutrinários e visão dos tribunais. In: *Revista de Direito do Consumidor*, v. 99, p. 16, 2015.

---

[69] TJPE. 4ª C.C. *Ap. Cív. nº* 230521-70007424-51.2008.8.17.0480. Rel. Des. Eurico de Barros Correia Filho, Rel. Voto/vista Des. Jones Figueiredo Alves, julg. 07.04.2011.

HAN, Byung-Chul. *Sociedade do cansaço*. (Trad. Enio Paulo Giachini). Petrópolis, RJ: Vozes, 2015. Disponível em: https://portal.uneb.br/poscritica/wp-content/uploads/sites/113/2019/10/HAN_BYUNG_CHUL_Sociedade-do-cansa%C3%A7o.pdf. Acesso em 06 dez. 2020.

MAIA, Maurílio Casas, O dano temporal e sua autonomia na Ap. Civ. nº 2007.060473-7 (TJSC). *In*: *Revista de Direito do Consumidor*, v. 24, n. 102, p. 467-486, nov./dez. 2015.

MARTINS-COSTA, Judith. *A boa-fé no direito privado*: sistemática e tópica no processo obrigacional. São Paulo: Revista dos Tribunais, 2000.

MARTINS-COSTA, Judith. Os campos normativos da boa-fé objetiva: as três perspectivas do Direito Privado brasileiro. *In*: *Princípios do Novo Código Civil Brasileiro e outros temas*: homenagem a Tullio Ascarelli. São Paulo: Quartier Latin, 2010.

MONTEIRO FILHO, Carlos Edison do Rêgo. Lesão ao tempo do consumidor no direito brasileiro. *In*: *Revista de Direito da Responsabilidade*, a. 2, p. 158-176, 2020.

MONTEIRO FILHO, Carlos Edison do Rêgo. Reflexões metodológicas: a construção do observatório de jurisprudência no âmbito da pesquisa jurídica. *In*: *Revista Brasileira de Direito Civil*, v. 9, p. 8-30, jul./set. 2016.

MONTEIRO FILHO, Carlos Edison do Rêgo. *Responsabilidade contratual e extracontratual*: contrastes e convergências no direito civil contemporâneo. Rio de Janeiro: Processo, 2016.

MORAES, Maria Celina Bodin de. *Danos à pessoa humana*: uma leitura civil-constitucional dos danos morais. Rio de Janeiro: Renovar, 2009.

MOTA PINTO, Paulo. *Interesse Contratual Negativo e Interesse Contratual Positivo*. Coimbra: Coimbra Editora, 2008. v. I.

PAMPLONA, Rodolfo. Novos danos na responsabilidade civil. *In*: *Direito Civil*: diálogos entre a doutrina e a jurisprudência. São Paulo: Atlas, 2018.

RODOTÀ, Stefano. *Il Problema della Responsabilità Civile*. Milão: A. Giuffrè, 1964.

RUGGIERO, Roberto. *Instituições de direito civil*. São Paulo: Saraiva, 1971. v. I.

SÁ, Eduardo Buzzinari de. A importância das ações coletivas nas relações de consumo de massa. In: *Revista da EMERJ*, v. 12, n. 48, p. 262-267, 2009.

SARTRE, Jean-Paul. *O ser e o nada* – ensaio de ontologia fenomenológica. 6. ed. (Trad. Paulo Perdigão). Rio de Janeiro: Vozes, 1998.

SCHREIBER, Anderson. *Equilíbrio contratual e dever de renegociar*. São Paulo: Saraiva Educação, 2018.

SCHREIBER, Anderson. O futuro da responsabilidade civil: um ensaio sobre as tendências da responsabilidade civil contemporânea. *In*: RODRIGUES JUNIOR, Otavio Luiz; MAMEDE, Gladston; ROCHA, Maria Vital da (Coord.). *Responsabilidade civil contemporânea*: em homenagem a Sílvio de Salvo Venosa. São Paulo: Atlas, 2011.

SCHREIBER, Anderson. Os novos danos. *In*: *Novos paradigmas da responsabilidade civil*: da erosão dos filtros da reparação à diluição dos danos. 6. ed. São Paulo: Atlas, 2015.

TEPEDINO, Gustavo. A razoabilidade na experiência brasileira. *In*: TEPEDINO, Gustavo; TEIXEIRA, Ana Carolina Brochado; ALMEIDA, Vitor (Coords.). *Da dogmática à efetividade do Direito Civil*: anais do Congresso Internacional de Direito Civil Constitucional – IV Congresso do IBDCivil. 2. ed. Belo Horizonte: Fórum, 2019.

TEPEDINO, Gustavo. Livro (eletrônico) e o perfil funcional dos bens jurídicos na experiência brasileira. *In*: VICENTE, Dário Moreira *et al.* (Orgs.). *Estudos de Direito Intelectual em homenagem ao Prof. Doutor José de Oliveira Ascensão*. Coimbra: Almedina, 2015.

TEPEDINO, Gustavo. Normas Constitucionais e Direito Civil na construção unitária do ordenamento. *In*: *Temas* de Direito Civil. Rio de Janeiro: Renovar, 2009. t. II.

TEPEDINO, Gustavo; SILVA, Rodrigo da Guia. Novos bens jurídicos, novos danos ressarcíveis: análise dos danos decorrentes da privação do uso. *In*: *Revista de Direito do Consumidor*, v. 129, p. 133-156, mai./jun. 2020.

TEPEDINO, Gustavo; TERRA, Aline de Miranda Valverde; GUEDES, Gisela Sampaio. *Fundamentos do Direito Civil*: responsabilidade Civil. 2. ed. Rio de Janeiro: Forense, 2021. v. 4.

TERRA, Aline de Miranda Valverde. Danos autônomos ou novos suportes fáticos de danos? Considerações acerca da privação do uso e da perda do tempo nas relações de consumo. *In*: KNOERR, Viviane Coêlho de Séllos; FERREIRA, Keila Pacheco; STELZER, Joana (Orgs.). *Direito, Globalização e Responsabilidade nas Relações de Consumo*. Florianópolis: COPENDI, 2015.

TERRA, Aline de Miranda Valverde. Privação do uso: dano ou enriquecimento por intervenção? *In*: *Revista Eletrônica Direito e Política*, v. 9, p. 1620-1644, 2014.

Informação bibliográfica deste texto, conforme a NBR 6023:2018 da Associação Brasileira de Normas Técnicas (ABNT):

MOREIRA, Amanda Pierre de Moraes; PEÇANHA, Danielle Tavares. Os chamados novos danos e admissibilidade do tempo como bem jurídico passível de tutela no ordenamento jurídico brasileiro. *In*: TEPEDINO, Gustavo; SILVA, Rodrigo da Guia (Coord.). *Relações patrimoniais*: contratos, titularidades e responsabilidade civil. Belo Horizonte: Fórum, 2021. p. 309-336. ISBN 978-65-5518-233-0.

RESPONSABILIDADE CIVIL POR DANO INDIRETO: RESGATE DE UM TEMA CLÁSSICO À LUZ DO RE Nº 608880

DIEGO CORRÊA LIMA DE AGUIAR DIAS
MÁRIO VICTOR VIDAL AZEVEDO

1 Notas introdutórias

Ao contrário do que seria intuitivo dizer, o clássico tema da responsabilidade civil por dano indireto não tem a ver, ao menos não de forma central, com o estudo particular da figura do dano. De fato, quando nos debruçamos sobre o assunto, mais importante que o exame do dano indireto – que, de resto, dispensa maiores comentários –, é a análise do nexo causal, ou seja, da relação de causa e efeito entre uma conduta humana (ação ou omissão) e o dano eventualmente causado. Afinal, o que buscamos saber é qual o vínculo entre um ato e suas consequências (vínculo, aí sim, propriamente direto ou indireto) que deve ser levado em conta, para o fim de atribuir a alguém o dever de indenizar.

No cenário contemporâneo, o nexo causal assume inegável importância. Como já foi colocado em doutrina, de forma eloquente, vivemos uma era de "erosão dos filtros da reparação".[1] Os chamados elementos da responsabilidade civil, vistos classicamente como requisitos sem os quais não poderia surgir a obrigação ressarcitória, perdem, de forma nem tão paulatina assim, a rigidez tradicional, ou são mesmo dispensados pelos tribunais do país afora, sem muita cerimônia. Em matéria de responsabilidade civil, o "imperativo social da reparação"

---

[1] SCHREIBER, Anderson. *Novos paradigmas da responsabilidade civil*: da erosão dos filtros da reparação à diluição dos danos. São Paulo: Atlas, 2007. p. 11.

tem tomado o lugar da postura mais conservadora assumida pelo Código de 1916 (e, de forma geral, pelas primeiras codificações civis ao redor do mundo).[2]

Na prática, esse estado de coisas tem se traduzido, de forma marcante, na derrocada da culpa e na revisita (e superexpansão) do próprio dano, alargando o âmbito protetivo das vítimas. No caso da culpa, isso se mostra nitidamente, seja pela presunção ou mesmo dispensa da culpa (como acontece na responsabilidade civil objetiva),[3] seja, ainda, na esfera da responsabilidade civil subjetiva, pela gradual solidificação da culpa normativa, isto é, do conjunto de parâmetros objetivos – *standards* de conduta – que são levados em conta para a atribuição da obrigação indenizatória, independentemente da intenção do agente.[4]

No caso do dano, essa transformação tem sido notada não apenas nas hipóteses já tradicionais de presunção (como no exemplo do dano moral *in re ipsa*) ou de elastização do próprio conceito (como na perda da chance herdada da França), mas também na superexpansão dos danos ressarcíveis, com os chamados "novos danos".

Assim é que, nos últimos tempos, temos visto surgir construções teóricas, refletidas na jurisprudência, que militam em favor da lesão ao tempo,[5] do dano por privação do uso,[6] do dano por abandono

---

[2] SCHREIBER, Anderson. *Novos paradigmas da responsabilidade civil*: da erosão dos filtros da reparação à diluição dos danos. São Paulo: Atlas, 2007. p. 61.

[3] No ponto, conferir BODIN DE MORAES, Maria Celina. Risco, solidariedade e responsabilidade objetiva. *In*: TEPEDINO, Gustavo; FACHIN, Luiz Edson (Coord.). *O direito e o tempo*: embates jurídicos e utopias contemporâneas – Estudos em homenagem ao Professor Ricardo Pereira Lira. Rio de Janeiro: Renovar, 2008, p. 847-881.

[4] "Tal processo de objetivação não se limita ao crescimento paulatino das hipóteses legais de responsabilidade objetiva, indicando, também, mais recentemente, a formulação, no âmbito da responsabilidade subjetiva, da concepção normativa da culpa, vale dizer, da valoração do ato ilícito não a partir de elementos intencionais do agente, senão com base em padrões de comportamento considerados razoáveis para o fato concreto – standards de conduta". (TERRA, Aline; CRUZ, Gisela; TEPEDINO, Gustavo (Org.). *Fundamentos do Direito Civil*: responsabilidade civil. Rio de Janeiro: Forense, 2020. p. 81).

[5] Embora vejamos muito a expressão "desvio produtivo do tempo", o professor Carlos Edison, com razão, prefere usar "lesão ao tempo", uma vez que o tempo, para ser considerado objeto de tutela no campo da responsabilidade civil, dispensa o seu emprego para fins necessariamente produtivos. Nesse sentido, ver: MONTEIRO FILHO, Carlos Edison do Rêgo. Lesão ao tempo: configuração e reparação nas relações de consumo. *Revista OAB/RJ, Edição Especial – Direito Civil*. Disponível em: https://revistaeletronica.oabrj.org.br/wp-content/uploads/2018/05/LES%C3%83O-AO-TEMPO.pdf. Acesso em 30 jan. 2021. Na jurisprudência, o tema já vem se consolidando há certo tempo. Por todos, ver o seguinte precedente: TJSC. 1ª CC. *Apl. nº 2007.060473-7*. Rel. Des. Sebastião César Evangelista, j. 16.06.2014.

[6] Cf. STJ. 2ª S. *REsp nº 1729593/SP*. Rel. Min. Marco Aurélio Bellizze, julg. 25.9.2019. Este precedente deu origem ao Tema nº 996 da Corte.

afetivo[7] e do dano por nascimento indesejado,[8] para citar apenas alguns exemplos. Como se vê, a paisagem é bem diferente da que tínhamos não faz muito tempo.

Nesse cenário, em que a atividade, o dano (expandido) e o nexo causal parecem ser suficientes para fazer nascer a obrigação de indenizar, não há dúvida de que identificar a relação de causalidade (base para a imputação de responsabilidade civil) torna-se, de fato, o cerne da questão.[9] O nexo causal passa a ser o "último bastião" da responsabilidade civil tradicional, a preservar ainda um poder de filtragem da indenização.

Daí a importância atual de revisitar o conceito, para tornar palpável a sua dimensão nos dias de hoje e para compreender de que forma ele também pode ser (e tem sido) reformulado, por meio, entre outras construções, da responsabilidade civil por dano indireto.

2 Uma revisita: o nexo causal (e suas teorias)

À primeira vista, o nexo causal, ou relação de causalidade, parece ter uma definição simples (até mesmo intuitiva): é o vínculo que se estabelece entre dois eventos, de modo que um representa a consequência do outro.[10] Nesse sentido, e na linha do que poderíamos presumir, causa de um dano é o fato que contribui para a sua ocorrência.[11] E o responsável pela indenização, aquele que gerou essa causa.

No entanto, a aparente simplicidade esconde o intrincado problema que o nexo de causalidade apresenta. Isso porque a relação de causa e efeito entre os eventos, se tomada de forma literal (i.e., como uma relação da natureza), pode levar a um regresso ao infinito (*regressus ad infinitum*), dando margem a uma espiral de (super)responsabilização. No célebre exemplo de Binding, essa compreensão poderia levar a que

---

[7] Cf. STJ. 4ª T. *REsp nº* 1.579.021/RS. j. 19.10.2017.

[8] Ver o já clássico *Affaire Perruche*, que teve curso na França e deu origem ao debate acerca do tema.

[9] "Na medida em que a demonstração da ocorrência da atividade danosa, do dano e do nexo de causalidade parecem suficientes para a deflagração do dever de reparar – fenômeno que resulta em notória expansão de danos ressarcíveis –, a identificação da causalidade torna-se o cerne da reflexão". (TERRA, Aline; CRUZ, Gisela; TEPEDINO, Gustavo (Org.). *Fundamentos do Direito Civil*: responsabilidade civil. Rio de Janeiro: Forense, 2020. p. 81 e ss.).

[10] SCHREIBER, Anderson. *Novos paradigmas da responsabilidade civil*: da erosão dos filtros da reparação à diluição dos danos. São Paulo: Atlas, 2007. p. 51.

[11] NORONHA, Fernando. O nexo de causalidade na responsabilidade civil. *Revista dos Tribunais*, RT, v. 92, n. 816, p. 734-741, out. 2003. p. 734.

responsabilizássemos, como partícipe do adultério, o marceneiro que fabricou o leito no qual o casal de amantes se deitou.[12]

Não é por outra razão que Caio Mário já alertava para o fato de que o nexo de causalidade é "o mais delicado dos elementos da responsabilidade civil",[13] e que, na jurisprudência, vemos há muito ecoar a percepção do lugar central que ele ocupa.[14] De fato, mais do que servir de medida da indenização (art. 944, CC/02), a relação de causalidade serve de critério de identificação do responsável pelo dano.

O problema, para além do perigo de regresso ao infinito, é que o fenômeno causal apresenta uma complexidade ímpar, o que muitas vezes torna hercúlea a tarefa de identificar, de forma adequada, aquele(s) que devem responder civilmente.[15] Foi em razão dessa complexidade que surgiram, historicamente, diversas teorias do nexo causal, que tinham em vista, justamente, estabelecer os critérios (não já naturais, mas sim jurídicos) para determinar a relação de causalidade que deveria ser tomada como parâmetro, para efeito de atribuir a responsabilidade civil e garantir (supostamente) um justo equilíbrio entre a reparação da vítima e a responsabilização dos agentes envolvidos na cadeia causal.

A primeira dessas teorias, construída em meados do século XIX pelas mãos de Von Buri, foi a chamada teoria da equivalência das condições. Para ela, na linha do que sugere a denominação, equiparam-se todas as condições que venham a concorrer para o dano. Ou seja, considera-se causa de um prejuízo, para fins de responsabilização civil, todo e qualquer evento que contribua para a sua efetivação. A razão de ser da teoria, também apelidada de *conditio sine qua non*, está justamente

---

[12] A passagem é lembrada em: SILVA, Wilson Melo da. *Responsabilidade sem culpa*. São Paulo: Saraiva, 1974. p. 117.
[13] SILVA PEREIRA, Caio Mário da. *Responsabilidade civil*. Rio de Janeiro: GZ Ed., 2012. p. 106.
[14] "O nexo causal é a primeira questão a ser enfrentada na solução de demandas envolvendo responsabilidade civil e sua comprovação exige absoluta segurança quanto ao vínculo de determinado comportamento e o evento danoso". (TJRJ. *AC nº 2004.001.10228*. Rel. Des. Sergio Cavalieri Filho, julg. 04.08.2004).
[15] Noronha, com a sua didática característica, explica o ponto: "Nem sempre é fácil saber se a contribuição de um fato para um dano é suficiente para que se deva considerá-lo gerador deste. Por outro lado, pode também acontecer que um só dano deva ser atribuído a diversas causas. Pode ainda haver vários danos, e de diversas naturezas (patrimoniais e extrapatrimoniais, presentes e futuros etc.), todos ligados a um só fato, ou a diversos, sem se saber quais são os danos que foram determinados por cada fato. Às vezes, além do dano imediatamente causado por um certo fato, tido como gerador da responsabilidade, surgem outros danos (danos indiretos), que possivelmente não teriam acontecido se não fosse aquele fato, mas não se sabe se devem ser considerados". (NORONHA, Fernando. O nexo de causalidade na responsabilidade civil. *Revista dos Tribunais, RT*, v. 92, n. 816, p. 734-741, out. 2003. p. 734).

no preceito lógico de que, se fosse retirada uma dessas condições, o dano não teria lugar.[16]

Essa teoria, surgida no seio do direito penal, encontra lá uma justificativa plausível. É que o âmbito de responsabilização penal encontra dois poderosos filtros: o princípio da tipicidade e a regra geral de punibilidade dos crimes dolosos. Isso quer dizer que, de toda a miríade (potencialmente infinita) de causas para um determinado evento danoso, só importam, para a esfera criminal, aquelas que se enquadrem no tipo penal e que, como regra, tenham derivado de conduta dolosa do agente.[17]

No entanto, transplantada acriticamente e sem adaptações para o âmbito civil, essa teoria poderia levar, como antecipamos, a uma espiral absolutamente irrazoável de (super)responsabilização, gerando "sonora injustiça"[18] por tornar cada homem potencialmente responsável por "todos os males que atingem a humanidade".[19] Afinal, a responsabilidade civil guia-se por cláusulas gerais e (quando muito) pela noção de culpa, razão pela qual o dever de indenizar não sofreria contenção e seria atribuído a todo e qualquer agente envolvido na cadeia causal, ainda que esse agente tivesse apenas remotamente qualquer relação com o dano efetivo sofrido pela vítima.[20]

Em função desses nítidos inconvenientes, a teoria da equivalência das condições foi, pouco a pouco, perdendo o seu espaço, até cair no

---

[16] "A teoria da equivalência das condições aceita qualquer das causas como eficiente. A sua equivalência resulta de que, suprimida uma delas, o dano não se verifica". (ALVIM, Agostinho. *Da inexecução das obrigações e suas consequências*. São Paulo: Saraiva, 1955. p. 345).

[17] "No âmbito da responsabilidade penal, porém, o problema do nexo causal é de bem menor importância, porque nela existem dois poderosos filtros, restringindo o número de eventos que podem ser considerados: por um lado, não é qualquer evento danoso que interessa, já que o imprescindível tipo legal é integrado pelo próprio 'resultado, de que depende a existência do crime', e, por outro lado, só têm relevo os fatos danosos que, como regra geral, sejam resultantes de condutas dolosas, isto é, preordenadas à realização de determinados resultados". (NORONHA, Fernando. O nexo de causalidade na responsabilidade civil. *Revista dos Tribunais*, RT, v. 92, n. 816, p. 734-741, out. 2003. p. 736).

[18] SCHREIBER, Anderson. *Novos paradigmas da responsabilidade civil*: da erosão dos filtros da reparação à diluição dos danos. São Paulo: Atlas, 2007. p. 53.

[19] MALAURIE, Philippe; AYNÈS, Laurent. *Droit civil*: les obligations. Paris: Cujas, 1990. n. 46, p. 47 apud. SILVA PEREIRA, Caio Mário da. *Responsabilidade civil*. Rio de Janeiro: GZ Ed., 2012. p. 110.

[20] "De fato: a teoria da equivalência das condições, pela nenhuma restrição à ampla regra do estabelecimento da relação de causa e efeito entre condições necessariamente dependentes umas das outras, embora lógica, pode conduzir a resultados aberrantes dentro do direito. [...] Na hipótese de um homicídio, como bem lembrado por Nelson Hungria, poderia fazer-se estender, segundo tal teoria, a responsabilidade pelo evento danoso ao próprio fabricante da arma com a qual o dano se perpetrou". (SILVA, Wilson Melo da. *Responsabilidade sem culpa*. São Paulo: Saraiva, 1974. p. 116).

esquecimento.²¹ Ela foi então sendo substituída por outras formulações teóricas, que tinham em vista, exatamente, equacionar o problema do nexo causal de uma forma mais apropriada.

Uma delas, que também ganhou projeção ainda no século XIX, em grande parte pelos esforços do filósofo alemão Von Kries, foi a teoria da causalidade adequada. Segundo essa teoria, causa de um evento danoso seria aquela condição que, em abstrato e de acordo com o "curso natural das coisas", seria mais apta a gerá-lo.²²

Parte-se, assim, de um juízo de previsibilidade e probabilidade, para determinar quais, entre uma série de condições, poderia ser tomada efetivamente como causa de um prejuízo, a justificar a atribuição da obrigação indenizatória. Se, pelo que normalmente acontece (e não à luz de circunstâncias excepcionais), certa condição pudesse ser considerada como "causa adequada" do dano, aquele que a tivesse gerado ficaria a cargo do dever de reparar.²³

Wilson Melo da Silva nos oferece um exemplo que traduz, de forma bastante esclarecedora, a inovação da teoria da causa adequada, em relação à teoria anterior (a da equivalência das condições):

> A dá uma ligeira pancada no crânio de B. Por si só, tal pancada seria insuficiente para ocasionar a morte de B. No entanto, B, por um defeito

---

[21] Note-se que, mesmo na seara do direito penal, essa teoria perdeu seu lugar de destaque, a partir da incorporação da causa superveniente relativamente independente como evento apto a romper o nexo de causalidade. Veja-se, a propósito, trecho do voto do Min. Sepúlveda Pertence, no RE nº 136.247: "De início, é duvidosa a possibilidade do transplante, ou, pelo menos, do transplante sem temperamentos, da teoria da equivalência das condições para a responsabilidade civil objetiva. No campo penal ou no campo da responsabilidade por culpa, a culpabilidade é exatamente corretivo mais eficaz dos despautérios a que levaria o *regressus ad infinitum*, campo puramente objetivo, a teoria da *conditio sine qua non* (...) De qualquer sorte, ainda no plano puramente objetivo, a teoria da equivalência das condições não é levada, sequer, na ordem penal, às suas últimas consequências; ela é temperada pela força interruptiva da cadeia causal, reconhecida a superveniência da causa relativamente independente". (STF. 1ª T. *RE nº 136.247*. Rel. Min. Sepúlveda Pertence, julg. 20.06.2000).

[22] "A procura do nexo, de acordo com esta teoria, depende de se saber se o fato do qual originou o dano é apto, em tese, a lhe dar causa. (...) Só há responsabilidade se o fato, por sua própria natureza, for "próprio a produzir um tal dano", de modo que, "julgando segundo o curso natural das coisas e com pleno conhecimento dos acontecimentos" o dano poderia ter sido previsto". (TEPEDINO, Gustavo; BARBOZA, Heloisa Helena; BODIN DE MORAES, Maria Celina. *Código civil interpretado conforme a Constituição da República*. Rio de Janeiro: Renovar, 2004. p. 729).

[23] "(...) segundo esta doutrina, a jurisprudência do Reichsgericht afirmou que existe um nexo de causalidade adequado "se um facto era em geral adequado, e não apenas em circunstâncias particularmente originais, totalmente improváveis e negligenciáveis segundo o curso normal das coisas, para a realização de um resultado". (MOTA PINTO, Paulo. *Interesse contratual negativo e interesse contratual positivo*. Coimbra: Coimbra Editora, 2008. v. II, p. 931-932).

de calcificação que lhe tornou o parietal menos resistente e bem mais frágil que o do comum dos homens, falece em virtude dessa pancada que A lhe deferiu. E assim como se pode ver, a pancada sofrida por B, muito embora ligada ao ato ilícito de A, não se teria constituído, normalmente falando, em causa necessária ou eficiente de sua morte (...): pela teoria da causalidade adequada, o dano sofrido por B (morte) não poderia ser imputado a A, o que já não aconteceria em face da teoria da equivalência das condições, quando a pancada surgiria como a *conditio sine qua non* da morte de B.[24]

Embora fique clara a vantagem que a teoria da causa adequada propiciou, ao limitar os excessos da teoria da equivalência das condições, ela também caiu em descrédito ao longo do tempo. O principal motivo foi que, pautando-se em um juízo abstrato de probabilidade, ela se afasta da relação de causalidade que, em concreto, pode ser desencadeada, continuando a gerar resultados "exagerados e imprecisos".[25] Afinal, "probabilidade não é certeza",[26] e o que normalmente acontece pode não ser o melhor guia para, frente a uma dada situação concreta, determinar qual foi realmente a causa do dano (e o seu responsável).

Constatada a insuficiência dessas teorias, ainda se tentou contornar o problema do nexo causal por uma nova lente: a da teoria da causa eficiente. Por essa teoria, entre as diversas condições (ou antecedentes) de um evento danoso, haveria uma que, em virtude de um "intrínseco poder qualitativo ou quantitativo",[27] deveria ser considerada a verdadeira causa do prejuízo. Aqui, o juízo deixa o plano abstrato e passa a ter em

---

[24] SILVA, Wilson Melo da. *Responsabilidade sem culpa*. São Paulo: Saraiva, 1974. p. 119.
[25] "Tais teorias, rejeitadas, como se viu acima, pela dicção expressa do art. 403 do Código Civil, gerariam resultados exagerados e imprecisos, estabelecendo nexo de causalidade entre todas as possíveis causas de um evento danoso e os resultados efetivamente produzidos, – por se equivalerem ou por serem abstratamente adequadas a produzi-los – ainda que todo e qualquer resultado danoso seja sempre, e necessariamente, produzido por uma causa imediata, engendrada e condicionada pelas circunstâncias específicas do caso concreto". (TEPEDINO, Gustavo. Notas sobre o nexo de causalidade. *In: Temas de direito civil*. Rio de Janeiro: Renovar, 2006. t. II, p. 68).
[26] "É certo que, depois de ter surgido, bafejada por uma aura de prestígio, a doutrina da 'causalidade adequada' sofreu vigorosa crítica (Hebraud, Esmein, Houin), entrando em desprestígio. Argumenta-se que o caráter 'adequado' da causalidade depende do grau de probabilidade do dano. Mas a probabilidade não é certeza". (SILVA PEREIRA, Caio Mário da. *Responsabilidade civil*. Rio de Janeiro: GZ Ed., 2012. p. 111).
[27] SCHREIBER, Anderson. *Novos paradigmas da responsabilidade civil*: da erosão dos filtros da reparação à diluição dos danos. São Paulo: Atlas, 2007. p. 55.

vista, precisamente, a "causa eficiente" para a ocorrência do resultado, tomado *in concreto*.[28]

Apesar dos esforços dos defensores da causalidade eficiente, ela acabou tendo o mesmo destino das teorias anteriores. Isso se deu principalmente por conta da dificuldade de identificar a força causal "intrínseca" dos fenômenos, o que acabou por manter etéreo (portanto, impreciso e inseguro) o juízo acerca da causalidade operante em um determinado evento danoso.[29]

Diante das críticas dirigidas às teorias que vimos até aqui, surgiu no horizonte, com grande envergadura, a teoria da causa direta e imediata. Supostamente, ela seria capaz de suplantar as deficiências das outras formulações teóricas sobre o nexo de causalidade, por vincular um evento danoso apenas à sua causa mais "direta e imediata" (daí o nome da teoria). Para muitos, foi essa a teoria adotada no Brasil, o que, alegadamente, impediria a possibilidade de indenização do dano indireto. Por sua importância, vamos dedicar, a seguir, algumas linhas ao seu conceito (e crítica).

3 A teoria da causa direta e imediata na realidade brasileira: conceito e crítica

Como antecipamos, a teoria que temos em vista parte da premissa de que, existindo diferentes condições (ou antecedentes) de um evento danoso, devemos considerar como causa jurídica somente aquela que se liga ao prejuízo de forma mais próxima (leia-se, direta e imediata).[30]

A sua adoção, pelo ordenamento jurídico brasileiro, estaria comprovada pelo art. 403 do CC/02, segundo o qual, "ainda que a inexecução resulte de dolo do devedor, as perdas e danos só incluem os prejuízos efetivos e os lucros cessantes por efeito dela direto e imediato, sem prejuízo do disposto na lei processual".

---

[28] "Entre os antecedentes causais, os defensores desta teoria destacavam: (i) a causa que produz o resultado; (ii) a condição que não produz o resultado, mas de alguma forma remove o obstáculo para a atuação da causa; e (iii) a ocasião que favorece a operatividade da causa eficiente". (CRUZ, Gisela Sampaio da. *O problema do nexo causal na responsabilidade civil*. Rio de Janeiro: Renovar, 2005. p. 58-59).

[29] "Al no poder fijar la teoria de la eficiencia um criterio objetivo para determinar la fuerza causal intrínseca de um fenómeno, cae necessariamente en un empirismo que le resta todo valor científico" (BREBBIA, Roberto. *La relación de causalidad en Derecho Civil*. Rosario: Juris, [s.d.]. p. 35).

[30] SCHREIBER, Anderson. *Novos paradigmas da responsabilidade civil*: da erosão dos filtros da reparação à diluição dos danos. São Paulo: Atlas, 2007. p. 56.

De fato, os registros históricos mostram que a intenção do Legislador, ao estabelecer essa previsão normativa (que remonta ao art. 1.060 do antigo CC/1916), era impor, com base na própria equidade, um limite à indenização, a qual não poderia abranger o chamado "dano remoto".[31]

No início da década de 1990, o STF teve, pela voz de autoridade de Moreira Alves, a chance de se debruçar sobre a matéria e firmar a sua posição:

> Em nosso sistema jurídico, como resulta do disposto no artigo 1.060 do Código Civil, a teoria adotada quanto ao nexo de causalidade é a teoria do dano direto e imediato, também denominada teoria da interrupção do nexo causal. Não obstante aquele dispositivo da codificação civil diga respeito à impropriamente denominada responsabilidade contratual, aplica-se ele também à responsabilidade extracontratual, inclusive a objetiva, até por ser aquela que, sem quaisquer considerações de ordem subjetiva, afasta os inconvenientes das outras duas teorias existentes: a da equivalência das condições e a da causalidade adequada.[32]

O voto condutor de Moreira Alves, seguido pelos demais ministros, não deixa dúvida de que teria de fato sido acolhida, no direito brasileiro, a teoria da causa direta e imediata (ou do dano direto e imediato), afastando-se os intrincados problemas trazidos pelas construções teóricas anteriores. Além disso, da forma como foi colocada a questão, ficou nítida a expansão da teoria para a esfera da responsabilidade civil aquiliana, não havendo nenhuma restrição ao âmbito contratual.

No entanto, apesar da clareza (e dos relativos méritos) da posição do STF, ela gerou um (novo) problema. É que, tomado na sua literalidade, o art. 403 do CC/02 (como dissemos, correspondente ao antigo art. 1.060 do CC/1916), acabaria com a possibilidade de qualquer indenização por dano indireto. E isso levaria não só a uma dificuldade de interpretação

---

[31] Veja-se, por exemplo, o que dizia Bevilácqua: "(...) o Código não quer que esse preceito de equidade se transforme, pelo abuso, em exigência, que a equidade não possa aprovar. Fixa um termo à indenização, que não pode abranger senão as perdas efetivas e os lucros, que, em consequência direta e imediata da inexecução dolosa, o credor deixou de realizar. Afasta-se o chamado *damnum remotum*. O devedor, ainda que doloso, responde somente pelo que é consequência direta e imediata do seu dolo, o que é uma questão de fato a verificar". (BEVILAQUA, Clovis. *Código Civil dos Estados Unidos do Brasil Comentado*. Rio de Janeiro: Paulo de Azevedo Ltda., 1958. v. IV p. 175).
[32] STF. 1ª T. RE nº 130.1764/PR. j. 12.05.1992.

sistêmica do CC/02, como também a uma dissonância marcante com a jurisprudência nacional, e, talvez, acima de tudo, a um aval para soluções claramente injustas.

No primeiro aspecto, basta lembrar que o próprio CC/02 admite, expressamente, a possibilidade de reparação do dano indireto, quando estipula, por exemplo, a indenização consistente "na prestação de alimentos às pessoas a quem o morto os devia, levando-se em conta a duração provável da vida da vítima" (art. 948, II).[33]

Sabemos, também, que a jurisprudência caminha no mesmo sentido, reconhecendo pacificamente a possibilidade de indenização do dano reflexo ou por ricochete, seja de natureza moral ou patrimonial. Mesmo que esteja hoje em discussão a natureza autônoma dessa reparação,[34] a afirmação ainda é a de que a pessoa indenizada, nesses casos, é a vítima indireta do dano em questão.

Assim é que, tanto do ponto de vista interpretativo quanto da experiência prática dos tribunais, uma leitura estrita do art. 403 do CC/02 traz desconforto (e um sentimento de incongruência) para quem se depara com a questão. Mais do que isso, como dissemos, essa leitura

---

[33] Note-se que a doutrina tem se posicionado, firmemente, no sentido de que a possibilidade de indenização do dano patrimonial reflexo não é taxativa, isto é, não está limitada ao âmbito do art. 948, II, do CC/02. É justamente o que dispõe o Enunciado nº 560 da CJF, aprovado na VI Jornada de Direito Civil, pelo qual, "no plano patrimonial, a manifestação do dano reflexo ou por ricochete não se restringe às hipóteses previstas no art. 948 do Código Civil".

[34] Confira-se o precedente recente do STJ:
"RECURSO ESPECIAL. RESPONSABILIDADE CIVIL. DANO MORAL REFLEXO OU POR RICOCHETE. MORTE DA VÍTIMA. PRESCINDIBILIDADE PARA A CONFIGURAÇÃO DO DANO. LEGITIMIDADE ATIVA PARA AÇÃO DE INDENIZAÇÃO. NÚCLEO FAMILIAR. IRMÃOS. AVÓS. ILEGITIMIDADE PASSIVA DOS GENITORES DE FILHOS MAIORES DE IDADE. (...)
"1. O dano moral por ricochete é aquele sofrido por um terceiro (vítima indireta) em consequência de um dano inicial sofrido por outrem (vítima direta), podendo ser de natureza patrimonial ou extrapatrimonial. Trata-se de relação triangular em que o agente prejudica uma vítima direta que, em sua esfera jurídica própria, sofre um prejuízo que resultará em um segundo dano, próprio e independente, observado na esfera jurídica da vítima reflexa.
2. São características do dano moral por ricochete a pessoalidade e a autonomia em relação ao dano sofrido pela vítima direta do evento danoso, assim como a independência quanto à natureza do incidente, conferindo, desse modo, aos sujeitos prejudicados reflexamente, o direito à indenização por terem sido atingidos em um de seus direitos fundamentais.
3. O evento morte não é exclusivamente o que dá ensejo ao dano por ricochete. Tendo em vista a existência da cláusula geral de responsabilidade civil, todo aquele que tem seu direito violado por dano causado por outrem, de forma direta ou reflexa, ainda que exclusivamente moral, titulariza interesse juridicamente tutelado (art. 186, CC/2002).
4. O dano moral reflexo pode se caracterizar ainda que a vítima direta do evento danoso sobreviva. É que o dano moral em ricochete não significa o pagamento da indenização aos indiretamente lesados por não ser mais possível, devido ao falecimento, indenizar a vítima direta. É indenização autônoma, por isso devida independentemente do falecimento da vítima direta" (STJ. 4ª T. *REsp nº 1734536/RS*. Rel. Min. Luis Felipe Salomão, j. 06.08.2019).

acaba por assinar embaixo de uma série de consequências absolutamente indesejadas, sob o ponto de vista da justiça material.

Para tornar palpável o que estamos dizendo, vamos tomar o exemplo, trazido didaticamente pelo professor Anderson Schreiber,[35] da indústria que polui um rio, levando à mortandade de peixes. O dano direto, aqui, é um dano ambiental de natureza extrapatrimonial (i.e., a própria mortandade de peixes).

No entanto, está claro que, como consequência (indireta) desse dano, haverá outro: o pescador local irá amargar prejuízos econômicos (leia-se, lucros cessantes), porque não terá condições de vender seus peixes no mercado. Muito embora esse seja um dano indireto, por não derivar imediatamente da conduta culposa da empresa, mas sim da mortandade de peixes, parece fora de dúvida que o pescador deveria ter garantido seu direito à indenização.[36]

Foi essa preocupação, acerca da justa medida (e extensão) da indenização, que deixou os autores, desde o Código Civil de 1916, às voltas com o problema da expressão "dano direto e imediato". E foi Agostinho Alvim quem, inspirado na lição dos franceses,[37] encontrou, na subteoria da necessariedade causal, uma forma de explicar o ponto: "A expressão direto e imediato significa o nexo causal necessário".[38]

O que o mestre queria dizer é que o dever de reparar surge quando o dano é efeito necessário de determinada causa. Em outras palavras, haverá o dever de indenizar sempre que o dano (direto ou mesmo indireto) for uma *consequência direta* de determinada atividade, ou seja, não derivar de outra causa (superveniente) que venha a romper a relação de causalidade.[39]

---

[35] SCHREIBER, Anderson. *Manual de Direito Civil Contemporâneo*. São Paulo: Saraiva Educação, 2018. p. 637.

[36] A bem da verdade, o direito à indenização, na hipótese trazida pelo professor Anderson, derivaria de expressa previsão legal, considerando-se que o art. 14, §1º, da Lei nº 6938/81, estabelece a obrigação de "reparar os danos causados ao meio ambiente e a terceiros, afetados por sua atividade". De modo que, a rigor, o dano indireto estaria abarcado pelo dispositivo. No entanto, o exemplo continua a servir como uma boa ilustração para o ponto.

[37] Como ensina a professora Gisela Sampaio da Cruz, "a [subteoria] que teve mais êxito ao explicar o significado da expressão 'direto e imediato' foi a doutrina da necessariedade da causa, que, criada por Dumoulin e Pothier, contou com o apoio de Colin et Capitant, Huc, Giorgi, Polacco, Chironi e Gabba. De acordo com a escola da necessariedade, o dever de reparar só surge quando o evento danoso é efeito necessário de determinada causa". (CRUZ, Gisela Sampaio da. *O problema do nexo causal na responsabilidade civil*. Rio de Janeiro: Renovar, 2005. p. 58-59).

[38] ALVIM, Agostinho. *Da inexecução das obrigações e suas consequências*. São Paulo: Saraiva, 1955. p. 360-361.

[39] "Quer dizer: os danos indiretos ou remotos não se excluem, só por isso; em regra, não são indenizáveis, porque deixam de ser efeito necessário, pelo aparecimento de concausas.

No exemplo que trouxemos, da indústria que polui um rio e leva à mortandade de peixes, o prejuízo suportado pelo pescador é, claramente, um dano indireto *necessário*, porque deriva necessariamente do dano anterior (i.e., o dano ambiental), sem que tenha vindo a operar qualquer outra causa superveniente. Dessa forma, e seguindo a subteoria, esse dano teria que ser integralmente reparado.

Está fora de cogitação que, de uma forma ou de outra, a subteoria da necessariedade causal contorna (ainda que parcialmente) os problemas que vimos. Isto é, ela consegue compatibilizar a redação seca do art. 948, II, do CC/02 com a possibilidade de indenização do dano indireto (já acolhida pela jurisprudência), além de proporcionar soluções mais equitativas para as hipóteses mais complexas de encadeamento causal (nas quais há uma série de concausas e de danos diretos e indiretos).

No entanto, ainda que devam ser reconhecidos os louros dessa proposta teórica, a verdade é que ela (também) não está imune a críticas. Efetivamente, embora se dê pouca atenção às suas fragilidades, elas existem e podem ter consequências práticas relevantes.

A observação não foge aos olhos perspicazes de Noronha. Para o autor, a teoria capitaneada por Alvim toma para si que a causa de um dano é a "condição necessária e suficiente" para a sua ocorrência: necessária, porque sem ela não haveria o dano; suficiente, porque sozinha seria capaz de produzi-lo, não existindo outra que a explique com exclusividade.[40]

Contudo, essa definição encontra, ao ver do autor, nítida limitação (ou melhor, limitações):

> É que dificilmente encontraremos uma condição à qual o dano possa ser com exclusividade atribuído. (...) Por outro lado, mesmo que ficássemos apenas com a exigência da necessariedade, ou seja, se por necessário entendêssemos aquilo que é forçoso, inevitável, fatal, ainda assim

---

Suposto não existam estas, aqueles danos são indenizáveis". (ALVIM, Agostinho. *Da inexecução das obrigações e suas consequências*. São Paulo: Saraiva, 1955. p. 395-396).

[40] "Nos termos em que A. Alvim formulou a teoria da causalidade necessária, seria possível dizer que causa do dano é a condição necessária e suficiente dele: é condição necessária, porque sem ele não teria havido dano ("ele a ela se filia", nas palavras de Alvim); é condição suficiente, porque sozinha era idônea para produzir o resultado ("por não existir outra que explique o mesmo dano", com "exclusividade", no dizer do Mestre). Todavia, exigir que um fato seja condição não só necessária como também suficiente de um dano, para que juridicamente possa ser considerado sua causa, parece excessivo". (NORONHA, Fernando. O nexo de causalidade na responsabilidade civil. *Revista dos Tribunais, RT*, v. 92, n. 816, p. 734-741, out. 2003. p. 740).

teríamos de reconhecer a existência de danos não necessários e apenas possíveis, mas que devem ser ressarcidos. Efetivamente, se a dicção legal "efeito direto e imediato" significasse efeito forçoso, inevitável, fatal, não se compreenderia que nos arts. 399, 862 e 1.218 se determine que o devedor em mora, o gestor de negócios (este quando procede contra a vontade do dono do negócio) e o possuidor de má-fé respondam até por danos acidentais (...) [Além disso,] quando haja diversas causas do dano, próximas ou remotas, saber qual deveremos considerar a necessária, "por não existir outra que explique o mesmo dano", nas palavras de A. Alvim, não é tarefa fácil. Isso dependerá até do ponto de vista do observador, que tenderá a considerar como causa aquela condição do dano que por qualquer título repute mais importante.[41]

Diante dessas limitações, que acabam abrindo espaço para a subjetividade na análise do fenômeno causal, não seria uma verdadeira surpresa o fato de que, na prática jurisprudencial, o intérprete acaba apelando, de forma genérica (e elástica), a preceitos gerais (fundados em um suposto bom senso) ou à própria redação literal do art. 403 do CC/02, com vistas a justificar o seu ponto de vista.

Para o autor, essa tendência, embora muitas vezes inspirada por um propósito nobre, poderia se mostrar perigosa (sob o ponto de vista da segurança jurídica). Isso porque poderia resultar no cenário em que o juiz, "quando acha que um dano deve ser reparado, dirá que ele é 'dano direto e imediato'; quando entende que não é merecedor de reparação, considerá-lo-á 'dano indireto'".[42]

A crítica de Noronha encontra eco na jurisprudência. Realmente, testemunhamos hoje o que se convencionou chamar de "flexibilização do nexo causal",[43] o que, muito além de uma discussão meramente terminológica, leva à própria expansão das hipóteses de responsabilização civil, não sendo uma exceção as hipóteses de responsabilidade civil por dano indireto.

---

[41] NORONHA, Fernando. O nexo de causalidade na responsabilidade civil. *Revista dos Tribunais, RT*, v. 92, n. 816, p. 734-741, out. 2003. p. 740-741.
[42] NORONHA, Fernando. O nexo de causalidade na responsabilidade civil. *Revista dos Tribunais, RT*, v. 92, n. 816, p. 734-741, out. 2003. p. 741.
[43] SCHREIBER, Anderson. *Novos paradigmas da responsabilidade civil*: da erosão dos filtros da reparação à diluição dos danos. São Paulo: Atlas, 2007. p. 61.

4 A flexibilização do nexo causal e a expansão da responsabilidade civil por dano indireto: reflexos jurisprudenciais

A chamada flexibilização do nexo causal nada mais é, em essência, do que um subproduto do fenômeno da erosão dos filtros da responsabilidade civil. De fato, muito embora a relação de causalidade seja, na linha do que dissemos, o "último bastião" da responsabilidade civil tradicional (daí a sua importância), a verdade é que, em maior ou menor grau, ela também sofre a influência dos tempos de hoje, sendo apreendida de forma elástica pelos tribunais à luz dos casos concretos que vão surgindo no horizonte.

O reflexo mais visível disso é a confusão terminológica que reina na jurisprudência. O que vemos, no dia a dia, é a profusão de decisões que fazem referência, de maneira imprecisa (ou mesmo equivocada), às diferentes teorias do nexo causal que vimos até aqui. Neste ponto, é importante abrir espaço e olhar, ainda que brevemente, para alguns exemplos. Vejam-se os precedentes que encontramos, de forma reiterada, no STJ:

> RECURSO ESPECIAL. CIVIL. *RESPONSABILIDADE CIVIL*. PRESCRIÇÃO. NÃO CONFIGURAÇÃO. *FUGA DE PACIENTE MENOR DE ESTABELECIMENTO HOSPITALAR. AGRAVAMENTO DA DOENÇA. MORTE SUBSEQUENTE. NEXO DE CAUSALIDADE.* CONCORRÊNCIA DE CULPAS. RECONHECIMENTO. REDUÇÃO DA CONDENAÇÃO. RECURSO PARCIALMENTE PROVIDO".
> "*3. Na aferição do nexo de causalidade, a doutrina majoritária de Direito Civil adota a teoria da causalidade adequada ou do dano direto e imediato, de maneira que somente se considera existente o nexo causal quando o dano é efeito necessário e adequado de uma causa (ação ou omissão). Essa teoria foi acolhida pelo Código Civil de 1916 (art. 1.060) e pelo Código Civil de 2002 (art. 403).*
> 4. As circunstâncias invocadas pelas instâncias ordinárias levaram a que concluíssem que a causa direta e determinante do falecimento do menor fora a omissão do hospital em impedir a evasão do paciente menor, enquanto se encontrava sob sua guarda para tratamento de doença que poderia levar à morte". (STJ. 4ª T. REsp nº 1307032/PR. Rel. Min. Raul Araújo, julg. 18.06.2013).

> "RECURSO ESPECIAL – AÇÃO CONDENATÓRIA – INDENIZAÇÃO POR DANOS PATRIMONIAIS E EXTRAPATRIMONIAIS PLEITEADA PELA VÍTIMA PRINCIPAL, SEUS IRMÃOS E PAIS (vítimas por ricochete) – *CRIANÇA QUE, APÓS ASSISTIR PROGRAMA DE TELEVISÃO, NOTADAMENTE UM NÚMERO DE MÁGICA, REPRODUZINDO-O EM SUA*

RESIDÊNCIA, ATEIA FOGO AO CORPO DE SEU IRMÃO MAIS NOVO, CAUSANDO-LHE GRAVES QUEIMADURAS – RESPONSABILIDADE CIVIL DA EMISSORA DE TELEVISÃO CORRETAMENTE AFASTADA PELA CORTE DE ORIGEM, TENDO EM VISTA A AUSÊNCIA DE NEXO DE CAUSALIDADE, EXAMINADO À LUZ DA TEORIA DA CAUSALIDADE ADEQUADA. INSURGÊNCIA RECURSAL DOS AUTORES. (...)
1. A conduta perpetrada pela criança, ao atear fogo em seu irmão, bem assim os danos daí decorrentes, não pode ser considerada desdobramento possível/previsível ou necessário da exibição de número de mágica em programa televisivo. A partir dos fatos delineados pelas instâncias ordinárias, observa-se que concretamente duas outras circunstâncias ensejaram a produção do resultado lesivo: (i) a ausência de vigilância dos pais, pois as crianças encontravam-se sozinhas em casa; (ii) a manutenção dos produtos inflamáveis ao alcance dos menores. (...)
4. *À aferição do nexo de causalidade, à luz do ordenamento jurídico brasileiro (artigo 1.060 do Código Civil de 1916 e artigo 403 do Código Civil de 2002), destacam-se os desenvolvimentos doutrinários atinentes à teoria da causalidade adequada e àquela do dano direto e imediato. Considera-se, assim, existente o nexo causal quando o dano é efeito necessário e/ou adequado de determinada causa".* (STJ. 4ª T. *REsp nº 1067332/RJ*. Rel. Min. Marco Buzzi, julg. 05.11.2013).

"RECURSO ESPECIAL. DE BRAZUCA AUTO POSTO LTDA. – EPP E JAYRO FRANCISCO MACHADO LESSA. CIVIL. *RESPONSABILIDADE CIVIL. VAZAMENTO DE GASOLINA EM POSTO DE COMBUSTÍVEL. DANOS MATERIAIS E AMBIENTAIS DE GRANDES PROPORÇÕES. NEXO DE CAUSALIDADE. TEORIA DA CAUSALIDADE ADEQUADA.* CONCORRÊNCIA DE CAUSAS. RECONHECIMENTO DE RESPONSABILIDADE RECÍPROCA DOS LITIGANTES PELA ECLOSÃO DO EVENTO DANOSO. INDENIZAÇÃO DIVIDIDA PROPORCIONALMENTE ENTRE AS PARTES. NEGADO PROVIMENTO AO RECURSO ESPECIAL. 2. RECURSO ESPECIAL DA PETROBRÁS DISTRIBUIDORA S.A. PROCESSUAL CIVIL. APELAÇÃO ÚNICA. INTERPOSIÇÃO CONTRA DUAS SENTENÇAS. PROCESSOS DISTINTOS. ALEGADA OFENSA AO INSTITUTO DA PRECLUSÃO. JULGAMENTO DO RESP Nº 1.496.906/DF. RECONHECIMENTO DA PERDA DE OBJETO. APELO ESPECIAL NÃO CONHECIDO.
(...) *2. A doutrina endossada pela jurisprudência desta Corte é a de que o nexo de causalidade deve ser aferido com base na teoria da causalidade adequada, adotada explicitamente pela legislação civil brasileira (CC/1916, art. 1.060 e CC/2002, art. 403), segundo a qual somente se considera existente o nexo causal quando a ação ou omissão do agente for determinante e diretamente ligada ao prejuízo.*
3. A adoção da aludida teoria da causalidade adequada pode ensejar que, na aferição do nexo de causalidade, chegue-se à conclusão de que

várias ações ou omissões perpetradas por um ou diversos agentes sejam causas necessárias e determinantes à ocorrência do dano". (STJ. 3ª T. *REsp nº 1615971/DF*. Rel. Min. Marco Aurélio Bellizze, julg. 27.09.2016).

Como podemos ver, muito embora façam menção expressa às teorias do nexo causal, em especial a da causalidade adequada e a da causa direta e imediata, as definições das quais partem aos julgados não se alinham, de fato, ao que essas teorias apresentam.

No primeiro precedente, elas são consideradas de forma intercambiável, o que, como vimos, não reflete os desenvolvimentos teóricos na matéria. No segundo, elas são tidas de forma alternativa, o que, na prática, esvazia a escolha de política legislativa (afinal, teria sido adotada qual teoria? Ou será que teriam sido adotadas as duas?).

No terceiro precedente, por fim, além de fazer referência de maneira idêntica às duas teorias – o que nos parece equivocado –, o julgado ainda se inclina, ao mesmo tempo, para a teoria da causa eficiente, ao indicar que o nexo causal deve ser reconhecido quando a ação/omissão do agente for "determinante" para o prejuízo, como se houvesse algum potencial intrínseco das inúmeras condições operantes que permitisse essa avaliação.

No âmbito do TJRJ, a jurisprudência segue o mesmo caminho:

> *RESPONSABILIDADE CIVIL. Danos Causados em imóvel por invasão de cupins. Nexo Causal Inexistente.*
> Ninguém responde por aquilo que não tiver dado causa, segundo fundamental princípio do direito. *E de acordo com a teoria da causa adequada adotada em sede de responsabilidade civil, também chamada de causa direta ou imediata, nem todas as condições que concorrem para o resultado são equivalentes, como ocorre na responsabilidade penal, mas somente aquela que foi a mais adequada a produzir concretamente o resultado.* Assim, provado que a invasão de cupins foi a causa direta dos danos sofridos pela autora, e o madeiramento deixado pela construtora no telo do imóvel apenas concausa, fica esta última exonerada do dever de indenizar. Recurso desprovido". (TJRJ. 2ª CC. AC nº 995.001.00271. Rel. Des. Sergio Cavalieri Filho, julg. 7.3.1995).

> "DIREITO DO CONSUMIDOR. *RESPONSABILIDADE CIVIL*. INSTITUIÇÃO FINANCEIRA. BANCO ITAÚ. PRETENSÃO REPARATÓRIA DE *DANOS MATERIAIS E MORAIS, DECORRENTES DE INDEVIDA COMPENSAÇÃO DE CHEQUES*. SENTENÇA DE IMPROCEDÊNCIA DO PEDIDO. RECURSO DAS AUTORAS.
> (...) *O sistema de responsabilidade civil acolhe a teoria da causalidade adequada, segundo a qual somente causas ou condutas relevantes para a produção*

do dano são capazes de gerar o dever de indenizar. *Busca-se, desse modo, o antecedente necessário e adequado à produção concreta do resultado, a causa mais eficiente e idônea à produção do dano*". (TJRJ. 12ª CC. AC nº 2008.001.04862. Rel. Des. Werson Rêgo, julg. 15.04.2008).
"*Apelações. Energia elétrica. Interrupção injustificada por mais de 36 horas. Usuário cujo imóvel, forçosamente iluminado por velas incandescentes, sofre incêndio ao cabo do terceiro dia de indisponibilidade do serviço essencial.* Tese defensiva que nega a extensão da ausência do serviço, alegando restabelecimento no prazo de 6 horas. *Responsabilidade civil. Teorias da causalidade adequada e do dano direto e imediato.* Nexo causal. Dano moral. (...)
Em tema, o direito pátrio repeliu a teoria da equivalência dos antecedentes como substrato à verificação do nexo causal entre a conduta ilícita e o dano suportado pela vítima, em favor das teorias da causalidade adequada e do dano direto e imediato. É dizer que nem tudo que antecede é causa, mas somente aqueles fatos que, num juízo de probabilidade e no exame dos seus desdobramentos naturais, pudesse acarretar o efeito lesivo, constituindo-se assim a sua causa necessária". (TJRJ. 27ª CC. AC nº 0118975-42.2012.8.19.0038. Rel. Des. Marcos Alcino de Azevedo Torres, julg. 18.05.2016).

Na linha do que dissemos antes, no caso dos precedentes do STJ, estes últimos julgados do TJRJ também podem ser vistos com um olhar crítico. Na primeira decisão, além de não ser traçada qualquer diferença entre a teoria da causalidade adequada e a da causa direta e imediata, diz-se que a primeira seria aquela que buscaria qual condição "foi a mais adequada a produzir concretamente o resultado", apesar de sabermos que ela parte, na verdade, de um juízo abstrato de probabilidade (e não de um juízo *in concreto*).

Na segunda decisão, apesar de ser dito também que teria sido adotada a teoria da causalidade adequada, entende-se que ela busca o "antecedente necessário" do dano e a "causa eficiente" para a sua produção. Ou seja, são trazidas (e colocadas no mesmo balaio) a teoria da causa direta e imediata e a teoria da causa eficiente.

Na terceira e última decisão, parte-se da premissa de que tanto as exigências da teoria da causa direta e imediata quanto as da teoria da causalidade adequada deveriam ser atendidas, buscando-se, a partir de um "juízo de probabilidade e no exame dos seus desdobramentos naturais", a "causa necessária". Isto é, parece existir a defesa de que ambas as teorias teriam sido incorporadas pelo direito brasileiro.

Como fica claro, o panorama da jurisprudência no assunto é um tanto quanto caótico. Daí o bem-vindo conselho do professor Tepedino, no sentido de que o nosso olhar deve se voltar não para a forma, mas sim para o conteúdo, isto é, para a motivação das decisões, quando nos debruçamos sobre o assunto.[44] Quando fazemos isso, vemos, de forma geral e apesar das confusões terminológicas, um alinhamento com a teoria da causalidade necessária.

É bem verdade que constatação não basta para dar cabo do problema do nexo causal (e da própria crítica que vimos à teoria da causa direta e imediata). Isso porque, ainda que os julgados tendam a se inclinar na direção dessa teoria, a atecnia e a ausência de uniformidade geram clara insegurança jurídica, além de continuarem a servir, muitas vezes, para a simples justificativa de convicções pessoais dos julgadores, dissociadas da lógica e dos valores do sistema.[45]

No entanto, é possível ter uma outra leitura (quiçá mais otimista) desse cenário. Talvez, apesar dos efeitos deletérios que possa gerar, essa visão mais aberta (ou flexível) da relação de causalidade esteja servindo, para a jurisprudência, como um norte a garantir, senão a coesão do sistema, pelo menos o maior grau de reparação de danos, em uma ordem jurídica pautada pela proteção da dignidade humana (art. 1º, III, CF/88) e pela solidariedade social (art. 3º, I, CF/88).[46] Esse uso elástico do nexo de causalidade, que certamente não é uma peculiaridade nacional,[47] já

---

[44] "Para se entender, portanto, o panorama da causalidade na jurisprudência brasileira, torna-se indispensável ter em linha de conta não as designações das teorias, não raro tratadas de modo eclético ou atécnico pelas Cortes, senão a motivação que inspira as decisões (...)". (TEPEDINO, Gustavo. Notas sobre o nexo de causalidade. In: Temas de direito civil. Rio de Janeiro: Renovar, 2006. t. II, p. 71).

[45] O professor Eduardo Nunes de Souza dá voz a essa preocupação: "(...) a fuga dogmática dessas diretrizes [i.e., dos pressupostos da responsabilidade civil] tem se prestado, em larga medida, apenas a viabilizar juízos de suposta equidade por parte do julgador – que, munido de presunções ou propondo o simples abandono dos critérios legais em troca de outros requisitos ou mesmo de nenhum outro critério, acaba encontrando na invocação vazia de princípios um indesejável caminho para poder decidir a partir de suas próprias convicções e de modo dissociado aos valores e à lógica do sistema". (SOUZA, Eduardo Nunes de. Nexo causal e culpa na responsabilidade civil: subsídios para uma necessária distinção conceitual. In: Civilistica.com, Rio de Janeiro, a. 7, n. 3, 2018. Disponível em: http://civilistica.com/nexo-causal-e-culpa-na-responsabilidade/. Acesso em 07 set. 2020).

[46] SCHREIBER, Anderson. Novos paradigmas da responsabilidade civil: da erosão dos filtros da reparação à diluição dos danos. São Paulo: Atlas, 2007. p. 61. Conferir, ainda, em uma perspectiva que pode ir além, no processo de relativização do requisito causal: HIRONAKA, Gisela Maria Fernandes Novaes. Responsabilidade pressuposta: evolução de fundamentos e de paradigmas da responsabilidade civil na contemporaneidade. In: TEPEDINO, Gustavo; FACHIN, Luiz Edson (Coord.). O direito e o tempo: embates jurídicos e utopias contemporâneas – Estudos em homenagem ao Professor Ricardo Pereira Lira. Rio de Janeiro: Renovar, 2008. p. 797-825.

[47] Lembre-se do que diz Camille Potier, acerca da realidade jurídica francesa: "D'une façon générale les présomptions de causalité, envisagées comme une double exception à la fois au droit commun de la preuve et au mécanisme plus global de la responsabilité civile, ainsi

trouxe reflexos que são conhecidos de todos nós.⁴⁸ E talvez, apesar dos pesares, e sem dispensar o ônus argumentativo que legitima as decisões dos tribunais, ele seja importante para alcançar soluções mais justas, em particular quando temos diante de nós assuntos sensíveis e de ampla repercussão social. Esse é o caso, por exemplo, da responsabilidade civil do Estado por dano indireto, tema que foi resgatado há pouco, quando o STF julgou o RE nº 608880. É a esse tema que nos dedicaremos a seguir.

5 Responsabilidade civil do Estado por crime após fuga do sistema prisional: uma (breve) análise do RE nº 608880

Como sabemos, a responsabilidade civil do Estado é tema ao qual se dedicaram, exaustivamente, tanto civilistas quanto administrativistas

---

que leur développement plus on moins clandestin, posent la question de leur insertion dans le domaine de la responsabilité individuelle et des incidences qu'elles peuvent avoir sur des mécanismes traditionnels". (POTIER, Camille. *Les Présomptions de Causalité*. Paris: Université de Paris I - Panthéon Sorbonne, 1996. p. 7). No mesmo sentido, Andrea Violanti aborda a questão, sob o ponto de vista da ordem jurídica italiana: "Come se puó constatare, dottrina e giurisprudenza non hanno sostenuto in modo rígido l'una o l'altra tesi sulla causalità, próprio per no incorrere in soluzioni univoche che di per sé sole sorebbero risultate verossimilmente irrazionali rispetto alle fattispecie concrete produttive di eventi dannosi, ma hanno fato ricorso sempre a temperamenti dele teorie assunte per cercare di proporre critério piu ragionevoli per risolvere nei casi concreti la problemática della causalità". (VIOLANTE, Andrea. *Responsabilità Oggettiva e Causalità Flessibile*. Nápoles: Edizioni Scientifiche Italiane, 1999. p. 59).

⁴⁸ Dois exemplos seriam a tese da manutenção de responsabilidade civil por fortuito interno, já amplamente reconhecida na jurisprudência (cf. STJ. 4ª T. *REsp nº 1.183.121*. Rel. Min. Luis Felipe Salomão, j. 24.2.2015), assim como a tese da responsabilidade coletiva, baseada na chamada causalidade alternativa. Tendo recebido a atenção dos tribunais, em especial em casos sensíveis (ver: TJRS. 5ª CC. *AC nº 593.008.808*. Re. Des. Alfredo Guilherme Englert, j. 01.04.1993), esta última tese chegou a ser incorporada, de certa maneira, ao CC/02, ao tratar da responsabilidade dos moradores de um prédio por coisas lançadas dele (art. 938). Mais recentemente, continuamos a ver a sua projeção na jurisprudência, como mostra o seguinte precedente: "APELAÇÃO CÍVEL. RESPONSABILIDADE CIVIL. AÇÃO DE REPARAÇÃO DE DANOS MORAIS. GRAVAÇÃO DE VÍDEO COM CENA DE SEXO EXPLÍCITO E POSTERIOR POSTAGEM NA INTERNET. (...) TEORIA DA CAUSALIDADE ALTERNATIVA. RESPONSABILIDADE COLETIVA OU GRUPAL. RESPONSABILIZAÇÃO SOLIDÁRIA DE TODOS OS PARTICIPANTES DO EVENTO, SENDO IRRELEVANTE IDENTIFICAR QUEM EFETUOU A POSTAGEM DAS IMAGENS NO AMBIENTE VIRTUAL, POIS TODOS CONTRIBUÍRAM PARA A CAUSAÇÃO DO DANO. ILÍCITO CONFIGURADO. DEVER DE INDENIZAR CARACTERIZADO". (TJRS. 9ª CC. *AC nº 0086732-86.2014.8.21.7000*. Rel. Des. Miguel Ângelo da Silva, julg. 25.11.2015). Em doutrina, conferir MULHOLLAND, Caitlin Sampaio. A responsabilidade civil e a causalidade alternativa. *In*: MARTINS, Guilherme Magalhães (coord.). *Temas de responsabilidade civil*. Rio de Janeiro: Lumen Juris, 2011, p. 87-115.

clássicos.[49] Tendo em vista os (limitados) fins deste artigo, não há como recapitular, ponto a ponto, as discussões travadas na matéria.[50] O que importa lembrar é que, à luz do ordenamento jurídico atual, essa responsabilidade encontra previsão expressa no art. 37, §6º, da Constituição Federal de 1988.[51]

Assim é que, ao menos em princípio, a responsabilidade estatal seria objetiva, bastando a demonstração do dano e nexo causal para o fim de atribuir ao Estado o dever de reparar. O debate, é claro, gira em torno de qual teoria do nexo causal deve ser adotada, de modo a reconhecer o Estado como responsável por determinado dano. Aí está, justamente, a ponte com o que vimos até aqui. A pergunta que fica é: o Estado poderia ser responsabilizado por danos indiretos?

Uma breve pesquisa na jurisprudência já nos permite achar uma série de casos interessantíssimos, que têm essa questão como foco.[52] No entanto, em virtude da recente decisão do STF, no RE nº 608880, assume papel de destaque o tema da responsabilidade civil do Estado por crime praticado por foragido do sistema carcerário. Pela sua repercussão social (e pela retomada das discussões sobre o nexo causal), vale muito a pena analisar esse julgado.

Antes disso, só é importante ter em vista que essa decisão não surgiu de um vácuo na jurisprudência do STF. Não foi um *leading case*.[53]

---

[49] Por todos, consultar: AGUIAR DIAS, José de. *Da responsabilidade civil*. 12. ed. atual. e aum. por Rui Berford Dias. Rio de Janeiro: Editora Lumen Juris, 2011, e MEIRELLES, Hely Lopes. *Direito administrativo brasileiro*. 37. ed. São Paulo: Malheiros Editores, 2012.

[50] Para um bom panorama, ver: TEPEDINO, Gustavo. A Evolução da Responsabilidade Civil no Direito Brasileiro e suas Controvérsias na Atividade Estatal. *In: Temas de Direito Civil*. Rio de Janeiro: Renovar, 1999.

[51] "As pessoas jurídicas de direito público e as de direito privado prestadoras de serviços públicos responderão pelos danos que seus agentes, nessa qualidade, causarem a terceiros, assegurado o direito de regresso contra o responsável nos casos de dolo ou culpa".

[52] Para ficar apenas em um exemplo emblemático, veja-se discussão recente acerca da responsabilidade das agências reguladoras por danos sofridos por acionistas: "DIREITO ADMINISTRATIVO. AÇÃO INDENIZATÓRIA. APELAÇÕES. COMPANHIA ABERTA DE EXPLORAÇÃO DE PETRÓLEO. PREJUÍZOS DE ACIONISTAS. COMISSÃO DE VALORES MOBILIÁRIOS. DEVER DE FISCALIZAÇÃO. OMISSÃO. INOCORRÊNCIA. VERBA HONORÁRIA. RAZOABILIDADE (...)
(N)a hipótese, os autores pleiteiam reparação civil pelos danos (morais e patrimoniais) que alegam ter sofrido não em relação aos administradores, mas do Estado, por omissão fiscalizatória da CVM. (...) Não comprovada a omissão da CVM no dever de fiscalização e nem o nexo de causalidade entre sua conduta e os prejuízos decorrentes dos investimentos de alto risco perpetrados pelos autores, é de rigor a improcedência do pedido". (TRF-2. 6ª T. *AC nº 00015169520144025101*. Rel. Desa. Nizete Lobato Carmo, julg. 03.07.2017).

[53] O próprio RE nº 130.1764/PR, de relatoria do ministro Moreira Alves, e que usamos como exemplo ao tratar da teoria da causa direta e imediata, girava em torno da responsabilidade civil do Estado por infração criminal praticada por evadido do sistema carcerário. Veja-se a

Pelo contrário, ela faz parte de um processo de construção, cheio de idas e vindas, em que o Supremo foi enfrentando a matéria e buscando firmar a sua posição. Dizemos "cheio de idas e vindas", porque, durante esse percurso, o Tribunal julgou em diferentes sentidos, o que exige do intérprete um esforço de composição.[54]

No caso particular do RE nº 608880, a demanda teve como objeto, no plano fático, um latrocínio cometido por preso que havia se evadido do cárcere e, antes de ser recapturado, invadiu a residência das vítimas, na companhia de outros criminosos, matando o pai de família e roubando uma soma de dinheiro. A esposa viúva e seus filhos ingressaram, então, com ação de responsabilidade civil contra o Estado de Mato Grosso.

Em primeira instância, o Estado foi condenado a ressarcir a família, tendo a sentença sido mantida pelo tribunal de justiça local. Partindo da premissa de que a Constituição Federal estabelece, no art. 37, §6º,

---

ementa completa do julgado: "Responsabilidade civil do Estado. Dano decorrente de assalto por quadrilha de que fazia parte preso foragido vários meses antes. - A responsabilidade do Estado, embora objetiva por força do disposto no artigo 107 da Emenda Constitucional nº 1/69 (e, atualmente, no parágrafo 6º do artigo 37 da Carta Magna), não dispensa, obviamente, o requisito, também objetivo, do nexo de causalidade entre a ação ou a omissão atribuída a seus agentes e o dano causado a terceiros. – Em nosso sistema jurídico, como resulta do disposto no artigo 1.060 do Código Civil, a teoria adotada quanto ao nexo de causalidade é a teoria do dano direto e imediato, também denominada teoria da interrupção do nexo causal. Não obstante aquele dispositivo da codificação civil diga respeito à impropriamente denominada responsabilidade contratual, aplica-se a ele também a responsabilidade extracontratual, inclusive a objetiva, até por ser aquela que, sem quaisquer considerações de ordem subjetiva, afasta os inconvenientes das outras duas teorias existentes: a da equivalência das condições e a da causalidade adequada. - No caso, em face dos fatos tidos como certos pelo acórdão recorrido, e com base nos quais reconheceu ele o nexo de causalidade indispensável para o reconhecimento da responsabilidade objetiva constitucional, é inequívoco que o nexo de causalidade inexiste, e, portanto, não pode haver a incidência da responsabilidade prevista no artigo 107 da Emenda Constitucional nº 1/69, a que corresponde o parágrafo 6º do artigo 37 da atual Constituição. Com efeito, o dano decorrente do assalto por uma quadrilha de que participavam um dos evadidos da prisão não foi o efeito necessário da omissão da autoridade pública que o acórdão recorrido teve como causa da fuga dele, mas resultou de concausas, como a formação da quadrilha, e o assalto ocorrido cerca de vinte e um meses após a evasão. Recurso extraordinário conhecido e provido". (STF. 1ª T. *RE nº 130.1764/PR*. j. 12.05.1992).

[54] Por conta do espaço limitado, não vamos conseguir atravessar esse percurso histórico. No entanto, para o fim do que estamos dizendo, podem ser conferidos alguns exemplos. A favor da responsabilidade estatal nesses casos, vejam-se os seguintes julgados: STF. 1ª T. *RE nº 36247*. Rel. Min. Sepúlveda Pertence, j. 20.06.2000; STF. 2ª T. *RE nº 409203*. Rel. Min. Carlos Velloso, Rel. p/ Acórdão Min. Joaquim Barbosa, j. 07.03.2006; STF. 2ª T. *RE nº 573595*. AgR, Rel. Min. Eros Grau, j. 24.06.2008. Contra a responsabilidade do Estado, em casos semelhantes, vejam-se estes precedentes: STF. Pleno. *AR nº 1376*. Rel. Min. Gilmar Mendes, j. 09.11.2005; STF. 2ª T. *RE nº 460812 AgR*. Rel. Min. Eros Grau, j. 08.05.2007; STF. 2ª T. *RE nº 395942 AgR*. Rel. Min. Ellen Gracie, j. 16.12.2008. É evidente que cada caso é um caso, com as suas idiossincrasias. Porém, esse contraste faz ver que a jurisprudência do STF, na matéria, não é uníssona.

o regime de responsabilidade civil objetiva, entendeu-se que estariam configurados o fato administrativo (omissão do Estado na vigilância de preso sob sua custódia) e o dano (morte). Assim, estariam preenchidos os requisitos necessários e suficientes para deflagrar a responsabilidade objetiva do Estado e impor o dever de indenizar. Veja-se a ementa do acórdão do TJMT, na apelação nº 24267/2009:

> RECURSO DE APELAÇÃO – INDENIZAÇÃO POR DANOS MORAIS E MATERIAIS – LATROCÍNIO – RESPONSABILIDADE OBJETIVA DO ESTADO – MORTE PERPETRADA POR PRESO SOB SUA CUSTÓDIA – AUSÊNCIA DE VIGILÂNCIA – REQUISITOS DEMONSTRADOS – EXCESSO DE CONDENAÇÃO – AUSÊNCIA DE PROVA – HONORÁRIOS ADVOCATÍCIOS – MANUTENÇÃO – OBEDIÊNCIA AO ARTIGO 20, PARÁGRAFO 4º, DO CÓDIGO DE PROCESSO CIVIL – SENTENÇA MANTIDA – RECURSO IMPROVIDO.
> Em regra geral, a responsabilidade civil do Estado é objetiva, bastando para a sua configuração a comprovação do dano, do fato administrativo e do nexo de causalidade entre eles, não afastando a objetividade e a responsabilidade decorrente de omissão *in vigilando*.
> Estando incontroverso nos autos que certo detento descumpriu as regras do regime semiaberto de cumprimento de pena, tendo fugido e delinquido, demonstrados o dano, bem como o fato administrativo e o nexo de causalidade, referindo-se à conduta omissiva do Estado que deixou de exercer vigilância de preso sob sua custódia, o que impõe a sua condenação ao pagamento de indenização por danos morais, materiais e pensão.
> A condenação por danos morais se baseia na resposta ao agravo sofrido pela parte requerente, em face da dor, vergonha, sofrimento, tristeza e etc., constituída de forma injusta por outrem, porém, a quantia arbitrada deve ser justa, na tentativa de se reparar o dano e não trazer um enriquecimento ao autor da ação.

O estado de Mato Grosso interpôs, então, o recurso extraordinário que temos em vista aqui. A Procuradoria-Geral do Estado defendeu, em essência, que não existiria verdadeiro nexo causal entre a fuga do apenado e o crime praticado, principalmente se considerado o lapso temporal transcorrido entre a evasão e a prática do delito (cerca de três meses). Nesse sentido, o crime deveria ser considerado um ato de terceiro. Os recorridos, por sua vez, pediram, no mérito, a manutenção na íntegra do acórdão, por seus próprios fundamentos.

O recurso extraordinário foi admitido na origem e chegou ao STF, tendo sido reconhecida a sua repercussão geral (Tema nº 362), de modo que fossem estabelecidos, de uma vez por todas, os parâmetros e limites da responsabilização do Estado na matéria. Em sessão virtual do plenário de 08.09.2020, a questão foi posta em julgamento.

A decisão final do STF foi por maioria (apertada). Apenas três ministros apresentaram votos escritos: Marco Aurélio (relator), Edson Fachin e Alexandre de Moraes. E as bases para a posição de cada um deles foram totalmente diferentes. No final, o voto divergente de Alexandre de Moraes acabou se sagrando vencedor, tendo sido seguido pela maior parte dos demais ministros, no painel virtual. Vamos, então, ao processo.

O voto do ministro relator, Marco Aurélio, foi ímpar (como de praxe). Sem entrar a fundo no vespeiro que é o debate acerca da responsabilidade estatal por omissão, ele sustentou que o caso evidencia uma falta do serviço (a *faute du service* dos franceses) e que "salta aos olhos" o nexo de causalidade entre a deficiência na manutenção da custódia e o crime praticado depois.

Sob esse ponto de vista, muito embora o ministro não tenha sido expresso nesse sentido, parece haver uma desconsideração da causa "direta e imediata" para o dano, inclinando-se para o raciocínio lógico de que, sem a falha inicial e anterior do Estado, não teria havido crime. Em outras palavras, talvez o ministro tenha se aproximado da teoria da equivalência das condições, reavivando, de certa forma, o que já não estava mais presente na jurisprudência.

> Salta aos olhos o nexo de causalidade. Havendo empreendido fuga, veio o detento a incidir em nova prática criminosa, resultando do assalto, do roubo implementado, a morte de cidadão chefe de família. Tem-se a responsabilidade estatal tal como a reconheceram o Juízo e o Tribunal de Justiça do Estado de Mato Grosso. Este sustenta óptica impossível de conceber-se como respaldada na ordem jurídica – a existência de ato de terceiro.
> Sim, o Estado não praticou o crime de roubo seguido de morte. Falhou, em ato de serviço. Claudicou no que lhe incumbia manter preso o agente, sendo impensável contexto a ensejar fuga. Eis a origem da responsabilidade. Salta aos olhos o nexo de causalidade.

O ministro Fachin, por sua vez, não hesita em tocar no delicado assunto da responsabilidade estatal por omissão. Pelo contrário, ele inicia o seu voto justamente pelo resgate do tema, a fim de construir parâmetros para atribuir ao Estado a obrigação de reparar. Para ele, essa discussão seria, na verdade, a própria premissa para a resolução do(s) caso(s) concreto(s).

Assim é que, na linha do que defende a boa parte dos administrativistas, o ministro entende que só tem lugar a responsabilidade estatal quando se trata não de omissão genérica (por exemplo, omissão do dever geral de garantia da segurança pública, previsto no art. 144 da CF/88), mas sim, da chamada omissão específica (na hipótese, a omissão em manter o condenado sob custódia, segregado do convívio social).[55] Isso porque pensar o contrário significaria ver no Estado um "segurador universal, ignorando as premências, dificuldades e limitações da concretude".

Nesse sentido, apesar de admitir que o art. 37, §6º, da Constituição Federal estabelece um regime objetivo de responsabilidade, Fachin adota a curiosa posição segundo a qual esse seria um "regime especial de responsabilidade", em que o nexo de causalidade só estaria presente quando violado um dever estatal específico de agir para impedir a ocorrência do dano.

> Com isso desloca-se a discussão do plano puro da 'presença de nexo causal' para a verificação de *efetiva infração a um dever específico de diligência estatal*, ou seja, uma questão a ser previamente dirimida diante da própria caracterização do dever, o que tem relevância sobremaneira não apenas para o caso concreto, mas para todas as demais hipóteses de omissão estatal. (Grifos no original).

A resolução do caso vem, então, quando o ministro constata que a falha do Estado em manter o preso sob custódia é uma omissão própria (leia-se, específica), porque existia o dever estatal (também específico) de garantir a segregação do infrator do convívio social. Assim, o Estado deve ser obrigado a responder civilmente, indenizando as vítimas.

O argumento trazido pelo Estado de Mato Grosso, no sentido de se estaríamos diante de um ato de terceiro, não teria qualquer lugar, na medida em que não seria razoável conceber que a fuga e o que derivou dela nada teve a ver com o Estado, fugindo completamente do seu controle.

---

[55] Como o próprio ministro faz referência, esse entendimento, apesar de todas as críticas que pode receber, parece estar se solidificando no Supremo, como demonstra, por exemplo, o Tema nº 592 (responsabilidade civil do Estado por morte de detento), o Tema nº 365 (responsabilidade civil do Estado por danos morais decorrentes de superlotação carcerária), e o Tema nº 366 (responsabilidade civil do Estado por danos decorrentes de omissão do dever de fiscalizar comércio de fogos de artifício em residência). Para uma visão crítica, ver: TEPEDINO, Gustavo. A Evolução da Responsabilidade Civil no Direito Brasileiro e suas Controvérsias na Atividade Estatal. *In*: *Temas de Direito Civil*. Rio de Janeiro: Renovar, 1999.

No presente caso, porém, trata-se de nítida hipótese de *omissão própria*, tendo em vista que o Estado ao chamar para si a persecução penal e, por conseguinte, a aplicação da pena privativa de liberdade a ser cumprida em regime fechado, não apenas se atribui a importante responsabilidade de efetivamente resguardar a plenitude da dignidade do condenado que se encontra sob sua tutela, mas igualmente a responsabilidade específica de mantê-lo segregado do convívio social. (...)
Ora, tal fato, que consta do acertamento fático do acórdão recorrido, não é hábil, por si só, para afastar a incidência da responsabilidade. Isso porque o Estado não demonstrou o porquê seu dever, próprio e específico, de manter a segregação do preso que cumpre pena em regime fechado, teria resultado de fato de terceiro. (...)
Ou seja, não demonstrou que, não obstante tenha adotado todas as medidas cabíveis e dele razoavelmente expectáveis para evitar a fuga do autor do crime, não tenham elas sido suficientes por razões absolutamente extraordinárias e alheias ao seu agir. (Grifos no original).

No fundo, muito embora o ministro Fachin aluda a um "regime especial de responsabilidade", o que ele faz é seguir os passos dados, há tempos, pelos administrativistas, circunscrevendo a responsabilidade objetiva do Estado às hipóteses de omissão própria.

Esse entendimento, como já foi colocado em doutrina, é certamente questionável, uma vez que o texto constitucional, ao prever o regime objetivo, não faz qualquer distinção (entre ação, omissão ou respectivas subespécies). Assim, "não é dado ao intérprete restringir onde o legislador não restringiu, sobretudo em se tratando de legislador constituinte – *ubi lex non distinguit nec nos distinguere debemus*".[56]

Ao fazer isso, o ministro Fachin traz de novo à tona as já ultrapassadas preocupações que giram em torno do tradicional conceito de culpa, típico da responsabilidade subjetiva, reportando-se à adoção, pelo Estado, das "medidas cabíveis dele razoavelmente expectáveis", e assim colocando em segundo plano (ou "deslocando", como diria o ministro) a relação de causalidade. Em termos práticos, o reflexo

---

[56] TEPEDINO, Gustavo. A Evolução da Responsabilidade Civil no Direito Brasileiro e suas Controvérsias na Atividade Estatal. *In: Temas de Direito Civil.* Rio de Janeiro: Renovar, 1999. p. 191. Na mesma passagem, o professor Tepedino, já antecipando os contra-argumentos, acrescenta: "Nem se objete que tal entendimento levaria ao absurdo, configurando-se uma espécie de panresponsabilização do Estado diante de todos os danos sofridos pelos cidadãos, o que exoneraria excessivamente o erário e suscitaria uma ruptura no sistema da responsabilização civil. A rigor, a teoria da responsabilidade objetiva do Estado comporta causas excludentes, que atuam, como acima já aludido, sobre o nexo causal entre o fato danoso (a ação administrativa) e o dano, de tal sorte a mitigar a responsabilização, sem que, para isso, seja preciso violar o Texto Constitucional e recorrer à responsabilidade aquiliana".

disso é a limitação (talvez excessiva) do âmbito da responsabilidade do Estado, além, é claro, da perda de força do debate essencial acerca das teorias do nexo causal.

Por fim, o ministro Alexandre de Moraes, que abriu a divergência e acabou conduzindo o voto vencedor, tratou da matéria sob um ponto de vista ligeiro, mas significativamente distinto. Embora não fique claro o seu verdadeiro afastamento da doutrina administrativista da responsabilidade estatal por omissão própria, ele parece assumir, de forma mais integrada, o regime objetivo de responsabilidade do art. 37, §6º, da CF/88.

Dessa forma, o ministro entende que, para que o Estado seja considerado civilmente responsável, tem que existir o fato administrativo, o dano e o nexo causal, além de estarem ausentes as causas excludentes da relação de causalidade. Entre essas excludentes, ele não coloca, em um primeiro momento, as omissões genéricas, mas sim as causas tradicionais: o caso fortuito ou de força maior, a "culpa" exclusiva da vítima (*rectius*, fato exclusivo da vítima) e o ato de terceiro.

E foi precisamente através dessa última figura (o ato de terceiro) que ele buscou dar solução ao caso. Assim, o ministro colocou que o Estado não poderia ser responsabilizado por omissão quando o crime fosse praticado por terceiro que deveria estar (mas na prática não estava) sob sua custódia.

> A respeito do tema, conforme já tive a oportunidade de observar no (RE nº 1.027.633/SP, Plenário, j. 14.08.2019; Ag. Reg. RE nº 499.432/RJ, Primeira Turma, j. 21.08.2017), a responsabilidade civil das pessoas jurídicas de direito público e das pessoas jurídicas de direito privado prestadoras de serviço público baseia-se no risco administrativo, sendo objetiva, exige os seguintes requisitos: *ocorrência do dano; ação ou omissão administrativa; existência de nexo causal entre o dano e a ação ou omissão administrativa e ausência de causa excludente da responsabilidade estatal*. (...)
> Ocorre, porém, que, conforme em sede acadêmica já tive a oportunidade de expor, o princípio da responsabilidade objetiva não se reveste de caráter absoluto, eis que admite o abrandamento e, até mesmo, a exclusão da própria responsabilidade civil do Estado, nas hipóteses excepcionais configuradoras de situações liberatórias – como o caso fortuito e a força maior – ou evidências de ocorrência de culpa atribuível à própria vítima. (...)
> É o caso da presente hipótese, onde o conjunto dos fatos e das provas sedimentado nas instâncias ordinárias não permite imputar responsabilidade por omissão ao Estado pela conduta levada a cabo por terceiros que deveriam estar sob sua custódia, nos termos da interpretação

consolidada desta CORTE em relação ao art. 37, §6º, da CARTA MAGNA. (Grifos no original).

Na hipótese, o ato de terceiro supostamente retiraria de cena a "causalidade direta para fins de atribuição de responsabilidade civil extracontratual ao Poder Público", isentando o Estado em função da "ausência do 'nexo causal'". Embora o ministro venha a justificar essa ausência também no fato de o caso tratar de uma omissão genérica, o fato é que ele retoma a ideia de que a ação/omissão deve ter uma "estreita relação" com o dano (leia-se direta e imediata), sem interrupção do nexo causal. Em outras palavras, ele traz à luz, de novo, a subteoria da necessariedade causal, reforçando a sua adoção pelo ordenamento jurídico brasileiro e buscando estabelecer critérios (como o tempo e o rompimento do nexo) para aferir adequadamente a relação de causalidade.

> Infere-se que (i) o intervalo entre o fato administrativo e o fato típico (critério cronológico) e (ii) o surgimento de causas supervenientes independentes (v.g., formação de quadrilha), que deram origem a novo nexo causal, contribuíram para suprimir a relação de causa (evasão do apenado do sistema penal) e efeito (fato criminoso).

A partir dessas considerações, o ministro Alexandre de Moraes votou pelo provimento do recurso extraordinário interposto pelo estado de Mato Grosso, no que foi seguido pela maioria, tendo proposto a tese que foi então fixada pelo STF para a matéria:

> Nos termos do artigo 37, §6º da Constituição Federal, não se caracteriza a responsabilidade civil objetiva do Estado por danos decorrentes de crime praticado por pessoa foragida do sistema prisional, quando não demonstrado o nexo causal direto entre o momento da fuga e a conduta praticada.

6 Considerações finais

Como vimos ao longo deste breve itinerário, a responsabilidade civil por dano indireto é um tema rico e complexo. Mais do que um estudo particular da figura do dano, ele exige que nos debrucemos sobre a relação de causalidade que opera em uma determinada cadeia de eventos, a fim de verificar, de forma responsável, a quem e em que medida compete o dever de indenizar. Isso é especialmente importante em um cenário de "erosão dos filtros da reparação", no qual o nexo de causalidade assume claro protagonismo.

Nesse processo, é inevitável passar, uma a uma, pelas diferentes teorias que, ao longo da história, buscaram encontrar soluções para o(s) intricado(s) problema(s) do nexo causal. Sem prejuízo de outras, e com o perdão da limitação de espaço, lembramos aqui as principais: a teoria da equivalência das condições, da causalidade adequada, da eficiência e da causa direta e imediata.

Constatamos que a subteoria da necessariedade causal, que ganhou projeção pela voz do mestre Agostinho Alvim, é a que, na prática, tem ocupado um lugar de destaque, muito embora, em termos de nomenclatura, o panorama jurisprudencial seja um tanto quanto caótico. Essa flexibilização tem servido, alegadamente, para encontrar soluções mais equitativas para os diferentes casos, muitas vezes de grande repercussão social, que batem às portas dos tribunais.

Um desses exemplos, cuja evolução jurisprudencial já tem idade, é o da responsabilidade civil do por dano indireto. No RE nº 608880, o STF teve a oportunidade de se dedicar novamente à matéria, enfrentando o delicado tema da responsabilidade do Estado por crime praticado por fugitivo do sistema prisional. Na tese fixada, foi trazida, uma vez mais, a teoria da causa direta e imediata, na sua vertente da necessariedade, o que pareceu ter colocado um ponto final na discussão.

Nestas últimas linhas, talvez seja o caso, justamente, de contestar essa aparência. De fato, além de existirem diversos precedente do próprio STF em sentido contrário, a verdade é que a decisão no RE nº 608880 se deu por maioria apertadíssima. Dos três ministros que chegaram a apresentar seus votos por escrito, dois foram contra o entendimento que acabou se sagrando vencedor. Isso sem contar, é claro, com o fato de que, hoje em dia, o STF não parece fazer muita cerimônia para mudar de posição, ainda mais em questões sensíveis.[57] Assim, a revisita do tema da responsabilidade civil do Estado, na hipótese de que tratamos aqui, é uma possibilidade aberta no horizonte.

Seja como for, o importante, quando temos em vista esse tema, é evitar os extremos. Ou seja, se é verdade que a teoria da equivalência das condições (à qual talvez o ministro Marco Aurélio tenha se inclinado)

---

[57] Basta lembrar, por exemplo, a polêmica decisão acerca da possibilidade de cumprimento de pena antes do trânsito em julgado de sentença penal condenatória. Com o julgamento recente das ADCs nº 43, 44 e 54, o assunto teve nova reviravolta, alterando o entendimento inovador de 2016 e resgatando a posição de que se deve esperar o esgotamento de todas as possibilidades recursais, antes do efetivo cumprimento de pena.

peca pela sua (super)extensão, também é verdade que limitar a responsabilidade objetiva do Estado às ditas "omissões próprias" (como sugeriu o ministro Fachin), ainda mais sem autorização da Constituição Federal, não parece acertado.

Na busca por um critério básico de justiça, pelo qual se deva responder pelo dano efetivamente causado, o guia (não ideal, mas possível) talvez seja mesmo a necessariedade, que considera causa jurídica como a "condição necessária e suficiente" para o dano. O olhar, aqui, mais do que ao critério cronológico apontado pelo ministro Alexandre de Moraes, deve se voltar para a existência ou não de causa superveniente que rompa o nexo causal. O tempo, afinal, pode ser um indício de rompimento, mas não uma certeza.

É bem verdade que a subteoria da necessariedade causal não é perfeita e dá margem, de fato, à subjetividade do intérprete. Não vamos esquecer que, no próprio julgamento do RE nº 608880, os ministros Edson Fachin e Alexandre de Moraes, tendo partido das mesmas premissas fáticas, chegaram a conclusões diferentes (porque o primeiro considerou que o crime não teria decorrido de ato de terceiro, enquanto o segundo teve resposta diametralmente oposta). Assim é que esse risco está, sim, presente.

No entanto, talvez ele seja mesmo inevitável, na realidade jurídica que temos hoje. Talvez o nosso papel não seja mesmo buscar o retorno ao espírito interpretativo conservador das primeiras codificações, mas sim, procurar, à luz da Constituição Federal, revisitar o conceito de nexo causal, de modo a alinhá-lo aos valores, aos princípios e ao sistema da legalidade constitucional. O caminho está aberto para quem quiser se aventurar pelos meandros do direito civil constitucional.[58]

Referências

AGUIAR DIAS, José de. *Da responsabilidade civil*. 12. ed. atual. e aum. por Rui Berford Dias. Rio de Janeiro: Editora Lumen Juris, 2011.

ALVIM, Agostinho. *Da inexecução das obrigações e suas consequências*. São Paulo: Saraiva, 1955.

---

[58] Referências indispensáveis nesse trabalho de releitura interpretativa são, entre outras, as seguintes: PERLINGIERI, Pietro. *Perfis do Direito Civil*: introdução ao direito civil constitucional. (Trad. Maria Cristina De Cicco). Rio de Janeiro: Renovar, 1999; e TEPEDINO, Gustavo. Premissas metodológicas para a constitucionalização do direito civil. *Revista de Direito do Estado*, a. 1, n. 2, p. 37-53, abr./jun. 2006. Ver ainda: PERLINGIERI, Pietro. Normas Constitucionais nas Relações Privadas. In: *Revista da Faculdade de Direito da UERJ*, Rio de Janeiro, n. 6/7, p. 63-77, 1998-1999; e SCHREIBER, Anderson; KONDER, Carlos Nelson (Org.). *Direito civil constitucional*. São Paulo: Atlas, 2016.

BEVILAQUA, Clovis. *Código Civil dos Estados Unidos do Brasil Comentado*. Rio de Janeiro: Paulo de Azevedo Ltda., 1958. v. IV.

BODIN DE MORAES, Maria Celina. Risco, solidariedade e responsabilidade objetiva. *In*: TEPEDINO, Gustavo; FACHIN, Luiz Edson (Coord.). *O direito e o tempo*: embates jurídicos e utopias contemporâneas – Estudos em homenagem ao Professor Ricardo Pereira Lira. Rio de Janeiro: Renovar, 2008.

BREBBIA, Roberto. *La relación de causalidad en Derecho Civil*. Rosario: Juris, [s.d.].

CRUZ, Gisela Sampaio da. *O problema do nexo causal na responsabilidade civil*. Rio de Janeiro: Renovar, 2005.

HIRONAKA, Gisela Maria Fernandes Novaes. Responsabilidade pressuposta: Evolução de fundamentos e de paradigmas da responsabilidade civil na contemporaneidade. *In*: TEPEDINO, Gustavo; FACHIN, Luiz Edson (Coord.). *O direito e o tempo*: embates jurídicos e utopias contemporâneas – Estudos em homenagem ao Professor Ricardo Pereira Lira. Rio de Janeiro: Renovar, 2008.

MALAURIE, Philippe; AYNÈS, Laurent. *Droit civil*: les obligations. Paris: Cujas, 1990.

MULHOLLAND, Caitlin Sampaio. A responsabilidade civil e a causalidade alternativa. *In*: MARTINS, Guilherme Magalhães (coord.). *Temas de responsabilidade civil*. Rio de Janeiro: Lumen Juris, 2011.

MEIRELLES, Hely Lopes. *Direito administrativo brasileiro*. 37. ed. São Paulo: Malheiros Editores, 2012.

MONTEIRO FILHO, Carlos Edison do Rêgo. Lesão ao tempo: configuração e reparação nas relações de consumo. *Revista OAB/RJ, Edição Especial – Direito Civil*. Disponível em: https://revistaeletronica.oabrj.org.br/wp-content/uploads/2018/05/LES%C3%83O-AO-TEMPO.pdf. Acesso em 30 jan. 2021.

MOTA PINTO, Paulo. *Interesse contratual negativo e interesse contratual positivo*. Coimbra: Coimbra Editora, 2008. v. II.

NORONHA, Fernando. O nexo de causalidade na responsabilidade civil. *Revista dos Tribunais, RT*, v. 92, n. 816, p. 734-741, out. 2003.

PERLINGIERI, Pietro. Normas Constitucionais nas Relações Privadas. *In*: *Revista da Faculdade de Direito da UERJ*, Rio de Janeiro, n. 6/7, p. 63-77, 1998-1999.

PERLINGIERI, Pietro. *Perfis do Direito Civil*: introdução ao direito civil constitucional. (Trad. Maria Cristina De Cicco). Rio de Janeiro: Renovar, 1999.

POTIER, Camille. *Les Présomptions de Causalité*. Paris: Université de Paris I – Panthéon Sorbonne, 1996.

SCHREIBER, Anderson. *Manual de Direito Civil Contemporâneo*. São Paulo: Saraiva Educação, 2018.

SCHREIBER, Anderson. *Novos paradigmas da responsabilidade civil*: da erosão dos filtros da reparação à diluição dos danos. São Paulo: Atlas, 2007.

SCHREIBER, Anderson; KONDER, Carlos Nelson (Org.). *Direito civil constitucional*. São Paulo: Atlas, 2016.

SILVA PEREIRA, Caio Mário da. *Responsabilidade civil*. Rio de Janeiro: GZ Ed., 2012.

SILVA, Wilson Melo da. *Responsabilidade sem culpa*. São Paulo: Saraiva, 1974.

SOUZA, Eduardo Nunes de. Nexo causal e culpa na responsabilidade civil: subsídios para uma necessária distinção conceitual. *In*: *Civilistica.com*, Rio de Janeiro, a. 7, n. 3, 2018. Disponível em: http://civilistica.com/nexo-causal-e-culpa-na-responsabilidade/. Acesso em 07 set. 2020.

TEPEDINO, Gustavo. A Evolução da Responsabilidade Civil no Direito Brasileiro e suas Controvérsias na Atividade Estatal. *In*: *Temas de Direito Civil*. Rio de Janeiro: Renovar, 1999.

TEPEDINO, Gustavo. Notas sobre o nexo de causalidade. *In*: *Temas de direito civil*. Rio de Janeiro: Renovar, 2006. t. II.

TEPEDINO, Gustavo. Premissas metodológicas para a constitucionalização do direito civil. *In*: *Revista de Direito do Estado*, a. 1, n. 2, p. 37-53, abr./jun. 2006.

TEPEDINO, Gustavo; BARBOZA, Heloisa Helena; BODIN DE MORAES, Maria Celina. *Código civil interpretado conforme a Constituição da República*. Rio de Janeiro: Renovar, 2004.

TERRA, Aline; CRUZ, Gisela; TEPEDINO, Gustavo (Org.). *Fundamentos do Direito Civil*: responsabilidade civil. Rio de Janeiro: Forense, 2020.

VIOLANTE, Andrea. *Responsabilità Oggettiva e Causalità Flessibile*. Nápoles: Edizioni Scientifiche Italiane, 1999.

Informação bibliográfica deste texto, conforme a NBR 6023:2018 da Associação Brasileira de Normas Técnicas (ABNT):

DIAS, Diego Corrêa Lima de Aguiar; AZEVEDO, Mário Victor Vidal. Responsabilidade civil por dano indireto: resgate de um tema clássico à luz do RE nº 608880. *In*: TEPEDINO, Gustavo; SILVA, Rodrigo da Guia (Coord.). *Relações patrimoniais*: contratos, titularidades e responsabilidade civil. Belo Horizonte: Fórum, 2021. p. 337-367. ISBN 978-65-5518-233-0.

A CONSTITUCIONALIDADE DO ARTIGO 19 DO MARCO CIVIL DA INTERNET: SÍNTESE DO DEBATE E UM OLHAR PARA O FUTURO

VINICIUS JÓRAS PADRÃO

1 Introdução

Em especial na primeira década do século XXI, o constante desenvolvimento e a popularização do uso da Internet despertaram intenso debate, tanto no âmbito nacional quanto no cenário internacional, acerca da necessidade de regulação dos direitos na internet.[1] Diversos estudiosos, cada qual à sua maneira e com foco em sua respectiva área de atuação, se dedicaram a propor soluções para garantir a inovação e a preservação de direitos na rede. Em plano nacional, corrente capitaneada por juristas como Ronaldo Lemos defendia a regulação civil da Internet, uma vez que, "para inovar, um país precisa ter regras civis claras, que permitam segurança e previsibilidade nas iniciativas feitas na rede (como

---

[1] Sobre o tema, André Farah faz importante síntese do debate: "É possível dizer que por três gerações esse debate foi colocado. Em um primeiro momento, o ponto era saber se deveria haver uma regulação, ou se deveria existir um direito próprio da Internet. No segundo momento, quando se assentou a existência de fato de uma regulação, debruçou-se em saber quais condutas deveriam ser reguladas. Esta geração tinha uma visão de Internet não com ares de liberdade, mas de enorme controle. Por último, surgiu a terceira geração que fundiu as duas anteriores e enxergou uma distinção no universo cibernético, porém também se preocupou com questões de arquitetura da rede e do poder privado de certos atores". FARAH, André. *Liberdade de expressão e remoção de conteúdo da internet*. Rio de Janeiro: Lume Juris, 2018. p. 84.

investimentos, empresas, arquivos, bancos de dados, serviços)".[2] Em oposição, alguns autores sustentavam que qualquer intervenção estatal seria indevida e representaria, em última instância, ameaça à Internet como um espaço de livre fluxo de informações.[3]

No Brasil, em movimento semelhante ao que se verificou na esfera internacional, a ausência de regulação estatal implicou, na verdade, restrição indevida de valores constitucionalmente protegidos.[4] Em consequência, entendeu-se que a efetiva tutela de direitos da Internet decorreria não da omissão estatal, mas sim de legislação específica que garantisse e preservasse a tábua axiológica constitucional também no ambiente virtual.[5] Nessa conjuntura, aprovou-se a Lei Federal nº 12.965/14, também conhecida como Marco Civil da Internet.[6]

Ao estabelecer princípios, garantias, direitos e deveres para o uso da Internet no Brasil, o Marco Civil divide os prestadores de serviços na Internet em duas categorias:[7] os provedores de conexão à

---

[2] LEMOS, Ronaldo. Internet brasileira precisa de marco regulatório civil. *Tecnologia UOL*, 22 mai. 2007. Disponível em: https://tecnologia.uol.com.br/ultnot/2007/05/22/ult4213u98.jhtm. Acesso em: 29 jan. 2021.

[3] BARLOW, John Perry. *A Declaration of the Independence of Cyberspace*. Disponível em: https://www.eff.org/pt-br/cyberspace-independence. Acesso em 29 jan. 2021.

[4] Dentre tantos, conferir: BRANCO. Sérgio. Como uma top model ajudou a regular a internet no Brasil. *Medium ITS RIO*, 19 out. 2016. Disponível em: https://feed.itsrio.org/como-uma-top-model-ajudou-a-regular-a-internet-no-brasil-4831861d4437. Acesso em 29 jan. 2021.

[5] SOUZA, Carlos Affonso; LEMOS, Ronaldo. *Marco Civil da Internet*: construção e aplicação. Juiz de Fora: Editar Editora Associada Ltda, 2016. p. 16.

[6] Cumpre destacar que, durante o processo legislativo, a redação do Marco Civil da Internet contou com o engajamento da sociedade civil. Nesse sentido, confira-se: "Tendo em vista o potencial da rede para fazer convergir diferentes pontos de vista, diversas especialidades, a plataforma online "Cultura Digital", desenvolvida na época pelo Ministério da Cultura, foi customizada para receber a primeira consulta sobre um anteprojeto de lei que pudesse se valer das características da própria internet. (...) A plataforma online através da qual se deu a consulta do Marco Civil ultrapassou o recurso tradicional à realização de audiências públicas como janelas para permitir o influxo de contribuições técnicas por parte da sociedade no processo de criação de leis. Ao abrir a possibilidade de que qualquer pessoa pudesse expressar a sua opinião sobre o tema em discussão, uma emergente noção de participação cidadã na construção das leis, através da Internet, começava a ser desenhada". SOUZA, Carlos Affonso; LEMOS, Ronaldo. *Marco Civil da Internet*: construção e aplicação. Juiz de Fora: Editar Editora Associada Ltda, 2016. p. 19-20.

[7] O Marco Civil da Internet, ao optar por apenas duas categorias de provedores de serviços na internet, inovou em relação à jurisprudência da época, uma vez que o Superior Tribunal de Justiça se valia de outras classificações, inclusive com maior grau de especificidade. Veja-se: "Os provedores de serviços de Internet são aqueles que fornecem serviços ligados ao funcionamento dessa rede mundial de computadores, ou por meio dela. Trata-se de gênero do qual são espécies as demais categorias, como: (i) provedores de backbone (espinha dorsal), que detêm estrutura de rede capaz de processar grandes volumes de informação. São os responsáveis pela conectividade da internet, oferecendo sua infraestrutura a terceiros, que repassam aos usuários finais acesso à rede; (ii) provedores de acesso, que adquirem a infraestrutura dos provedores backbone e revendem aos usuários finais, possibilitando a

Internet,[8] que se dedicam a possibilitar o acesso à Internet aos usuários finais; e os provedores de aplicações de Internet, cuja atuação consiste em disponibilizar funcionalidades que podem ser acessadas por usuários por meio da Internet. Assim, dentre outros, são provedores de aplicações de Internet os responsáveis por funcionalidades como redes sociais, *marketplaces*, sites de notícias, blogs, serviços de mensageria privada e jogos eletrônicos.

Em breve síntese, o regime de responsabilidade previsto no artigo 19 do Marco Civil dispõe que, em regra, o provedor de aplicações de Internet somente poderá ser responsabilizado civilmente por danos decorrentes de conteúdo gerado por terceiros se, após ordem judicial específica, não tomar as providências necessárias para, no âmbito e nos limites técnicos do seu serviço e dentro do prazo assinalado, tornar indisponível o conteúdo apontado como ilícito.[9] A título exemplificativo, empresa administradora de rede social não será responsável, a princípio, por publicação feita por um usuário cadastrado em sua plataforma que eventualmente viole direitos de terceiro, sendo certo que, em regra, eventual notificação extrajudicial não ensejará o dever de retirada do material questionado.[10]

---

estes conexão com a Internet; (iii) provedores de hospedagem, que armazenam dados de terceiros, conferindo-lhes acesso remoto; (iv) provedores de informação, que produzem as informações divulgadas na internet; e (v) provedores de conteúdo, que disponibilizam na rede as informações criadas ou desenvolvidas pelos provedores de informação". (STJ. *Recurso Especial nº 1.406.448/RJ*. 3ª Turma, Rel. Min. Nancy Andrighi, j. em 15.10.2013, DJe em 21.10.2013).

[8] No âmbito da responsabilidade civil, o Marco Civil da Internet isenta os provedores de conexão à internet de qualquer responsabilidade em relação aos danos decorrentes das atitudes adotadas por seus consumidores no ambiente virtual. Com efeito, esses provedores limitam-se tão somente a fornecer a capacidade técnica para o usuário se conectar à internet, inexistindo qualquer relação de causalidade direta e imediata entre esse serviço e eventuais danos ocasionados pelos usuários na rede. Confira-se o artigo 18 da Lei nº 12.965/14: "O provedor de conexão à internet não será responsabilizado civilmente por danos decorrentes de conteúdo gerado por terceiros". Cumpre ressaltar que o disposto no artigo em questão diz respeito tão somente à responsabilidade dos provedores de conexão por conteúdo de terceiros. Em momento algum – e nem poderia – o dispositivo ilegal isenta esses provedores dos danos que vierem a causar por atos próprios.

[9] Artigo 19 da Lei nº 12.965/14: "Com o intuito de assegurar a liberdade de expressão e impedir a censura, o provedor de aplicações de internet somente poderá ser responsabilizado civilmente por danos decorrentes de conteúdo gerado por terceiros se, após ordem judicial específica, não tomar as providências para, no âmbito e nos limites técnicos do seu serviço e dentro do prazo assinalado, tornar indisponível o conteúdo apontado como infringente, ressalvadas as disposições legais em contrário".

[10] TEFFÉ, Chiara Spadaccini. Responsabilidade civil e liberdade de expressão no Marco Civil da Internet: a responsabilidade civil dos provedores por danos decorrentes de conteúdo gerado por terceiros. *Revista de Direito Privado*, a. 16, v. 63, p. 67-74, jul./set. 2015.

Nesse mesmo sentido, o Marco Civil da Internet não impede que os provedores de aplicações de Internet removam conteúdos, seja de ofício seja após notificação extrajudicial, caso verifiquem violação aos termos de uso da plataforma. Fato é que, no Brasil, em especial por conta do fenômeno da desinformação, impulsionado pelo compartilhamento de notícias falsas, e da necessidade de se combater o discurso de ódio na rede, passou-se a demandar uma postura mais ativa dos provedores de aplicações de Internet.[11] [12]

Todavia, apesar de estar em vigor desde 2014, o regime de responsabilidade dos provedores de aplicações de Internet por conteúdo de terceiros não se encontra isento de controvérsias. Com efeito, o debate acerca de sua constitucionalidade tem se acirrado nos últimos anos, chegando, inclusive, por meio do Recurso Extraordinário nº 1.037.396, ao Supremo Tribunal Federal. É nesse contexto que se encontra o presente trabalho, cujo principal objetivo é mapear, à luz da doutrina do Direito Civil-Constitucional, os principais argumentos levantados na discussão sobre a (in)constitucionalidade do artigo 19 do Marco Civil da Internet.

2 A responsabilidade do provedor de aplicações por conteúdo de terceiros no período pré-Marco Civil da Internet

Em relação à responsabilidade civil dos provedores de aplicações de Internet por conteúdo publicado por terceiros, o Marco Civil da Internet, a despeito das controvérsias quanto à constitucionalidade do regime estabelecido, superou o contexto de insegurança jurídica vigente à época.[13] Com efeito, antes de sua aprovação, o cenário jurídico

---

[11] Os provedores de aplicações de Internet já começaram a divulgar iniciativas para atender essa demanda social. O Facebook, por exemplo, divulgou, em abril de 2017, o relatório "Working to stop Misinformation and False News", no qual ratifica o compromisso ao combate da desinformação. A íntegra do relatório pode ser encontrada em: FACEBOOK FOR MEDIA. *Working to stop Misinformation and False News*. Disponível em: https://www.facebook.com/facebookmedia/blog/working-to-stop-misinformation-and-false-news. Acesso em 25 jan. 2021.

[12] Nesse sentido, os provedores têm adotado postura cada vez mais ativa em relação à remoção de conteúdo postado por terceiros após ciência extrajudicial. Tal comportamento, embora não vedado pelo ordenamento jurídico pátrio, é constantemente questionado, sobretudo em razão da falta de transparência dos critérios que fundamentam a remoção de certos conteúdos e que, não raramente, proporcionam o cerceamento de direitos constitucionalmente garantidos.

[13] Em período anterior ao Marco Civil da Internet, havia certa incerteza jurídica acerca do regime de responsabilidade civil a ser aplicado nessas situações. Em alguns julgados, os

brasileiro passou por período de verdadeira instabilidade. Dentre as teses que tiveram maior relevância na doutrina e na jurisprudência nacionais, cumpre ressaltar as três principais[14] de modo a compreender as razões que levaram o legislador a reconhecer o regime atual como o mais adequado para preservar e promover os valores constitucionais no ambiente virtual.

A primeira corrente, influenciada diretamente pelo ordenamento jurídico norte-americano,[15] buscava isentar o provedor de aplicações de Internet de qualquer responsabilidade decorrente de conteúdo publicado por seus respectivos usuários. Para os adeptos desta corrente, o provedor não adota nenhuma conduta capaz de atrair para si a responsabilidade pelos atos realizados pelo usuário em sua plataforma. Nesse sentido, seria o provedor, então, mero intermediário entre o usuário ofensor e a vítima, de modo que não existiria nexo de causalidade entre o serviço oferecido pelo provedor e o dano suportado pela vítima em razão da postagem de conteúdo ofensivo.

Em outra direção, a segunda corrente doutrinária sustentava a responsabilização objetiva dos provedores de aplicações de Internet

---

provedores foram condenados quando não retiraram o conteúdo supostamente ofensivo após notificação extrajudicial (TJSP. 5ª Câmara de Direito Privado. *Apelação Cível nº 0214748-35.2009.8.26.0100*. Rel. Des. James Siano, j. em 09.11.2011). Na mesma época e no mesmo tribunal, eram proferidas decisões isentando os provedores de responsabilidade nessas situações (TJSP. 6ª Câmara de Direito Privado. *Apelação Cível nº 0004353-24.2010.8.26.0361*. Rel. Des. Paulo Alcides, j. em 01.12.2011). Os provedores eram, ainda, responsabilizados objetivamente por conteúdo ilícito publicado por seus usuários (TJMG. *Apelação Cível nº 10701.08.221685-7/001*. Rel. Des. Saldanha da Fonseca, j. em 05.08.2009).

[14] O Superior Tribunal de Justiça reconheceu a importância desses entendimentos para o debate da responsabilidade civil dos provedores de aplicações de Internet por conteúdos gerados por terceiros no Brasil. Nesse sentido: STJ. *REsp nº 1.642.997-RJ*. 3ª T., Rel. Min. Nancy Andrighi, j. em 12.09.2017, Dje em 15.09.2017.

[15] Sobre a inspiração norte-americana, conferir: "Nos Estados Unidos, desde 1996 está em vigor a seção 230 do Communications Decency Act (CDA), que estabelece um sistema de isenção de responsabilidade de provedores de serviços de Internet, considerados como intermediários, pelo material reputado como ilícito armazenado, disponibilizado ou transmitido por seus usuários, e considerada a lei mais importante em defesa da liberdade de expressão online". (LEONARDI, Marcel. *Responsabilidade civil dos provedores de serviços de internet*. São Paulo: Editora Juarez de Oliveira, 2006); e "De acordo com a tese de irresponsabilidade, entende-se que o provedor de aplicação é um mero intermediário, sem qualquer controle sobre o conteúdo gerado por seus usuários e "em geral não haveria qualquer conduta por parte do provedor que atraísse para si a responsabilidade pelos atos de outrem, cabendo ao mesmo apenas colaborar com a vítima para a identificação do eventual ofensor". Essa tese foi albergada por pouco tempo em alguns dos tribunais brasileiros. Por sua vez, nos Estados Unidos da América, essa é a postura majoritária, em razão da legislação em vigor neste país, que confere uma imunidade relativa aos provedores de aplicações pelas condutas de terceiro, afirmando-se expressamente que não podem ser considerados responsáveis como se fossem eles os autores dos conteúdos ofensivos". (STJ. *REsp nº 1.642.997-RJ*. 3ª T., Rel. Min. Nancy Andrighi, j. em 12.09.2017, Dje em 15.09.2017).

por conteúdo de terceiros, cujo fundamento seria uma falha, por parte do provedor, do serviço oferecido, nos moldes do Código de Defesa do Consumidor (Lei nº 8.078/1990).[16] [17] Para os adeptos de tal posicionamento, bastaria que o dano ocorresse em razão da conduta de um usuário na plataforma administrada pelo provedor para que ele fosse responsabilizado civilmente.

Em última instância, a tese de responsabilização objetiva dispõe que os provedores de aplicações de Internet deveriam, como parte de sua atividade, realizar a moderação prévia de todo e qualquer conteúdo que fosse publicado em suas plataformas pelos usuários.[18] Este posicionamento não foi acolhido pelo Superior Tribunal de Justiça, que, em que pese ter reconhecido a relação de natureza consumerista entre as partes, afastou a responsabilidade objetiva dos provedores.[19]

---

[16] Artigo 14 do Código de Defesa do Consumidor: "O fornecedor de serviços responde, independentemente da existência de culpa, pela reparação dos danos causados aos consumidores por defeitos relativos à prestação dos serviços, bem como por informações insuficientes ou inadequadas sobre sua fruição e riscos".

[17] Além da responsabilização com fundamento no artigo 14 do Marco Civil da Internet, era comum também que os autores buscassem justificar tal responsabilização na cláusula geral prevista no art. 927, parágrafo único do Código Civil. Todavia, este fundamento também foi rechaçado pelo Superior Tribunal de Justiça: "AGRAVO REGIMENTAL NO AGRAVO (ART. 544 DO CPC) – AÇÃO INDENIZATÓRIA POR DANO MORAL – CRIAÇÃO DE PERFIL FALSO EM SÍTIO DE RELACIONAMENTO (ORKUT) – AUSÊNCIA DE RETIRADA IMEDIATA DO MATERIAL OFENSIVO – DESÍDIA DO RESPONSÁVEL PELA PÁGINA NA INTERNET – SÚMULA Nº 7 DO STJ – DECISÃO MONOCRÁTICA NEGANDO PROVIMENTO AO RECURSO – INSURGÊNCIA DA RÉ. 1. Violação ao art. 535, do Código de Processo Civil, não configurada. Acórdão estadual que enfrentou todos os aspectos essenciais à resolução da controvérsia. 2. O dano moral decorrente de mensagens com conteúdo ofensivo inseridas no site pelo usuário não constitui risco inerente à atividade dos provedores de conteúdo, de modo que não se lhes aplica a responsabilidade objetiva prevista no art. 927, parágrafo único, do CC/02". (STJ. *AgRg no AREsp nº 495503*. Rel. Min. Marco Buzzi, j. em 26.05.2015, DJe em 01.06.2015).

[18] Nas palavras de Marcel Leonardi, "Do mesmo modo, um provedor de hospedagem não exerce controle direto sobre as atividades de seu usuário, assim como o proprietário de um imóvel não controla diretamente o que faz seu inquilino, ocorrendo a mesma situação com provedores de conteúdo que disponibilizam espaço para divulgação de mensagens sem exercer controle editorial prévio sobre o que é publicado. Em todas estas hipóteses, não existe relação de causalidade entre a conduta dos provedores e o dano experimentado pela vítima. Afigura-se preocupante o crescente desejo social de, com fundamento na teoria do risco criado, responsabilizar objetivamente os provedores de serviços de Internet também pelas condutas de terceiros". LEONARDI, Marcel. *Responsabilidade civil dos provedores de serviços de internet*. São Paulo: Editora Juarez de Oliveira, 2006. p. 110.

[19] "DIREITO CIVIL E DO CONSUMIDOR. INTERNET. RELAÇÃO DE CONSUMO. INCIDÊNCIA DO CDC. GRATUIDADE DO SERVIÇO. INDIFERENÇA. PROVEDOR DE CONTEÚDO. FISCALIZAÇÃO PRÉVIA DO TEOR DAS INFORMAÇÕES POSTADAS NO SITE PELOS USUÁRIOS. DESNECESSIDADE. MENSAGEM DE CONTEÚDO OFENSIVO. DANO MORAL. RISCO INERENTE AO NEGÓCIO. INEXISTÊNCIA. CIÊNCIA DA EXISTÊNCIA DE CONTEÚDO ILÍCITO. RETIRADA IMEDIATA DO AR. DEVER. (...) A fiscalização prévia, pelo provedor de conteúdo, do teor das informações postadas na web

Com efeito, à luz dos valores presentes no ordenamento jurídico pátrio, não houve espaço nem para a tese de isenção de responsabilidade nem para a corrente de responsabilidade objetiva.

Por fim, a terceira corrente defende a responsabilidade subjetiva dos provedores de aplicações de Internet. Isto é, mostra-se necessário um determinado comportamento do provedor capaz de atrair para si a responsabilização pela conduta adotada por seu usuário.[20] Todavia, os defensores dessa corrente também divergiam – e ainda divergem – entre si, a respeito do momento a partir do qual a responsabilidade do provedor estaria configurada. Para alguns, a responsabilidade civil decorre da não exclusão do conteúdo ofensivo publicado por terceiro após recebimento, pelo provedor, de notificação extrajudicial (sistema *notice and takedown*).[21] Por outro lado, sustenta-se que o provedor só poderá ser responsabilizado civilmente quando não observar decisão judicial ordenando a remoção de determinado conteúdo. É este o regime de responsabilização adotado pelo Marco Civil da Internet.

---

por cada usuário não é atividade intrínseca ao serviço prestado, de modo que não se pode reputar defeituoso, nos termos do art. 14 do CDC, o site que não examina e filtra os dados e imagens nele inseridos. 4. O dano moral decorrente de mensagens com conteúdo ofensivo inseridas no site pelo usuário não constitui risco inerente à atividade dos provedores de conteúdo, de modo que não se lhes aplica a responsabilidade objetiva prevista no art. 927, parágrafo único, do CC/02 (...)". (STJ. *REsp nº 1.186.616*. Rel. Min. Nancy Andrighi, J. em 23.08.2011, DJe em 31.08.2011).

[20] SOUZA, Carlos Affonso; LEMOS, Ronaldo. *Marco Civil da Internet*: construção e aplicação. Juiz de Fora: Editar Editora Associada Ltda, 2016. p. 82.

[21] Antes da aprovação do Marco Civil da Internet, esse entendimento encontrou grande amparo nos tribunais nacionais, inclusive no Superior Tribunal de Justiça. "RECURSO ESPECIAL. CIVIL E PROCESSUAL CIVIL. RESPONSABILIDADE CIVIL. INTERNET. DANO MORAL. CRIAÇÃO DE PERFIS FALSOS E COMUNIDADES INJURIOSAS EM SÍTIO ELETRÔNICO MANTIDO POR PROVEDOR DE INTERNET. RELAÇÃO DE CONSUMO. AUSÊNCIA DE CENSURA. NOTIFICADO O PROVEDOR, TEM O PRAZO DE 24 HORAS PARA EXCLUIR O CONTEÚDO DIFAMADOR. DESRESPEITADO O PRAZO, O PROVEDOR RESPONDE PELOS DANOS ADVINDOS DE SUA OMISSÃO. PRECEDENTES ESPECÍFICOS DO STJ. [...] 4. Impossibilidade de se impor ao provedor a obrigação de exercer um controle prévio acerca do conteúdo das informações postadas no site por seus usuários, pois constituiria uma modalidade de censura prévia, o que não é admissível em nosso sistema jurídico. 5. Ao tomar conhecimento, porém, da existência de dados ilícitos em 'site' por ele administrado, o provedor de internet tem o prazo de 24 horas para removê-los, sob pena de responder pelos danos causados por sua omissão [...]". (STJ. *REsp nº 1.337.990/SP*. Relator: Ministro Paulo de Tarso Sanseverino. Brasília, 21 de agosto de 2014). No mesmo sentido, conferir: REsp nº 1.323.754/RJ; REsp nº 1.328.706/MG; REsp nº 1.406.448/RJ; e REsp nº 1.338.214/MT.

3 O artigo 19 do Marco Civil da Internet

À luz do artigo 19 do Marco Civil da Internet, o provedor de aplicações de Internet somente poderá ser responsabilizado civilmente por danos decorrentes de conteúdo gerado por terceiros se, após ordem judicial específica, não tomar as providências para, no âmbito e nos limites técnicos do seu serviço, remover o conteúdo reputado como ilícito pelo Poder Judiciário.[22] Note-se que o dispositivo não faz distinção entre a quantidade de usuários cadastrados em cada provedor de aplicações de Internet, sendo aplicável tanto às pequenas e promissoras startups quanto às redes sociais consolidadas internacionalmente. Ainda, o artigo 19 não isenta de responsabilidade o usuário que pública o conteúdo lesivo na plataforma, sendo certo que esses continuam sendo diretamente responsáveis pelos danos decorrentes de suas condutas na Internet.

Com efeito, o Marco Civil da Internet estabelece duas exceções à regra geral do *caput* do artigo 19. A primeira exceção diz respeito aos conteúdos protegidos por direitos autorais, hipótese na qual o regime de responsabilidade será regido por previsão legal específica, que deverá respeitar a liberdade de expressão e os demais valores constitucionais.[23] Ainda, de acordo com o artigo 21 do Marco Civil da Internet,[24] o regime do *caput* do artigo 19 também é excepcionado nos casos de divulgação, sem autorização de seus participantes, de imagens,[25] de vídeos ou de

---

[22] O artigo 19 vai ao encontro do princípio da inimputabilidade da rede previsto no Decálogo do Comitê Gestor da Internet no Brasil, segundo o qual "o combate a ilícitos na rede deve atingir os responsáveis finais e não os meios de acesso e transporte, sempre preservando os princípios maiores de defesa da liberdade, da privacidade e do respeito aos direitos humanos". O Decálogo está disponível em: CGI.BR. *Princípios para governança e uso da internet*. Disponível em: https://principios.cgi.br/. Acesso em 30 jan. 2021.

[23] Artigo 19, §2º, da Lei nº 12.965/14: "A aplicação do disposto neste artigo para infrações a direitos de autor ou a direitos conexos depende de previsão legal específica, que deverá respeitar a liberdade de expressão e as demais garantias previstas no art. 5º da Constituição Federal".

[24] Artigo 21 da Lei nº 12.965/14: "Art. 21. O provedor de aplicações de internet que disponibilize conteúdo gerado por terceiros será responsabilizado subsidiariamente pela violação da intimidade decorrente da divulgação, sem autorização de seus participantes, de imagens, de vídeos ou de outros materiais contendo cenas de nudez ou de atos sexuais de caráter privado quando, após o recebimento de notificação pelo participante ou seu representante legal, deixar de promover, de forma diligente, no âmbito e nos limites técnicos do seu serviço, a indisponibilização desse conteúdo".

[25] Cf. TEFFÉ, Chiara Spadaccini de. Exposição não consentida de imagens íntimas: como o Direito pode proteger as mulheres? *In*: ROSENVALD, Nelson; DRESCH, Rafael; WESENDONCK, Tula (Org.). *Responsabilidade civil*: novos riscos. Indaiatuba: Foco, 2019. p. 91-113.

outros materiais contendo cenas de nudez ou de atos sexuais de caráter privado.[26]

O regime de responsabilização estabelecido pelo *caput* do artigo 19 privilegia a atuação do Poder Judiciário, a quem atribui o compromisso de definir a licitude dos mais diversos conteúdos publicados na rede, e assim delimitar os limites da liberdade de expressão na Internet à luz da tábua axiológica constitucional.[27] De fato, deixar que os provedores de aplicações de Internet, em regra entes privados, definam a licitude dos conteúdos, poderia prejudicar sensivelmente o desenvolvimento da Internet e comprometer os valores do ordenamento pátrio. Nesse sentido, afirma-se que, caso o regime adotado fosse o do *notice and takedown* mencionado anteriormente, os provedores removeriam qualquer conteúdo denunciado para evitar eventuais ações indenizatórias. Assim, ao avaliar a licitude de um conteúdo denunciado, o compromisso não seria com os valores do ordenamento, mas com a saúde financeira dos provedores de aplicação.[28] O tema será retomado adiante.

---

[26] Em recente julgado em que se abordou a temática, destacou-se que: "4. A "exposição pornográfica não consentida", da qual a "pornografia de vingança" é uma espécie, constituiu uma grave lesão aos direitos de personalidade da pessoa exposta indevidamente, além de configurar uma grave forma de violência de gênero que deve ser combatida de forma contundente pelos meios jurídicos disponíveis. 5. Não há como descaracterizar um material pornográfico apenas pela ausência de nudez total. Na hipótese, a recorrente encontra-se sumariamente vestida, em posições com forte apelo sexual. 6. O fato de o rosto da vítima não estar evidenciado nas fotos de maneira flagrante é irrelevante para a configuração dos danos morais na hipótese, uma vez que a mulher vítima da pornografia de vingança sabe que sua intimidade foi indevidamente desrespeitada e, igualmente, sua exposição não autorizada lhe é humilhante e viola flagrantemente seus direitos de personalidade. 7. O art. 21 do Marco Civil da Internet não abarca somente a nudez total e completa da vítima, tampouco os "atos sexuais" devem ser interpretados como somente aqueles que envolvam conjunção carnal. Isso porque o combate à exposição pornográfica não consentida – que é a finalidade deste dispositivo legal – pode envolver situações distintas e não tão óbvias, mas que geram igualmente dano à personalidade da vítima. 8. Recurso conhecido e provido". (STJ. *REsp nº 1735712/SP*. Rel. Min. Nancy Andrighi, 3ª T., j. em 19.05.2020, DJe em 27.05.2020).

[27] Veja-se o seguinte posicionamento do Ministro Ricardo Villas Boas Cueva: "Não se pode exigir dos provedores que determinem o que é ou não apropriado para divulgação pública. Cabe ao Poder Judiciário, quando instigado, aferir se determinada manifestação deve ou não ser extirpada da rede mundial de computadores e, se for o caso, fixar a reparação civil cabível contra o real responsável pelo ato ilícito. Ao provedor não compete avaliar eventuais ofensas, em virtude da inescapável subjetividade envolvida na análise de cada caso. Somente o descumprimento de uma ordem judicial, determinando a retirada específica do material ofensivo, pode ensejar a reparação civil. Para emitir ordem do gênero, o Judiciário avalia a ilicitude e a repercussão na vida do ofendido no caso concreto. Ademais, mesmo não sendo aplicável ao caso, pois os fatos narrados nos autos são anteriores à sua vigência, observa-se que o Marco Civil da Internet, Lei nº 12.965/14, disciplinou, em seu artigo 19, o tema no sentido acima exposto". (STJ. 3ª T. *REsp nº 1.568.935/RJ*. Rel. Min. Ricardo Villas Boas Cueva, j. 05.04.2016. Dje 13.04.2016).

[28] Sobre o tema, cf. "Ao prestigiar o Poder Judiciário como aquele que deve delimitar o que é conteúdo lícito e o que é ilícito, fugindo assim das suscetibilidades privadas, o Marco Civil

O regime de responsabilidade civil escolhido pelo legislador no Marco Civil da Internet encontra fundamento, como sua própria dicção legal expõe, na liberdade de expressão, e se propõe a, em última instância, evitar, dentre outros, abuso por parte dos usuários notificantes, o monitoramento prévio, censura privada e remoções irrefletidas ou pautadas em questões de cunho meramente patrimonial.[29] Veja-se, contudo, que o dispositivo não esgota todas as situações nas quais um conteúdo poderá ser removido. Adotou-se, pois, verdadeiro silêncio eloquente, uma vez que o Marco Civil da Internet não restringe a remoção de conteúdos somente nos casos em que há decisão judicial, mas permite que os provedores, no âmbito de sua autonomia privada, desenvolvam suas próprias políticas de termos de uso, lançando mão, quando assim entenderem necessário, de canais de denúncia para os usuários lhes comunicarem conteúdos supostamente ilícitos.[30]

Nesse cenário, caso entendam que o conteúdo questionado extrajudicialmente pelos usuários não está em conformidade com os termos de uso que regem a sua funcionalidade, os provedores não estarão contrariando o disposto no Marco Civil da Internet caso decidam removê-lo.[31] O regime de responsabilidade previsto no artigo 19 confere

---

evita, em regra, a dinâmica que faz com que a cada notificação particular para remoção de conteúdo não cumprida possa levar à responsabilidade do provedor. O resultado desse cenário seria a redução da diversidade de conteúdo na rede, já que os provedores acabariam removendo qualquer conteúdo que seja objeto de notificação, do comentário crítico feito sobre um hotel ou restaurante até vídeos ou fotos que desagradem alguém por qualquer motivo de natureza íntima. Em última instância, os provedores seriam os juízes sobre o que fica no ar ou é removido. Só que diferente do que ocorre no Poder Judiciário, aqui os provedores são juízes diretamente interessados no resultado da decisão, já que caso decidam manter o conteúdo notificado eles poderiam ser responsabilizados pelo mesmo". SOUZA, Carlos Affonso; LEMOS, Ronaldo. *Marco Civil da Internet*: construção e aplicação. Juiz de Fora: Editar Editora Associada Ltda, 2016. p. 39.

[29] GARCIA, Rebeca. Marco Civil da Internet no Brasil: repercussões e perspectivas. *Revista dos Tribunais*, a. 105, v. 965, p. 171-174, fev. 2016.

[30] Dentre tantos, "[s]e o legislador positivou que a notificação judicial – mais inércia – enseja responsabilidade civil, é porque intencionalmente não quis vincular a notificação extrajudicial a uma eventual lentidão por parte do Judiciário, em que pese a previsão de competência dos Juizados Especiais. Além disso, não se espera, nem de longe, que esse mesmo legislador, especializado que se tornou em matéria afeta à Internet, desconhecesse o sistema de *notice and takedown*. Por isso, é possível afirmar que quis ele abrir a possibilidade de sistematização da notificação e derrubada à livre política do provedor. Contribui para esta ideia a mais ágil tutela de direitos da personalidade, como honra, imagem e privacidade, encarnada na notificação extrajudicial". FARAH, André. *Liberdade de expressão e remoção de conteúdo da internet*. Rio de Janeiro: Lume Juris, 2018. p. 182.

[31] Nesse sentido, "[p]edido de autorização ao Facebook para remoção de conteúdos ofensivos. Agravante que afirma que o Facebook tem procedido à remoção dos conteúdos apontados como ofensivos, independentemente de pedido judicial. 'Declaração de Direitos e Responsabilidades' com a qual o usuário assente ao criar conta na rede social que estabelece

verdadeiro equilíbrio à proteção da liberdade de expressão na Internet, uma vez que, ao estabelecer o descumprimento de ordem judicial como condicionante para a responsabilidade civil, retira do provedor o dever de excluir qualquer conteúdo denunciado, mas, ao mesmo tempo, não proíbe que o provedor exclua o conteúdo nas hipóteses em que este se mostrar contrário aos termos que regem a plataforma.[32]

3.1 A "identificação clara e específica" do conteúdo a ser removido

O Marco Civil da Internet definiu que cabe ao interessado na remoção de determinado conteúdo a identificação clara e específica desse conteúdo apontado como infringente. A exigência decorre do artigo 19, §1º,[33] segundo o qual "[a] ordem judicial de que trata o *caput* deverá conter, sob pena de nulidade, identificação clara e específica do conteúdo apontado como infringente, que permita a localização inequívoca do material". Trata-se, assim, de requisito de validade da decisão judicial, e evidencia preocupação acertada do legislador na medida em que se considerou a multiplicidade de conteúdos que são diariamente publicados na rede. Com efeito, a falha na indicação da localização do conteúdo com a consequente exclusão de conteúdo contrário ao pretendido implicaria restrição indevida à liberdade de expressão, esquivando-se do objetivo previsto no *caput* do dispositivo.

Ademais, acertou o legislador ao não definir expressamente o que seria a identificação clara e específica, pois, considerando a velocidade do desenvolvimento tecnológico, definir um meio de identificação poderia, em pouco tempo, tornar a previsão legal obsoleta. Nesse sentido, discute-se a respeito do que seria necessário atualmente para caracterizar "identificação clara e específica do conteúdo" e atender à exigência do dispositivo legal. O Superior Tribunal de Justiça consolidou entendimento no sentido de ser necessária a indicação do "URL"

---

que as postagens que violem direitos de terceiros serão removidas. Desnecessária a autorização para que o Facebook remova conteúdos ofensivos, uma vez que tal procedimento faz parte dos termos de uso da rede social. Agravo desprovido". (TJSP. 7ª Câmara de Direito Privado. *Agravo de Instrumento nº 2195051-90.2015.8.26.0000*. Relator Des. Rômolo Russo, j. em: 29.06.2016).

[32] SOUZA, Carlos Affonso. As cinco faces da proteção à liberdade de expressão no Marco Civil da Internet. *In*: DELUCCA, Newton et al. (Org.). *Direito & Internet III – Marco Civil da Internet, Lei nº 12.965/2014*. São Paulo: Quartier Latin, 2015. p. 402-403.

[33] Artigo 19, §1º, da Lei nº 12.965/2014 "A ordem judicial de que trata o caput deverá conter, sob pena de nulidade, identificação clara e específica do conteúdo apontado como infringente, que permita a localização inequívoca do material".

(*Universal Resource Locator*), endereço virtual no qual o conteúdo se encontra. Sobre o conceito de URL, o Superior Tribunal de Justiça sustenta que é "sigla que corresponde à expressão Universal Resource Locator, que em português significa "localizador universal de recursos". Em síntese, trata-se de um endereço virtual, isto é, diretrizes que indicam o local de determinado site ou página".[34]

A racionalidade da necessidade de se informar o URL do conteúdo seria a impossibilidade técnica de o provedor controlar todo o conteúdo inserido em sua plataforma. Trata-se, conforme assevera a jurisprudência,[35] ao mesmo tempo de proteção a eventuais discussões sobre liberdade de expressão, impedindo a remoção de conteúdos lícitos, e de critério seguro para verificar o cumprimento da ordem judicial. Nas palavras da Ministra Nancy Andrighi, "em hipóteses com ordens vagas e imprecisas, as discussões sobre a obediência ao Juízo e quanto à aplicação de multa diária serão arrastadas sem necessidade até os Tribunais Superiores".[36]

O Marco Civil da Internet não autoriza, pois, imposições genéricas de retirada de conteúdo de provedores de aplicação de Internet. Todavia, o posicionamento consolidado do Superior Tribunal de Justiça não é isento de críticas, na medida em que alguns autores entendem que a exigência de indicação do URL do conteúdo questionado se mostra, na verdade, um entrave à celeridade na apreciação do pleito da suposta

---

[34] STJ. 3ª Turma. *REsp nº 1.193.764/SP*. Rel. Min. Nancy Andrighi, j. em 14.12.2010, DJe em 08.08.2011.

[35] Nesse sentido: STJ. 3ª T. *REsp. nº 1.274.971/RS*. Rel. Min. João Otávio Noronha, j. em 19.03.2015, DJe 26.03.2015; e STJ. *AgInt no Agravo em Recurso Especial nº 956.396/MG*. Rel. Min. Ricardo Villas Bôas Cueva, j. 19.04.2017, DJe 11.05.2017.

[36] Confira-se: "A indicação clara e específica de sua localização na Internet é essencial, seja por meio de uma notificação do particular seja por meio de uma ordem judicial. Em qualquer hipótese, essa indicação deve ser feita por meio do URL, que é um endereço virtual, isto é, diretrizes que indicam o caminho até determinado site ou página onde se encontra o conteúdo considerado ilegal ou ofensivo. Essa necessidade está expressa na redação conferida ao §1º do art. 19 do Marco Civil da Internet, ao dispor sobre os requisitos de validade da própria ordem judicial que determina a retirada do conteúdo infringente. (...) A necessidade de indicação do localizador URL não é apenas uma garantia aos provedores de aplicação, como forma de reduzir eventuais questões relacionadas à liberdade de expressão, mas também é um critério seguro para verificar o cumprimento das decisões judiciais que determinarem a remoção de conteúdo na Internet. Conferindo precisão às ordens judiciais, torna-se mais difícil ao requerido escusar-se de seu cumprimento. Em sentido contrário, em hipóteses com ordens vagas e imprecisas, as discussões sobre a obediência ao Juízo e quanto à aplicação de multa diária serão arrastadas sem necessidade até os Tribunais Superiores. Por esses motivos, o Marco Civil da Internet elenca, entre os requisitos de validade da ordem judicial para a retirada de conteúdo infringente, a "identificação clara e específica do conteúdo", sob pena de nulidade". (STJ. 3ª T. *Resp. nº 1.629.255/SP*. Rel. Min. Nancy Andrighi, j. 22.08.2017, DJe 25.08.2017).

vítima.³⁷ Nesse mesmo sentido, sustenta-se, também, que, sobretudo nos casos de danos à personalidade, é comum que o conteúdo ilícito se multiplique nas mais diversas esferas da Internet, não se mostrando razoável exigir que o usuário, sujeito mais vulnerável na relação, indique todos os URLs nos quais os conteúdos ilícitos estejam hospedados.³⁸ Entende-se, pois, que a interpretação atual dos tribunais tem se mostrado verdadeiro retrocesso ao impor maiores entraves à tutela da dignidade e à reparação integral dos sujeitos lesados por conteúdos publicados por terceiros.

Por outro lado, há autores que, em posicionamento convergente ao do Superior Tribunal de Justiça, enxergam a indicação do URL como essencial para a preservação da liberdade de expressão na Internet, uma vez que superaria a imprecisão de outros meios atuais de identificação, como fotos ou *prints*. Nesse sentido, André Farah expõe que "milhares de postagens, semelhantes ou não, podem existir em uma mesma página, perfil ou grupo, dentro de uma rede social, de tal forma que a localização do conteúdo específico se torne tão difícil quanto encontrar uma agulha no palheiro".³⁹

Com efeito, parece-nos, com a máxima vênia ao posicionamento divergente, que a indicação do URL confere, na verdade, maior celeridade à tutela da vítima, pois atribui exatidão ao que deve ser excluído, não dando margem para contestações ou erros. Ainda, a identificação do URL especifica o conteúdo ilícito, garantindo que os provedores de aplicações de Internet não retirem conteúdos lícitos e, consequentemente, prejudiquem a liberdade de expressão na Internet. Além disso, como já citado,⁴⁰ mostra-se também como critério seguro para verificar o cumprimento das decisões judiciais que ordenam a remoção de um conteúdo.

Ressalta-se que, em razão do constante desenvolvimento da tecnologia, recursos informáticos como URL poderão se tornar obsoletos. Nesse cenário, a literatura jurídica e a jurisprudência serão novamente chamadas a interpretar, à luz do estado da tecnologia, a expressão "identificação clara e específica" presente no Marco Civil da Internet.

---

³⁷ QUINELATO, João. *Responsabilidade civil na rede*: danos e liberdades à luz do Marco Civil da Internet. Rio de Janeiro: Processo, 2019. p. 141.
³⁸ QUINELATO, João. *Responsabilidade civil na rede*: danos e liberdades à luz do Marco Civil da Internet. Rio de Janeiro: Processo, 2019. p. 144-145.
³⁹ FARAH, André. *Liberdade de expressão e remoção de conteúdo da internet*. Rio de Janeiro: Lume Juris, 2018. p. 165.
⁴⁰ STJ. 3ª T. Resp. nº 1.629.255/SP. Rel. Min. Nancy Andrighi, j. 22.08.2017, DJe 25.08.2017.

4 A constitucionalidade do artigo 19 do Marco Civil da Internet

4.1 A análise do tema pelo Supremo Tribunal Federal

Em que pese estar em vigor desde 2014, a constitucionalidade do artigo 19 do Marco Civil da Internet não é unanimidade na literatura jurídica, sendo, inclusive, objeto de Recurso Extraordinário pendente de julgamento no Supremo Tribunal Federal.[41] Na origem, trata-se de ação indenizatória ajuizada contra o Facebook Brasil, na qual a autora afirma existir perfil falso na rede social com sua imagem e nome, que estaria ofendendo a terceiros. A autora, através da ação judicial, solicitou ao juízo a exclusão do perfil falso em questão e a condenação do Facebook ao pagamento de indenização a título de danos morais.

Na sentença, o Juizado Especial Cível e Criminal do Foro de Capivari julgou o pedido parcialmente procedente, determinando a exclusão do perfil falso e afastando o pleito indenizatório. Em sede recursal, contudo, a sentença de primeiro grau foi reformada para condenar o Facebook ao pagamento de indenização a título de danos morais. A empresa, então, impetrou Recurso Extraordinário, alegando, em síntese, que a não aplicabilidade do art. 19 do Marco Civil da Internet violaria os princípios da legalidade e da reserva jurisdicional, art. 5º, incisos II[42] e XXXV,[43] da Constituição da República.

Na sequência, o Supremo Tribunal Federal reconheceu a Repercussão Geral do Recurso Extraordinário em questão.[44] Nas palavras do Ministro Dias Toffoli, relator do recurso, debater a constitucionalidade do artigo 19 do Marco Civil da Internet é de transcendência e

---

[41] Trata-se do Recurso Extraordinário nº 1.037.396, de relatoria do Ministro Dias Toffoli.

[42] Artigo 5º, II, da Constituição da República: "II – ninguém será obrigado a fazer ou deixar de fazer alguma coisa senão em virtude de lei;".

[43] Artigo 5º, XXXV, da Constituição da República: "XXXV – a lei não excluirá da apreciação do Poder Judiciário lesão ou ameaça a direito".

[44] Tema nº 987, STF: "Discussão sobre a constitucionalidade do art. 19 da Lei nº 12.965/2014 (Marco Civil da Internet) que determina a necessidade de prévia e específica ordem judicial de exclusão de conteúdo para a responsabilização civil de provedor de internet, websites e gestores de aplicativos de redes sociais por danos decorrentes de atos ilícitos praticados por terceiros". (BRASIL. Supremo Tribunal Federal. *Tema nº 987*. Discussão sobre a constitucionalidade do art. 19 da Lei nº 12.965/2014 (Marco Civil da Internet) que determina a necessidade de prévia e específica ordem judicial de exclusão de conteúdo para a responsabilização civil de provedor de internet, websites e gestores de aplicativos de redes sociais por danos decorrentes de atos ilícitos praticados por terceiros. Disponível em: http://www.stf.jus.br/portal/jurisprudenciaRepercussao/verAndamentoProcesso. asp?incidente=5160549&numeroProcesso=1037396&classeProcesso=RE&numeroTema=987. Acesso em 31 jan. 2021).

relevância inequívocas, pois "a matéria em questão, dadas a importância e o alcance das redes sociais e dos provedores de aplicações de Internet nos dias atuais, constitui interesse de toda a sociedade brasileira".[45] Nessa direção, vejamos os principais argumentos que permeiam a discussão.

4.2 Os argumentos pela inconstitucionalidade do regime de responsabilidade dos provedores de aplicações de Internet

Para alguns autores, o regime de responsabilidade previsto no *caput* do artigo 19 do Marco Civil da Internet vai além de uma escolha legislativa ruim e, na verdade, mostra-se em verdadeira desconformidade com a tábua axiológica constitucional. Em outras palavras, o dispositivo seria inconstitucional. Dentre os argumentos levantados por essa corrente, assume particular relevância aquele segundo o qual o artigo 19 violaria flagrantemente a garantia constitucional de reparação integral e plena por danos, morais ou patrimoniais, à honra, à privacidade e à imagem, conforme dispõe o art. 5º, X, da Constituição da República.[46] Nesse sentido, ao condicionar a responsabilidade dos provedores pelos danos decorrentes de conteúdo publicado por terceiro ao ajuizamento de ação judicial e à consequente ordem judicial, o Marco Civil da Internet estaria impondo maiores dificuldades para a tutela das vítimas.[47]

Entende-se que, à luz do princípio da reparação integral, a criação de condicionantes desarrazoadas por parte do legislador infraconstitucional não pode ser admitida. Nesse sentido, Anderson Schreiber afirma que:

> a criação, por lei ordinária, de condicionantes ou limites à responsabilidade civil por violação a esses direitos, afigura-se inconstitucional, na medida em que restringiriam uma tutela que o Constituinte quis

---

[45] Trecho da decisão do Ministro Dias Toffoli que conferiu repercussão geral ao Recurso Extraordinário nº 1.037.396/SP.

[46] Artigo 5º, X, da Constituição da República: "São invioláveis a intimidade, a vida privada, a honra e a imagem das pessoas, assegurado o direito à indenização pelo dano material ou moral decorrente de sua violação".

[47] SCHREIBER, Anderson. Marco Civil da Internet: avanço ou retrocesso? A responsabilidade civil por dano derivado do conteúdo gerado por terceiro. *In*: DE LUCCA, Newton; SIMÃO FILHO; Adalberto; LIMA, Cíntia Rosa Pereira de (Coords.). *Direito & Internet*: Marco Civil da Internet (Lei nº 12.965/2014). São Paulo: Quartier Latin, 2015. t. II, p. 292-293.

plena e integral, a ponto de enunciá-la sem qualquer menção à atuação ulterior do legislador.[48]

Dessa forma, ao condicionar a reparação da vítima ao descumprimento de ordem judicial, o regime do *caput* do artigo 19 caminharia no sentido contrário de uma responsabilidade civil funcionalizadada, na medida em que, ao invés de ampliar as hipóteses de reparação das vítimas, impõe novas dificuldades.[49]

Ademais, argumenta-se, também, que a inconstitucionalidade se torna mais evidente em razão de verdadeira inversão dos valores constitucionais realizada pelo dispositivo. Como visto anteriormente, o regime de responsabilidade civil do artigo 19 é excepcionado, em seu parágrafo 2º, nas hipóteses de "infrações a direitos de autor ou a direitos conexos". Sustenta-se, pois, que a legislação adotou regime preferencial aos direitos patrimoniais em detrimento dos direitos existenciais,[50] uma vez que não seria necessário ajuizamento de ação judicial para remoção de conteúdos que violam direitos autorais – de cunho eminentemente patrimonial –, enquanto que a reparação das vítimas nas hipóteses de ofensa a direitos da personalidade dependeria do descumprimento de ordem judicial por parte do provedor de aplicações.[51]

---

[48] SCHREIBER, Anderson. Marco Civil da Internet: avanço ou retrocesso? A responsabilidade civil por dano derivado do conteúdo gerado por terceiro. *In*: DE LUCCA, Newton; SIMÃO FILHO; Adalberto; LIMA, Cíntia Rosa Pereira de (Coords.). *Direito & Internet*: Marco Civil da Internet (Lei nº 12.965/2014). São Paulo: Quartier Latin, 2015. t. II, p. 292-293.

[49] QUINELATO, João. *Responsabilidade civil na rede*: danos e liberdades à luz do Marco Civil da Internet. Rio de Janeiro: Processo, 2019. p. 147.

[50] Acerca da prevalência dos valores extrapatrimoniais na ordem constitucional brasileira, confira-se: "Quanto à proteção dos direitos da personalidade, fato é que, a partir da mudança de perspectiva constitucional, passando a estar o ordenamento a serviço da pessoa humana, conforme determinação do art. 1º, III, da Constituição, consolidou-se definitivamente a prevalência das relações não patrimoniais (pessoais e familiares) face às relações patrimoniais (contratuais e proprietárias). Consequência desta opção constitucional foi o substancial aumento das restrições estruturais impostas à vontade individual pelo Código de 2002, através, por exemplo, das noções de abuso do direito, dos princípios da boa-fé, da confiança e da função social do contrato e da propriedade, solidificando a já existente compressão da autonomia privada patrimonial". (BODIN DE MORAES, Maria Celina. *Danos à pessoa humana*: uma leitura civil-constitucional dos danos morais. 2. ed. Rio de Janeiro: Processo, 2017. p. 182).

[51] Sobre o argumento, Anderson Schreiber leciona: "O mecanismo de proteção aos direitos autorais tornou-se mais simples, célere e eficiente que aquele reservado à tutela dos direitos fundamentais do ser humano (honra, privacidade, imagem etc.), a qual passa a ser dependente, para a própria deflagração da responsabilidade civil, de recurso ao Poder Judiciário e de emissão de ordem judicial específica. Tem-se aqui verdadeira inversão axiológica, na medida em que os direitos autorais e conexos – também, portanto, aqueles de conteúdo exclusivamente patrimonial – passam a contar com um instrumento de tutela mais forte, célere e efetivo que os direitos fundamentais do ser humano, aos quais a Constituição brasileira atribui maior importância senão hierárquica, ao menos axiológica,

Os autores a favor da inconstitucionalidade do artigo 19 do Marco Civil sustentam também que o dispositivo afronta o direito fundamental de acesso à justiça, positivado no art. 5º, XXXV, da Constituição da República.[52] Isso porque o regime atual de responsabilidade, ao condicionar a reparação da vítima ao ajuizamento prévio de pleito judicial e consequente ordem judicial, transforma o direito de acesso à justiça em um dever, o que não se sustentaria à luz da tábua axiológica constitucional.[53]

Por fim, os autores argumentam, ainda, que o dispositivo contraria o princípio da vedação ao retrocesso, pois, no entendimento desses autores, o regime do Marco Civil da Internet, quanto à proteção integral da vítima, retrocede em relação ao regime que era anteriormente aplicado pela jurisprudência pátria.[54] Ressalte-se, contudo, que este argumento é contestável na medida em que a análise do retrocesso pode ser feita pelos mais diversos referencias. A título exemplificativo, ao se observar a discussão sob a ótica do direito à liberdade de expressão, pode-se afirmar, sobretudo os autores que sustentam a constitucionalidade do dispositivo, que o regime de responsabilidade do *caput* do artigo 19 avançou em relação ao regime aplicado em sede jurisprudencial antes da entrada em vigor do Marco Civil.

4.3 Outro lado da moeda: argumentos a favor da constitucionalidade do artigo 19 do Marco Civil da Internet

Em que pese a existência de bons argumentos pela inconstitucionalidade do artigo 19 do Marco Civil da Internet, fato é que, desde

---

como se vê da expressa menção à dignidade da pessoa humana como fundamento da República (CF, art. 1º, III)". SCHREIBER, Anderson. Marco Civil da Internet: avanço ou retrocesso? A responsabilidade civil por dano derivado do conteúdo gerado por terceiro. *In*: DE LUCCA, Newton; SIMÃO FILHO; Adalberto; LIMA, Cíntia Rosa Pereira de (Coords.). *Direito & Internet*: Marco Civil da Internet (Lei nº 12.965/2014). São Paulo: Quartier Latin, 2015. t. II, p. 295.

[52] Artigo 5º, XXXV, da Constituição da República: "XXXV – a lei não excluirá da apreciação do Poder Judiciário lesão ou ameaça a direito".

[53] SCHREIBER, Anderson. Marco Civil da Internet: avanço ou retrocesso? A responsabilidade civil por dano derivado do conteúdo gerado por terceiro. *In*: DE LUCCA, Newton; SIMÃO FILHO; Adalberto; LIMA, Cíntia Rosa Pereira de (Coords.). *Direito & Internet*: Marco Civil da Internet (Lei nº 12.965/2014). São Paulo: Quartier Latin, 2015. t. II, p. 295.

[54] SCHREIBER, Anderson. Marco Civil da Internet: avanço ou retrocesso? A responsabilidade civil por dano derivado do conteúdo gerado por terceiro. *In*: DE LUCCA, Newton; SIMÃO FILHO; Adalberto; LIMA, Cíntia Rosa Pereira de (Coords.). *Direito & Internet*: Marco Civil da Internet (Lei nº 12.965/2014). São Paulo: Quartier Latin, 2015. t. II, p. 296.

2014, o regime de responsabilidade civil ali previsto está consolidado na jurisprudência brasileira, sendo aplicado rotineiramente pelos principais tribunais do país, em especial pelo Superior Tribunal de Justiça.[55] De fato, do outro lado da discussão ora analisada, há argumentos igualmente sólidos para sustentar a constitucionalidade do regime de responsabilidade previsto no *caput* do artigo 19 do Marco Civil da Internet. Para fins do presente estudo, mostra-se imperioso passar pelos principais argumentos dessa corrente, de modo a demonstrar que o dispositivo em questão está em conformidade com os valores presentes na Carta Magna e que se trata de dispositivo necessário para a preservação da Internet como um espaço de livre desenvolvimento da personalidade e de exercício de valores constitucionais, sobretudo os direitos à liberdade de expressão e à livre manifestação de pensamento.

Em princípio, a partir de análise comparativa, cumpre destacar que o regime de *notice and takedown*, que impõe ao provedor de aplicações de Internet o dever de atender notificações extrajudiciais de retirada de conteúdo sob pena de responsabilização civil, mostra-se desmedidamente gravoso aos direitos à liberdade de expressão e de acesso à informação na rede. Isso porque, com a adoção desse regime, os provedores estariam encarregados de decidir conflitos envolvendo valores constitucionais e, consequentemente, seriam condenados quando não antecipassem qual seria o entendimento do Poder Judiciário caso a questão fosse judicializada. Dessa forma, a consequência prática, caso o regime adotado pelo Marco Civil fosse o do *notice and takedown*, seria o aumento exponencial dos conteúdos removidos na rede.

Com efeito, os provedores de aplicações de Internet optariam por uma atuação conservadora, na qual, para se evitar a condenação em futuras ações indenizatórias, excluiriam todo e qualquer conteúdo que fosse denunciado por seus usuários, em verdadeiro prejuízo à livre circulação de informação. Nesse contexto, o denunciante do suposto conteúdo lesivo se torna verdadeiro censor, na medida em que sua notificação extrajudicial implicaria a remoção imediata do conteúdo denunciado. As preocupações são acentuadas em um contexto de condutas coordenadas na Internet, o qual permitiria, por exemplo, que empresas ou políticos denunciassem, por meio de ferramentas automatizadas, todo e qualquer conteúdo que lhes desagradasse,

---

[55] Dentre tantos, STJ. 3ª T. *REsp. nº 1.642.997/RJ*. Rel. Min. Nancy Andrighi, j. em 12.09.2017, DJe em 15.09.2017.

comprometendo sensivelmente a liberdade de expressão e contribuindo para a desinformação.

Diferentemente do Poder Judiciário, as empresas privadas que atuam como provedoras de aplicação de Internet, e geralmente são multinacionais, não têm qualquer compromisso com a efetivação dos valores presentes na Constituição da República. Nas palavras da Ministra Nancy Andrighi,

> ante à subjetividade que cerca o dano psicológico e/ou a imagem, seria impossível delimitar parâmetros de que pudessem se valer os provedores para definir se um conteúdo é potencialmente ofensivo. Por outro lado, seria temerário delegar esse juízo de discricionariedade aos provedores.[56]

Mostra-se temerário impor aos provedores de aplicações de Internet o dever de avaliar, para além dos seus termos de uso, se o conteúdo publicado por terceiro em sua plataforma é lícito à luz do ordenamento jurídico pátrio. Com efeito, os limites da liberdade de expressão não devem ser traçados pelos provedores de aplicações, mas, ao contrário, pelo próprio Poder Judiciário. Esse entendimento é ratificado, inclusive, pelo Superior Tribunal de Justiça, que, nos autos do Recurso Especial nº 1.568.935/RJ, reconheceu que "ao provedor não compete avaliar eventuais ofensas, em virtude da inescapável subjetividade envolvida na análise de cada caso".[57]

O Marco Civil da Internet acerta em eleger o Poder Judiciário como instância competente para analisar a licitude dos conteúdos publicados por terceiros que não estão necessariamente em desconformidade com os Termos de Uso da plataforma do provedor de aplicações. Ao contrário do que é sustentado pelos juristas defensores da inconstitucionalidade do dispositivo, o regime de responsabilidade previsto no artigo 19 não se mostra um óbice à reparação integral das vítimas, mas equilibra os pesos da balança ao permitir a reparação das vítimas ao mesmo tempo em que preserva a Internet como um ambiente democrático, livre e promotor dos valores constitucionais.

Nessa linha, vale destacar que o Marco Civil não impede a responsabilização dos autores de conteúdos ofensivos na Internet. A bem da verdade, estes continuam sendo os principais responsáveis pelas condutas que adotam na rede. O dispositivo, na verdade, à luz do

---

[56] STJ. REsp nº 1.316.921/RJ. Rel. Min. Nancy Andrighi, j. em 26.02.2012.
[57] STJ. 3ª T. REsp nº 1.568.935/RJ. Rel. Min. Ricardo Villas Boas Cueva, j. em 05.04.2016. Dje em 13.04.2016.

princípio da reparação integral previsto na Constituição da República (art. 5º, X), vai adiante e acrescenta uma nova hipótese de indenização às vítimas: a indenização por parte dos provedores de aplicações de Internet quando estes não obedecerem às decisões judiciais que ordenarem a remoção de determinado conteúdo. As vítimas, então, gozam de maior possibilidade de serem reparadas integralmente – e não uma restrição como alguns autores sustentam. De fato, a vítima de um conteúdo danoso publicado na Internet poderá, em todas as hipóteses, buscar sua reparação em face do autor daquele conteúdo e, quando restarem preenchidos os requisitos do Marco Civil da Internet, poderá pleitear indenização também dos provedores de aplicações de Internet.

Por fim, cumpre destacar que o regime de responsabilização do artigo 19 privilegia a diversidade e o grau de inovação na Internet.[58] Não se pode olvidar que, para além das já consolidadas redes sociais, o universo da Internet é constituído também por diversas empresas de pequeno e médio portes, que não teriam condições econômicas para avaliar cada notificação extrajudicial que recebessem. Caso o modelo adotado fosse o *notice and takedown*, diversas iniciativas de exploração e comunicação na rede não chegariam nem mesmo a ser desenvolvidas no Brasil, pois não haveria nem corpo técnico para analisar as notificações extrajudiciais nem poder financeiro para lidar com eventuais condenações judiciais quando não fosse possível remover o conteúdo imediatamente após notificação extrajudicial.[59] Em outras palavras, tal modelo, ao afastar as pequenas e promissoras *startups* do

---

[58] Dentre tanto, cf. "É equivocado permitir que os provedores possam decidir se o conteúdo questionado deve ou não ser exibido ou se causa ou não dano, mediante critérios que extrapolam os seus termos de uso. Alega-se também que os critérios para a retirada de conteúdo seriam muito subjetivos, o que prejudicaria a diversidade e o grau de inovação na Internet, e que a retirada de conteúdos da rede, de forma subjetiva e mediante mera notificação, poderia implicar sério entrave para o desenvolvimento de novas alternativas de exploração e comunicação, as quais poderiam não ser desenvolvidas em razão do receio de futuras ações indenizatórias". (TEFFÉ, Chiara; NUNES, Beatriz; SOUZA, Carlos Affonso. Responsabilidade civil de provedores. *In*: SOUZA, Carlos Affonso; LEMOS, Ronaldo; BOTTINO, Celina (Orgs.). *Marco Civil da Internet*: Jurisprudência comentada. São Paulo: Revista dos Tribunais, 2017. p. 110).

[59] Nesse sentido, "[t]odo desenvolvimento de nova atividade, incluindo as empresariais, passa pela indagação sobre a sua adequação ao ordenamento jurídico vigente e, em grande parte das vezes, uma investigação sobre eventuais decisões judiciais sobre o assunto. A retirada de conteúdo do ar de forma subjetiva e mediante mera notificação (gerando, caso o conteúdo seja mantido, a responsabilização do provedor) implica em sério entrave para o desenvolvimento de novas alternativas de exploração e comunicação na rede que, muito razoavelmente, podem não ser desenvolvidas com receio de futuras ações indenizatórias que poderiam ser promovidas caso notificações para a retirada de conteúdos não venham a ser "imediatamente" cumpridas". TEFFÉ, Chiara; NUNES, Beatriz; SOUZA, Carlos Affonso. Responsabilidade civil de provedores. *In*: SOUZA, Carlos Affonso; LEMOS, Ronaldo;

país, colocaria o Brasil na retaguarda internacional do desenvolvimento de tecnologias e funcionalidades na rede.

5 Para além do artigo 19: a postura ativa dos provedores de aplicação de Internet

A despeito das controvérsias quanto à constitucionalidade, fato é que a aplicação do artigo 19 da Lei nº 12.965/14 está, até o momento, consolidada na jurisprudência pátria. Todavia, a sociedade passou a demandar uma postura mais ativa dos provedores de aplicações de Internet, em especial por conta da ação coordenada de pessoas mal intencionadas, da lentidão judicial e, em última instância, da ausência de cultura em judicializar as discussões no Brasil. Para manter um ambiente saudável em suas respectivas plataformas e impedir a evasão dos usuários,[60] os provedores de aplicações de Internet deixam de aguardar passivamente decisões judiciais e passam a elaborar critérios próprios para retirada de conteúdo.[61]

Com efeito, ainda que não haja remuneração direta, a relação entre os provedores de aplicações de Internet e os usuários é, em regra, de natureza consumerista, cujo regramento é dado pelos chamados "termos de uso" das plataformas. Trata-se de modalidade específica de contrato de adesão no meio eletrônico, uma vez que são submetidas ao usuário cláusulas pré-estabelecidas, cuja aceitação condiciona o uso dos serviços digitais oferecidos.[62] Dessa forma, tais contratos eletrônicos têm a sua validade baseada na manifestação de vontade positiva do consumidor, expressa, em regra, por meio do apertar de um botão de aceitação na tela de seus computadores ou dispositivos móveis.

BOTTINO, Celina (Orgs.). *Marco Civil da Internet*: Jurisprudência comentada. São Paulo: Revista dos Tribunais, 2017. p. 86.

[60] "Os escândalos de privacidade e a dificuldade do Facebook em lidar com sua amplitude machucou a empresa onde mais dói: o engajamento. De acordo com uma pesquisa publicada no Reino Unido, a utilização da rede social caiu 20% desde abril de 2018, quando foram detonados os escândalos da Cambridge Analytica, uma das maiores crises de privacidade que a companhia já sofreu". Para mais informações: DEMARTINI, Felipe. Uso do Facebook caiu 20% desde o escândalo Cambridge Analytica. *Canaltech*, 23 jun. 2019. Disponível em: https://canaltech.com.br/redes-sociais/uso-do-facebook-caiu-20-desde-o-escandalo-cambridge-analytica-142313/. Acesso em 31 jan. 2021.

[61] Dentre tantos, SOUZA, Carlos Affonso; LEMOS, Ronaldo. *Marco Civil da Internet*: construção e aplicação. Juiz de Fora: Editar Editora Associada Ltda, 2016. p. 100-101.

[62] MARTINS, Guilherme Magalhães. *Contratos eletrônicos de consumo*. 3. ed. São Paulo: Atlas, 2016. p. 133.

O fenômeno da desinformação, impulsionado principalmente pelo compartilhamento de notícias falsas nas redes sociais, a necessidade de se combater o discurso de ódio na rede, a perseguição religiosa e o uso de redes sociais para coordenar ataques são algumas das razões que justificam a demanda social por uma atuação mais proativa dos provedores de aplicações de Internet.[63] Como resposta, os provedores de aplicações de Internet têm investido na ampliação de canais de comunicação por meio dos quais é possível a denúncia de conteúdos ofensivos ou em desconformidade com os termos de uso da plataforma em questão.

Esta postura ativa, embora não vedada pelo ordenamento jurídico pátrio, costuma ser questionada judicialmente pelos usuários cujos conteúdos são removidos, sobretudo por conta da falta de transparência dos critérios utilizados pelos provedores que justificam a remoção de certos conteúdos.[64] Nesse cenário, verifica-se um segundo momento de responsabilização dos provedores de aplicações de Internet. Isto é,

---

[63] Os provedores de aplicações de Internet já começaram a divulgar iniciativas para atender essa demanda social. O Facebook, por exemplo, divulgou, em abril de 2017, o relatório "Working to stop Misinformation and False News", no qual ratifica o compromisso ao combate da desinformação. A íntegra do relatório pode ser encontrada em: FACEBOOK FOR MEDIA. *Working to stop Misinformation and False News*. Disponível em: https://www.facebook.com/facebookmedia/blog/working-to-stop-misinformation-and-false-news. Acesso em 25 jan. 2021.

[64] À luz da jurisprudência pátria, o provedor de aplicações de Internet deverá notificar o usuário que tiver conteúdo removido de sua plataforma, sendo certo que essa notificação deverá indicar os motivos que justificam a atuação do provedor, bem como apontar quais conteúdos foram contrários aos termos de uso. Nesse sentido, cf. "Apelação Cível. Obrigação de fazer. Restabelecimento de conta na rede Facebook. Exclusão permanente da conta do autor que não constituiu exercício regular do direito do réu. Abusividade da conduta configurada. Réu que não logrou êxito em esclarecer em que consistiu a violação praticada pelo autor aos termos contratuais do uso de sua rede social. Ausência de demonstração de fato impeditivo do direito do autor (art. 373, II, do CPC). Réu que tem obrigação de manter registros de acesso a aplicações de internet (art. 15, do Marco Civil da Internet). Recurso do réu, nesta parte, improvido". (TJSP. 2ª Câmara D. Privado. *Apelação cível nº 1011000-81.2017.8.26.0002*. Rel. Des. José Joaquim dos Santos, j. em 25.04.2018); e "Restrição fundada em suposta violação reiterada dos termos de uso da plataforma por envio de "spam". Ônus de comprovar a violação dos termos de uso pelo autor que era da ré. Fato impeditivo, modificativo ou extintivo da pretensão do autor e impossibilidade de exigir prova de fato negativo. Ausência de comprovação de envio de "spam" pelo autor. Ré que não informa ao usuário cuja página foi excluída ou bloqueada quais mensagens suas teriam sido consideradas contrárias aos termos de uso, impedindo que ele conteste essas medidas e até mesmo que adeque a sua conduta aos padrões adotados pela plataforma. Conduta abusiva. Ausência de comprovação de impossibilidade técnica de reativação da página. Obrigação de fazer e astreintes mantidas. Dano moral configurado. *Quantum* indenizatório fixado com razoabilidade e adequação, atendendo ao caráter punitivo e pedagógico da condenação. Recurso desprovido". (TJSP. 7ª Câmara D. Privado. *Apelação cível nº 1001640-22.2017.8.26.0100*. Rel. Des. Mary Grün, j. em 13.06.2018).

embora não sejam obrigados a retirar o conteúdo supostamente ilícito sem decisão judicial nesse sentido, caso optem por fazê-lo, os provedores serão responsabilizados civilmente se a remoção não tiver amparo no contrato celebrado entre as partes e representar um prejuízo para o usuário cujo conteúdo foi removido.[65] Tratar-se-á, nessa hipótese, de responsabilidade civil dos provedores de aplicações de Internet por ato próprio.

Em oposição, quando o magistrado entender que o conteúdo foi removido corretamente à luz dos termos de uso da plataforma, não haverá espaço para responsabilização civil dos provedores. Nessas hipóteses, não cabe, em tese, ao magistrado avaliar a licitude ou não do conteúdo em questão, mas, na verdade, verificar se a postura adotada pelo provedor de aplicações de Internet está fundamentada nos termos de uso de sua plataforma, instrumento jurídico que disciplina a relação com o usuário. Portanto, a lógica é diversa da discussão do artigo 19 do Marco Civil da Internet. Nesse momento, o magistrado não avalia a legalidade do conteúdo, mas verifica se, no âmbito do contrato celebrado entre o usuário e o provedor, existe fundamento contratual apto a justificar a remoção do conteúdo. Em consequência, caso entenda que não há fundamento para remoção, o magistrado deverá ordenar o reestabelecimento do conteúdo e, desde que estejam preenchidos os requisitos legais, responsabilizar o provedor de aplicações de Internet em questão.

Em que pese ainda não haver um desfecho do debate acerca da constitucionalidade do regime de responsabilidade do *caput* do artigo 19 do Marco Civil da Internet, fato é que a tecnologia não espera. O constante desenvolvimento tecnológico, que assume velocidade muito superior à atuação judicial, inaugura novas problemáticas que demandam constante atuação e atualização do Poder Judiciário. É justamente nesse contexto que surgem as discussões sobre a melhor

---

[65] Veja-se: "CERCEAMENTO DE DEFESA – Inocorrência – Elementos suficientes para o convencimento do juiz – Preliminar rejeitada. FALTA DE INTERESSE DE AGIR – Desacolhimento – Criação de novo blog que não afasta o direito de reativação da página oficial – Preliminar afastada. OBRIGAÇÃO DE FAZER E NÃO FAZER C.C. INDENIZAÇÃO POR DANOS MORAIS – Remoção do blog das autoras do Facebook – Parcial procedência do pedido – Inconformismo das partes – Desacolhimento – Ausência de prova segura sobre a violação de direito de terceiros perpetrada pelas autoras – Abusividade na exclusão do blog – Ausência de dano moral – Situação que não é capaz de causar o abalo moral e psicológico descrito na inicial – Aplicação do disposto no art. 252 do RITJSP – Sentença mantida – Recursos desprovidos. Preliminares rejeitadas e recursos desprovidos". (TJSP). 5ª Câmara de Direito Privado. *Apelação nº 1137529-79.2016.8.26.0100*. Rel. Des. Denise Cavalcante Fortes Martins, j. em 08.05.2019).

forma de o provedor moderar, à luz dos valores constitucionais, os conteúdos que são publicados em suas plataformas.

6 Conclusão

O Marco Civil da Internet (Lei Federal nº 12.965/14), em resposta ao cenário de insegurança jurídica vigente à época, definiu o regime de responsabilidade dos provedores de aplicações de Internet por conteúdo de terceiros. Nesse cenário, o *caput* do artigo 19 esclarece que o provedor de aplicações de Internet somente poderá ser responsabilizado civilmente por danos decorrentes de conteúdo gerado por terceiros se, após ordem judicial específica, não tomar as providências para, no âmbito e nos limites técnicos do seu serviço, remover o conteúdo reputado como ilícito pelo Poder Judiciário.

Apesar de estar em vigor desde 2014 e de ser amplamente aplicado pelos principais tribunais do País, a constitucionalidade do artigo 19 do Marco Civil da Internet não é unanimidade na literatura jurídica, sendo, inclusive, objeto de Recurso Extraordinário pendente de julgamento no Supremo Tribunal Federal. Nessa direção, aqueles que sustentam a inconstitucionalidade do dispositivo defendem, em síntese, que o artigo 19 (i) viola a garantia constitucional de reparação integral e plena por danos à honra, à privacidade e à imagem (art. 5º, X, Constituição da República); (ii) é contrário ao princípio da dignidade da pessoa humana em razão da tutela conferida ao direito patrimonial do autor; (iii) viola o direito fundamental de acesso à justiça (art. 5º, XXXV, Constituição da República); e (iv) contraria o princípio de vedação ao retrocesso, ao estabelecer regime de responsabilização diverso ao aplicado pela jurisprudência pátria à época.

Por sua vez, existem argumentos igualmente sólidos para defender a constitucionalidade do dispositivo legal. Para tanto, sustenta-se que (i) na verdade, o artigo 19, ao invés de retroceder, avança nas questões de liberdade de expressão na Internet; (ii) o modelo de *notice and takedown* restringe demasiadamente o direito à liberdade de expressão e ameaça a Internet como um espaço democrático; (iii) o Poder Judiciário é o órgão competente para decidir sobre a ilicitude ou não de determinado conteúdo, não podendo deixar que os provedores de aplicações de Internet, empresas privadas, decidam o que é lícito ou não à luz do ordenamento pátrio; (iv) inexiste violação ao princípio da reparação integral, uma vez que o dispositivo amplia as hipóteses de indenização da vítima; e (v) o modelo de *notice and takedown* prejudicaria o grau de inovação e diversidade na Internet brasileira.

Ante os argumentos, conclui-se, com a máxima vênia ao posicionamento diverso, que o artigo 19 do Marco Civil da Internet é mais do que necessário para a preservação da Internet como um espaço de livre desenvolvimento da personalidade e de exercício de direitos constitucionais, sobretudo os direitos à liberdade de expressão e à livre manifestação de pensamento.

Em paralelo, cumpre destacar que o Marco Civil da Internet não impede que os provedores de aplicações de Internet removam conteúdos, seja de ofício seja após notificação extrajudicial, caso verifiquem violação aos termos de uso da plataforma. O fenômeno da desinformação, impulsionado principalmente pelo compartilhamento de notícias falsas nas redes sociais, e a necessidade de se combater o discurso de ódio na rede são algumas das razões que justificam a demanda social por uma atuação mais dinâmica dos provedores. Para corresponder a essa demanda, os provedores têm investido na ampliação de canais de comunicação com os usuários, por meio dos quais torna-se possível a denúncia de conteúdos ofensivos, bem como no desenvolvimento de tecnologias aptas a detectar conteúdos danosos antes mesmo de qualquer denúncia.

Nesse cenário, o futuro da discussão sobre conteúdo de terceiros na Internet deixa de se concentrar somente no regime de responsabilidade previsto expressamente no Marco Civil e passa a abarcar também a questão de moderação de conteúdo, sendo necessário que a literatura jurídica e a jurisprudência definam os parâmetros a serem observados pelos provedores de aplicações de Internet quando removerem conteúdos de suas plataformas sem decisões judiciais.

Referências

BARLOW, John Perry. *A Declaration of the Independence of Cyberspace*. Disponível em: https://www.eff.org/pt-br/cyberspace-independence. Acesso em 29 jan. 2021.

BODIN DE MORAES, Maria Celina. *Danos à pessoa humana*: uma leitura civil-constitucional dos danos morais. 2. ed. Rio de Janeiro: Processo, 2017.

BRANCO. Sérgio. Como uma top model ajudou a regular a internet no Brasil. *Medium ITS RIO*, 19 out. 2016. Disponível em: https://feed.itsrio.org/como-uma-top-model-ajudou-a-regular-a-internet-no-brasil-4831861d4437. Acesso em 29 jan. 2021.

BRASIL. Supremo Tribunal Federal. *Tema nº 987*. Discussão sobre a constitucionalidade do art. 19 da Lei nº 12.965/2014 (Marco Civil da Internet) que determina a necessidade de prévia e específica ordem judicial de exclusão de conteúdo para a responsabilização civil de provedor de internet, websites e gestores de aplicativos de redes sociais por danos decorrentes de atos ilícitos praticados por terceiros. Disponível em: http://www.stf.jus.

br/portal/jurisprudenciaRepercussao/verAndamentoProcesso.asp?incidente=5160549&numeroProcesso=1037396&classeProcesso=RE&numeroTema=987. Acesso em 31 jan. 2021.

CGI.BR. *Princípios para governança e uso da internet.* Disponível em: https://principios.cgi.br/. Acesso em 30 jan. 2021.

DEMARTINI, Felipe. Uso do Facebook caiu 20% desde o escândalo Cambridge Analytica. *Canaltech*, 23 jun. 2019. Disponível em: https://canaltech.com.br/redes-sociais/uso-do-facebook-caiu-20-desde-o-escandalo-cambridge-analytica-142313/. Acesso em 31 jan. 2021.

FACEBOOK FOR MEDIA. *Working to stop Misinformation and False News.* Disponível em: https://www.facebook.com/facebookmedia/blog/working-to-stop-misinformation-and-false-news. Acesso em 25 jan. 2021.

FARAH, André. *Liberdade de expressão e remoção de conteúdo da internet.* Rio de Janeiro: Lume Juris, 2018.

GARCIA, Rebeca. Marco Civil da Internet no Brasil: repercussões e perspectivas. *Revista dos Tribunais*, a. 105, v. 965, p. 171-174, fev. 2016.

LEMOS, Ronaldo. Internet brasileira precisa de marco regulatório civil. *Tecnologia UOL*, 22 mai. 2007. Disponível em: https://tecnologia.uol.com.br/ultnot/2007/05/22/ult4213u98.jhtm. Acesso em: 29 jan. 2021.

LEONARDI, Marcel. *Responsabilidade civil dos provedores de serviços de internet.* São Paulo: Editora Juarez de Oliveira, 2006.

MARTINS, Guilherme Magalhães. *Contratos eletrônicos de consumo.* 3. ed. São Paulo: Atlas, 2016.

QUINELATO, João. *Responsabilidade civil na rede*: danos e liberdades à luz do Marco Civil da Internet. Rio de Janeiro: Processo, 2019.

SCHREIBER, Anderson. Marco Civil da Internet: avanço ou retrocesso? A responsabilidade civil por dano derivado do conteúdo gerado por terceiro. *In*: DE LUCCA, Newton; SIMÃO FILHO; Adalberto; LIMA, Cíntia Rosa Pereira de (Coords.). *Direito & Internet*: Marco Civil da Internet (Lei nº 12.965/2014). São Paulo: Quartier Latin, 2015. t. II.

SOUZA, Carlos Affonso. As cinco faces da proteção à liberdade de expressão no Marco Civil da Internet. *In*: DELUCCA, Newton et al. (Org.). *Direito & Internet III – Marco Civil da Internet, Lei nº 12.965/2014.* São Paulo: Quartier Latin, 2015.

SOUZA, Carlos Affonso; LEMOS, Ronaldo. *Marco Civil da Internet*: construção e aplicação. Juiz de Fora: Editar Editora Associada Ltda, 2016.

TEFFÉ, Chiara Spadaccini de. Exposição não consentida de imagens íntimas: como o Direito pode proteger as mulheres? *In*: ROSENVALD, Nelson; DRESCH, Rafael; WESENDONCK, Tula (Org.). *Responsabilidade civil*: novos riscos. Indaiatuba: Foco, 2019.

TEFFÉ, Chiara Spadaccini. Responsabilidade civil e liberdade de expressão no Marco Civil da Internet: a responsabilidade civil dos provedores por danos decorrentes de conteúdo gerado por terceiros. *Revista de Direito Privado*, a. 16, v. 63, p. 67-74, jul./set. 2015.

TEFFÉ, Chiara; NUNES, Beatriz; SOUZA, Carlos Affonso. Responsabilidade civil de provedores. *In*: SOUZA, Carlos Affonso; LEMOS, Ronaldo; BOTTINO, Celina (Orgs.). *Marco Civil da Internet*: Jurisprudência comentada. São Paulo: Revista dos Tribunais, 2017.

Informação bibliográfica deste texto, conforme a NBR 6023:2018 da Associação Brasileira de Normas Técnicas (ABNT):

PADRÃO, Vinicius Jóras. A constitucionalidade do artigo 19 do Marco Civil da Internet: síntese do debate e um olhar para o futuro. *In*: TEPEDINO, Gustavo; SILVA, Rodrigo da Guia (Coord.). *Relações patrimoniais*: contratos, titularidades e responsabilidade civil. Belo Horizonte: Fórum, 2021. p. 369-395. ISBN 978-65-5518-233-0.

CONSIDERAÇÕES SOBRE RESPONSABILIDADE CIVIL E INTELIGÊNCIA ARTIFICIAL

MARCO ANTÔNIO DE ALMEIDA LIMA
RODRIGO GOMES DA MATA

1 Introdução

Em incontáveis áreas da vida humana é possível notar avanços tecnológicos que revolucionaram o fazer. Das sofisticadas técnicas de diagnóstico e tratamento de enfermidades ao aumento da produção fabril, passando pela comodidade dos superpotentes aparelhos celulares, pode-se constatar a capacidade do homem de modificar a execução de determinada atividade em prol de maior eficiência, de menores custos e de maior produtividade.

A definição lexical de tecnologia revela tratar-se de "teoria ou análise organizada das técnicas, procedimentos, métodos, regras, âmbitos ou campos da ação humana".[1] É evidente, portanto, que a transformação tecnológica produz efeitos não apenas em um determinado segmento da vida humana, mas em todas as suas facetas, modificando, inclusive a sua forma de interação com o meio em que vive.

Por um lado, é indiscutível o fato de que o desenvolvimento tecnológico traz consigo diversos benefícios, uma vez que, por exemplo, possibilita uma maior comodidade, mais acesso à informação, à produção de conteúdo e ao exercício da liberdade de expressão. Nesse ponto,

---

[1] *Tecnologia In*: DICIO, Dicionário Online de Português Porto: 7Graus, 2020. Disponível em: https://www.dicio.com.br/tecnologia/. Acesso em 06 jan. 2021.

importante destacar que, notadamente por meio da internet, a difusão das informações se tornou quase que instantânea, encurtando distâncias, dinamizando a economia e ensejando no surgimento de negócios, além de popularizar o acesso à informação.[2] O desenvolvimento tecnológico, no entanto, da mesma forma que proporcionou inúmeros proveitos aos indivíduos, criou também novos contextos passíveis de lhes causar danos. Tornou-se, portanto, imperativo compreender tais processos tecnológicos com o fito de minimizar os prejuízos que a sua utilização e desenvolvimento podem causar ao ser humano.

É nesse cenário que se apresentam as discussões em torno do desenvolvimento da inteligência artificial (IA), uma vez que a utilização de tal tecnologia funciona como um verdadeiro catalizador do processo de transformação das relações entre humano e humano, e humano e máquina. Com efeito, já na segunda metade do século XX foram intensificados os debates sobre a possibilidade de concepção de uma espécie de inteligência atribuída à máquina, capaz de extrair informações do meio em que se encontra e efetuar, com certo grau de autonomia em relação ao controle humano, tomada de decisões.[3]

No entanto, apenas nos últimos anos, em decorrência do avanço tecnológico, especialmente informático e no âmbito da internet, com o aumento da capacidade de armazenamento, captação e transmissão de dados e informações, é que foi possível o real desenvolvimento da inteligência artificial.

Os professores Danilo Doneda, Laura Mendes, Carlos Affonso de Souza e Norberto de Andrade apontam que em um primeiro momento o avanço tecnológico ampliava o fazer humano por uma lógica quantitativa – e, portanto, objetiva –, voltada à maior produtividade, utilização de máquinas e/ou computadores desenvolvidos para potencializar a capacidade humana em determinadas tarefas. Ocorre que, no atual estágio do desenvolvimento tecnológico, envolvendo principalmente a utilização da inteligência artificial, verifica-se que máquinas inteligentes, dotadas de certo grau de autonomia, são capazes de tomar decisões de modo automatizado, aptidão que outrora era atribuída exclusivamente ao intelecto humano. Desse modo, acredita-se que o avanço da tecnologia

---

[2] BRANCO, Sérgio. Fake news e os caminhos para fora da bolha. *Interesse Nacional*, São Paulo, a. 10, n. 38, p. 55, ago./out. 2017.

[3] PIRES, Thatiane Cristina Fontão; SILVA, Rafael Peteffi da. A responsabilidade civil pelos atos autônomos da inteligência artificial: notas iniciais sobre a resolução do Parlamento Europeu. *Revista Brasileira de Políticas Públicas*, v. 7, n. 3, p. 240-249, dez. 2017. p. 240.

não se pauta mais por uma lógica meramente quantitativa, mas sim qualitativa.[4]

Em outras palavras, a máquina não se limita mais a potencializar a capacidade humana de realizar determinada tarefa, mas soma a isso a habilidade de decidir, com certa autonomia, como realizar aquela atividade, qual o modo mais efetivo, aprendendo com os resultados que obtém, ou seja, de maneira próxima à execução da atividade pelos próprios humanos.

Nessa direção, a utilização de algoritmos que assimilam, de certo modo, uma capacidade de aprendizado e permitem à IA a tomada de determinada decisão com relativa independência, muitas vezes, surpreende os seus programadores/desenvolvedores. O invento, com isso, aproxima-se de uma das principais características de seu criador: o chamado livre arbítrio. A máquina, ao apreender do meio e realizar a tomada de decisões em problemas considerados complexos, mimetiza – em maior ou menor medida – o intelecto humano e passa a 'criar' o que, por si só, pode representar certa imprevisibilidade da chamada autonomia da inteligência artificial.

De se ver que essa tecnologia que simula em determinada medida o intelecto humano, utilizando-se de computadores cada vez mais potentes, com uma rede cada vez mais capaz de colher, armazenar e transmitir dados e informações, passou a despertar fundadas preocupações. Isso porque, a bem da verdade, a IA já é realidade no dia a dia da maioria das pessoas, direta ou indiretamente, ainda que elas não percebam. Computadores, *smartphones*, assistentes pessoais, robôs de cozinha, algoritmos que auxiliam nos investimentos são alguns dos exemplos de artefatos desenvolvidos com base em princípios da IA já presentes na rotina de parte considerável da população.

As obras de ficção científica que descreviam a interação de robôs inteligentes com o ser humano ganharam as cenas do cotidiano, conformando os novos fatos jurídicos, os quais devem ser qualificados com acuidade, respeitando as peculiaridades de cada artefato dotado de IA, em especial seu grau de autonomia, para correta imputação de responsabilidade nos casos em que dessa interação resulta prejuízos ao ser humano.

Nesse ponto, importante notar que, ao passo que a sociedade assiste ao avanço tecnológico, as próprias relações sociais se modificam,

---

[4] DONEDA, Danilo Cesar Maganhoto *et al*. Considerações iniciais sobre inteligência artificial, ética e autonomia pessoal. *Pensar*, Fortaleza, UNIFOR, v. 23, n. 4, p. 2-5, out./dez. 2018. p. 2.

exigindo do operador do direito a contextualização dos institutos jurídicos existentes com a nova realidade emergente. Não por outro motivo, o professor Pietro Perlingieri aponta que "o estudo do direito, e em particular do direito civil, não pode prescindir da análise da sociedade na sua historicidade local e universal, de maneira a compreender o papel e o significado da juridicidade na unidade e complexidade do fenômeno social".[5]

Assim, a partir dessa realidade, e antevendo o aprimoramento da IA, urge cogitar do tratamento que deve ser conferido aos danos decorrentes da inteligência artificial. Sublinhe-se que não se pretende esgotar o debate, haja vista as diversas vicissitudes que permeiam o tema, mas sim apresentar um panorama geral das discussões envolvendo responsabilidade civil e inteligência artificial.

2 Conceitos básicos: *big data*, algoritmo, *machine learning* e outras ferramentas da IA

A inteligência artificial é vertente da ciência voltada ao desenvolvimento de máquinas capazes de mimetizar características e funções cognitivas do ser humano. Para Felipe Medon, há consenso mínimo de que a IA trata-se de um ente não humano, mas que age de modo considerado inteligente, tendo por base o funcionamento da inteligência humana.[6] Neste sentido, a ciência da computação e da informática possuem papel importante no estudo e desenvolvimento de técnicas e processos que ambicionam reproduzir a cognição humana, com o intuito de permitir que máquinas apreendam fatores externos a elas, raciocinem e tomem decisões quase autonomamente.

Verifica-se que a definição de 'inteligência' em sede de IA não se confunde com a noção comumente atrelada à ideia de uma pessoa considerada inteligente. O conceito de inteligência para os fins do presente estudo não está associado à sabedoria, grau de cultura, tampouco está limitado à memória de determinado indivíduo qualificado como inteligente. Ressalte-se, ainda, que não se ignora a defesa de que existem múltiplas formas de inteligência, seja lógico-matemática, cultural, linguística, interpessoal etc. Apenas é imprescindível ter

---

[5] PERLINGIERI, Pietro. *O direito civil na legalidade constitucional*. (Trad. Maria Cristina de Cicco). Rio de Janeiro: Renovar, 2008. p. 170.
[6] MEDON, Filipe. *Inteligência Artificial e Responsabilidade Civil*: autonomia, riscos e solidariedade. Salvador: JusPodivm, 2020. p. 82.

em mira que a inteligência associada à IA refere-se à tentativa de reproduzir a cognição humana de modo instrumental para execução de determinadas atividades.⁷

Sem a pretensão de elaborar propriamente um conceito único, observa-se que, em termos gerais, a IA se apresenta como um sistema complexo que, funcionando, em alguma medida, de maneira próxima à cognição humana, visa a criar processos, técnicas e modelos para serem implementados em máquinas, permitindo que elas interajam com o meio em que se encontram, armazenem dados e os manipulem para a realização de determinadas funções. Com efeito, considerando o amplo espectro que pode revestir sua autonomia, assim como suas funções exercidas, acredita-se não ser possível definir a inteligência artificial como algo único, limitando a sua análise à imprecisa identificação com robôs de feição humana, ou como sendo aquele artefato capaz de executar determinados tipos de tarefas específicas – ou não. Pelo contrário, é preciso analisar a técnica utilizada por um determinado mecanismo de IA, esmiuçar seu processo de execução e o grau de autonomia em relação ao comando do homem e, principalmente, sua função.

Um robô acompanhante desenvolvido para auxiliar no cuidado de pessoas idosas lança mão de recursos diversos de um aparato programado para aumentar a precisão em uma cirurgia, ferramenta que também não se confunde com a máquina projetada para aspirar pó, independentemente da intervenção humana. A análise da programação da máquina, sua capacidade de coletar, armazenar, relacionar as informações colhidas e tomar a decisão são imprescindíveis para compreender seu grau de autonomia, tendo em vista que, para realização de todas as atividades descritas, é exigida alguma ferramenta desenvolvida a partir da IA.

O registro é importante, pois quanto maior o grau de autonomia da máquina, maior tende a ser a imprevisibilidade de sua conduta, haja vista que, para chegar ao seu objetivo final programado, a inteligência artificial pode alcançar resultados secundários inesperados em razão de sua relativa autonomia para o processamento das informações que capta e utiliza. Por conseguinte, releva compreender as principais

---

⁷ De modo geral, para os especialistas: "(...) a mente humana funciona como um computador e por isso o estudo dos programas computacionais é a chave para compreender alguma coisa acerca das nossas atividades mentais. Podemos construir programas que imitem a nossa capacidade de raciocinar, de perceber o mundo e identificar objetos que estão à nossa volta, e até mesmo de falar e de compreender a nossa linguagem". (TEIXEIRA, João. *O que é a Inteligência Artificial?* 3. ed. Brasil: e-galáxia, 2019. p. 4).

ferramentas relacionadas à IA, que permitem o seu funcionamento tal qual conhecemos.

A inteligência artificial, para sua atuação, independentemente de sua função e do seu grau de autonomia, necessita de dados. Nessa direção, o sistema de IA é tratado como um mecanismo para realizar determinadas tarefas de maneira relativamente autônoma, tendo por substrato uma gama de dados, geralmente acumulados em bancos virtuais. Nesse sentido, o *big data* é o termo que se refere a um determinado conjunto de dados armazenados, com potencial de serem utilizados. O surgimento do conceito está relacionado com (i) a velocidade, (ii) o volume e (iii) a variedade dos dados que são processados – os chamados '3vs'.[8]

Para Eduardo Magrani, "big data é termo em evolução que descreve qualquer quantidade volumosa de dados estruturados, semiestruturados ou não estruturados que têm o potencial de ser explorados para obter informações".[9] Ou seja, tal ferramenta é muito utilizada para extrair certas informações a partir da uma grande quantidade de dados acumulados *(big data)*,[10] tais como posição geográfica, histórico de consumo e preferências dos usuários da internet, por meio da criação de um padrão e do estabelecimento de uma correlação entre os dados analisados.

Outro elemento essencial para a compreensão da inteligência artificial são os algoritmos, que podem ser definidos como "um conjunto de instruções para realizar uma tarefa, produzindo um resultado final a partir de algum ponto de partida".[11] Cuida-se de

---

[8] "O termo *big data* refere-se às possibilidades de acesso a grandes quantidades de dados de diferentes tipos, qualidade e formas de coleta (*"volume"*), bem como alta velocidade de processamento (*"velocity"*). Além disso, o big data é a base de novos modelos de negócios e possibilidades de várias criações de valor (*"value"*), na medida em que pode ser usado em conjunto com outras tecnologias, como a Internet das coisas ou o Cloud Computing (MAYER-SCHÖNBERGER, 2001)". (DONEDA, Danilo Cesar Maganhoto *et al.* Considerações iniciais sobre inteligência artificial, ética e autonomia pessoal. *Pensar*, Fortaleza, UNIFOR, v. 23, n. 4, p. 2-5, out./dez. 2018).

[9] MAGRANI, Eduardo. *A internet das coisas*. Rio de Janeiro: FGV Editora, 2018. p. 22.

[10] Apesar de, muitas vezes, utilizados como sinônimos, ocorrendo pouca distinção prática, a doutrina especializada diferencia os termos informação e dado. De acordo com Danilo Doneda, "o termo dado apresenta conotação um pouco mais primitiva e fragmentada, como se fosse uma informação em estado potencial, antes de ser transmitida; [...] anterior à interpretação e a um processo de elaboração". Por sua vez, o termo informação "alude a algo além da representação contida no dado, chegando ao limiar da cognição". (DONEDA, Danilo. O direito fundamental à proteção de dados pessoais. *In*: MARTINS, Guilherme Magalhães (Coord.). *Direito privado e internet*. São Paulo: Atlas, 2014. p. 63).

[11] DONEDA, Danilo; ALMEIDA, Virgílio A. F. O que é governança de algoritmos? *In*: BRUNO, Fernanda *et al.* (Orgs.). *Tecnopolíticas da vigilância*: perspectivas da margem. São Paulo: Boitempo, 2018. p. 141.

funções matemáticas que, necessariamente, têm como objetivo resolver determinados problemas ou executar determinadas tarefas, a partir da análise de um número de dados. Na prática, alguns estímulos (*inputs*) são realizados para resultar em um determinado objetivo (*output*) previamente estabelecido.[12]

Os algoritmos, associados à maior capacidade de coletar, armazenar, transferir e utilizar dados por meio do *big data*, permitem a instauração de padrões e a realização de tarefas, como tomada de decisões, municiadas por essa complexa gama de informações obtidas com base nos dados coletados. A atuação dos algoritmos pode ser mais ou menos controlada, restringindo-se a bases únicas de dados ou não. Com efeito, no âmbito do funcionamento dos algoritmos, desenvolveu-se a tecnologia de *machine learning* (ou aprendizado de máquina). Os algoritmos, especialmente aqueles dotados de tecnologia de *machine learning*, são considerados o cerne da inteligência artificial, permitindo que a máquina aja com autonomia a partir dos dados e informações coletados.

Por meio da aprendizagem automática, a máquina pode acumular experiência e, gradativamente, se aprimorar, resolver tarefas de modo cada vez mais autônomo, buscando sempre o atingimento de suas finalidades da maneira mais eficiente possível. Dessa forma, quanto maior a base de dados, maior tende a ser a precisão da máquina em relação ao padrão criado. A título exemplificativo, é possível verificar o impacto da utilização da *machine learning* nas vendas efetuadas na rede mundial de computadores, quando se pesquisa por determinado item e ele é apresentado em outras páginas da rede, mesmo que não relacionadas aquele produto. De igual modo, as plataformas de *streaming* (Netflix, Youtube, Spotify entre outras) analisam a gigantesca quantidade de dados de seus usuários, formam um padrão, permitindo apresentar ao usuário produtos que em tese se amoldam ao seu perfil.[13]

Não se tem dúvidas de que seria humanamente impossível processar tal volume de dados e, diuturnamente, criar uma ordem de exibição de vídeos e músicas para cada usuário de plataforma de *streaming*. Com o aprendizado da máquina, os dados são coletados e tratados, permitindo à máquina tomar decisões e escolher uma possibilidade dentro de uma universalidade. Dessa forma, por meio da

---

[12] MITTELSTADT, Brent *et al.* The Ethics of Algorithms: mapping the debate. *Big Data & Society*, 3(2), DOI: 10.1177/2053951716679679, p. 2, 2016.
[13] TEPEDINO, Gustavo, SILVA, Rodrigo da Guia. Desafios da Inteligência Artificial em matéria de Responsabilidade Civil. *Revista Brasileira de Direito Civil – RBDCivil*, Belo Horizonte, v. 21, p. 61-86, jul./set. 2019.

programação e de cálculos de probabilidade que consideram diversos fatores, o artefato tecnológico tentará criar um padrão para o qual, em situações análogas, apresentará a mesma resposta.

Por sua vez, o 'aprendizado profundo' ou a *deep learning*, como é mais conhecido, é um aprofundamento da técnica de *machine learning*, sendo considerada uma espécie do aprendizado de máquina marcada pela tentativa de, em suas camadas de aprendizado, reproduzir as redes neurais em funcionamento.[14] Especialmente no âmbito da IA, o aprendizado profundo alarga o universo de possibilidades e de atividades que a máquina pode realizar, controlando o seu próprio funcionamento – quase que independentemente da intervenção humana. O grau de automação é tamanho que a "máquina artificialmente inteligente" pode, a partir da sua interação com o ambiente e dos dados que possui, alterar a forma de execução de sua atividade.

Ressalte-se que, embora tais ferramentas sejam baseadas na forma de funcionamento do cérebro humano e visem a mimetizar a inteligência do ser humano, há quem entenda que a revolução na IA ocorrerá quando seu estudo deixar de se espelhar no intelecto humano e se estruturar em bases autônomas.[15]

Deve-se ressaltar, contudo, que um breve passeio pelos principais conceitos tratados no estudo da IA já permite concluir o grau de especialidade e complexidade que o seu desenvolvimento revela. Dessa forma, chama-se atenção para os modelos/padrões criados pelos algoritmos utilizados em sistemas de inteligência artificial para execução de atividades com alguma automação. Isso porque, se, por um lado, realmente é complexo verificar o percurso entre o *input* e o *output*, entre os insumos fornecidos à máquina inteligente e o cálculo de probabilidade por ela realizado para chegar ao resultado,[16] por outro, não é incomum os programadores ocultarem informações sobre as decisões automatizadas, tornando propositalmente obscuro o caminho realizado pelo algoritmo para execução automatizada da tarefa.

Em outras palavras, há situações em que o racional do algoritmo, logo, do mecanismo de inteligência artificial que o utiliza, realmente

---

[14] MARRAFON, Marco Aurélio; MEDON, Filipe. Importância da revisão humana das decisões automatizadas na Lei Geral de Proteção de Dados. *Consultor Jurídico*, 09 set. 2019. Disponível em: https://www.conjur.com.br/2019-set-09/constituicao-poder-importancia-revisao-humana-decisoes-automatizadas-lgpd. Acesso em 06 jan. 2021.

[15] MEDON, Filipe. *Inteligência Artificial e Responsabilidade Civil*: autonomia, riscos e solidariedade. Salvador: JusPodivm, 2020. p. 82.

[16] NEGRI, Sergio Marcos Carvalho Avilla. Robôs como pessoas: a personalidade eletrônica na Robótica e na inteligência artificial. *Revista Pensar, ahead of print*, 2020. p. 5.

não pode tecnicamente ser decifrado. No entanto, há outros casos em que a chamada racionalidade do algoritmo é obscura por escolha de seu programador/desenvolvedor ou até mesmo por imposição legal, em casos envolvendo segredo comercial, por exemplo.[17]

Nessa trilha de ideias, descortina-se o fato de que a tomada de decisão com certa autonomia por uma máquina dotada de IA, ainda que baseada em cálculos de probabilidade feitos por matemáticos, pode, perfeitamente, esconder vieses e preconceitos humanos. Por consequência, não há como se afirmar uma completa imparcialidade da IA, pois a programação do artefato tecnológico é, antes de tudo, realizada pelo homem, sendo passível de manipulação.

Igualmente, não se pode ignorar que os dados apreendidos pela máquina dotada de inteligência artificial compõem uma complexa realidade social, econômica e histórica. Dessa forma, a análise algorítmica não é descurada desses elementos, razão pela qual as mazelas presentes no tecido social (racismo,[18] pobreza, discriminação em razão de gênero ou sexualidade) não podem ser naturalizadas pelo algoritmo ou tratadas com indiferença, sob pena de fomentar as adversidades sociais com base em suposta neutralidade matemática. Ademais, além do risco de danos causados por uma pretensa – e inexistente – neutralidade algorítmica, a atuação com certa autonomia da inteligência artificial, com vistas a se chegar no resultado programado, pode executar tarefas secundárias não compatíveis com a vida em sociedade, causando danos a determinados indivíduos.

A preocupação é de relevo, pois ao passo em que o Poder Público e a sociedade civil se empenham em compreender aspectos técnicos da inteligência artificial e de seu funcionamento, danos objetivos aos cidadãos são contabilizados em diversos locais do mundo. Urge, portanto, reflexão e adequada regularização de sua utilização, partindo de premissas concretas de seu funcionamento técnico para classificação e imputação de responsabilidade.

---

[17] Sobre o tema, confira-se: PASQUALE, Frank. *The Black Box Society*. Cambridge: Harvard University Press, 2015.

[18] Quanto ao tema, destaca-se: SILVA, Tarcízio. Racismo Algorítmico em Plataformas Digitais: microagressões e discriminação em código. In: SILVA, Tarcízio (Org.). *Comunidades, algoritmos e ativismos digitais*: olhares afrodiaspóricos. São Paulo: LiteraRUA, 2020. p. 121-137.

3 Como classificar? Características da inteligência artificial

É imprescindível compreender que a IA, ao menos no atual grau de desenvolvimento, está à disposição do ser humano e não o contrário. Afirmar o caráter essencialmente instrumental da inteligência artificial é fundamental para entender que ela não é um fim em si mesma, mas uma ferramenta à disposição para execução de diversas tarefas em que o fazer humano encontra algum tipo de limitação quando confrontado com a capacidade da máquina dotada de IA.[19]

No entanto, quando se fala de máquinas com inteligência artificial é comum a associação dos artefatos às características do ser humano, como se só robôs humanoides fossem dotados de IA. Essa ideia, contudo, parece equivocada, tendo em vista que diversos mecanismos de IA, utilizados para mapear engarrafamento, propagandas, quais postagens – pagas ou não – terão prioridade no perfil de um usuário a partir do processamento dos seus dados indicativos de preferência, não são marcados por forma humana.

Nesse sentido, Ryan Calo chama atenção para três características da robótica, a saber: (i) materialidade, (ii) comportamento emergente e (iii) valor social.[20] Tais traços são de suma importância para verificação em concreto da responsabilidade civil nos casos em que a IA causa danos a terceiros.

A materialidade se refere à forma que a máquina assume, sua corporeidade, sendo essa característica que permite o artefato interagir e apreender do meio. O aparato tecnológico não necessariamente terá feição humana, mas sempre será materializado de alguma forma em um mecanismo (por exemplo, telefones celulares, tablets, computadores, lâmpadas inteligentes, entre outros).

O comportamento emergente, por sua vez, refere-se ao grau de autonomia que o robô possui em relação ao comando do homem, está ligado à capacidade da máquina de responder com autonomia aos estímulos que recebe ou capta do meio (*inputs*), à sua possibilidade de contornar adversidades a partir da apreensão de informações, análise

---

[19] OLIVA, Milena Donato; CORTAZIO, Renan Soares. Desafios da responsabilidade civil no contexto da inteligência artificial e o debate em torno da utilidade do patrimônio de afetação. *In*: TEPEDINO, Gustavo; SILVA, Rodrigo da Guia (Coords.). *O Direito Civil na Era da Inteligência Artificial*. São Paulo: Thomson Reuters Brasil, 2020. p. 726.

[20] CALO, Ryan. Robotics and the lessons of cyberlaw. *California Law Review*, Berkeley, v. 103, n. 3, p. 513-563, jun. 2015. p. 513-515. Disponível em: https://digitalcommons.law.uw.edu/cgi/viewcontent.cgi?article=1022&context=faculty-articles. Acesso em 10 jan. 2021.

e resposta, com o objetivo de alcançar determinada finalidade. Nesse ponto, deve-se destacar que a previsibilidade da conduta do robô, embora seja algo esperado, tendo em vista que a máquina fora programada por um ser humano para execução de determinadas tarefas, nem sempre se faz presente, justamente por depender do grau de autonomia que a máquina dotada de IA possui em relação ao ser humano.

Ainda que a máquina tenha sido orientada a agir de determinada maneira quando verificada certa situação, sua capacidade de inteligir pode conduzir à execução de tarefas secundárias, muitas vezes não programadas. Isso porque não só é capaz de apreender e processar novas informações, como também de realizar espécie de julgamento sobre essas informações, a ponto de agir da maneira que conclui ser mais conveniente para a persecução de sua finalidade. O comportamento emergente, portanto, se caracteriza pela reação da máquina em relação ao que nota do meio.

Com efeito, quanto maior o grau de autonomia que a máquina possui em relação ao homem, maior é a margem de imprevisibilidade de suas ações e, por conseguinte, maiores os riscos de causar danos ao ser humano. A máquina dotada de IA com maior grau de autonomia não se limita aos dados e comandos programados, mas é capaz de receber novos *inputs* e, por consequência, pode executar atividades outras não antevistas pelo homem.[21] Por consequência, surge o questionamento sobre a responsabilidade, de quem seria, pelos eventuais danos causados pela ação autônoma da máquina, tendo em vista que em grande medida se ignora a exata extensão dos danos que podem ser causados.

Por fim, o valor social dos robôs está relacionado à capacidade dos robôs, especialmente aqueles com feições humanas, de despertarem sentimentos nos indivíduos com os quais interage. É recorrente não apenas a atribuição de nome à máquina, mas também a interação semelhante a que se tem com outros seres humanos. Tal característica, inclusive, vem suscitando questionamentos sobre a necessidade de um estatuto autônomo para regulamentar robôs com características humanas, se é necessário até mesmo atribuir personalidade jurídica ao artefato tecnológico, uma espécie de personalidade artificial,[22] para regular as peculiaridades desse novo fato jurídico.

---

[21] DONEDA, Danilo Cesar Maganhoto *et al*. Considerações iniciais sobre inteligência artificial, ética e autonomia pessoal. *Pensar*, Fortaleza, UNIFOR, v. 23, n. 4, p. 2-5, out./dez. 2018. p. 5.

[22] PIRES, Thatiane Cristina Fontão; SILVA, Rafael Peteffi da. A responsabilidade civil pelos atos autônomos da inteligência artificial: notas iniciais sobre a resolução do Parlamento Europeu. *Revista Brasileira de Políticas Públicas*, v. 7, n. 3, p. 240-249, dez. 2017. p. 249.

Tal como destacado, a IA e os robôs são idealizados e desenvolvidos para execução de determinadas tarefas, para exercerem determinadas funções, e não para substituir o ser humano enquanto indivíduo. É necessário reafirmar o caráter instrumental da inteligência artificial e pensar na sua utilização, nas mais diferentes áreas, como forma de auxiliar na execução de atividades em favor do ser humano e não para com ele competir ou causar qualquer tipo de dano.

Como adiante será abordado, é necessário pensar e pautar instrumentos de reparação às vítimas de robôs dotados de IA, quando esta apresenta comportamento não compatível com a vida em sociedade. De todo modo, resta claro que a responsabilização pelos danos causados pela utilização da IA dependem da correta análise da tecnologia empregada, da função desempenhada e do grau de automação que a máquina possui em relação ao homem.

4 Desafios da inteligência artificial e responsabilidade civil

O amplo espectro de atuação da inteligência artificial, com seus diferentes graus de desenvolvimento e suas diversas funções, além de impossibilitar sua condução a uma única definição, apresenta também dificuldades para a aplicação do ordenamento jurídico sobre a matéria. Com efeito, tem surgido, especialmente em doutrinas, grande debate sobre os casos de responsabilidade civil por danos causados por mecanismos de inteligência artificial.

Em linhas gerais, pode-se considerar que a aplicação do instituto da responsabilidade civil depende da verificação de três requisitos: i) o dano; ii) a culpa; e iii) o nexo causal entre determinada conduta do agente ofensor e o dano.[23][24] Os danos causados por IA fazem surgir debates em relação a todos os três requisitos.

Nessa direção, apesar de o dano ser geralmente simples de ser verificado, os mecanismos de inteligência artificial, considerando muitas

---

[23] TEPEDINO, Gustavo; TERRA, Aline de Miranda Valverde; GUEDES, Gisela Sampaio da Cruz. *Fundamentos do direito civil*: responsabilidade civil. Rio de Janeiro: Forense, 2020. v. 4, p. 2.

[24] Quanto à necessidade de se verificar, efetivamente, os três requisitos, é importante destacar que o instituto da responsabilidade civil vem sofrendo profundas alterações, flexibilizando, em diversas situações, os seus pressupostos, especialmente da culpa e do nexo de causalidade. Para maior compreensão acerca do tema, remete-se a: SCHREIBER, Anderson. *Novos Paradigmas da Responsabilidade Civil*: da erosão dos filtros de reparação à diluição de danos. 5. ed. São Paulo: Atlas, 2013.

vezes sua imprevisível atuação, fazem surgir a discussão a respeito de eventual necessidade de os danos serem previsíveis ou não para serem indenizados. Outra discussão que se aflora no âmbito da responsabilidade civil por danos causados por IA é relativa à possibilidade de aplicação ou não da teoria do risco do desenvolvimento.

Já em relação à culpa, verifica-se a existência de diversas correntes tanto em defesa do regime de responsabilidade civil objetivo quanto do regime de responsabilidade civil subjetivo. Conforme apontam Renan Cortazio e Milena Donato Oliva, a chamada autonomia da inteligência artificial, "aliada à impossibilidade de se prever, no momento atual, todas as possíveis ações e decisões que podem vir a ser adotadas pela IA, [é o] que suscita controvérsia acerca de qual regime de responsabilidade deve ser aplicado aos danos provocados pela IA".[25]

Por fim, a verificação do nexo de causalidade também representa grande dificuldade para a aplicação da responsabilidade civil no âmbito dos danos causados por mecanismos de inteligência artificial. Sua pluralidade de funções e a (praticamente) infinita capacidade de produzir resultados não esperados, muitas vezes, não deixam claro quem deu causa ao dano: usuário, vendedor, programador e assim por diante.

Diante desse cenário, em que inúmeras dificuldades se apresentam, surgem diversas propostas que sentenciam a insuficiência da responsabilidade civil como concebemos para lidar com tais questões no âmbito da atuação da inteligência artificial. Propõe-se a criação de novas leis, que constituiriam um verdadeiro estatuto da inteligência artificial, tratando do tema, alegadamente, de maneira ampla e adequada, levando em consideração o estado da arte da tecnologia nos tempos atuais.

Nesse ponto, destaque-se que, especialmente fomentadas pelo advento da Resolução do Parlamento Europeu (2015/2103(INL)), de 16 de fevereiro de 2017, com recomendações à Comissão de Direito Civil sobre Robótica, têm surgido discussões a respeito da possibilidade do tratamento dos danos causados por IA por outros mecanismos que não a responsabilidade civil. Nesse sentido, discute-se alternativas como a concessão de personalidade jurídica à IA, a criação de seguro

---

[25] OLIVA, Milena Donato; CORTAZIO, Renan Soares. Desafios da responsabilidade civil no contexto da inteligência artificial e o debate em torno da utilidade do patrimônio de afetação. *In*: TEPEDINO, Gustavo; SILVA, Rodrigo da Guia (Coords.). *O Direito Civil na Era da Inteligência Artificial*. São Paulo: Thomson Reuters Brasil, 2020. p. 724.

obrigatório relacionado à inteligência artificial e a constituição de fundos garantidores de eventuais danos causados pela tecnologia.[26]

No entanto, sem a pretensão de se fazer uma maior análise sobre tais alternativas, considera-se que, apesar de representarem um avanço nas discussões sobre o tema, deve-se questionar a real necessidade da criação de uma nova legislação voltada especificamente aos problemas que surgem para a aplicação da responsabilidade civil no embalo do desenvolvimento da inteligência artificial. Isso porque, apesar de a tecnologia estar avançando exponencialmente, muitas vezes ela não traz problemas essencialmente novos, ao menos não no âmbito da responsabilidade civil.

Ademais, é possível observar que algumas das propostas, apesar de facilitar o acesso da vítima a uma reparação mínima imediata (como no caso de eventual criação de seguro obrigatório ou de fundo garantidor), também não serão suficientes para reparar integralmente os danos sofridos pelas vítimas. A concessão de personalidade jurídica à inteligência artificial, além de não ser efetivamente necessária, pode acabar gerando outros tipos de problemas.[27]

Com efeito, a criação de novas leis com o objetivo de tratar, exclusivamente, da utilização da inteligência artificial e suas implicações no âmbito da responsabilidade civil traz consigo o risco de criar verdadeiro microssistema, descolado de todo o ordenamento jurídico e de seus valores fundamentais, o que não pode ser admitido.[28] O ordenamento jurídico brasileiro já dispõe de instrumentos suficientes para tratar dos problemas relacionados à aplicação da responsabilidade civil no âmbito da inteligência artificial. Mesmo reconhecendo-se as dificuldades da referida aplicação, isso não pode justificar simplesmente a criação de novas leis, sob pena de tratamento assistemático da matéria. A criação de uma nova lei poderia criar situações distintas para problemas sem distinção em sua essência, ou seja, poderia desrespeitar, por vias

---

[26] OLIVA, Milena Donato; CORTAZIO, Renan Soares. Desafios da responsabilidade civil no contexto da inteligência artificial e o debate em torno da utilidade do patrimônio de afetação. *In*: TEPEDINO, Gustavo; SILVA, Rodrigo da Guia (Coords.). *O Direito Civil na Era da Inteligência Artificial*. São Paulo: Thomson Reuters Brasil, 2020. p. 729.

[27] Para maior compreensão acerca do tema de concessão de personalidade jurídica à inteligência artificial, confira-se: NEGRI, Sergio Marcos Carvalho Avilla. Robôs como pessoas: a personalidade eletrônica na Robótica e na inteligência artificial. *Revista Pensar, ahead of print*, 2020.

[28] Nesse sentido, confira-se: PERLINGIERI, Pietro. *O direito civil na legalidade constitucional*. (Trad. Maria Cristina de Cicco). Rio de Janeiro: Renovar, 2008. p. 200-201.

transversas, valores primordiais de nosso ordenamento, tais como a isonomia.

Por essa razão, acredita-se que a solução mais adequada, ao menos no estágio atual, seja tratar os problemas relacionados à responsabilidade civil no âmbito da IA com base no ordenamento jurídico já posto, não havendo a necessidade da criação de novas leis. Com isso, não se pretende afastar qualquer lei que eventualmente venha a regulamentar o uso da IA, com vistas a minimizar as situações de dano, o que pode até mesmo vir a ser salutar, mas afasta-se tão somente a necessidade da criação de uma nova aplicação da responsabilidade civil voltada de maneira exclusiva à IA.

4.1 Desnecessidade de previsibilidade do dano e a inaplicabilidade da teoria do risco do desenvolvimento

Entre os elementos da responsabilidade civil, o dano é aquele que, geralmente, suscita menos discussões.[29] Nada obstante, controvérsia que ganha especial relevo com o aumento da inteligência artificial na vida cotidiana e, consequentemente, dos danos causados por instrumentos que utilizam tal tecnologia, refere-se à eventual necessidade de previsão dos danos para que se possa cogitar a aplicação do instituto da responsabilidade civil. Como já demonstrado, a inteligência artificial com sua aparente autonomia pode alcançar resultados inicialmente não esperados por aqueles que a utilizam ou que a desenvolvem.

Mais que isso, muitas vezes, o resultado alcançado pela IA não pode nem mesmo ter sua racionalidade traçada, ou seja, em diversas hipóteses não se afigura possível nem mesmo determinar de que maneira e por quais razões a inteligência artificial chegou a um determinado resultado. Por esse motivo, ao menos em tese, argumenta-se que parte dos danos causados pela IA são imprevisíveis, funcionando como verdadeiros efeitos colaterais adversos da referida tecnologia.

No entanto, é necessário avaliar se, nos casos de danos causados por inteligência artificial, de fato, eles são imprevisíveis. Isso porque, em muitos casos, não se está diante de uma efetiva imprevisibilidade

---

[29] "O dano é, dos elementos necessários à configuração da responsabilidade civil, o que suscita menos controvérsia. Com efeito, a unanimidade dos autores convém em que não pode haver responsabilidade sem a existência de um dano, e é verdadeiro truísmo sustentar esse princípio, porque, resultando a responsabilidade civil em obrigação de ressarcir, logicamente não pode concretizar-se onde nada há de reparar". (DIAS, José de Aguiar. *Da responsabilidade civil*. Rio de Janeiro: Lumen Juris, 2012. p. 819).

do evento danoso levado a cabo pela inteligência artificial. Na verdade, o que se observa é que o potencial danoso de um instrumento que utiliza inteligência artificial, ao menos em tese, é previsível e pode ser previamente conhecido por seu desenvolvedor, principalmente, ou por seu usuário. Nada obstante, considerando as quase infinitas possibilidades de atuação dos instrumentos de inteligência artificial e seu comportamento relativamente autônomo (inclusive com uma certa capacidade de aprendizado), torna-se praticamente impossível listar absolutamente todos os potenciais efeitos danosos que podem decorrer de uma determinada tecnologia de IA.

Em outras palavras, acredita-se que o que muitas vezes é chamado de dano imprevisível relacionado à inteligência artificial é, na verdade, a impossibilidade de conceber na prática um sem número de danos previsíveis. Tome-se como exemplo o caso do robô Gaak. Em 2002, foi realizado um experimento na Inglaterra em que robôs foram divididos como predadores e presas em uma arena. Durante o experimento, o robô Gaak – presa –, foi deixado acidentalmente sem vigilância por quinze minutos e conseguiu escapar da arena, sendo atropelado no estacionamento.[30] É evidente que, em busca de sua principal finalidade, sobreviver, o robô entendeu que sair da arena seria o melhor caminho. Nota-se, assim, que, buscando atingir o fim para o qual foi programado, o robô Gaak executou uma tarefa secundária (fuga da arena) não prevista pelos seus desenvolvedores, causando dano a terceiros (batida no carro).

No entanto, em tese, antes de o acontecimento indesejado ocorrer (a fuga da arena) já era possível saber que, uma vez não programado para tanto, o robô não estaria adstrito apenas ao ambiente disponibilizado para o experimento. A fuga do robô não decorreu de uma programação nova, criada pela tecnologia de inteligência artificial de maneira autônoma, mas sim de uma brecha na programação original do robô, que não previa a limitação espacial dele. Logo, sua fuga era previsível, ao menos em teoria, mas não foi cogitada pelos cientistas, possivelmente, por terem outras preocupações primárias.

Os mecanismos dotados de inteligência artificial funcionam com o objetivo de cumprir determinada finalidade pré-programada, podendo utilizar qualquer meio que entenda necessário e eficiente para tanto, desde que não haja programação em sentido contrário. Assim, em parte considerável dos casos, considera-se que o problema reside

---

[30] CERKA, Paulius; GRIGIENE Jurgita; SIRBIKYTÈ, Gintarè. Liability for damages caused by artificial intelligence. *Computer Law & Security Review*, n. 31, p. 381, 2015.

não na imprevisibilidade do dano, mas sim na incapacidade do ser humano de vislumbrar todas as limitações que deve impor à IA para que ela não cause dano. Dessa maneira, acredita-se que não se pode falar em impossibilidade de aplicação da responsabilidade civil nos danos causados por IA em decorrência da imprevisibilidade do dano.

Ademais, mesmo nos casos em que o dano possa, de fato, ser considerado imprevisível até mesmo em tese, não parece haver qualquer fundamento que permita o afastamento da aplicação da responsabilidade civil. Conforme apontado por Gustavo Tepedino e Rodrigo da Guia Silva, diferentemente dos ordenamentos francês e italiano, o ordenamento jurídico brasileiro não possui nenhuma disposição que determine a previsibilidade do dano como requisito para a indenização da vítima.[31]

Os autores complementam que a problemática a respeito da imprevisibilidade dos atos praticados pela IA pode constituir um "falso problema". Isso porque os danos decorrentes do processo de aprendizado autônomo, independentemente de sua imprevisibilidade, devem ser pensados segundo a causalidade e a imputação, considerando os riscos previstos pelas partes no exercício da autonomia privada ou pelo próprio ordenamento jurídico.[32]

Da mesma maneira, acredita-se que não se pode considerar os danos causados pela IA como algo inerente ao risco do desenvolvimento. Esclarecendo a ideia por trás da teoria do risco do desenvolvimento, Paulo Lôbo anota que ela estaria relacionada ao "lançamento do produto ou do serviço, que posteriormente vem a ser demonstrado inadequado ou inseguro em virtude do desenvolvimento científico ou tecnológico", ou seja, o produto ou o serviço seriam compatíveis com o avanço tecnológico de seu tempo, mas, depois, seriam descobertos inadequados ou inseguros.[33]

Sem que seja necessário adentrar na discussão a respeito da possibilidade ou não de afastamento da responsabilidade civil por risco de desenvolvimento no ordenamento jurídico pátrio, cujo presente

---

[31] TEPEDINO, Gustavo, SILVA, Rodrigo da Guia. Desafios da Inteligência Artificial em matéria de Responsabilidade Civil. *Revista Brasileira de Direito Civil – RBDCivil*, Belo Horizonte, v. 21, p. 61-86, jul./set. 2019. p. 75.
LÔBO, Paulo Luiz Netto. A informação como direito fundamental do consumidor. *In: Revista de Direito do Consumidor*, v. 37, p. 59-76, jan./mar. 2001. p. 74.

[32] TEPEDINO, Gustavo, SILVA, Rodrigo da Guia. Desafios da Inteligência Artificial em matéria de Responsabilidade Civil. *Revista Brasileira de Direito Civil – RBDCivil*, Belo Horizonte, v. 21, p. 61-86, jul./set. 2019. p. 75.

[33] LÔBO, Paulo Luiz Netto. A informação como direito fundamental do consumidor. *In: Revista de Direito do Consumidor*, v. 37, p. 59-76, jan./mar. 2001.

estudo não tem a pretensão de aprofundar, é possível concluir que, nem mesmo que se admita o afastamento, ele seria estendido aos danos causados por IA. A finalidade do risco de desenvolvimento, caso se entenda aplicável no ordenamento jurídico brasileiro, está voltada a situações em que o desenvolvimento tecnológico posterior torna possível descobrir efeitos danosos de um determinado produto, que eram impossíveis de se prever pelo estado da arte da tecnologia no tempo de seu desenvolvimento.

Dito de modo diverso, o risco do desenvolvimento busca excluir a responsabilidade daquele desenvolvedor ou programador que utilizou a tecnologia mais segura que se conhecia ao tempo da elaboração do produto.[34] Já os danos causados pela inteligência artificial, como já visto, muitas vezes não são necessariamente verificáveis apenas pelo avanço tecnológico, sendo possível o seu rastreamento desde a concepção do produto.

Mais uma vez, apenas para ilustrar, remeta-se ao exemplo do robô Gaak, em que não há notícias de avanço tecnológico significativo entre o começo do estudo e o efeito danoso que justifique a possibilidade de conhecer o potencial danoso da IA apenas posteriormente. Dessa maneira, acredita-se que os danos causados por inteligência artificial não encontrariam respaldo na teoria do risco do desenvolvimento, nem mesmo na eventualidade de se considerar que o ordenamento jurídico brasileiro a abarque.

4.2 A determinação do nexo de causalidade na hipótese de danos causados por IA

Outra questão que ganha importância no âmbito do debate acerca da responsabilidade civil por danos causados por IA é a determinação do nexo de causalidade nessas hipóteses. Segundo Paulo de Tarso Vieira Sanseverino,

> o nexo causal é a relação de causa e efeito entre fato e dano, não bastando a ocorrência isolada de cada um". O autor complementa, destacando que "há necessidade de que o prejuízo considerado tenha sido efetivamente

---

[34] TEPEDINO, Gustavo, SILVA, Rodrigo da Guia. Desafios da Inteligência Artificial em matéria de Responsabilidade Civil. *Revista Brasileira de Direito Civil – RBDCivil*, Belo Horizonte, v. 21, p. 61-86, jul./set. 2019. p. 77-78.

provocado por aquele com o estabelecimento de um vínculo causal entre ambos.[35]

Ocorre que, não raro, a função exercida pelo mecanismo de inteligência artificial e seu processo de desenvolvimento e programação dificultam a determinação de maneira clara e exata da relação de causa e efeito entre um fato e o dano, assim como quem, efetivamente, deu causa ao dano. Muitas vezes, ainda, verifica-se a presença de diversas causas possíveis, sendo difícil determinar com exatidão o que gerou o fato danoso.

Apenas para ilustrar, tome-se como exemplo os carros autônomos. Nesse caso, na hipótese de um motorista estar trafegando com um carro que está sendo conduzido autonomamente por meio de inteligência artificial, e esse carro vier a colidir com outro ou acabar atropelando um pedestre, pode parecer complicado responder a certas questões como: qual a efetiva causa do dano, se o funcionamento não foi defeituoso? Quem efetivamente deu causa ao dano? O motorista, a montadora do carro, o seu vendedor ou o programador do sistema de inteligência artificial instalada no veículo? Sobre quem deve recair a responsabilidade de indenizar a vítima?

A questão da dificuldade de se estabelecer o nexo de causalidade nesses casos aparenta ter sua complexidade proporcional ao grau da chamada autonomia da inteligência artificial. Quanto menor a participação humana, mais difícil será estabelecer o nexo causal. No entanto, tal dificuldade não pode servir de justificativa para que o operador do Direito se furte a tal tarefa, devendo a causalidade ser aferida nos termos do nosso ordenamento.

Nessa direção, verifica-se que o art. 403 do Código Civil determina que "ainda que a inexecução resulte de dolo do devedor, as perdas e danos só incluem os prejuízos efetivos e os lucros cessantes *por efeito dela direto e imediato*, sem prejuízo do disposto na lei processual" (grifou-se). Apesar de o referido dispositivo não tratar propriamente de responsabilidade civil extracontratual, entende-se que sua incidência se estendeu também a ela.[36]

---

[35] SANSEVERINO, Paulo de Tarso Vieira. *Princípio da Reparação Integral*: indenização no Código Civil. São Paulo: Saraiva, 2010. p. 153.
[36] TEPEDINO, Gustavo, SILVA, Rodrigo da Guia. Desafios da Inteligência Artificial em matéria de Responsabilidade Civil. *Revista Brasileira de Direito Civil – RBDCivil*, Belo Horizonte, v. 21, p. 61-86, jul./set. 2019. p. 77. Na mesma direção, confira-se também: CAVALIERI FILHO, Sérgio. *Programa de Responsabilidade Civil*. 11. ed. São Paulo: Atlas, 2014. p. 67.

Assim, a partir da leitura do aludido artigo, verifica-se que, para restar demonstrado o nexo de causalidade, faz-se necessária a demonstração de que o dano ocorreu direta e imediatamente de uma determinada conduta.[37] Segundo Gustavo Tepedino, isso significa dizer que "o dever de reparar surge quando *o evento danoso é efeito necessário de certa causa*".[38] Dessa maneira, deve-se proceder à verificação de qual causa necessariamente gerou o resultado danoso e, consequentemente, a quem será imputado o dever de indenizar.

Há situações em que tal definição é relativamente simples. Por exemplo, no caso do carro autônomo, se o acidente tiver sido provocado pela ingerência do motorista na condução do carro, que não teria causado nenhum dano se continuasse com a direção por inteligência artificial, parece fácil estabelecer que foi a retomada da condução pelo motorista que deu causa aos danos suportados pelas vítimas. Já na eventualidade de ter sido verificado algum defeito na instalação do programa de inteligência artificial no automóvel, não já na programação dos algoritmos ou na ingerência do motorista na condução do veículo, aparentemente, a responsabilidade recairia sobre a montadora.

No entanto, não é raro que, ao menos aparentemente, estejamos diante de diversas causas possíveis, o que torna ainda mais árdua a tarefa de determinar o nexo de causalidade. É o fenômeno das concausas.[39] Nesses casos, Gustavo Tepedino aponta que se deve investigar se, apesar de haver diversas causas possíveis que tenham concorrido para o evento danoso, é possível destacar apenas uma como a causa efetivamente necessária e relevante. Caso não seja possível destacar apenas uma ou

---

[37] Em relação à necessidade de a causa ser direta e a possibilidade de danos indiretos, confira-se: TEPEDINO, Gustavo. Notas sobre Nexo de Causalidade. *In*: *Temas de Direito Civil*. Rio de Janeiro: Renovar, 2006. t. II, p. 68-69.

[38] TEPEDINO, Gustavo. Notas sobre Nexo de Causalidade. *In*: *Temas de Direito Civil*. Rio de Janeiro: Renovar, 2006. t. II, p. 69, grifou-se. Na mesma direção aponta Sérgio Cavalieri Filho que "a expressão legal 'efeito direto e imediato' indica liame de necessariedade e não de simples proximidade; não se refere à causa cronologicamente mais ligada ao evento, temporalmente mais próxima, mas sim àquela que foi a mais direta, a mais determinante segundo o curso natural e ordinário das coisas". (CAVALIERI FILHO, Sérgio. *Programa de Responsabilidade Civil*. 11. ed. São Paulo: Atlas, 2014. p. 68-69).

[39] "Insieme al fatto proprio di un soggetto possono intervenire anche altri fattori causali a determinare l'evento finale; questi, ai sensi dell'art. 41 c.p., possono essere preesistenti, concomitanti o successivi all'azione od omissione del soggetto e vengono definiti da dottrina e giurisprudenza col termine "concause". (MONATERI, Pier Giuseppe; GIANTI, Davide. Nesso Causale. *Diritto on line*, 2016. Disponível em: https://www.treccani.it/enciclopedia/nesso-causale-dir-civ_(Diritto-on-line)/. Acesso em 14 ago. 2019).

caso existam diversas causas necessárias de maneira equivalentes, o dever de indenizar será repartido.[40]

Nota-se, assim, que o nexo de causalidade já encontra bases bem assentadas para sua verificação, mesmo em casos em que há mais de uma causa possível. Não são raras as vezes que a determinação do nexo causal se apresenta como um desafio, não sendo essa dificuldade algo exclusivo dos danos causados por inteligência artificial.[41] Conforme apontam Gustavo Tepedino e Rodrigo da Guia Silva, a "teoria da causa necessária tem sido utilizada para a reparação de danos muito antes da disseminação da inteligência artificial, diante de numerosos problemas relacionados ao fenômeno da pluralidade de causas". Os autores apontam, ainda, que os casos em que variados agentes são considerados responsáveis por sistemas autônomos podem ser analisados pelo prisma da pluralidade de concausas.[42]

Dessa maneira, reforça-se a ideia de que não se pode dispensar um tratamento diferenciado à responsabilidade civil por danos causados por IA. Nosso ordenamento já dispõe de consolidados mecanismos para tratar do nexo de causalidade, mesmo quando sua determinação se mostra complexa, o que não ocorre apenas nos casos que envolvem inteligência artificial. Independentemente do grau de dificuldade, deve-se avaliar, sempre de acordo com o caso concreto, qual a causa ou as causas efetivamente necessárias ao resultado danoso.

4.3 Regime de Responsabilidade Civil aplicável aos danos causados por IA

Conforme já apontado, outra dificuldade relacionada à responsabilidade civil e à IA é a determinação de qual seria o regime de responsabilidade civil aplicável. No entanto, em um primeiro momento, deve-se refletir sobre a real possibilidade da adoção de um regime único, para todas as situações envolvendo danos causados por IA. Isso porque, conforme já mencionado, a inteligência artificial pode desempenhar

---

[40] TEPEDINO, Gustavo. Notas sobre Nexo de Causalidade. In: *Temas de Direito Civil*. Rio de Janeiro: Renovar, 2006. t. II, p. 81.

[41] Nessa direção, Caio Mário da Silva Pereira já apontava que "no tocante à determinação do nexo causal, duas questões logo se apresentam. A primeira diz respeito à dificuldade de sua prova. A segunda situa-se na identificação do fato que constitui a verdadeira causa do dano, notadamente quando ocorre a causalidade múltipla". (PEREIRA, Caio Mário da Silva. *Responsabilidade Civil*. 12 ed. rev., atual. e ampl. Rio de Janeiro: Forense, 2018. p. 106).

[42] TEPEDINO, Gustavo, SILVA, Rodrigo da Guia. Desafios da Inteligência Artificial em matéria de Responsabilidade Civil. *Revista Brasileira de Direito Civil – RBDCivil*, Belo Horizonte, v. 21, p. 61-86, jul./set. 2019. p. 77.

diferentes funções e possui diversos graus de autonomia, de modo que não pode nem mesmo ser reconduzida a um conceito unitário.

Com efeito, tendo em vista o seu amplo espectro de atuação, também não parece correto que apenas um determinado regime de responsabilidade seja eleito, *a priori*, para tratar de todas as questões envolvendo os danos causados por inteligência artificial. Na verdade, o que se verifica é a possibilidade de aplicação de ambos os regimes, inclusive por conta de diferentes fundamentos legais, especialmente de acordo com a função que exerce a IA.[43]

Logo, parece ser inadequado estabelecer um único regime de responsabilidade civil geral e abstrato para toda e qualquer situação relacionada a danos causados por inteligência artificial. A título exemplificativo, um mecanismo de inteligência artificial dotado de baixa autonomia tende a depender mais de impulsos humanos, ou seja, a participação humana na atuação da inteligência artificial é maior. Nesses casos, o regime subjetivo pode ser aplicado, na medida em que o resultado danoso estará mais relacionado à atuação culposa do indivíduo na utilização da IA e não propriamente à utilização, em si, da inteligência artificial. Nesse ponto, importante ressaltar que a culpa deve ser verificada em sua acepção normativa, ou seja, como um desrespeito ao padrão de conduta esperado para aquela determinada situação.[44]

Por outro lado, quando a autonomia da inteligência artificial for maior, não sendo possível, como em muitos casos, estabelecer uma conduta propriamente culposa por parte de qualquer agente, pode-se cogitar do regime da responsabilidade objetiva, com base na cláusula geral de responsabilidade objetiva por risco da atividade (Código Civil,

---

[43] Conforme anotam Milena Donato Oliva e Renan Soares Cortazio: "A análise quanto à normativa aplicável deve levar em conta primordialmente a função desempenhada pela IA e não apenas as diferenças estruturais de tipologia de uma IA para outra. Tendo em vista seu caráter instrumental, mostra-se essencial avaliar qual papel desempenha e a serviço de quem, de modo a que se possa individuar, adequadamente, o regime jurídico incidente". (OLIVA, Milena Donato; CORTAZIO, Renan Soares. Desafios da responsabilidade civil no contexto da inteligência artificial e o debate em torno da utilidade do patrimônio de afetação. *In*: TEPEDINO, Gustavo; SILVA, Rodrigo da Guia (Coords.). *O Direito Civil na Era da Inteligência Artificial*. São Paulo: Thomson Reuters Brasil, 2020. p. 726).

[44] Sobre o conceito de culpa normativa, apontam Maria Celina Bodin de Moraes e Gisela Sampaio da Cruz Guedes que "prescinde-se da análise dos aspectos estritamente subjetivos do agente para avaliar o desvio de certo padrão de conduta, fixado pela referência ao ser humano prudente, mas sempre diante das circunstâncias do caso concreto". (MORAES, Maria Celina Bodin de. GUEDES, Gisela Sampaio da Cruz. À Guisa de Introdução: o multifacetado conceito de profissional liberal. *In*: MORAES, Maria Celina Bodin de; GUEDES, Gisela Sampaio da Cruz (Coord.). *Responsabilidade Civil de Profissionais Liberais*. Rio de Janeiro: Forense, 2016. p. 16).

art. 927, parágrafo único).⁴⁵ Isso porque é possível verificar que, uma vez presentes em maior medida em nosso dia a dia, os danos causados por IA estão cada vez mais frequentes e podem ser bastante graves (como um atropelamento por carro autônomo ou um erro em procedimento cirúrgico automatizado, por exemplo), sendo possível enquadrar a utilização da inteligência artificial como atividade de risco.⁴⁶

Ainda, a depender do mecanismo de inteligência artificial e da relação jurídica existente, é possível se cogitar da aplicação da responsabilidade objetiva com fundamento no Código de Defesa do Consumidor, ou até mesmo, por analogia, aplicar as regras de responsabilidade civil pelo dano causado por animais.⁴⁷

O importante é aplicar o regime de responsabilidade tecnicamente mais adequado, de acordo com o mecanismo de inteligência artificial supostamente causador do dano, e resguardar a finalidade da responsabilidade civil, que é a reparação integral da vítima.⁴⁸ Importante observar que não se pretende com isso criar uma arbitrariedade ao operador do Direito para escolher o regime que bem entende, visando

---

[45] "Haverá obrigação de reparar o dano, independentemente de culpa, nos casos especificados em lei, ou quando a atividade normalmente desenvolvida pelo autor do dano implicar, por sua natureza, risco para os direitos de outrem".

[46] Os parâmetros da quantidade de danos causados e da gravidade deles, para o enquadramento de determinada atividade como de risco, são apontados por Maria Celina Bodin de Moraes a partir da doutrina italiana sobre o tema. Nesse sentido, confira-se: MORAES, Maria Celina Bodin de. Risco, solidariedade e responsabilidade objetiva. In: MORAES, Maria Celina Bodin de. *Na medida da pessoa humana*: estudos de direito civil-constitucional. Rio de Janeiro: Renovar, 2010. p. 407.

[47] "Exemplificativamente, ao se enumerar a guarda do animal como possível norma a ser levada em consideração pelo intérprete, não se objetiva equiparar, em termos naturalísticos, a IA ao animal, que são, à evidência, completamente distintos. Cuida-se de se valorar em termos funcionais a IA para, a partir daí, se extrair o regime jurídico da responsabilidade civil. Pense-se no exemplo do cachorro que serve de guia ao deficiente visual. Se o animal, no futuro, fosse substituído por um robô que desempenhasse função semelhante à do animal, o regime jurídico da guarda do animal poderia servir de parâmetro ao intérprete. E mais, caso esse robô apresentasse defeito, o fornecedor ainda poderia responder pelo fato do produto. Assim também, se a IA desempenhar a função de um preposto, pode-se atrair, conforme o caso, as disposições da responsabilidade por fato de outrem. Importa perquirir, em qualquer situação, a função da IA, a qual será determinante para definir o regime jurídico aplicável". (OLIVA, Milena Donato; CORTAZIO, Renan Soares. Desafios da responsabilidade civil no contexto da inteligência artificial e o debate em torno da utilidade do patrimônio de afetação. In: TEPEDINO, Gustavo; SILVA, Rodrigo da Guia (Coords.). *O Direito Civil na Era da Inteligência Artificial*. São Paulo: Thomson Reuters Brasil, 2020. p. 726-727).

[48] "A responsabilidade civil actua, portanto, através do surgimento da obrigação de indemnização. Esta tem precisamente em vista tornar indemne, isto é, sem dano ao lesado; visa colocar as vítimas na situação em que estaria sem a ocorrência do facto danoso". (PINTO. Carlos Alberto da Mota. *Teoria Geral do Direito Civil*. 4. ed. atual. por António Pinto Monteiro e Paulo Mota Pinto. Coimbra: Editora Coimbra, 2012. p. 128).

apenas ao objetivo de garantir a reparação integral. Ao revés, defende-se que a escolha do regime de responsabilidade civil deve conjugar dois fatores, quais sejam: a necessidade de reparação integral da vítima e o regime mais compatível com a técnica de inteligência artificial utilizada.

5 Considerações finais

O desenvolvimento tecnológico tem impactado cada vez mais a vida dos indivíduos. Por um lado, as mudanças trazidas pela incorporação da tecnologia no dia a dia da sociedade trazem importantes benefícios àqueles que dela se aproveitam; por outro, a utilização cada vez mais frequente da tecnologia também possibilita a criação ou a potencialização de situações prejudiciais à vida em sociedade.

É nesse cenário que se insere a discussão a respeito da inteligência artificial. Dotados de uma certa autonomia, os mecanismos de inteligência artificial representam um salto não só quantitativo, mas qualitativo, em termos de avanço tecnológico. Seu espectro de atuação é bastante amplo, sendo possível que a inteligência artificial seja dotada de diferentes graus de autonomia e exerça diferentes funções.

Nesse sentido, considerando essas particulares características da inteligência artificial, especialmente o seu grau de autonomia em relação aos indivíduos que a desenvolveram, é possível que a utilização de IA, muitas vezes, gere resultados danosos não pretendidos, o que pode resultar em dúvidas quanto à aplicação da responsabilidade civil sobre a matéria. No entanto, a despeito das dificuldades verificadas na aplicação da responsabilidade civil no âmbito da inteligência artificial, acredita-se que não se está diante de problemas efetivamente novos, que justificariam a criação de novas regras para a aplicação da responsabilidade civil na matéria.

Dessa maneira, sob pena de tratamento da questão de maneira assistemática, verifica-se que o ordenamento jurídico brasileiro já dispõe de instrumentos suficientes para lidar com os problemas levantados, seja em relação à suposta imprevisibilidade dos danos, à dificuldade de se estabelecer o nexo causal ou às dúvidas quanto ao regime jurídico aplicável.

Referências

BRANCO, Sérgio. Fake news e os caminhos para fora da bolha. *Interesse Nacional*, São Paulo, a. 10, n. 38, p. 55, ago./out. 2017.

CALO, Ryan. Robotics and the lessons of cyberlaw. *California Law Review*, Berkeley, v. 103, n. 3, p. 513-563, jun. 2015. Disponível em: https://digitalcommons.law.uw.edu/cgi/viewcontent.cgi?article=1022&context=faculty-articles. Acesso em 10 jan. 2021.

CAVALIERI FILHO, Sérgio. *Programa de Responsabilidade Civil*. 11. ed. São Paulo: Atlas, 2014.

CERKA, Paulius; GRIGIENE Jurgita; SIRBIKYTÈ, Gintarè. Liability for damages caused by artificial intelligence. *Computer Law & Security Review*, n. 31, p. 381, 2015.

DIAS, José de Aguiar. *Da responsabilidade civil*. Rio de Janeiro: Lumen Juris, 2012.

DICIO, Dicionário Online de Português Porto: *7Graus*, 2020. Disponível em: https://www.dicio.com.br/tecnologia/. Acesso em 06 jan. 2021.

DONEDA, Danilo Cesar Maganhoto et al. Considerações iniciais sobre inteligência artificial, ética e autonomia pessoal. *Pensar*, Fortaleza, UNIFOR, v. 23, n. 4, p. 2-5, out./dez. 2018.

DONEDA, Danilo. O direito fundamental à proteção de dados pessoais. *In*: MARTINS, Guilherme Magalhães (Coord.). *Direito privado e internet*. São Paulo: Atlas, 2014.

DONEDA, Danilo; ALMEIDA, Virgílio A. F. O que é governança de algoritmos? *In*: BRUNO, Fernanda et al. (Orgs.). *Tecnopolíticas da vigilância*: perspectivas da margem. São Paulo: Boitempo, 2018.

LÔBO, Paulo Luiz Netto. A informação como direito fundamental do consumidor. *In*: *Revista de Direito do Consumidor*, v. 37, p. 59-76, jan./mar. 2001.

MAGRANI, Eduardo. *A internet das coisas*. Rio de Janeiro: FGV Editora, 2018.

MARRAFON, Marco Aurélio; MEDON, Filipe. Importância da revisão humana das decisões automatizadas na Lei Geral de Proteção de Dados. *Consultor Jurídico*, 09 set. 2019. Disponível em: https://www.conjur.com.br/2019-set-09/constituicao-poder-importancia-revisao-humana-decisoes-automatizadas-lgpd. Acesso em 06 jan. 2021.

MEDON, Filipe. *Inteligência Artificial e Responsabilidade Civil*: autonomia, riscos e solidariedade. Salvador: JusPodivm, 2020.

MITTELSTADT, Brent et al. The Ethics of Algorithms: mapping the debate. *Big Data & Society*, 3(2), DOI: 10.1177/2053951716679679, p. 2, 2016.

MONATERI, Pier Giuseppe; GIANTI, Davide. Nesso Causale. *Diritto on line*, 2016. Disponível em: https://www.treccani.it/enciclopedia/nesso-causale-dir-civ_(Diritto-on-line)/. Acesso em 14 ago. 2019.

MORAES, Maria Celina Bodin de. GUEDES, Gisela Sampaio da Cruz. À Guisa de Introdução: o multifacetado conceito de profissional liberal. *In*: MORAES, Maria Celina Bodin de; GUEDES, Gisela Sampaio da Cruz (Coord.). *Responsabilidade Civil de Profissionais Liberais*. Rio de Janeiro: Forense, 2016.

MORAES, Maria Celina Bodin de. Risco, solidariedade e responsabilidade objetiva. *In*: MORAES, Maria Celina Bodin de. *Na medida da pessoa humana*: estudos de direito civil-constitucional. Rio de Janeiro: Renovar, 2010.

NEGRI, Sergio Marcos Carvalho Avilla. Robôs como pessoas: a personalidade eletrônica na Robótica e na inteligência artificial. *Revista Pensar, ahead of print*, 2020.

OLIVA, Milena Donato; CORTAZIO, Renan Soares. Desafios da responsabilidade civil no contexto da inteligência artificial e o debate em torno da utilidade do patrimônio de afetação. *In*: TEPEDINO, Gustavo; SILVA, Rodrigo da Guia (Coords.). *O Direito Civil na Era da Inteligência Artificial*. São Paulo: Thomson Reuters Brasil, 2020.

PASQUALE, Frank. *The Black Box Society*. Cambridge: Harvard University Press, 2015.

PEREIRA, Caio Mário da Silva. *Responsabilidade Civil*. 12 ed. rev., atual. e ampl. Rio de Janeiro: Forense, 2018.

PERLINGIERI, Pietro. *O direito civil na legalidade constitucional*. (Trad. Maria Cristina de Cicco). Rio de Janeiro: Renovar, 2008.

PINTO. Carlos Alberto da Mota. *Teoria Geral do Direito Civil*. 4. ed. atual. por António Pinto Monteiro e Paulo Mota Pinto. Coimbra: Editora Coimbra, 2012.

PIRES, Thatiane Cristina Fontão; SILVA, Rafael Peteffi da. A responsabilidade civil pelos atos autônomos da inteligência artificial: notas iniciais sobre a resolução do Parlamento Europeu. *Revista Brasileira de Políticas Públicas*, v. 7, n. 3, p. 240-249, dez. 2017.

SANSEVERINO, Paulo de Tarso Vieira. *Princípio da Reparação Integral*: indenização no Código Civil. São Paulo: Saraiva, 2010.

SCHREIBER, Anderson. *Novos Paradigmas da Responsabilidade Civil*: da erosão dos filtros de reparação à diluição de danos. 5. ed. São Paulo: Atlas, 2013.

SILVA, Tarcízio. Racismo Algorítmico em Plataformas Digitais: microagressões e discriminação em código. *In*: SILVA, Tarcízio (Org.). *Comunidades, algoritmos e ativismos digitais*: olhares afrodiaspóricos. São Paulo: LiteraRUA, 2020.

TEIXEIRA, João. *O que é a Inteligência Artificial?* 3. ed. Brasil: e-galáxia, 2019.

TEPEDINO, Gustavo, SILVA, Rodrigo da Guia. Desafios da Inteligência Artificial em matéria de Responsabilidade Civil. *Revista Brasileira de Direito Civil – RBDCivil*, Belo Horizonte, v. 21, p. 61-86, jul./set. 2019.

TEPEDINO, Gustavo. Notas sobre Nexo de Causalidade. *In*: *Temas de Direito Civil*. Rio de Janeiro: Renovar, 2006. t. II.

TEPEDINO, Gustavo; TERRA, Aline de Miranda Valverde; GUEDES, Gisela Sampaio da Cruz. *Fundamentos do direito civil*: responsabilidade civil. Rio de Janeiro: Forense, 2020. v. 4.

Informação bibliográfica deste texto, conforme a NBR 6023:2018 da Associação Brasileira de Normas Técnicas (ABNT):

LIMA, Marco Antônio de Almeida; MATA, Rodrigo Gomes da. Considerações sobre Responsabilidade Civil e Inteligência Artificial. *In*: TEPEDINO, Gustavo; SILVA, Rodrigo da Guia (Coord.). *Relações patrimoniais*: contratos, titularidades e responsabilidade civil. Belo Horizonte: Fórum, 2021. p. 397-422. ISBN 978-65-5518-233-0.

SOBRE OS AUTORES

Amanda Pierre de Moraes Moreira
Mestranda em Direito Civil na Universidade do Estado do Rio de Janeiro (UERJ). Advogada.
E-mail: pierreamanda@hotmail.com.

André Luiz Miranda de Abreu
Doutorando em Direito Civil na Universidade do Estado do Rio de Janeiro (UERJ).
E-mail: amirandaabreu@uol.com.br.

Camila Ferrão dos Santos
Mestranda em Direito Civil na Universidade do Estado do Rio de Janeiro (UERJ). Advogada.
E-mail: camilafdsantos@gmail.com.

Camila Helena Melchior Baptista de Oliveira
Mestranda em Direito Civil na Faculdade de Direito da Universidade do Estado do Rio de Janeiro (UERJ). Advogada.
E-mail: camilamelchior@hotmail.com.

Danielle Tavares Peçanha
Mestranda em Direito Civil na Universidade do Estado do Rio de Janeiro (UERJ). Advogada.
E-mail: tav.danielle@yahoo.com.br.

Diego Corrêa Lima de Aguiar Dias
Mestrando em Direito Civil na Universidade do Estado do Rio de Janeiro (UERJ). Mestre em Educação pela Pontifícia Universidade Católica do Rio de Janeiro (PUC-Rio). Mediador de Conflitos pelo MEDIARE. Advogado formado pela Pontifícia Universidade Católica do Rio de Janeiro (PUC-Rio). Associado do escritório Kincaid Mendes Vianna Advogados.
E-mail: diegoaguiardias@gmail.com.

Filipe Medon
Doutorando e Mestre em Direito Civil pela Universidade do Estado do Rio de Janeiro (UERJ). Professor Substituto de Direito Civil na Universidade Federal do Rio de Janeiro (UFRJ) e de cursos de Pós-Graduação do Instituto New Law, CEPED-UERJ, EMERJ e do Curso Trevo. Membro da Comissão de Proteção de Dados e Privacidade da OAB-RJ e do Instituto Brasileiro de Estudos de Responsabilidade Civil (IBERC). Advogado e pesquisador.
E-mail: filipemedon@hotmail.com.

Guilherme Marques Botelho
Mestrando em Direito Civil na Universidade do Estado do Rio de Janeiro (UERJ). Residente Jurídico na DPGE/RJ. Advogado.
E-mail: guibotelho64@hotmail.com.

Gustavo Souza de Azevedo
Mestrando em Direito Civil na Universidade do Estado do Rio de Janeiro (UERJ). Advogado.
E-mail: gustavos.deazevedo@gmail.com.

Gustavo Tepedino
Professor Titular de Direito Civil e ex-Diretor da Faculdade de Direito da Universidade do Estado do Rio de Janeiro (UERJ). Livre-Docente pela mesma Universidade. Doutor em Direito Civil pela *Università degli Studi di Camerino* – Itália. Professor do Programa de Doutorado em Direito Civil Comparado da Universidade de Molise – Itália (2001-2005). Professor Visitante das Faculdades de Direito da Universidade de Poitiers – França (1999) – e de San Francisco – EUA (2002). Pesquisador visitante do Instituto Max-Planck de Direito Privado Comparado e Internacional – Hamburgo/Alemanha (2009 e 2011). *Visiting Scholar* da Universidade de Stanford – Califórnia/EUA (2013-2014). Membro Titular da Academia Internacional de Direito Comparado e da Academia Brasileira de Letras Jurídicas. Sócio fundador do escritório Gustavo Tepedino Advogados.
E-mail: gt@tepedino.adv.br.

Jeniffer Gomes da Silva
Mestranda em Direito Civil na Universidade do Estado do Rio de Janeiro (UERJ). Pesquisadora da Clínica de Responsabilidade Civil da UERJ (UERJ resp). Bacharel em Direito pela UERJ.
E-mail: gomes.jeniffer@yahoo.com.br.

João Quinelato
Professor de Direito Civil do IBMEC. Mestre e Doutorando em Direito Civil pela Universidade do Estado do Rio de Janeiro (UERJ). Presidente da Comissão de Direito Privado e Novas Tecnologias do Conselho Federal da OAB. Secretário Geral da Comissão de Direito Civil da OAB-RJ. Diretor Financeiro do IBDCivil. Advogado.
E-mail: joaoquinelato@gmail.com.

Laís Cavalcanti
Mestranda em Direito Civil na Universidade do Estado do Rio de Janeiro (UERJ). Sócia do escritório Gustavo Tepedino Advogados.
E-mail: lcg@tepedino.adv.br.

Marco Antônio de Almeida Lima
Mestrando em Direito Civil na Universidade do Estado do Rio de Janeiro (UERJ). Advogado.
E-mail: marcoaal92@gmail.com.

Maria Regina Rigolon Korkmaz
Doutoranda em Direito Civil pela Universidade do Estado do Rio de Janeiro (UERJ). Mestre em Direito e Inovação, na linha de Direitos Humanos, Pessoa e Desenvolvimento, pela Universidade Federal de Juiz de Fora (UFJF). Foi membro do corpo editorial da Revista de Estudos Empíricos em Direito. Advogada. Membro do Observatório de Legislação e Jurisprudência da Comissão de Direito Privado e Novas Tecnologias do Conselho Federal da OAB e da Comissão de Direito, Inovação, Tecnologia e Empreendedorismo da 4ª Subseção da OAB Minas Gerais.
E-mail: mariareginadcr@gmail.com.

Mariana Maia de Vasconcellos
Mestranda em Direito Civil na Universidade do Estado do Rio de Janeiro (UERJ). Pós-graduada em Direito Público pela Universidade Cândido Mendes (UCAM). Advogada.
E-mail: mm.vasconcellos@outlook.com.

Mário Victor Vidal Azevedo
Mestrando em Direito Civil pela Universidade do Estado do Rio de Janeiro (UERJ). Advogado formado pela UERJ. Associado do escritório C. Martins Advogados.
E-mail: mariovazevedo@yahoo.com.br.

Marvio Bonelli
Mestrando em Direito Civil na Universidade do Estado do Rio de Janeiro (UERJ). Advogado.
E-mail: marviobonelli@gmail.com.

Matheus Baia de Andrade
Mestrando em Direito Civil na Universidade do Estado do Rio de Janeiro (UERJ). Bacharel em Direito pela Universidade Federal do Rio de Janeiro (UFRJ). Advogado.
E-mail: mbaia.andrade@gmail.com.

Renan Soares Cortazio
Mestrando em Direito Civil na Faculdade de Direito da Universidade do Estado do Rio de Janeiro (UERJ). Advogado.
E-mail: renancortazio@hotmail.com.

Rodrigo da Guia Silva
Doutorando e mestre em Direito Civil pela Universidade do Estado do Rio de Janeiro (UERJ). Ex-Professor Substituto de Direito Civil da Universidade Federal do Rio de Janeiro (UFRJ). Professor dos cursos de pós-graduação *lato sensu* da UERJ, da Pontifícia Universidade Católica do Rio de Janeiro (PUC-Rio), da Escola da Magistratura do Estado do Rio de Janeiro (EMERJ) e da Procuradoria-Geral do Estado do Rio de Janeiro (PGE-RJ). Pesquisador visitante do Instituto Max-Planck de Direito Privado Comparado e Internacional – Hamburgo/

Alemanha (2020). Vice-Presidente da Comissão Especial de Direito Privado e Novas Tecnologias do Conselho Federal da OAB. Secretário-Adjunto da Comissão de Direito Civil da OAB-RJ. Sócio do escritório Gustavo Tepedino Advogados.
E-mail: rodrigo.daguiasilva@gmail.com; rgs@tepedino.adv.br.

Rodrigo Gomes da Mata
Mestrando em Direito Civil na Universidade do Estado do Rio de Janeiro (UERJ). Advogado.
E-mail: rodrigodamata@icloud.com.

Vinicius Jóras Padrão
Mestrando em Direito Civil pela Universidade do Estado do Rio de Janeiro (UERJ). Pesquisador associado ao Instituto de Tecnologia e Sociedade do Rio de Janeiro (ITS RIO). Advogado.
E-mail: viniciusjpadrao@gmail.com.

Vinícius Rangel Marques
Mestrando em Direito Civil na Universidade do Estado do Rio de Janeiro (UERJ). Membro do Grupo de Estudos de Direito Desportivo da Universidade do Estado do Rio de Janeiro (GEDD – UERJ). Advogado.
E-mail: vrangelmarques@gmail.com.

Esta obra foi composta em fonte Palatino Linotype, corpo 10
e impressa em papel Pólen Bold 70g (miolo) e Supremo 250g (capa)
pela Gráfica Paulinelli.